Marcus Cesar Cardoso

CB021001

Autodesk® Civil 3D 2020
Aplicações BIM para Projetos de Infraestrutura

1ª Edição

saraiva EDUCAÇÃO | **érica**

Av. Paulista, 901, 3º andar
Bela Vista - São Paulo - SP - CEP: 01311-100

SAC Dúvidas referentes a conteúdo editorial, material de apoio e reclamações:
sac.sets@saraivaeducacao.com.br

Direção executiva	Flávia Alves Bravin
Direção editorial	Renata Pascual Müller
Gerência editorial	Rita de Cássia S. Puoço
Aquisições	Rosana Ap. Alves dos Santos
Edição	Paula Hercy Cardoso Craveiro
	Silvia Campos Ferreira
Produção editorial	Laudemir Marinho dos Santos
Projetos e serviços editoriais	Breno Lopes de Souza
	Josiane de Araujo Rodrigues
	Kelli Priscila Pinto
	Laura Paraíso Buldrini Filogônio
	Marília Cordeiro
	Mônica Gonçalves Dias
Preparação	Halime Musser
Revisão	Angélica Beatriz Halcsik
Diagramação	Ione Franco
Capa	Deborah Mattos
Impressão e acabamento	Edições Loyola

DADOS INTERNACIONAIS DE CATALOGAÇÃO NA PUBLICAÇÃO (CIP)
ANGÉLICA ILACQUA CRB-8/7057

Cardoso, Marcus Cesar
  Autodesk : Civil 3D 2020 : aplicações BIM para Projetos de Infraestrutura / Marcus Cesar Cardoso. –– São Paulo : Érica, 2020.
  528 p.

  Bibliografia
  ISBN 978-85-365-3287-5

  1. Autodesk Civil 3D (Programa de computador) 2. Sistema AutoCAD 3. Computação gráfica I. Título

  20-1356
  CDD 006.68
  CDU 004.4

Índice para catálogo sistemático:
1. Autodesk Civil 3D : programa de computador

Copyright © Marcus Cesar Cardoso
2020 Saraiva Educação
Todos os direitos reservados.

1ª edição
2ª tiragem, 2022

Nenhuma parte desta publicação poderá ser reproduzida por qualquer meio ou forma sem a prévia autorização da Saraiva Educação. A violação dos direitos autorais é crime estabelecido na Lei n. 9.610/98 e punido pelo art. 184 do Código Penal.

CO	690265	CL	642530	CAE	724450

Fabricante

Produto: **Autodesk® Civil 3D 2020**
Fabricante: **Autodesc, Inc.**
Site: **www.autodesk.com**

Endereço no Brasil:
Autodesk do Brasil Ltda.
Rua James Joule, 65 - 4º andar - Conj. 41
CEP: 04576-080 - São Paulo/SP
Fone: (11) 5501-2500

Requisitos de Hardware e de Software

Autodesk® Civil 3D 2020 (versão em inglês)

- **Sistema operacional:** Microsoft® Windows 7 com atualização KB4019990, Microsoft Windows 8.1 com atualização KB2919355, Microsoft Windows 10 versão 1803 ou posterior.
- **Processador:** mínimo de 2.5 a 2.9 GHz ou mais rápido. Recomendado: processador superior a 3+ GHz.
- **Memória:** 16 GB.
- **Espaço em disco:** 16 GB.
- **Resolução da tela:** telas convencionais = 1.920 × 1.080 com True Color; telas de alta resolução e 4K = resoluções de até 3.840 × 2.160 compatíveis com sistemas Windows 10 – 64 bits (com placa de vídeo compatível).
- **Placa de vídeo:** mínimo = GPU de 1 GB com 26 GB/s de largura de banda e compatível com DirectX 11. Recomendado = GPU de 4 GB com 106 GB/s de largura de banda compatível com DirectX 11.
- **Dispositivo apontador:** compatível com mouse Microsoft.
- **Navegador:** Google Chrome (para AutoCAD web app).
- **.NET Framework:** Microsoft .NET Framework versão 4.7.
- **Alterações no formato do arquivo:** formato .DWG do AutoCAD – R2018; formato de objeto Civil 3D – R2018.2.

Requisitos adicionais para arquivos com grande quantidade de dados, nuvens de pontos e modelagem 3D

- **Processadores:** Pentium 4 ou Athlon 3.0 GHz ou superior, Intel ou AMD dual-core 2.0 GHz ou superior.
- **Memória:** 16 GB de RAM ou mais.
- **Espaço em disco:** 6 GB de espaço livre disponível em disco, não incluindo os requisitos de instalação.
- **Placa de vídeo:** adaptador de vídeo 1.920 × 1.080 ou maior com true color 128 MB VRAM ou superior, Pixel Shader 3.0 ou superior, placa gráfica classe Workstation com capacidade para Direct3D.

DICA

- A instalação do Autodesk® Civil 3D 2020 está disponível apenas para o sistema operacional de 64 bits.
- Os requisitos básicos do Autodesk® Civil 3D 2020 atendem aos requisitos para instalação do Autodesk Subassembly Composer, Autodesk® AutoCAD Raster Design e Autodesk VehicleTracking.
- O Autodesk® Civil 3D 2020 está presente na coleção soluções para arquitetura, engenharia e construção (Autodesk® AEC Collection). Consulte os requisitos necessários para a instalação dos demais produtos da coleção.

Agradecimentos

Primeiramente, agradeço a uma benção alcançada com a chegada do meu filho Samuel Ventura Cardoso. Ele, juntamente com minha amada esposa Mônica, promoveram sentimentos que me fizeram solidificar o conceito de família, valorizar ainda mais a vida e enaltecer a grandeza de Deus.

Não posso esquecer de agradecer a equipe da Frazillio & Ferroni por compartilhar conhecimentos que serviram como embasamento para o desenvolvimento desta obra, em especial a Edna Frazillio e Luciana Loures, amigas e mentoras.

Agradecimento ao engenheiro Marcelo Nonato Santos, por seu empenho no desenvolvimento e disseminação de BIM para obras.

Também gostaria prestar outro agradecimento especial, ao engenheiro Pedro Luis Soethe Cursino, da Autodesk Brasil, grande parceiro, amigo e evangelizador do uso de processos BIM para infraestrutura no Brasil.

Sobre o autor

Marcus Cesar Cardoso é tecnólogo em Construção de Edifícios. Trabalhou como desenhista e projetista nas áreas de projetos viários e saneamento por 18 anos, atuando em empresas projetistas e fiscalizadoras de obras de infraestrutura.

É autor dos livros *Autodesk® AutoCAD Civil 3D 2014 – Conceitos e Aplicações* e *Autodesk® AutoCAD Civil 3D 2016 – Recursos e Aplicações para Projetos de Infraestrutura*. Hoje, atua como consultor na empresa Frazillio & Ferroni Informática, especializada em soluções para infraestrutura, além de ser centro de treinamento e de certificação Autodesk. É especialista em Autodesk Civil 3D desde 2006, ministra treinamentos e provê consultorias especializadas para atender às necessidades das empresas de Engenharia Civil.

Participa, com a Autodesk, no desenvolvimento do pacote *Country Kit Brazil*, que provê as configurações nacionalizadas para a utilização do Autodesk Civil 3D no desenvolvimento de projetos de infraestrutura. Foi palestrante na Autodesk University e recebeu os prêmios Engineer of Application of the Year FY08, Destaque Técnico FY09 e Destaque Técnico FY10 e FY17, concedidos pela Autodesk aos seus representantes, como forma de reconhecimento pelo seu trabalho técnico de alto valor agregado.

Sumário

Capítulo 11

Capítulo 12

Capítulo 13

Capítulo 14
Furos de Sondagens e Camadas de Solos 375

Capítulo 15
Cálculo de Volumes para Obras Lineares 399

Capítulo 16
Parcelamento do Solo 419

Capítulo 21

Prefácio

A ferramenta Civil 3D é utilizada por projetistas e construtoras no detalhamento de projetos de infraestrutura, como estradas, ferrovias, barragens, túneis e loteamentos. Este livro do Civil 3D 2020 é a principal e melhor publicação brasileira, desde sua primeira edição, na versão 2014.

Quando falamos de BIM para Infraestrutura, ao trabalhar com objetos paramétricos que minimizam a necessidade de desenhos manuais, o Civil 3D cumpre este requisito com muita competência.

O livro que você, leitor, tem em mãos detalha cada funcionalidade, com exemplos práticos, possibilitando o aprendizado autodidata, como foi no meu caso. Isto é o resultado das muitas horas que Marcus dedicou à capacitação de profissionais da Construção Civil.

Este livro não sai da minha mesa de trabalho!

Marcelo Nonato Santos

Especialista em Construção Virtual na Camargo Corrêa Infra

Certificação em Autodesk® Civil 3D

Esta obra auxilia o profissional que deseja se preparar para o exame de certificação da Autodesk.

Ser certificado Autodesk é a confirmação segura do seu conhecimento e da sua habilidade, auxilia no progresso profissional e melhora a produtividade a partir do uso das ferramentas, e aumenta a credibilidade perante o mercado. Os principais benefícios de possuir as certificações da Autodesk podem ser elencados em:

- suas habilidades são comprovadas e aceitas internacionalmente;
- seu nome será publicado na base de profissionais certificados da Autodesk;
- ter mais confiança e reconhecimento no mercado de trabalho;
- demonstrar experiência nas versões mais recentes das tecnologias da Autodesk;
- os exames são baseados em desempenho para melhor reconhecimento.

As certificações podem ser do tipo User (ACU) ou Professional (ACP), variando o nível de conhecimento, as horas de prática, o tempo para a realização do exame e valores. Há exames disponíveis para o AutoCAD, Civil 3D, Revit, Inventor, Fusion, 3DS Max e Maya – todos em inglês – e para o AutoCAD e Revit – com opção em português também. Os exames são oferecidos pelos centros de Certificação Autorizados da Autodesk e realizados por meio de um computador conectado ao sistema da Autodesk, em um ambiente fiscalizado.

Obtenha informações detalhadas sobre as certificações em:

<https://certiport.pearsonvue.com/Certifications/Autodesk/Certifications/Overview> e

<https://www.frazillioferroni.com.br/servicos/certificacao/>

A seguir, relacionam-se os tópicos do exame de certificação e os capítulos correspondentes do livro, para que você consiga organizar seu estudo e preparar-se para a prova. Também é aconselhável procurar um centro de Treinamento Autorizado Autodesk (ATC) e realizar um treinamento antes da prova.

Tópico	Objetivo do exame	Capítulo correspondente
Styles	Configuração dos estilos de representação dos objetos	4
Points	Criação e manipulação de pontos	5.4
Surfaces	Criação, manipulação e análises em modelos de superfícies	8
Parcels	Manipulação de lotes	16
Alignments	Definição e manipulação de alinhamento horizontal	9
Profile Views	Configuração do gráfico do perfil longitudinal	10
Profiles	Criação e edição do alinhamento vertical	11
Corridors	Definição e manipulação do modelo do projeto	13
Section; Section Views	Criação das seções transversais do projeto	15.9
Pipe Networks	Configuração e criação das redes de tubulações	18
Grading	Definição e manipulação do modelo de terraplenagem	17
Plan Production	Configuração das folhas de documentação do projeto	20
Survey	Gerenciamento dos dados do levantamento de campo	5

Apresentação

A solução do Autodesk® Civil 3D 2020 promove, de fato, o ingresso para o universo BIM aplicado ao desenvolvimento de projetos de infraestrutura, pois oferece inúmeros recursos que auxiliam os profissionais na execução das principais tarefas no fluxo de trabalho voltados a esses tipos de empreendimentos.

Dessa forma, topógrafos, engenheiros, agrimensores, arquitetos e projetistas poderão desenvolver diversos estudos e projetos com mais eficiência e assertividade, abrangendo as disciplinas de topografia, geotecnia e contenções, terraplenagem, projeto geométrico para rodovias e ferrovias, parcelamento do solo, urbanização, saneamento, canalização, redes de infraestrutura urbana, projetos de produção de energia como barragens e parques eólicos, entre outros. Sua consolidação no mercado e a vasta abrangência no fluxo de trabalho fazem do Autodesk® Civil 3D 2020 uma das principais soluções de infraestrutura utilizadas no país.

Esta obra elenca os principais recursos do Autodesk® Civil 3D 2020 dentro de um fluxo de trabalho apropriado às atividades voltadas ao desenvolvimento de projetos de infraestrutura, desde a construção do modelo do terreno topográfico até a extração de volumes e quantidades do projeto. Como parte do processo BIM para infraestrutura, este livro apresenta ainda fluxos de trabalho para a importação e o uso dos dados dos furos de sondagens, procedimentos para a modelagem das camadas geológicas, bem como demonstrar as principais ferramentas para a manipulação de imagens para uso nos projetos, elaborar análises nos modelos e desenvolver projetos de redes de infraestrutura. Também apresenta o fluxo para projetos de obras lineares e localizadas, além dos procedimentos para a extração das quantidades e a produção das folhas de desenhos do projeto. Esta obra é concluída com o projeto avançando com o modelo de infraestrutura para seu uso no modelo de coordenação do empreendimento, procedimentos demonstrados dentro da solução do Autodesk® Navisworks.

Os arquivos de templates contendo a configuração da representação dos objetos e os modelos de relatórios de saída apresentados neste livro estão relacionados ao pacote regionalizado *Country Kit Brazil*, que pode ser obtido no site de suporte do Civil 3D. Os arquivos aplicados nos exemplos e nos exercícios práticos estão disponíveis na plataforma da editora, assim como os arquivos concluídos dos exercícios, para eventuais consultas e verificação dos resultados.

Todos os recursos e as aplicações apresentados nesta obra fazem uso da coleção de soluções da Autodesk AEC Collection. As atividades de exemplos e exercícios ilustradas neste livro cobrem os tópicos do exame de certificação em Autodesk® Civil 3D, o qual contribui para enriquecer o currículo profissional.

Bons estudos e boa sorte!

O autor

Uso do BIM no Universo da Infraestrutura

As novas demandas da engenharia promoveram a evolução de novas ferramentas específicas para o desenvolvimento de projetos. Pode-se utilizar o potencial dessas ferramentas para a aplicação do processo mais atual, denominado BIM, que permite uma interação com o modelo do projeto de um empreendimento proposto envolvendo todas as suas disciplinas e fases, facilitando os seus processos de validação e execução desde o planejamento, passando pelas etapas de projetos e revisões, e ainda envolvendo sua construção e gestão (Figura 1.1).

O BIM (Building Information Modeling) deve ser tratado como um processo ou uma metodologia aplicada à construção virtual de um empreendimento, uma vez que possibilita utilizar o modelo virtual do empreendimento para a realização de diversas análises, antes mesmo de sua construção física. Esse processo reduz o custo da construção do empreendimento, pois permite antecipar eventuais incompatibilidades no projeto, melhorar o planejamento e a valoração de sua execução, além de fornecer subsídios para as etapas de operação e manutenção.

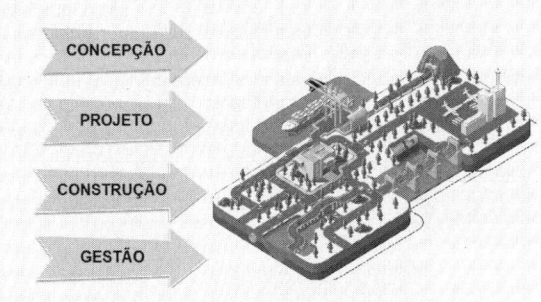

Figura 1.1 Abrangência do processo BIM.

O mecanismo do processo **BIM** consiste na elaboração do modelo 3D inteligente do empreendimento por intermédio de ferramentas apropriadas. Dessa forma, será possível acessar as informações técnicas do modelo do projeto, como quantidade e custo. Esse processo permite compatibilizar as disciplinas envolvidas, possibilitando a identificação prévia de eventuais interferências entre os objetos do modelo. Assim, engenheiros, arquitetos e demais profissionais da indústria poderão analisar e simular o modelo virtual do empreendimento antes mesmo de sua construção física, sendo possível minimizar eventuais despesas imprevistas durante a construção e a manutenção do empreendimento.

A questão fundamental que precisa ser respondida para uma boa definição do processo de implementação do BIM é, primeiramente, definir qual será o principal uso de tal modelo: apenas para visualização ou para melhorar a interface de comunicação entre as disciplinas, para melhorar o processo de quantificação obtendo mais assertividade no orçamento de execução da obra, ou, ainda, todos os motivos juntos. Porém, conhecendo o uso exato do modelo BIM, será possível definir ou adaptar suas diretrizes de implementação.

Além da manipulação do modelo tridimensional do empreendimento e do acesso às informações pertinentes ao projeto, o processo BIM fornece os benefícios para transportarmos o modelo para soluções específicas de elaboração de análises, visualização e documentação do projeto (Figura 1.2).

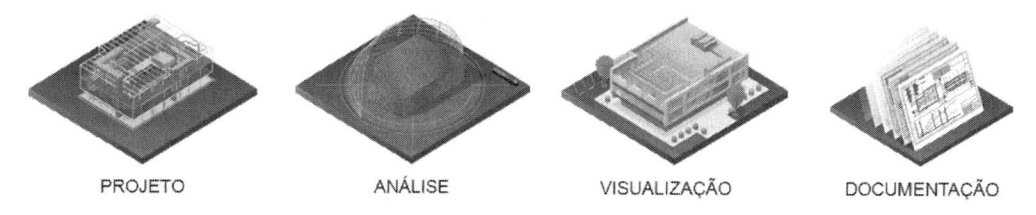

PROJETO   ANÁLISE   VISUALIZAÇÃO   DOCUMENTAÇÃO

Figura 1.2 Fases presentes no processo BIM.

O Autodesk Civil 3D pode ser utilizado como parte do processo BIM, pois seus objetos trabalham de forma correlacionada, permitindo o dinamismo no modelo do projeto. Esse conceito fornece resposta imediata durante todas as etapas do projeto e, principalmente, em suas desgastantes revisões.

A diferença passa a ser enorme quando comparamos as ferramentas de elaboração de desenhos com as soluções de desenvolvimento de projetos. Nas ferramentas de desenho, como o AutoCAD, criamos as representações gráficas dos projetos em 2D ou 3D, na forma de desenhos, sendo que esse processo fornece apenas as informações do desenho, como geometrias e tipos de entidades de CAD. Já as soluções de projeto, como o Autodesk Revit ou o Autodesk Civil 3D, auxiliam na elaboração do modelo 3D do projeto para visualização, permitindo a execução de análises e estudos no modelo, além do acesso às informações de volumes, quantidades e custos, para facilitar a construção e gestão do empreendimento.

BIM para projetos de infraestrutura

O fluxo apropriado entre as fases de concepção de estudos e elaboração dos projetos pode diferenciar a eficiência da empresa durante as tomadas de decisões importantes, como nas escolhas das alternativas e das propostas relevantes para prosseguir com a alternativa adequada ao desenvolvimento do projeto.

A ideia de um fluxo de trabalho bem definido também pode melhorar a qualidade das informações apresentadas e impactar diretamente nos prazos de entrega dos projetos de infraestrutura. Nos dias de hoje, é possível imaginar um fluxo de trabalho idealizando o modelo conceitual das propostas de alternativas para os projetos e, ainda, aproveitar os dados empregados nesses modelos para a execução do projeto propriamente dito. Nesse processo, não há perda de informações ou dados incoerentes, tampouco a necessidade de recriar o projeto do ponto zero, na ocorrência de mudanças de seu escopo ou na substituição da alternativa escolhida para o projeto.

Contudo, a primeira questão que precisa ser levantada é saber qual será o principal uso do modelo BIM, uma vez que ele pode servir apenas para a documentação, para a compatibilização dos projetos ou para a obtenção de uma quantificação precisa para orçar a obra do empreendimento, ou, também, fazer bom uso do modelo BIM para todas as opções, uma vez que, com a resposta definida para o uso do modelo BIM, fica possível estabelecer o melhor fluxo de implementação.

Uma proposta para um fluxo de trabalho moderno e eficiente, objetivando atender às demandas do mercado atual no desenvolvimento de projetos de infraestrutura, pode utilizar as soluções presentes no pacote da coleção de infraestrutura da Autodesk – **AEC Collection** (Figura 1.3):

- **Concepção – Autodesk InfraWorks:** solução utilizada para a concepção de alternativas para o projeto proposto; permite a importação de dados topográficos, geoespaciais e modelos 3D, além de auxiliar a criação do modelo conceitual do empreendimento.

- **GIS – AutoCAD Map 3D:** solução para a importação e a manipulação de dados geoespaciais, elaboração de mapas analíticos do local do empreendimento e, assim, recriar e analisar as condições da região de intervenção do projeto.

- **Captura – Autodesk ReCap:** conjunto de soluções que viabilizam a utilização de dados provenientes de capturas realizadas a partir de laser scanner ou de imagens, permitindo a manipulação de nuvem de pontos, para utilização nas demais soluções do universo Autodesk.

- **Projeto, análise e documentação – Autodesk Civil 3D:** solução que fornece diversas ferramentas para a elaboração do projeto, extração das informações volumétricas, desenvolvimento de diversos tipos de análises sobre o modelo projetado, além de extração da documentação do projeto. É possível importar os dados das propostas confeccionadas no Autodesk InfraWorks para desenvolver o projeto proposto e, posteriormente, exportar o modelo projetado para as etapas seguintes do fluxo de trabalho, como a compatibilização do projeto por meio do Autodesk Navisworks.

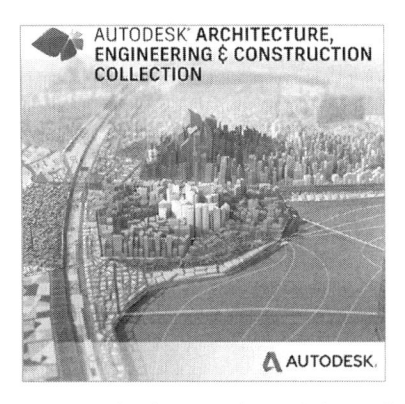

Figura 1.3 Pacote de soluções BIM da Autodesk para infraestrutura.

Algumas soluções podem ser agregadas ao Autodesk Civil 3D, adquiridas na forma de aplicativos e extensões, que permitirão complementar o fluxo de trabalho nas etapas de projeto e análises nos componentes presentes no modelo projetado:

- **Autodesk Geotechnical Module:** solução utilizada para a importação de dados de sondagens, possibilitando a construção de camadas geológicas e exibição no gráfico do perfil longitudinal.

- **Autodesk Subassembly Composer:** solução que permite programar componentes transversais para os projetos de infraestrutura na forma de objetos Subassemblies do Autodesk Civil 3D.

- **Autodesk VehicleTracking:** solução que permite o desenvolvimento de projetos de parques de estacionamentos, rotatórias e elaboração de análise de giro de veículos sobre a geometria projetada no Autodesk Civil 3D.

- **Autodesk Storm and Sanitary Analysis (SSA):** solução utilizada na elaboração de análises e simulação nas redes projetadas no Autodesk Civil 3D.

- **Autodesk River & Flood Analysis:** solução para a elaboração de análises hidrológicas nos modelos de superfícies presentes no Civil 3D.

- **Dynamo:** solução utilizada para o desenvolvimento de programação visual para a automatização de tarefas e processos.

- **AutoCAD Raster Design:** solução para a manipulação de imagens no ambiente de projeto; permite a edição direta nos dados das imagens raster, criação do arquivo de correlação para o georreferenciamento das imagens, além de poderosas ferramentas de vetorização para a transformação de dados raster em objetos de AutoCAD. Pode-se converter cartas topográficas escaneadas em base de terrenos com curvas de nível elevadas, possibilitando a criação do modelo de superfície no Autodesk Civil 3D.

- **Projeto de OAE – Autodesk Revit:** solução utilizada no desenvolvimento dos projetos de obras de arte especiais, projetos de edificações e demais componentes estruturais que compõem os projetos de infraestrutura.

- **Visualização – Autodesk 3ds Max:** solução utilizada na criação de imagens realísticas e animações para apresentação do modelo projetado.

- **Gestão – Autodesk Navisworks:** solução que permite a importação do modelo projetado com o objetivo de efetuar a compatibilização do projeto, por meio da verificação de interferências entre os objetos projetados elaborados entre as diversas disciplinas. Possibilita, ainda, a extração da quantificação, além da simulação de sequência construtiva do empreendimento proposto.

Cada solução possui ferramentas exclusivas para o desenvolvimento de tarefas para cada etapa do processo. A Figura 1.4 exibe algumas das soluções presentes na coleção da Autodesk, correlacionadas ao tipo de atividade do projeto de infraestrutura.

Figura 1.4 Principais soluções da Autodesk para projetos BIM de infraestrutura.

1.2 Pilares do processo BIM

Sabendo-se que o BIM não abrange somente o uso de software, mas se extende na adaptação ou na criação de novos processos para atender com coesão todas as etapas dos empreendimentos de infraestrutura, e para que haja adesão coesa em sua implementação, é importante sumarizar os três pilares do processo BIM:

- **Pessoas:** retrata os papéis e as responsabilidades dos participantes no processo BIM. Inclui os programas de educação e formação.
- **Processos:** levantamento e documentação dos processos atuais, concepção de novos processos em BIM.
- **Tecnologia:** composto pelos elementos necessários para apoiar a implantação e o andamento do processo BIM, incluindo software, hardware e infraestrutura de TI.

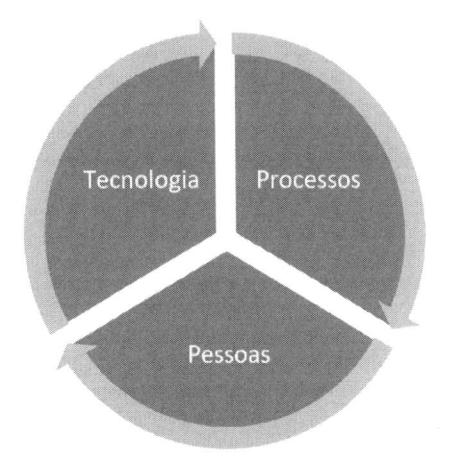

Figura 1.5 Pilares do processo BIM.

1.3 LOD/ND para infraestrutura

O LOD (Level of Development) representa o nível de desenvolvimento (ND) de cada elemento que constitui o modelo BIM. O LOD pode determinar qual é o tipo de informação desejada para o modelo ou definir qual é o nível de detalhamento dos elementos presentes no modelo, transportando-os por todas as etapas do processo BIM do empreendimento. As informações do LOD podem possuir características geométricas, como a posição do elemento para sua locação; conter as informações técnicas, como um código para extração de quantitativos; ou possuir qualquer outra propriedade relevante à concepção, construção e gestão do empreendimento.

O ND dos elementos pode ser ordenado de forma que possa representar os níveis de avanços do empreendimento, como as etapas de concepção, de projeto básico ou executivo e construção. A seguir, são conceituados alguns exemplos do ND, que podem ser aplicados para projetos viários.

- **LOD 100:** o traçado preliminar do projeto viário é representado por objetos polilinhas 2D, com a indicação das estacas, além das informações de pontos notáveis e demais características dos elementos geométricos horizontais. Esse ND pode ser utilizado nas etapas de concepção, estudos iniciais, análises de viabilidades e planejamento (Figura 1.6).

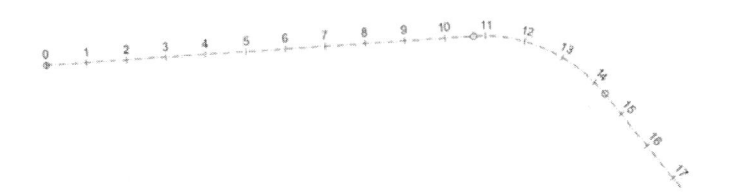

Figura 1.6 Exemplo de LOD 100 para projeto viário.

- **LOD 200:** o modelo do viário pode ser representado por uma superfície constituída de geometrias simples com dimensões, áreas, localização e quantidades aproximadas. Este ND pode ser aplicado em etapas de planejamento, projetos funcional e básico (Figura 1.7).

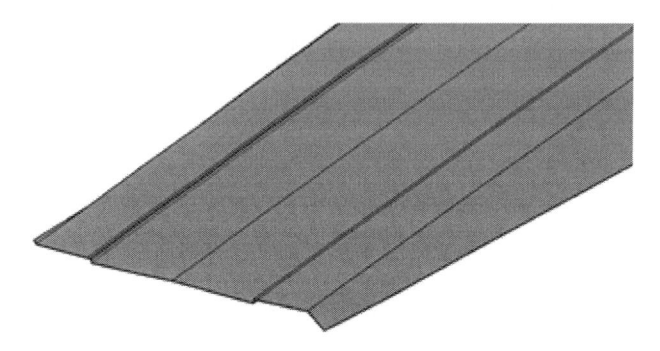

Figura 1.7 Exemplo de LOD 200 para projeto viário.

- **LOD 300:** o modelo do projeto viário é representado por modelo de corredor construído com dimensões, formas, quantidades e localização que refletem as condições reais para sua construção, e deverá englobar a interação com as demais disciplinas envolvidas no processo. O LOD 300 pode ser utilizado na etapa de desenvolvimento do projeto executivo (Figura 1.8).

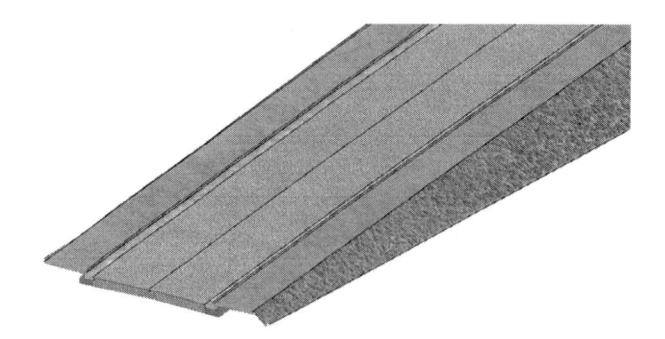

Figura 1.8 Exemplo de LOD 300 para projeto viário.

- **LOD 400:** o modelo é representado por modelos sólidos segmentados, para permitir a quantificação precisa e obedecer às suas etapas construtivas. Tais modelos podem ser extraídos dos modelos mencionados no LOD anterior. O LOD 400 pode ser utilizado nas etapas de fabricação ou montagem, viabilizando a sua construção (Figura 1.9).

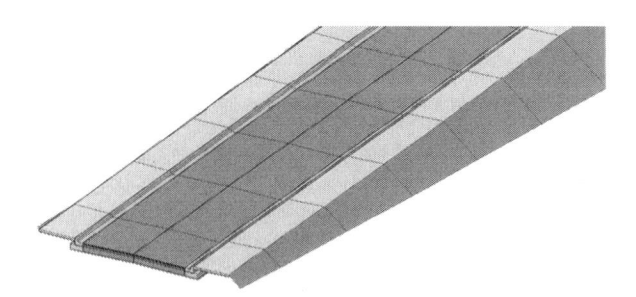

Figura 1.9 Exemplo de LOD 400 para projeto viário.

1.4 Codificações e nomenclaturas

Em qualquer tipo de implementação, é fundamental definir padrões de nomenclatura ou codificações para os recursos que vão compor o processo, para que, dessa forma, seja possível organizar e controlar as informações. Isso também se aplica para qualquer tipo de projeto, seja na forma tradicional ou na metodologia BIM, incluindo os projetos de engenharia, arquitetura, entre outros.

Os benefícios de possuir os elementos dos modelos organizados por codificação ou nomenclatura padronizada são inúmeros, e iniciam-se com a facilidade de filtrar e selecionar os elementos de disciplinas desejadas para realizar a compatibilização do projeto, estendem-se para a construção do empreendimento mais assertiva e segura, e ainda possibilitam o uso dos dados dos modelos para a operação e manutenção do empreendimento.

A codificação para os elementos que compõem o modelo BIM pode ser padronizada, adotando-se os códigos das tabelas de composições de preços mais utilizadas no mercado, sejam elas definidas por órgãos ou agências reguladoras, como a TPU do DER ou pelo sistema SICRO (Figura 1.10), ou por quaisquer composições que permitam filtrar e quantificar o projeto de forma ordenada.

2 S 02 200 01 - Base solo estabilizado granul. s/ mistura		Produção da Equipe : 168,00 m3			(Valores em R$)
D - Atividades Auxiliares	Quantidade	Unidade	Preço Unitário		Custo Unitário
1 A 01 100 01 - Limpeza camada vegetal em jazida (const e restr.)	0,7000	m2			
1 A 01 105 01 - Expurgo de jazida (const e restr)	0,2000	m3			
1 A 01 120 01 - Escav. e carga de mater. de jazida(const e restr)	1,1500	m3			
			Custo Total das Atividades		
F - Transporte de Materiais Produzidos / Comerciais	Toneladas /	Unidade	de Serviço		Custo Unitário
1 A 01 120 01 - Escav. e carga de mater. de jazida(const e restr)	1,8400				

Figura 1.10 Modelo de composição com codificação do SICRO.

As nomenclaturas para os elementos do modelo BIM também poderão ser padronizadas conforme normativas de entidades reguladoras, sendo o próprio padrão de codificação ou padrão de nomenclatura. O importante é esse processo estar bem definido na documentação do processo BIM para facilitar as etapas posteriores de coordenação dos projetos. A Figura 1.11 ilustra algumas possibilidades de nomenclaturas para elementos de Civil 3D.

Tipo de Elemento	-	Status	-	Função	-	Estaca / Localização	-	Nome principal / Sequencial
SU - Superfície AL - Alinhamento AS - Assembly CO - Corredor PN - Pipe Network	-	EX - Existente PR - Projetado RE - Remanejar DE - Demolir	-	F - Viário H - Drenagem L - Dispositivo de segurança G - Geotecnia Q - Terraplenagem P - Pavimentação I - Interferência T - Topografia X - Não especificado	-	Nome do local Estaca Kilômetro	-	XXXXX

Exemplos	Descrição
SU_EX_T_KM101_PISTA-SUL	Superfície_existente_topográfica_localizada no Km 101_referente à pista sul
AL_PR_F_KM255_RAMO-100	Alinhamento_projetado_sistema viário_localizado no Km 255_referente ao ramo 100
CO_PR_H_44+12_BSTC-080	Corredor_projetado_para drenagem_na estaca 44+12_do bueiro de 0,80m

Figura 1.11 Exemplos de nomenclatura para elementos de Civil 3D.

Tanto as regras de codificação quanto as nomenclaturas deverão estar presentes em algum campo ou propriedade de cada um dos elementos modelados, e isso também deverá ser definido na diretriz do processo BIM, para que haja uma fácil identificação dos elementos do projeto.

Os elementos de Civil 3D possuem campos nativos e dedicados ao posicionamento de nome e à descrição, e esses campos bem padronizados possibilitarão a seleção organizada dos elementos na ferramenta de coordenação do projeto. Pode-se ainda trabalhar com padrão de nomenclatura de layers para obter os mesmos resultados. Contudo, se o padrão adotado for embasado em codificação, a adaptação poderá se tornar demorada, e para que os valores de códigos apareçam apenas como uma propriedade dos elementos, pode-se fazer bom uso do recurso de **Property Sets** do Autodesk Civil 3D, que possibilita a personalização dos campos de propriedades para os elementos do modelo (Figura 1.12).

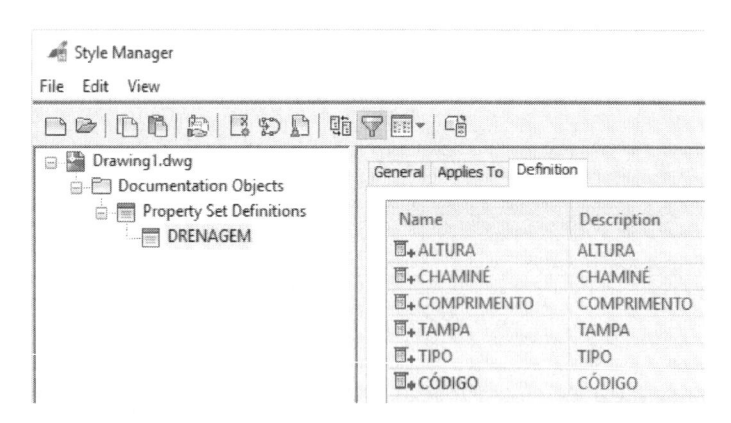

Figura 1.12 Exemplos de propriedades personalizadas criadas com Property Sets.

Visão Geral do Autodesk Civil 3D

O Autodesk Civil 3D é uma das principais soluções do mercado, desenvolvida para atender às demandas e necessidades atuais da engenharia civil. Suas ferramentas e seus recursos auxiliam os profissionais de infraestrutura durante o ciclo de desenvolvimento de estudos e projetos para terraplenagem, transporte, loteamentos, redes de infra, entre outros.

O principal benefício do Autodesk Civil 3D está na elaboração e manipulação do modelo dinâmico do empreendimento projetado, ou seja, um relacionamento inteligente é estabelecido entre seus objetos, como superfícies, alinhamentos e anotações, permitindo atualizações automáticas na ocorrência de modificações. Esse sistema fornece resposta instantânea durante as etapas de estudos e viabilidades, bem como em todo o ciclo de desenvolvimento dos projetos de infraestrutura (Figura 2.1).

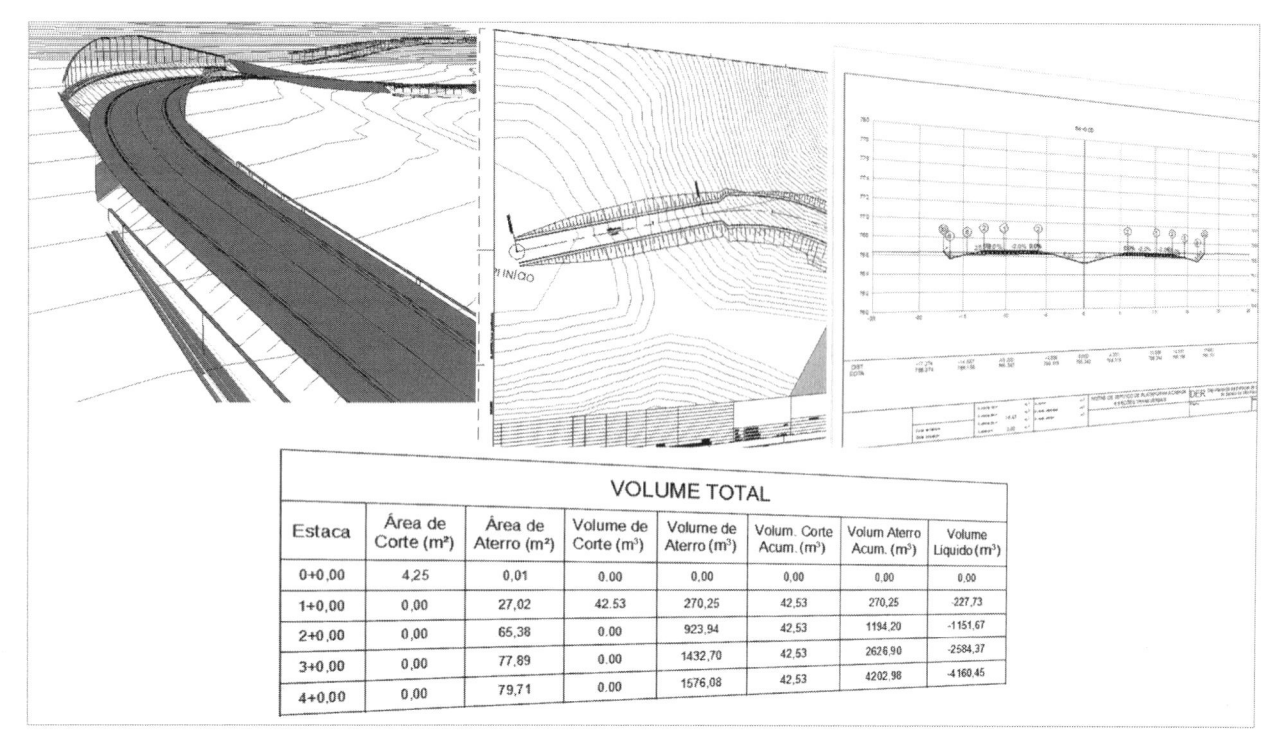

VOLUME TOTAL							
Estaca	Área de Corte (m²)	Área de Aterro (m²)	Volume de Corte (m³)	Volume de Aterro (m³)	Volum. Corte Acum. (m³)	Volum Aterro Acum. (m³)	Volume Liquido (m³)
0+0,00	4,25	0,01	0.00	0,00	0,00	0,00	0,00
1+0,00	0,00	27,02	42.53	270,25	42,53	270,25	-227,73
2+0,00	0,00	65,38	0.00	923,94	42,53	1194,20	-1151,67
3+0,00	0,00	77,89	0.00	1432,70	42,53	2626,90	-2584,37
4+0,00	0,00	79,71	0.00	1576,08	42,53	4202,98	-4160,45

Figura 2.1 Modelo e documentação do projeto.

O Autodesk Civil 3D trabalha sobre a plataforma do AutoCAD, sendo possível utilizar as ferramentas de desenho para complementar o processo de elaboração da documentação dos projetos.

Os recursos de geoprocessamento do AutoCAD Map 3D também estão presentes no Autodesk Civil 3D; dessa forma, os profissionais de geoprocessamento poderão manipular dados espaciais juntamente com as informações do modelo do projeto. Outra característica fornecida pelo conjunto de ferramentas é a possibilidade de agregar os dados GIS com os modelos BIM – é muito provável que o uso do GeoBIM terá destaque no futuro da engenharia.

Diferentemente do AutoCAD, o Autodesk Civil 3D trabalha com o modelo dinâmico do projeto e possui objetos distintos denominados **AEC Objects**, como superfícies, alinhamentos e corredores. Esses elementos são exclusivos do Autodesk Civil 3D e, para visualizá-los em outras ferramentas, será necessário exportá-los.

2.1 Uso do modelo em outras plataformas

Durante o desenvolvimento ou término do projeto, na maioria das vezes, é necessário criar as pranchas de desenhos como parte da documentação do projeto, exportar os arquivos elaborados no Autodesk Civil 3D para os demais profissionais da equipe ou, ainda, fornecer esses arquivos para os clientes analisarem e verificarem o projeto com o uso do AutoCAD. Nesses casos, será preciso instalar plug-ins criados para esta finalidade diretamente no AutoCAD, para que, assim, seja possível navegar e imprimir o modelo do projeto elaborado inicialmente no Autodesk Civil 3D.

Esses aplicativos são denominados **Object Enablers** e são adquiridos gratuitamente no site da Autodesk, ou instalados por meio das mídias de instalação do Autodesk Civil 3D. Os aplicativos de Object Enablers possuem versões respectivas para cada solução da Autodesk (Figura 2.2).

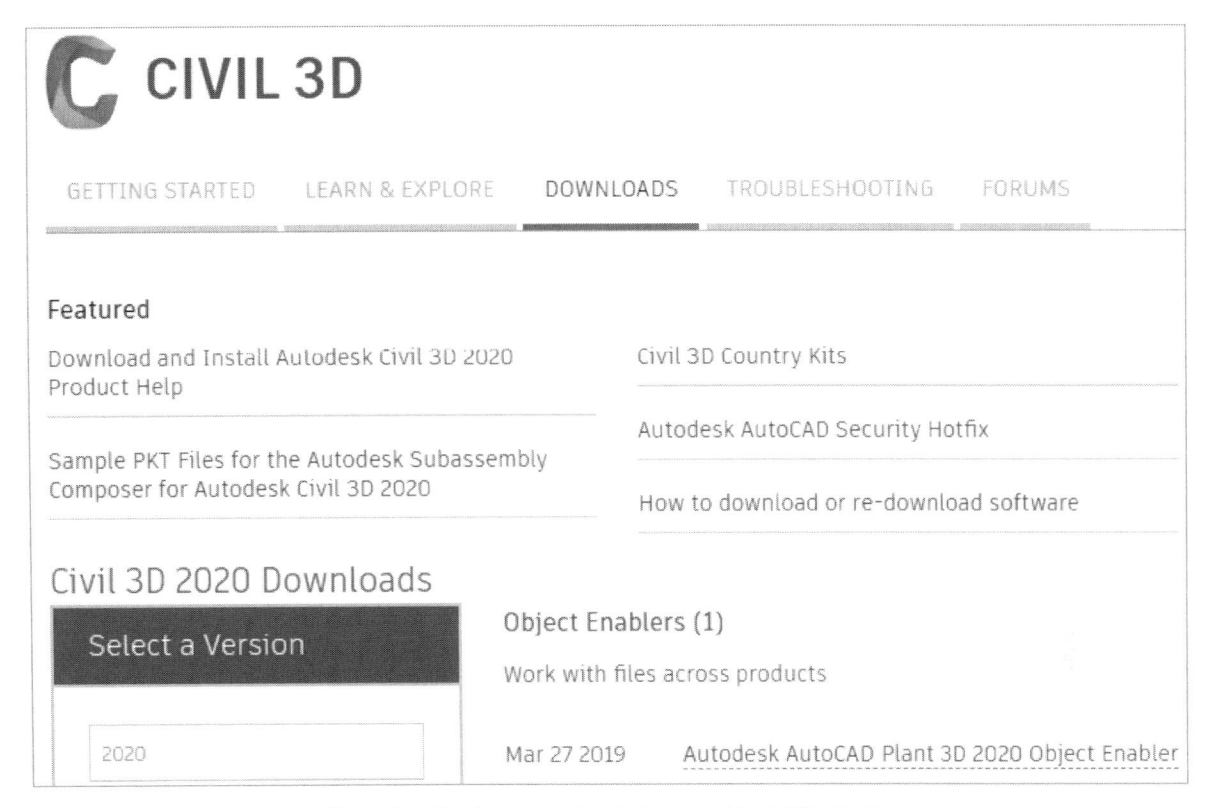

Figura 2.2 Site de suporte da Autodesk para aquisição do Object Enabler.

Outra opção para trabalhar com os desenhos elaborados no Autodesk Civil 3D para leitura no Auto-CAD é a criação de uma versão DWG exportada, por meio do menu principal: **C3D → Export → Export Civil 3D Drawing**. Pode-se ainda acessar a ferramenta pela ribbon: **Output → Export → Export Civil 3D Drawing** (Figura 2.3).

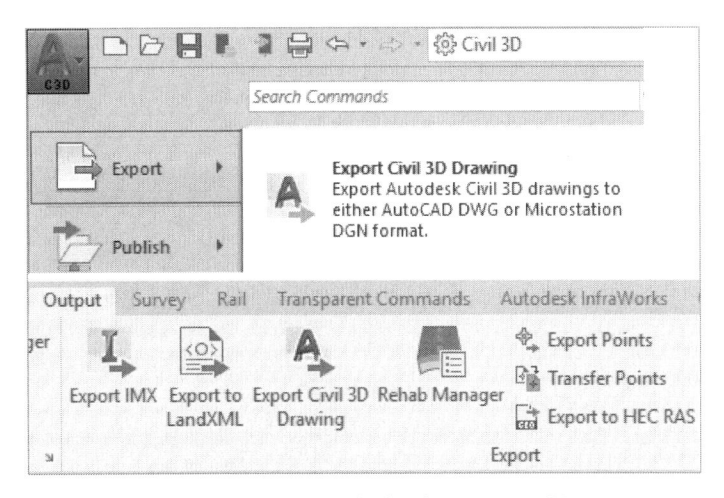

Figura 2.3 Exportação dos desenhos para o AutoCAD.

A caixa de diálogo **Export Autodesk Civil 3D Drawing** permite configurar as opções de exportação de desenhos para o AutoCAD; entre essas opções, pode-se escolher o formato, a versão, o local e o nome para o arquivo, a seleção de conjunto de desenhos, além de permitir gravar desenhos separados presentes no **Model** e **Layout** (Figura 2.4).

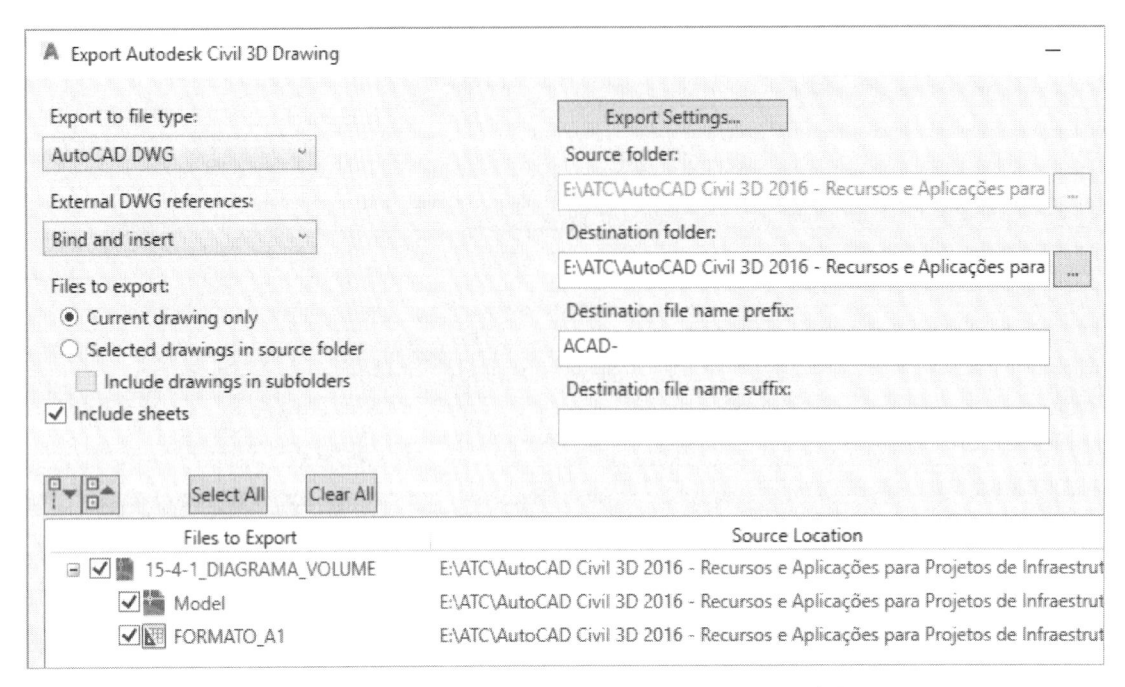

Figura 2.4 Interface da caixa de exportação de desenhos para o AutoCAD.

Os arquivos de Civil 3D são gravados em formato DWG, que é o mesmo formato de arquivos do AutoCAD, e assim como o AutoCAD, também são versionados, então, deve-se observar atentamente a ocorrência da utilização dos arquivos elaborados nas versões atuais do Civil 3D para leitura em versões mais antigas da plataforma. A Figura 2.5 exibe as versões dos formatos de arquivos do AutoCAD e, consequentemente, de Civil 3D disponíveis na caixa **Save As**.

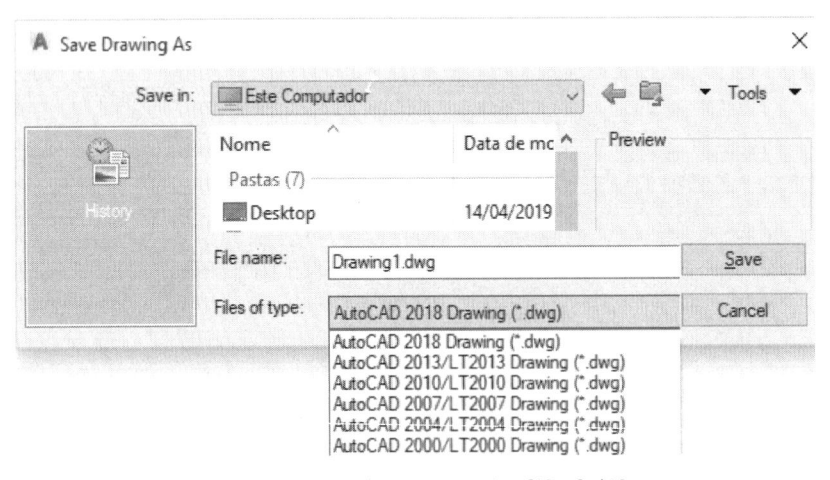

Figura 2.5 Versões de arquivos para AutoCAD e Civil 3D.

Quando a finalidade for transportar o modelo para versões mais antigas do Autodesk Civil 3D, e até mesmo para outras plataformas, a opção de criar arquivo LandXML pode ser adotada; contudo, a versão atual deste formato de arquivo permite apenas carregar os modelos de superfícies, o traçado geométrico horizontal e vertical, os lotes e as redes de tubulações criadas com Pipe Network, faltando ainda exportar os modelos de corredores e seus respectivos subassemblies, para que haja uma exportação completa do projeto (Figura 2.6).

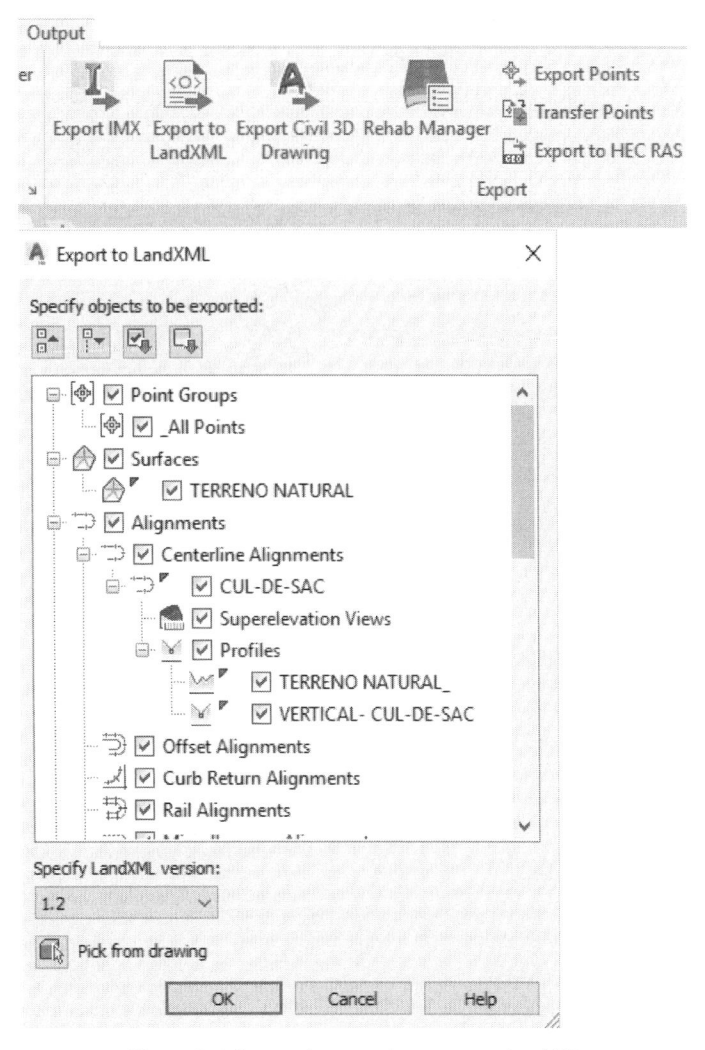

Figura 2.6 Recurso de exportação para arquivo LandXML.

2.2 Brazil Content – Country Kit Brazil

O pacote *Brazil Content*, também chamado de *Country Kit Brazil*, fornece diversas configurações nacionalizadas para o desenvolvimento de projetos de infraestrutura, por meio do uso do Autodesk Civil 3D. Essas configurações disponíveis nos arquivos de templates (DWT) dão subsídios para a modelagem e a documentação de projetos rodoviários, metroviários, ferroviários, saneamento, entre outros.

As configurações presentes nos arquivos de templates disponibilizados no pacote Brazil Content vão desde aquelas de layers e estilos de textos de AutoCAD, até as configurações de labels e estilos de objetos de Civil 3D. Esse, de fato, é o principal benefício da instalação do pacote (Figura 2.7); contudo, os benefícios extendem-se para a criação de relatórios e apresentação dos projetos de infraestrutura, e ainda os critérios geométricos normativos para projetos de estradas do DNIT e DER.

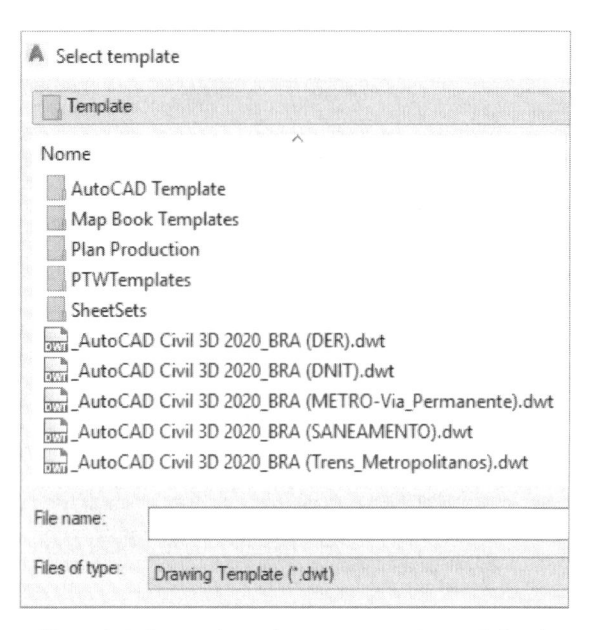

Figura 2.7 Arquivos de templates presentes no Country Kit Brazil.

A instalação do pacote *Brazil Content* ocorre após aquela do Autodesk Civil 3D 2020, então será necessário baixar o instalador do pacote no site de suporte da Autodesk, na página de downloads do Civil 3D (Figura 2.8).

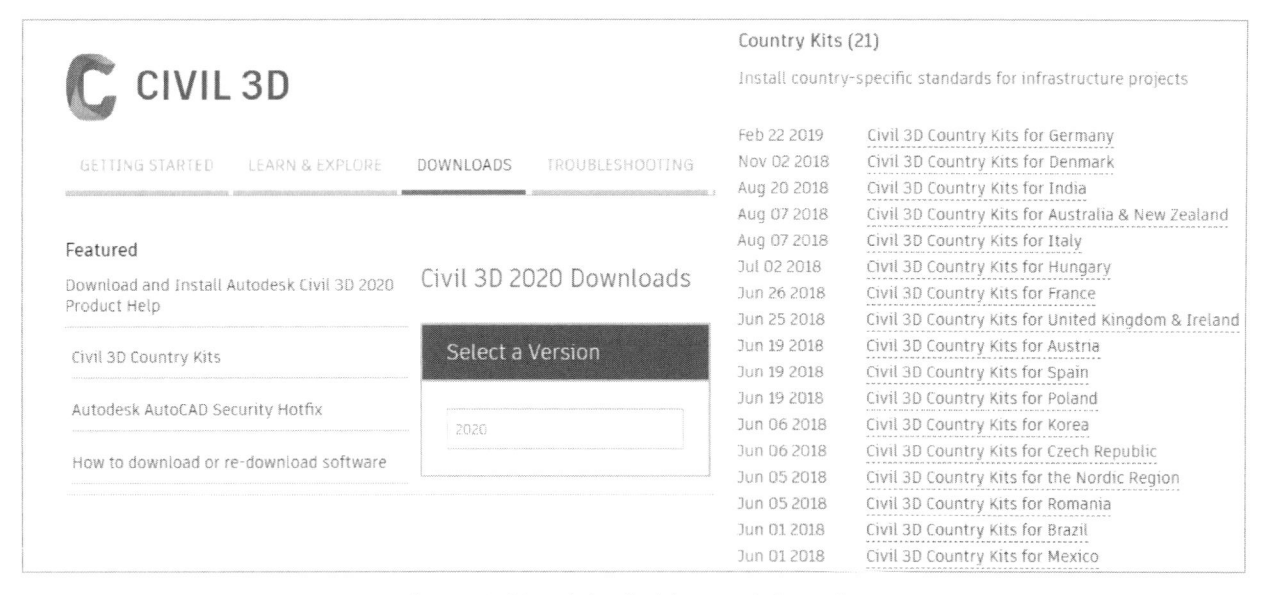

Figura 2.8 Página de download de pacotes de Country Kit.

Após o download do instalador do *Country Kit*, localizar o arquivo Brazil_Content_C3D_2020.msi e aplicar um duplo clique para iniciar o processo de instalação (Figura 2.9). Seguir os procedimentos solicitados na caixa **Autodesk Civil 3D 2020 Brazil Country Kit Setup** para concluir a instalação.

Figura 2.9 Assistente de instalação do Country Kit Brazil.

A aba **Toolbox** da **Toolspace** acessa os relatórios de saída de dados dos projetos elaborados no Autodesk Civil 3D, cuja categoria **Relatórios** permite a criação de relatórios para alinhamentos horizontais e verticais, superfícies, lotes, pontos, redes de infra e notas de serviço. A categoria **Recursos adicionais** dispõe de ferramentas para a elevação de curvas de nível, geração de malha de coordenadas, impressão das seções de notas de serviço e exportação da geometria do modelo do corredor (Figura 2.10).

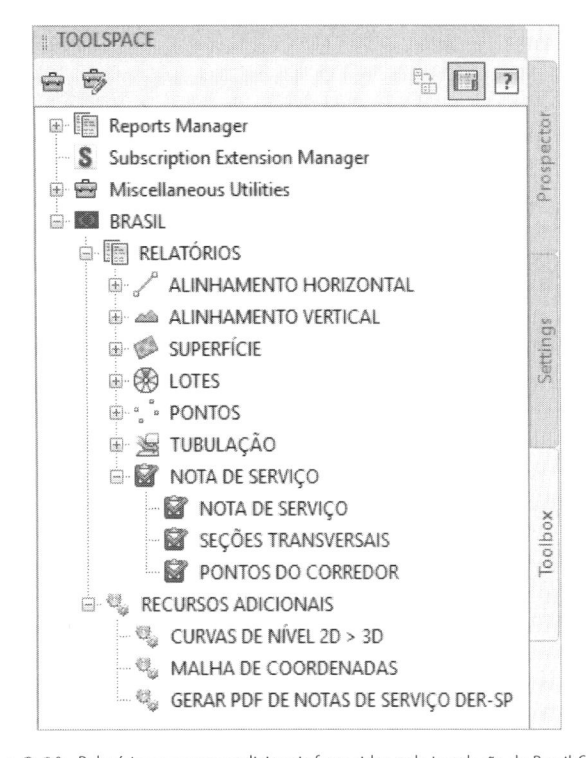

Figura 2.10 Relatórios e recursos adicionais fornecidos pela instalação do Brazil Content.

A aba **BRASIL** da **Tool Palettes** fornecida na instalação do pacote Brazil Content disponibiliza exemplos de assemblies e subassemblies exclusivos para a aplicação em projetos de infraestrutura. A documentação do pacote Brazil Content pode ser acessada no site do blog Mundo AEC (Figura 2.11).

Figura 2.11   Aba Brasil da Tool Palettes.

Interface do Usuário

A interface do Autodesk Civil 3D é intuitiva e organizada de acordo com o fluxo apropriado para o desenvolvimento de projetos de infraestrutura. É possível personalizar a interface do usuário para organizar suas ferramentas, por meio de interfaces diferentes, menus, botões de comandos e janelas (Figura 3.1).

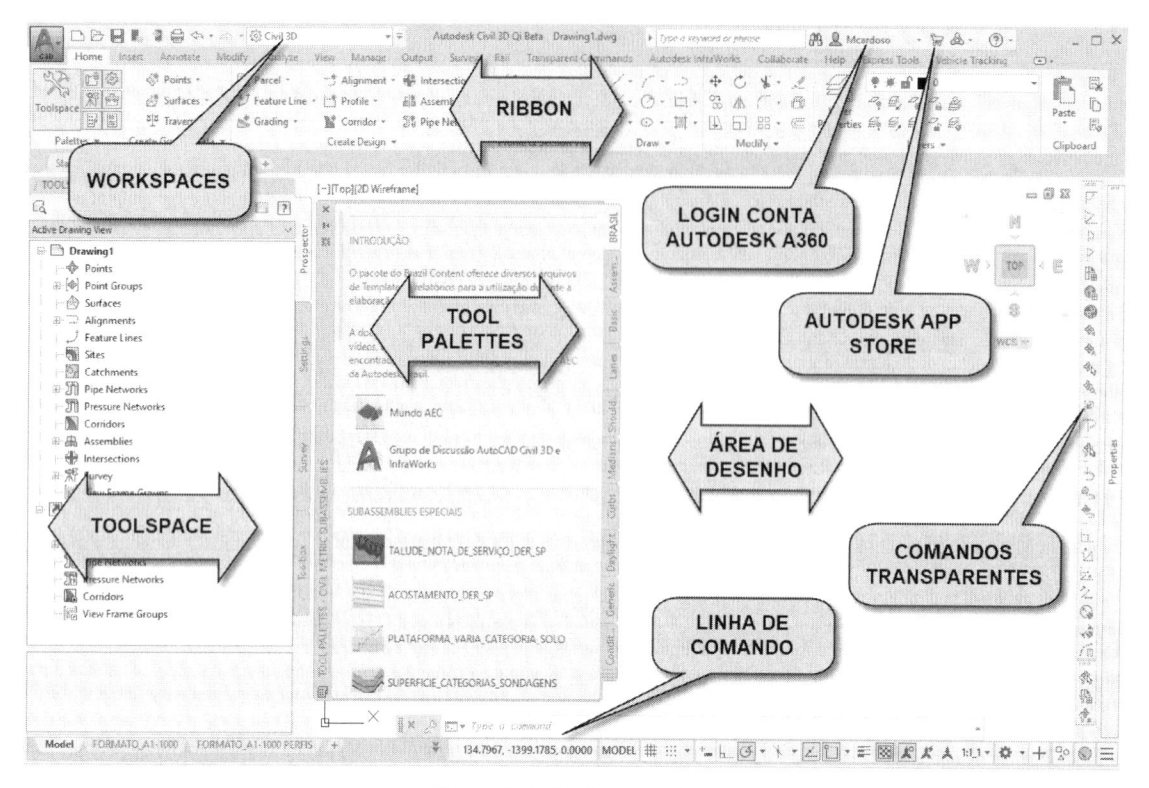

Figura 3.1 Interface do usuário.

Por meio da personalização das workspaces, pode-se organizar a disposição dos comandos, das barras de ferramentas, dos menus de atalhos, dos botões do mouse e das teclas de atalhos, apropriando a interface do programa de acordo com as necessidades durante o desenvolvimento dos projetos.

Informações adicionais sobre os recursos de interface do usuário poderão ser obtidas no capítulo *The User Interface*, do *Guia do Usuário*, disponível na documentação AutoCAD.

3.1 Workspaces

As workspaces são conjuntos de ferramentas personalizáveis na interface do usuário, por meio das quais torna-se possível configurar as abas e os painéis da ribbon, as barras de ferramentas, os menus e os menus de atalhos, os botões do mouse e as teclas de atalhos, apropriando a interface do programa de acordo com as necessidades durante o desenvolvimento ou as fases dos projetos (Figura 3.2).

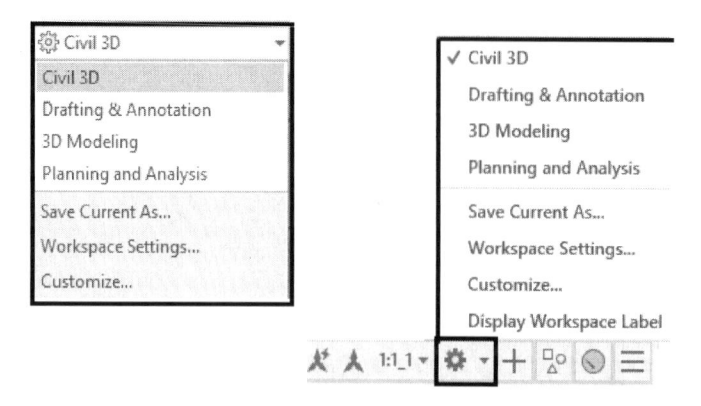

Figura 3.2 Workspaces disponíveis no Autodesk Civil 3D.

As workspaces disponíveis no Autodesk Civil 3D estão organizadas em:

▪ **Civil 3D:** interface que apresenta as ferramentas para a elaboração de projetos de infraestrutura disponíveis pelos recursos do Autodesk Civil 3D.

▪ **2D Drafting & Annotation:** interface com as ferramentas para a criação de desenhos 2D para a documentação dos projetos, por meio dos recursos do AutoCAD.

▪ **3D Modeling:** interface que exibe as ferramentas para a elaboração de desenhos conceituais em 3D, por meio dos recursos do AutoCAD.

▪ **Planning and Analysis:** interface que apresenta os recursos do AutoCAD Map 3D e suas ferramentas para geoprocessamento.

Agora, estude o exemplo a seguir:

1. Inicie o Autodesk Civil 3D.

2. No quadro de workspaces, selecione **2D Drafting & Annotation** para visualizar as ferramentas do AutoCAD.

3. Selecione a workspace **Planning and Analysis** e navegue pelas ferramentas de geoprocessamento.

4. Retorne para a workspace **Civil 3D**.

3.2 Disposição das ferramentas – ribbon

A ribbon é um conjunto de ferramentas distribuídas na forma de paleta, que permite acessar de maneira intuitiva os recursos do Autodesk Civil 3D. As ribbons são constituídas por grupos de abas divididas por painéis organizados por tarefas, e sua disposição está relacionada com cada workspace selecionada.

O conceito da ribbon está baseado não apenas na execução do comando, mas na tarefa a ser executada, em que se pode identificar a ferramenta desejada por intermédio das tarefas descritas no título de cada aba da ribbon. Por exemplo, as ferramentas para a inserção e a manipulação de blocos ou referências externas estão vinculadas à tarefa de inserção de objetos no desenho, em que será possível localizá-la na aba **Insert** da ribbon, ou, se a necessidade está na impressão dos documentos, pode-se localizar a ferramenta **Plot** na tarefa de saída de documentos, por meio da aba **Output** da ribbon (Figura 3.3).

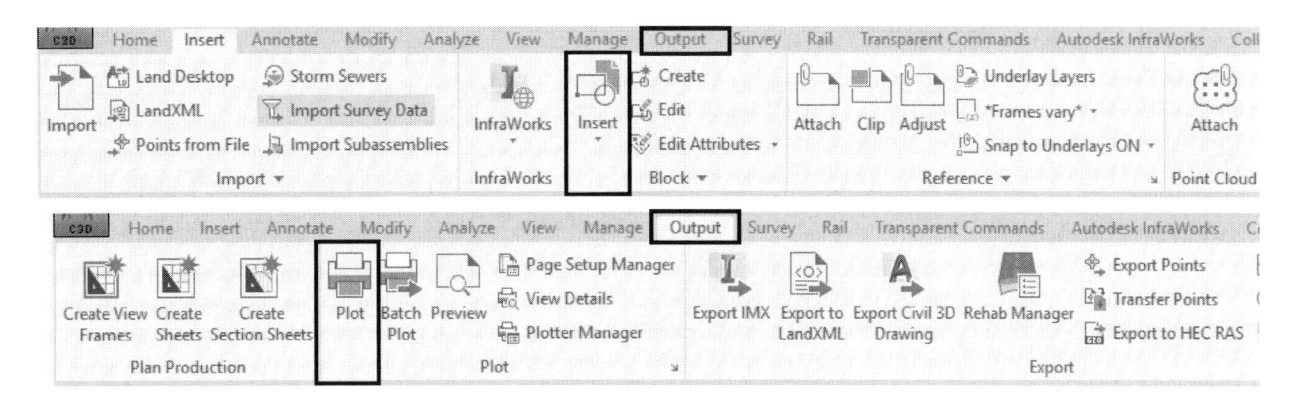

Figura 3.3 Ferramentas dispostas nas ribbons Insert e Output.

Pode-se ligar ou desligar a ribbon digitando o comando Ribbon (para ligar) ou Ribbon **close** (para desligar). Também é possível auto-ocultar a ribbon ou minimizá-la junto aos títulos das **Tabs** (guias), clicando no ícone ▼ , que se encontra ao lado direito das abas (Figura 3.4).

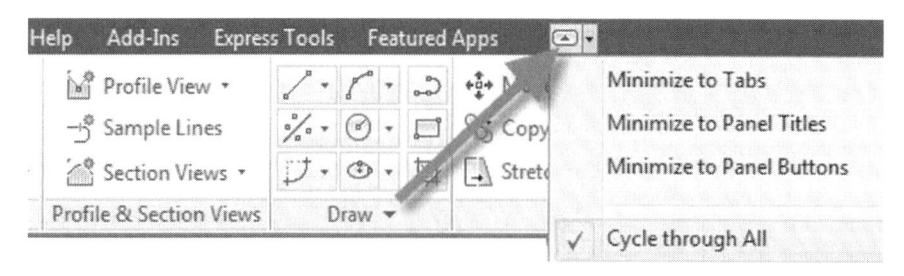

Figura 3.4 Opções de visualização da ribbon.

3.3 Ribbon Home

A aba Home da ribbon exibe os painéis divididos em grupos de tarefas utilizados para a criação de objetos pertinentes aos projetos de infraestrutura, desenvolvidos no Autodesk Civil 3D 2020 (Figura 3.5).

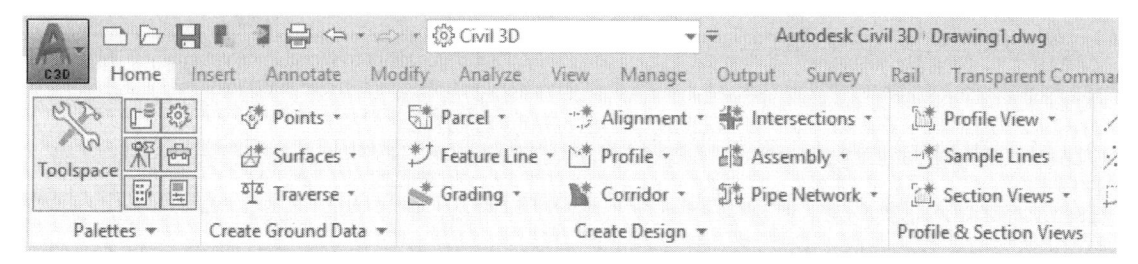

Figura 3.5 Aba Home da ribbon.

3.3.1 Palettes

Painel da aba **Home** da ribbon que permite ligar ou desligar as **Palettes** do AutoCAD, como **Properties** e **Layer Properties Manager**, além das **Palettes** do Autodesk Civil 3D, com destaque para a janela **Toolspace** e suas abas **Prospector**, **Settings**, **Survey** e **Toolbox** (Figura 3.6).

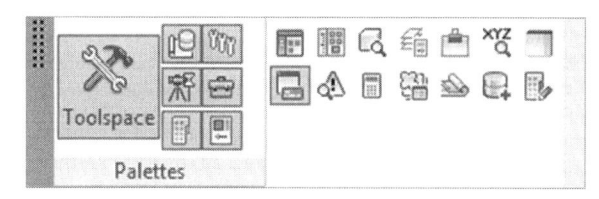

Figura 3.6 Painel Palettes.

Agora, estude o exemplo a seguir:

1. Inicie o Autodesk Civil 3D.
2. Ative a janela **Toolspace,** por meio da ribbon **Home** → **Palettes** → **Toolspace**.
3. Habilite a ferramenta da ribbon **Home** → **Palettes** → **Settings** para adicionar os recursos de configuração na janela **Toolspace**.

4. Ligue o botão da ribbon **Home** → **Palettes** → **Survey** para exibir as ferramentas de topografia na **Toolspace**.

5. Acione a ferramenta da ribbon **Home** → **Palettes** → **Toolbox** para acessar os modelos de relatórios na janela **Toolspace**.

6. Observe que as janelas ativas exibem os seus respectivos botões em azul na ribbon.

3.3.2 Create Ground Data

Painel com as ferramentas de manipulação dos dados do levantamento de campo. O painel **Create Ground Data** permite a criação e a manipulação de pontos e modelos de superfícies nos desenhos dos projetos (Figura 3.7).

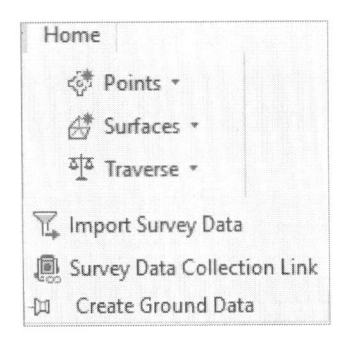

Figura 3.7 Painel Create Ground Data.

▪ **Points:** conjunto de ferramentas utilizadas na importação, criação e manipulação de pontos. Destaque para a barra de ferramentas **Point Creation Tools**, utilizada no processo de criação de pontos.

▪ **Surfaces:** ferramentas utilizadas durante a criação e manipulação de modelos digitais de terrenos (MDT) por meio dos objetos **Surfaces** do Autodesk Civil 3D.

▪ **Traverse:** ferramentas de criação, manipulação e análises de poligonais.

▪ **Import Survey Data:** assistente para a importação de dados do levantamento de campo, por meio de arquivos em formatos Field Book (FBK), LandXML ou selecionando pontos no desenho.

▪ **Survey Data Collection Link:** abre o aplicativo **Survey Link DC** para a conexão direta com equipamentos de levantamento de campo. Sua interface permite, ainda, a conversão dos dados do levantamento para leitura no Autodesk Civil 3D.

3.3.3 Create Design

O painel **Create Design** possui as ferramentas utilizadas para a criação de objetos de Autodesk Civil 3D. Quando expandido, exibe as ferramentas para a transformação de objetos, criação de objetos de Civil 3D por polylines e seleção de catálogos (Figura 3.8).

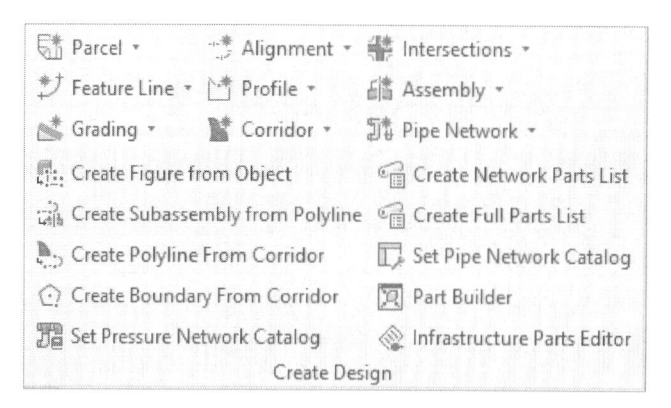

Figura 3.8 Painel Create Design utilizado durante o desenvolvimento dos projetos.

- **Parcel:** ferramentas para o desenvolvimento de projetos de loteamento.

- **Feature line:** conjunto de ferramentas para a criação e a manipulação de objetos feature lines, no qual é possível controlar as elevações de seus vértices, além das inclinações de suas rampas, e, dessa forma, utilizar os objetos feature lines no desenvolvimento de projetos de terraplenagem e, principalmente, nos modelos de superfícies.

- **Grading:** ferramentas utilizadas na criação de taludes e platôs usados na elaboração de projetos de terraplenagem.

- **Alignment:** conjunto de ferramentas para a elaboração e manipulação de alinhamentos horizontais utilizados em projetos geométricos.

- **Profile:** assistente utilizado na criação do perfil longitudinal das superfícies existentes no desenho. As ferramentas de **Profile** permitem, ainda, a criação de alinhamentos verticais dos projetos, por meio da barra de ferramentas **Profile Creation Tools**.

- **Assembly:** ferramentas utilizadas no desenvolvimento de seções típicas do modelo do projeto. O objeto **assembly** possui um grupo de subassemblies que representam os componentes que formam o projeto transversal. Os assemblies são utilizados para representar a seção típica transversal de rodovias, barragens, canais, ensecadeiras, dentre outros modelos de infraestrutura.

- **Corridor:** ferramenta utilizada para a criação do modelo do projeto. O objeto corridor aplicará as geometrias transversais dos assemblies, obedecendo à geometria do traçado geométrico horizontal, e seguirá as elevações do alinhamento vertical para criar o modelo tridimensional do projeto.

- **Intersections:** conjunto de ferramentas para auxiliar no desenvolvimento de interseções viárias em nível. A ferramenta **Create Intersection** utiliza um assistente exclusivo para a criação de interseções de corredores. A ferramenta **Create Roundabout** auxilia na elaboração de rotatórias em nível no projeto.

- **Pipe Network:** o grupo de ferramentas **Pipe Network** auxilia na elaboração de projetos de redes de tubulação. A barra de ferramentas **Pipe Network Creation Tools** auxilia no desenvolvimento de projetos de redes por gravidade, como redes de esgoto sanitário e drenagem. A ferramenta **Pressure Network Creation Tools** disponibiliza recursos para a elaboração de redes pressurizadas para projetos de abastecimento de água.

- **Create Figure From Object:** ferramenta para a criação de figuras topográficas selecionando polígonos no desenho. Os objetos **Figures** dos recursos de survey ficam armazenados no banco de dados local de topografia e constituem as características geométricas da área de terrenos, como quadras, lotes e edificações provenientes do levantamento de campo.

- **Create Subassembly From Polyline:** recurso que permite a criação de objetos **subassemblies** por meio da seleção de polylines existentes no desenho.
- **Create Polyline From Corridor:** ferramenta utilizada para a criação de polylines por meio das feature lines longitudinais do modelo do corredor.
- **Create Boundary From Corridor:** auxilia na criação de objetos boundaries selecionando regiões do modelo do corredor existente no desenho.
- **Set Pressure Network Catalog:** recurso para a seleção do catálogo de peças e equipamentos para aplicação nos projetos de redes de abastecimento de água.
- **Create Network Parts List:** ferramenta para a criação de **parts list**, utilizada na configuração de conjunto de estilos, critérios e componentes que serão utilizados nas redes projetadas.
- **Create Full Parts List:** ferramenta para a criação de **parts list** utilizando todos os tubos e dispositivos disponíveis no catálogo selecionado.
- **Set Pipe Network Catalog:** recurso para a seleção do catálogo de peças e equipamentos para aplicação nos projetos de redes de esgoto sanitário e drenagem.
- **Part Builder:** aplicativo para auxiliar na criação de dispositivos para a utilização nas redes de drenagem e esgoto. Sua interface permite criar componentes paramétricos, como caixas, poços de visita, entre outros.
- **Infrastructure Parts Editor:** aplicativo que permite importar componentes para o catálogo de dispositivos para redes de tubulações por gravidade Pipe Network e redes pressurizadas Pressure Network. O fluxo deve ser iniciado na solução Autodesk Inventor para a modelagem dos dispositivos, para, em seguida, importar os dispositivos no aplicativo Infrastructure Parts Editor. O fluxo será completado com a importação dos dispositivos para o catálogo do Autodesk Civil 3D.

3.3.4 Profile & Section Views

Painel com ferramentas para a criação das representações dos perfis longitudinais e seções transversais utilizados na documentação dos projetos (Figura 3.9).

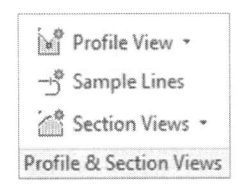

Figura 3.9 Painel Profile & Section Views.

- **Profile Views:** conjunto de ferramentas para a criação dos gráficos dos perfis longitudinais no desenho, que é utilizado para documentar o projeto e auxiliar a criação do alinhamento vertical. A ferramenta **Project Objects To Profile View** permite adicionar a projeção de objetos selecionados na planta para a visualização no perfil longitudinal.
- **Sample Lines:** recurso utilizado para auxiliar na definição da locação das seções transversais na vista em planta ao longo do alinhamento horizontal selecionado.
- **Section Views:** conjunto de ferramentas para a criação dos gráficos das seções transversais no desenho, que poderão ser utilizadas na documentação do projeto. A ferramenta **Project Objects To Section View** permite adicionar a projeção de objetos selecionados na planta para a visualização nas seções transversais.

3.4 Ribbon Insert

A aba **Insert** da ribbon exibe os painéis **Import** e **InfraWorks**, utilizados na importação de inúmeros tipos de dados para a utilização em projetos de infraestrutura desenvolvidos no Autodesk Civil 3D (Figura 3.10).

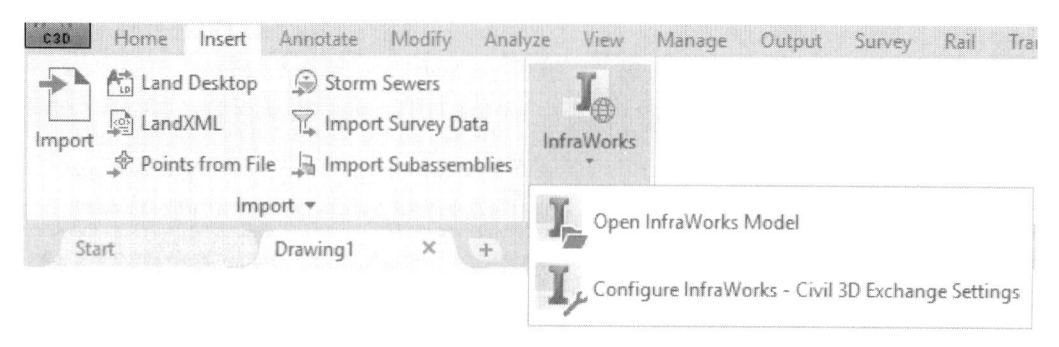

Figura 3.10 Ferramentas de importação de dados presentes na ribbon Insert.

- **Import:** ferramenta utilizada na importação de arquivos de formatos de desenhos e modelos como 3DS, SAT, FBX, IGES, WMF e DGN.
- **Land Desktop:** ferramenta que permite a importação de dados de projetos desenvolvidos no Autodesk AutoCAD Land Desktop.
- **LandXML:** recurso para a importação de arquivos no formato XML, utilizado para importação de dados provenientes de outras fontes de projeto.
- **Import Survey Data:** assistente com recursos para a importação de dados do levantamento de campo, por meio de arquivos nos formatos **Field Book (FBK), Land XML (XML)** e arquivos de pontos (TXT, CSV, PNT) ou, ainda, selecionando pontos existentes no desenho. Esse recurso manipula os dados do levantamento de campo no formato de banco de dados local.
- **Points From File:** ferramenta que permite a importação de arquivos de pontos de diversos formatos, como TXT, CSV, XYX, AUF, entre outros.
- **Storm Sewers:** ferramenta que permite a importação de arquivos de formato STM, provenientes da ferramenta Autodesk Hydraflow Storm Sewer, de análise e dimensionamento hidráulico.
- **Import Subassemblies:** recurso para a importação de subassemblies, por meio de arquivos de formato PKT. A ferramenta Autodesk Subassembly Composer permite programar modelos de seções típicas transversais e gravá-los no formato PKT.
- **Import Building Site:** ferramenta de importação de edificações desenvolvidas com o Autodesk Revit e exportadas no formato ADSK.
- **Import HEC RAS:** ferramenta utilizada na importação de arquivos de dados para a execução de análises de inundação, provenientes de sistemas baseados em HEC-RAS, por meio de arquivos de formato SDF.
- **Import GIS Data:** assistente que auxilia na importação de dados de geoprocessamento, por meio de arquivos de formato SHP (Shape File).
- **InfraWorks → Open InfraWorks Model:** ferramenta para a importação de arquivos de formato IMX, provenientes de estudos e planejamentos de empreendimentos de infraestrutura elaborados no Autodesk Infraworks 360. É possível importar terrenos, eixos viários, áreas e diversos tipos de objetos de urbanização e, assim, desenvolver os projetos utilizando o Autodesk Civil 3D.

- **InfraWorks → Configure InfraWorks – Civil 3D Exchange Settings:** recurso que permite controlar os parâmetros de configuração dos dados a serem importados da solução Autodesk InfraWorks. Pode-se configurar quais objetos serão importados e seus estilos de representação, além de determinar quais os layers que serão utilizados para os objetos importados.

Agora, estude o exemplo a seguir:

1. Inicie o Autodesk Civil 3D.
2. Selecione a ferramenta da ribbon **Insert → Import → Import**.
3. Na caixa de diálogo **Import File**, verifique a lista de formatos disponíveis no quadro **Files of Type**.
4. Clique no botão **Cancel**.

3.4.1 Point Cloud

O painel **Point Cloud** da ribbon **Insert** permite a importação e a manipulação de arquivos de nuvem de pontos provenientes de equipamentos de escâner laser (Figura 3.11).

Figura 3.11 Painel Point Cloud.

- **Attach:** ferramenta de importação de arquivos de nuvem de pontos previamente tratados no aplicativo Autodesk ReCap, por meio dos formatos **RCP** (projeto de nuvem de pontos) e **RCS** (escâner de nuvem de pontos).

3.4.2 Location

O painel **Location** da ribbon **Insert** disponibiliza a ferramenta **Set Location** utilizada para o posicionamento georreferenciado de imagem do bing na área de desenho (Figura 3.12).

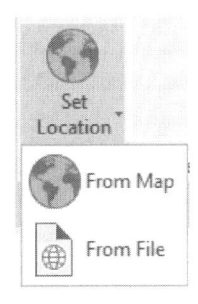

Figura 3.12 Painel Location.

- **From Map:** ferramenta de acesso à caixa de diálogo **Geographic Location**, utilizada para o posicionamento geográfico do desenho do projeto por meio do mapa bing.
- **From File:** ferramenta que permite o posicionamento geográfico do desenho sobre o mapa bing, por meio de arquivos KML e KMZ.

3.5 Ribbon Annotate

A aba **Annotate** da ribbon exibe o painel **Labels & Tables** utilizado na inserção de rótulos nos objetos dos projetos (Figura 3.13).

- **Add Labels:** recurso que permite adicionar rótulos nos objetos criados no Autodesk Civil 3D existentes no desenho do projeto. É possível adicionar rótulos para as curvas de nível das superfícies, para as estacas dos alinhamentos, com as cotas da tubulação para as redes de drenagem, entre outros.

Figura 3.13 Painel Labels & Tables.

- **Add Tables:** recurso utilizado na criação de tabelas na área de desenho exibindo diversas informações dos elementos do projeto. É possível criar tabelas de legendas para superfícies como áreas de bacias e declividades, tabelas de pontos, tabelas de curvas do alinhamento horizontal, tabelas de áreas dos lotes, tabelas de dispositivos das redes, tabela de volumes e geometrias do desenho.

Agora, estude o exemplo a seguir:

1. Inicie o Autodesk Civil 3D.
2. Selecione a ferramenta da ribbon **Annotate** → **Labels & Tables** → **Add Labels**.
3. Verifique as configurações dos tipos de rótulos existentes no quadro **Feature** da caixa **Add Labels**.
4. Clique no botão **Close**.

3.6 Ribbon Modify

A aba **Modify** da ribbon permite a edição e manipulação dos objetos dos projetos existentes no desenho, e seus painéis disponibilizam ferramentas para manipular pontos, superfícies, alinhamentos, perfis, corredores, feature lines, entre outros objetos (Figura 3.14).

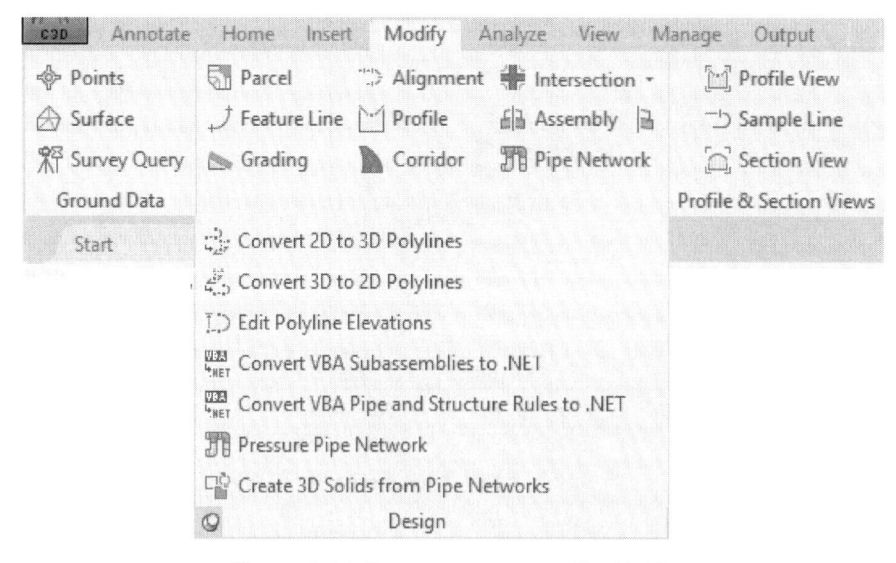

Figura 3.14 Ferramentas presentes na ribbon Modify.

- **Painel Ground Data:** disponibiliza diversas ferramentas para a edição de pontos, dados topográficos, superfícies e nuvem de pontos importados no desenho.

A ribbon contextual Modify é exibida ao selecionar um objeto presente na área de desenho. É possível expandir o painel Design para acessar as ferramentas auxiliares (Figura 3.15):

- **Convert 2D to 3D Polylines:** ferramenta utilizada para converter objetos polylines 2D para 3D. Dessa forma, as elevações de cada vértice da polyline 3D convertida podem ser manipuladas.

- **Convert 3D to 2D Polylines:** ferramenta para a transformação de polylines 3D para 2D. A elevação do ponto inicial da polyline 3D será aplicada para os demais vértices da nova polyline.

- **Edit Polyline Elevations:** ferramenta para a edição das cotas das polylines 2D digitando o valor diretamente na linha de comando. Ferramenta muito útil na edição das cotas das polylines que representam curvas de nível de um terreno.

- **Convert VBA Subassemblies/Pipe and Structure Rules to .NET:** recurso que localiza referências de seções típicas transversais (subassemblies) e redes de tubulações (pipe networks) baseadas em VBA para conversão em .NET.

- **Pressure Pipe Network:** ferramenta que exibe a ribbon contextual para manipulação dos objetos de redes de abastecimento.

- **Create 3D Solids from Pipe Networks:** recurso que permite a exportação das redes de tubulações modeladas com pipe networks para objetos sólidos, possibilitando o seu uso em ferramentas de coordenação do projeto.

- **Painel Profile & Section Views:** conjunto de ferramentas utilizadas na manipulação de perfis longitudinais e seções transversais do projeto.

- **Painel Edit Geometry:** ferramentas para efetuar edições na geometria horizontal de objetos feature lines, survey figures, linhas de lotes (parcel lines), polylines e polylines 3D existentes no desenho.

- **Painel Edit Elevations:** conjunto de ferramentas para a edição nas cotas dos vértices de objetos feature lines, survey figures, linhas de lotes (parcel lines) e polylines 3D existentes no desenho.

Figura 3.15 Ferramentas disponíveis para a manipulação de geometrias lineares.

Agora, estude o exemplo a seguir:

1. Inicie o Autodesk Civil 3D.
2. Desenhe algumas polylines na área de desenho para representar as curvas de nível.
3. Acesse a ferramenta da ribbon **Modify** → **Design** → **Edit Polyline Elevations**.
4. Selecione uma das polylines criadas na área de desenho.
5. Digite a cota desejada na linha de comando e pressione a tecla **Enter**.
6. Repita os procedimentos para adicionar as elevações nas demais polylines presentes no desenho.

3.7 Ribbon Analyze

A aba **Analyze** da ribbon disponibiliza as ferramentas para a execução de análises nos elementos dos projetos distribuídos em painéis por tipo de análises. É possível elaborar diversas análises nos modelos das superfícies topográficas e projetadas, verificar as geometrias projetadas e efetuar a simulação.

3.7.1 Ground Data

O painel **Ground Data** da ribbon **Analyze** possui as ferramentas para a elaboração de análises nos objetos do levantamento e nos modelos de superfícies presentes no desenho (Figura 3.16).

- **Survey:** conjunto de ferramentas para a análise de dados do levantamento de campo, além de cálculos de geodésicos.

- **Quick Profile:** ferramenta muito utilizada na criação de perfis temporários de superfícies, por meio da seleção de objetos como linhas, polylines e feature lines desenhadas na planta. O **QuickProfile** cria o perfil temporário que permanecerá até o momento da gravação do arquivo.

- **Contour Check:** ferramenta para verificar a existência de áreas que possuam curvas de nível inválidas no modelo da superfície do desenho.

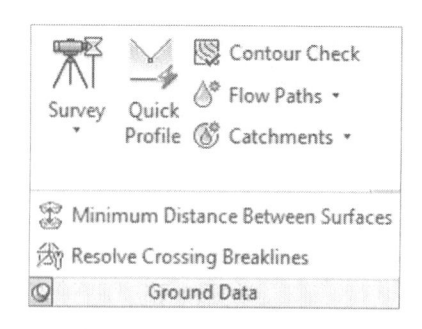

Figura 3.16 Painel Ground Data: análises nos dados topográficos.

- **Flow Paths:** ferramentas para a identificação do fluxo do escoamento de água no modelo da superfície.

- **Catchments:** ferramentas utilizadas para a identificação de áreas de captação de água presentes no modelo da superfície.

- **Minimum Distance Between Surfaces:** ferramenta que identifica o(s) ponto(s) ou a(s) área(s) da menor distância vertical entre duas superfícies selecionadas no desenho.

- **Resolve Crossing Breaklines:** ferramenta utilizada para identificar e corrigir eventuais irregularidades nas elevações entre interseções de breaklines no desenho.

3.7.2 Design

O painel **Design** da ribbon **Analyze** possui as ferramentas para a elaboração de análises nos alinhamentos, nos modelos de superfícies e nas redes projetadas no desenho (Figura 3.17).

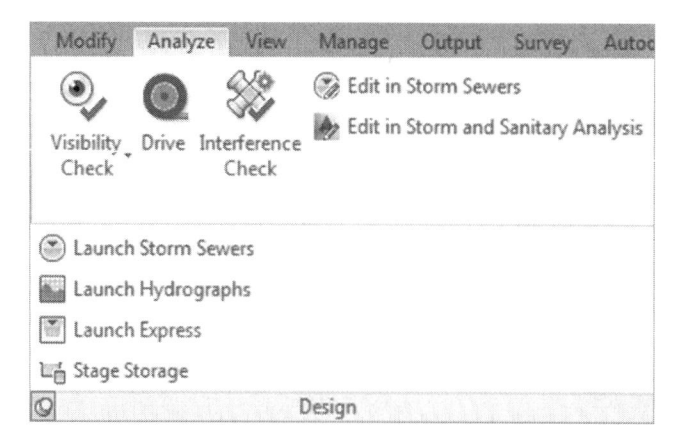

Figura 3.17 Painel Design com as ferramentas para análises no projeto.

- **Visibility Check:** conjunto de ferramentas para a elaboração de análises de visibilidade nos modelos de superfícies e corredores do desenho.
- **Drive:** exibe a interface para o modo de simulação visual ao longo de um caminho ou alinhamento, para a visualização dos objetos presentes no modelo do projeto.
- **Interference Check:** ferramenta para a verificação de interferências entre os dispositivos das redes com sistema por gravidade, projetadas no desenho. É possível identificar as colisões físicas ou por proximidade entre os componentes dos modelos das redes.
- **Edit in Storm Sewers:** ferramenta para a exportação das redes do desenho para análises e edições no aplicativo **Storm Sewers**, por meio do formato de arquivo STM.
- **Edit in Storm and Sanitary Analysis:** inicia o aplicativo **Storm and Sanitary Analysis** (SSA), utilizado na análise e simulação de redes por gravidade projetadas no desenho.
- **Launch Storm Sewers:** inicia o aplicativo **Hydraflow Storm Sewers**.
- **Launch Hydrographs:** aciona o aplicativo **Hydraflow Hydrographs** para análises hidrográficas.
- **Launch Express:** inicia o aplicativo **Hydraflow Express** para análises de dimensionamento dos dispositivos de drenagem das redes projetadas.
- **Stage Storage:** ferramenta para calcular o volume acumulado ou parcial de bacias do modelo das superfícies do desenho.

Agora, estude o exemplo a seguir:

1. Inicie o Autodesk Civil 3D, acesse a ferramenta da ribbon **Analyze** → **Design** → **Launch Express**.
2. Verifique a interface do aplicativo **Hydraflow Express**.
3. Feche o aplicativo **Hydraflow Express**.
4. Acesse a ferramenta da ribbon **Analyze** → **Design** → **Launch Storm Sewer**.
5. Navegue na interface do aplicativo **Hydraflow Storm Sewers**.

3.7.3 Volumes and Materials

O painel **Volumes and Materials** da ribbon **Analyze** contém as ferramentas para a elaboração de análises volumétricas do modelo do projeto (Figura 3.18).

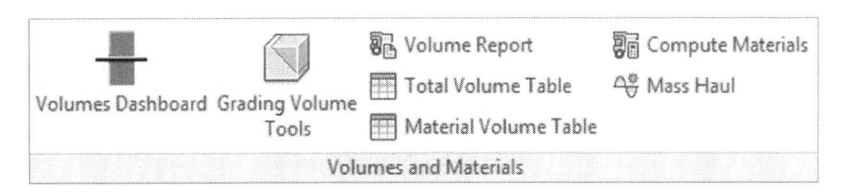

Figura 3.18 Ferramentas para análises volumétricas do painel Volumes and Materials.

- **Volumes Dashboard:** acessa a janela **Panorama,** contendo a aba **Volumes Dashboard,** para auxiliar na elaboração do cálculo dos volumes de corte e aterro de várias superfícies do desenho, além de gráficos e relatórios com as informações volumétricas do projeto.
- **Grading Volume Tools:** habilita a barra de ferramentas **Grading Volume Tools**, para a elaboração do balanceamento volumétrico de superfícies provenientes de grupos de grading projetadas no desenho.
- **Volume Report:** ferramenta para a criação de relatórios de volumes calculados pelas informações obtidas das seções transversais ao longo das estacas dos alinhamentos dos projetos.

- **Total Volume Table:** ferramenta para a criação de tabelas de volume de terraplenagem dos projetos.
- **Material Volume Table:** ferramenta utilizada na criação de tabelas de volumes e áreas de materiais definidos nos projetos.
- **Compute Materials:** ferramenta para calcular os volumes por seções transversais definidas ao longo das estacas dos alinhamentos presentes no projeto.
- **Mass Haul:** ferramenta que permite a criação do gráfico de diagrama de massa para projetos lineares.

Agora, estude o exemplo a seguir:

1. Inicie o Autodesk Civil 3D.
2. Selecione a ferramenta da ribbon **Analyze** → **Volumes and Materials** → **Volumes Dashboard**.
3. Na janela **Volumes Dashboard**, verifique os nomes das colunas utilizadas durante o processo de extração dos dados volumétricos dos projetos de infraestrutura.

3.7.4 QTO

O painel **QTO** da ribbon **Analyze** exibe as ferramentas para a elaboração de quantitativos dos projetos. O recurso **Quantity Takeoff** trabalha com um arquivo externo no formato CSV, contendo as informações dos componentes que formam a composição quantitativa (Figura 3.19).

Figura 3.19 Painel QTO para extração de quantitativos.

- **QTO Manager:** abre a janela **Panorama**, que, por meio da aba **QTO Manager,** permite a importação de arquivo de composição de itens do projeto. Esta aba possibilita a visualização dos itens e das categorias importadas, e assinalar os itens da lista de composição aos objetos presentes no projeto.
- **Take-off:** ferramenta utilizada para efetuar o cálculo do quantitativo do projeto por meio da caixa de diálogo **Compute Quantity Take-off**.

Agora, estude o exemplo a seguir:

1. Inicie o Autodesk Civil 3D.
2. Selecione a ferramenta da ribbon **Analyze** → **QTO** → **QTO Manager**.
3. Na aba **QTO Manager** da janela **Panorama**, clique no botão **Open Pay Item File**.
4. Na caixa de diálogo **Open Pay Item File**, clique no botão **Open** do quadro **Pay Item File**.
5. Localize o arquivo **TPU-DER_SP(BRA)-AGUA. CSV**, disponível na plataforma da editora, e clique no botão **Open**.
6. Clique no botão **OK,** na caixa **Open Pay Item File**.
7. Verifique a lista de composição dos quantitativos na janela **Panorama**.

3.8 Ribbon Manage

A ribbon **Manage** possui as ferramentas para auxiliar o gerenciamento nos dados de objetos presentes no modelo dos projetos por intermédio do painel **Data Shortcuts**. O painel **Style** permite gerenciar os estilos de representação dos objetos presentes nos desenhos dos projetos.

3.8.1 Data Shortcuts

O painel **Data Shortcuts** da ribbon **Manage** exibe as ferramentas para o gerenciamento dos principais objetos dos projetos. O recurso **Data Shortcuts** permite compartilhar os objetos superfícies, alinhamentos e perfis, redes e articulação de folhas entre os profissionais envolvidos no desenvolvimento dos projetos (Figura 3.20).

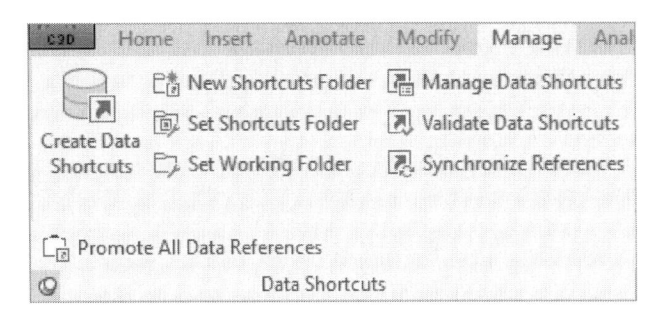

Figura 3.20 Ferramentas para compartilhamento dos dados do projeto.

- ■ **New Shortcuts Folder:** ferramenta para a criação de nova pasta de projeto para reposição dos dados dos objetos do projeto.
- ■ **Set Shortcuts Folder:** ferramenta utilizada para selecionar a pasta de projeto atual.
- ■ **Set Working Folder:** ferramenta de seleção da pasta principal de trabalho, na qual serão alocadas as subpastas de projetos.
- ■ **Manage Data Shortcuts:** ferramenta utilizada para reparar eventuais irregularidades no caminho dos arquivos de desenhos utilizados como referências nas pastas dos projetos.
- ■ **Validate Data Shortcuts:** ferramenta que verifica se o caminho das pastas de projetos e os arquivos de origem dos objetos estão funcionando.
- ■ **Synchronize References:** ferramenta para atualizar os objetos referenciados nas pastas dos projetos com o desenho atual.
- ■ **Promote All Data References:** ferramenta que substitui os dados referenciados dos projetos, criando cópias deles e permitindo a edição em seus objetos.
- ■ **Create Data Shortcuts:** ferramenta que permite adicionar os objetos do desenho atual para as pastas de projetos.

Agora, estude o exemplo a seguir:

1. Selecione a ferramenta da ribbon **Manage** → **Data Shortcuts** → **Set Working Folder**.
2. Na caixa de diálogo **Procurar Pasta,** localize a pasta **C:\Civil 3D Projects**, para definir a localização do projeto compartilhado.
3. Clique no botão **OK**.
4. Verifique a presença da pasta do projeto compartilhado na categoria **Data Shortcuts**, na aba **Prospector** da **Toolspace**.

3.8.2 Styles

O painel **Styles** da ribbon **Manage** contém as ferramentas para o gerenciamento dos estilos de objetos presentes nos desenhos dos projetos (Figura 3.21).

Figura 3.21   Painel Styles para gerenciamento dos estilos.

- **Import:** ferramenta que permite importar estilos de objetos e suas respectivas configurações de um desenho ou template existente para o desenho atual.
- **Purge:** ferramenta que auxilia na limpeza de estilos não utilizados no desenho atual.
- **Reference:** recurso que permite a importação de estilos referenciados de outros arquivos.

3.8.3 Property Set Data

O painel **Property Set Data** da ribbon **Manage** contém as ferramentas de personalização de propriedades para a obtenção manual ou automática de informações do projeto, objetivando transportar tais informações junto com o modelo para soluções de coordenação e planejamento (Figura 3.22).

3.8.4 Visual Programming

Painel que disponibiliza o acesso ao aplicativo **Dynamo**, que reúne recurso para a criação de rotinas por meio de uma programação visual (Figura 3.22).

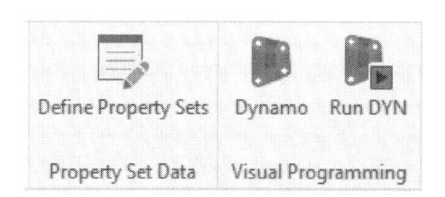

Figura 3.22   Painéis Property Set Data e Visual Programming.

3.9 Ribbon Output

A ribbon **Output** exibe as ferramentas para auxiliar na criação automatizada das folhas à documentação dos projetos, além de recursos para a exportação de dados dos projetos a vários tipos de formatos de arquivos.

3.9.1 Plan Production

O painel **Plan Production** da ribbon **Output** apresenta recursos para auxiliar na criação automatizada das folhas de documentação dos projetos (Figura 3.23).

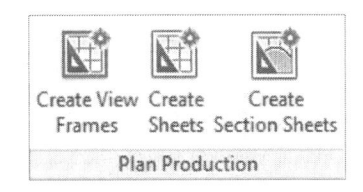

Figura 3.23 Plan Production para documentação do projeto.

3.9.2 Export

O painel **Export,** da ribbon **Output**, exibe os recursos para a exportação de dados dos projetos para diversos formatos de arquivos (Figura 3.24).

Figura 3.24 Ferramentas do painel Export utilizadas na exportação dos dados de projetos.

- **Export IMX:** ferramenta para a exportação dos objetos dos projetos elaborados no Autodesk Civil 3D para o formato IMX. Dessa forma, fica possível transferir os dados dos projetos para a ferramenta de planejamento **Autodesk InfraWorks**.
- **Export To LandXML:** ferramenta para a exportação dos dados dos objetos do Autodesk Civil 3D para o formato XML, permitindo a leitura em outros aplicativos.
- **Export Civil 3D Drawing:** ferramenta de exportação de desenhos para o AutoCAD; pode-se exportar os desenhos presentes em Model e Layouts.
- **Rehab Manager:** recurso de gerenciamento dos modelos de corredores de reforma e duplicação de vias.
- **Export Points:** ferramenta utilizada para a exportação dos pontos presentes no desenho para formatos de arquivos externos.
- **Transfer Points:** ferramenta que permite converter os pontos para qualquer outro tipo de arquivo de pontos.

Agora, estude o exemplo a seguir:

1. Inicie o Autodesk Civil 3D.
2. Selecione a ferramenta da ribbon **Output** → **Export** → **Transfer Points**.
3. Na caixa de diálogo **Transfer Points**, verifique o campo **Format** do quadro **Source,** que permite selecionar o formato dos dados presentes no arquivo de ponto desejado para a conversão.
4. Selecione o formato de destino dos dados dos pontos convertidos no campo **Format** do quadro **Destination**.
5. O botão **Manage** auxilia no gerenciamento dos formatos de arquivos de pontos.
6. Clique no botão **Cancel**.

- **ExportTo HEC RAS:** ferramenta de exportação dos objetos superfícies, alinhamentos, grupos de sample lines e sites presentes no desenho atual para arquivos de formato GEO, permitindo sua leitura em aplicativos baseados em HEC-RAS para análises de inundações.

- **Export Civil Objects To SDF:** ferramenta que permite a exportação de dados dos objetos dos projetos para o formato SDF, utilizado em geoprocessamento.

- **Export To Storm Sewers:** ferramenta para a exportação dos objetos que compõem as redes do projeto para o formato de arquivo STM. Dessa forma, é possível utilizar os dados do projeto no aplicativo Hydraflow Storm Sewers e realizar o dimensionamento das redes projetadas.

- **Export To 3ds Max:** ferramenta utilizada para exportar os objetos do modelo do projeto para o arquivo de formato VSP3D e leitura no Autodesk 3ds Max, para a criação de imagens realísticas e animações do projeto.

Agora, estude o exemplo a seguir:

1. Inicie o Autodesk Civil 3D.

2. Abra o arquivo **3-MODELO-CIVIL.DWG**, disponível na plataforma da editora.

3. Selecione a ferramenta da ribbon **Output** → **Export** → **Export to 3ds Max.**

4. Na caixa de diálogo **Export to Civil View for 3ds Max**, verifique os objetos selecionados no quadro esquerdo, digite **TOP** no quadro **Filter by Link Code** e clique no botão **Export**.

5. Na caixa **Select Civil View Export File**, defina o nome e o local do arquivo e clique no botão **Salvar**.

6. Aguarde o término do processo de exportação e clique no botão **Close**.

7. O arquivo criado poderá ser importado para a solução do Autodesk 3ds Max por intermédio dos recursos do Civil View.

8. Inicie o Autodesk 3ds Max e habilite a ferramenta do menu **Civil View** → **Geometry Import** → **Civil 3D (VSP3D) File.**

9. Na caixa de diálogo **Civil 3D Import Panel**, clique em **Open** e localize o arquivo VSP3D criado anteriormente. Selecione todos os objetos presentes no quadro principal, exceto as superfícies, e clique no botão **OK**.

10. Confirme o posicionamento do modelo com **Yes** nas caixas de informação. Aguarde o término da importação e verifique o modelo do corredor importado.

11. Pode-se posicionar objetos como veículos, árvores e sinalização ao longo do modelo e criar animações. Selecione a ferramenta do menu **Civil View** → **Civil View** → **Object Placement Style Editor**.

12. Na caixa de diálogo **Object Placement Style (OPS) Editor**, clique no botão **Open Style** para abrir o arquivo **3-MODELO-CIVIL.ops** ao clicar em **Import File**. Este arquivo é um exemplo de configuração de posicionamento de objetos e está disponível na plataforma da editora.

13. Clique no botão **Parent Shape** e selecione o eixo do modelo do corredor presente na área de desenho. Clique no botão **Parent Surface** e clique na pista do modelo na área de desenho.

14. Verifique a configuração com a disposição de veículos e árvores distribuídas no modelo; observe os quadros de afastamento, velocidade e quantidade. Clique no botão **Apply** e aguarde o término do posicionamento dos objetos no modelo.

15. Clique no botão **Play Animation**, localizado na parte inferior da interface, para verificar a movimentação dos veículos no modelo.

3.10 Ribbon Survey

A ribbon **Survey**, por meio de seus painéis, possui os recursos para a manipulação dos dados e objetos do levantamento de campo importados para o banco de dados local, por intermédio das funcionalidades de **Survey** do Autodesk Civil 3D.

O painel **Labels & Tables** da ribbon **Survey** permite a inserção de rótulos nos objetos e a criação de tabelas dos objetos topográficos presentes no desenho. As ferramentas do painel **General Tools** da ribbon **Survey** disponibilizam as ferramentas auxiliares para a visualização e a configuração dos objetos do levantamento de campo presentes no desenho (Figura 3.25).

Figura 3.25 Painéis Labels & Tables e General Tools da ribbon Survey.

O painel **Analyze** da ribbon **Survey** auxilia na elaboração de análises no desenho por meio de suas ferramentas (Figura 3.26).

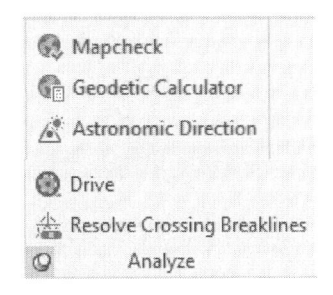

Figura 3.26 Painel Analyze da ribbon Survey.

O painel **Modify**, da ribbon **Survey**, apresenta as ferramentas para a configuração e manipulação dos objetos de levantamento de campo importados no desenho (Figura 3.27).

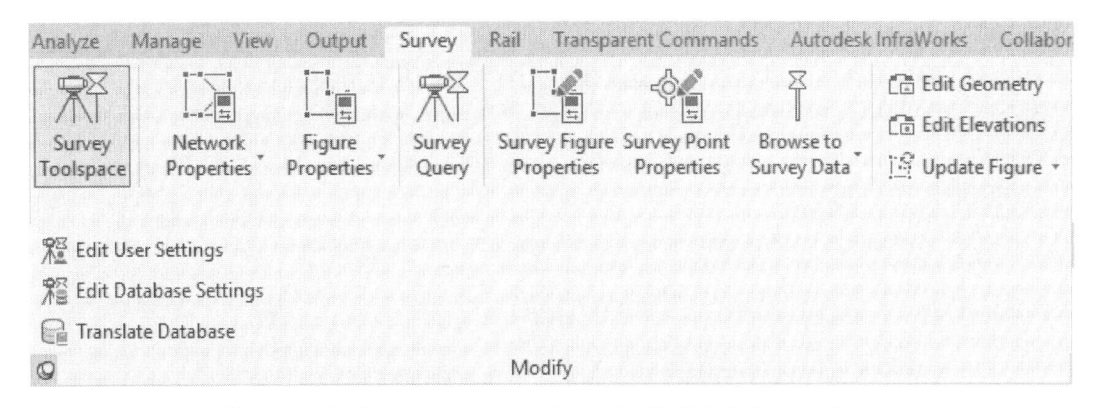

Figura 3.27 Ferramentas para topografia do painel Modify da aba Survey da ribbon.

- **Survey Toolspace:** habilita a aba **Survey** na **Toolspace** do Autodesk Civil 3D.

- **Network Properties:** acessa a caixa de propriedades ou de estilos objetos topográficos (networks) presentes no desenho.

- **Figure Properties:** acessa a caixa de propriedades ou de estilos de figuras topográficas (survey figures) que representam as geometrias de construções existentes do levantamento de campo; permite a edição do nome ou a substituição do estilo da geometria selecionada.

- **Survey Query:** habilita a ribbon contextual **Survey Query**, utilizada na elaboração de pesquisas nos elementos do levantamento de campo presentes no desenho.

- **Survey Figure Properties:** permite a edição das propriedades de uma figura topográfica (figure) selecionada no desenho.

- **Survey Point Properties:** ferramenta para o acesso e a edição nas propriedades de objeto de ponto do levantamento (point) selecionado no desenho.

- **Browse to Survey Data:** ferramenta para auxiliar na localização de pontos de estações (points), figuras topográficas (survey figures) e objetos topográficos (networks) presentes no desenho.

- **Edit Geometry:** habilita o painel **Edit Geometry** na ribbon **Survey**, exibindo as ferramentas para a edição nas geometrias dos objetos do levantamento existentes no desenho.

- **Edit Elevations:** ativa o painel **Edit Elevations** na ribbon **Survey**, apresentando as ferramentas para a edição nas cotas dos objetos do levantamento presentes no desenho.

- **Update Figure:** ferramenta para a atualização entre dados presentes no desenho com o banco de dados local.

- **Edit User Settings:** abre a caixa de diálogo **Survey User Settings** para a configuração de preferências dos recursos de survey.

- **Edit Database Settings:** conjunto de configurações para o banco de dados local de survey, como unidades, precisão e métodos de análises.

- **Translate Database:** assistente para efetuar eventuais alterações na referência da base de dados do levantamento topográfico.

O painel **Launch Pad** da ribbon **Survey** permite a criação de perfis temporários por meio da ferramenta **Quick Profile** e da criação de superfícies com a ferramenta **Create Surface**, além de recursos de terraplenagem pela barra de ferramentas **Grading Creation Tools.**

Agora, estude o exemplo a seguir:

1. Inicie o Autodesk Civil 3D.

2. Acesse a ferramenta da ribbon **Survey** → **Modify** → **Edit User Settings**.

3. Na caixa **Survey User Settings**, verifique as configurações de locação do banco de dados local, de equipamentos topográficos, figuras topográficas, entre outras configurações.

4. Clique no botão **OK**.

3.11 Ribbon Transparent Commands

Transparent Commands apresenta um conjunto de ferramentas de auxílio a diversos tipos de atividades, como obter uma linha especificando a direção do azimute e determinando o comprimento da linha, ou ainda identificar a posição exata da estaca de um alinhamento, codificando uma distância de afastamento do eixo. Os comandos transparentes devem ser acionados logo após a escolha de qualquer comando

– por exemplo, selecionar o comando **Line** — e, em seguida, acionar o comando **Bearing Distance** para determinar a direção do rumo e comprimento da linha, escolhendo o quadrante desejado (Figura 3.28).

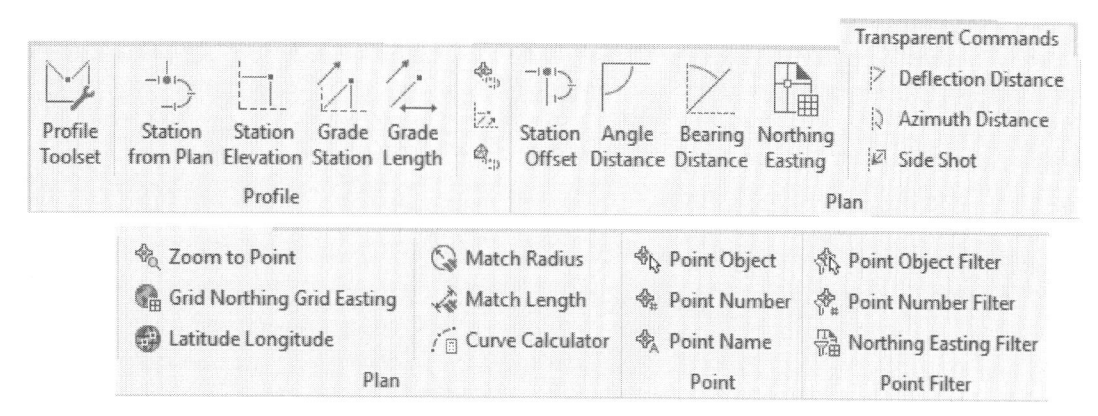

Figura 3.28 Painéis da ribbon Transparent Commands.

3.12 Ribbon Help

A ribbon **Help** exibe os painéis com as ferramentas e os recursos para auxiliar os usuários no desenvolvimento de projetos utilizando o Autodesk Civil 3D, como vídeos, tutoriais e acesso às páginas de comunidades de usuários, desenvolvedores e grupos de discussão (Figura 3.29).

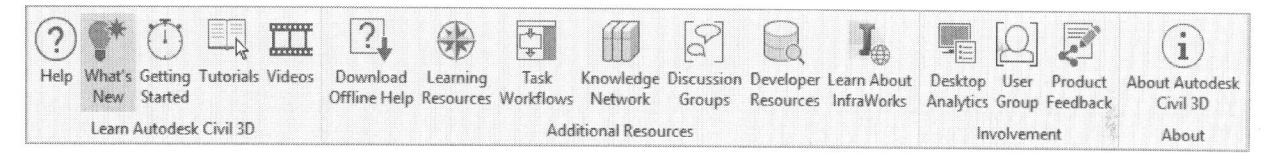

Figura 3.29 Ribbon Help e seus painéis com ferramentas para auxílio aos usuários.

3.13 Ribbon Autodesk InfraWorks

A ribbon **Autodesk InfraWorks** fornece os painéis para realizar os procedimentos de configurações de importação e exportação de modelos de infraestrutura entre as soluções do **Autodesk InfraWorks** e **Autodesk Civil 3D**, além de permitir iniciar o InfraWorks, quando instalado, e acessar a página web de aprendizado da solução, com dicas, tutoriais e vídeos (Figura 3.30).

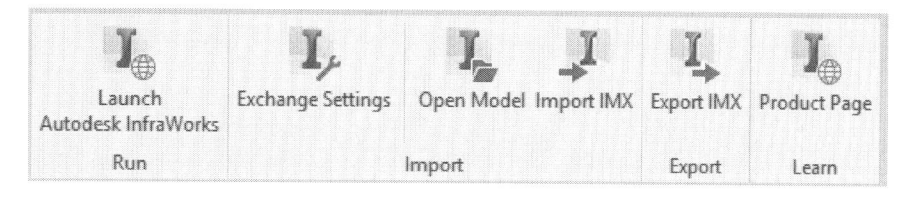

Figura 3.30 Ribbon Autodesk InfraWorks com as ferramentas de intercâmbio com o Civil 3D.

3.14 Ribbon Collaborate

A ribbon **Collaborate** é constituída pelas ferramentas de colaboração de vistas (**Shared Views**) e modelos de superfícies (**Publish Surfaces**) e acompanhada da ferramenta **DWG Compare**, para realizar a compatibilização de documentos dos projetos (Figura 3.31).

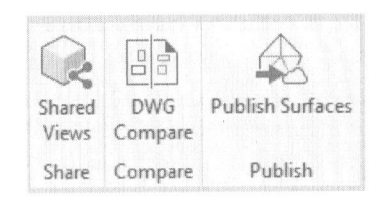

Figura 3.31 Ferramentas da ribbon de colaboração.

3.15 Ribbon Rail

A ribbon **Rail** fornece os novos recursos para a elaboração de traçados de trilhos para projetos metroferroviários. Permite a criação e a manipulação de alinhamentos, traçar os aparelhos de mudança de vias (**Crossover** e **Turnout**), posicionar plataformas (**Plataform Edge**) e calcular a superelevação (**Cant**) do eixo da via permanente (Figura 3.32).

Pode-se ainda criar e configurar tabelas dos AMVs projetados (**Turnout Table**) e acessar os catálogos de AMVs e dos elementos transversais de **Subassemblies**, específicos para projetos metroferroviários.

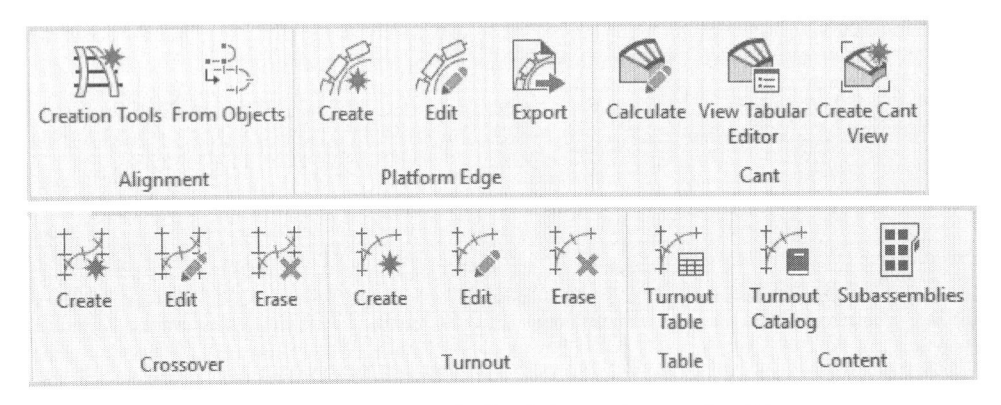

Figura 3.32 Ferramentas da ribbon Rail para projetos metroferroviários.

3.16 Ribbon Vehicle Tracking

A ribbon **Vehicle Tracking** disponibiliza um conjunto de ferramentas utilizadas para a elaboração de análises de trajetórias de veículos e dispõe de uma vasta biblioteca de carros de passeios, caminhões e aeronaves, além de permitir animações em 3D. O aplicativo **Vehicle Tracking** também auxilia no desenvolvimento de projetos de estacionamentos e rotatórias (Figura 3.33).

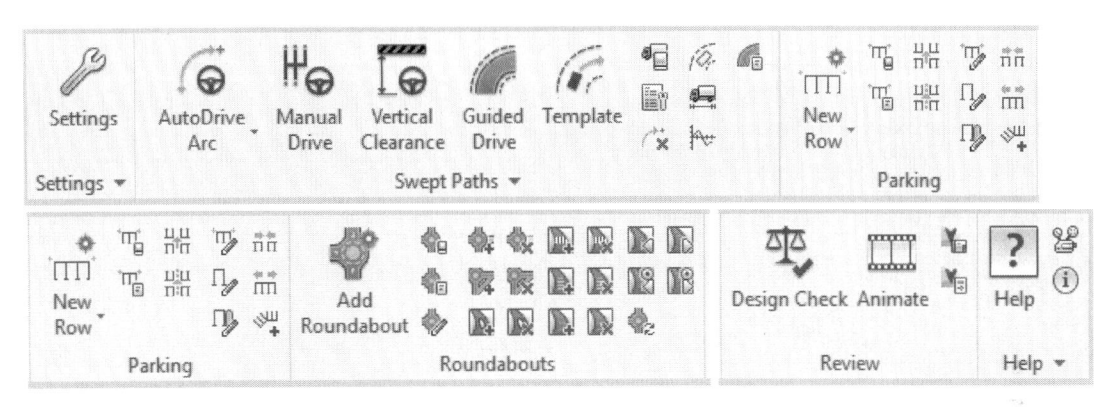

Figura 3.33 Ferramentas para a elaboração de análises de trajetória de veículos, projetos de rotatórias e estacionamentos dispostas na ribbon Vehicle Tracking.

- ■ **Definições/Settings:** painel com ferramentas para efetuar as configurações de unidades do sistema e do desenho.
- ■ **Áreas varridas/Swept paths:** painel que exibe as ferramentas para a elaboração de estudos e análises de giro de veículos.
- ■ **Estacionamento/Parking:** painel que disponibiliza as ferramentas utilizadas para o desenvolvimento de projetos de estacionamentos.
- ■ **Roundabouts:** painel de ferramentas que auxiliam na elaboração de projetos de rotatórias em nível.
- ■ **Rever/Review:** painel com ferramentas para verificação do desenho e auxílio na elaboração de animações 3D.

Agora, estude o exemplo a seguir:

1. Inicie o Autodesk Civil 3D.
2. Acesse a ferramenta da ribbon **Vehicle Tracking** → **Swept paths/Áreas varridas** → **Vehicle Library Explorer/Explorador de Veículos**.
3. Na caixa de diálogo **Vehicle Library Explorer/Explorador de Biblioteca de Veículos**, identifique o item **Brazilian Design Vehicles** → **DNIT IPR-740 2010** → **O – Caminhões e ônibus longos**.
4. Verifique as dimensões do veículo selecionado na caixa de diálogo **Vehicle Diagram/Diagrama do Veículo** (Figura 3.34).

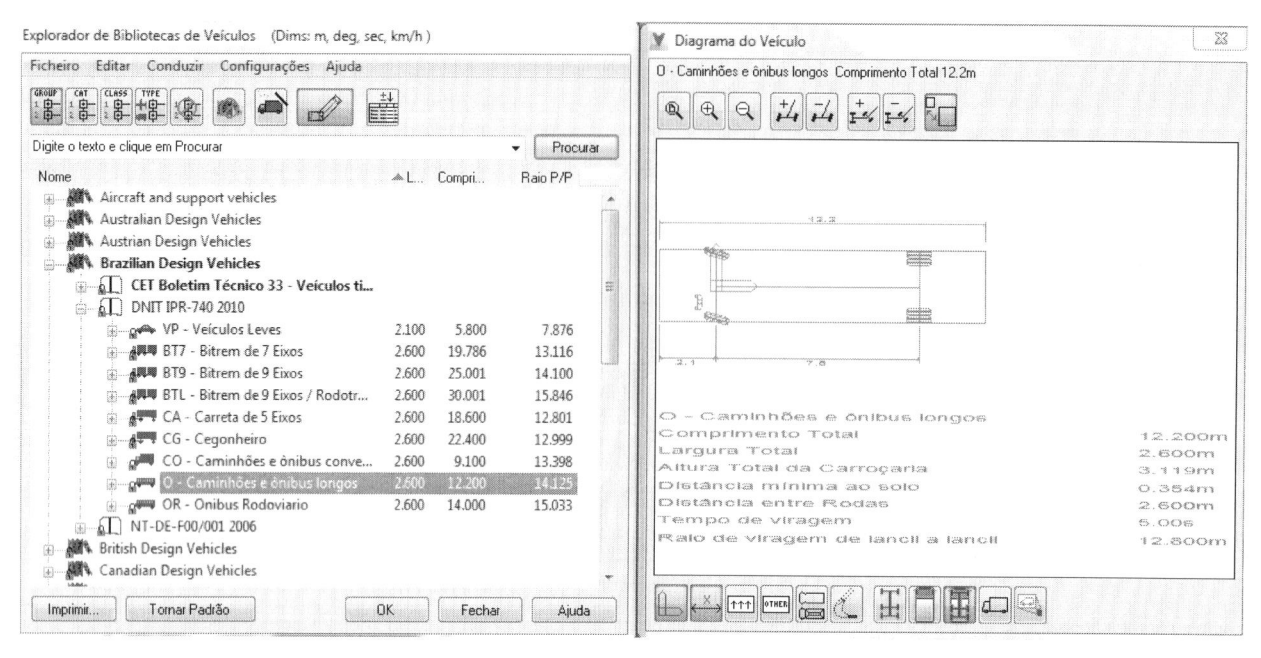

Figura 3.34   Caixa de diálogo do explorador de bibliotecas de veículos.

3.17 Ribbon Geolocation

A ribbon **Geolocation** exibe as ferramentas para o posicionamento geográfico do desenho com o objetivo de sobreposição de imagem do bing. Pode-se escolher entre imagens rodoviárias ou de satélite, além da ferramenta **Capture Area** utilizada para a captura da imagem sobre o desenho (Figura 3.35).

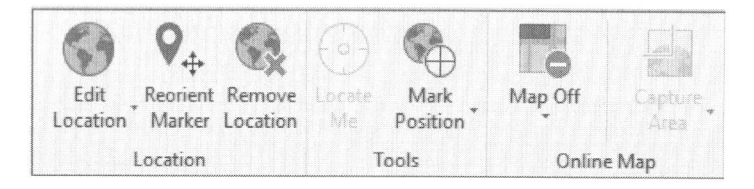

Figura 3.35   Ribbon Geolocation utilizada para o posicionamento de imagens Bing na área de desenho.

3.18 Ribbon contextual

A ribbon **contextual** é uma palheta que contém as ferramentas e os recursos de edição e acesso às propriedades de um objeto selecionado na área de desenho. Para cada objeto selecionado, uma ribbon personalizada exibirá as ferramentas para a manipulação do objeto desejado. O uso efetivo da ribbon **contextual** fornecerá mais produtividade durante o desenvolvimento de projetos no Autodesk Civil 3D (Figura 3.36).

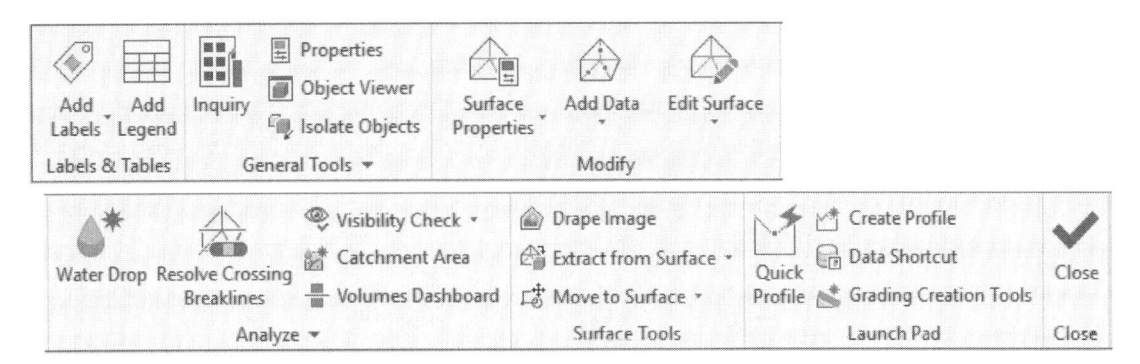

Figura 3.36 Ribbon contextual de superfície.

A ribbon **contextual** é ativada quando um objeto específico de Civil 3D estiver selecionado na área de desenho, e também ao acessar a ribbon **Modify** (Figura 3.37).

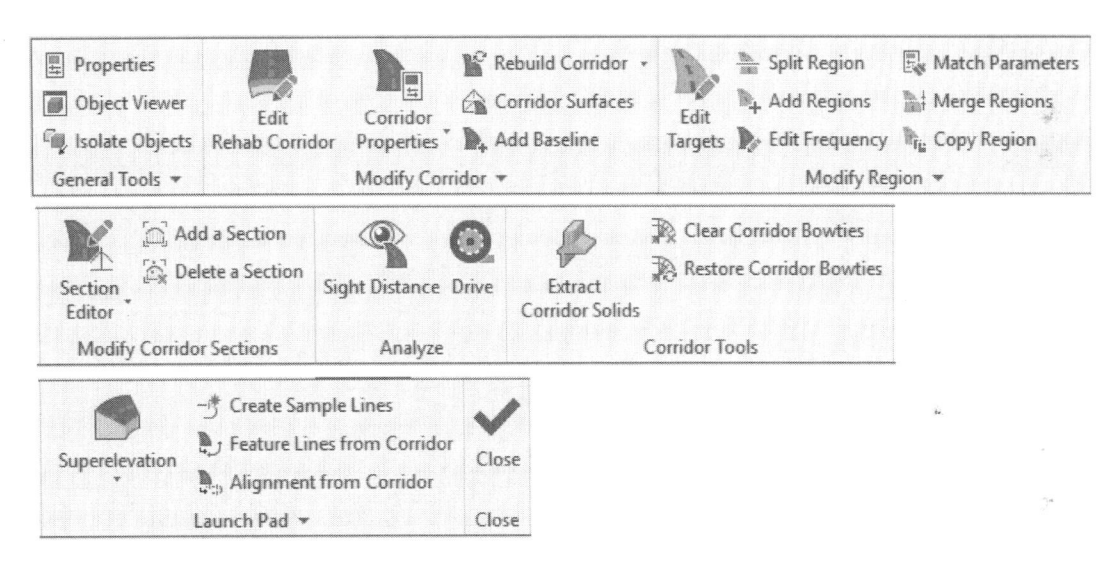

Figura 3.37 Ribbon contextual de corredor.

Agora, estude o exemplo a seguir:

1. Inicie o Autodesk Civil 3D.
2. Abra o arquivo **3-MODELO-CIVIL.DWG**, disponível na plataforma da editora.
3. Selecione a superfície da topografia na área de desenho.
4. Verifique a exibição da ribbon contextual: **Tin Surface: Terreno Natural**. Pressione a tecla **Esc**.
5. Selecione um dos gráficos do perfil longitudinal presentes na área de desenho.
6. Navegue na ribbon contextual **Profile View** e verifique a disposição das ferramentas. Pressione **Esc**.
7. Selecione outros objetos na área de desenho para navegar nas diversas ribbons.

3.19 Toolspace

Toolspace é uma paleta do Autodesk Civil 3D subdividida em abas, que permite gerenciar as informações e controlar as configurações dos objetos presentes no arquivo do projeto. Por meio do painel **Palettes**, da ribbon **Home**, é possível ligar a **Toolspace** e habilitar suas abas **Prospector**, **Settings**, **Survey** e **Toolbox**.

3.19.1 Prospector

A aba **Prospector** da **Toolspace** exibe os objetos criados no desenho do projeto. Por intermédio de sua estrutura, é possível gerenciar os elementos que compõem o modelo do projeto, como superfícies, alinhamentos, pontos, entre outros. Também é possível acessar a caixa de propriedades e a configuração do estilo e aplicar **Zoom** para cada objeto desejado, ao clicar com o botão direito do mouse sobre o objeto disposto na aba **Prospector** (Figura 3.38).

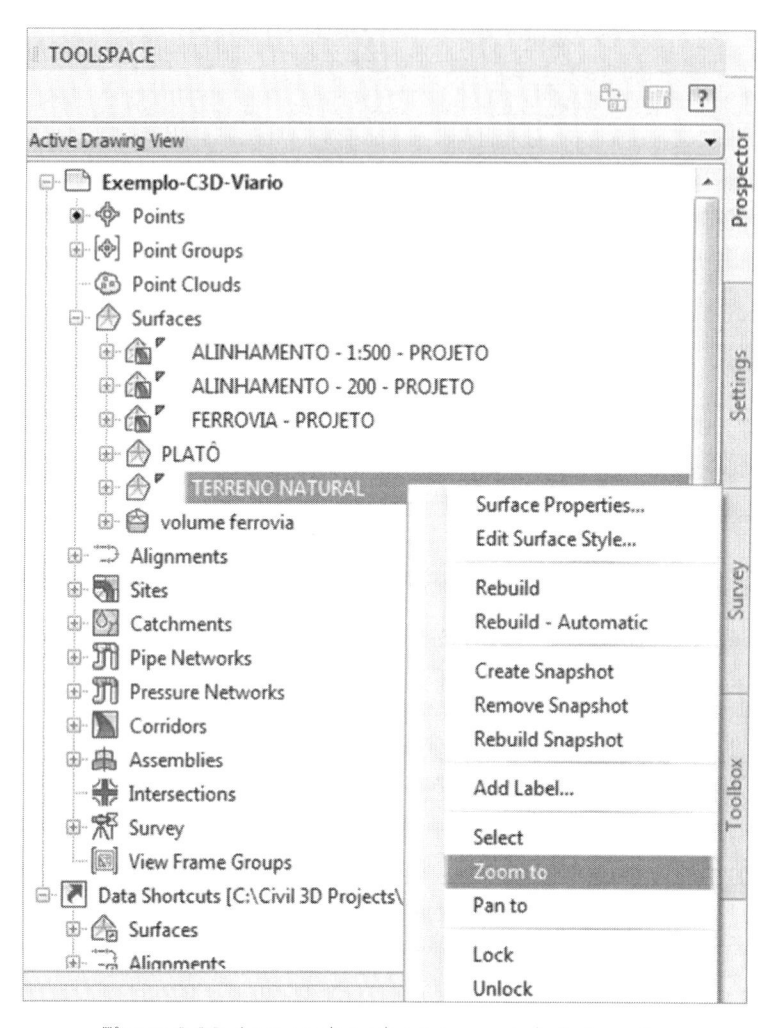

Figura 3.38 Acesso aos objetos do projeto por meio da aba Prospector.

Na parte superior da aba **Prospector**, é possível alternar entre os modos de exibição dos itens na estruturação da **Toolspace** (Figura 3.39).

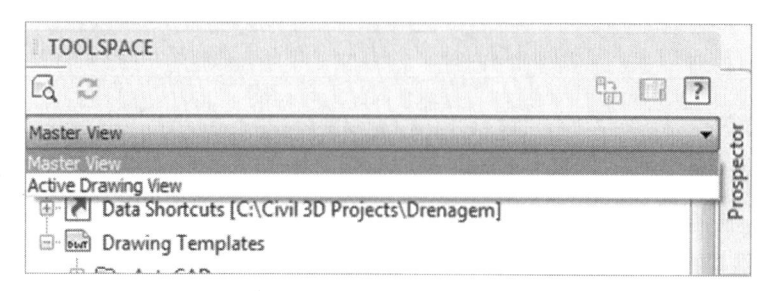

Figura 3.39 Seleção de métodos de exibição das informações na aba Prospector.

■ **Master View:** modo que exibe os itens dos desenhos abertos e os recursos de **Data Shortcuts**, além dos arquivos de templates disponíveis no sistema. O nome do arquivo de desenho corrente fica em destaque. É possível criar novos desenhos selecionando um dos modelos de templates por meio deste modo de exibição (Figura 3.40).

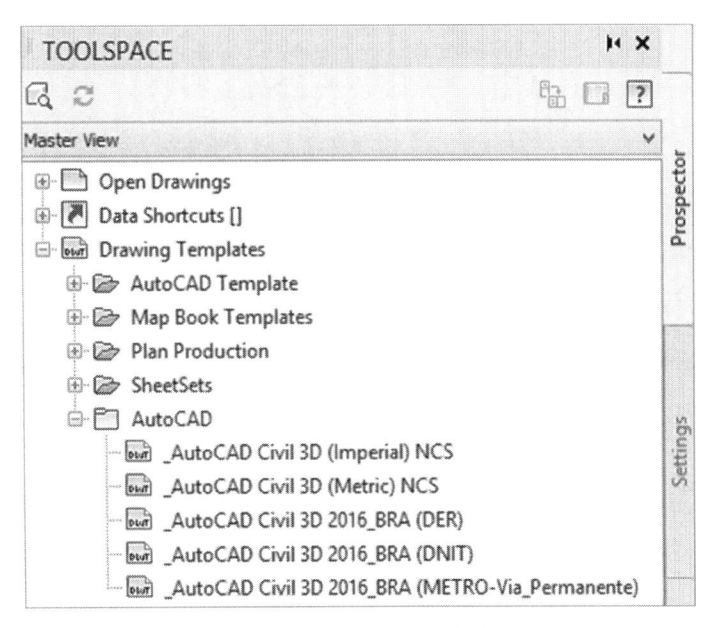

Figura 3.40 Templates acessados pela aba Prospector.

Neste modo de exibição, é possível acessar os documentos de projeto quando instalado o Autodesk Vault Collaboration, utilizado para o gerenciamento dos documentos dos projetos.

■ **Active Drawing View:** este modo exibe apenas os itens do desenho corrente no sistema e os recursos de **Data Shortcuts** para compartilhamento de objetos dos desenhos entre as equipes envolvidas nos projetos (Figura 3.41).

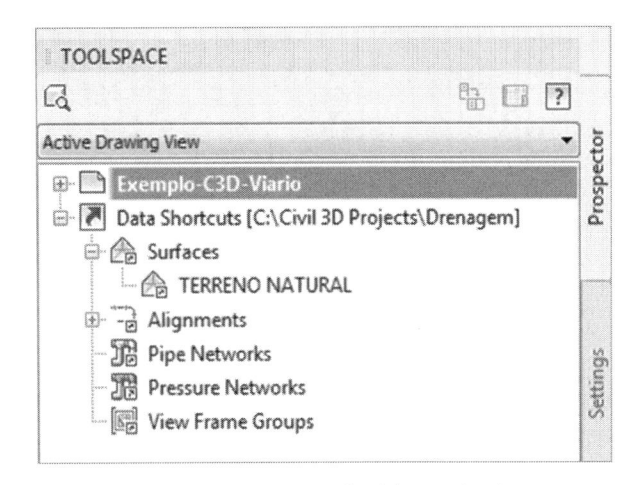

Figura 3.41 Ferramentas de colaboração dos objetos.

Agora, estude o exemplo a seguir:

1. Inicie o Autodesk Civil 3D.

2. Abra o arquivo **3-MODELO-CIVIL.DWG**, disponível na plataforma da editora.

3. Na aba **Prospector** da **Toolspace,** expanda a categoria **Surfaces** para acessar as superfícies presentes no desenho.

4. Na aba **Prospector** da **Toolspace,** expanda a categoria **Corridors** e identifique o modelo de corredor existente no desenho.

3.19.2 Settings

A aba **Settings** da **Toolspace** acessa as configurações que controlam o comportamento dos recursos do Autodesk Civil 3D, além das configurações de representação dos objetos presentes no desenho, por intermédio de seus estilos (Figura 3.42).

A composição da estrutura da aba **Settings** é baseada nos tipos de objetos, o que permite controlar as representações e os comandos para cada tipo de objeto presente no arquivo de desenho. As categorias são organizadas por tipo de objeto. É possível controlar a representação de objetos (*object styles*), rótulos (*label styles*), tabelas (*table styles*), comandos, entre outros recursos, dependendo do tipo de objeto.

Por meio das configurações presentes na aba **Settings**, pode-se configurar a representação de todos os objetos presentes no projeto. Dessa forma, é possível atender aos padrões de desenho de clientes e companhias. É altamente recomendada a criação de arquivos de templates com essas configurações previamente estabelecidas, para automatizar a utilização dos recursos do Autodesk Civil 3D.

Para o desenvolvimento de projetos viários baseados nos padrões de documentos nacionais, pode-se utilizar o arquivo de template disponibilizado pela instalação do pacote **Brazil Content**.

A categoria **Commands** permite configurar o comportamento dos estilos de objetos, rótulos e tabelas por comando disponível na criação e manipulação dos objetos do modelo (Figura 3.43).

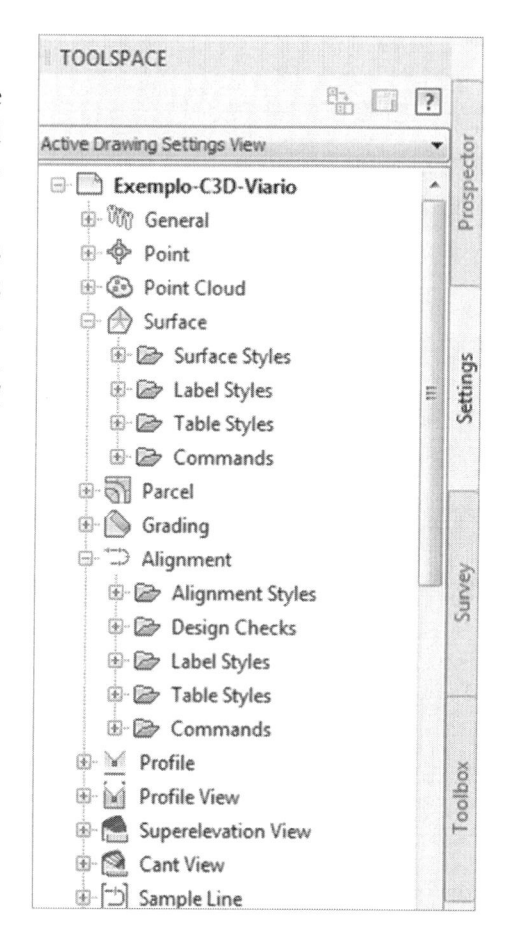

Figura 3.42 Aba Settings da Toolspace.

Agora, estude o exemplo a seguir:

1. Inicie o Autodesk Civil 3D.

2. Abra o arquivo **3-MODELO-CIVIL.DWG**, disponível na plataforma da editora.

3. Na aba **Settings** da **Toolspace**, expanda a categoria **Surfaces** → **Surfaces Styles** para acessar os estilos de representação de modelos de superfícies presentes no desenho.

4. Expanda a categoria **Surfaces** → **Label Styles** → **Contour** para identificar os estilos dos rótulos de curvas de nível.

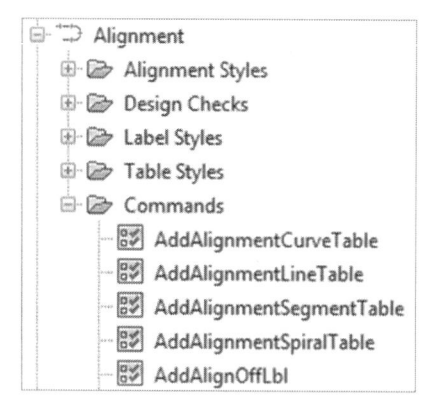

Figura 3.43 Configurações dos comandos para tabelas de alinhamentos.

3.19.3 Survey

A aba **Survey** da **Toolspace** auxilia na manipulação de dados do levantamento de campo. Por sua estrutura, esta aba permite a manipulação das informações do levantamento por meio da criação de um banco de dados local.

Os recursos de **Survey** permitem a manipulação dos pontos do levantamento e a configuração das geometrias das construções levantadas, além da definição e verificação de poligonais (Figura 3.44).

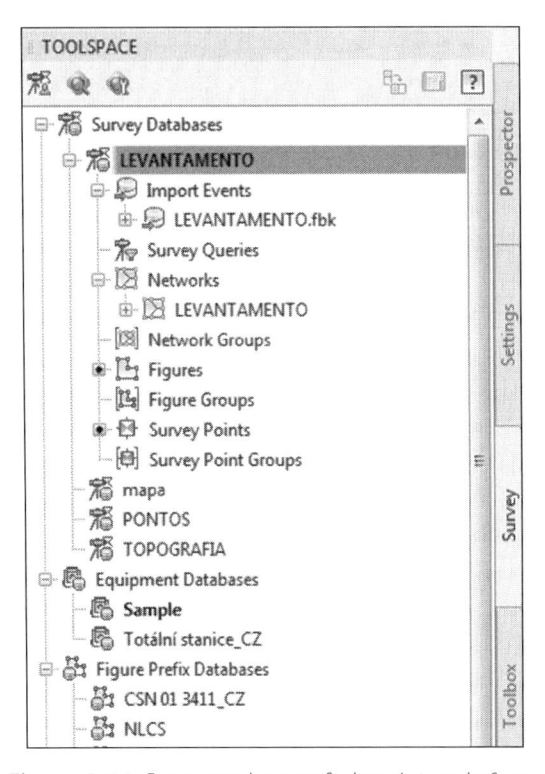

Figura 3.44 Ferramentas de topografia disponíveis na aba Survey.

Agora, estude o exemplo a seguir:

1. Inicie o Autodesk Civil 3D.
2. Habilite a ferramenta da ribbon **Home** → **Palettes** → **Survey**.
3. Acesse a aba **Survey** da **Toolspace** e expanda a categoria **Equipment Databases**.
4. Clique com o botão direito do mouse sobre a configuração **Sample** e selecione a opção **Manage Equipment Database**.
5. Na caixa **Equipment Database Manage – Sample**, verifique as opções para a configuração de equipamentos de levantamento de campo.
6. Clique no botão **OK**.

3.19.4 Toolbox

A aba **Toolbox** exibe os modelos de relatórios de saída disponíveis no Autodesk Civil 3D. Esses relatórios apresentam os dados dos objetos presentes no projeto, permitindo a escolha dos tipos de formatos de arquivos de saída. Além dos relatórios, a aba **Toolbox** também poderá exibir as ferramentas adicionais para otimizar algumas atividades (Figura 3.45).

Agora, estude o exemplo a seguir:

1. Inicie o Autodesk Civil 3D.

2. Abra o arquivo **3-MODELO-CIVIL.DWG**, disponível na plataforma da editora.

3. Na aba **Toolbox** da **Toolspace**, expanda a categoria **Relatórios** → **Nota de Serviço** para acessar os modelos de relatórios.

4. Clique com o botão direito do mouse sobre **Seções Transversais** e selecione a opção **Execute**.

5. Na caixa de diálogo, selecione o alinhamento, o corredor e o link desejado; clique no botão + para adicionar as informações na lista.

6. Determine o nome e o local para o relatório e clique no botão **Criar Relatório** (Figura 3.46).

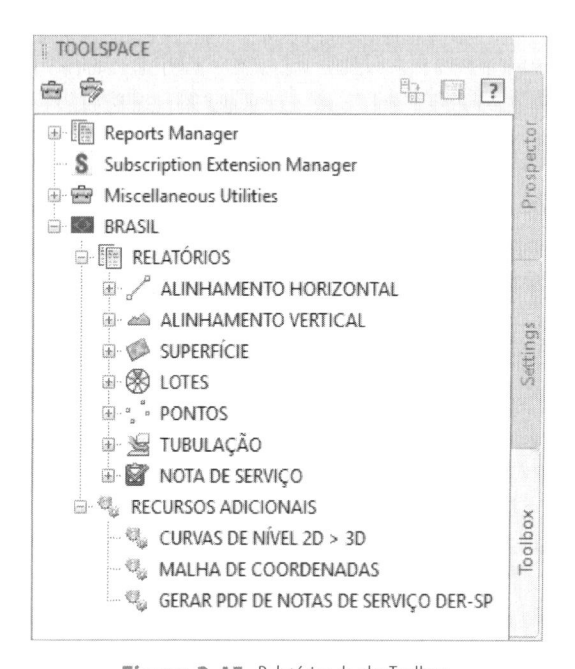

Figura 3.45 Relatórios da aba Toolbox.

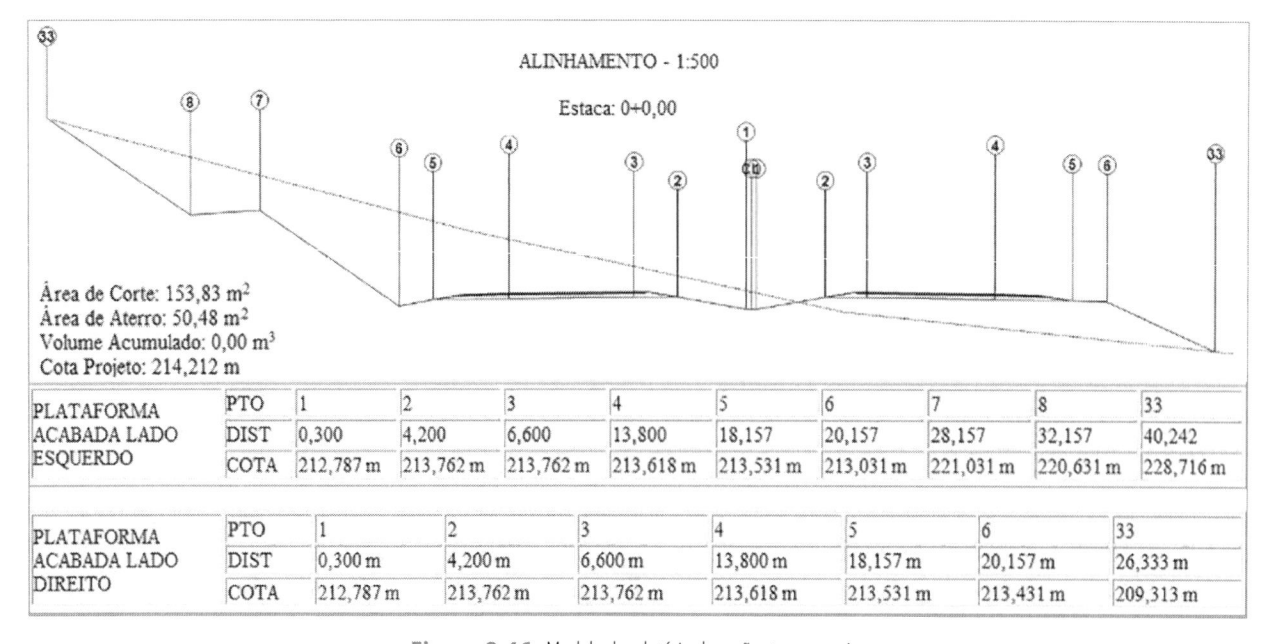

PLATAFORMA ACABADA LADO ESQUERDO	PTO	1	2	3	4	5	6	7	8	33
	DIST	0,300	4,200	6,600	13,800	18,157	20,157	28,157	32,157	40,242
	COTA	212,787 m	213,762 m	213,762 m	213,618 m	213,531 m	213,031 m	221,031 m	220,631 m	228,716 m

PLATAFORMA ACABADA LADO DIREITO	PTO	1	2	3	4	5	6	33
	DIST	0,300 m	4,200 m	6,600 m	13,800 m	18,157 m	20,157 m	26,333 m
	COTA	212,787 m	213,762 m	213,762 m	213,618 m	213,531 m	213,431 m	209,313 m

Figura 3.46 Modelo de relatório de seções transversais.

Configurações e Estilos

A representação dos objetos criados no Autodesk Civil 3D é controlada por meio das configurações estabelecidas nos estilos. Dessa forma, fica possível controlar a aparência dos elementos que compõem o modelo do projeto, tanto para representá-los nas etapas de desenvolvimento dos projetos, quanto para apresentação dos mesmos elementos na fase final de documentação técnica do projeto. Um aspecto importante dessas configurações é que elas não ficam presentes no software, mas estabelecidas nos arquivos. Então, deve-se observar a boa prática de trabalhar com arquivos de templates definidos com a extenção DWT.

Para aproveitar o potencial das ferramentas fornecidas pelo Autodesk Civil 3D, é primordial a elaboração do arquivo de modelo template, que deverá conter todas as configurações de unidades, precisão e criação dos estilos de visualização dos objetos (objects), rótulos (labels) e tabelas (tables) do Autodesk Civil 3D, além das configurações pertinentes ao AutoCAD, como layers, estilos de textos e dimensões. Pode-se utilizar os arquivos de templates fornecidos com a instalação do pacote do *Country Kit Brazil* e, consequentemente, efetuar modificações para adaptar seu uso.

O fluxo de trabalho indicado deve ser estabelecido ao início do processo, durante a escolha do template para a melhor padronização do projeto. Contudo, isso ainda poderá depender do processo de trabalho utilizado, na ocorrência de equipes externas atuando em atividades preliminares, ou ainda no uso final do modelo projetado (Figura 4.1).

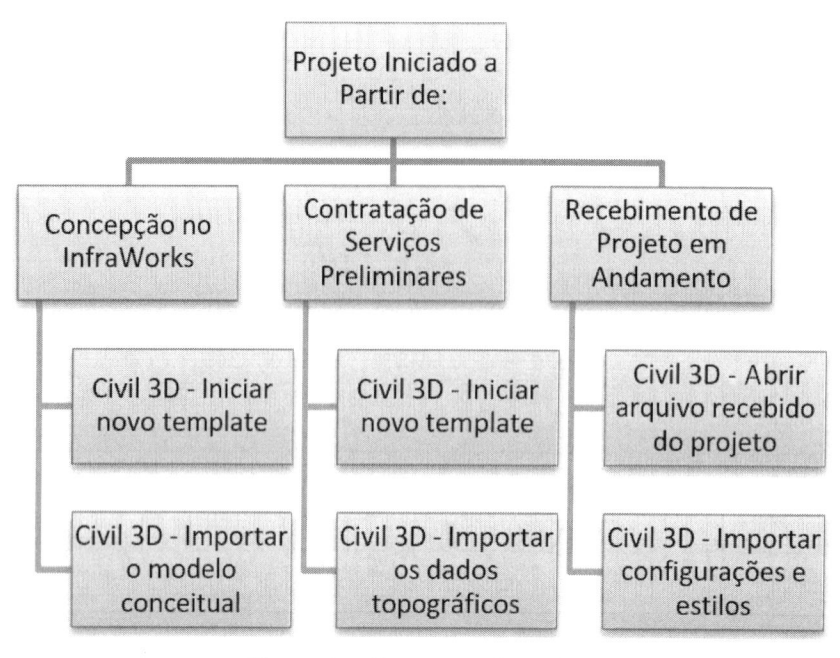

Figura 4.1 Fluxos para uso de templates.

4.1 Caixa de diálogo Drawing Settings

As abas da caixa de diálogo **Drawing Settings** permitem efetuar diversas configurações de unidades e escalas, transformação de sistemas de coordenadas, layers para os objetos, abreviações para os pontos notáveis das geometrias, precisão, entre outras configurações.

Os parâmetros presentes nas abas da caixa de diálogo **Drawing Settings** são fundamentais para beneficiar o uso do Autodesk Civil 3D e poderão estar previamente definidos nos arquivos de templates para reutilização em projetos futuros (Figura 4.2).

A aba **Units and Zones** auxilia na escolha da escala para exibir os rótulos e as tabelas presentes no desenho, determinar as unidades e o método para uma eventual conversão de unidades e especificar o sistema de coordenadas que será utilizado no desenho. Na lista de sistema de coordenadas, está disponível o sistema com o *Datum SIRGAS 2000*.

A aba **Transformation** permite configurar a transformação dos sistemas de coordenadas do desenho. Em **Object Layers,** é possível determinar os layers para os objetos do projeto. As abreviaturas para os pontos notáveis do projeto geométrico podem ser configuradas por meio da aba **Abbreviations**, além de ser possível controlar as unidades e as precisões do projeto por intermédio das opções da aba **Ambient Settings**.

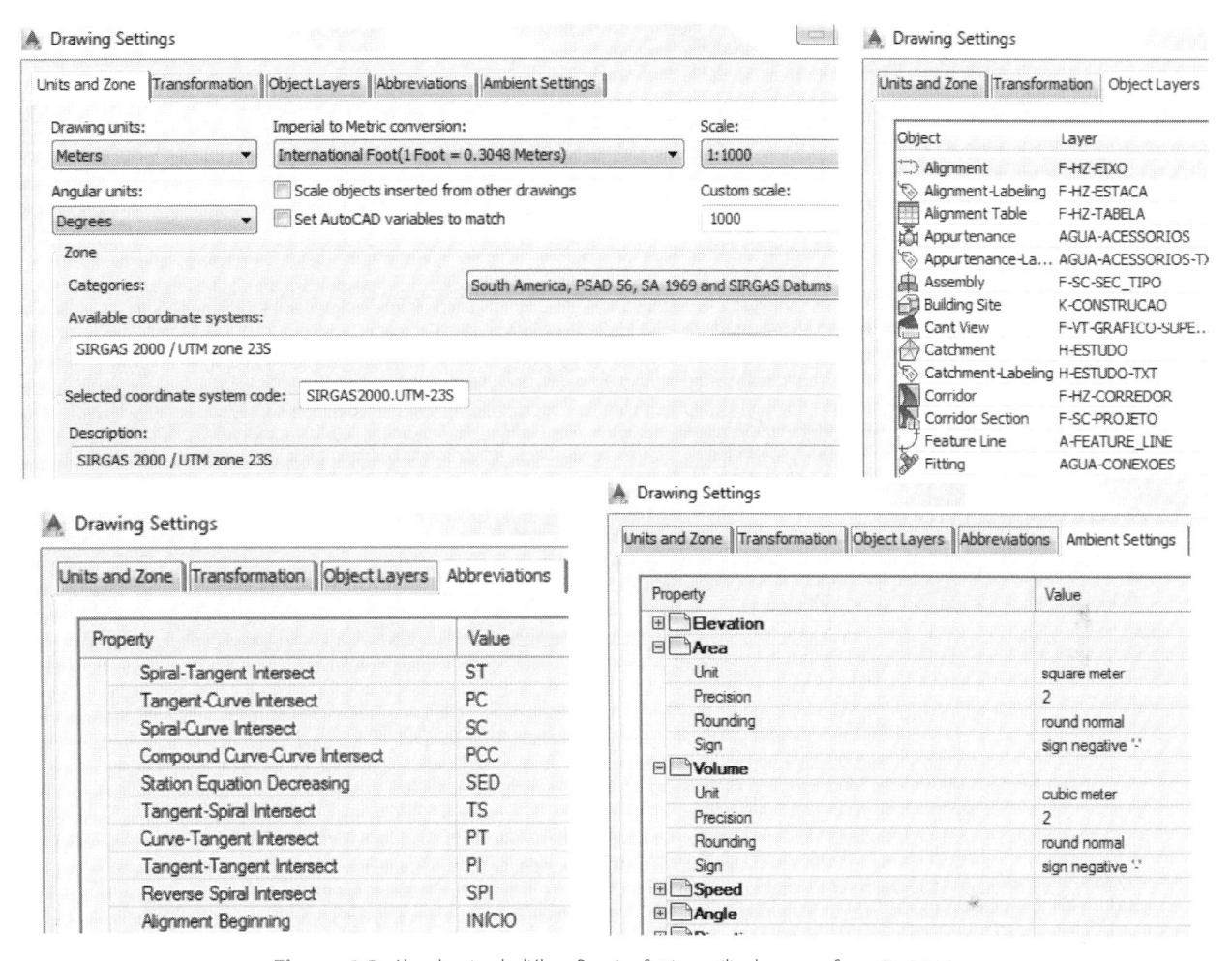

Figura 4.2 Abas da caixa de diálogo Drawing Settings utilizadas nas configurações iniciais.

Agora, estude o exemplo a seguir:

1. Abra o arquivo **4-1_COORDENADAS.dwg**, disponível na plataforma da editora.

2. Na aba **Settings** da **Toolspace**, clique com o botão direito do mouse sobre o nome do arquivo aberto **4-1_COORDENADAS.DWG** e selecione a opção **Edit Drawing Settings**.

3. Na aba **Units and Zones** da caixa **Drawing Settings**, selecione a categoria **Brasil**, na lista **Categories**.

4. No quadro **Available Coordinate Systems,** selecione o sistema **SIRGAS datum, UTM Zone 23S; Brasil 48d to 42d West**, da lista de sistemas de coordenadas disponíveis.

5. Clique no botão **OK** para concluir a configuração do sistema de coordenadas.

6. Acesse a ferramenta da ribbon contextual **Geolocation** → **Online Map** → **Map Hybrid**.

7. Para utilizar a ferramenta de mapa on-line é necessário possuir uma conta na Autodesk. Aceite os termos de uso na caixa de diálogo.

4.2 Estilos

Os estilos permitem a personalização da representação gráfica dos objetos nos desenhos dos projetos de infraestrutura elaborados no Autodesk Civil 3D. É possível criar estilos para representar os objetos nos desenhos de forma padronizada, a fim de atender aos diversos padrões de desenhos técnicos. Também é possível elaborar estilos para a representação dos objetos, prevendo até mesmo as fases do projeto; por exemplo, criar estilos de superfície para a representação das curvas de nível da topografia para a visualização na fase de implantação de um projeto; em uma próxima fase, pode-se preparar outros estilos de superfície com as mesmas curvas de nível rebaixadas, para destacar melhor o projeto. Outro exemplo de aplicação de estilos está na mudança da escala de impressão dos documentos. Pode-se elaborar estilos de superfícies especificando intervalos diferentes entre as curvas de nível. Existem três categorias de estilos presentes no Autodesk Civil 3D (Figura 4.3).

■ **Estilos de objetos (object styles):** configuração para a representação gráfica dos objetos do Autodesk Civil 3D, como superfícies e alinhamentos.

■ **Estilos de rótulos (label styles):** configuração da representação dos rótulos dinâmicos para os objetos do Autodesk Civil 3D. Esta configuração controla quais informações serão exibidas no desenho, respeitando o tipo de objeto, como os valores para estacas e coordenadas.

■ **Estilos de tabelas (table styles):** configurações para controlar a representação de tabelas do Civil 3D. Esta configuração permite selecionar quais informações serão exibidas nas células das colunas nas tabelas, como os números dos pontos e as cotas.

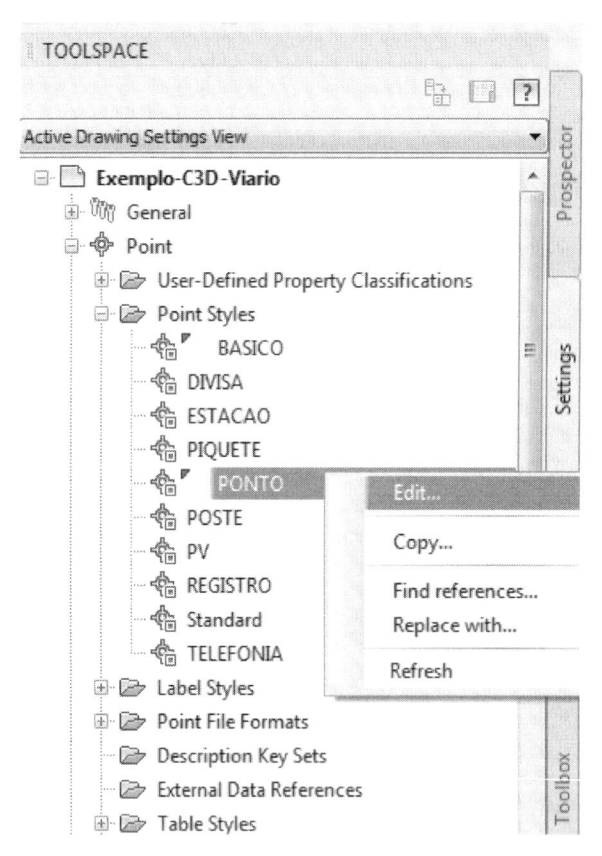

Figura 4.3 Manipulação de estilos de pontos.

Os estilos de objetos, rótulos e tabelas, além das configurações gerais do Autodesk Civil 3D, podem ser acessados pela aba **Settings** da **Toolspace**. É possível criar estilos ao clicar com o botão direito do mouse sobre a pasta de estilos e selecionar a opção **New**, para a edição de um estilo existente, ou a opção **Edit**, para modificá-lo.

4.3 Estilos de objetos – object styles

A representação dos objetos elaborados no Autodesk Civil 3D é controlada pela configuração de seus estilos; por exemplo, controlar a exibição de pontos para a representação de postes, caixas e árvores, assim como é possível controlar a representação dos intervalos das curvas de nível de modelos de superfícies ou controlar a apresentação de estacas e cotas no traçado do alinhamento horizontal (Figura 4.4).

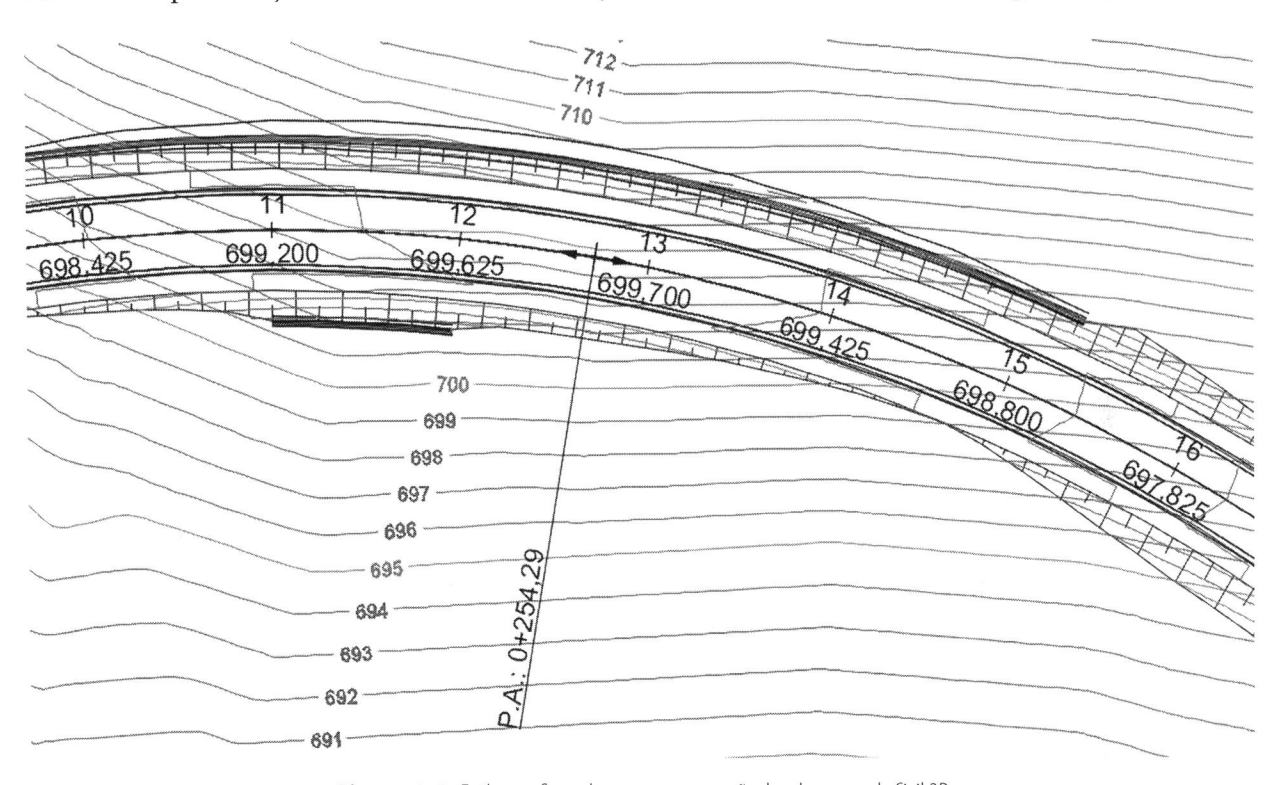

Figura 4.4 Estilos configurados para representação dos elementos de Civil 3D.

As caixas de diálogo dos estilos de objeto, **Point Style**, **Surface Style**, **Profile Style**, dentre outras, possuem diversas abas exibidas de acordo com o tipo de objeto. As abas **Information**, **Display** e **Summary** são comuns e exibidas em todas as caixas de estilos de objetos.

A aba **Information**, da caixa de diálogo **Point Style**, permite determinar o nome e a descrição para o estilo, além de exibir o nome do usuário que criou e alterou o estilo, bem como suas respectivas datas (Figura 4.5).

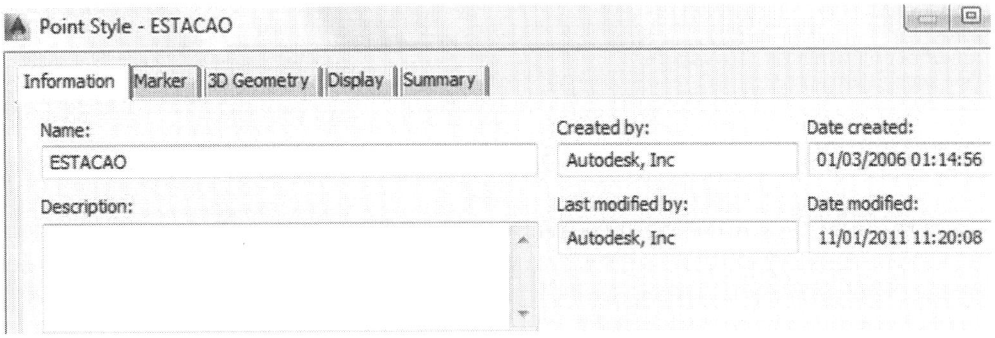

Figura 4.5 Caixa de diálogo Point Style.

A aba **Display**, da caixa de diálogo **Surface Style**, permite escolher os componentes desejados dos objetos para a visualização no desenho. O campo **View Direction** possibilita a configuração de representações diferentes para os objetos, dependendo da vista selecionada na área de desenho; por exemplo, configurar um estilo de superfície para visualizar as curvas de nível na planta e apresentar seus triângulos quando a mesma superfície for visualizada em vistas tridimensionais (Figura 4.6).

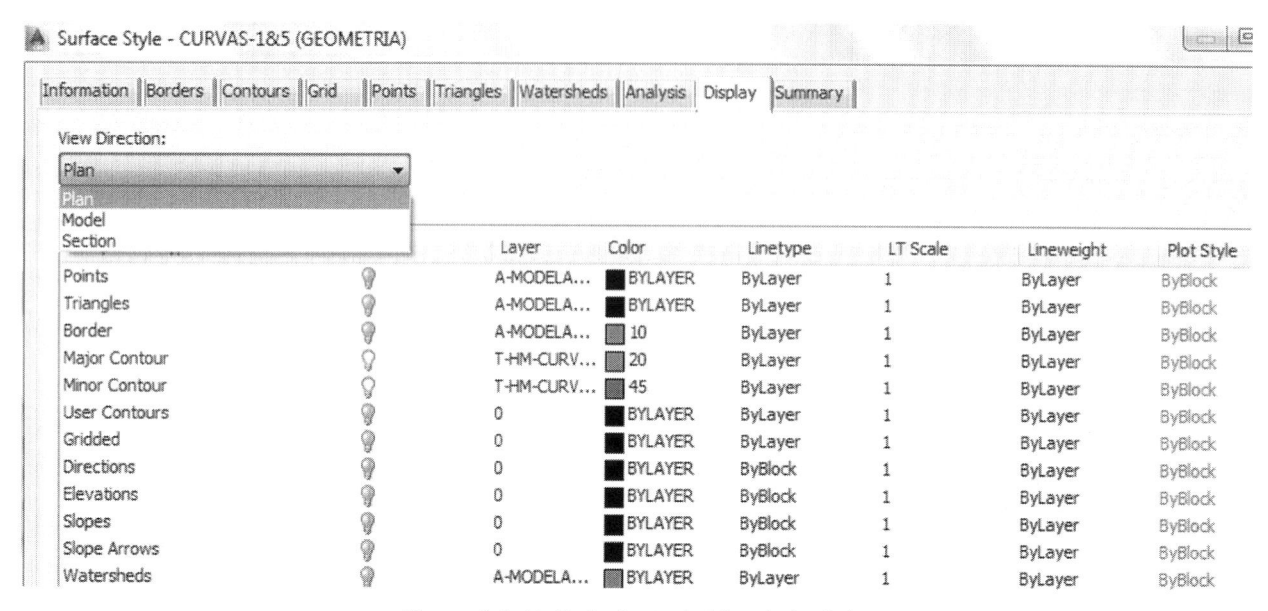

Figura 4.6 Aba Display da caixa de diálogo Surface Style.

A aba **Summary** lista o resumo das configurações estabelecidas na caixa de diálogo **Surface Style**, além de possibilitar a alteração dessas configurações (Figura 4.7).

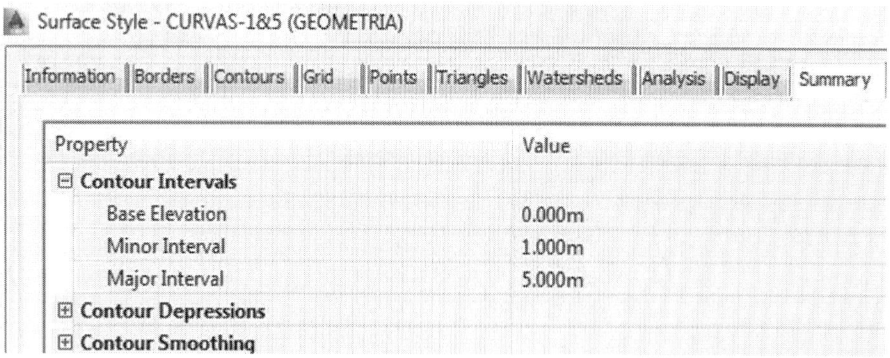

Figura 4.7 Aba Summary da caixa de diálogo Surface Style.

Algumas das abas são específicas para configurar a visualização dos objetos, como a aba **Contours**, da caixa de diálogo **Surface Style**, que permite personalizar a representação das curvas de nível no desenho por meio do quadro **Properties** (Figura 4.8).

- ■ **Contour Ranges:** propriedade que auxilia na definição do esquema de distribuição das curvas de nível na visualização do modelo da superfície no desenho.

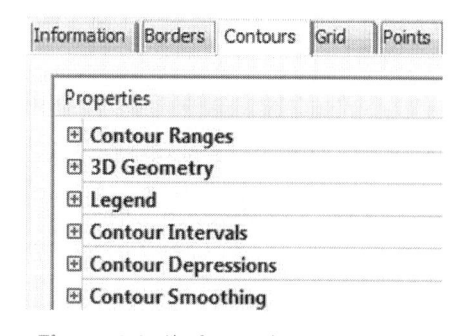

Figura 4.8 Aba Contours da caixa Surface Style.

- **3D Geometry:** propriedade que configura o comportamento das elevações do modelo da superfície no desenho. A opção **Use Surface Elevation** posiciona o modelo da superfície em sua respectiva elevação. **Flatten Elevation** posiciona o modelo da superfície em uma elevação plana na área de desenho. A opção **Exaggerate Elevation** controla um fator de escala nas cotas do modelo para a aplicação do exagero vertical.

- **Legend:** propriedade que seleciona um estilo de legenda para as curvas de nível.

- **Contour Intervals:** propriedade para controlar a apresentação dos intervalos das curvas de nível do modelo da superfície, em que **Minor Interval** especifica o intervalo das curvas intermediárias e **Major Interval** determina o valor do intervalo entre as curvas de nível principais.

- **Contour Depressions:** propriedade que permite adicionar uma marcação na presença de depressões no modelo da superfície.

- **Contour Smoothing:** propriedade que controla os métodos de suavização das curvas de nível no modelo da superfície. É possível selecionar entre os tipos **Add Vertices** para adicionar vértices entre aqueles existentes e **Spline Curve** para suavizar com splines os vértices das curvas de nível existentes.

DICA

As configurações de estilos para qualquer tipo de elemento de Civil 3D têm por base apenas o controle da representação dos objetos no modelo, ou seja, os estilos de objetos não alteram a geometria ou interferem na extração de informações dos elementos presentes nos modelos.

A preparação dos arquivos de templates, considerando as configurações de estilos, pode fazer parte dos processos de padronização da documentação dos projetos, muitas vezes exigidas por órgãos ou agências reguladoras.

Estude o exemplo a seguir:

1. Inicie o Autodesk Civil 3D.
2. Crie um novo desenho utilizando o arquivo de template_**AutoCAD Civil 3D 2020_BRA (DNIT). DWT**, fornecido com a instalação do pacote *Brazil Content*.
3. Habilite a janela **Toolspace** do Civil 3D por meio da ribbon **Home → Palettes → Toolspace**.
4. Pela aba **Settings** da **Toolspace**, navegue até os estilos de superfícies (surface styles). Clique com o botão direito do mouse sobre o estilo **CURVAS-1&5 (GEOMETRIA)** e selecione a opção **Copy**, para criar um estilo de superfície baseado no estilo selecionado.
5. Na aba **Information**, da caixa de diálogo **Surface Style**, digite CURVAS-5&25 (GEOMETRIA) no campo **Name** para especificar o nome do novo estilo de superfície.
6. Na aba **Contours**, da caixa de diálogo **Surface Style**, expanda a propriedade **Contour Intervals**, digite **5.00m** para **Minor Interval** e **25.00m** para **Major Interval**. Essas opções controlam o espaçamento dos intervalos entre as curvas de nível da superfície.
7. Na aba **Display**, da caixa de diálogo **Surface Style**, selecione a vista **Plan** do quadro **View Direction**. No campo **Component Display**, altere as cores de todos os componentes para **BYLAYER**.
8. Clique no botão **OK** para fechar a caixa de diálogo **Surface Style**.
9. É possível gravar o arquivo como um novo modelo template; especifique um novo nome e o local do arquivo DWT.

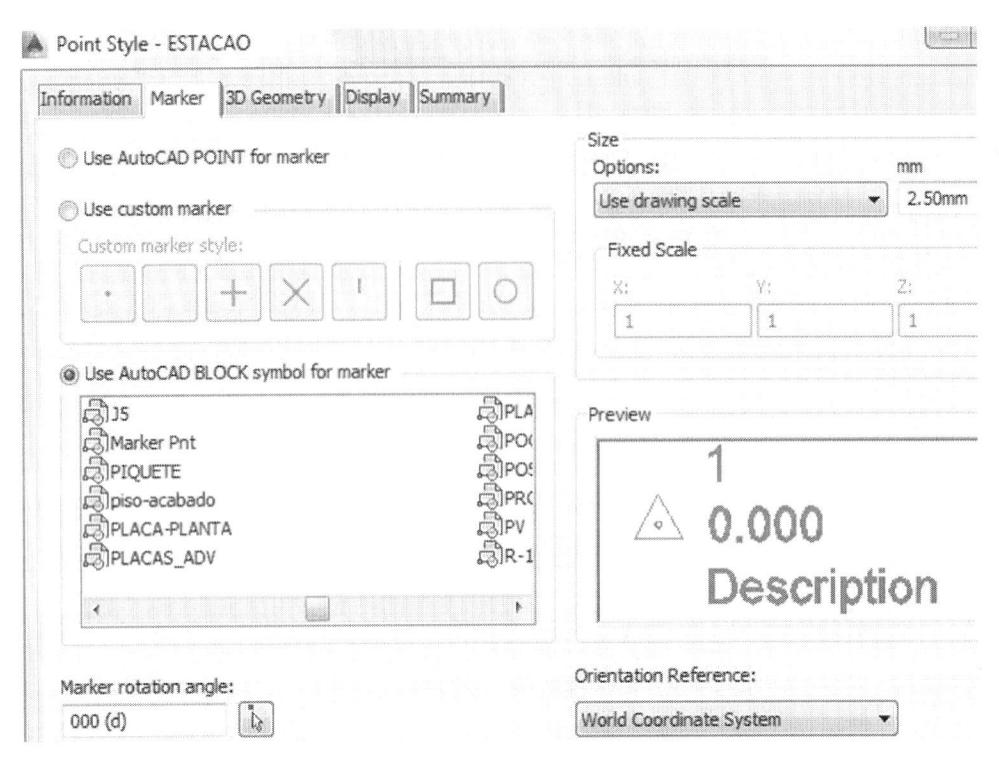

Figura 4.9 Aba Marker da caixa de diálogo Point Style.

- **Use AutoCAD POINT for Marker:** opção que utiliza os pontos do AutoCAD para representar os objetos pontos de Civil 3D na área de desenho.

- **Use Custom Marker:** opção que configura a representação dos pontos utilizando a combinação de marcadores disponível no sistema.

- **Use AutoCAD BLOCK Symbol for Marker:** opção que permite a utilização de um bloco (block) de AutoCAD existente no desenho para a representação do objeto ponto de Civil 3D.

- **Marker Rotation Angle:** campo que determina o ângulo de rotação do ponto nos desenhos.

- **Size:** quadro que define as opções de escalas para a representação dos pontos nos desenhos.

- **Orientation Reference:** quadro que define o tipo de orientação dos pontos nos desenhos. Esta orientação pode ser definida para sistema de coordenadas, objeto ou vista de uma *viewport*.

Agora, estude o exemplo a seguir:

1. Inicie um novo desenho utilizando o arquivo de template **_AutoCAD Civil 3D 2020_BRA (DER). DWT**, fornecido com a instalação do pacote *Brazil Content*.

2. Pela aba **Settings** da janela **Toolspace**, navegue até os estilos de pontos (point styles). Clique com o botão direito do mouse sobre o estilo **Ponto** e selecione a opção **Copy,** para criar um estilo de ponto para a representação de caixa de passagem, aproveitando um estilo existente no arquivo.

3. Na aba **Information**, da caixa de diálogo **Point Style**, digite **CAIXA** no campo **Name** para especificar o nome do estilo.

4. Na aba **Marker**, da caixa de diálogo **Point Style**, habilite a opção **Use AutoCAD BLOCK symbol for marker,** para selecionar um bloco existente no desenho.

5. Selecione o bloco **BOUND** presente na lista e verifique sua geometria no quadro **Preview**.

6. No quadro **Size**, selecione a opção **Use drawing scale** para aproveitar a escala do desenho na representação do tamanho da caixa. Digite **2.00** no quadro **mm** para definir o tamanho da caixa. Verifique a geometria da caixa no quadro **Preview** (Figura 4.10).

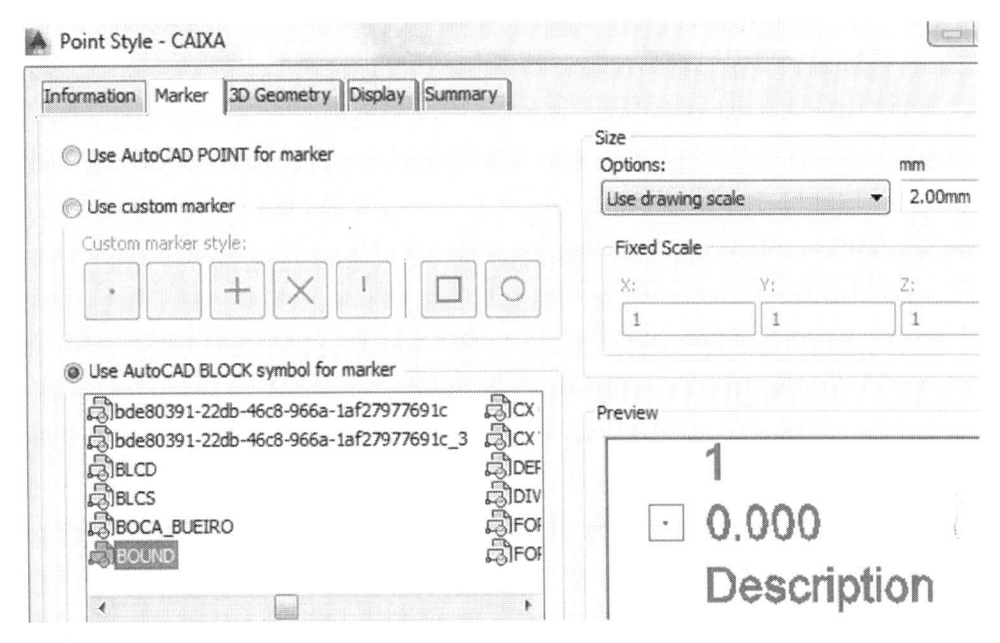

Figura 4.10 A aba Marker controla a representação da geometria do estilo de ponto.

7. Na aba **Display**, da caixa de diálogo **Point Style**, verifique os nomes dos layers para os componentes em cada uma das vistas. Clique no botão **OK** para finalizar.

8. É possível gravar o arquivo como um novo modelo template; especifique um novo nome e o local do arquivo DWT.

4.4 Estilos de rótulos – label styles

Os estilos de rótulos (label styles) controlam quais informações serão exibidas com os objetos do Autodesk Civil 3D. Por meio deles, é possível controlar a fonte do texto, a altura, seu layer e, principalmente, as informações que serão exibidas no desenho; por exemplo, a cota de cada ponto, sua descrição, as coordenadas, as estacas e os alinhamentos, entre outras informações disponíveis no sistema.

Os estilos de rótulos de pontos estão disponíveis na aba **Settings** da **Toolspace** do Autodesk Civil 3D, em **Point** → **Label Styles** (Figura 4.11).

A aba **Information**, da caixa de diálogo **Label Style Composer**, permite determinar o nome e a descrição do estilo, além da visualização do usuário que criou e alterou o estilo com suas respectivas datas (Figura 4.12).

Figura 4.11 Estilos de rótulos de pontos.

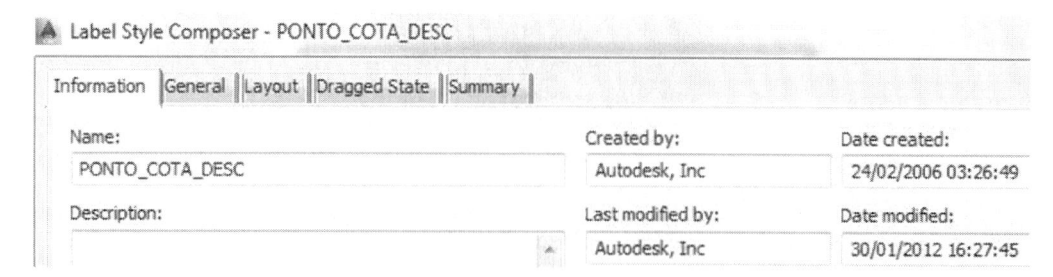

Figura 4.12 Aba Information da caixa de diálogo Label Style Composer.

A aba **Summary**, da caixa de diálogo **Label Style Composer**, exibe o resumo com as configurações estabelecidas para o estilo do rótulo. É possível editar as configurações por esta aba (Figura 4.13).

Information	General	Layout	Dragged State	Summary		
Property		**Value**	**Override**	**Child Override**	**Lock**	
⊞ **Component 1**						
⊞ **Component 2**						
⊞ **Component 3**						
⊞ **Information**						
⊟ **Label**						
	Text Style	ARIAL	☑		🔓	
	Label Visibility	True	☑		🔓	
	Layer	T-HM-COTAS-T...	☑		🔓	
⊞ **Behavior**						
⊞ **Plan Readability**						
⊞ **Leader**						
⊞ **Dragged State Compone...**						

Figura 4.13 Aba Summary da caixa de diálogo Label Style Composer.

A aba **General**, da caixa de diálogo **Label Style Composer**, disponibiliza diversas opções para a representação dos rótulos, em que (Figura 4.14):

- **Label:** propriedade que permite selecionar o estilo de texto do rótulo e sua visibilidade, bem como escolher o layer.

- **Behavior:** propriedade que controla a orientação do rótulo, além de selecionar um ponto como referência, um sistema de coordenadas ou a vista da viewport como orientação para os rótulos.

- **Plan Readability:** propriedade que configura o ângulo que determina o sentido de leitura dos rótulos.

A aba **Dragged State**, da caixa de diálogo **Label Style Composer**, configura o comportamento dos rótulos quando eles forem reposicionados por meio de seus grips na área de desenho. A configuração desta aba poderá auxiliar quando os rótulos estiverem sobrepostos no desenho, permitindo que o usuário reposicione individualmente cada rótulo sobreposto na área de desenho.

Information	General	Layout	Dragged State	Summary
Property		**Value**		
⊟ **Label**				
	Text Style	ARIAL		
	Label Visibility	True		
	Layer	T-HM-COTAS-TXT		
⊟ **Behavior**				
	Orientation Reference	View		
	Forced Insertion	None		
⊟ **Plan Readability**				
	Plan Readable	False		
	Readability Bias	110.0000 (d)		
	Flip Anchors with Text	True		

Figura 4.14 Opções da aba General.

A propriedade **Leader** permite configurar a linha de chamada e sua seta para o rótulo reposicionado. **Dragged State Components** configura o comportamento dos rótulos quando reposicionados no desenho. Pode-se controlar a altura do texto, a cor e a adição de um contorno ao redor do rótulo reposicionado pela opção **Border Visibility** (Figura 4.15).

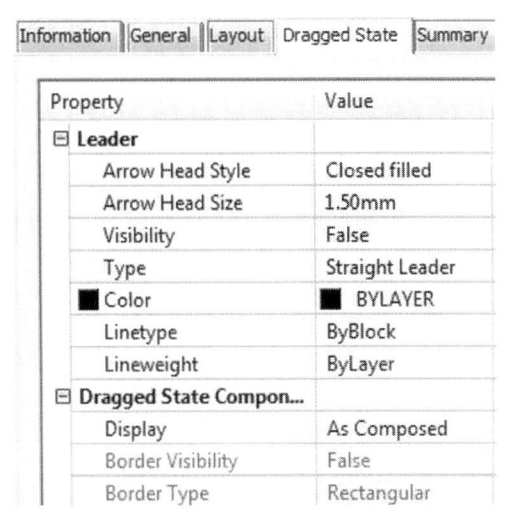

Figura 4.15 A aba Dragged State controla a aparência dos rótulos quando reposicionados no desenho.

A aba **Layout**, da caixa de diálogo **Label Style Composer**, controla as informações exibidas nos rótulos, além da altura, da posição, da cor e do contorno (Figura 4.16).

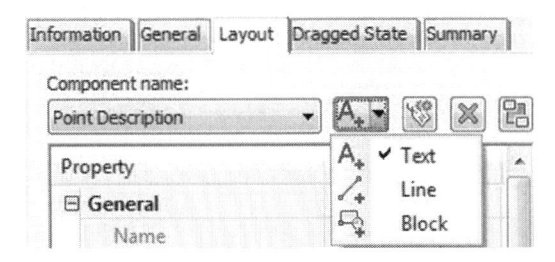

Figura 4.16 Aba Layout utilizada na configuração das informações exibidas nos rótulos.

A parte superior da aba **Layout** fornece as ferramentas para a inserção e a manipulação de textos, blocos e linhas ao estilo do rótulo. É possível adicionar vários componentes para compor a configuração desejada para o rótulo.

A propriedade **General** permite determinar o nome de cada componente adicionado ao estilo do rótulo, além de permitir sua visibilidade e seu posicionamento (Figura 4.17).

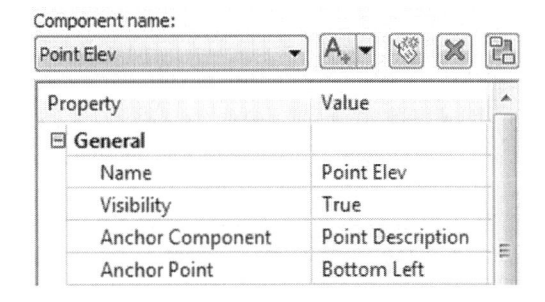

Figura 4.17 Propriedades do campo General da caixa de estilo de rótulos.

A propriedade **Text** configura a altura, a cor e o posicionamento do texto do rótulo; entretanto; a principal configuração está na opção **Contents**, que habilita a caixa de diálogo **Text Component Editor**, utilizada para controlar as informações exibidas no rótulo (Figura 4.18).

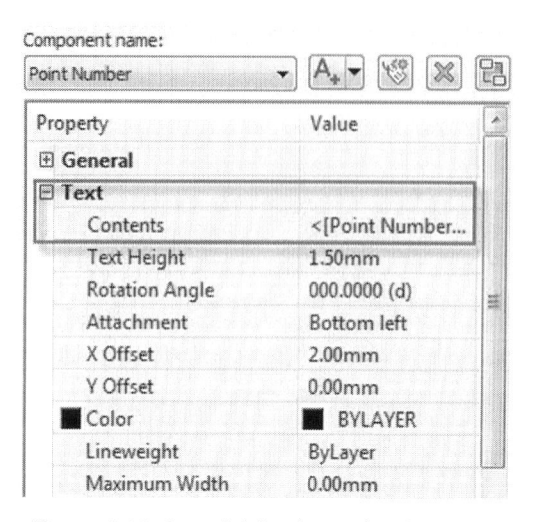

Figura 4.18 Propriedade Text da caixa de estilo de rótulo.

A caixa de diálogo **Text Component Editor – Contents** auxilia na escolha e configuração das informações que serão exibidas no estilo do rótulo. A aba **Format** controla a aparência do rótulo e a aba **Properties** configura as informações (Figura 4.19).

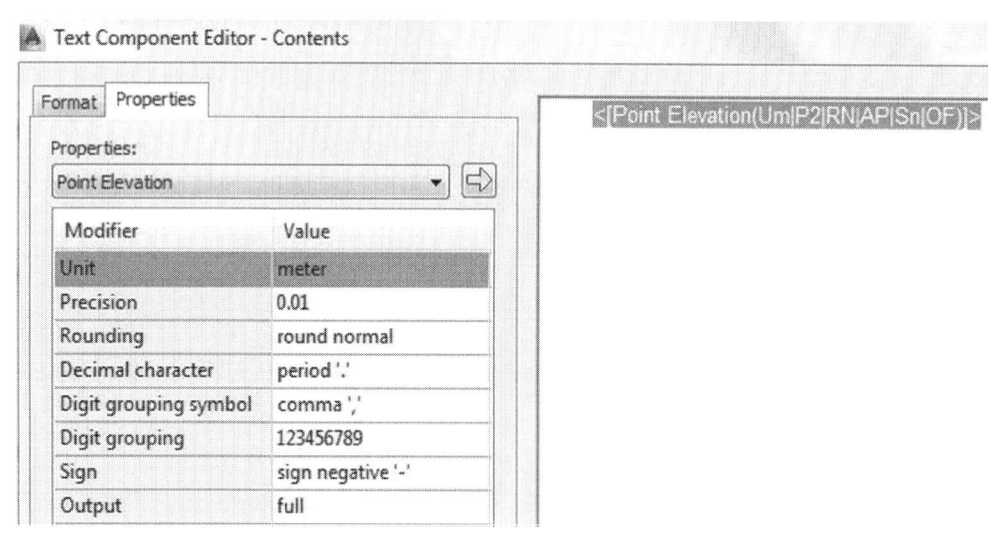

Figura 4.19 Caixa Text Component Editor para a configuração das informações dos rótulos.

O campo **Properties**, da caixa de diálogo **Text Component Editor – Contents**, permite selecionar o tipo de informação que será exibido nos rótulos. É possível selecionar os valores de coordenadas, a descrição, a cota, entre outras informações disponíveis, dependendo do tipo de objeto (Figura 4.20).

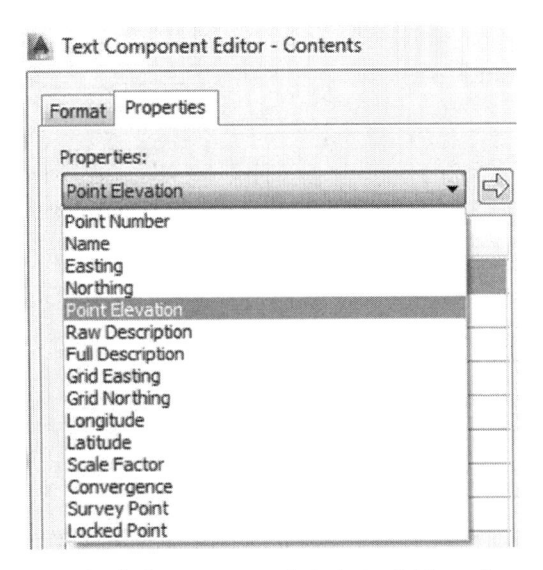

Figura 4.20 Quadro Properties para a seleção do tipo de informação para o rótulo.

Além da escolha do tipo de informação, a aba **Properties**, da caixa **Text Component Editor – Contents**, auxilia na configuração das unidades e na precisão dos valores que serão exibidos nos textos dos estilos de rótulos (Figura 4.21).

- ▪ **Unit:** opções de configuração da unidade (metros, polegadas etc.).
- ▪ **Precision:** configura a precisão decimal.

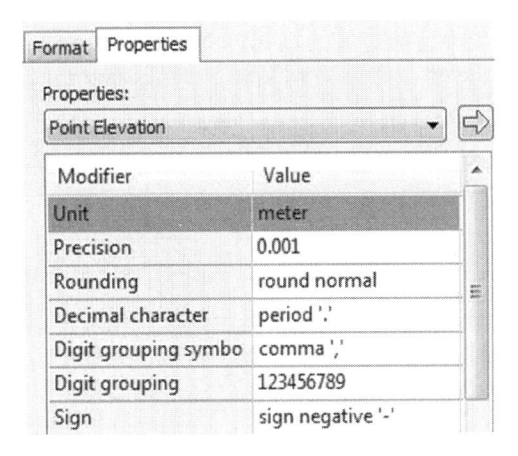

Figura 4.21 Propriedades para configuração da cota de rótulo de ponto.

- ▪ **Rounding:** configura os parâmetros do arredondamento das casas decimais.
- ▪ **Decimal character:** escolhe o símbolo para a representação do separador decimal (comma = vírgula; period = ponto).
- ▪ **Digit grouping symbol:** controla o símbolo para os separadores de milhares.
- ▪ **Digit grouping:** configura a seleção do modelo de representação dos separadores de milhares.
- ▪ **Sign:** configura a representação dos valores negativos.
- ▪ **Output:** controla a representação do valor, esquerda ou direita, do caractere decimal.

Para aplicar a configuração durante a criação ou a edição das propriedades de rótulos, será necessário adicionar tais configurações no quadro direito, por meio do botão da seta (Figura 4.22).

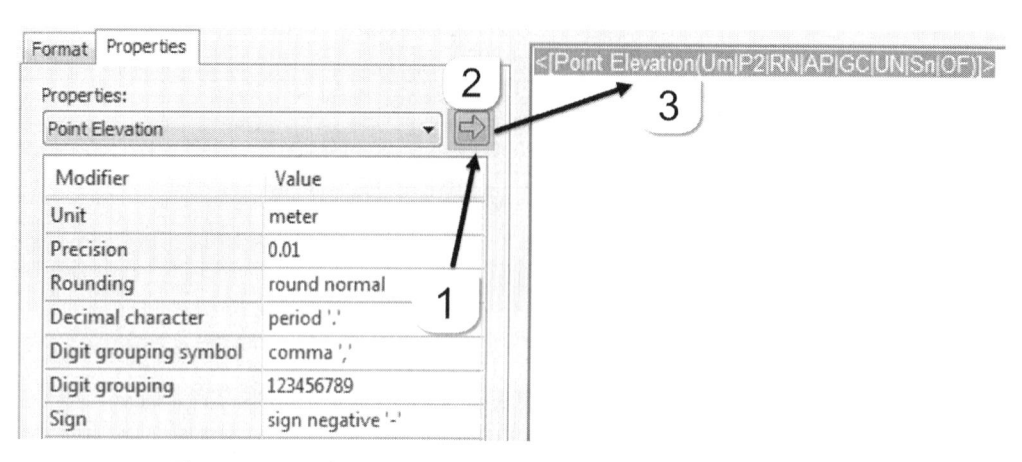

Figura 4.22 Aplicação dos parâmetros selecionados na caixa Text Component Editor.

Agora, estude o exemplo a seguir para criar um estilo de rótulo para a exibição das coordenadas do ponto:

1. Inicie um novo desenho utilizando o template **_AutoCAD Civil 3D 2020 BRA (DER).DWT**, fornecido com a instalação do pacote *Brazil Content*.

2. Pela aba **Settings** da **Toolspace**, navegue até os estilos de rótulos de pontos (**Point** → **Label Styles**). Clique com o botão direito do mouse sobre o estilo **Cota e Descrição** e selecione a opção **Copy** a fim de criar um estilo de rótulo para a exibição das coordenadas dos pontos.

3. Na aba **Information**, da caixa de diálogo **Label Style Composer**, digite **Coordenadas** no campo **Name** para especificar o nome do novo estilo de rótulo de ponto.

4. Na aba **Layout**, da caixa **Label Style Composer,** selecione o componente **Point Description** no campo **Component Name**. Renomeie o componente para **Norte** no campo **Name** da propriedade **General**.

5. Selecione a opção **Feature** no campo **Anchor Component**. Selecione a opção **Top Right** no campo **Anchor Point**. Clique no quadro **Value** da propriedade **Contents** e selecione o botão "**...**" para configurar a informação da coordenada norte.

6. Na caixa de diálogo **Text Component Editor – Contents,** selecione o texto presente no quadro direito e substitua por **N=**.

7. Selecione a propriedade **Northing** no campo **Properties**, verifique a unidade, a precisão e o separador decimal. Clique no botão da seta ⇨ para adicionar as informações no quadro direito e no botão **OK** para concluir.

8. Na aba **Layout**, da caixa **Label Style Composer,** clique no botão **Copy Component** para configurar o rótulo para a coordenada **Este**. Renomeie o componente criado **Norte (Copy)** para **Este**. Altere a propriedade **Anchor Component** para **Bottom Right**.

9. Selecione o quadro **Value** da propriedade **Contents** e clique no botão "**...**" para configurar os parâmetros do valor da coordenada.

10. Na caixa de diálogo **Text Component Editor – Contents**, selecione o texto localizado no quadro direito e altere para **E=**.

11. Selecione a propriedade **Easting** no campo **Properties**, verifique a unidade, a precisão e o separador decimal. Clique no botão da seta ⇨ para adicionar as informações no quadro direito e no botão **OK** para concluir.

12. Selecione o componente **Point Elev** e remova-o por meio do botão **Delet Component**.

13. Clique no botão **OK**, na caixa **Label Style Composer**, para finalizar a criação do novo estilo de rótulo de ponto.

Os dados disponíveis para a configuração dos estilos de rótulos estão previamente estabelecidos para cada tipo de objeto do Autodesk Civil 3D; entretanto, é possível criar expressões contendo fórmulas para o cálculo de informações adicionais dos objetos. Por meio da **Toolspace** → **Settings** → **Point** → **Label Styles** → **Expressions**, torna-se possível definir fórmulas para a criação de novas expressões (Figura 4.23).

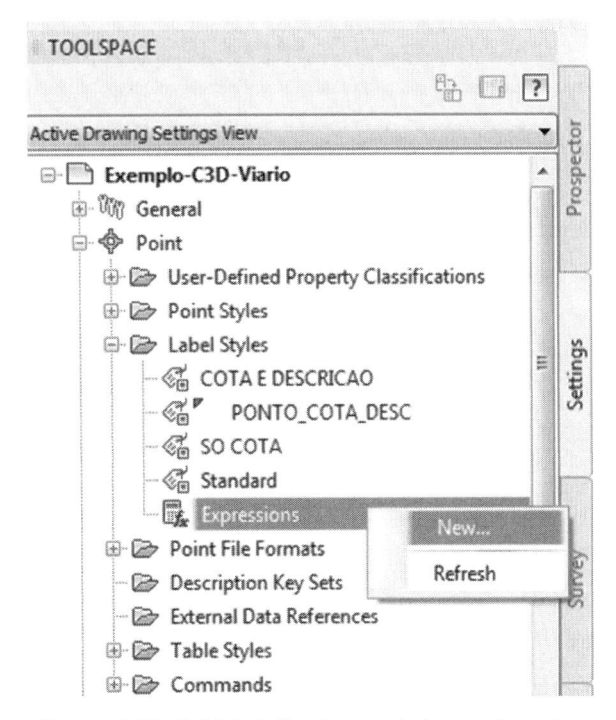

Figura 4.23 Definição de fórmulas por meio do recurso Expressions.

As expressões criadas poderão ser utilizadas em estilos de rótulos e tabelas posteriormente (Figura 4.24).

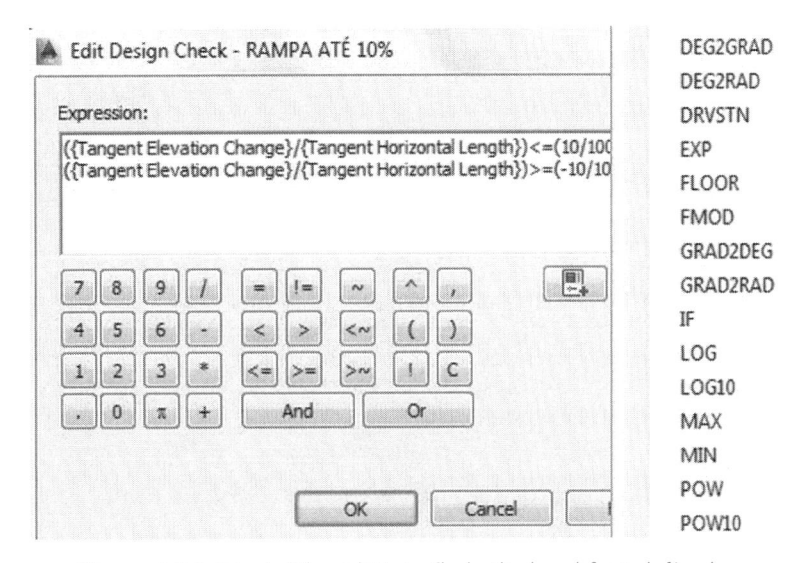

Figura 4.24 Caixa de diálogo Edit Design Check utilizada na definição de fórmulas.

Agora, estude o exemplo a seguir:

1. Inicie um novo desenho utilizando o arquivo de template **_AutoCAD Civil 3D 2020_BRA (DER).DWT**, fornecido com a instalação do pacote *Brazil Content*.

2. Pela aba **Settings** da **Toolspace**, navegue até a categoria **Profile** → **Design Check Sets** → **Line** e averigue as expressões utilizadas para a verificação de rampas máximas de projeto geométrico vertical.

3. Clique com o botão direito do mouse sobre o critério **Rampa até 10%** e selecione a opção **Edit**.

4. Na caixa de diálogo **Edit Design Check – Rampa até 10%**, localize a expressão configurada para a verificação de rampas até 10%.

5. Clique no botão **Cancel**.

4.5 Estilos de tabelas – table styles

As tabelas elaboradas no Autodesk Civil 3D podem permanecer correlacionadas com os objetos do projeto. Dessa forma, quando os objetos forem alterados no desenho, os rótulos presentes nas tabelas serão atualizados automaticamente, fornecendo maior produtividade durante o desenvolvimento dos projetos.

A aba **Information** exibe as informações do nome e a descrição, além dos dados do usuário e das datas de criação e modificação do estilo. A aba **Summary** disponibiliza o resumo com as configurações estabelecidas no estilo de tabela.

A aba **Display**, da caixa de diálogo **Table Style**, permite configurar quais componentes serão exibidos na tabela, além da seleção de layers, cores e tipos de linhas para cada um de seus componentes. Essas configurações podem ser diferenciadas para a vista em planta e 3D (Figura 4.25).

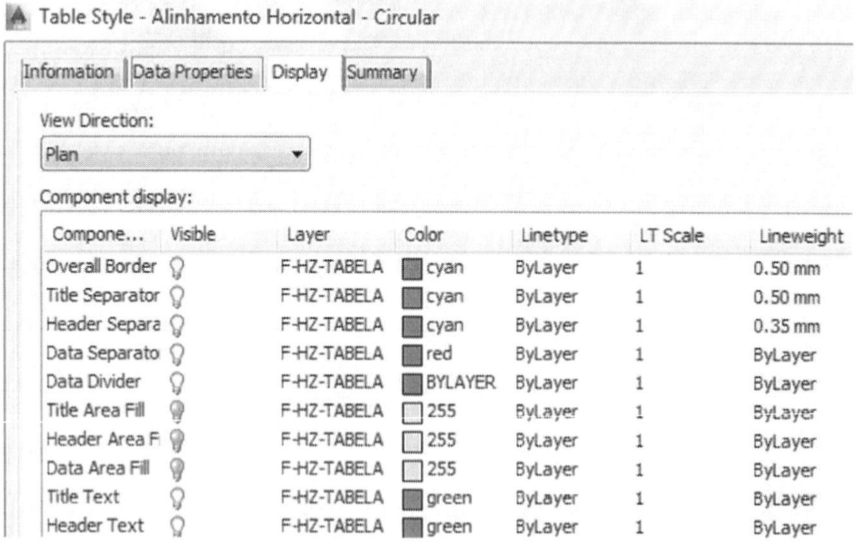

Figura 4.25 Aba Display da caixa Table Style para o controle dos componentes da tabela.

A aba **Data Properties**, da caixa de diálogo **Table Style**, controla as alturas e os estilos dos textos, a orientação e a ordenação dos componentes, além de personalizar as colunas da tabela (Figura 4.26).

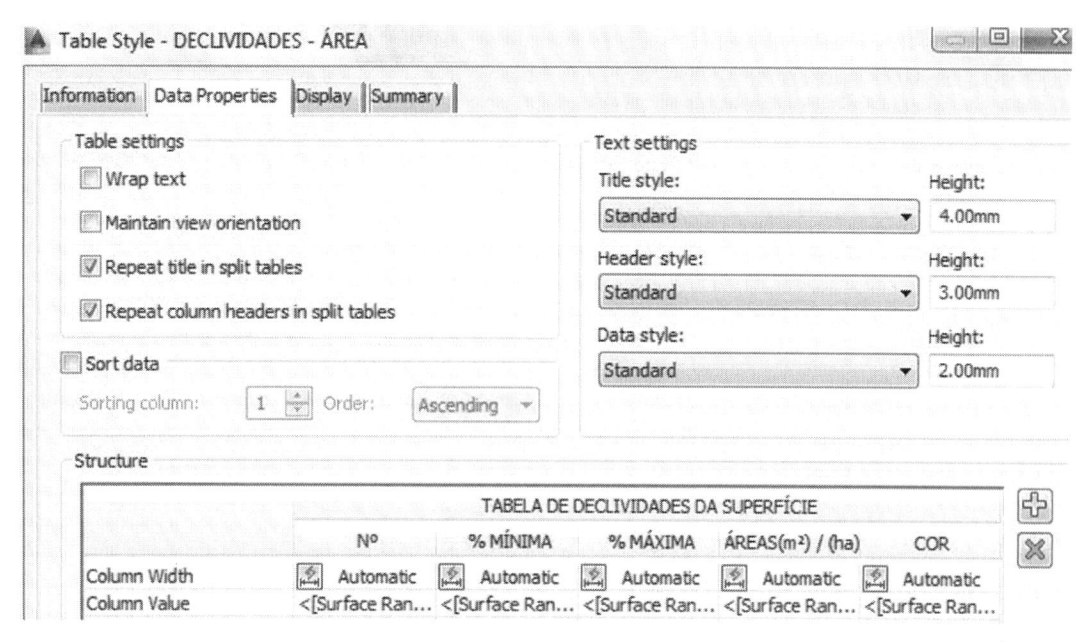

Figura 4.26 Aba Data Properties para a configuração das colunas de dados das tabelas.

É possível configurar quais informações serão exibidas nas tabelas clicando duas vezes sobre as células da linha **Column Value,** para habilitar a caixa de diálogo **Text Component Editor**.

O quadro **Table settings** permite configurar a opção de orientação da tabela em **Maintain view orientation**, além das opções de repetição das linhas de títulos e cabeçalhos quando as tabelas forem inseridas com quebras nos desenhos, habilitando as opções **Repeat title in split tables** e **Repeat column headers in split tables.**

No quadro **Sort data,** pode-se configurar qual das colunas servirá como referência para a ordenação das linhas com os valores da tabela.

As opções do quadro **Text settings** exibem as configurações para os estilos de textos e suas alturas para título, cabeçalhos e dados.

O quadro **Structure** personaliza as colunas de dados que serão exibidas na tabela. Os botões ⊞ e ⊠ permitem adicionar ou remover colunas. Ao clicar duas vezes sobre a célula desejada, pode-se determinar nomes de títulos e cabeçalhos da tabela.

O próximo exemplo mostra como criar um estilo de tabela para segmentos de linhas ou de lotes, aproveitando as configurações de um estilo de tabela existente no arquivo.

Agora, estude o exemplo a seguir:

1. Inicie um novo desenho utilizando o arquivo de template **_AutoCAD Civil 3D 2020_BRA (DNIT).DWT**, fornecido com a instalação do pacote *Brazil Content*.

2. Pela aba **Settings** da **Toolspace**, navegue até a categoria **Parcel** → **Table Styles** → **Line**, clique com o botão direito do mouse sobre o estilo **Rumo-Distância** e selecione a opção **Copy** para criar um estilo de tabela.

3. Digite o nome **Azimute** no campo **Name** da aba **Information** da caixa de diálogo **Table Style**.

4. Na aba **Data Properties**, configure a altura do texto em **2.50mm** para o título (title) e o cabeçalho (header) no quadro **Text Settings**.

5. No quadro **Structure**, altere o texto do cabeçalho para **Azimute**. Para isso, será necessário clicar duas vezes sobre a célula **Rumo** para alterar o texto por meio da caixa de diálogo **Text Component Editor**.

6. No quadro **Structure**, clique duas vezes na célula localizada na linha **Column Value** da coluna **AZIMUTE** para configurar as informações para o azimute.

7. Na caixa de diálogo **Text Component Editor**, selecione o texto inteiro do quadro no lado direito da caixa. Altere a opção em **Measurement Type** para **North North Azimuth** do quadro **Proper- ties**. Clique na seta ⇨ para adicionar a nova configuração no quadro de texto à direita e no botão **OK** para fechar a caixa de diálogo.

8. Verifique a nova composição para o azimute no quadro **Structure** da aba **Data Properties** da caixa de diálogo **Table Style** (Figura 4.27).

9. Selecione os layers e as cores para os componentes da tabela por meio da aba **Display**. Clique no botão **OK** para finalizar.

10. Grave o arquivo com o nome **Modelo.DWT**.

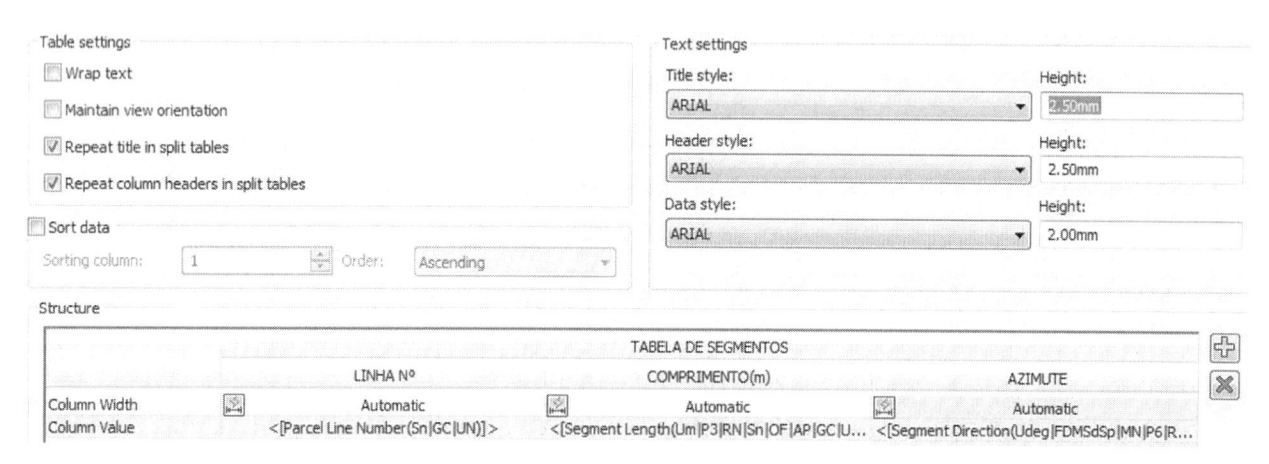

Figura 4.27 Estilo de tabela para segmentos de linhas.

4.6 Commands

É possível controlar a aplicação dos estilos e parâmetros por tipo de objeto por meio da categoria **Commands**, presente na aba **Settings** da **Toolspace** do Autodesk Civil 3D. Essas configurações têm como finalidade aprimorar a utilização da solução, aplicando os estilos previamente configurados, e auxiliar na padronização dos desenhos dos projetos (Figura 4.28).

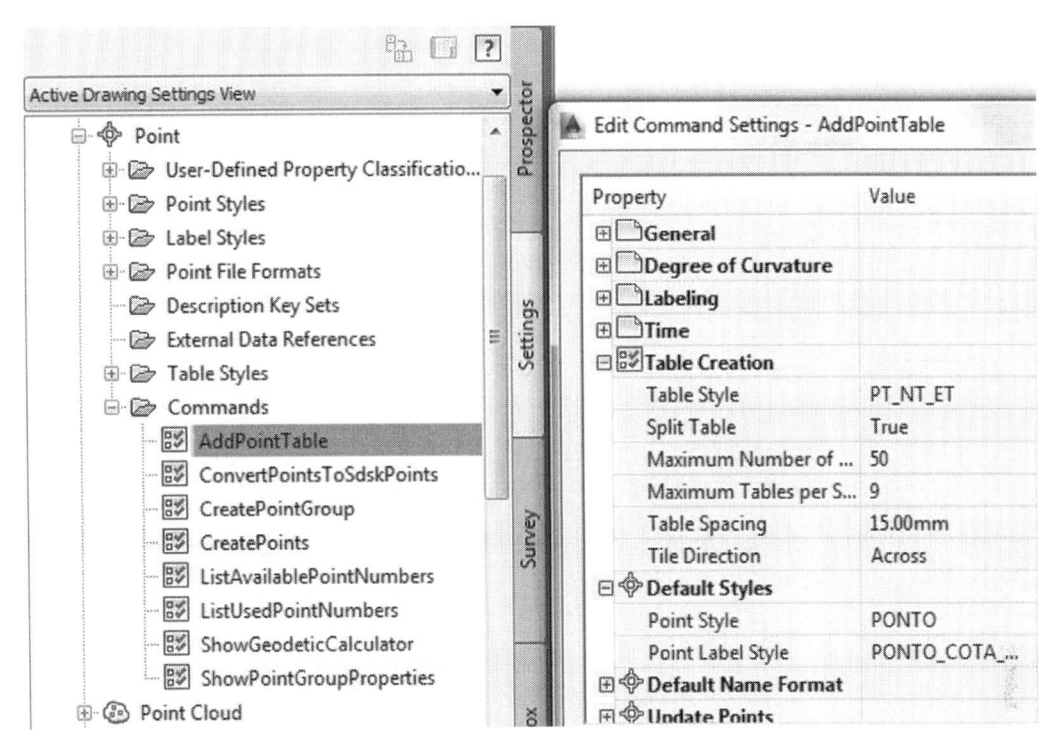

Figura 4.28 Lista de comandos para pontos.

Agora, estude o exemplo a seguir:

1. Inicie um novo desenho utilizando o arquivo de template **_AutoCAD Civil 3D 2020_BRA (DNIT).DWT**, fornecido com a instalação do pacote *Brazil Content*, ou utilize o arquivo **Modelo. DWT** criado anteriormente.

2. Pela aba **Settings** da **Toolspace**, navegue até a categoria **Point → Commands**, clique com o botão direito do mouse sobre o comando **Create Points** e selecione a opção **Edit Command Settings**.

3. Verifique os estilos configurados na propriedade **Default Styles**. Na propriedade **Point Identity**, altere o valor do campo **Next Point Number** para **1**.

4. Clique no botão **OK** para concluir.

4.7 Ferramentas para o gerenciamento dos estilos

A preparação dos arquivos de templates em conjunto com a manipulação de estilos pode fazer parte dos processos de padronização de desenhos para empresas de projetos. Os recursos de gerenciamento de estilos do Autodesk Civil 3D auxiliam na manipulação de configurações e estilos entre os arquivos. Dessa forma, será possível organizar e padronizar os desenhos e templates para a aplicação em diversos tipos de projetos (Figura 4.29).

Figura 4.29 Painel Styles para o gerenciamento de estilos.

As configurações e os estilos podem ser importados de outros arquivos elaborados no Autodesk Civil 3D, por meio da caixa de diálogo **Import Civil 3D Styles** acessada pela ribbon **Manage** → **Styles** → **Import**.

A ferramenta da ribbon **Manage** → **Styles** → **Reference** possibilita o uso referenciando os estilos presentes em outros arquivos, para uma melhor padronização dos projetos.

A ferramenta da ribbon **Manage** → **Styles** → **Purge** exibe a caixa de diálogo **Style Purge Confirmation,** que auxilia na remoção de estilos não utilizados no desenho atual (Figura 4.30).

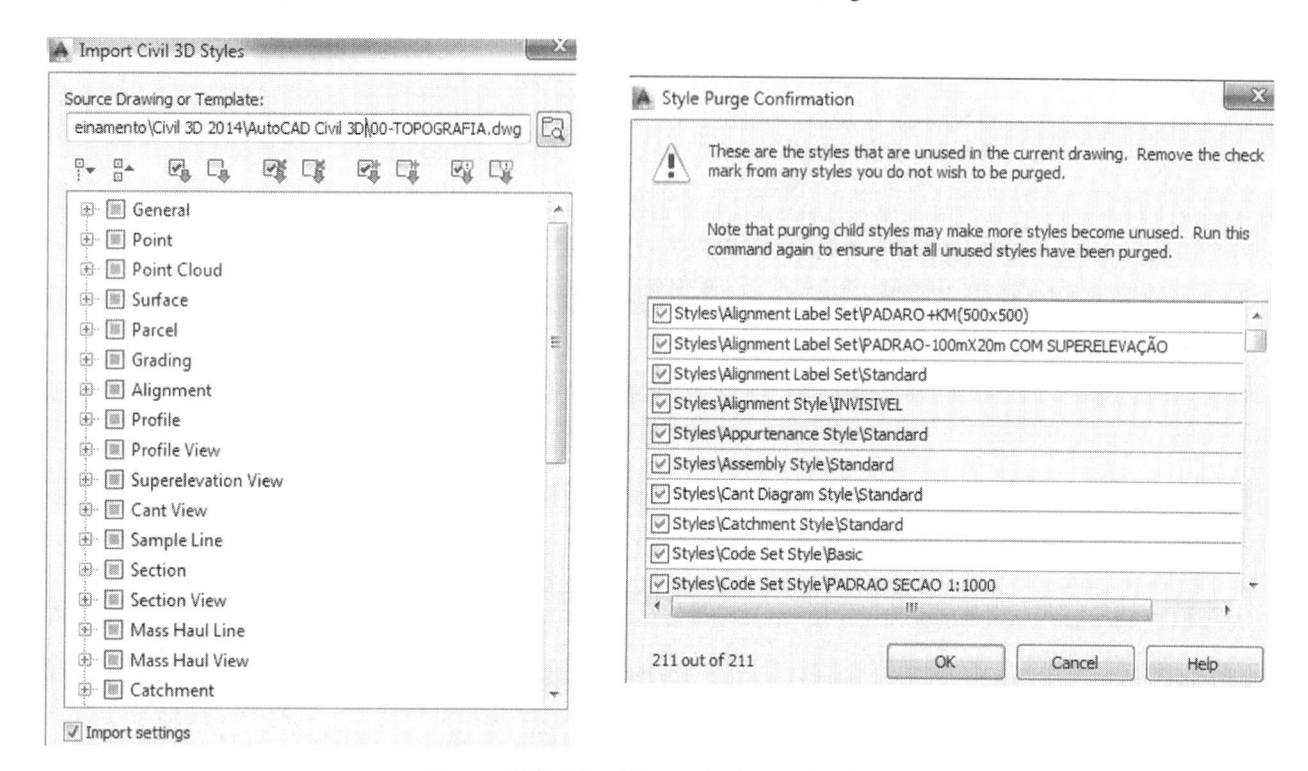

Figura 4.30 Caixas de importação e limpeza de estilos.

As ferramentas da caixa de diálogo **Import Civil 3D Styles** funcionam como filtros para controlar a seleção dos estilos de um arquivo selecionado (Figura 4.31).

Figura 4.31 Filtros para seleção de estilos.

    : ferramentas para expandir ou fechar todos os itens.

    : ferramentas que permitem marcar ou desmarcar todos os itens.

    : ferramentas para marcar ou desmarcar todos os itens que serão removidos.

    : ferramentas para marcar ou desmarcar todos os itens que serão adicionados.

    : ferramentas para marcar ou desmarcar todos os itens que possuem conflitos.

O gerenciamento das configurações também pode ser efetuado arrastando os estilos entre os desenhos abertos por meio da aba **Settings** da **Toolspace**; entretanto, este processo pode demandar tempo excessivo. As ferramentas de gerenciamento de estilos da ribbon **Manage** → **Styles** → **Import** ou **Purge** permitem a manipulação dos estilos de configurações de forma mais produtiva.

4.8 Propriedades personalizadas – Property Sets

Quando o principal uso do modelo BIM estiver definido para que haja uma boa extração de quantitativos, objetivando maior assertividade na criação da planilha orçamentária de execução da obra, será fundamental organizar, classificar ou codificar os elementos que compõem o modelo para facilitar o levantamento de quantidades, e uma maneira de fazer essa organização será utilizar os campos de propriedades dos elementos ou, quando necessário, definir propriedades personalizadas para leitura nas soluções de planejamento e coordenação do projeto. No Autodesk Civil 3D, o recurso que permite a personalização dos campos de propriedades é o **Property Sets**, disponível na ribbon **Manage** (Figura 4.32).

Figura 4.32 Ferramenta Property Sets.

As propriedades criadas com o **Property Sets** poderão estar presentes nos arquivos de templates, facilitando a padronização na filtragem de dados dos projetos. As propriedades podem ser configuradas para a inserção manual das informações. Algumas delas podem ser obtidas de forma automática e outras podem ser extraídas por meio da configuração de fórmulas, e todas as propriedades são definidas ou acessadas por meio da caixa de diálogo **Style Manager** (Figura 4.33).

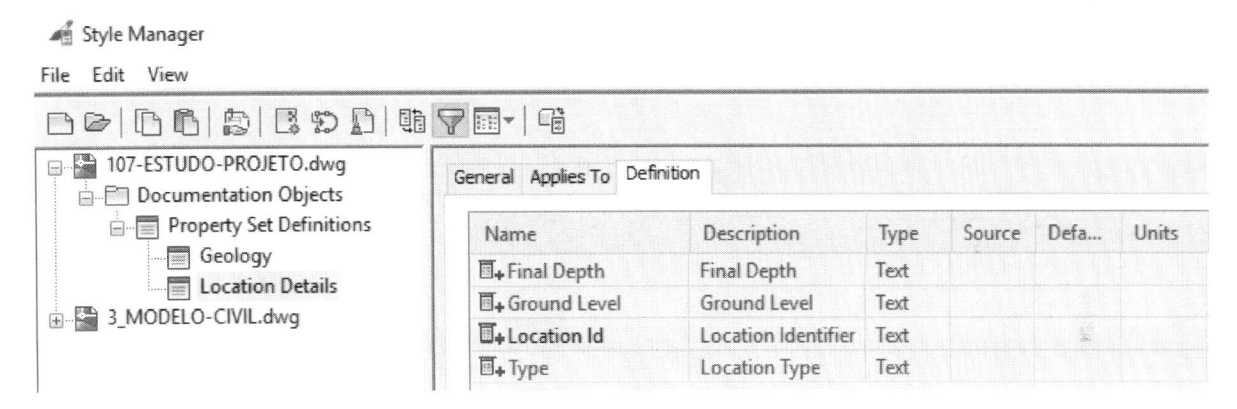

Figura 4.33 Caixa Style Manager para configuração de propriedades personalizadas.

A definição de uma nova propriedade inicia-se criando e determinando o nome e a descrição para uma propriedade individual ou para o grupo de propriedades, por meio da aba **General** da caixa **Style Manager** (Figura 4.34).

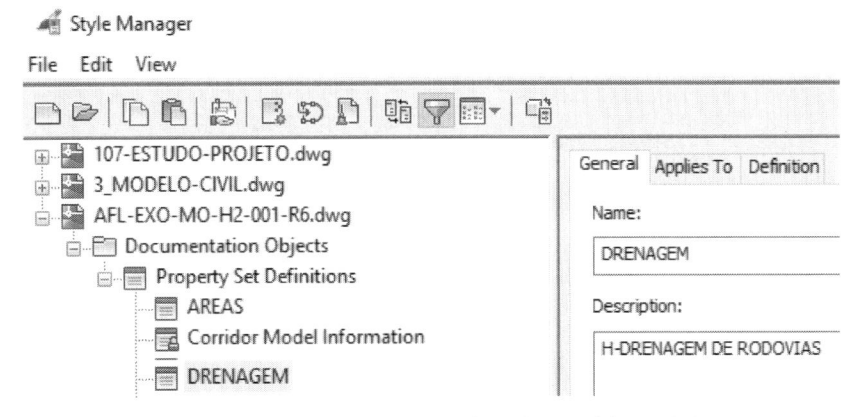

Figura 4.34 Definição do nome da propriedade na aba General da caixa Style Manager.

A aba **Applies to** da caixa **Style Manager** permite a escolha dos tipos de objetos que serão utilizados para a definição das propriedades. Na lista estão presentes os objetos de AutoCAD, como linhas e sólidos, além dos objetos de Civil 3D, como superfícies e tubulações (Figura 4.35).

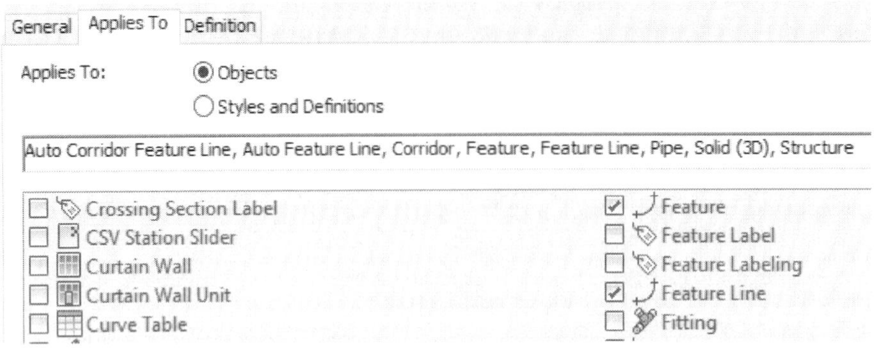

Figura 4.35 Aba Applies to para a seleção dos tipos de objetos.

A definição do novo campo de propriedade é realizada na aba **Definition**. Nela, é possível definir propriedades manuais, automáticas e, ainda, criar fórmulas para a extração automatizada das informações dos elementos (Figura 4.36).

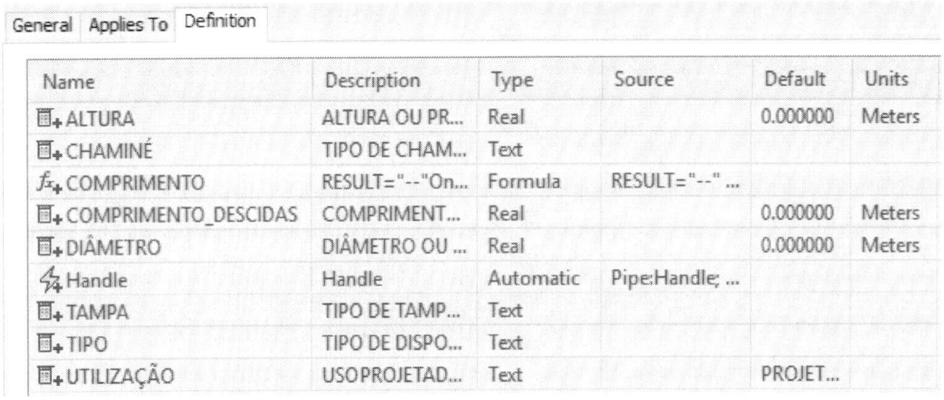

Name	Description	Type	Source	Default	Units
ALTURA	ALTURA OU PR...	Real		0.000000	Meters
CHAMINÉ	TIPO DE CHAM...	Text			
COMPRIMENTO	RESULT="--"On...	Formula	RESULT="--" ...		
COMPRIMENTO_DESCIDAS	COMPRIMENT...	Real		0.000000	Meters
DIÂMETRO	DIÂMETRO OU ...	Real		0.000000	Meters
Handle	Handle	Automatic	Pipe:Handle; ...		
TAMPA	TIPO DE TAMP...	Text			
TIPO	TIPO DE DISPO...	Text			
UTILIZAÇÃO	USOPROJETAD...	Text		PROJET...	

Figura 4.36 Aba Definition da caixa Style Manager.

A aba **Definition** oferece uma barra de ferramentas com recursos para a definição de propriedades, manual, automática ou por fórmula (Figura 4.37).

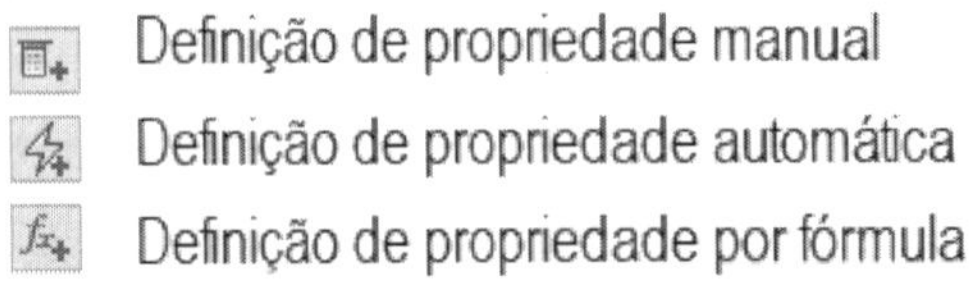

Figura 4.37 Métodos para definição de propriedades.

Exercício – Configuração de propriedade

1. Inicie o Autodesk Civil 3D.

2. Abra o arquivo **3-MODELO-CIVIL.dwg**, disponível na plataforma da editora.

3. Na aba **Manage** da ribbon, selecione a ferramenta **Property Set Data → Define Property Sets**.

4. Na caixa de diálogo **Style Manager**, clique no botão **New Style** e digite **QUANTIDADES** para definir o nome do grupo de propriedades. Pode-se defini-lo digitando o nome desejado diretamente no campo **Name** da aba **General** (Figura 4.38).

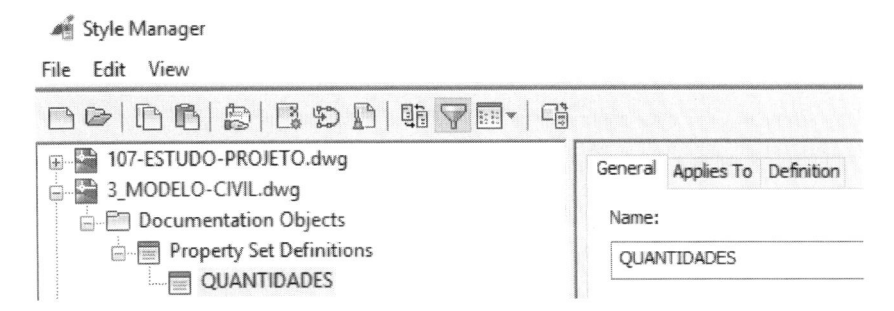

Figura 4.38 Aba General da caixa Style Manager.

5. Na aba **Applies To** da caixa **Style Manager**, selecione os objetos (Figura 4.39):

   ◆ Auto Corridor Feature Line;

   ◆ Auto Feature Line;

   ◆ Feature;

   ◆ Feature Line;

   ◆ Tin Surface.

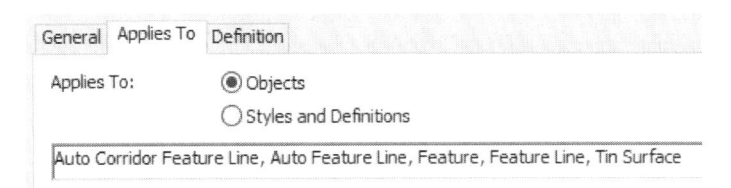

Figura 4.39 Aba Applies To da caixa Style Manager.

6. Na aba **Definition**, clique no botão **Add Automatically Property Definition** ⚡.

7. Na caixa **Automatic Property Source**, habilite a propriedade **Handle** e clique no botão **OK** (Figura 4.40).

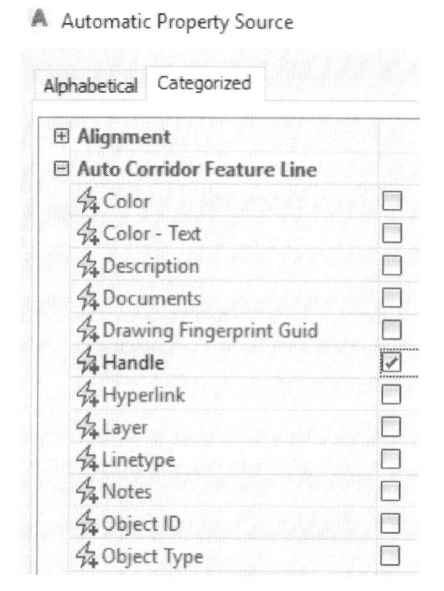

Figura 4.40   Caixa de seleção de propriedade.

8. Na aba **Definition**, clique no botão **Add Formula Property Definition** f_{x_+}.

9. Na caixa **Formula Property Definition**, configure (Figura 4.41):

   ◆ clique com o botão direito do mouse sobre **Handle** e selecione a opção **Insert**;

   ◆ digite COMPRIMENTO no campo **Name**;

   ◆ digite o texto da função abaixo no quadro **Formula**:

```
RESULT="--"
On Error Resume Next
Set oApp=GetObject(, "AutoCAD.Application")
Set oCivilApp=oApp.GetInterfaceObject("AeccXUiLand.AeccApplication.13.0")
Set obj=oCivilApp.ActiveDocument.HandleToObject("[Handle]")
RESULT=obj.Length3D
```

Esta fórmula permite extrair o comprimento 3D dos objetos **Feature Lines**, para medir extensões de guias, valetas, valas de escavação, entre outros.

   ◆ clique no botão **OK**.

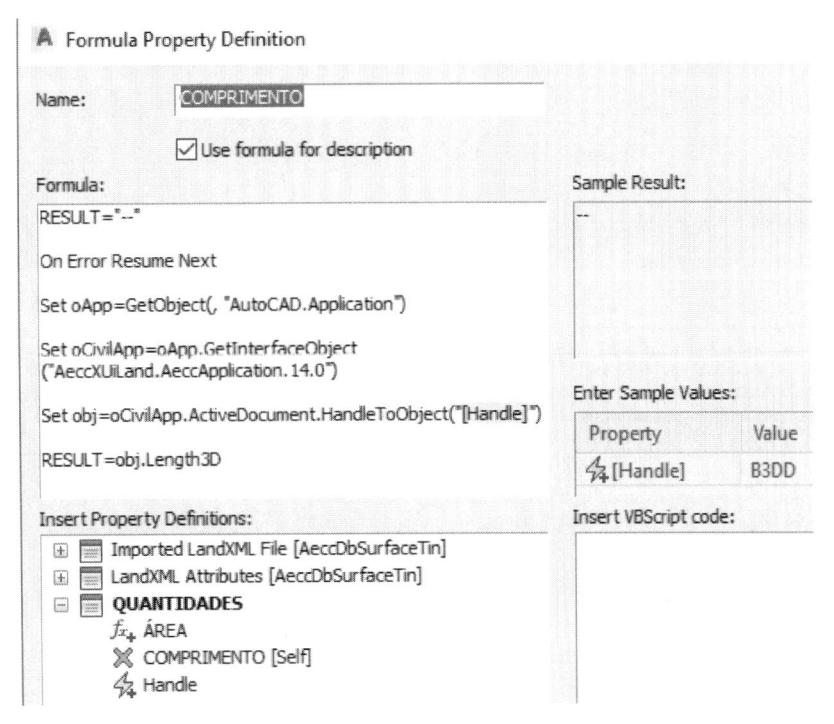

Figura 4.41 Caixa de definição de propriedade por fórmula.

10. Na aba **Definition**, clique no botão **Add Formula Property Definition** f_{x_+} (Figura 4.42).

11. Na caixa **Formula Property Definition**, configure (Figura 4.42):

- clique com o botão direito do mouse sobre **Handle** e selecione a opção **Insert**;
- digite ÁREA no campo **Name**;
- digite o texto da função abaixo no quadro **Formula**:

```
RESULT="--"
On Error Resume Next
Set oApp=GetObject(, "AutoCAD.Application")
Set oCivilApp=oApp.GetInterfaceObject("AeccXUiLand.AeccApplication.13.0")
Set obj=oCivilApp.ActiveDocument.HandleToObject("[Handle]")
RESULT=obj.statistics.Area3D
```

Esta fórmula permite extrair a área 3D de superfícies, para medir áreas de aplicação de gramas, de limpeza, entre outras.

- clique no botão **OK**.

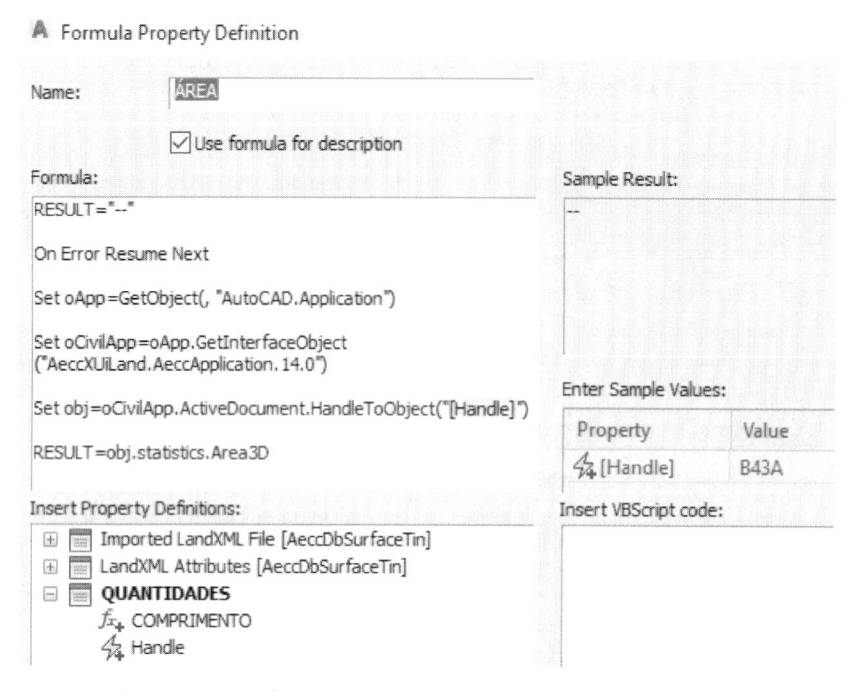

Figura 4.42 Definição de propriedade para extração de área 3D de superfícies.

12. Clique no botão **OK** para fechar a caixa **Style Manager**.

13. Na área de desenho, selecione a **Feature Line** magenta do eixo da via principal e acesse a paleta de propriedades.

14. Na aba **Extended Data** da paleta **Properties**, selecione o botão **Add Property Set** localizado no canto inferior esquerdo.

15. Na caixa **Add Property Set**, selecione **QUANTIDADES** e clique no botão **OK** (Figura 4.43).

Figura 4.43 Caixa de seleção de propriedades.

16. Na aba **Extended Data** da paleta **Properties**, verifique a propriedade de comprimento da **Feature Line** selecionada (Figura 4.44).

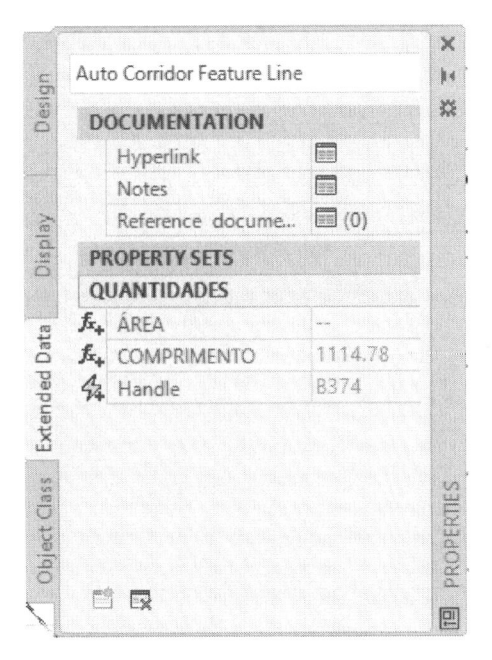

Figura 4.44 Propriedade de comprimento do eixo da via selecionada no desenho.

17. Repita os procedimentos anteriores para verificar a área de grama, selecionando a superfície colorida presente na área de desenho (Figura 4.45).

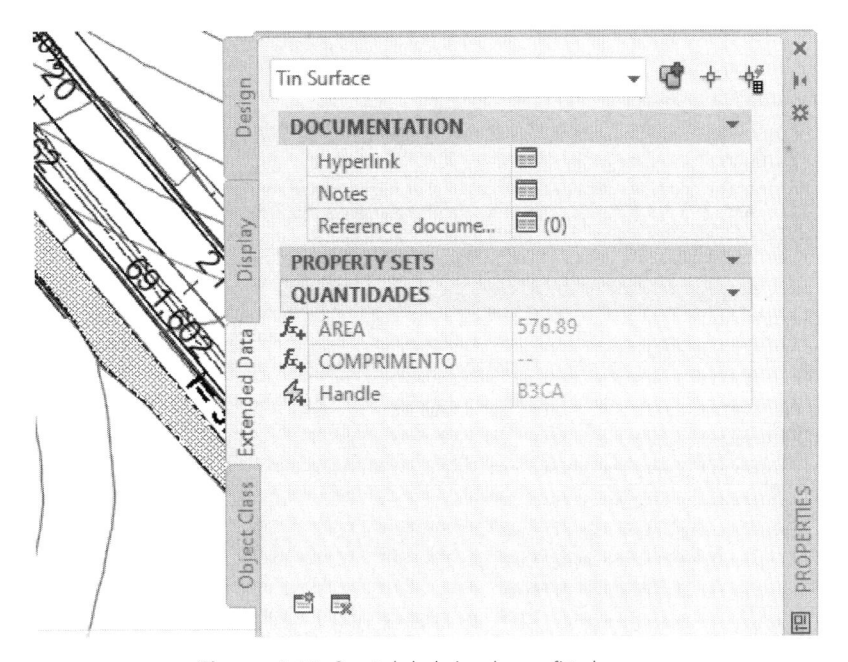

Figura 4.45 Propriedade de área da superfície de grama.

18. É possível configurar a variável *AECPSDAUTOATTACH* para **On** e adicionar as propriedades personalizadas automaticamente nos elementos do modelo.

19. Além da paleta de propriedades, as informações com as propriedades personalizadas aplicadas aos objetos do modelo poderão ser exportadas para o formato .MBD, por meio do comando *EXPORTPROPERTYDATA*.

20. Os elementos contendo as propriedades criadas também são exibidos na solução de planejamento e coordenação do projeto Autodesk Navisworks (Figura 4.46).

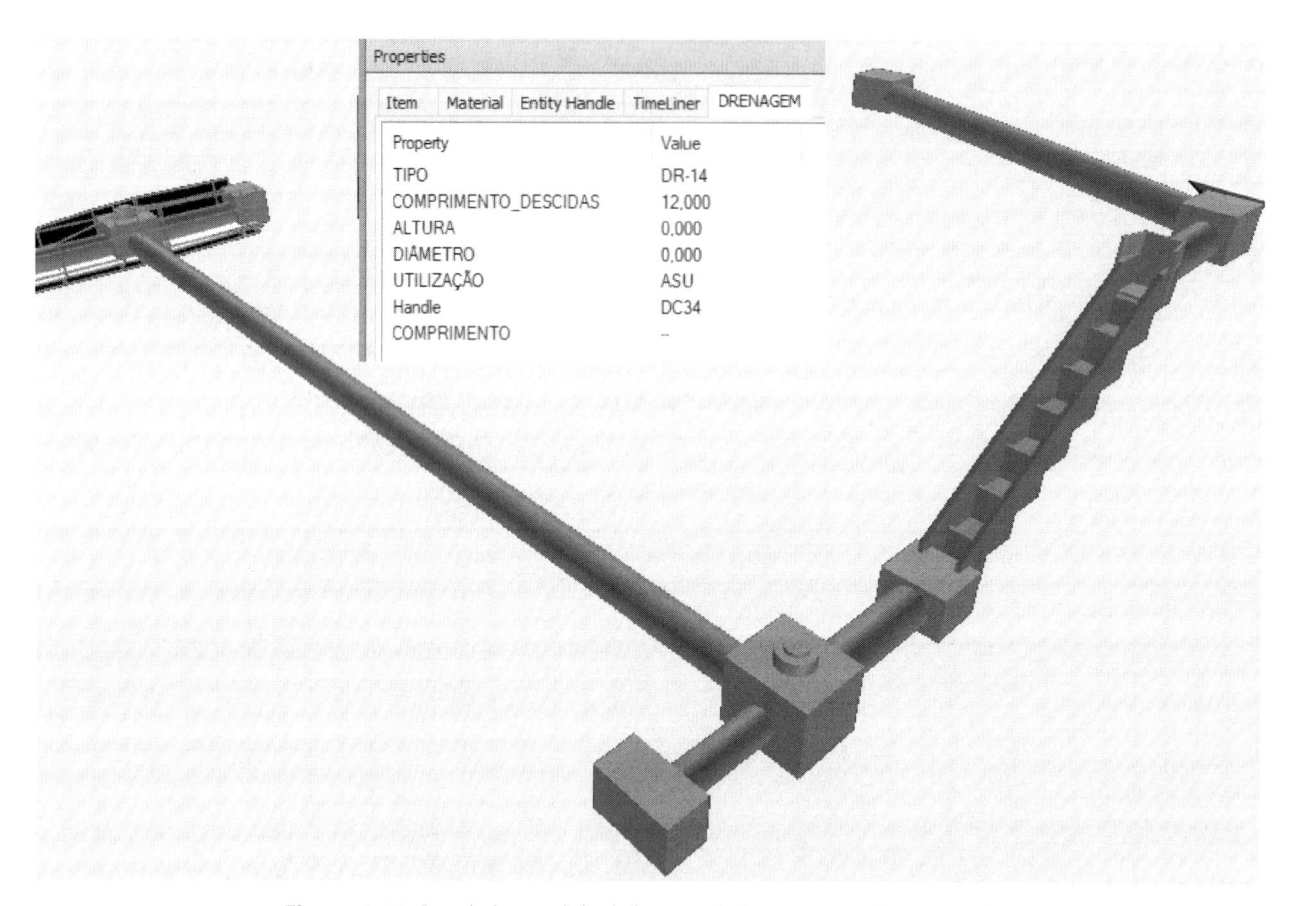

Figura 4.46 Exemplo de popriedades de dispositivo de drenagem carregado no Navisworks.

Topografia

Os dados com as informações do levantamento de campo são fundamentais para a elaboração do modelo digital do terreno e a reprodução do terreno existente. Posteriormente, esses modelos poderão ser utilizados como bases para a elaboração de estudos e propostas, bem como para o desenvolvimento de projetos de infraestrutura. Essas medições realizadas pelos profissionais de topografia poderão ser importadas e trabalhadas utilizando a interface do Autodesk Civil 3D. É possível trabalhar com vários tipos de formato de arquivos de dados provenientes dos levantamentos, e o exemplo mais comum é o arquivo DWG com as informações das geometrias do terreno levantado. Entretanto, podemos trabalhar com diversos fluxos de trabalho, incluindo a utilização de arquivos de texto contendo as informações dos pontos levantados em campo (Figura 5.1).

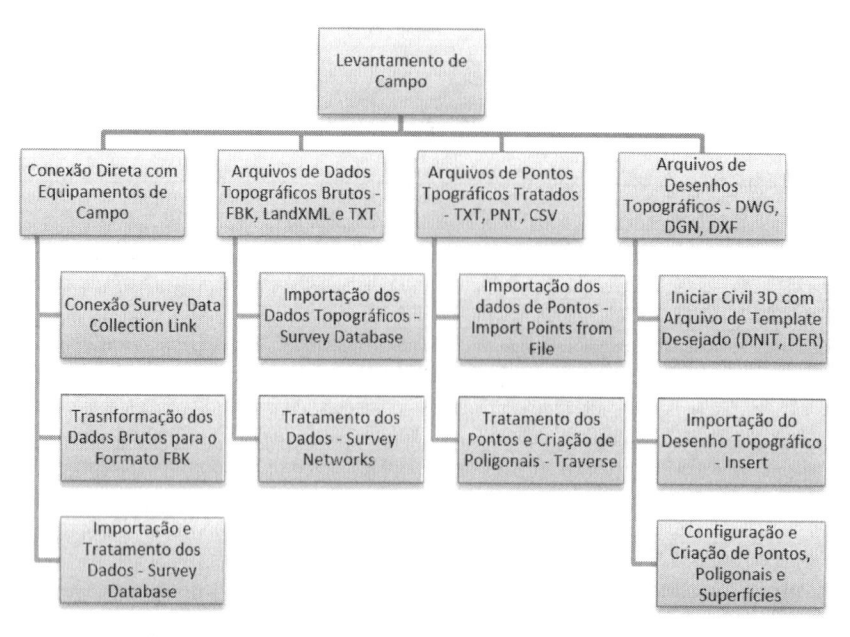

Figura 5.1 Fluxos para importação e tratamento de dados topográficos.

Para trabalhar com as informações topográficas contidas em arquivos DWG, é necessário verificar se os objetos do desenho possuem suas respectivas elevações, como pontos cotados e curvas de nível. Nos casos de arquivos de texto contendo as informações de posicionamento e descrições dos pontos levantados, devemos verificar a formatação desses arquivos fornecidos.

É possível trabalhar com os dados do levantamento de campo diretamente no arquivo de desenho ou ainda utilizar os recursos de survey do Autodesk Civil 3D, para manipular essas informações em banco de dados.

5.1 Recursos para importação de dados topográficos

Na maioria dos casos, os dados do levantamento de campo são descarregados e manipulados utilizando ferramentas fornecidas pelos fabricantes de equipamentos. Em seguida, essas informações são processadas e transformadas em arquivos de desenhos ou texto com os dados levantados. Esse processo tradicional é muito utilizado e funciona de maneira satisfatória quando importamos esses dados para o Autodesk Civil 3D (Figura 5.2).

Figura 5.2 Formatos de arquivos do levantamento de campo.

Por meio da ribbon **Home → Create Ground Data → Survey Data Collection Link**, é possível acessar a interface da ferramenta **Survey Link DC 7.5.5**, utilizada para conexão com os principais modelos de equipamentos de levantamento de campo, que permite a importação e a conversão dos dados do campo para formatos legíveis no Autodesk Civil 3D (Figura 5.3).

O aplicativo **Survey Link DC 7.5.5** permite a importação, a visualização, a transferência e a conversão de dados dos equipamentos de levantamento de campo, além de ferramentas para cálculos geodésicos. Consulte o **Help** para obter informações adicionais sobre o aplicativo.

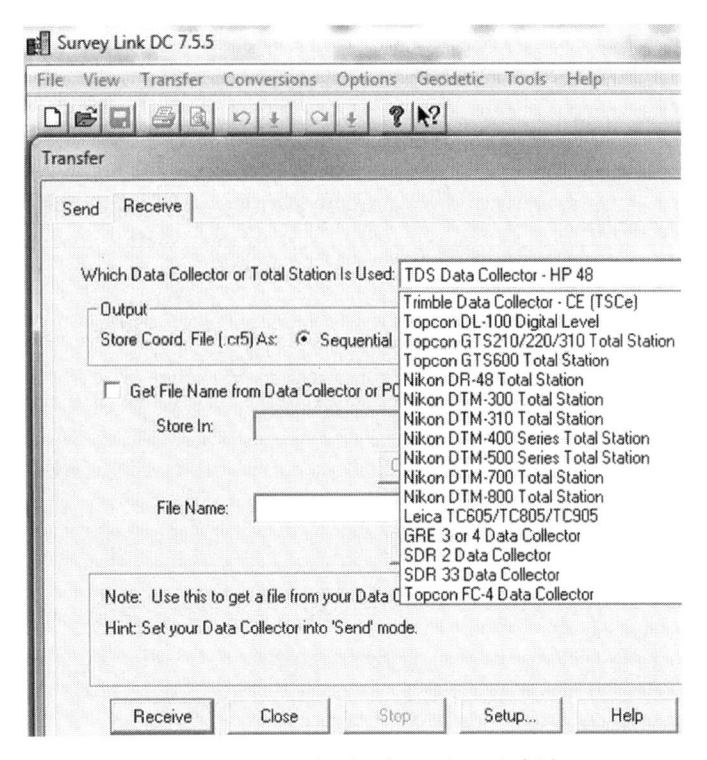

Figura 5.3 Interface do aplicativo Survey Link DC.

O exemplo a seguir ilustra os procedimentos para leitura dos dados de um levantamento fornecido em formato CR5 para conversão em DXF, utilizando o aplicativo **Survey Link DC**.

Agora, estude o exemplo a seguir:

1. Inicie um novo desenho utilizando o arquivo de template **_AutoCAD Civil 3D 2020_ BRA (DNIT).DWT**, fornecido com a instalação do pacote *Brazil Content*.

2. Acesse a ferramenta da ribbon **Home** → **Create Ground Data** → **Survey Data Collection Link**.

3. No aplicativo **Survey Link DC**, selecione a ferramenta do menu **Conversions** → **Convert File Format**.

4. Na caixa de diálogo **Convert**:

   ◆ Habilite a opção **Coordinate File**, no quadro **Input**.

   ◆ Selecione a opção **TDS Coordinates**, no campo **Input Type**.

   ◆ Clique no botão **Choose File** e localize o arquivo **Pontos.CR5**, disponível na plataforma da editora.

   ◆ Clique no botão **Abrir**.

   ◆ No quadro **Output**, selecione o tipo **AutoCAD DXF**, no campo **Output Type**.

   ◆ Clique em **Choose File**, no quadro **Output**, para determinar o local e o nome do arquivo DXF.

   ◆ Clique no botão **Convert** para iniciar o processo de conversão.

   ◆ Clique em **Close** para finalizar a caixa **Convert**.

   ◆ Feche o aplicativo **Survey Link DC**.

5. No **Autodesk Civil 3D**, clique em **Open** e abra o arquivo criado no formato DXF.

6. Aplique **Zoom** e verifique os dados de pontos do levantamento.

5.2 Banco de dados do levantamento de campo

Os recursos de survey permitem a importação e manipulação de dados do levantamento de campo utilizando um banco de dados com as informações topográficas. O conceito dos recursos de survey é baseado na manipulação de alguns tipos de formatos de arquivos de levantamento de campo, como TXT, LandXML e pontos do AutoCAD, e, principalmente, por meio de arquivos denominados caderneta de campo (field book) com a extensão FBK.

Trabalhando com as informações em banco de dados local, os recursos de survey do Autodesk Civil 3D possibilitam a elaboração simultânea de vários arquivos de desenhos. Dessa forma, os profissionais de topografia poderão desenvolver cenários diferenciados utilizando as mesmas informações do banco de dados, por exemplo, desenhos com diferentes sistemas de coordenadas ou, ainda, a criação de desenhos com representações distintas utilizando arquivos de templates com configurações diferentes.

É possível manipular as informações do banco de dados dos arquivos importados do levantamento de campo por meio da aba **Survey** da **Toolspace** ou pela ribbon **Survey** (Figura 5.4).

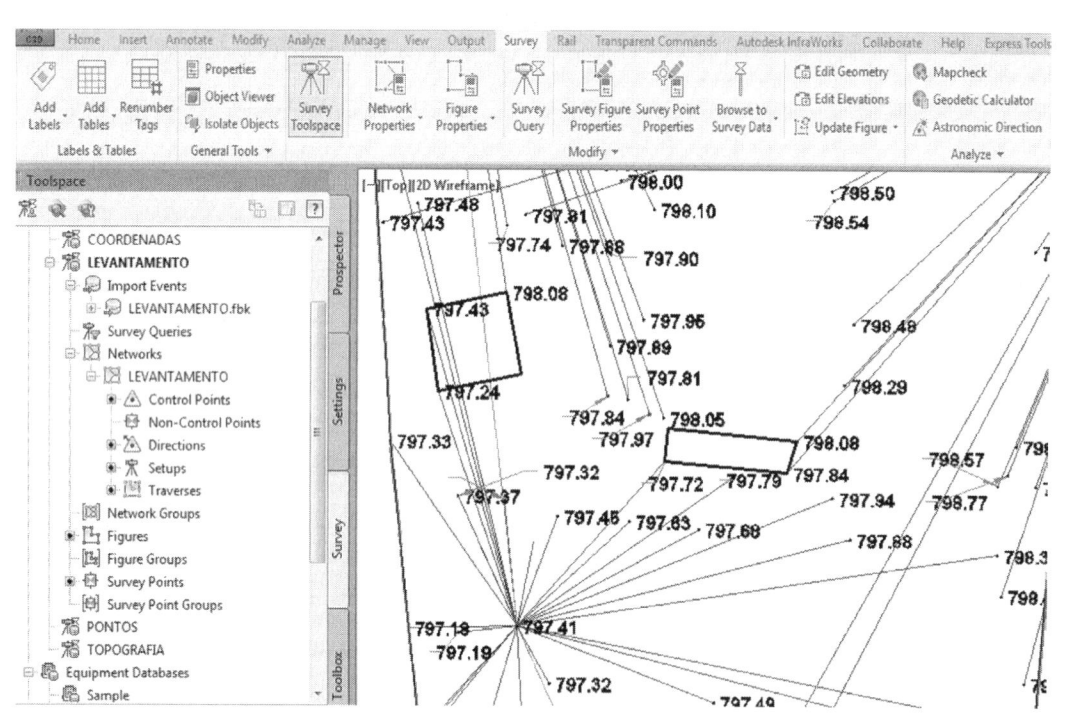

Figura 5.4 Recursos de survey para a manipulação de dados topográficos.

Os recursos de survey trabalham com três tipos de objetos:

- **Survey Network:** conjunto de informações e dados conectados importados do levantamento, como estações, rés, direções, poligonais e pontos. A representação dos objetos **Network** é controlada pela configuração de seus estilos **Network Styles**.

- **Survey Figures:** objetos que representam as geometrias das figuras topográficas levantadas no campo. Essas figuras podem ser criadas automaticamente durante a importação dos dados e quando configurados seus códigos nos equipamentos de campo. A representação de sua geometria e de seus rótulos é controlada por seus estilos.

- **Survey Point:** objetos que representam a locação dos pontos levantados, que são conhecidos como **COGO points**, possuem propriedades específicas, como ângulo, distância, altura do prisma e demais informações estabelecidas pelos equipamentos de campo.

5.2.1 Formatos de arquivos de levantamento de campo

É possível trabalhar com diversos tipos de formatos de arquivos contendo os dados topográficos. Isso dependerá dos modelos de equipamentos e aplicativos que os criaram. Por meio dos recursos de survey, é possível importar os seguintes tipos:

- **Field Book:** formato tradicional muito utilizado nas versões do Land Desktop; pode ser tratado como um arquivo digital da caderneta de campo. Gerado pelos equipamentos de campo, este formato de arquivo (Field Book – FBK) contém as informações do levantamento, como as locações das estações e as distâncias e os ângulos dos pontos levantados. A Figura 5.5 exibe um modelo de arquivo FBK.

```
UNITS DMS
UNITS METER
SCALE FACTOR 1.00000000
NEZ 1000 5000.00000000 5000.00000000 800.00000000 "STA"
NEZ 2000 4916.07260100 4982.95718700 795.17157769 "STA"
NEZ 3000 4964.27521000 4960.16116900 797.40849710 "STA"
NEZ 4000 5014.16779600 4954.23713900 797.78550312 "STA"
NEZ 5000 5086.87193400 4943.08811000 796.28625917 "STA"
NEZ 6000 5076.54361200 5000.00000000 800.86361625 ""
AZ 1000 6000 0.00000000

!!!!!!!!!!!!!!!!!!!!!!!!!!!!!!!!!!!!!!!!!!!!!!!!!!!!!
! Station:1000, Backsight:6000
STN 1000 1.64300000 ""
  BS 6000 NULL
  PRISM 2.15000000
  F1 VA 6000 359.59270000 76.55700000  88.58270000
  F1 VA 1001 359.33460000 72.27500000  88.58250000 "DIV"
  F1 VA 1002 357.56280000 54.98100000  88.50180000 "DIV"
  F1 VA 1003 346.36350000 20.87000000  88.25210000 "DIV"
  F1 VA 1004 244.41590000  7.48900000  89.02370000 "DIV"
  F1 VA 1005 196.32070000 31.48200000  91.17450000 "DIV"
  F1 VA 1006 191.01120000 58.37700000  92.07390000 "DIV"
  F1 VA 1007 189.55540000 70.78200000  92.53380000 "DIV"
  F1 VA 1008 222.52040000 34.74000000  92.19470000 "CS"
  F1 VA 1009 223.08180000 30.60300000  92.15100000
  F1 VA 1010 227.04350000 27.85700000  92.04370000
  F1 VA 1011 240.42290000 24.80300000  92.12380000
  PRISM 1.50000000
  F1 VA 1012 277.42580000 29.32400000  92.22070000
  F1 VA 1013 278.27530000 21.27800000  92.45590000
  F1 VA 1014 295.18180000 22.53200000  92.10290000
  F1 VA 1015 272.54450000  9.16600000  93.22060000
  F1 VA 1016 202.52430000 29.62700000  92.39440000
  F1 VA 1017 203.29230000 30.41100000  92.57400000
  F1 VA 1018 354.40220000 45.09500000  89.29130000
```

```
BEGIN CASA
  PT 3021
  PT 3022
  PT 4005
  FIG DD 90.00000000 4.58649798
  CLOSE
END ! CASA

!!!!!!!!!!!!!!!!!!!!!!!!!!!!!!!!!!
BEGIN CASA
  PT 4021
  PT 4022
  PT 4025
  FIG DD 90.00000000 -4.31601575
  CLOSE
END ! CASA

!!!!!!!!!!!!!!!!!!!!!!!!!!!!!!!!!!
BEGIN CS
  PT 2027
  PT 2028
  PT 2030
  FIG DD 90.00000000 5.33320775
  CLOSE
END ! CS
```

Figura 5.5 Modelo de arquivo Field Book com os dados do levantamento.

- **Land XML:** formato de arquivo Land XML utilizado como livre para a transferência de dados entre diferentes plataformas. O Autodesk Civil 3D permite a importação e a exportação de dados de campo e projeto por meio deste tipo de formato.

- **Point file:** formato de arquivo de pontos constituído por textos que contêm as locações dos pontos levantados no campo. Este formato é muito utilizado, pois a maioria dos aplicativos e equipamentos de campo exporta para diversos formatos de arquivos de textos (Figura 5.6).

```
SUPERFÍCIE-TERRENO-NATURAL.txt - Bloco de notas
Arquivo  Editar  Formatar  Exibir  Ajuda
1682,7595438.1852,6166810.3025,215.8974,COTA
1683,7595437.3164,6166836.5278,222.7255,COTA
1684,7595436.2898,6166862.7905,228.5056,COTA
1685,7595435.4714,6166888.6780,235.5112,COTA
1686,7595434.9286,6166914.0661,244.1355,COTA
1687,7595434.2758,6166939.4218,252.0026,COTA
1688,7595433.8007,6166964.3646,260.8694,COTA
1689,7595433.3488,6166989.0901,269.7873,COTA
```

Figura 5.6 Modelo de arquivo TXT com a locação dos pontos levantados.

- **Point From Drawings:** outra fonte de dados que pode ser manipulada na base de dados de survey são os objetos pontos presentes em arquivos de desenhos. Esta opção torna-se muito eficaz durante a criação do banco de dados topográfico, pois grande parte das informações de campo é fornecida por arquivos de desenhos contendo pontos, blocos e curvas de nível (Figura 5.7).

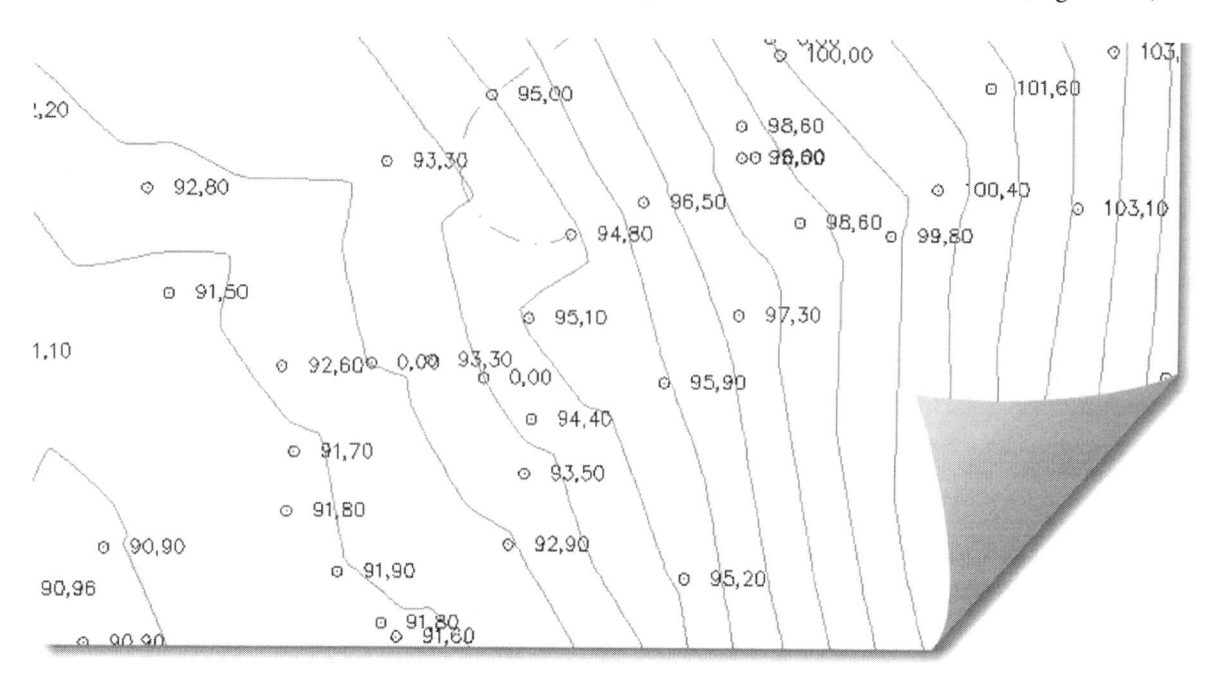

Figura 5.7   Modelo de desenho proveniente do levantamento de campo.

A primeira etapa da manipulação dos dados de campo para a criação do banco de dados topográfico está na definição da pasta de trabalho para armazenamento das informações. Agora, estude o exemplo a seguir para acessar as configurações do banco de dados de survey.

1. Inicie o **Autodesk Civil 3D**.

2. Inicie um novo desenho utilizando o arquivo de template **_AutoCAD Civil 3D 2020_BRA (DNIT).DWT**, fornecido com a instalação do pacote *Brazil Content*.

3. Habilite a janela **Toolspace** do Civil 3D, por meio da ribbon **Home** → **Palettes** → **Toolspace**.

4. Pela aba **Survey** da **Toolspace**, clique com o botão direito do mouse sobre **Survey Databases** e selecione a opção **Set Working Folder**, para determinar a pasta de trabalho.

5. Selecione a pasta **C:\Civil 3D Projects** na caixa de diálogo e clique em **OK** para concluir.

6. Clique com o botão direito do mouse sobre **Survey Databases** e selecione a opção **New Local Survey Database**.

7. Na caixa de diálogo **New Local Survey Database**, digite **Topografia**, para definir o nome do banco de dados, e clique em **OK** para concluir.

8. Agora, é possível verificar a existência do banco de dados **Topografia**, criado na aba **Survey** da **Toolspace**. Uma pasta com o nome **Topografia** também foi criada na pasta de trabalho definida anteriormente.

O banco de dados topográfico é composto pelos seguintes itens (Figura 5.8):

- **Import Events:** eventos de importação.
- **Survey Queries:** pesquisas de dados da topografia.
- **Networks:** redes da topografia.
- **Network Groups:** grupos de redes.

- **Figures:** figuras topográficas.

- **Figure Groups:** grupos de figuras topográficas.

- **Survey Points:** pontos da topografia.

- **Survey Point Groups:** grupos de pontos da topografia.

Para configurar unidades, precisão, métodos de análises e tolerâncias nos resultados dos dados topográficos, é necessário acessar a caixa de diálogo **Survey Database Settings**.

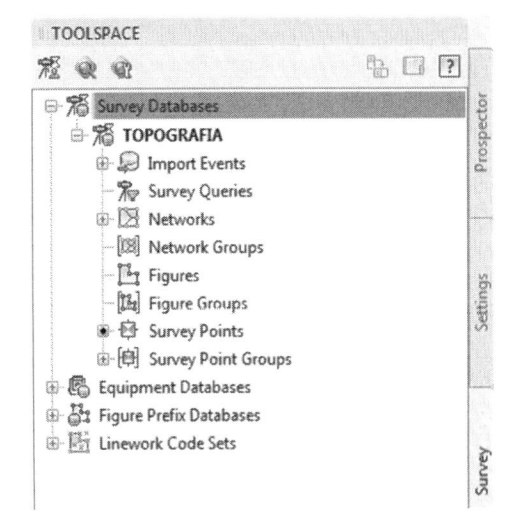

9. Clique com o botão direito do mouse sobre o banco de dados **Topografia** e selecione a opção **Edit Survey Database Settings**.

10. Na caixa de diálogo **Survey Database Settings**, selecione o sistema de coordenadas, unidades e precisão e verifique as demais propriedades do banco de dados. Clique em **OK** para finalizar (Figura 5.9).

Figura 5.8 Ferramentas e objetos presentes no banco de dados da aba Survey.

A próxima etapa é caracterizada pela importação dos dados brutos para o banco de dados topográfico. A sequência do próximo exemplo mostra como importar os dados de um arquivo TXT. Este tipo de arquivo também permite a importação para um banco de dados de survey ou, ainda, importar os pontos diretamente para o desenho, sem a necessidade do banco de dados.

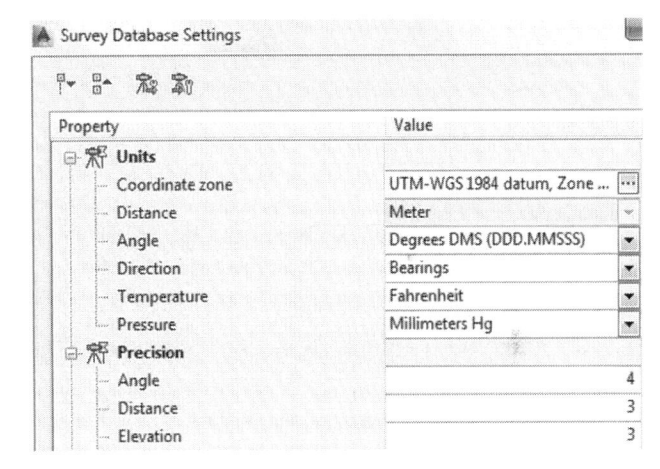

11. Selecione pela ribbon **Insert** → **Import** → **Import Survey Data**. É possível acessar o comando por meio da aba Survey da Toolspace. Clique com o botão direito do mouse sobre **Import Events** e selecione a opção **Import Survey Data**.

Figura 5.9 Caixa Survey Database Settings com as configurações do banco de dados.

12. Na caixa **Import Survey Data – Specify Database**, selecione a base de dados **Topografia** e clique em **Next**.

13. Selecione o tipo de arquivo **Point File**, no quadro **Data Source Type** da caixa de diálogo. No campo **Select Files**, clique no botão + para selecionar o arquivo de texto.

14. Na caixa de diálogo **Select Source File**, localize o arquivo **Pontos.TXT**, disponível no site da Editora Érica, e clique no botão **Open**.

15. No quadro **Specify point file format**, da caixa de diálogo **Import Survey Data – Specify Data Source**, selecione o formato **PNEZD (comma delimited)**, composto pela sequência número do ponto, coordenada norte, coordenada leste, cota e descrição, separada por vírgula. Verifique a exibição do exemplo no quadro **Preview**. Clique em **Next** para prosseguir (Figura 5.10).

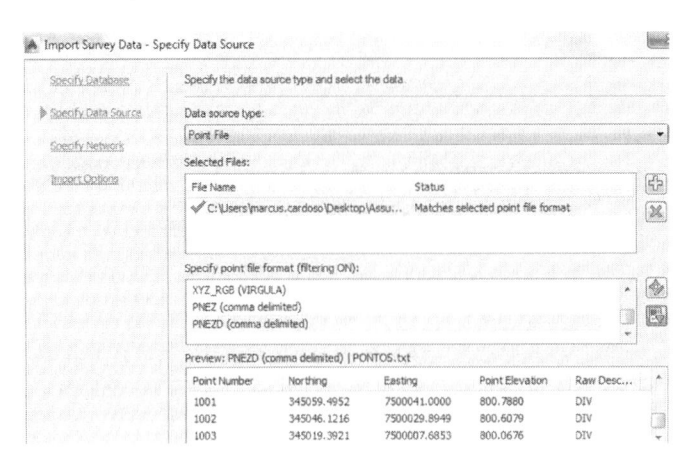

Figura 5.10 Caixa Import Survey Data utilizada durante a importação dos dados do levantamento.

16. Clique em **Next** na caixa **Import Survey Data – Specify Network**.

17. Verifique as opções da caixa de diálogo **Import Survey Data – Import Options**. Ligue a opção **Process Linework During Import**, para visualizar a criação das linhas de trabalho durante a importação. Ligue também a opção **Insert Survey Points**, para inserir os pontos importados no desenho após a importação do arquivo. Clique em **Finish** para concluir.

18. Verifique os pontos importados e inseridos na área de desenho.

5.3 Configurações para topografia

Os recursos de survey oferecem diversas ferramentas que permitem automatizar o processo para importação de dados brutos dos levantamentos de campo, além do tratamento dessas informações para representá-las na forma de desenhos topográficos.

Por meio das configurações dos códigos de **Linework Code Set** para definir as linhas de conexão, os estilos de pontos e os prefixos de figuras topográficas (**figure prefix database**), é possível estabelecer uma metodologia para importação dos dados do campo, tendo como principal objetivo a criação natural de desenhos topográficos durante a importação do levantamento de campo (Figura 5.11).

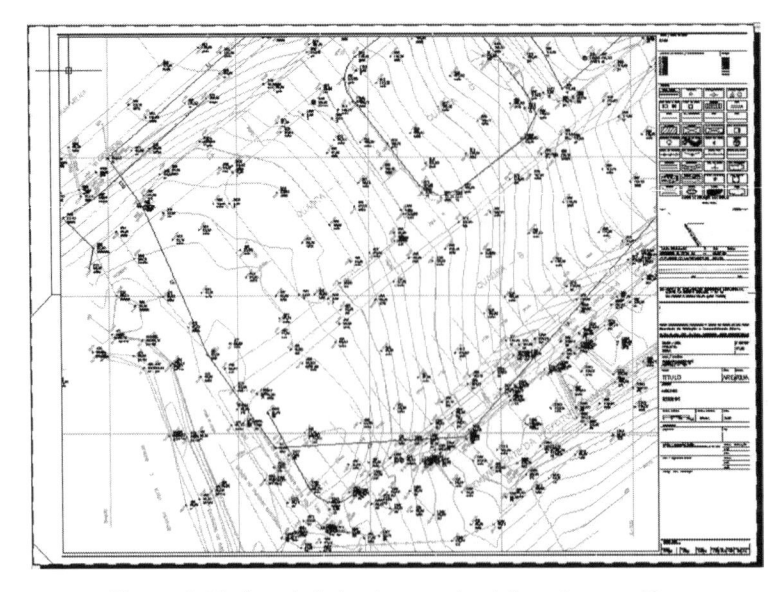

Figura 5.11 Exemplo de desenho contendo as informações topográficas.

5.3.1 Linework Code Set

As equipes de campo e do escritório poderão trabalhar de forma interativa para facilitar o processo de uniformização das entradas e saídas dos dados topográficos. Os recursos de **Linework Code Set** permitem configurar os códigos presentes nos arquivos do levantamento de campo, provavelmente gerados pelos equipamentos de levantamento. Dessa forma, os códigos dos arquivos de dados dos levantamentos poderão ser interpretados e traduzidos para leitura padronizada nos desenhos topográficos.

A configuração dos códigos de arquivos topográficos é efetuada por meio da aba **Survey** da **Toolspace** do Civil 3D. Ao clicar com o botão direito do mouse sobre **Linework Code Sets**, é possível estabelecer novas regras de códigos ou editar configurações existentes (Figura 5.12).

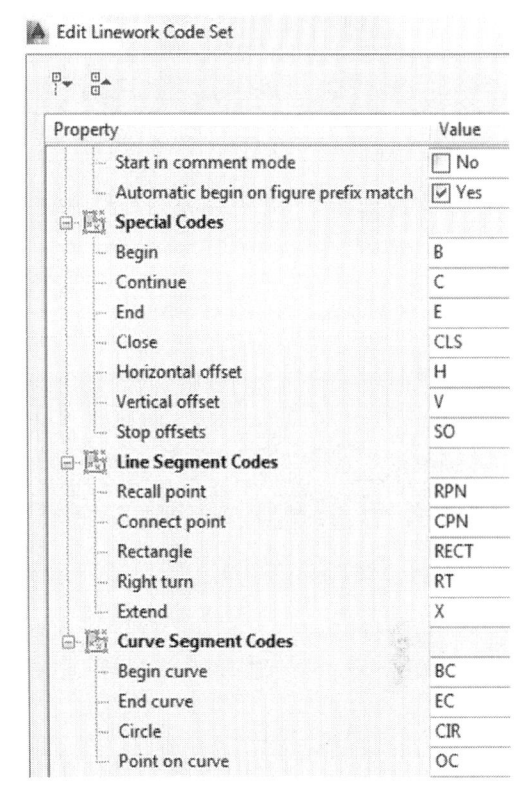

Figura 5.12 Caixa Edit Linework Code Set para a configuração de códigos do levantamento de campo.

A Tabela 5.1 exibe as descrições dos principais comandos utilizados na elaboração de arquivos **Field Book**.

Tabela 5.1 – Principais comandos para a configuração dos códigos de arquivos de levantamento de campo	
AD (ponto) [ângulo] [distância] (descrição)	F2 VA (ponto) [ângulo] [distância] [ângulo vertical] (descrição)
AD VA (ponto) [ângulo] [distância] [ângulo vertical] (descrição)	F1 VD (ponto) [ângulo] [distância] [distância vertical] (descrição)
AD VD (ponto) [ângulo] [distância] [distância vertical]	LAT LONG (ponto) [latitude] [longitude] (descrição) (descrição)
AP ON (ponto)	NE (ponto) [norte] [leste] (descrição)
AP OFF	NE SS (ponto) [norte] [leste] [elevação] (descrição)
BD VA (ponto) [rumo] [quadrante] [distância] [ângulo (descrição) vertical] (descrição)	NEZ (ponto) [norte] [leste] [elevação]
BD VD (ponto) [rumo] [quadrante] [distância] [distância [altura] vertical] (descrição)	PRISM [altura]
DD (ponto) [ângulo] [distância] [ângulo vertical] (descrição)	PT OFFSET (ponto) [afastamento] [vante] (descrição)
DD VA (ponto) [ângulo] [distância] [distância vertical]	SKIP
P (descrição)	SKIP
F1 (ponto) [ângulo] [distância]	STADIA (ponto) [ângulo] [distância] [rod] [ângulo vertical] (descrição)
F1 VA (ponto) [ângulo] [distância] [ângulo vertical] (descrição)	ZD (ponto) [azimute] [distância] (descrição)
F1 VD (ponto) [ângulo] [distância] [distância vertical] (descrição)	ZD VA (ponto) [azimute] [distância] [ângulo vertical] (descrição)
F2 (ponto) [ângulo] [distância] (descrição)	ZD VD (ponto) [azimute] [distância] [distância vertical] (descrição)

A Tabela 5.2 apresenta os principais comandos para a criação de figuras topográficas por meio de arquivos de **Field Book**.

Tabela 5.2 – Principais comandos para a definição de figuras topográficas	
COMANDO	**DESCRIÇÃO**
AREA [figura]	Lista a área e o perímetro de uma figura.
BEG [figura]	Inicia uma nova figura topográfica.
C3	Desenha uma curva de três pontos.
CLOSE	Fecha uma figura.
CLOSE BLD	Fecha uma figura.
CLOSE RECT [afastamento]	Fecha uma figura.
CONT [figura]	Continua uma figura adicionando vértices.
CRV [DELTA, LENGTH, DEFL, MID, TAN, CHORD] [raio] [valor]	Cria uma curva na figura atual.
DEL FIG [figura]	Apaga a figura do desenho.
DISP FIGS	Exibe os nomes de todas as figuras presentes no desenho atual.
END	Indica o final de uma figura.
FIG AD [ângulo] [distância]	Cria um vértice na figura especificando um ângulo e a distância.
FIG DD [deflexão] [distância]	Cria um vértice na figura determinando o ângulo de deflexão e a distância.
FIG ZD [azimute] [distância]	Cria um vértice na figura determinando o azimute e a distância.
FIG BD [rumo] [quadrante] [distância]	Cria um vértice na figura determinando o rumo e a distância.
FIG NE [norte] [leste]	Cria um vértice na figura especificando coordenadas.
ID FIG	Identifica uma figura.
INVERSE FIG [figura]	Exibe a informação de fechamento (inverse) para a figura.
MCS	Inicia uma curva de múltiplos pontos em uma figura ativa.
MCE	Finaliza uma curva de múltiplos pontos em uma figura ativa.
MAPCHECK [figura]	Visualiza as informações de uma figura.
OFFSET [figura] [distância]	Cria afastamentos na figura.
PC	Determina que o próximo ponto seja um ponto de curvatura.
POINT [figura]	Seleciona um ponto existente para ser utilizado como o próximo vértice em uma figura.
RT [distância]	Define o giro à direita (right turn) em uma figura.
SET (ponto)	Cria um ponto na locação atual de uma figura.
START [figura]	Estende a figura ao ponto inicial.
XC ZD (BULB) [raio] [corda do azimute] [distância da corda]	Cria uma curva utilizando a corda do azimute.
XC BD (BULB) [raio] [corda do rumo] [quadrante] [distância]	Cria uma curva utilizando a corda do rumo da corda
XC AD (BULB) [raio] [ângulo da corda] [distância da corda]	Cria uma curva não tangencial.
XC DD (BULB) [raio] [deflexão da corda] [distância da corda]	Cria uma curva utilizando a deflexão da corda.
XC C3 [ponto na curva] [ponto final]	Cria uma curva utilizando um ponto na curva.
XC PTS [raio] [ponto do raio] [ponto final]	Cria uma curva definindo um ponto para o raio.

Agora, execute os procedimentos a seguir para acessar o arquivo de formato FBK e identificar os comandos e códigos utilizados pelos recursos de survey.

1. Abra o explorador de arquivos do sistema operacional.

2. Navegue até a pasta de arquivos dos exercícios, disponível na plataforma da editora.

3. Localize e abra o arquivo **Levantamento.FBK** com o aplicativo **Bloco de Notas** ou qualquer outro aplicativo de edição de textos.

4. Nas primeiras linhas do arquivo, verifique os dados de posicionamento do equipamento descritos por STA.

5. Os valores da descrição PRISM indicam a altura do prisma do equipamento.

6. Alguns pontos do arquivo apresentam sua descrição como DIV, CS e ARV.

7. Nas listas finais do arquivo, estão posicionadas as figuras topográficas iniciadas com os comandos **BEGIN CASA**, **BEGIN DIV** e **BEGIN GUIA**.

8. Feche o arquivo e o editor de textos.

5.3.2 Configuração dos prefixos para as figuras topográficas

As figuras topográficas (survey figures) são as ligações entre os pontos do levantamento quando organizados por seus códigos (Figura 5.13). Elas podem representar os alinhamentos de ruas, bordos de guias e demais geometrias do levantamento de campo, como edificações e lotes. A aba **Survey** da **Toolspace** do **Autodesk Civil 3D** controla o comportamento das figuras topográficas por meio de seus códigos descritos nos arquivos com os dados dos levantamentos.

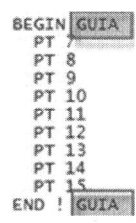

A definição para as regras de nomenclaturas e prefixos das figuras topográficas poderá ser previamente alinhada entre as equipes de campo e escritório, o que poderá facilitar o processo de importação e saída dos dados. As configurações de prefixos para as figuras topográficas ficarão disponíveis na base de dados topográficos, por meio da categoria **Figure Prefix Databases**, na aba **Survey** da **Toolspace**.

Figura 5.13 Códigos de definição de figuras topográficas.

A caixa de diálogo **Figure Prefix Database Manager** é exibida quando editamos ou criamos uma configuração (Figura 5.14). Com o botão direito do mouse sobre **Figure Prefix Database** e selecionando a opção **New**, pode-se criar uma configuração. Para editar uma configuração existente, clique com o botão direito do mouse sobre a configuração desejada e selecione a opção **Manage Figure Prefix Database**.

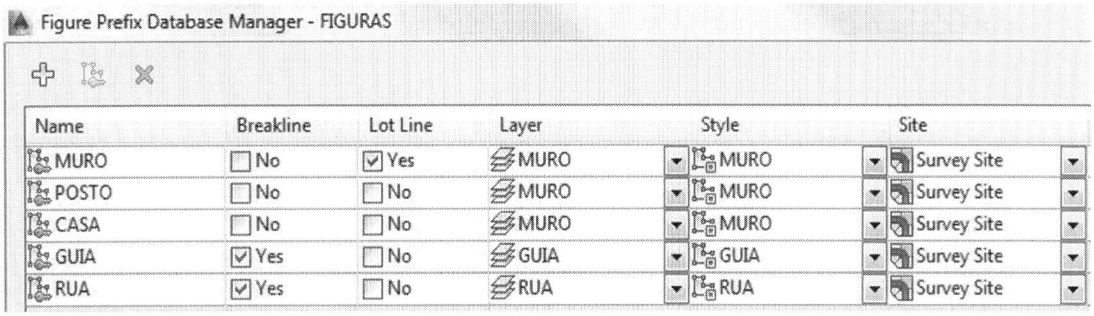

Name	Breakline	Lot Line	Layer	Style	Site
MURO	No	✓ Yes	MURO	MURO	Survey Site
POSTO	No	No	MURO	MURO	Survey Site
CASA	No	No	MURO	MURO	Survey Site
GUIA	✓ Yes	No	GUIA	GUIA	Survey Site
RUA	✓ Yes	No	RUA	RUA	Survey Site

Figure Prefix Database Manager - FIGURAS

Figura 5.14 Caixa de diálogo do gerenciador de figuras topográficas.

A caixa de diálogo **Figure Prefix Database Manager** exibe as configurações para as figuras topográficas por meio de suas colunas, em que:

- ▨ **Name:** coluna que especifica o nome da figura utilizando o prefixo do arquivo do levantamento.
- ▨ **Breakline:** coluna utilizada para determinar se a figura será utilizada como linha obrigatória na definição do modelo da superfície durante a sua criação.
- ▨ **Lot Line:** coluna que especifica se o segmento da figura criada é tratada como um segmento de parcel para a manipulação de lotes.
- ▨ **Layer:** coluna para a definição do layer para a figura durante sua criação.
- ▨ **Style:** coluna de escolha do estilo de representação para os segmentos da figura, como estilos para guias, muros e cercas.
- ▨ **Site:** coluna que especifica a pasta de localização da figura no desenho. O recurso de **Sites** permite gerenciar estruturas de pastas para organização dos objetos dentro dos desenhos.

O próximo exemplo mostra como criar configurações para três figuras topográficas presentes no arquivo **Levantamento.FBK**. Será necessário personalizar os estilos para a representação dessas figuras topográficas.

Agora, estude o exemplo a seguir:

1. Inicie um novo desenho utilizando o arquivo de template_**AutoCAD Civil 3D 2020_BRA (DNIT).DWT**, fornecido com a instalação do pacote *Brazil Content*.

2. Na aba **Settings** da **Toolspace**, crie os estilos de figuras **CASA, DIVISA** e **GUIA** na categoria **Survey** → **Figures** → **Figure Styles**; selecione os *layers* e as cores apropriadas (Figura 5.15).

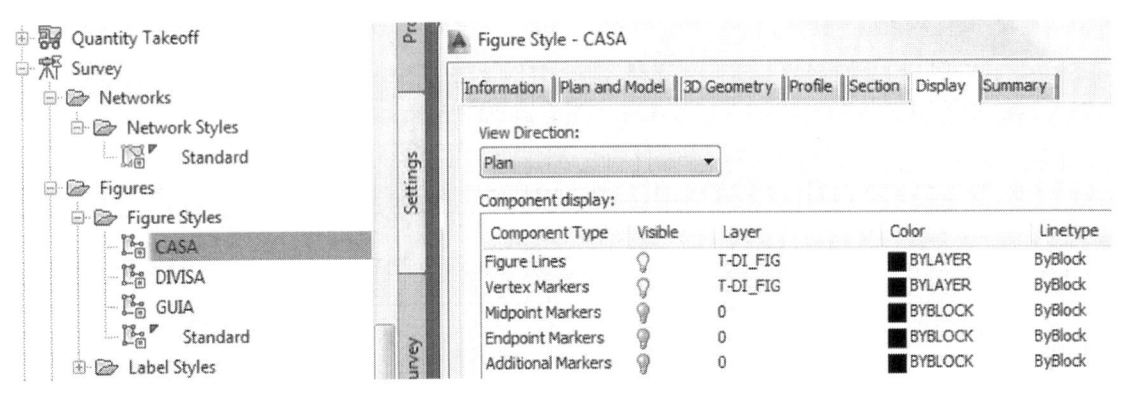

Figura 5.15 Aba Settings com as figuras topográficas configuradas.

3. Pela aba **Survey**, clique com o botão direito do mouse sobre **Figure Prefix Database** e selecione a opção **New**.

4. Na caixa de diálogo **New Figure Prefix Database**, digite **Figuras** para definir o nome da configuração e clique em **OK**.

5. Clique com o botão direito sobre **Figuras** e selecione a opção **Manage Figure Prefix Database** para definir sua configuração.

6. Na caixa de diálogo **Figure Prefix Database Manager**, clique no botão + para criar as figuras topográficas (Figura 5.16). Clique em **OK** para finalizar.

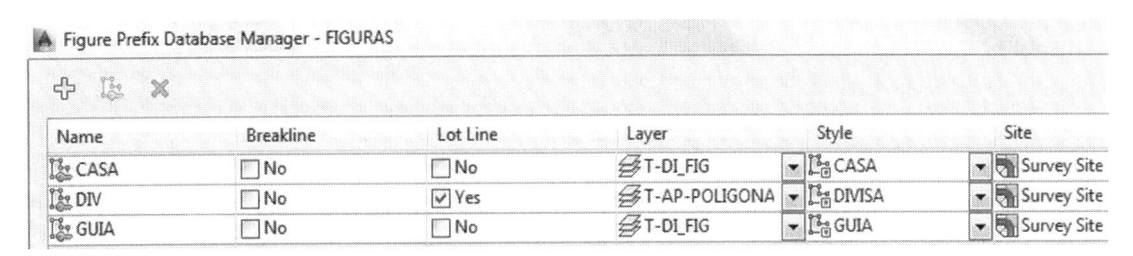

Figura 5.16 Gerenciador de figuras topográficas - Figure Prefix Database Manager.

7. Na aba **Survey,** clique com o botão direito do mouse sobre **Figuras** e selecione a opção **Make current** para aplicar as configurações.

8. Grave o arquivo template como **_Padrão-Civil-3D.DWT**.

A próxima etapa é caracterizada pela importação dos dados brutos para o banco de dados topográfico. O exemplo a seguir mostra como importar os dados de um arquivo FBK; com este tipo de arquivo, tornam-se possíveis a criação de redes (networks) e a adição das figuras topográficas, além de ser possível a elaboração de análises nos dados topográficos.

Agora, estude o exemplo a seguir:

1. Inicie um novo desenho utilizando o arquivo de template **_Padrão-Civil-3D.DWT** criado anteriormente.

2. Na aba **Survey** da **Toolspace**, clique com o botão direito do mouse sobre **Survey Databases** e selecione a opção **New Local Survey Database** para criar um banco de dados topográficos (survey databases), com o nome **Levantamento**. Clique no botão **OK**.

3. Na aba **Survey** da **Toolspace**, expanda **Survey Databases → Levantamento**, clique com o botão direito do mouse sobre **Import Events** e selecione a opção **Import Survey Data**.

4. Na aba **Specify Data Source** da caixa de diálogo **Import Survey Data**, altere o tipo de arquivo no campo **Data Source Type** para **Field Book File**. Selecione o arquivo **Levantamento.FBK** e clique em **Next** (Figura 5.17).

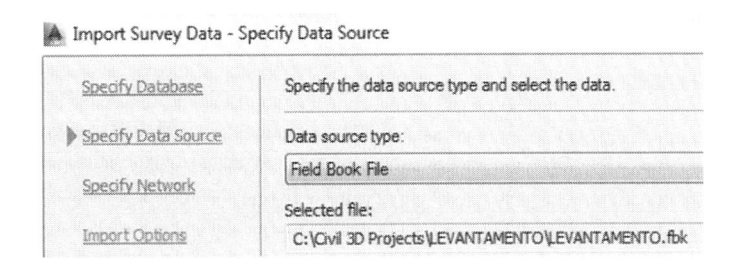

Figura 5.17 A aba Specify Data Source permite selecionar o arquivo do levantamento de campo.

5. Na aba **Specify Network**, clique em **Create New Network** para criar uma rede com o nome **Levantamento**. Clique em **Next** para prosseguir.

6. Na aba **Import Options**, selecione **FIGURAS** no campo **Current figure prefix database**. Habilite a opção **Show interactive graphics** para visualizar a animação sequencial do levantamento durante o processo de importação. Habilite, também, a opção **Insert network object** para inserir a rede (network). Clique em **Finish** para importar os dados (Figura 5.18).

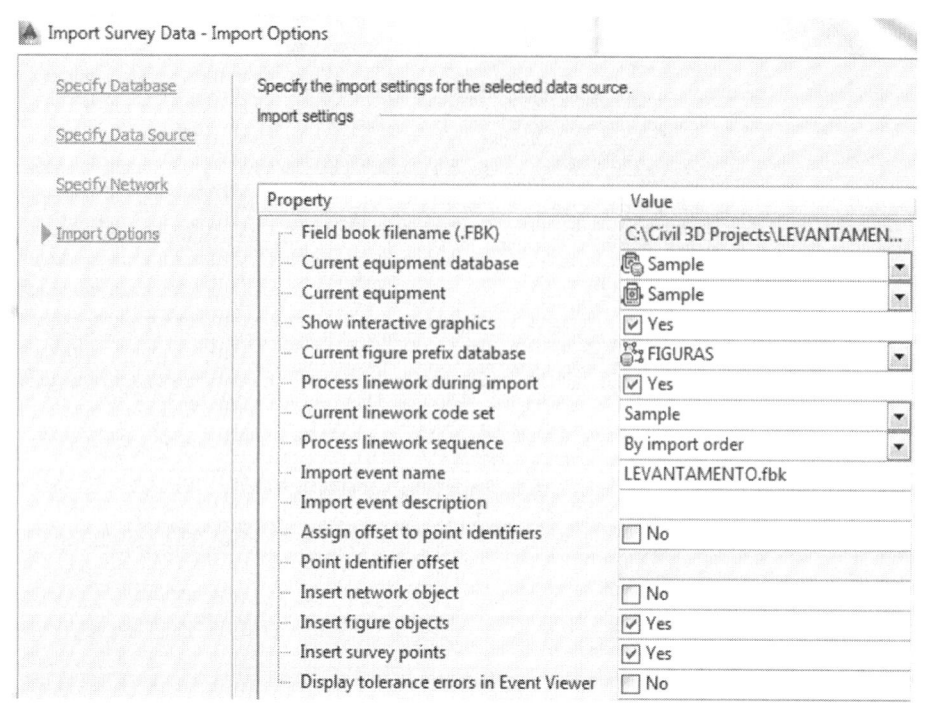

Figura 5.18 Aba Import Options para configuração dos parâmetros de importação do arquivo do levantamento.

Por meio do arquivo de formato FBK, pode-se observar a inserção dos dados topográficos na mesma ordem sequencial do arquivo.

Esse exemplo ilustrou de forma simples que o processo para a importação dos dados do levantamento pode ser automatizado pelas configurações dos prefixos para as figuras topográficas e dos códigos de linework, além da definição dos estilos de representação dos pontos e das figuras, beneficiando a criação automatizada dos desenhos topográficos.

1. Verifique os dados importados na área de desenho. Por meio da aba **Survey,** observe os objetos pontos, figuras e network importados do arquivo **Field Book**. Grave o arquivo como **Levantamento.DWG**.

2. As figuras topográficas, assim como os pontos importados, podem ser manipuladas pela ribbon contextual **Survey** exibida quando selecionamos um objeto desejado na área de desenho. A ribbon contextual de figuras possibilita acessar a caixa de propriedades, editar a geometria horizontal e verificar as elevações dos vértices das figuras selecionadas, além de possibilitar atualizar o banco de dados com as novas correções ou, ainda, importar novamente os objetos do banco de dados para o desenho atual.

Dependendo da quantidade de informação presente no arquivo dos levantamentos de campo, é possível criar grupos de redes (network groups), grupos de figuras (figure groups) e grupos de pontos do banco de dados (survey point groups). Dessa forma, podem-se organizar os objetos do levantamento e facilitar a sua seleção.

Outro recurso de survey disponível são os objetos **traverses**, que possibilitam a criação manual ou automática de poligonais na região do levantamento. Diversas análises podem ser executadas nos objetos **traverses** para a correção e o fechamento das poligonais. A ferramenta está disponível ao clicar com o botão direito do mouse sobre **Traverses** e selecionar a opção **Traverse Analysis** (Figura 5.19).

A caixa de diálogo **Traverse Analysis** permite configurar os parâmetros e selecionar um dos métodos disponíveis para a execução da análise de fechamento de poligonais, por meio dos campos **Horizontal**

adjustment method e **Vertical adjustment method**. Verifique no manual de usuário as fórmulas para os métodos de ajustes de poligonais (Figura 5.20).

Agora, estude o exemplo a seguir para criar a poligonal do levantamento de campo.

1. Abra o arquivo **Levantamento.DWG**.

2. Na aba **Survey** da **Toolspace**, clique com o botão direito do mouse sobre **Levantamento** e selecione a opção **Open for Edit**.

3. Na aba **Survey** da **Toolspace**, expanda **Survey Databases** → **Levantamento** → **Networks** → **Levantamento** → **Traverses**.

4. Clique com o botão direito do mouse sobre **Traverses** e selecione a opção **New**.

5. Na caixa **New Traverse,** no campo **Name,** digite **Poligonal** e, no campo **Initial Station**, digite **1000**, para determinar o ponto inicial da poligonal. Clique no botão **OK**.

6. Clique na categoria **Traverses** para exibir a poligonal criada na parte inferior da aba **Survey** da **Toolspace**; com o botão direito do mouse, clique sobre **Poligonal** e selecione a opção **Edit Traverse**.

7. Na aba **Traverse e Editor** da janela **Panorama**, verifique os dados da poligonal criada.

8. Feche a janela **Panorama**. Clique com o botão direito do mouse sobre **Poligonal** e selecione a opção **Traverse Analysis**.

9. Na caixa de diálogo **Traverse e Analysis**, verifique as configurações e os métodos de análises, e clique no botão **OK** para processar as análises.

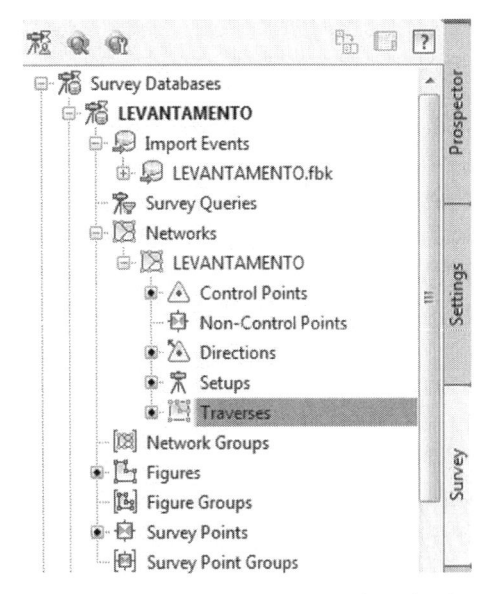

Figura 5.19 Recurso Traverses para a manipulação de poligonais.

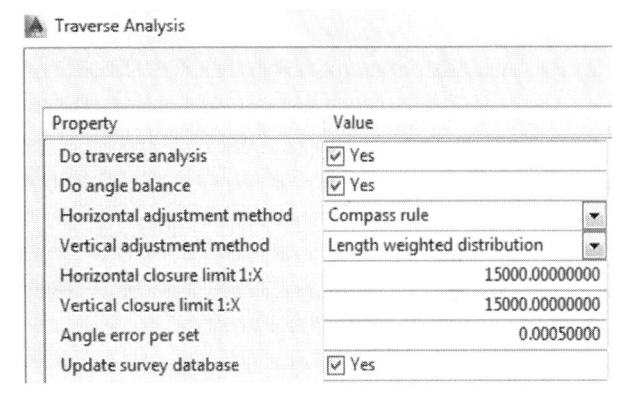

Figura 5.20 Caixa Traverse Analysis para execução de análises nas poligonais.

10. Os resultados das análises são exibidos por meio do aplicativo **Bloco de Notas**.

5.4 Pontos do levantamento

A manipulação de pontos é, na maioria das vezes, a parte fundamental do processo de tratamento dos dados provenientes dos levantamentos de campo. Na maior parte dos projetos, os pontos são utilizados para identificar características da região de um levantamento, como postes, árvores, limites de propriedades e demais peculiaridades topográficas.

Os pontos podem ser importados, convertidos e criados diretamente na área de desenho. Dessa forma, são gerados objetos pontos do Autodesk Civil 3D, em que os aspectos gráficos podem ser controlados por meio de estilos e podem interagir com outros objetos do Civil 3D, como superfícies e tabelas, determinando, assim, a interação inteligente no modelo do projeto.

Sabemos que é possível manipular os pontos importados no banco de dados topográficos por meio dos recursos de survey, mas também é possível trabalhar com os pontos sem a necessidade de importá-los para o banco de dados, ou seja, importá-los e manipulá-los diretamente no arquivo de desenho (Figura 5.21).

Cabe ao usuário decidir qual caminho seguir, o que poderá depender da quantidade de dados, do tipo de arquivos de dados ou da necessidade de compartilhar os dados de campo com outros profissionais envolvidos nos projetos. Devemos considerar, ainda, que os dados de pontos importados para um desenho ficam exclusivamente no arquivo DWG. Dessa forma, algumas restrições poderão ocorrer no compartilhamento dos dados, enquanto, ao utilizar as funcionalidades do banco de dados de survey, as informações poderão ser compartilhadas de maneira mais segura e eficaz.

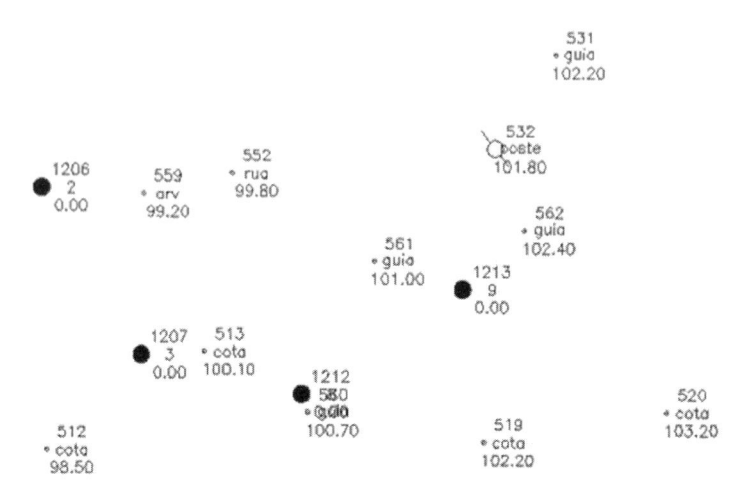

Figura 5.21   Pontos importados do arquivo do levantamento de campo.

5.4.1 Grupos de pontos

A elaboração de grupos de pontos permite efetuar a classificação dos pontos levantados para organizar e controlar suas representações nos desenhos. Pode-se trabalhar com inúmeros grupos de pontos para representá-los em categorias diferentes no desenho; por exemplo, um grupo de pontos denominado **Postes** poderá filtrar todos os pontos que possuírem a descrição **Poste** e organizá-los em um único grupo. Dessa forma, todos os pontos deste grupo poderão ser representados com uma simbologia específica, assim como os grupos de pontos árvores, caixas e outros (Figura 5.22).

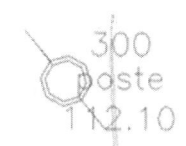

Figura 5.22   Estilo de ponto para a representação de poste.

A caixa de diálogo **Point Group Properties** é utilizada durante o processo de criação ou edição dos grupos de pontos no desenho e pode ser acessada pela ribbon **Home** → **Create Ground Data** → **Points** → **Create Point Group**, ou pela aba **Prospector** da **Toolspace**, ao clicar com o botão direito do mouse sobre **Point Groups** e selecionar a opção **New**.

A aba **Information** da caixa de diálogo **Point Group Properties** define o nome para o grupo de pontos, além de selecionar os estilos para representar o símbolo e os rótulos a todos os pontos pertencentes ao grupo (Figura 5.23).

Figura 5.23 Caixa de diálogo Point Group Properties para a organização dos pontos do levantamento.

A aba **Point Groups**, da caixa de diálogo **Point Group Properties**, possibilita agregar grupos de pontos existentes no desenho ao grupo atual (Figura 5.24).

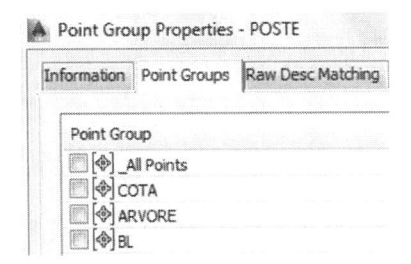

Figura 5.24 Aba Point Groups para a escolha de grupos de pontos existentes no desenho.

A aba **Raw Desc Matching**, da caixa de diálogo **Point Group Properties**, permite selecionar as chaves de descrição (description keys) previamente configuradas, as quais auxiliam no processo de classificação dos pontos para os grupos de pontos.

A aba **Include**, da caixa de diálogo **Point Group Properties**, controla a definição de filtros para seleção dos pontos existentes no desenho. É possível filtrar pontos por sequência numérica, faixas de elevações, nomes e descrições dos pontos presentes no arquivo (Figura 5.25).

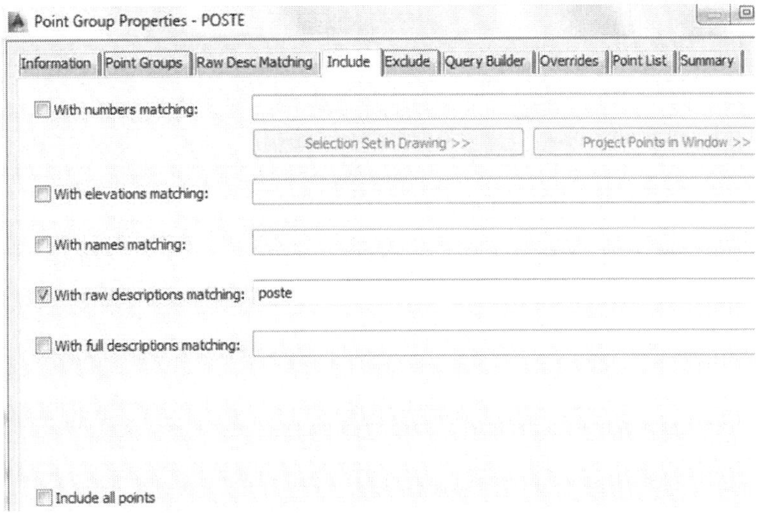

Figura 5.25 Aba Include da caixa Point Group Properties utilizada na aplicação de filtros para os pontos.

- **With numbers matching:** recurso para a definição de filtros dos pontos existentes no desenho por meio de sequências numéricas.

- **With elevations matching:** recurso que configura filtros de pontos do desenho por meio das elevações dos pontos.

- **With names matching:** recurso para a criação dos filtros de pontos pela identificação de nomes dos pontos presentes no desenho.

- **With raw descriptions matching:** recurso que permite a definição dos filtros de pontos por critérios das descrições dos pontos existentes no desenho. Esta opção é muito utilizada para filtrar partes das descrições dos pontos.

- **With full descriptions matching:** recurso que define filtros de pontos por intermédio das descrições dos pontos presentes no desenho.

- **Include all points:** recurso para adicionar todos os pontos existentes no desenho ao grupo de pontos atual.

A aba **Exclude** da caixa de diálogo possui as mesmas opções da aba **Include**; entretanto, suas configurações são utilizadas como filtros para a remoção de pontos indesejados do grupo de pontos atual.

A aba **Query Builder**, da caixa de diálogo **Point Group Properties**, permite a elaboração de fórmulas para auxiliar nos filtros de pontos do desenho (Figura 5.26).

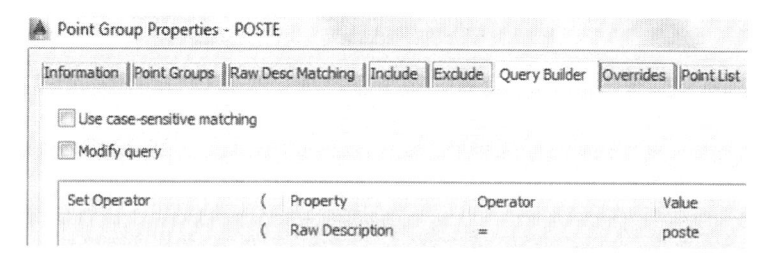

Figura 5.26 Aba Query Builder utilizada na elaboração de fórmulas para filtrar pontos do desenho.

A aba **Overrides**, da caixa **Point Group Properties**, controla a substituição de estilos e rótulos dos pontos presentes no grupo de pontos atual, por meio de regras por elevações e descrições dos pontos filtrados.

A aba **Point List**, da caixa de diálogo **Point Group Properties**, exibe a relação dos pontos filtrados presentes no grupo de pontos atual (Figura 5.27).

Point ...	Easting	Northing	Point E...	Name	Raw De...	Full De...	Descrip...	Grid Ea...	Grid N...
300	98.5425m	64.3832m	112.100m		poste	poste		98.5425m	64.3832m
334	44.9020m	76.2309m	112.900m		poste	poste		44.9020m	76.2309m
532	78.6011m	94.4753m	101.800m		poste	poste		78.6011m	94.4753m
535	17.5162m	11.2336m	94.900m		poste	poste		17.5162m	11.2336m
598	82.6754m	41.6208m	99.800m		poste	poste		82.6754m	41.6208m
600	52.9689m	49.2060m	98.600m		poste	poste		52.9689m	49.2060m
1116	83.5963m	63.7067m	96.000m		poste	poste		83.5963m	63.7067m
1118	18.0165m	56.4532m	97.400m		poste	poste		18.0165m	56.4532m

Figura 5.27 A aba Point List exibe a relação dos pontos presentes no grupo de pontos.

A aba **Summary**, da caixa **Point Group Properties**, apresenta o resumo das configurações presentes no grupo de pontos atual, além de permitir efetuar alterações nas configurações estabelecidas para o grupo de pontos (Figura 5.28).

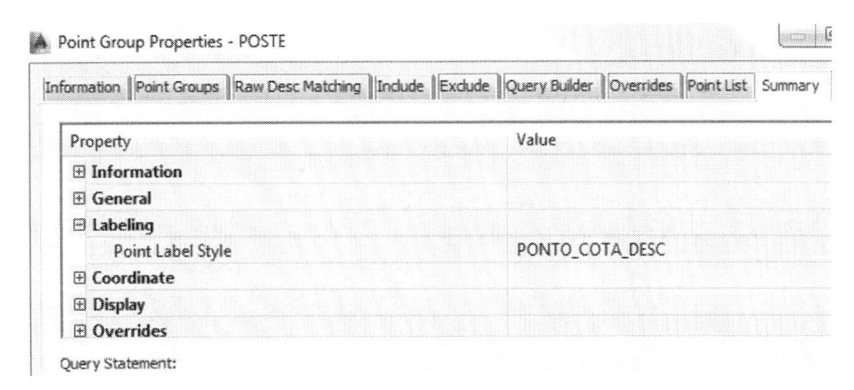

Figura 5.28 Aba Summary apresenta o resumo das configurações aplicadas ao grupo de pontos.

A criação dos grupos de pontos pode ser desenvolvida em qualquer momento durante o ciclo de elaboração do projeto; entretanto, é possível prever essas configurações desde a preparação do arquivo de template para a padronização dos desenhos, conforme ilustrado no próximo exemplo.

Agora, estude o exemplo a seguir:

1. Inicie um novo desenho utilizando o arquivo de template **_Padrão-Civil-3D.DWT** criado anteriormente. É possível trabalhar com qualquer outro template no sistema métrico, inclusive com o arquivo **_AutoCAD Civil 3D 2020_BRA (DER).DWT**.

2. Selecione pela ribbon **Home** → **Create Ground Data** → **Points** → **Create Point Group**.

3. Na aba **Information**, da caixa de diálogo **Point Group Properties**, digite **poste** no campo **Name**. Selecione o estilo **Poste** no campo **Point Styles** para definir o estilo de representação dos pontos para este grupo. Selecione o estilo **Ponto_Cota_Desc** para definir os rótulos aos pontos por meio do campo **Point Label Style**.

4. Na aba **Include**, habilite a opção **With raw descriptions matching** e digite **poste** no quadro ao lado.

5. Clique no botão **OK** para concluir a criação do grupo de pontos para os postes.

6. Execute os passos anteriores para criar outros grupos de pontos para estação, PV, registro e outros.

7. Grave o arquivo como um novo template. Como boa prática, pode ser interessante sobrescrever o arquivo **Padrão-Civil-3D.DWT**, para atualizar este arquivo de template.

5.4.2 Chaves de descrição de pontos

As chaves de descrição (description keys) são ferramentas auxiliares que permitem controlar automaticamente a representação dos pontos, aplicando critérios conhecidos nos pontos presentes no desenho ou durante o processo de importação dos pontos. Diferentemente dos grupos de pontos, nos quais o controle é aplicado automaticamente a todos os pontos pertencentes ao grupo, as chaves de descrição possibilitam o controle individual dos pontos presentes no desenho.

Pela aba **Settings** da **Toolspace** do Autodesk Civil 3D, é possível criar diversas chaves de descrição acessando **Point** → **Description Key Sets** (Figura 5.29).

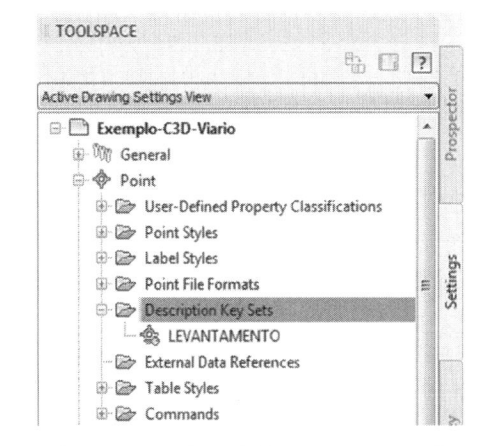

Figura 5.29 Chaves de descrição presentes na aba Settings da Toolspace.

Após definir o nome de um conjunto de chaves de descrição (description key sets), é possível editar suas configurações por meio da aba **DescKey Editor** da janela **Panorama** (Figura 5.30).

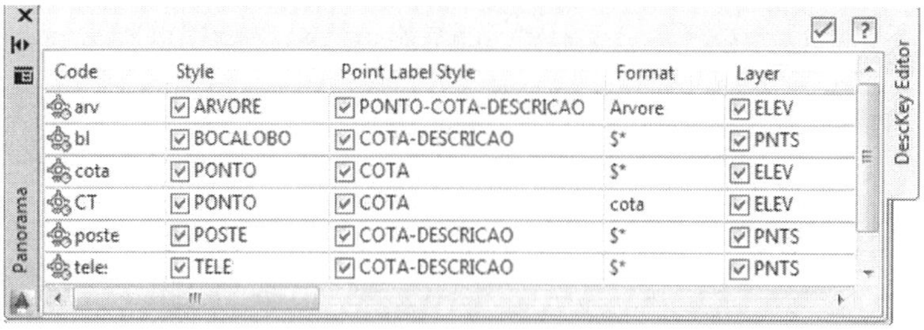

Figura 5.30 Aba DescKey da janela Panorama, utilizada na definição das chaves de descrição de pontos.

A coluna **Code** permite a entrada com a descrição para filtrar os pontos desejados e utilizar os caracteres *wildcards* para auxiliar na filtragem das descrições originais dos pontos.

A coluna **Style** permite selecionar o estilo de representação para os pontos, assim como a coluna **Point Label Style**, que possibilita a escolha de estilos para os rótulos.

Por intermédio da coluna **Format**, é possível configurar os caracteres que serão exibidos na descrição dos pontos selecionados, recurso utilizado na tradução dos códigos originais, exibindo-os com a nova descrição desejada. O exemplo da Figura 5.30 demonstra que os pontos com a descrição **Arv** passarão a ter sua nova descrição convertida para **ARVORE**. A utilização da expressão **$****** indica que será aplicada a mesma descrição original dos pontos.

A aba **DescKey Editor** da janela **Panorama** permite, ainda, especificar layers, escalas, entre outras configurações para os pontos.

O exemplo a seguir mostra como criar um conjunto de chaves de descrição com base nas informações contidas no arquivo **Pontos.TXT**. Para a compreensão do recurso, é recomendado abrir este arquivo de texto com o aplicativo **Bloco de Notas**, para verificar a formatação dos dados e os conteúdos das descrições dos pontos levantados.

Agora, estude o exemplo a seguir:

1. Inicie um novo desenho utilizando o arquivo de template **_Padrão-Civil-3D.DWT** criado anteriormente. É possível trabalhar com qualquer outro template no sistema métrico, inclusive o arquivo **_AutoCAD Civil 3D 2020_BRA (DNIT).DWT**.

2. Como procedimento opcional, pode-se importar um estilo de ponto (point style) de um arquivo existente para a representação das árvores. Acesse a ribbon **Manage** → **Styles** → **Import**. Na caixa de diálogo, localize o arquivo **_AutoCAD Civil 3D (Metric) NCS.DWT**, presente na pasta de templates do sistema, e importe apenas o estilo de ponto denominado **Tree**.

3. Pela aba **Settings** da **Toolspace**, expanda **Point**, clique com o botão direito do mouse sobre **Description Key Sets** e selecione a opção **New**.

4. Na caixa de diálogo **Description Key Set**, digite **Levantamento** no campo **Name** e clique em **OK** para criar um conjunto de chaves de descrição.

5. Na categoria **Description Key Set** da aba **Settings**, clique com o botão direito sobre **Levantamento** e selecione a opção **Edit Keys** para configurar as chaves de descrição.

6. Na coluna **Code** da aba **DescKey Editor** da janela **Panorama**, é possível digitar os códigos conforme as descrições do arquivo **Levantamento.TXT**, disponível na plataforma da editora. Na primeira célula da coluna **Code**, digite **AR*** para filtrar as descrições AR e ARV presentes no arquivo de texto.

7. Escolha um estilo para representar as árvores na coluna **Style** e selecione o estilo de rótulo **Ponto_Cota_Desc** na coluna **Point Label Style**.

8. Digite **ARVORE** na coluna **Format** para alterar as descrições originais das árvores (AR e ARV), e especifique um layer para os pontos de árvores pela coluna **Layer**.

9. Clique com o botão direito do mouse sobre a chave **AR*** criada e selecione a opção **New** para criar chaves. Crie as chaves para as descrições STA, DIV e CS, especificando estilos e layers.

10. A maior parte dos pontos presentes no arquivo de texto não possui descrição, então, é possível aproveitar o recurso das chaves de descrição para adicionar a descrição **Cota** a esses pontos.

11. Crie uma chave sem adicionar texto na coluna **Code** e selecione os estilos e o layer para os pontos desta chave. Na coluna **Format**, digite **Cota** para determinar sua nova descrição.

12. Determine as configurações para as chaves criadas na aba **DescKey Editor** da janela **Panorama** (Figura 5.31).

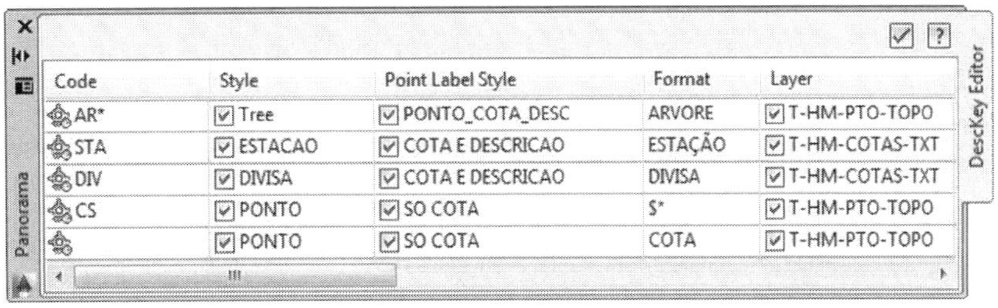

Figura 5.31 Exemplo de configuração de chaves de descrição para os pontos.

13. Feche a janela **Panorama** e grave o arquivo como **Padrão-Civil-3D.DWT**.

5.4.3 Importação de arquivos de pontos

A importação de arquivos de pontos é um método muito utilizado para a obtenção dos dados no formato de textos provenientes dos levantamentos de campos para dentro dos desenhos dos projetos. A ferramenta de importação de arquivos de pontos está localizada na ribbon **Insert** → **Import** → **Points From File**. O recurso de importação de pontos não trabalha com o banco de dados topográficos (survey); dessa forma, os pontos importados pela ferramenta **Points From File** são inseridos diretamente do arquivo de texto no desenho.

A caixa de diálogo **Import Point** permite selecionar diversos formatos de arquivos de pontos, por meio do botão + no quadro **Selected Files**. No campo **Specify Point File Format**, é possível selecionar o formato dos arquivos de pontos, observando a ordenação das informações de posicionamento dos pontos no arquivo de texto original. O quadro **Preview** exibe as configurações efetuadas no arquivo de pontos selecionado (Figura 5.32).

A opção **Add Points to Point Group** da caixa **Import Points** possibilita adicionar os pontos que serão importados para um grupo específico de pontos no desenho. O quadro **Advanced Options** exibe as opções para ajustes de elevações e transformação de coordenadas, quando desejada.

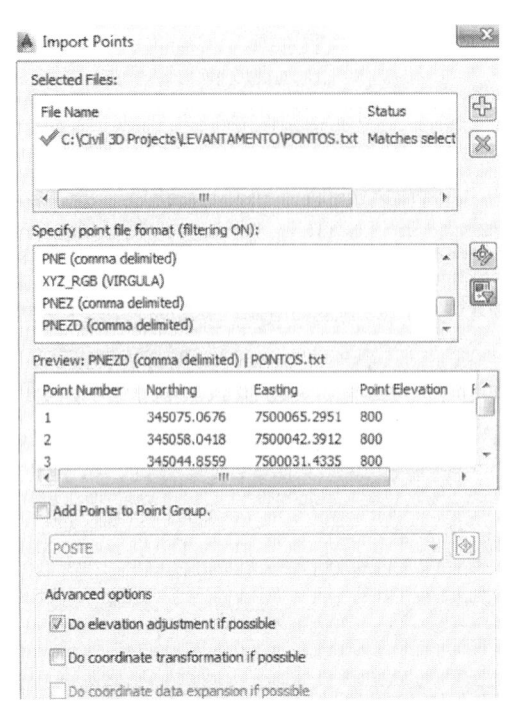

Figura 5.32 Interface da caixa Import Points para a importação dos arquivos de pontos.

Para garantir a boa utilização durante o processo de importação dos dados de pontos, é recomendada a prévia visualização dos dados recebidos para a compreensão do formato de arquivo de pontos. Os formatos disponíveis no Autodesk Civil 3D atendem a maioria dos formatos de arquivos de pontos existentes no mercado; entretanto, é possível receber formatos de arquivos de pontos diferenciados; para esses casos, será necessário utilizar o recurso do gerenciador de formatos para desenvolver novos formatos de entrada de dados.

O quadro **Specify Point File Format**, da caixa de diálogo **Import Points**, disponibiliza a ferramenta **Manage Formats** ⬡, que acessa a caixa de diálogo **Point File Format**, permitindo a criação e o gerenciamento de novos formatos para obedecer à ordem das informações presentes nos arquivos de pontos diferenciados, muitas vezes gerados de aplicativos ou equipamentos de campo (Figura 5.33).

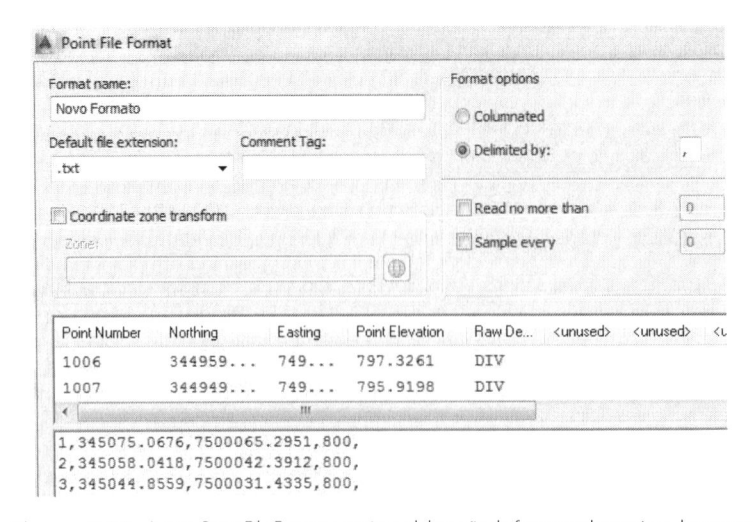

Figura 5.33 A caixa Point File Format permite a elaboração de formatos de arquivos de pontos.

Por meio da tabela na parte inferior da caixa de diálogo **Point File Format**, é possível personalizar as colunas seguindo a disposição das informações presentes em formatos de arquivos de pontos diferenciados.

O formato **PNEZD (comma delimited)** é caracterizado pela seguinte ordem: número do ponto, coordenada norte, coordenada oeste, cota e descrição, separados por vírgula.

O exemplo a seguir ilustra como importar o arquivo de texto fornecido com as informações de pontos de um levantamento, aproveitando as configurações das chaves de descrição criadas anteriormente para a aplicação das representações gráficas aos pontos importados.

Agora, estude o exemplo a seguir:

1. Inicie um novo desenho utilizando o arquivo de template criado anteriormente, ou o arquivo **_AutoCAD Civil 3D 2020_ BRA (DNIT).DWT**.

2. Pela ribbon **Manage**, selecione a ferramenta **Import** → **Points From File**.

3. Na caixa de diálogo **Import Points**, clique no botão + e selecione o arquivo **Pontos. TXT**, disponível na plataforma da editora.

4. No quadro **Specify Point File Format**, selecione o formato **PNEZD (comma delimited)**. Verifique as informações no quadro **Preview** e clique no botão **OK** para iniciar a importação do arquivo de pontos selecionado.

5. Expanda **Point Groups** na aba **Prospector** da **Toolspace**, clique com o botão direito sobre o grupo de pontos **All Points** e selecione a opção **Apply Description Keys** para aplicar as configurações das chaves de descrição.

6. Aplique **Zoom Extents** para verificar as representações dos pontos na área de desenho.

7. Grave o arquivo como **Pontos.DWG**.

5.4.4 Criação e manipulação de pontos

Durante a manipulação nos dados da topografia e até mesmo ao longo do desenvolvimento do projeto, poderá ocorrer a necessidade de criação e manipulação de pontos no desenho, para complementar algumas características de um terreno levantado ou, ainda, adicionar pontos em projetos para a complementação das informações técnicas nos desenhos de infraestrutura.

As ferramentas para a elaboração e a manipulação de pontos nos desenhos estão organizadas em categorias e disponíveis pela ribbon **Home** → **Create Ground Data** → **Points** (Figura 5.34).

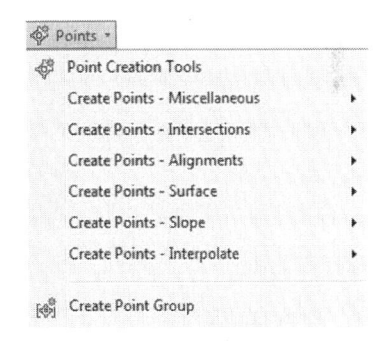

Figura 5.34 Ferramentas para a manipulação de pontos.

O recurso **Point Creation Tools** habilita a barra de ferramentas **Create Points**, utilizada na criação de pontos no desenho. Assim como a lista de ferramentas presentes na ribbon de pontos, a barra de ferramentas **Create Points** está organizada em categorias e disponibiliza diversos recursos para a criação e a manipulação de pontos (Figura 5.35).

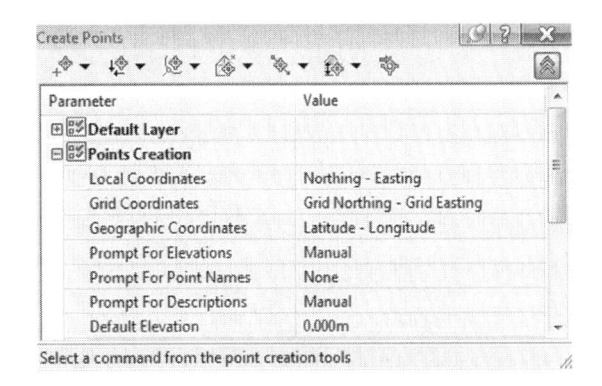

Figura 5.35 Barra de ferramentas Create Points, utilizada para a criação de pontos.

■ **Categoria Create Points – Miscellaneous:** categoria baseada na criação manual de pontos no desenho (Figura 5.36):

  ◆ **Manual:** ferramenta para a criação de pontos determinando sua posição no desenho atual.

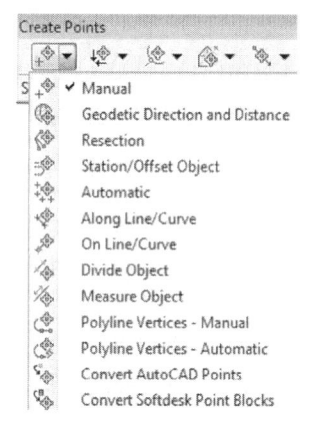

Figura 5.36 Ferramentas da categoria Miscellaneous para a criação de pontos.

  ◆ **Geodetic Direction and Distance:** ferramenta que cria pontos especificando direção geodésica e distância.

  ◆ **Resection:** ferramenta para criar pontos em uma posição calculada por meio de ângulos entre três pontos conhecidos.

  ◆ **Station/Offset Object:** ferramenta para a criação de pontos em um estaqueamento, fornecendo a distância de afastamento de um arco, uma linha, uma feature line ou uma lot line.

  ◆ **Automatic:** ferramenta que cria pontos automaticamente nas extremidades de linhas, feature lines ou lot lines, além de pontos nas extremidades de arcos.

  ◆ **Along Line/Curve:** ferramenta para criar pontos ao longo de uma linha, uma feature line, uma lot line ou um arco, fornecendo a distância de intervalos entre os pontos.

  ◆ **On Line/Curve:** ferramenta para criação de pontos nas extremidades de uma linha, uma feature line, uma lot line ou um arco e no ponto de interseção PI de arcos.

  ◆ **Divide Object:** ferramenta que cria determinada quantidade de pontos equidistantes ao longo de uma linha, uma feature line, uma lot line ou um arco.

  ◆ **Measure Object:** ferramenta que permite criar pontos determinando uma distância ao longo de uma linha, uma feature line, uma lot line ou um arco.

  ◆ **Polyline Vertices – Manual:** ferramenta que cria pontos nos vértices de uma polyline selecionada, determinando a elevação de cada ponto.

  ◆ **Polyline Vertices – Automatic:** ferramenta para criar pontos em todos os vértices de uma polyline selecionada.

  ◆ **Convert AutoCAD Points:** ferramenta que permite converter os pontos de AutoCAD em objetos pontos de Civil 3D.

  ◆ **Convert Softdesk Point Blocks:** ferramenta utilizada para converter blocos de pontos topográficos em objetos pontos do Civil 3D.

■ **Categoria Create Points – Intersections:** categoria baseada na criação de pontos, utilizando interseções entre diversos tipos de objetos (Figura 5.37):

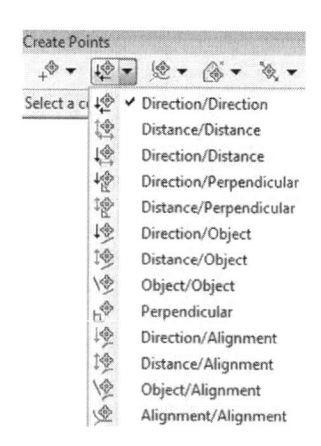

Figura 5.37 Ferramentas de criação de pontos da categoria Intersections.

  ◆ **Direction/Direction:** ferramenta que cria um ponto na interseção entre duas direções definidas por dois pontos, um rumo ou um azimute.

◆ **Distance/Distance:** ferramenta para criar um ponto na interseção entre duas distâncias definidas pelos comprimentos dos raios.

◆ **Direction/Distance:** ferramenta que cria um ponto na interseção de uma direção (linha) e uma distância (raio).

◆ **Direction/Perpendicular:** ferramenta para criar um ponto que está na direção de uma linha e perpendicular a um ponto selecionado.

◆ **Distance/Perpendicular:** ferramenta que cria um ponto que está na radial entre um círculo e um ponto selecionado.

◆ **Direction/Object:** ferramenta para criar pontos na interseção de um objeto linha, curva ou espiral e a direção de uma linha.

◆ **Distance/Object:** ferramenta que cria pontos na interseção de um objeto e uma distância radial.

◆ **Object/Object:** ferramenta que cria um ponto na interseção de linhas, arcos, lot lines e feature lines.

◆ **Perpendicular:** ferramenta para criar pontos afastados a uma determinada distância ao longo de uma linha, uma curva, uma feature line ou uma lot line.

◆ **Direction/Alignment:** ferramenta para a criação de pontos entre a interseção de direção de uma linha e um alinhamento ou em um ponto afastado de uma interseção.

◆ **Distance/Alignment:** ferramenta que cria pontos entre a interseção de uma direção de uma linha e um alinhamento.

◆ **Object/Alignment:** ferramenta para criar pontos entre a interseção de qualquer objeto e um alinhamento ou em um afastamento de uma interseção.

◆ **Alignment/Alignment:** ferramenta que cria pontos na interseção entre dois alinhamentos ou uma distância deslocada entre dois alinhamentos.

■ **Categoria Create Points – Alignments:** categoria baseada na criação de pontos utilizando alinhamentos (Figura 5.38):

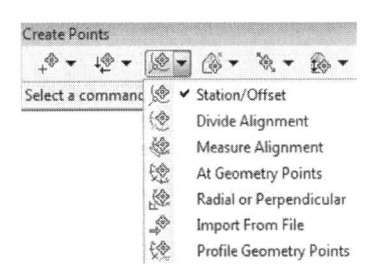

Figura 5.38 Ferramentas de pontos da categoria Alignments.

◆ **Station/Offset:** ferramenta de criação de pontos afastados do estaqueamento de um alinhamento.

◆ **Divide Alignment:** ferramenta para criar pontos, determinando uma distância ao longo de um alinhamento.

◆ **Measure Alignment:** ferramenta de criação de pontos equidistantes ao longo de determinado alinhamento.

◆ **At Geometry Points:** ferramenta para criar pontos em todos os pontos notáveis de um alinhamento.

◆ **Radial or Perpendicular:** ferramenta que cria um ponto em um alinhamento radial ou perpendicular a um ponto selecionado.

◆ **Import From File:** ferramenta para criar pontos ao longo de um alinhamento, por meio da importação de um arquivo de texto ASCII que contém informações de estaca, afastamento e elevação.

◆ **Profile Geometry Points:** ferramenta de criação de pontos no alinhamento absorvendo as informações dos pontos notáveis da geometria de seu alinhamento vertical.

■ **Categoria Create Points – Surfaces:** categoria baseada na criação de pontos utilizando referências de modelos de superfícies (Figura 5.39):

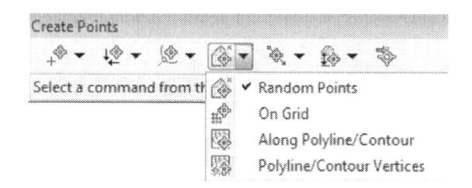

Figura 5.39 Ferramentas de pontos presentes na categoria Surfaces.

- ◆ **Random Points:** ferramenta que cria pontos obtendo a elevação por meio de uma superfície selecionada no desenho.

- ◆ **On Grid:** ferramenta para criar uma grade de pontos que capturam automaticamente as elevações de uma superfície selecionada.

- ◆ **Along Polyline/Contour:** ferramenta utilizada para criar pontos especificando distâncias ao longo de um objeto polyline ou uma curva de nível de determinada superfície.

- ◆ **Polyline/Contour Vertices:** ferramenta para auxiliar na criação de pontos obedecendo aos vértices de objetos polylines ou curvas de nível existentes no desenho.

- ■ **Categoria Create Points – Interpolate:** categoria que utiliza diversos tipos de interpolação para a criação de pontos no desenho (Figura 5.40):

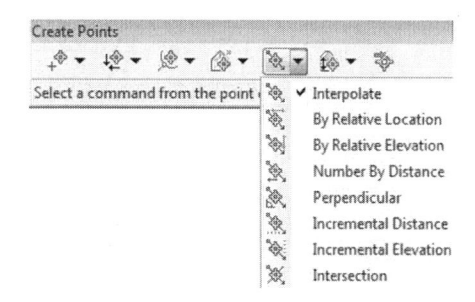

Figura 5.40 Ferramentas de criação de pontos da categoria Interpolate.

- ◆ **Interpolate:** ferramenta utilizada para criar pontos interpolados entre dois pontos selecionados.

- ◆ **By Relative Location:** ferramenta que cria pontos interpolados entre dois pontos selecionados por meio da aplicação de uma distância.

- ◆ **By Relative Elevation:** ferramenta para criar um ponto com uma elevação, por meio da interpolação de dois pontos selecionados.

- ◆ **Number By Distance:** ferramenta que cria pontos interpolados utilizando uma distância determinada.

- ◆ **Perpendicular:** ferramenta que cria pontos automaticamente nas extremidades de linhas, feature lines, lot lines e centros de arcos.

- ◆ **Incremental Distance:** ferramenta para criar pontos interpolados utilizando incrementos de distância.

- ◆ **Incremental Elevation:** ferramenta que cria uma série de pontos interpolados, determinando o valor de um incremento de elevação ao longo de um trecho de uma linha.

- ◆ **Intersection:** ferramenta para a criação de pontos na interseção entre entidades ou onde determinada entidade cruzar com a projeção de uma linha.

- ■ **Categoria Create Points – Slope:** disponibiliza ferramentas para a criação de pontos utilizando declividades (Figura 5.41):

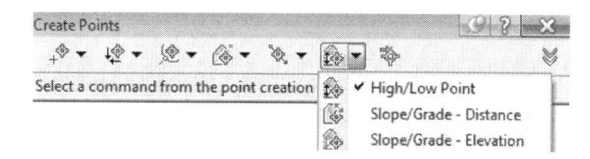

Figura 5.41 Ferramentas de pontos da categoria Slope.

- ◆ **High/Low Point:** ferramenta que cria pontos na interseção entre duas inclinações.

- ◆ **Slope/Grade – Distance:** ferramenta para criar pontos determinando uma inclinação e a distância.

- ◆ **Slope/Grade – Elevation:** ferramenta que cria pontos com base em uma inclinação do final de uma elevação para criar os dados do terreno acabado.

- ■ **Import Points:** botão que exibe a caixa de diálogo **Import Points**, utilizada durante o processo de importação de arquivos de pontos (Figura 5.42):

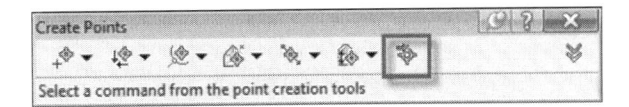

Figura 5.42 Ferramenta Import Points.

O botão ⊛ da barra de ferramentas **Create Points** exibe as configurações complementares para a criação de pontos no desenho, como configurações para layer, além da definição de regras para os nomes e a numeração dos novos pontos (Figura 5.43).

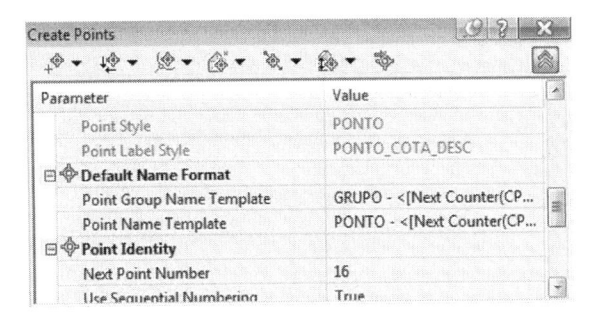

Figura 5.43 Interface expandida da barra de ferramentas Create Points.

O exemplo a seguir mostra a definição de pontos para representar um lote de determinado terreno. Alguns pontos existentes serão utilizados como referência para fechar a geometria do lote.

Agora, estude o exemplo a seguir:

1. Abra o arquivo **5-4-4_PONTOS_MANI-PULAÇÃO.dwg**, disponível na plataforma da editora.

2. Crie um novo grupo de pontos com o nome **Lote** e selecione o estilo **Standard** para o ponto e **PONTO_COTA_DESC** para o seu rótulo. Configure a descrição **Lote** no campo **With raw descriptions matching**, da aba **Include** da caixa de propriedades, para este novo grupo. A criação do grupo de pontos **Lote** filtrará as descrições dos novos pontos que serão criados a seguir.

3. Pela ribbon **Home**, selecione a ferramenta **Create Ground Data** ⭢ **Points** ⭢ **Create Points – Interpolate** ⭢ **Interpolate**.

4. Selecione os pontos **5058** e **5059** na área de desenho. Digite **1** na linha de comando para definir a quantidade de pontos que será adicionada entre os pontos selecionados. Pressione a tecla **Enter** para confirmar **0.00m** para o afastamento (*offset*).

5. Digite **Lote** na linha de comando para definir a descrição para o ponto e pressione **Enter**. Tecle **Esc** para finalizar.

6. Na aba **Prospector** da **Toolspace,** clique com o botão direito sobre o grupo de pontos **Lote** e selecione a opção **Update**. Identifique o ponto 16 criado na área de desenho localizado entre os pontos 5058 e 5059.

É possível utilizar as ferramentas complementares denominadas comandos transparentes (*transparent commands*) para auxiliar na localização e na seleção de pontos existentes nos desenhos. Essas ferramentas são utilizadas quando um comando estiver sendo executado, e, quando canceladas, o comando original retornará ao primeiro plano. Por exemplo, durante o comando **Line**, pode-se digitar '**PN** para habilitar o comando transparente **Point Number** e, em seguida, digitar o número de um ponto desejado.

Existem três ferramentas de comandos transparentes para pontos:

▪ **Point Number ('PN):** ferramenta que permite digitar o(s) número(s) do(s) ponto(s) desejado(s) na linha de comando. Esta ferramenta localiza um ou vários pontos no desenho.

▪ **Point Object ('PO):** ferramenta para selecionar os pontos desejados diretamente na área de desenho.

▪ **Point Name ('PA):** ferramenta que localiza um ou vários pontos, digitando o nome do ponto na linha de comando.

7. O próximo ponto deverá ser criado partindo do ponto 16 em direção ao 5091, entretanto, obedecendo à distância de 33.50m do ponto 16. Selecione pela ribbon **Home** ⭢ **Create Ground Data** ⭢ **Points** ⭢ **Create Points – Interpolate** ⭢ **By Relative Location**.

8. Digite 'PN na linha de comando para habilitar o comando transparente **Point Number**. Verifique na linha de comando a solicitação de número do ponto, digite **16** e pressione **Enter**. Pressione novamente a tecla **Enter** para confirmar a cota do ponto de partida.

9. Digite o número do ponto **5091** e confirme com **Enter** sua elevação. Para a distância, especifique **33.50m**, e, para afastamento (offset), confirme o valor de **0.00m**. Digite **Lote** para definir a descrição do novo ponto e pressione **Enter**.

10. O comando **By Relative Location** permanece ativo, solicitando uma nova distância. Pressione **Esc** para finalizar. Aplique a ferramenta **Update** no grupo de pontos **Lote** e verifique a existência do ponto 17 no desenho.

11. O ponto 18 deverá ser criado partindo do ponto **5000** com **30.00m** em direção ao **5040**. Utilize novamente a ferramenta da ribbon **Home** → **Create Ground Data** → **Points** → **Create Points – Interpolate** → **By Relative Location** para criar este ponto.

12. O ponto 19 deverá ser criado pela projeção do ponto 17 com o 18, obedecendo às distâncias de **30.00** e **55.00m**, respectivamente. Selecione a ferramenta da ribbon **Home** → **Create Ground Data** → **Points** → **Create Points – Intersections** → **Distance/Distance**.

13. Digite 'PN na linha de comando para habilitar o comando **Point Number** e o ponto número **17**; defina o raio de **30.00m**.

14. Digite o ponto número **18** para determinar o segundo ponto e especifique a distância de **55.00m**.

    Na área de desenho, foram posicionadas duas situações possíveis marcadas em verde. Clique na posição inferior próxima ao ponto 5085. Defina o ponto com a cota **800.00m** e a descrição **Lote**. Pressione a tecla **Esc** para concluir.

15. Verifique a disposição dos pontos 16, 17, 18 e 19 criados no desenho (Figura 5.44).

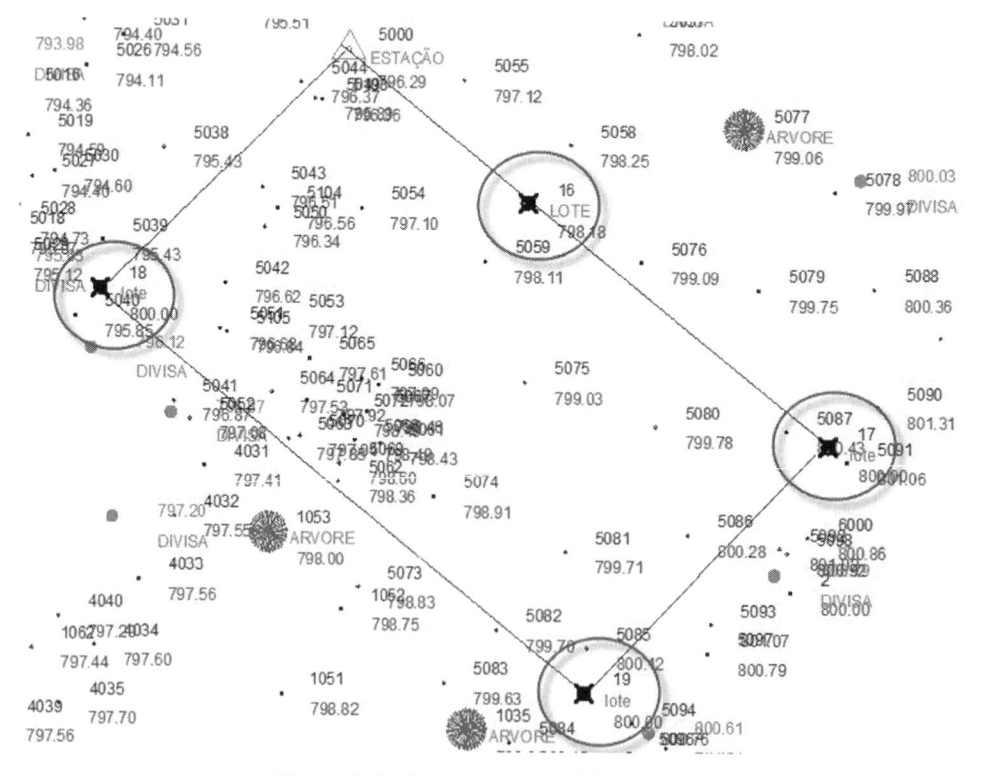

Figura 5.44 Pontos criados para a definição do lote.

16. Grave o arquivo como **Pontos_01.DWG**.

5.4.5 Conversão e exportação de pontos

Em determinadas situações, principalmente quando recebemos ou trabalhamos com desenhos topográficos antigos, poderá haver a necessidade de transformar ou converter alguns tipos de objetos do AutoCAD para o Civil 3D.

Na maioria dos projetos, converter e exportar pontos topográficos são consideradas práticas comuns, e até mesmo os pontos contendo os dados projetados poderão ser exportados para a utilização em outros aplicativos de tratamento ou análises do projeto. A atividade de exportação de pontos ou dos dados do projeto permite transportar as informações do modelo projetado para a sua locação em campo.

Pela ribbon **Home** → **Create Ground Data** → **Points** é possível utilizar as ferramentas de criação de novos pontos ou de transformação de pontos existentes no desenho para o formato de objetos pontos do Autodesk Civil 3D (Figura 5.45).

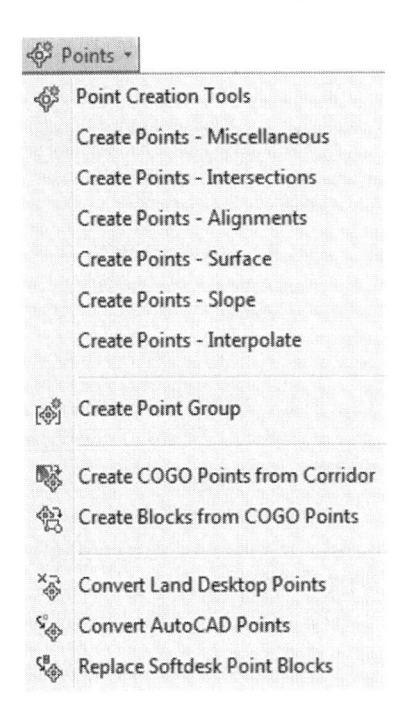

Figura 5.45 Ferramentas para a criação ou transformação de pontos.

- **Create Blocks From COGO Points:** ferramenta que converte os pontos de Civil 3D (COGO points) existentes no desenho em objetos blocos.

- **Convert Land Desktop Points:** ferramenta que converte pontos provenientes do Autodesk Land Desktop.

- **Convert AutoCAD Points:** ferramenta que converte os objetos pontos de AutoCAD para objetos pontos do Civil 3D.

- **Replace Softdesk Point Blocks:** ferramenta que converte objetos blocos do AutoCAD para objetos pontos do Civil 3D.

Todos os pontos presentes no desenho ou apenas os grupos de pontos selecionados poderão ser exportados para arquivos externos pela ribbon **Output** → **Export** → **Export Points**. O recurso presente na ribbon **Output** → **Export** → **Transfer Points** auxilia no processo de conversão de arquivos de pontos entre os formatos existentes no sistema (Figura 5.46).

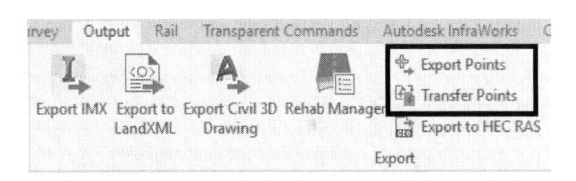

Figura 5.46 Ferramentas para a exportação e transformação de arquivos de pontos.

- **Export Points:** botão que acessa a caixa de diálogo **Export Points**, utilizada no processo de exportação dos pontos para arquivos externos em formatos de texto, como TXT, PNT e CSV.

- **Transfer Points:** botão que abre a caixa de diálogo **Transfer Points** para auxiliar na transformação entre os formatos de arquivos de pontos.

O seguinte exemplo mostra como exportar um arquivo de texto com os pontos do grupo de pontos lote.

Agora, estude o exemplo a seguir:

1. Abra o arquivo **5-4-5_EXPORTAÇÃO_PONTOS.DWG**, disponível na plataforma da editora.

2. Selecione a ferramenta da ribbon **Output** → **Export** → **Export Points** para exportar os pontos criados para o grupo de pontos **Lote**.

3. Na caixa de diálogo **Export Points**, selecione o formato **PNEZD (comma delimited)** no campo **Format** e especifique o local e o nome para o arquivo pelo quadro **Destination File**.

4. Habilite a opção **Limit to Points in Point Group** e selecione o grupo de pontos **Lote**. Clique no botão **OK** para concluir.

5.4.6 Tabelas e relatórios de pontos

As tabelas de pontos são inseridas nos desenhos para a exibição tabular das informações de locação dos pontos. Os dados dessas tabelas podem ser personalizados por meio dos estilos tabelas de pontos (point table style) e podem apresentar as informações dos pontos de forma dinâmica pela opção **Dynamic**. Assim, quando um ponto do desenho sofrer alterações, os dados das tabelas serão atualizados automaticamente no desenho; entretanto, essas informações ficam restritas ao arquivo de desenho.

Diferentemente das tabelas, os relatórios disponíveis no Autodesk Civil 3D auxiliam na apresentação dos dados dos objetos presentes no modelo por meio de saídas externas com formatação previamente estabelecida, bem como na apresenação dos dados projetados para os clientes como parte do processo da documentação. É possível exportar os relatórios para formatos de arquivos que permitam efetuar edições, como DOC, XLS e TXT, e, dessa forma, personalizar a apresentação dos dados.

Pela ribbon **Annotate** → **Labels & Tables** → **Add Labels** → **Add Point Tables**, é possível inserir tabelas de pontos na área de desenho (Figura 5.47).

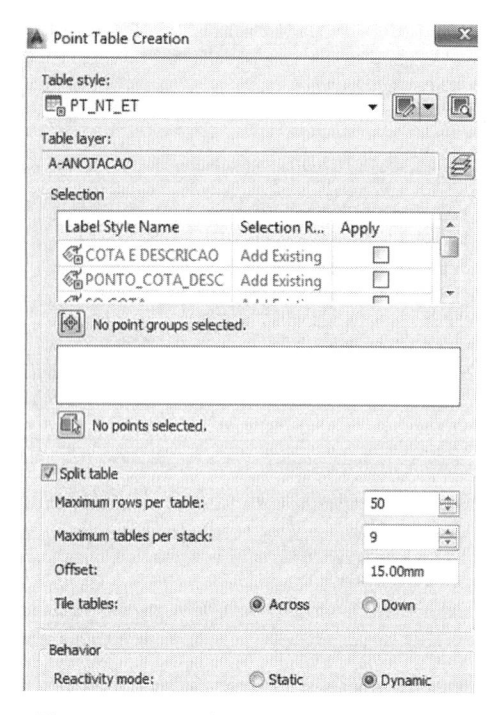

Figura 5.47 Interface da caixa Point Table Creation.

Por meio da caixa de diálogo **Point Table Creation**, é possível selecionar o estilo de representação da tabela, o layer e quais pontos ou grupos de pontos (point groups) estarão presentes na tabela.

A opção **Split table** permite dividir as tabelas, separando-as por quantidade de linhas pela opção **Maximum rows per table**. O quadro **Offset** regula o espaçamento entre as tabelas divididas.

A opção **Tile tables** seleciona a posição dos títulos das tabelas: **Across** posiciona o título na parte superior da tabela e **Down** o posiciona na inferior.

O quadro **Behavior** controla o dinamismo das tabelas no momento da atualização das informações; **Static** não atualiza as informações da tabela, exibindo as mesmas informações desde a sua criação, e **Dynamic** atualiza dinamicamente as informações das tabelas durante eventuais revisões nos objetos dos projetos.

Os relatórios estão disponíveis na aba **Toolbox** da **Toolspace** do Autodesk Civil 3D e são organizados em categorias. Em **Reports Manager**, é possível utilizar a categoria **Points** para gerar relatórios de pontos presentes nos desenhos. Com o pacote *Brazil Content* instalado, pode-se acessar a categoria **Relatórios** → **Pontos** com modelos de relatórios de pontos. A criação dos relatórios é iniciada ao clicar com o botão direito do mouse sobre um modelo de relatório desejado e ao selecionar a opção **Execute** (Figura 5.48).

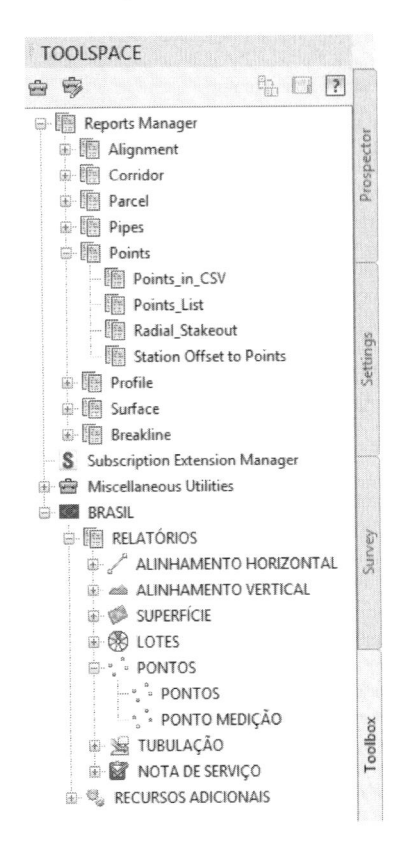

Figura 5.48 Relatórios de pontos disponíveis na aba Toolbox da Toolspace.

Durante o processo de criação dos relatórios e dependendo do tipo de relatório, será necessário especificar alguns parâmetros ou identificar quais dos objetos existentes no modelo serão utilizados na criação dos relatórios (Figura 5.49).

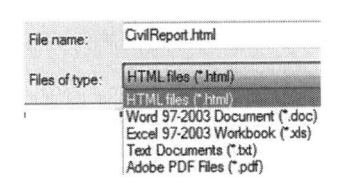

Figura 5.49 Formatos de saídas de relatórios.

Os formatos disponíveis para a criação dos relatórios são exibidos pela caixa de diálogo de gravação do arquivo do relatório (Save as), que permite, ainda, especificar o local e o nome para o arquivo do relatório (Figura 5.50).

PONTOS MEDIÇÃO
PROJETO:

NOME	DESCRIÇÃO	NORTE	ESTE	COTA
2	S/ DESCR.	5071.859	5001.434	0.000
1000	STA	5000.000	5000.000	800.000
1001	DIV	5072.261	4999.460	800.788
1002	DIV	5054.935	4998.034	800.608
1005	DIV	4969.829	4991.038	798.781
1006	DIV	4942.741	4988.840	797.326
1007	DIV	4930.370	4987.796	795.919
1008	CS	4974.563	4976.382	798.081

Figura 5.50 Exemplo de relatório de pontos.

O próximo exemplo mostra como acessar a ferramenta para a criação da tabela com os dados dos pontos pertencentes ao grupo lote, além do recurso de extração do relatório de saída para os pontos.

Agora, estude o exemplo a seguir:

1. Abra o arquivo **5-4-6_PONTOS_TABELAS.DWG**, disponível na plataforma da editora.

2. Selecione a ferramenta da ribbon **Annotate** → **Labels & Tables** → **Add Tables** → **Add Point Label**, para adicionar a tabela de pontos no desenho.

3. Na caixa de diálogo **Point Table Creation**, selecione o estilo **PT_NT_ET** no campo **Table Style**. Selecione o grupo de pontos **Lote**, por meio do botão **Select Point Grops**. Clique no botão **OK** para continuar.

4. Insira a tabela determinando sua posição na área de desenho. Verifique as informações exibidas na tabela inserida no desenho. É possível editar o estilo de tabela **PT_NT_ET**, para manter a altura do texto proporcional aos textos dos pontos do desenho.

5. Por meio da aba **Toolbox** da **Toolspace**, expanda **Relatórios** → **Pontos**, clique com o botão direito sobre o relatório **Pontos** e selecione a opção **Execute**.

6. Na caixa de diálogo **Export to XML Report**, habilite somente o grupo de pontos **Lote** e clique no botão **OK** para continuar.

7. Na caixa de diálogo **Save As**, especifique o local e o nome para o arquivo. Escolha o formato desejado no quadro **Files of Type** e clique em **Save** para criar o relatório.

8. Verifique as informações presentes no relatório.

Exercício – Manipulação dos dados topográficos

O exercício a seguir ilustra os procedimentos para a configuração do banco de dados topográficos, a importação e o tratamento dos dados do levantamento de campo, além das principais ferramentas do AutoCAD Map 3D para a importação de imagens georreferenciadas.

Execute os procedimentos a seguir para concluir o exercício:

1. Inicie um novo desenho utilizando o arquivo de template **_AutoCAD Civil 3D 2020_BRA (DNIT).DWT**, fornecido com a instalação do pacote *Brazil Content*.

2. Grave o arquivo com o nome **Levantamento.DWG**.

3. Na aba **Settings** da **Toolspace**, clique com o botão direito do mouse sobre **Levantamento** e selecione a opção **Edit Drawing Settings**.

4. Na aba **Units and Zone**, da caixa **Drawing Settings – Levantamento**, selecione a categoria **Brasil** no campo **Categories**, selecione o sistema de coordenadas **SAD69/UTM zone 23S** disponível no campo **Available coordinate systems** e clique no botão **OK**.

5. Na aba **Survey** da **Toolspace**, clique com o botão direito do mouse sobre **Survey Databases** e selecione a opção **New local survey database** (Figura 5.51).

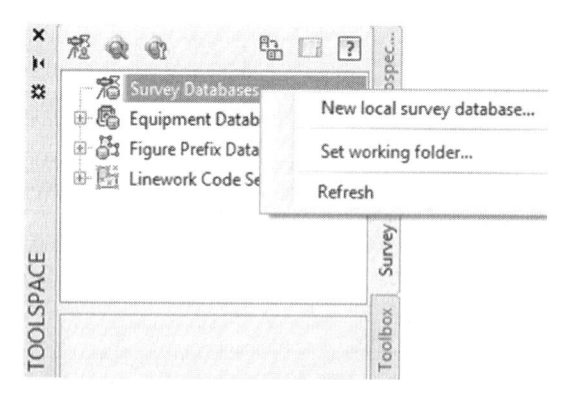

Figura 5.51 Comando de criação do banco de dados topográficos.

6. Digite **Levantamento** no quadro da caixa **New Local Survey Database** e clique em **OK** (Figura 5.52).

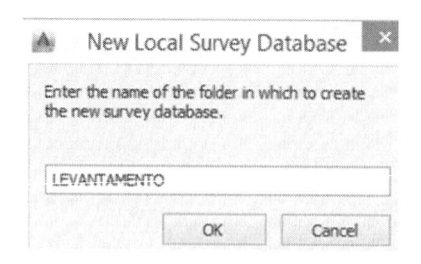

Figura 5.52 Definição do nome para o banco de dados topográficos.

7. Na aba **Survey** da **Toolspace**, clique com o botão direito do mouse sobre o banco de dados topográfico **Levantamento** e selecione a opção **Edit survey database settings**.

8. Na caixa de diálogo **Survey Database Settings**, selecione o sistema de coordenadas **SAD69/ UTM zone 23S** disponível na categoria **Brasil**, no campo **Coordinate Zone**. Selecione o sistema **Meter** no campo **Distance**, verifique os demais parâmetros e clique no botão **OK** (Figura 5.53).

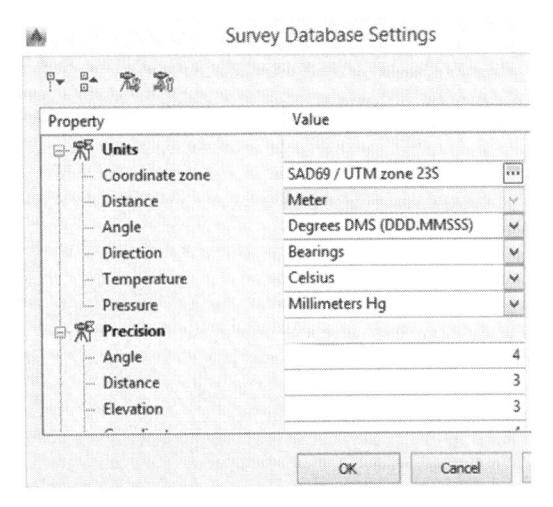

Figura 5.53 Configurações para a definição do sistema de coordenadas e unidades.

9. Na aba **Survey** da **Toolspace**, clique com o botão direito do mouse sobre **Levantamento** e selecione a opção **Import → Import Survey Data.**

10. Na aba **Specify Database**, da caixa de diálogo **Import Survey Database**, selecione o banco de dados **Levantamento** e clique em **Next**.

11. Na aba **Specify Data Source** da caixa **Import Survey Data**, selecione o tipo **Field Book File** no campo **Data Source Type**. No quadro **Selected File**, localize o arquivo **LEVANTAMENTO.FBK**, disponível na plataforma da editora, e clique em **Next** (Figura 5.54).

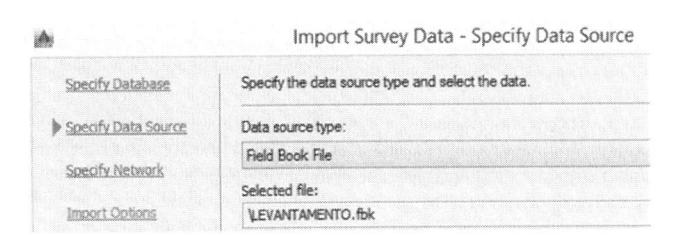

Figura 5.54 Seleção do arquivo de caderneta de campo para importação.

12. Na aba **Specify Network**, da caixa de diálogo **Import Survey Database**, clique no botão **Create New Network** para definir uma nova rede topográfica (Figura 5.55). Na caixa de diálogo **New Network**, digite **LEVANTAMENTO** no campo **Name** e clique no botão **OK**. Clique em **Next**.

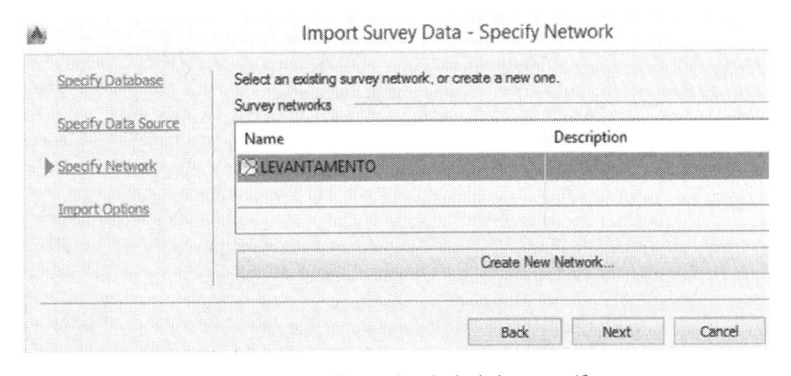

Figura 5.55 Definição da rede de dados topográficos.

13. Na aba **Import Options**, da caixa de diálogo **Import Survey Data**, verifique as opções de importação dos dados da caderneta de campo e clique no botão **Finish** (Figura 5.56).

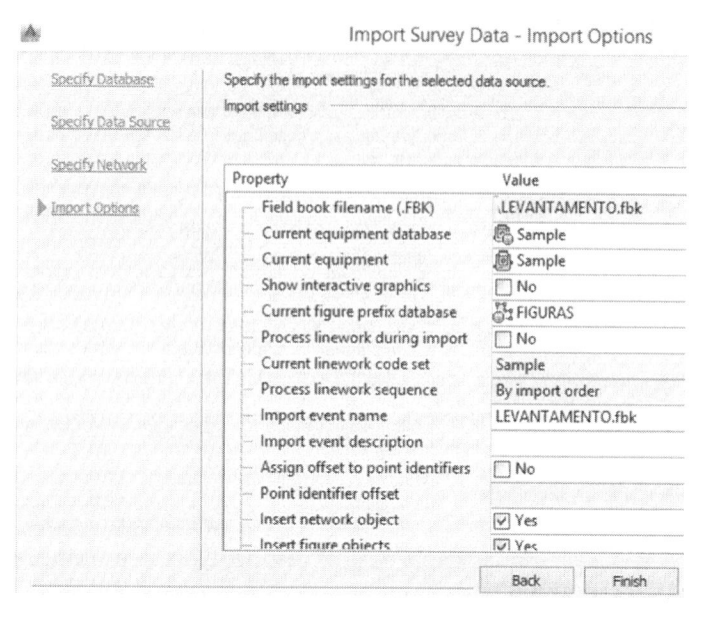

Figura 5.56 Opções de importação dos dados da caderneta de campo.

14. Aguarde o término do processo de importação da caderneta de campo, verifique as geometrias presentes no desenho e as informações do levantamento disponíveis na aba **Survey** da **Toolspace**. Clique com o botão direito do mouse sobre **Survey Points** e selecione a opção **Points → Insert into Drawing**, para exibir os pontos do levantamento de campo (Figura 5.57).

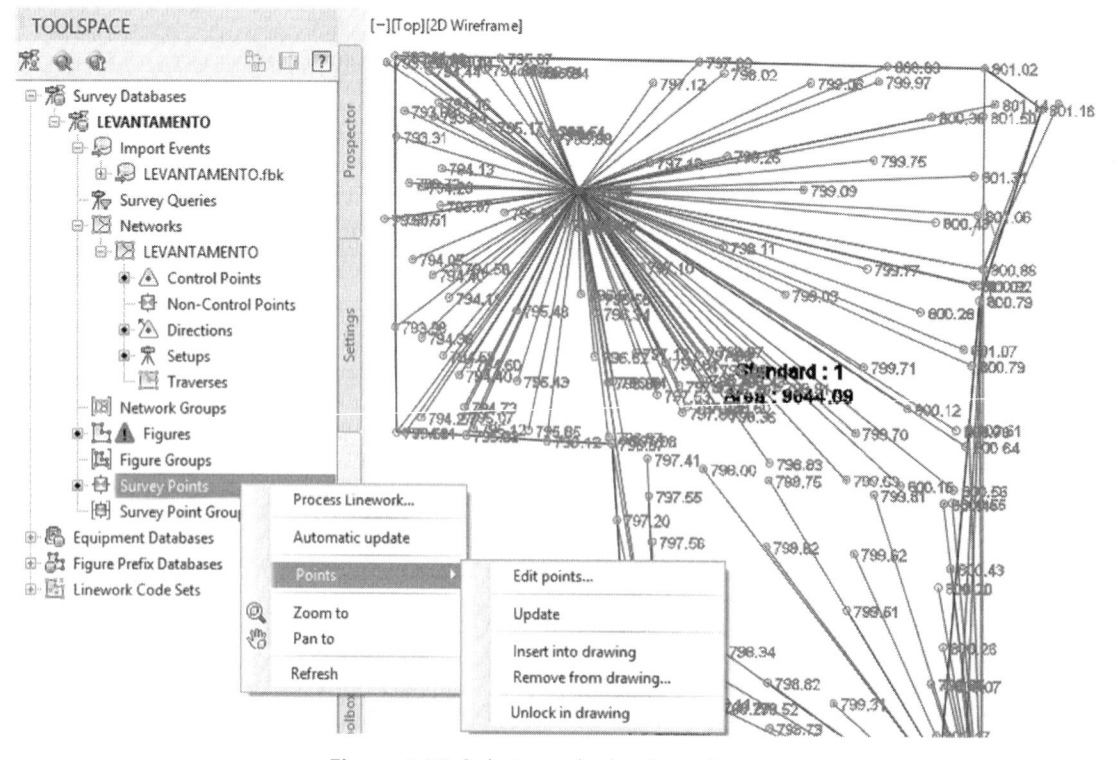

Figura 5.57 Dados importados da caderneta de campo.

15. Na aba **Survey** da **Toolspace**, clique com o botão direito do mouse sobre o banco de dados topográfico **LEVANTAMENTO** e selecione a opção **Translate Survey Database** para efetuar a transposição do sistema de coordenadas local para UTM.

16. Na aba **Base Point**, da caixa de diálogo **Translate Survey Database**, digite **1000** no campo **Number**, para determinar o ponto que será utilizado como base da transposição. Verifique as informações exibidas do ponto 1000 e clique em **Avançar**. O botão **Pick In Drawing** permite determinar um ponto diretamente na área de desenho para utilização como ponto base para a transposição (Figura 5.58).

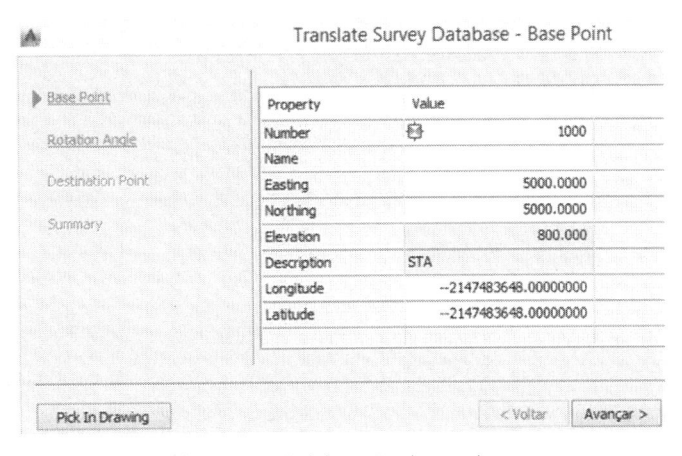

Figura 5.58 Informações do ponto base.

17. Na aba **Rotation Angle**, da caixa de diálogo **Translate Survey Database**, digite **0** no campo **Rotation Angle**, para determinar o ângulo de rotação da base de dados, e clique em **Avançar**.

18. Na aba **Destination Point**, da caixa de diálogo **Translate Survey Database**, digite a coordenada **318400.6460** no campo **Easting**, digite a coordenada **7390747.8840** no campo **Northing** para determinar o ponto de destino da base topográfica. Clique em **Avançar** (Figura 5.59).

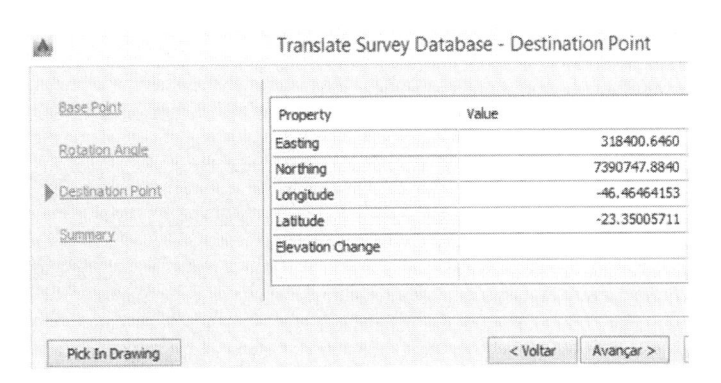

Figura 5.59 Informações do ponto de destino.

19. Verifique as informações exibidas na aba **Summary**, da caixa de diálogo **Translate Survey Database**, e clique em **Finish**.

20. Aguarde o término do processo e aplique a ferramenta **Zoom Extents** para exibir as geometrias do levantamento de campo na área de desenho. Identifique o novo posicionamento do levantamento.

21. Selecione a Workspace **Planning and Analysis** para exibição dos recursos do AutoCAD Map 3D. Selecione a ferramenta da ribbon **Analyze** → **Geo Tools** → **Coordinate Track** (Figura 5.60).

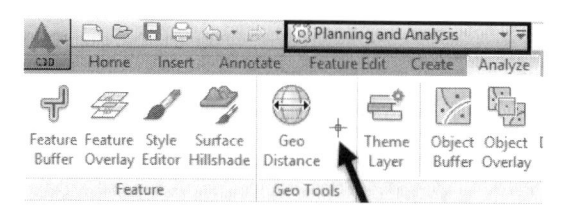

Figura 5.60 Acesso ao recurso Coordinate Track da Workspace Planning and Analysis.

22. Na paleta **Track Coordinates**, selecione o sistema de coordenadas **SAD69/UTM zone 23S** da categoria **Brasil** (Figura 5.61).

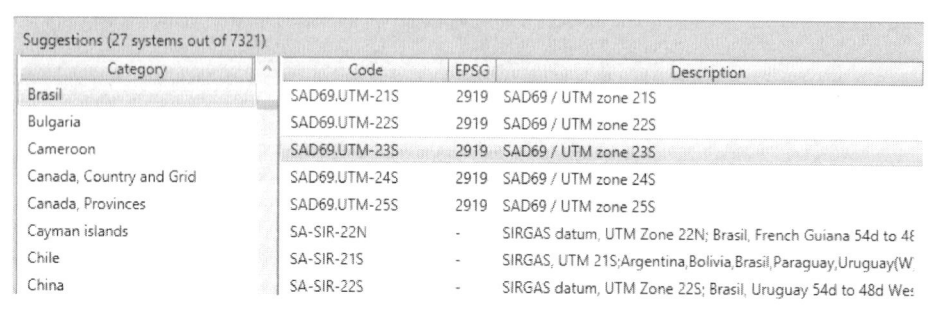

Figura 5.61 Lista de sistemas de coordenadas disponíveis na paleta Track Coordinates.

23. Na paleta **Track Coordinates**, selecione o botão ✛ **Clone this tracker and insert it below** e adicione o sistema **Corrego.UTM-23S**. Repita o procedimento para adicionar os sistemas de coordenados desejados. Movimente o cursor do mouse na área de desenho para verificar o rastreamento das coordenadas na paleta (Figura 5.62).

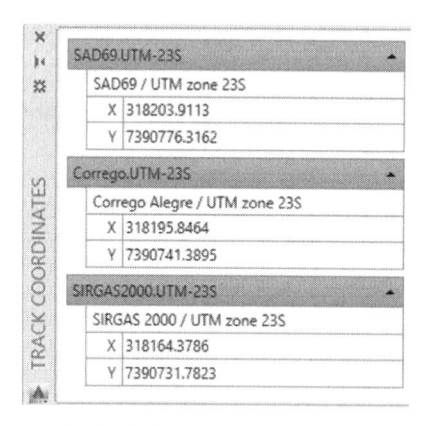

Figura 5.62 Coordenadas rastreadas na paleta Track Coordinates.

24. Habilite a paleta de tarefas do Map 3D por meio da ferramenta da ribbon **View** → **Palettes** → **Map Task Pane.**

25. Na aba **Display Manager**, da paleta **Task Pane**, selecione a ferramenta **Data** → **Connect to Data** (Figura 5.63).

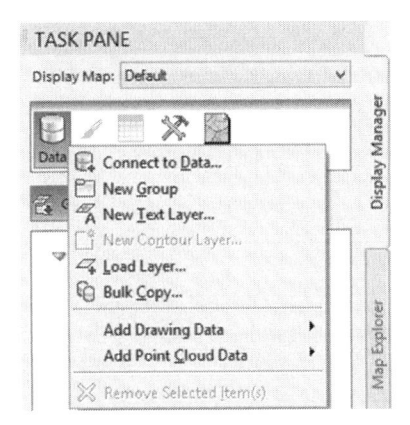

Figura 5.63 Acesso ao recurso de conexão de dados.

26. Na paleta **Data Connect**, selecione a opção **Add Raster Image or Surface Connection**. No campo **Connection Name**, digite **DIVISA**. No campo **Source File or Folder**, selecione o arquivo de imagem **5-6_DIVISA-SIRGAS.TIF**, disponível na plataforma da editora, e clique em **Connect** (Figura 5.64).

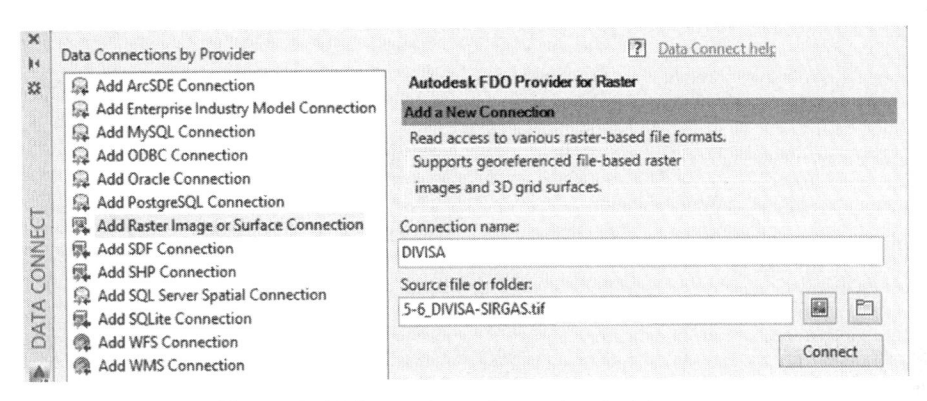

Figura 5.64 Recurso de conexão para a inserção de imagens.

Para a utilização deste recurso de conexão, a imagem necessita estar georreferenciada e possuir seu respectivo arquivo de correlação, que contém as informações de posicionamento, escala e rotação da imagem (Figura 5.65).

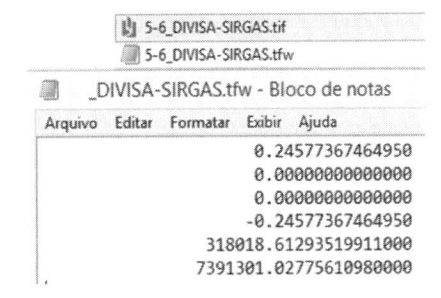

Figura 5.65 Arquivo de correlação da imagem com as informações de posicionamento.

27. Na paleta **Data Connect**, clique no botão **Edit Coordinate Systems**. Na caixa **Edit Spatial Contexts**, selecione na linha **Default** e clique no botão **Edit**. Selecione o sistema de coordenadas **SAD69.UTM-23S** na lista e clique no botão **OK**. Clique no botão **Add to Map** para inserir a imagem no desenho (Figura 5.66).

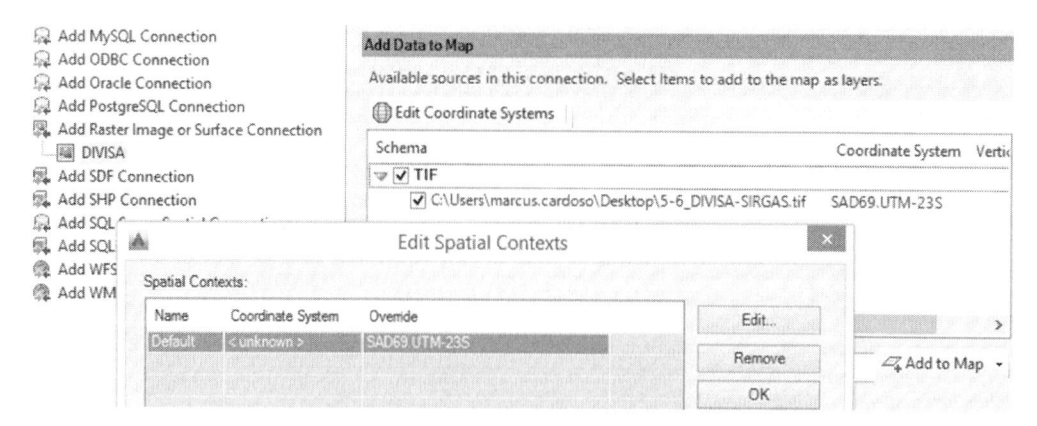

Figura 5.66 Configuração do sistema de coordenadas para a imagem.

28. A imagem foi criada em um diferente sistema de coordenadas; entretanto, o procedimento anterior permitiu efetuar a transformação para o posicionamento adequado da imagem no desenho (Figura 5.67).

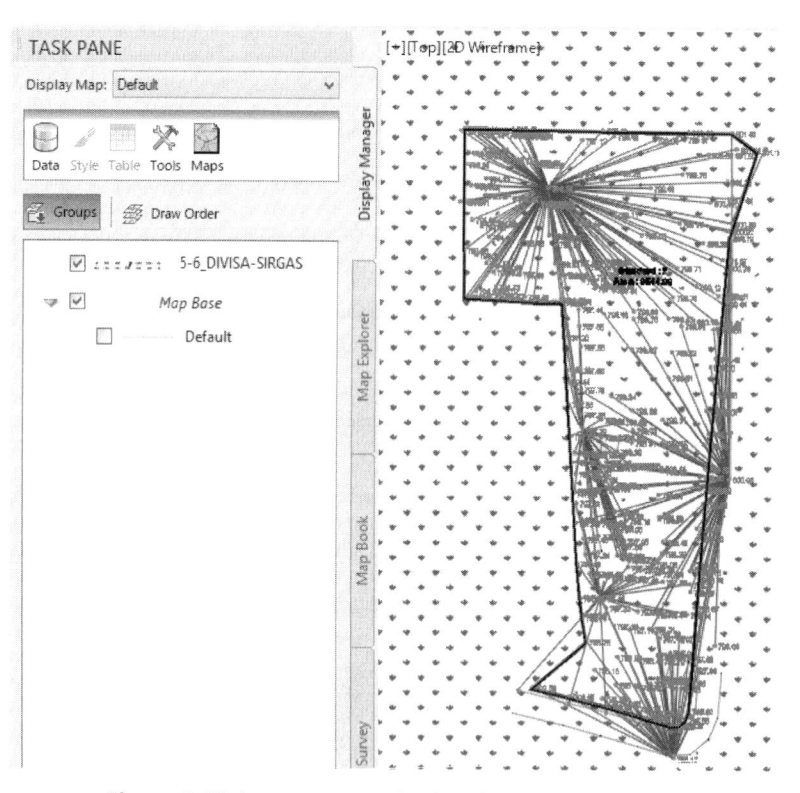

Figura 5.67 Imagem raster inserida sobre o desenho do levantamento.

29. Será necessário adicionar o arquivo que contém o limite do lote na área do levantamento, contudo esse arquivo de desenho foi criado no sistema de coordenadas córrego alegre, diferente do sistema SAD69 do desenho atual.

30. Na aba **Map Explorer**, da paleta **Task Pane**, clique com o botão direito do mouse sobre **Drawings** e selecione a opção **Attach** (Figura 5.68).

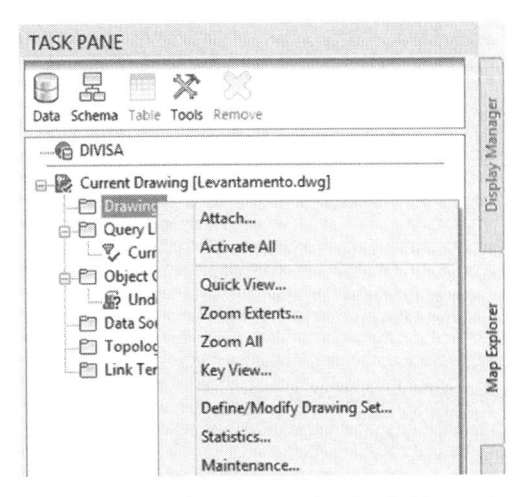

Figura 5.68 Recurso de conexão com desenhos de diferentes sistemas de coordenadas.

31. Na caixa de diálogo **Select drawings to attach**, selecione o arquivo **5-6_LOTE--CORREGO-ALEGRE.DWG**, disponível na plataforma da editora, e clique no botão **Add**. Clique em **OK** para concluir (Figura 5.69).

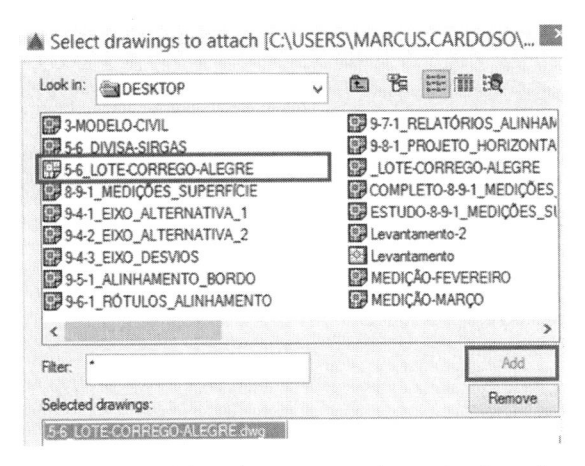

Figura 5.69 Seleção de arquivos para adição no desenho atual.

32. Na aba **Map Explorer**, da paleta **Task Pane**, clique com o botão direito do mouse sobre o desenho anexado **5-6_CORREGO--ALEGRE.DWG** e selecione a opção **Quick View**, para efetuar uma prévia da geometria do lote na área de desenho.

33. Aplique o comando **Regen** para remover a geometria do lote.

34. Será necessário utilizar o recurso Query para adicionar a geometria do lote presente no desenho anexado. Na aba **Map Explorer**, da paleta **Task Pane**, clique com o botão direito do mouse sobre **Current Query** e selecione a opção **Define...** (Figura 5.70).

35. Na caixa de diálogo **Define Query of Attached Drawing(s)**, clique no botão **Location**. Na caixa **Location Condition**, selecione a opção **All** para selecionar todas as geometrias do desenho do lote e clique no botão **OK** (Figura 5.71).

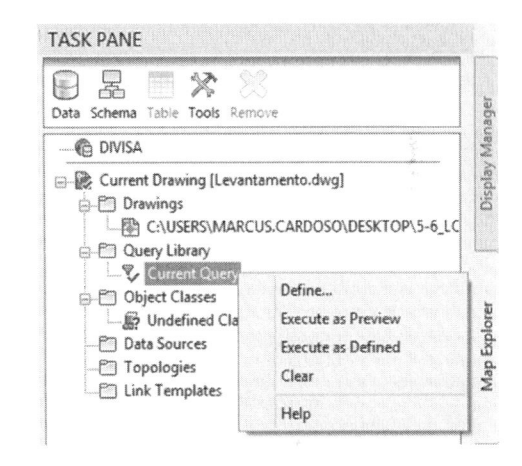

Figura 5.70 Acesso ao recurso Query.

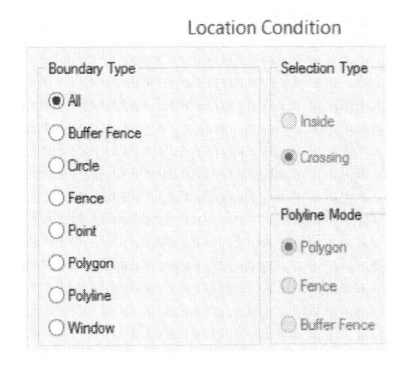

Figura 5.71 Opções de seleção das geometrias da caixa Location Condition.

36. Na caixa de diálogo **Define Query of Attached Drawing(s)**, habilite a opção **Draw** para desenhar a geometria proveniente do desenho do lote no desenho do levantamento. Clique no botão **Execute Query** para executar a pesquisa (Figura 5.72).

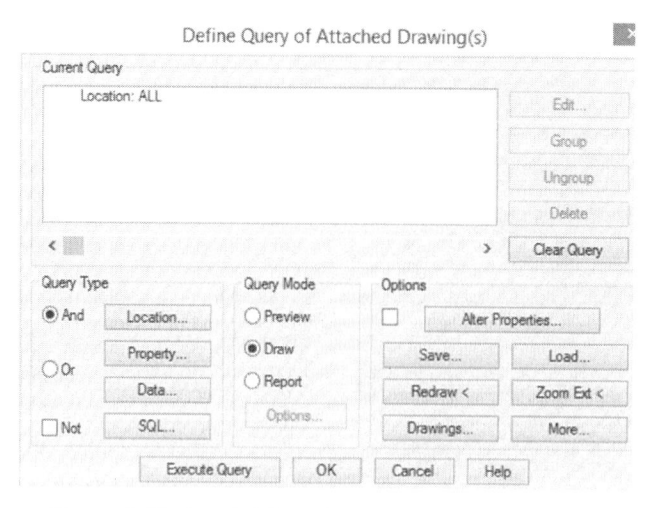

Figura 5.72 Caixa de definição de pesquisas em desenhos anexados.

37. Verifique a composição final do levantamento com todos os dados importados para o mesmo sistema de coordenadas (Figura 5.73).

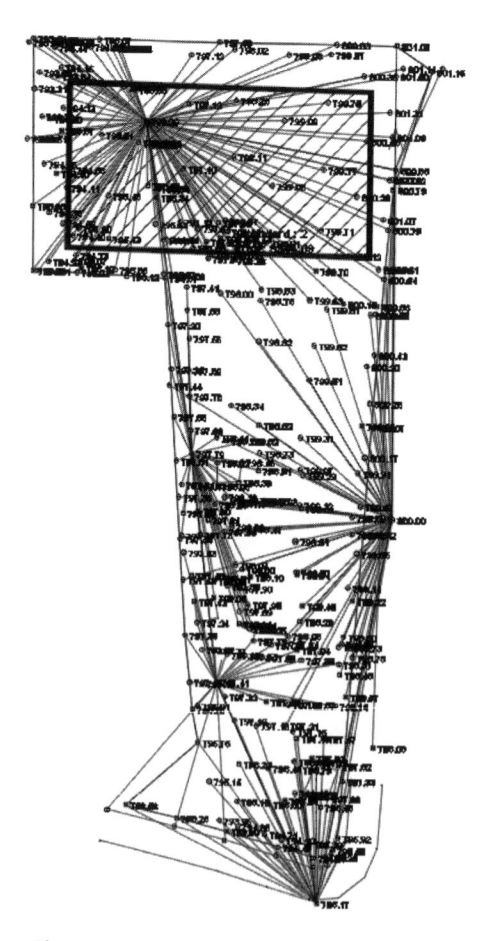

Figura 5.73 Desenho do levantamento de campo.

Captura de Realidade e Nuvem de Pontos

O escaneamento 3D a laser é uma tecnologia óptica que executa uma varredura nas superfícies de objetos e terrenos, utilizando feixes de laser para a obtenção dos dados e a transformação para o formato de nuvens de pontos (point clouds), estendendo-se para a captura de imagens (reality capture). Atualmente, existem modelos de equipamentos para escaneamentos terrestres ou aéreos, fixos ou móveis. Os levantamentos obtidos por escaneamento a laser, além do menor tempo gasto, fornecem grande precisão nas informações das regiões medidas, capturando características detalhadas dos terrenos e das geometrias existentes, e dependendo do nível de precisão do levantamento, grandes dados poderão ser gerados, o que poderá comprometer o desempenho de seu uso em projetos de grande porte.

Para que o processo do uso de nuvem de pontos não fique moroso em projetos de infraestrutura, será necessário definir qual será o uso da nuvem de pontos antes mesmo da contratação ou execução do serviço, ou seja, se o uso do modelo da nuvem de pontos for apenas para visualização, acompanhamento ou complementação de informações. Então, os dados brutos do modelo da nuvem de pontos poderão ser importados diretamente para o modelo do projeto. Entretanto, se o objetivo for realizar algum tipo de processamento na nuvem de pontos, como efetuar a construção do terreno, recomenda-se, neste caso, o tratamento nos dados brutos da nuvem de pontos, reduzindo a quantidade de pontos desnecessários e, dessa forma, possibilitando a construção do modelo da superfície do terreno em soluções como o Autodesk Civil 3D. Alguns fluxos deverão ser adotados dependendo do uso desejado para a nuvem de pontos (Figura 6.1).

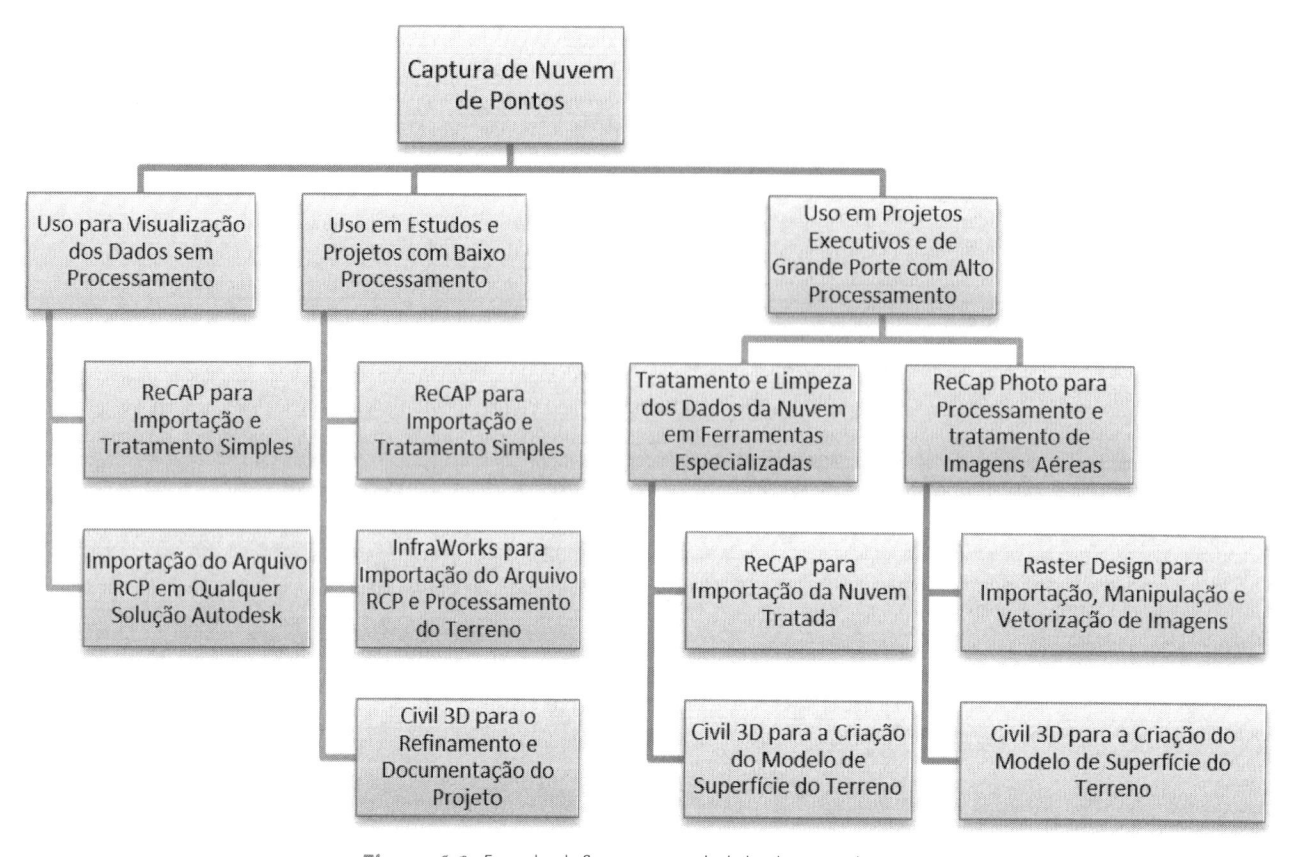

Figura 6.1 Exemplos de fluxos para uso de dados de nuvem de pontos.

Atualmente, a captura de realidade é aplicada em inúmeros segmentos, como agricultura, mineração, construção, manutenção, operação, processos industriais, entre outros. Pensando em infraestrutura, o uso da captura de realidade e de nuvem de pontos é, de fato, a porta de entrada para o ambiente de trabalho BIM, uma vez que provê uma série de benefícios em várias especialidades da engenharia e arquitetura, como em projetos de restauração e duplicação de vias, bem como para a restauração de edificações, incluindo as obras de arte especiais (OAE), presentes em obras lineares de infraestrutura.

Contudo, como boa prática, recomenda-se o tratamento prévio nos dados das nuvens de pontos para viabilizar seu uso em solução como o Autodesk Civil 3D, que realiza o processamento dos pontos para a construção de modelos de superfícies. Existem diversas soluções especializadas para o tratamento dos pontos, permitindo a limpeza de dados desnecessários ou a classificação de pontos para facilitar a seleção dos pontos para a construção da superfície.

Os dados capturados, uma vez tratados, ou até mesmo brutos, poderão ser importados para soluções como o Autodesk ReCap Photo e o Autodesk ReCap, para a criação de arquivos em formato RCP e RCS. Este é o processo de ingresso dos dados capturados para dentro do ambiente de projetos nas soluções da Autodesk.

 Uso de imagens para processamento de nuvem de pontos – Autodesk ReCap Photo

Diante de capturas de imagens, frequentemente utilizadas em projetos de infraestrutura, provenientes de voos, pode-se incorporá-las ao ambiente do projeto como orientação. Com a solução Autodesk ReCap Photo, torna-se possível utilizar as imagens capturadas para o processamento da nuvem de pontos e construção do modelo tridimensional do terreno (Figura 6.2).

Figura 6.2 Solução Autodesk ReCap Photo para o processamento de imagens capturadas.

O Autodesk ReCap Photo utiliza as imagens capturadas de voos de drones, vantes e demais aeronaves para o processamento de criação de sua respectiva nuvem de pontos, possibilitando a criação e a manipulação do modelo da superfície no Autodesk Civil 3D, para posteriormente utilizá-las como base para os projetos de infraestrutura.

A utilização do Autodesk ReCap Photo requer a assinatura do pacote AEC Collection da Autodesk e, consequentemente, a criação da conta de usuário no portal Autodesk Accounts. Além do login e da senha para acesso ao ReCap Photo, será solicitada a utilização de Cloud Credits – créditos de nuvem para a realização do longo processamento dos dados em nuvem.

A interface do Autodesk ReCap Photo é dividida pela aba **Dashboard**, contendo as opções de entrada de dados, criação e abertura de modelos, e pela aba **Editor**, utilizada para a manipulação do modelo. No painel **Create 3D**, da aba **Dashboard**, pode-se construir novos modelos de nuvem de pontos processando dados de imagens; em **My Computer**, é possível carregar arquivos de modelos presentes no computador em formatos RCM, FBX e outros. O painel **My Cloud Drive** permite o download de modelos processados e armazenados na nuvem (Figura 6.3).

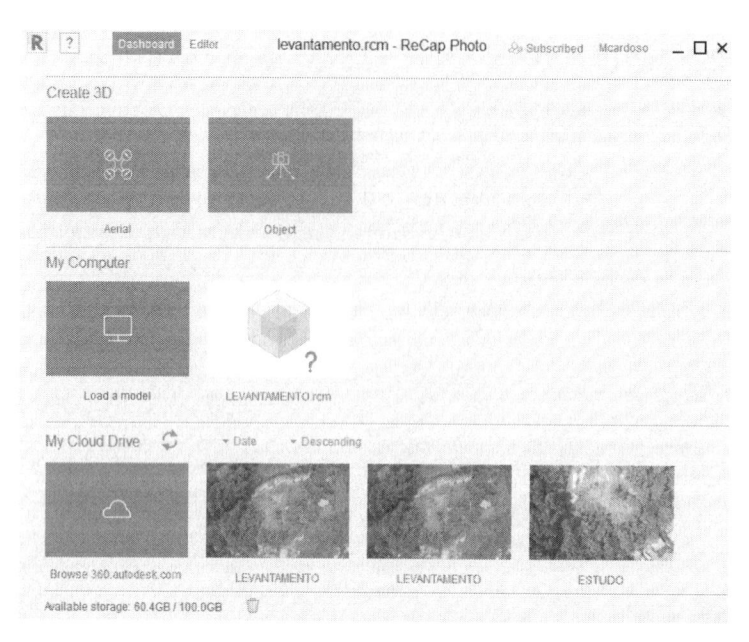

Figura 6.3 Interface Dashboard do Autodesk ReCap Photo.

Na parte superior da interface do ReCap Photo, está disponível um conjunto de ferramentas para auxílio e aprendizado, incluindo acesso ao fórum, além da possibilidade de importação dos exemplos de usos de nuvem de pontos processadas por imagens.

No ambiente do editor do modelo estão disponíveis diversas ferramentas para a realização de análises, limpeza e tratamento da nuvem de pontos previamente processada – destaque para as ferramentas de edições e ajustes na superfície (Figura 6.4).

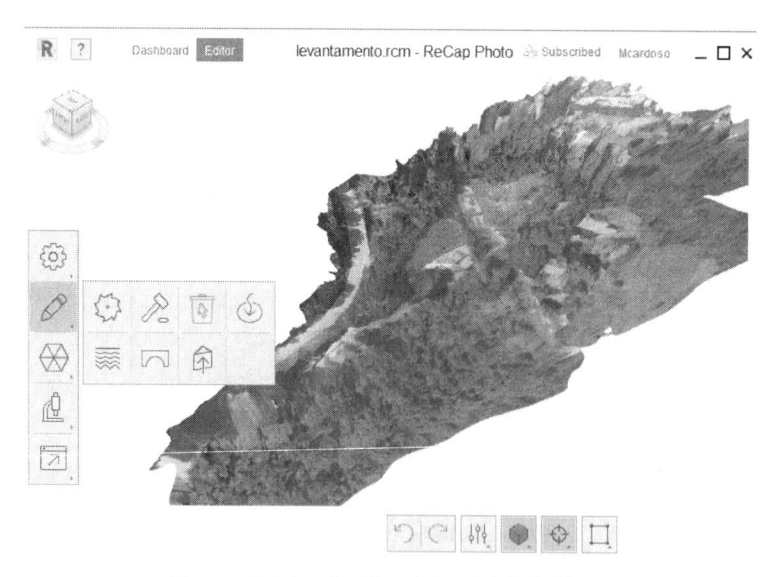

Figura 6.4 Interface Editor do Autodesk ReCap Photo.

Agora, estude o exemplo a seguir:

1. Inicie o Autodesk ReCap Photo.

2. Efetue o login, entre com a senha para acessar o ReCap Photo e feche a interface de boas-vindas.

3. Na parte superior da interface, clique no botão de ajuda e, em seguida, selecione a opção **Sample Datasets** para baixar exemplos de nuvem de pontos processadas (Figura 6.5).

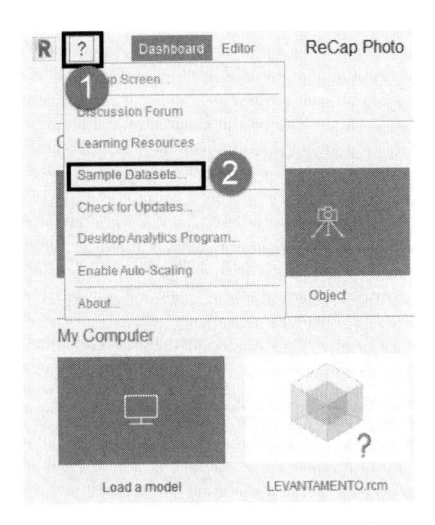

Figura 6.5 Ferramenta de acesso aos arquivos de exemplos.

4. Na caixa de exemplos **Samples**, clique em um dos exemplos.
5. No navegador, clique no ícone **Fazer Download** e aguarde o término do processo (Figura 6.6).

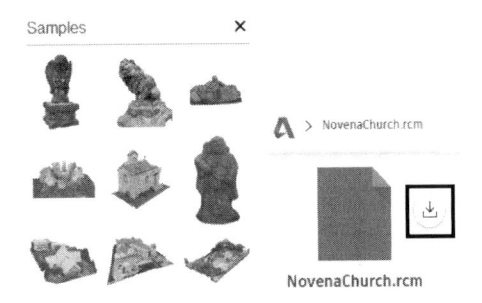

Figura 6.6 Arquivos de exemplos.

6. Na aba **Dashboard**, selecione a ferramenta **Load a Model**, no painel **My Computer**.
7. Localize o arquivo de formato RCM do exemplo baixado anteriormente e clique em **Abrir**.
8. Utilize os botões do mouse para navegar no modelo (Figura 6.7).

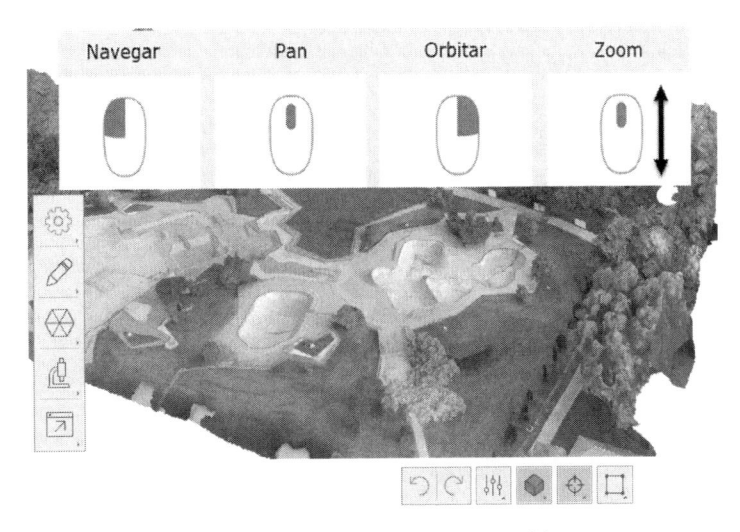

Figura 6.7 Botões de navegação no modelo.

9. Utilize as ferramentas da barra inferior para alterar o modo de visualização do modelo (Figura 6.8).

10. Retorne para o modo **Textured** para aplicar as texturas.

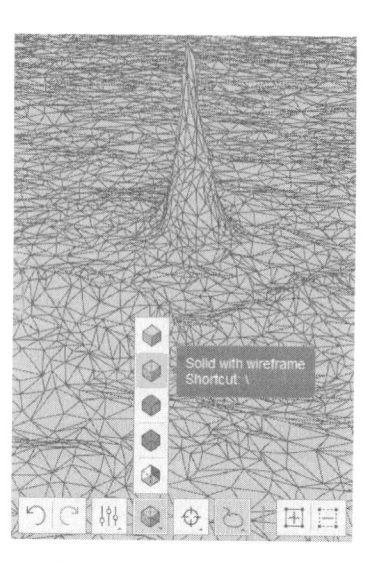

Figura 6.8 Ferramentas de modos de visualização do modelo.

11. Pode-se remover trechos do modelo como parte do processo de tratamento, visando à criação da superfície para uso nos projetos. Selecione a ferramenta **Brush**, regule o tamanho do pincel na barra e aplique sobre um elemento do modelo, por exemplo, uma árvore. Lembre-se de pincelar todos os lados do elemento tridimensional (Figura 6.9).

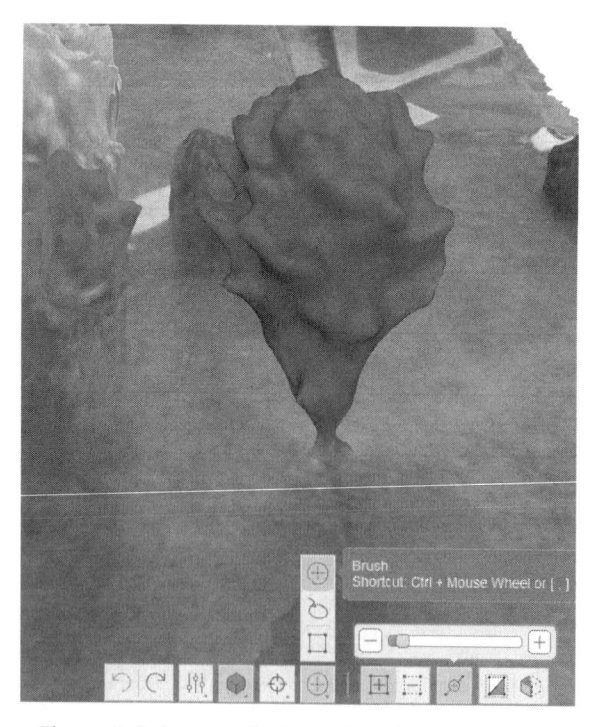

Figura 6.9 Ferramenta Brush para seleção de regiões do modelo.

12. Ao término do processo de seleção, clique com o botão direito do mouse na área do modelo e selecione a ferramenta **Delete Selection** para remover a região selecionada (Figura 6.10).

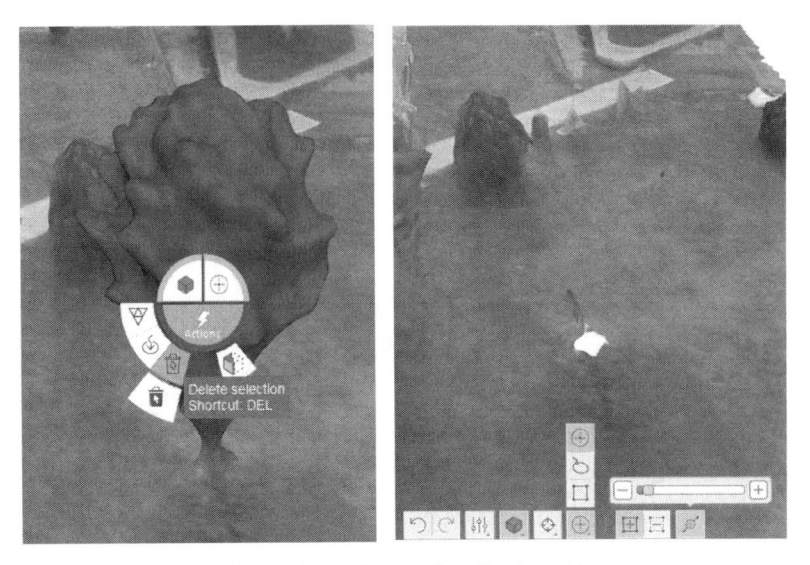

Figura 6.10 Remoção de regiões do modelo.

13. Para preencher os "buracos" criados durante o processo de limpeza, pode-se utilizar as opções da barra de ferramentas da esquerda, em **Edit > Fill holes**.

14. Outra intervenção que pode ser feita, com cautela, é a edição direta na malha do modelo. Acesse a ferramenta **Edit > Surface Tools** (Figura 6.11).

Figura 6.11 Acesso à ferramenta de edição na superfície.

15. Na caixa **Surface Tools**, selecione a aba **Smooth**. Reduza o tamanho do pincel de seleção diminuindo a barra **Brush size**; aumente a barra **Strength**. Clique no trecho desejado sobre a superfície e mantenha o botão esquerdo do mouse pressionado para suavizar a superfície (Figura 6.12).

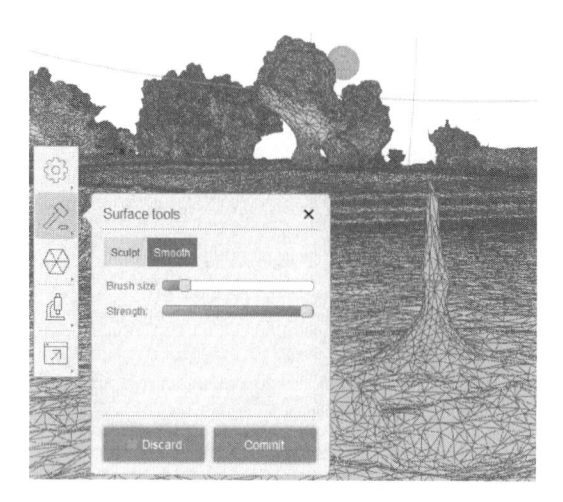

Figura 6.12   Ferramenta de suavização no modelo da superfície.

16. Repita os procedimentos para suavizar outras regiões do modelo. Clique no botão **Commit** para confirmar a edição na superfície (Figura 6.13).

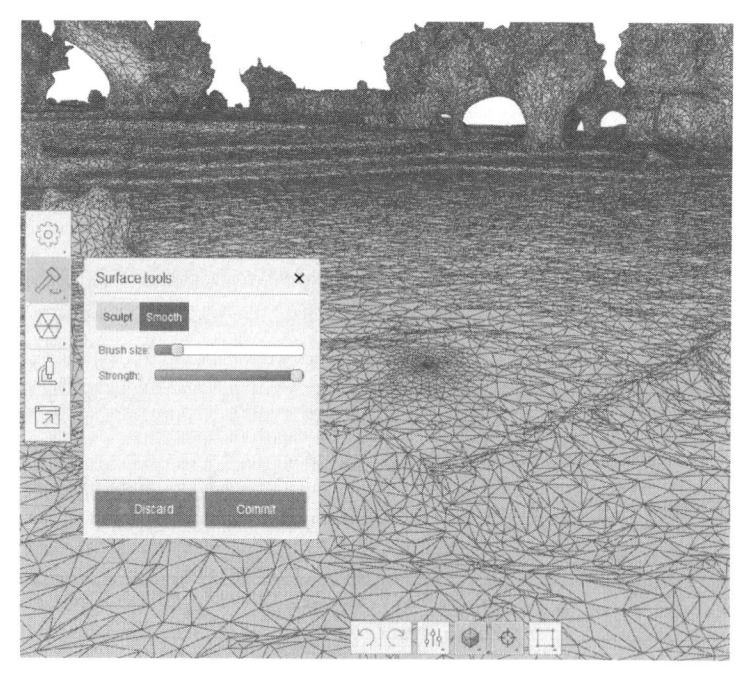

Figura 6.13   Região suavizada no modelo da superfície.

17. Feche a caixa **Surface Tools**.

18. Repita os procedimentos anteriores para realizar eventuais limpezas no modelo.

19. Acesse a ferramenta **Export > Export Model** para exportar o modelo de nuvem de pontos, possibilitando seu uso no Autodesk ReCap e, consequentemente, no Autodesk Civil 3D (Figura 6.14).

20. Na caixa **Export Model**, selecione o formato **PTS** no quadro **Export as:** e regule a quantidade de pontos por metro quadrado no quadro **Points/m²**, para controlar a precisão. Clique em **Export**.

21. Na caixa de diálogo **Export File**, escolha a pasta e defina o nome do arquivo. Clique no botão **Salvar** e aguarde o término do processo de exportação.

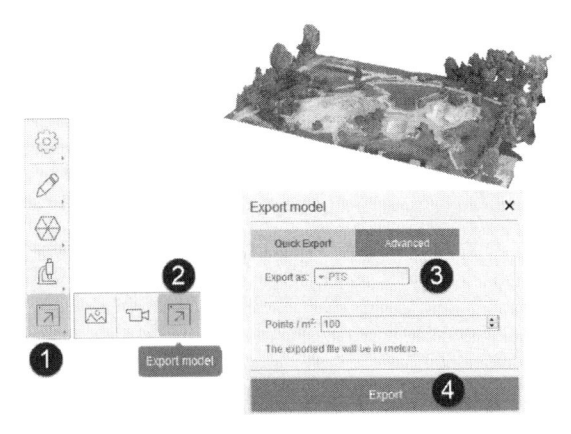

Figura 6.14 Exportação do modelo da superfície para o formato PTS.

22. Grave o arquivo e feche o ReCap Photo.

6.2 Importação e tratamento em nuvem de pontos – Autodesk ReCap

Os dados de nuvem de pontos podem ser provenientes de inúmeros equipamentos de capturas de realidade, que, por sua vez, poderão criar diversos formatos de arquivos, incluindo aqueles de dados tratados em soluções especializadas. Essa gama de formato de dados capturados e tratados poderá ser importada para o Autodesk ReCap e Autodesk ReCap Pro.

Os dados de capturas importados para o Autodesk ReCap (Figura 6.15) são transformados em projetos e gravados no formato de arquivo RCP, que poderá ser importado para o Autodesk Civil 3D, e também como entrada de dados nas diversas soluções da Autodesk, como AutoCAD, Revit e InfraWorks – este último também permite a construção do modelo da superfície a partir da nuvem de pontos, assim como o Autodesk Civil 3D.

Figura 6.15 Interface de trabalho do Autodesk ReCap Pro.

Ao iniciar um novo projeto, pode-se arrastar os arquivos diretamente para a interface de importação de arquivos, apontar uma pasta inteira contendo os arquivos, ou escolher os arquivos de capturas desejados para a importação. O Autodesk ReCap permite a importação dos principais formatos de arquivos de capturas e escaneamentos, incluindo os formatos PTS, LAS, e57, TXT, entre outros (Figura 6.16).

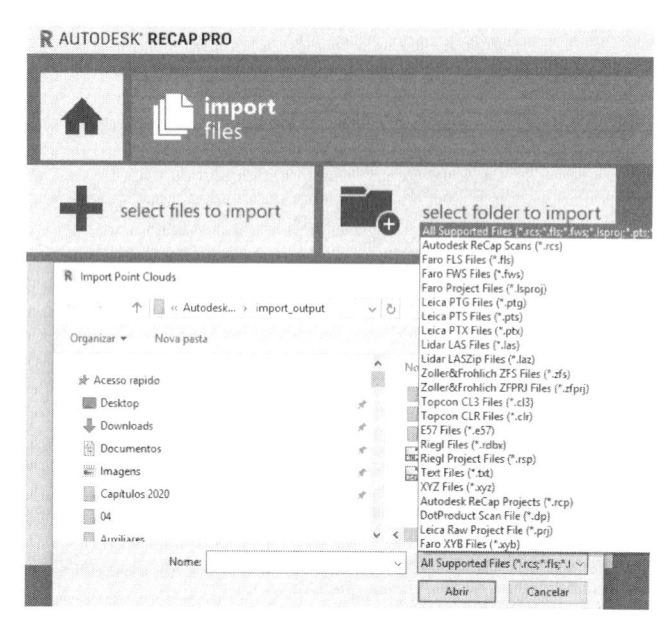

Figura 6.16   Formatos de arquivos de capturas disponíveis para importação.

O principal uso do Autodesk ReCap no fluxo de trabalho fica por conta da importação dos dados capturados para a construção do modelo de nuvem de pontos, para que, dessa forma, possamos utilizar uma base robusta nos projetos. Contudo, ainda é possível utilizar as ferramentas do Autodesk ReCap para realizar análises, efetuar limpezas e criar regiões de interesse no modelo de nuvem de pontos.

Agora, estude o exemplo a seguir:

1. Inicie o Autodesk ReCap ou o Autodesk ReCap Pro.

2. O Autodesk ReCap Pro é multi-language, sendo possível alterar o idioma em **Preferences** (Figura 6.17). Neste exemplo será utilizado o idioma em inglês.

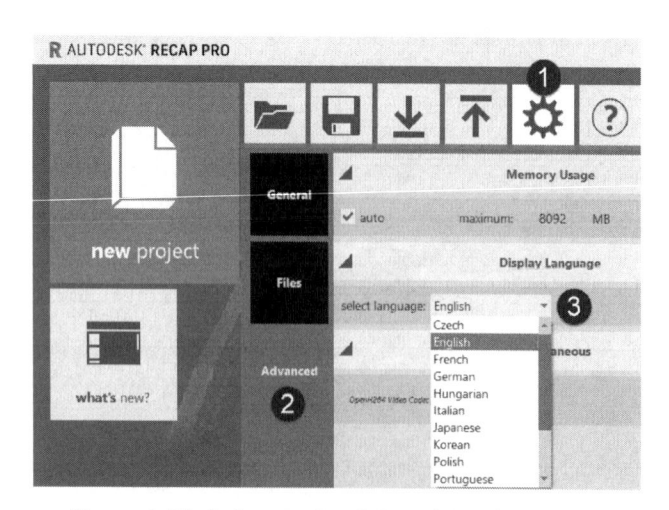

Figura 6.17   Configurações de preferências do Autodesk ReCap Pro.

3. Na tela principal, clique em **New project**.

4. Na caixa **New Project**, selecione a opção **Import Point cloud** para importar o arquivo de nuvem de pontos.

5. Na caixa **Create New Project**, digite **LEVANTAMENTO** no campo **Project Name**, escolha a pasta para gravar o projeto e clique em **Proceed** (Figura 6.18).

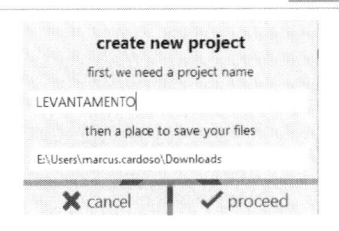

Figura 6.18 Caixa de criação de novo projeto.

6. Na interface **Import files**, clique em **+ select files to import** e localize o arquivo **LEVANTAMENTO.pts**, disponível na plataforma da editora. Clique em **Abrir**.

7. Na interface **Scan Settings**, verifique as opções de importação em **Text options** e **Advanced**. Clique em **Import files** para prosseguir.

8. Aguarde o término da importação do arquivo e clique em **Index scans** e **Launch Project**.

9. Utilize as ferramentas de navegação do mouse para analisar as características do modelo de nuvem de pontos importado (Figura 6.19).

Figura 6.19 Ferramentas de navegação.

10. Para realizar uma análise de elevações no modelo, selecione a ferramenta em **Display Settings > Color Mode > Elevation** (Figura 6.20).

Figura 6.20 Ferramenta para criação da análise de elevações no modelo.

11. Retorne ao modo **RGB** para visualizar as cores originais nos pontos capturados.

12. Selecione a ferramenta **Annotation Tool > Note** para adicionar uma nota na região de interesse sobre o modelo (Figura 6.21).

13. Clique em um local no modelo. Digite **ÁREA DE ESTUDO** no quadro **Title** e clique no botão **OK** (Figura 6.22).

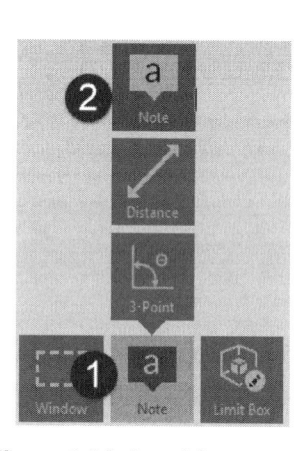

Figura 6.21 Acesso à ferramenta para criação de anotações no modelo.

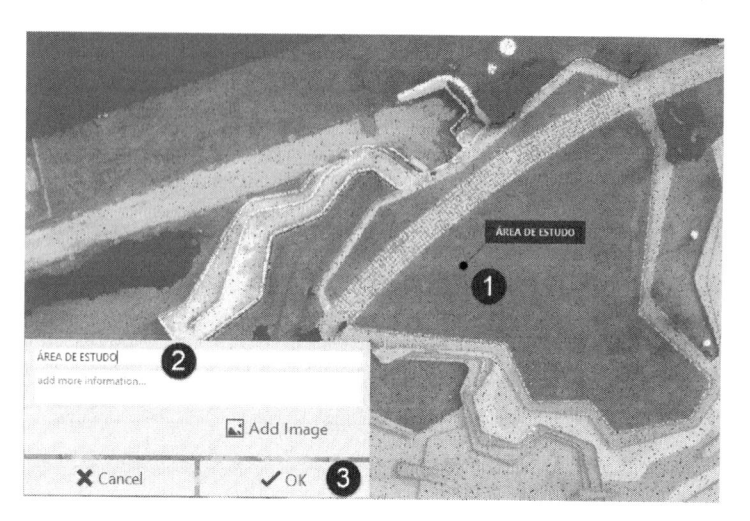

Figura 6.22 Ferramenta de anotações no modelo.

14. Além de anotações, é possível verificar distâncias no modelo por meio da ferramenta **Annotation Tool > Distance**.

15. Para limitar o modelo na área de interesse do projeto, selecione a ferramenta **Selection Tool > Fence**. Clique no modelo conforme ilustrado na Figura 6.23 para determinar a área de estudo para o projeto.

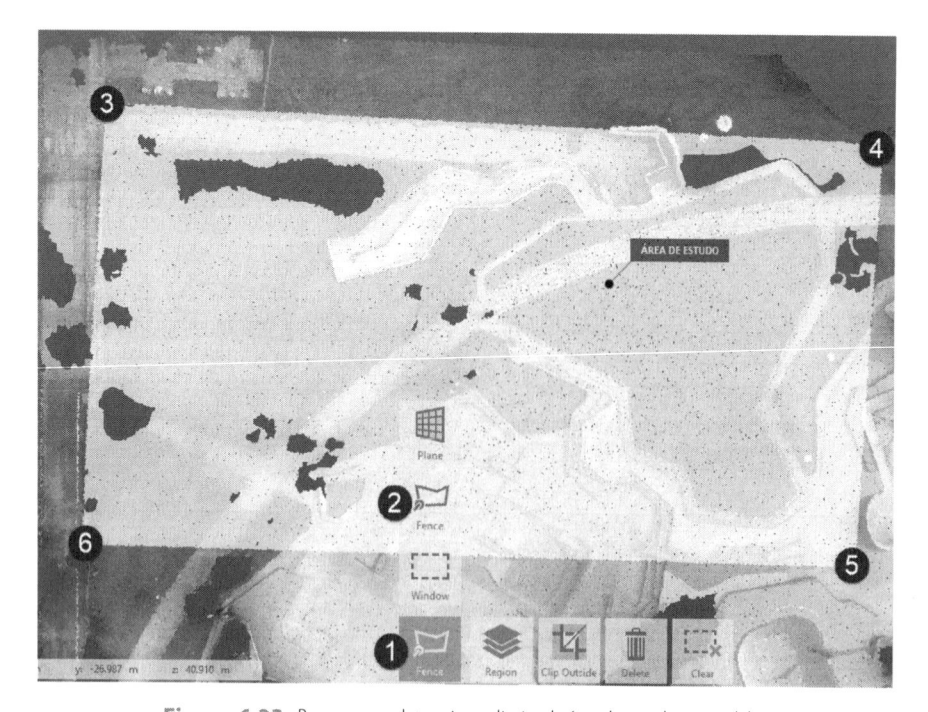

Figura 6.23 Recurso para determinar o limite da área de estudo no modelo.

16. Para gravar a região da área de estudo, selecione a ferramenta **Region > New Region**. Na caixa **Region Name**, digite **Estudo** no quadro para definir o nome da região e clique em **OK**.

17. Para remover os pontos posicionados fora da região do estudo, selecione a ferramenta **Clips the current selection > Clip Outside** (Figura 6.24).

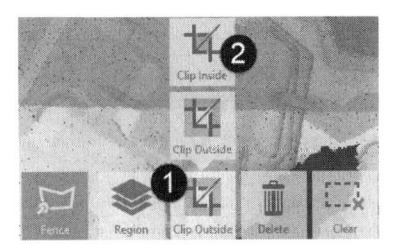

Figura 6.24 Ferramenta para remover os pontos fora da área de estudo.

18. É possível acessar todas as anotações e regiões criadas no modelo acessando a ferramenta **Project Navigator**, posicionada no canto inferior direito da interface do Autodesk ReCap (Figura 6.25).

Figura 6.25 Ferraments de acesso aos dados e às informações do modelo.

19. Grave o arquivo **LEVANTAMENTO.rcp** do modelo de nuvem de pontos com a ferramenta **Save**.

20. Feche o Autodesk ReCap.

6.3 Uso da nuvem de pontos para a construção do modelo de superfície – Autodesk Civil 3D

Os modelos de capturas e nuvem de pontos manipulados no Autodesk ReCap e gravados no formato RCP agora poderão ser importados para as principais ferramentas de projeto, para visualização, em outras situações para o acompanhamento ou restauração de obras, em manutenção, entre outras atividades. Contudo, para as inúmeras atividades de infraestrutura, os levantamentos a laser, scanner e demais tipos de capturas de realidades necessitarão de tratamento ou processamento para possibilitar a construção das condições existentes do terreno levantado, e, dentro dessa necessidade, as soluções que permitem esse processamento para a contrução de modelos de superfícies são o Autodesk InfraWorks e o Autodesk Civil 3D (Figura 6.26).

Vale salientar, mais uma vez, que é de grande valia analisar e ponderar a quantidade de dados gerados nas capturas, para que não inviabilize seu uso e prejudique o desempenho nas etapas seguintes do projeto, uma vez que a precisão dos equipamentos de captura é relativamente alta para projetos de infraestrutura, levando-se em conta a metodologia de triangulação de modelos utilizada atualmente no Autodesk Civil 3D.

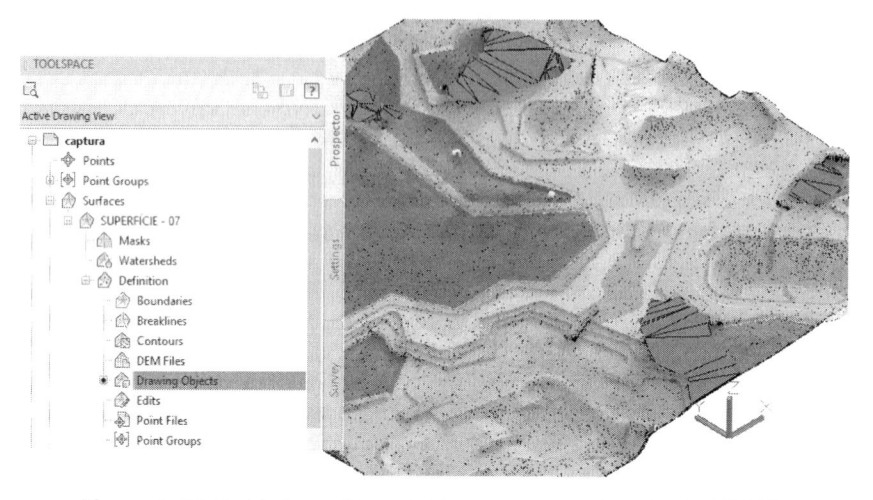

Figura 6.26 Modelo de superfície construído por nuvem de pontos no Autodesk Civil 3D.

Exercício - Superfície por nuvem de pontos

O exercício a seguir ilustra os principais procedimentos para a importação e o tratamento dos dados de nuvem de pontos para a construção do modelo da superfície do terreno. Execute os procedimentos a seguir para concluir o exercício:

1. Inicie o Autodesk Civil 3D. Utilize o arquivo de template **_AUTOCAD CIVIL 3D 2020_BRA (DNIT).DWT**, disponível na instalação do pacote *Brazil Content*.

2. Acesse a ferramenta da ribbon **Insert > Point Cloud > Attach** para importar um arquivo de nuvem de pontos.

3. Na caixa de diálogo **Select Point Cloud File**, localize e abra o arquivo **6-4_LEVANTAMENTO.rcp**, disponível na plataforma da editora.

4. Na caixa **Attach Point Cloud**, deslique todas as opções **Specify on-screen**, habilite a opção **Zoom to point cloud** e clique no botão **OK** (Figura 6.27).

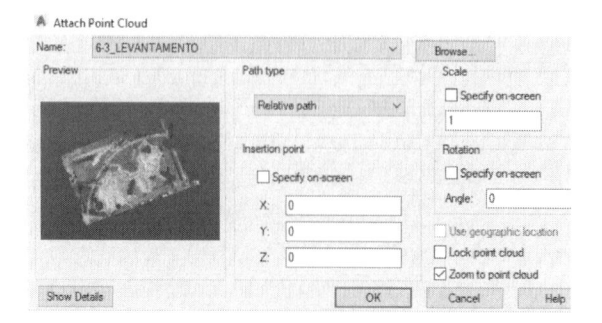

Figura 6.27 Caixa de importação de arquivos de nuvem de pontos.

5. Utilize as ferramentas de navegação para orbitar sobre o modelo de nuvem de pontos importado.

6. Selecione o modelo de nuvem de pontos na área de desenho e verifique as ferramentas apresentadas na ribbon contextual **Point Cloud** (Figura 6.28).

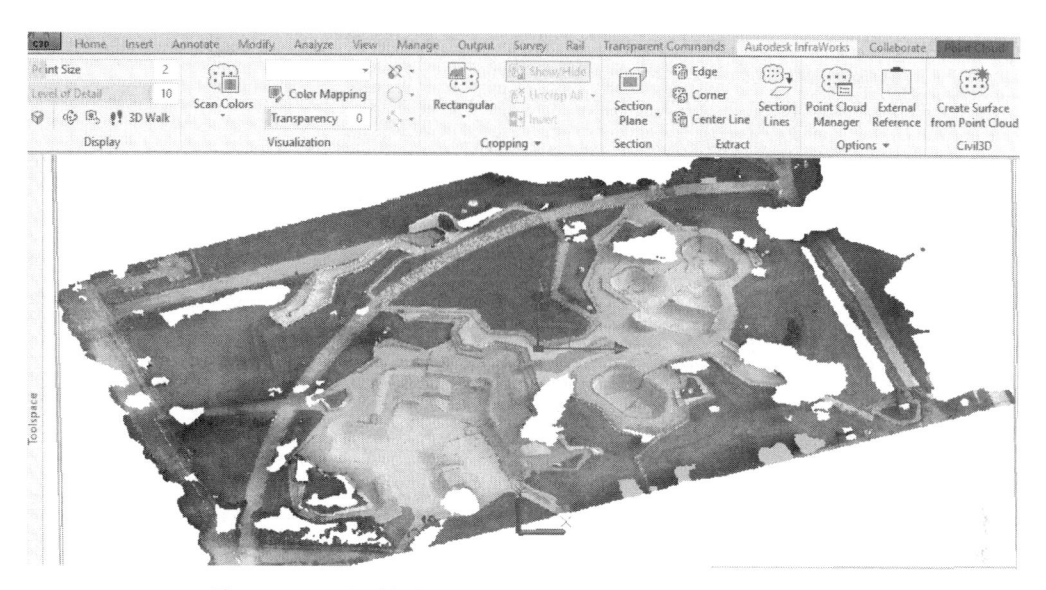

Figura 6.28 Modelo de nuvem de pontos importado para o Autodesk Civil 3D.

7. Com o modelo da nuvem de pontos selecionado, acesse a ferramenta da ribbon contextual **Point Cloud > Visualization > Scan Colors > Elevations** para visualizar as faixas de elevações do modelo.

8. Acesse a ferramenta da ribbon contextual **Point Cloud > Options > Point Cloud Manager** para acessar as regiões criadas no modelo de nuvem de pontos.

9. Na paleta **Point Cloud Manager**, desligue a opção **Unassigned Points** e ligue a região **Estudo** criada anteriormente no Autodesk Recap (Figura 6.29).

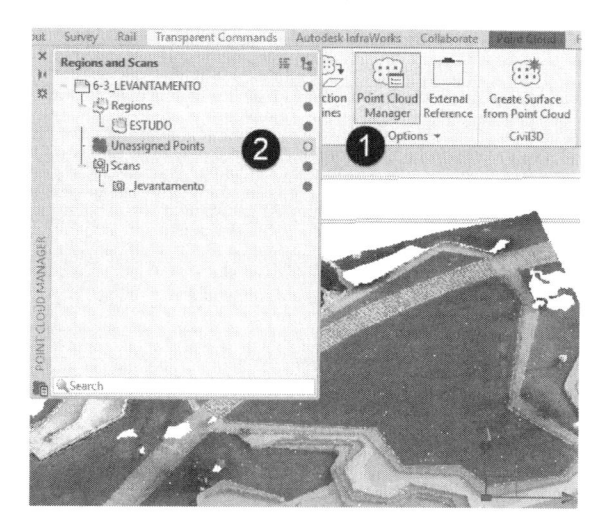

Figura 6.29 Paleta de gerenciador de dados do modelo de nuvem de pontos.

10. É possível realizar cortes no modelo para melhor visualização do terreno. Acesse a ferramenta da ribbon contextual **Point Cloud > Section > Section Plane > Front** (Figura 6.30).

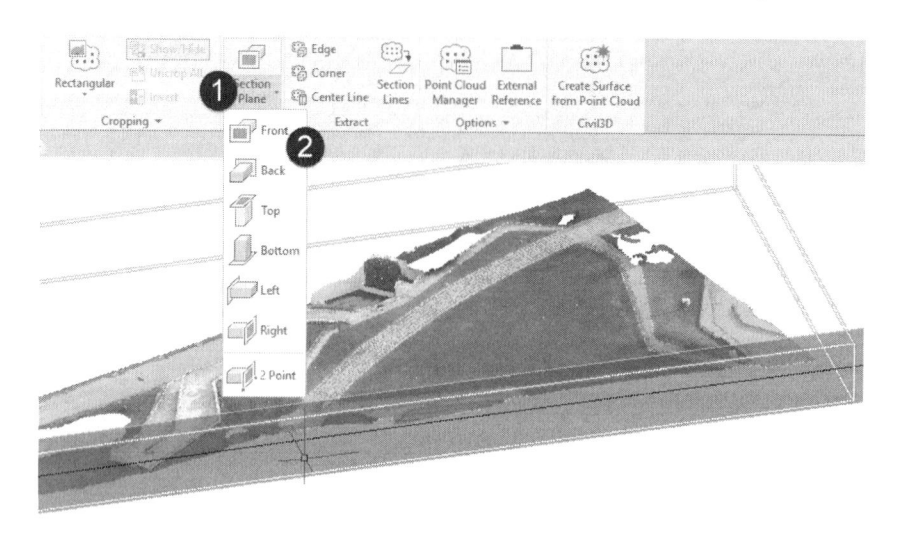

Figura 6.30 Ferramenta de criação de corte no modelo de nuvem de pontos.

11. Para remover a linha de corte no modelo, selecione apenas a linha de corte desejada e pressione **Delete**.

12. É possível criar regiões no modelo de nuvem de pontos por meio da ferramenta da ribbon contextual **Point Cloud > Cropping > Rectangular, Polygonal, Circular**.

13. Selecione o modelo da nuvem de pontos na área de desenho e acesse a ferramenta da ribbon contextual **Point Cloud > Civil 3D > Create Surface from Point Cloud**. Para criar o modelo da superfície, certifique-se de que apenas a região de estudo esteja visível no modelo.

14. Na aba **General**, da caixa de diálogo **Create TIN Surface from Point Cloud**, determine o nome para a superfície no quadro **Name**. Clique no botão **Next**.

15. Na aba **Point Cloud Selection**, é importante verificar a quantidade de pontos selecionados em **Total number of points selected** e a distância média entre eles, em **Distance Between Points** (Figura 6.31).

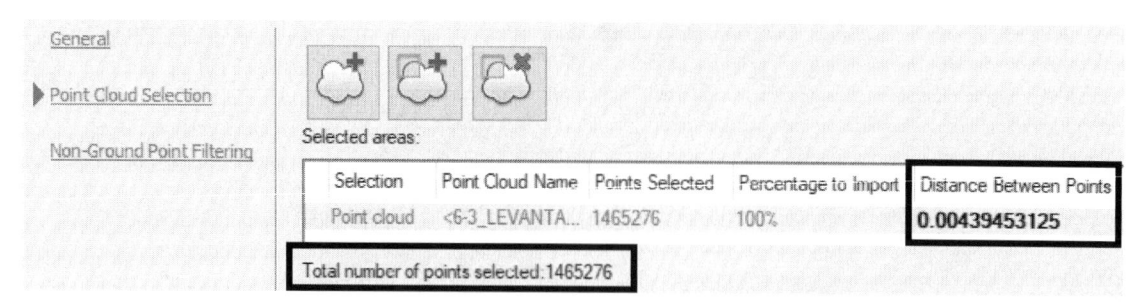

Figura 6.31 Quantidades de pontos selecionadas no modelo e distância média entre eles.

16. Será necessário selecionar apenas a região de estudo para reduzir a quantidade de pontos no processamento da superfície. Os procedimentos a seguir mostram como remover e adicionar regiões do modelo.

17. Selecione a região no quadro **Selected areas** e clique no botão **X-Remove a selection from the list** para removê-la do processamento da superfície.

18. Clique no botão + **Add a selected area of a point cloud** (Figura 6.32).

19. Na área de desenho, selecione a opção **Polygon** e defina o limite da área de estudo para o processamento da superfície.

20. Na aba **Point Cloud Selection**, na caixa de diálogo, verifique a nova quantidade de pontos selecionados no modelo em **Total number of points selected** (Figura 6.32).

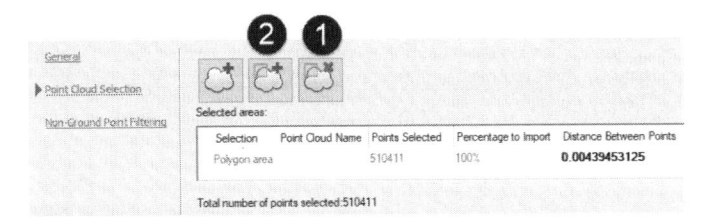

Figura 6.32 Região selecionada no modelo para o processamento da superfície.

21. É possível diminuir a precisão do modelo para melhorar o desempenho. Aumente a distância média entre os pontos digitando **0.05** no quadro **Distance Between Points**. Clique em **Next**.

22. Na aba **Non-Ground Point Filtering**, selecione a opção **No filter**, para utilizar todos os pontos selecionados no modelo (Figura 6.33).

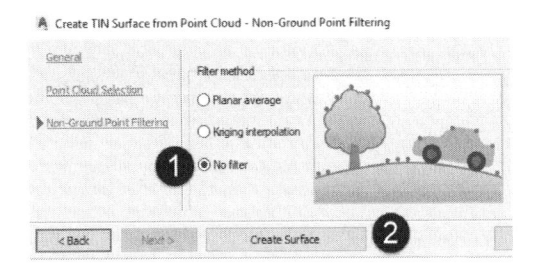

Figura 6.33 Região selecionada no modelo para o processamento da superfície.

23. Clique em **Create Surface** para iniciar o processo de construção do modelo de superfície.

24. Clique no botão **Fechar** para iniciar o processamento em segundo plano.

25. Ao término do processo, será exibido o balão de notificação da criação da superfície. Clique em **Click here to zoom** (Figura 6.34).

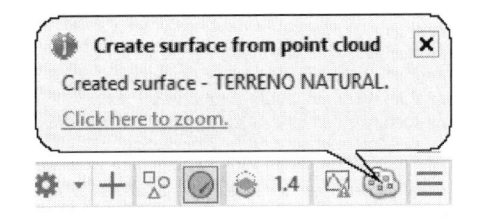

Figura 6.34 Balão de notificação da criação da superfície.

26. Navegue na área de trabalho e verifique os modelos da nuvem de pontos e da superfície (Figura 6.35).

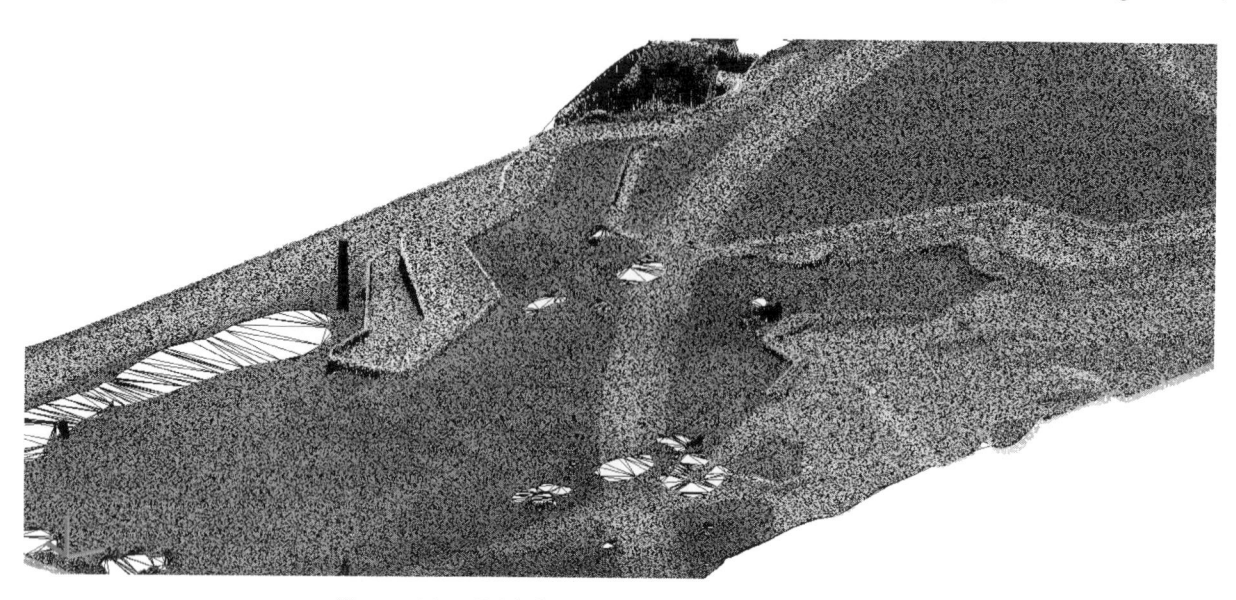

Figura 6.35 Modelo de nuvem de pontos com a superfície do terreno.

27. Agora, é possível utilizar o modelo do terreno da superfície como base para o desenvolvimento dos projetos.

Manipulação de Imagens AutoCAD Raster Design

A utilização de imagens em desenhos é uma prática muito comum durante as fases de desenvolvimento de projetos de infraestrutura, utilizadas para melhorar a aparência dos desenhos ou para obter uma compreensão mais contextual do projeto. Essas imagens são provenientes de diversas fontes, como imagens de satélites e ortofotos. Imagens capturadas por fotografias e, até mesmo, imagens escaneadas também são adicionadas aos desenhos dos projetos. Contudo, a manipulação de imagens no ambiente do AutoCAD é muito limitada, visto que ele não possui recursos para a edição direta nos dados das imagens.

A solução do AutoCAD Raster Design, disponível no pacote da AEC Collection da Autodesk, pode ser instalada no Autodesk Civil 3D, potencializando a utilização de imagens em projetos de infraestrutura. Os recursos do AutoCAD Raster Design se estendem desde a importação de diversos tipos de formatos de arquivos de imagens, tratamento e limpeza em imagens, correlação de imagens para o georreferenciamento, além de possibilitar a vetorização de imagens para a criação de objetos vetoriais do AutoCAD.

Um bom exemplo para o uso dos recursos de vetorização é a possibilidade de inserir bases topográficas escaneadas, para efetuar a transformação das curvas de nível raster para polilinhas do AutoCAD, além de incorporar as suas respectivas elevações, o que possibilitará a criação do modelo da superfície do terreno no Autodesk Civil 3D (Figura 7.1).

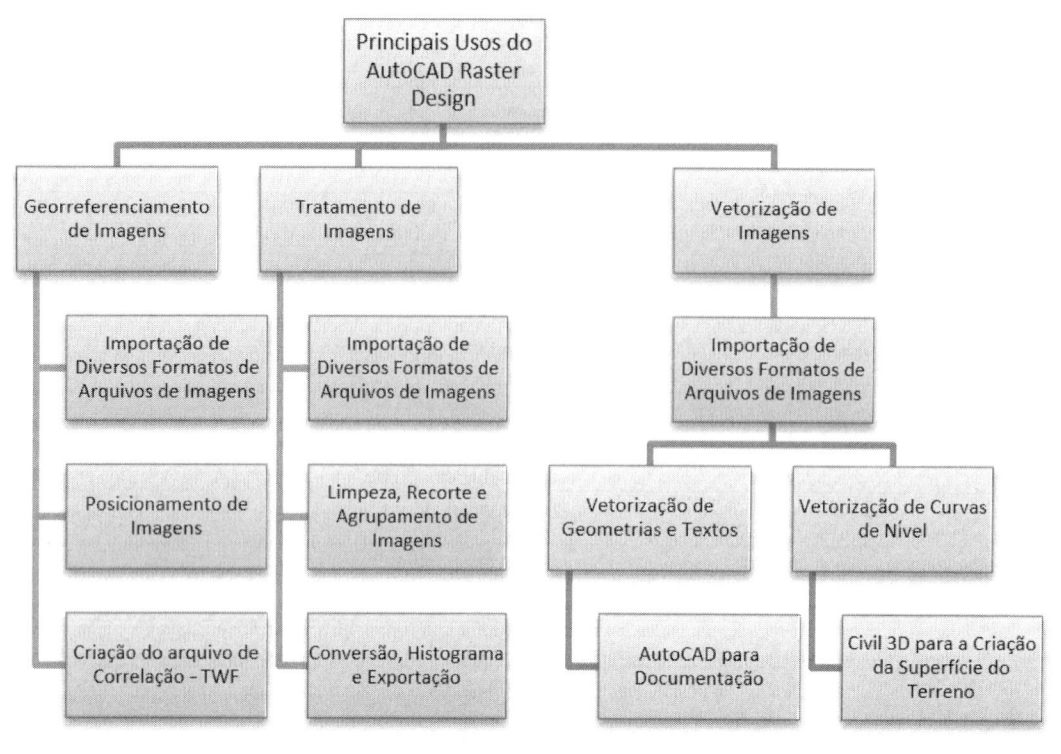

Figura 7.1 Exemplos de usos para o AutoCAD Raster Design.

7.1 Importação de imagens

O AutoCAD Raster Design permite a importação de praticamente todos os formatos de arquivos de imagens utilizados em projetos, desde os formatos tradicionais, como TIF e JPG, até os ultracompactados como o ECW. Pode-se trabalhar com imagens do tipo bitonais, coloridas e tons de cinzas, tanto para importar as imagens para os desenhos de projetos, como para criar e exportar novas imagens. Dessa maneira, fica possível trabalhar com imagens aéreas, de satélites, multiespectrais, fotos, ortofotos e escaneadas.

As imagens importadas para os documentos permanecerão no modo de arquivos de referências externas ou xref do AutoCAD. A única exceção fica por conta das imagens bitonais, que poderão ter o seu link externo removido, para que, dessa forma, a imagem possa permanecer diretamente dentro do arquivo DWG do AutoCAD, assim como as imagens inseridas nos documentos do Microsoft Office. A instalação do AutoCAD Raster Design pode ser efetuada em qualquer plataforma AutoCAD, e isso inclui o Autodesk Civil 3D, na qual a ribbon **Raster Tools** é incorporada ao conjunto de ferramentas da plataforma base. As ferramentas de importação de imagens raster ficam posicionadas no painel **Insert & Write** da ribbon **Raster Tools** (Figura 7.2).

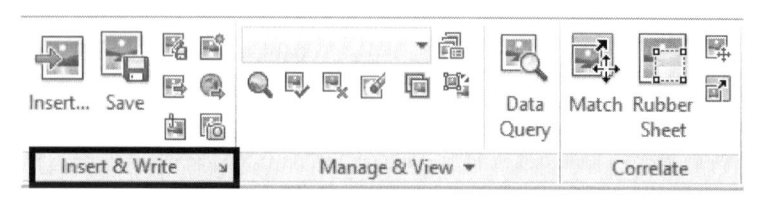

Figura 7.2 Painéis de importação e exportação, gerenciamento e correlação de imagens.

As ferramentas de importação e exportação de imagens estão dispostas no painel **Insert & Write** da ribbon **Raster Tools**, e, dentre elas, podemos ressaltar as principais:

- **Insert:** ferramenta de importação de imagens, sua interface conta com um assistente para orientar durante o processo de importação e ainda dispõe de uma lista numerosa de formatos de arquivos raster para importação (Figura 7.3).

- **Save:** ferramenta que permite a gravação de arquivos de imagens inseridas no desenho, para criar um arquivo de imagem de uma inserida e editada no desenho, devendo-se utilizar a ferramenta **Save As**.

- **Image Export:** ferramenta utilizada para a exportação da imagem para um formato de arquivo diferente daquele originalmente importada no desenho.

- **World File:** ferramenta importante para a criação do arquivo de correlação da imagem, contendo as coordenadas de posicionamento, escala e rotação da imagem presente no desenho. O formato do arquivo de correlação dependerá diretamente do formato do arquivo da imagem inserida no desenho, por exemplo, se a imagem inserida no desenho possuir o formato TIF, então seu arquivo de correlação terá o formato TFW; já para uma imagem JPG, o seu arquivo de correlação terá o formato JPW, e todos os arquivos de correlação possuirão o mesmo nome do arquivo da imagem (Figura 7.3).

- **Embed:** recurso que possibilita o uso da imagem diretamente no arquivo DWG do desenho em que foi importada, desvinculando-a com o arquivo externo da imagem. Este recurso trabalha da mesma maneira quando inserimos uma imagem em documentos do Microsoft Office, incorporando a imagem diretamente dentro do documento. Contudo, este trabalha apenas com imagens do tipo bitonal.

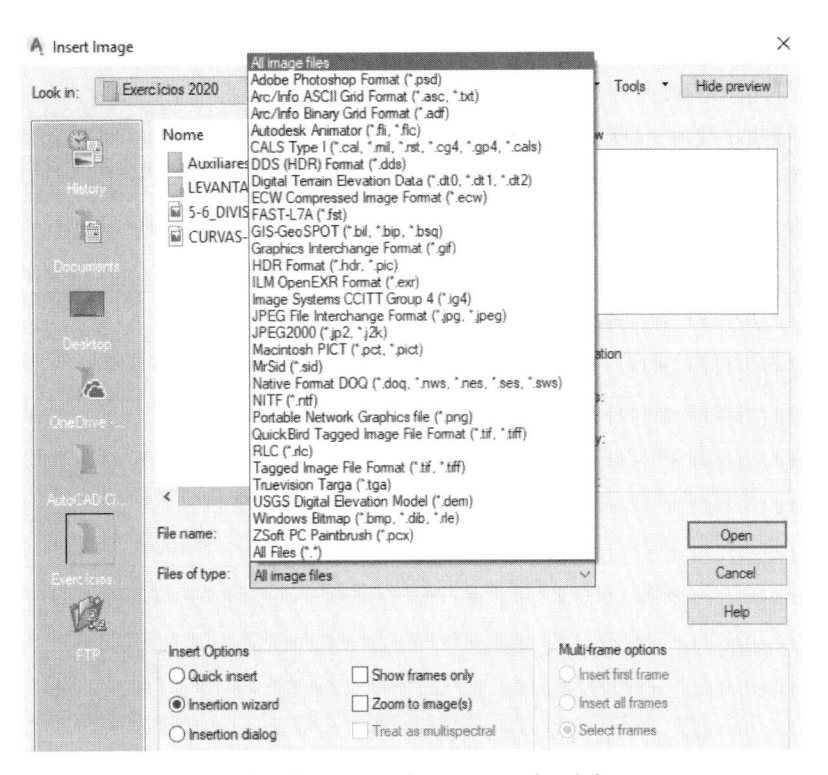

Figura 7.3 Caixa de importação de imagens e sua lista de formatos raster.

Para completar as atividades deste capítulo, será necessária a instalação do AutoCAD Raster Design combinado com o Autodesk Civil 3D. Agora, estude o exemplo a seguir:

1. Inicie o AutoCAD ou Autodesk Civil 3D, acessando o ícone na área de trabalho. A instalação do AutoCAD Raster Design também disponibiliza um ícone exclusivo na área de trabalho.

2. Abra o arquivo **7-1-1_IMPORTAÇÃO-IMAGENS.DWG**, disponível na plataforma da editora.

3. Verifique as geometrias presentes no desenho.

4. Acesse a ferramenta da ribbon **Raster Tools > Insert & Write > Insert**.

5. Na caixa de diálogo **Insert Image**, localize o arquivo **7-1-1_CURVAS-DE-NIVEL.TIF**, disponível na plataforma da editora. Habilite a opção **Insertion Wizard** e clique no botão **Open** (Figura 7.3).

6. Na janela **Pick Correlation Source**, verifique os valores de inserção e clique em **Next**.

7. Na janela **Modify Correlation Values**, pode-se alterar os valores de inserção da imagem. Clique em **Next**.

8. A janela **Insertion** permite posicionar a imagem no desenho, clique no botão **Pick** (Figura 7.4).

9. Na área de desenho, execute os procedimentos:

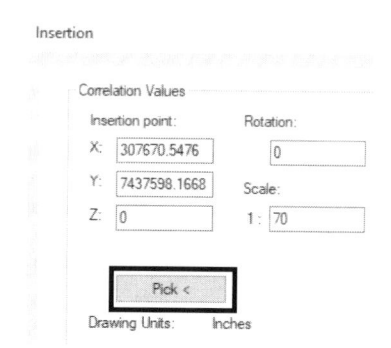

Figura 7.4 Janela de posicionamento de imagens no desenho.

   - Clique no centro do círculo amarelo para posicionar a imagem.

   - Na linha de comando, digite **0** para **Specify rotation** e definir a rotação da imagem no desenho. Confirme o valor com a tecla **Enter**.

   - Clique na interseção das linhas amarelas no canto superior direito do desenho para definir o tamanho da imagem.

10. De volta à janela **Insertion**, verifique os novos valores apresentados nos quadros referentes aos pontos de inserção, rotação e escala da imagem. Clique em **Finish** (Figura 7.4).

11. Navegue no desenho para verificar o posicionamento da imagem (Figura 7.5).

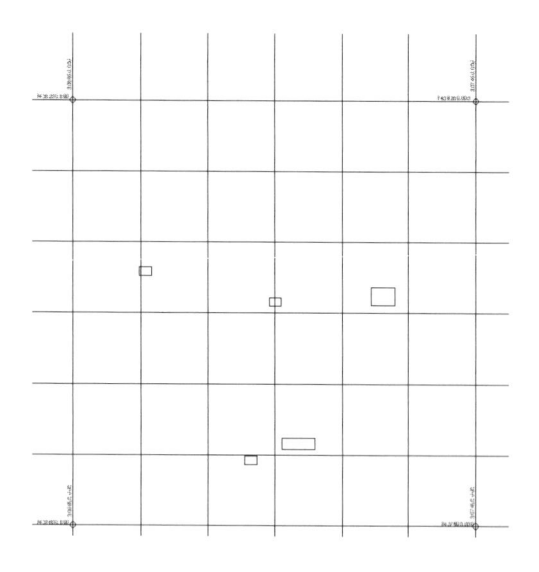
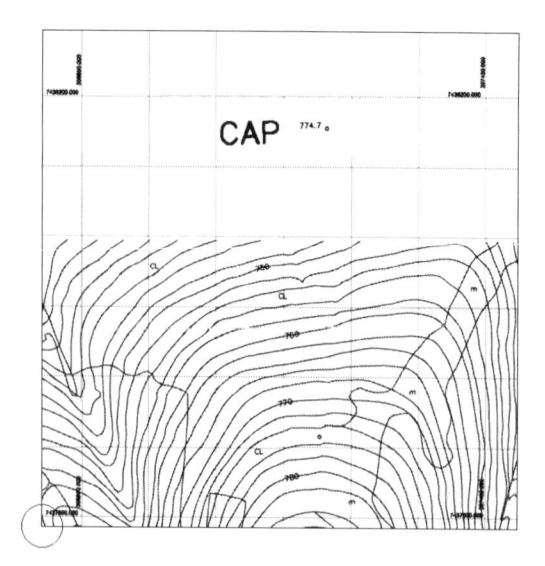

Figura 7.5 Imagem raster posicionada ao lado das geometrias vetores do AutoCAD.

12. Pode-se ligar ou desligar o quadro de entorno da imagem **(Frame)** por meio da ferramenta presente na ribbon **Raster Tools > Manage & View > Toggle Frames**. O painel **Manage & View** permite o gerenciamento das imagens inseridas no desenho, como ocultar, exibir ou remover imagens, aplicar zoom e acessar a paleta de informações das imagens presentes no desenho.

13. Selecione a imagem na área de desenho para acessar a ribbon contextual **Image**, em que estão posicionadas as ferramentas nativas e simples do AutoCAD para o controle de exibição, transparência, recorte e referência externa da imagem presente no desenho (Figura 7.6).

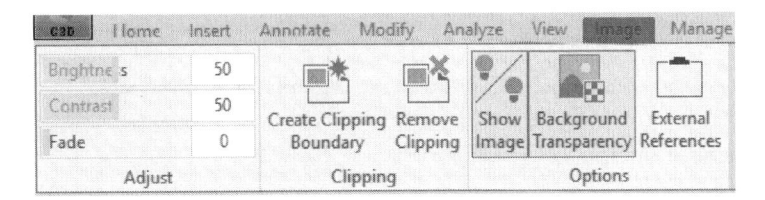

Figura 7.6 Ferramentas nativas do AutoCAD para manipulação de imagens.

14. Feche o arquivo.

7.2 Manipulação de imagens

As imagens importadas para o desenho poderão ser gerenciadas para ajustar o posicionamento, efetuar edições nos dados raster das imagens, realizar limpezas de remoção de regiões específicas nas imagens, modificar cores, transformar e exportar para outros formatos de imagens, entre outras tarefas disponíveis no AutoCAD Raster Design. As atividades de gerenciamento e manipulação de imagens ficam dispostas nos painéis **Manage & View**, **Correlate**, **Edit** e **REM** da ribbon **Raster Tools** (Figura 7.7).

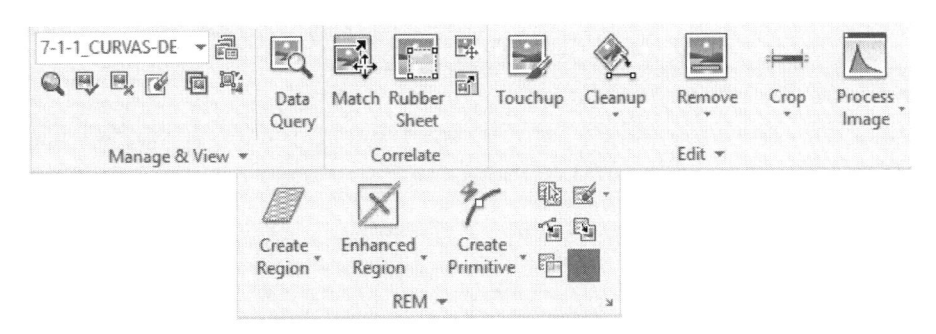

Figura 7.7 Painéis de gerenciamento e manipulação de imagens do Raster Design.

O painel **Correlate** oferece as ferramentas para o ajuste de posicionamento das imagens no desenho, em que se pode utilizar **Match** para mover a imagem no desenho utilizando um ponto de origem e destino, assim como o comando **Move** do AutoCAD. A ferramenta **Rubber Sheet** permite o reposicionamento da imagem utilizando múltiplos pontos de origem e destino, possibilitando o posicionamento distorcido da imagem no desenho.

O painel **Edit** dispõe de inúmeras ferramentas de edições nas imagens. Por meio deste painel, torna-se possível realizar ações de limpeza por meio dos recursos presentes no botão **Cleanup**; efetuar remoções de regiões da imagem em **Remove**; limitar áreas específicas das imagens com **Crop** e realizar a transformação das imagens, como alterar a densidade e paleta de cores, por meio do botão **Process Image**.

Por meio do painel **REM** (Raster Entity Manipulation – Manipulação de Entidades Raster), fica possível selecionar regiões específicas das imagens para efetuar tratamentos como a remoção ou o reposicionamento de trechos da imagem, alterar a escala dessas regiões selecionadas, criar novas imagens de regiões selecionadas da imagem original, entre outras ações diretas nos dados raster das imagens (Figura 7.8). As regiões REM ficam destacadas em vermelho sobre as imagens.

Agora, estude o exemplo a seguir:

1. Inicie o Autodesk Civil 3D.

2. Abra o arquivo **7-2-1_POSICIONAMEN-TO-IMAGEM.DWG**, disponível na plataforma da editora.

3. Acesse a ferramenta da ribbon **Raster Tools > Correlate > Rubbersheet**.

4. Na caixa de diálogo **Rubbersheet – Set Control Points**, clique no botão **Add Points** para definir os pontos de origem da imagem, para os pontos de destino na malha de coordenadas.

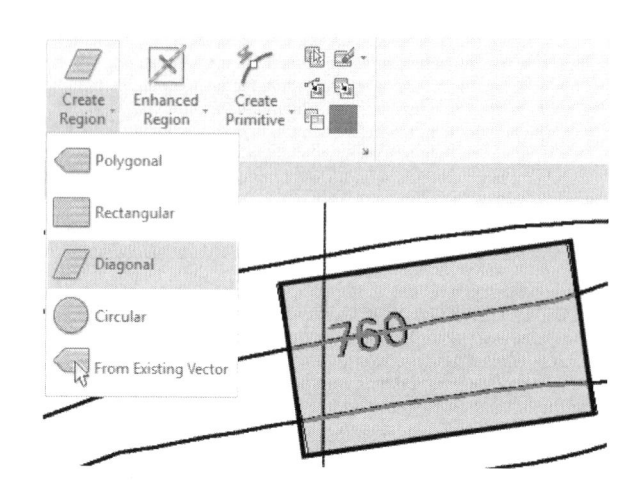

5. Na área de desenho, configure:

   ◆ Clique no centro do círculo amarelo, marcado com o número 1, para definir a origem do primeiro ponto.

Figura 7.8 Ferramentas de criação de regiões REM em imagens bitonais.

   ◆ Clique no centro do círculo vermelho, marcado com o número 1, para definir o destino do primeiro ponto.

   ◆ Repita os procedimentos para definir os pontos de origens da imagem (em amarelo), para os seus pontos de destinos correspondentes (em vermelho) e para todos os 4 pontos marcados no desenho.

   ◆ Clique na tecla **Enter** para finalizar os procedimentos de definição dos pontos.

6. Na caixa de diálogo **Rubbersheet – Set Control Points**, verifique as coordenadas dos pontos de origens na coluna **Source Point** e as coordenadas de destino na coluna **Destination Point**. Clique no botão **OK** para concluir (Figura 7.9).

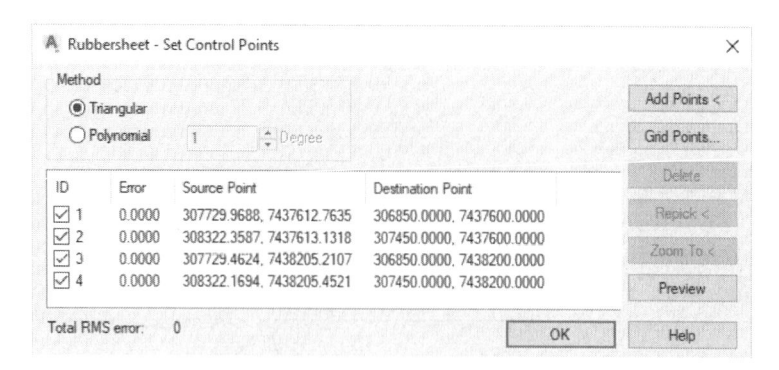

Figura 7.9 Coordenadas dos pontos de origens e destinos para ajuste de posicionamento da imagem.

7. Verifique o novo posicionamento da imagem na área de desenho e observe os pontos das coordenadas utilizados no processo de ajuste da imagem (Figura 7.10).

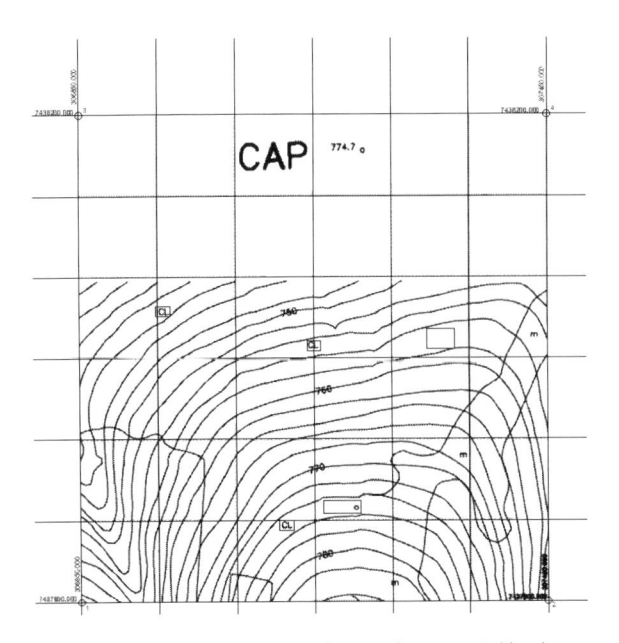

Figura 7.10 Imagem posicionada com a ferramenta Rubbersheet.

8. Repita os procedimentos anteriores para efetuar novos ajustes de posicionamento da imagem, caso necessário.

9. O recurso **Rubbersheet** redefine as imagens, podendo causar distorções severas nelas. Seu uso deve ser cauteloso.

10. Com o novo posicionamento da imagem, torna-se possível criar o arquivo de correlação para o georreferenciamento da imagem. Acesse a ferramenta da ribbon **Raster Tools > Insert & Write > World File**.

11. Na linha de comando, confirme a pasta em que será gravado o arquivo de correlação. Este arquivo será gravado com o mesmo nome da imagem e no formato TFW. Pressione a tecla **Enter**.

12. Feche o arquivo.

O uso dos recursos de manipulação nas entidades raster das imagens, denominado **REM**, possibilita a criação de regiões desejadas nas imagens para remoção, reposicionamento, escalonamento, rotação, unir imagens e até mesmo criar imagens de regiões selecionadas na imagem original. No próximo exemplo, alguns desses recursos serão apresentados para eventuais edições em imagens bitonais.

Agora, estude o exemplo a seguir:

1. Inicie o Autodesk Civil 3D.

2. Abra o arquivo **7-2-2_EDIÇÃO-IMAGEM. DWG**, disponível na plataforma da editora.

3. Acesse a ferramenta da ribbon **Raster Tools > REM > Create Region > Rectangular**.

4. Na área de desenho, crie um retângulo sobre os retângulos em magenta descritos com o texto **CL** (Figura 7.11).

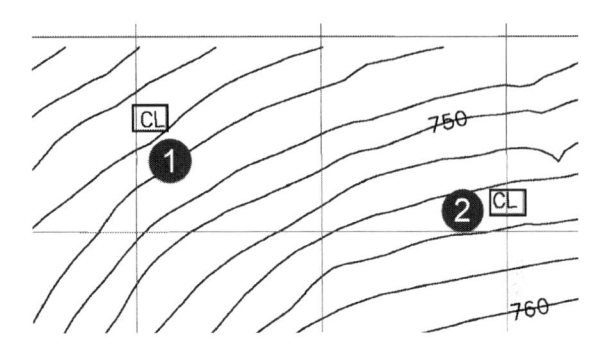

Figura 7.11 Regiões criadas com REM para remoção.

5. Selecione as regiões **REM** criadas na imagem e aperte a tecla **Del** para removê-las.

6. Com a remoção das regiões **REM** criadas na imagem, os dados raster presentes dentro dessas regiões também serão removidos da imagem (Figura 7.12).

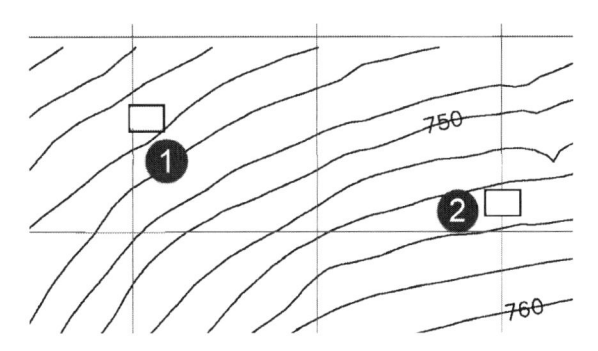

Figura 7.12 Regiões removidas da imagem com o uso da ferramenta REM.

7. Acesse a ferramenta da ribbon **Raster Tools > REM > Create Region > Rectangular**.

8. Crie um retângulo **REM** sobre o texto **774.7** juntamente com o círculo de cota, localizado na parte superior da imagem (Figura 7.13).

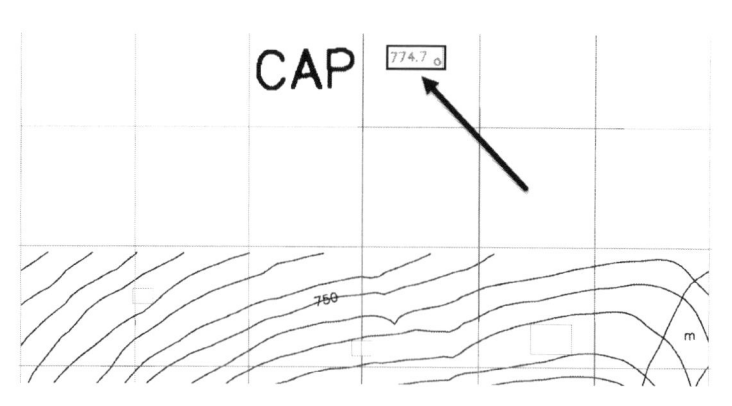

Figura 7.13 Região do ponto de cota selecionado com a ferramenta REM.

9. Selecione o quadro vermelho do REM, criado sobre o texto da cota, e mova-o com o comando **Move** para próximo do retângulo azul na parte inferior da imagem (Figura 7.14). Utilize o círculo da cota como referência.

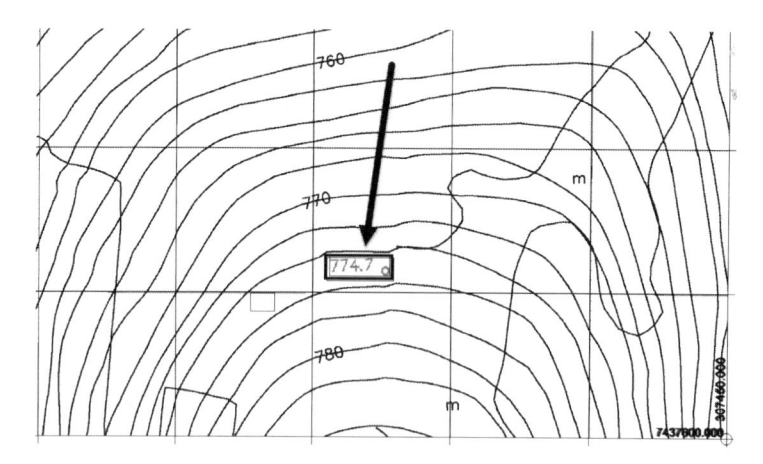

Figura 7.14 Novo posicionamento da região REM do ponto cotado.

10. Na área de desenho, selecione a região REM com o ponto cotado e acesse a ferramenta da ribbon **Raster Tools > Merge To Raster Image.**

11. Agora, a região com o texto do ponto cotado está incorporada à imagem em sua nova posição.

12. Acesse a ferramenta da da ribbon **Raster Tools > REM > Create Region > Rectangular.**

13. Crie um novo retângulo REM sobre o texto **CAP** localizado na parte superior da imagem (Figura 7.15).

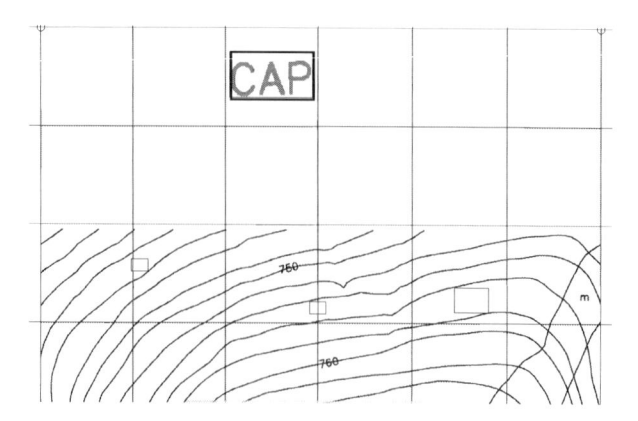

Figura 7.15 Região do texto da imagem selecionado com a ferrramenta REM.

14. Na área de desenho, selecione a região REM criada sobre o texto.

15. Aplique o comando **Scale** na região com o fator de escala em **0.40**.

16. Mova a região REM para próximo do retângulo verde.

17. Na área de desenho, selecione a região REM do texto CAP e acesse a ferramenta da ribbon **Raster Tools > Merge To Raster Image.**

18. Agora, o texto está menor e reposicionado na imagem original (Figura 7.16).

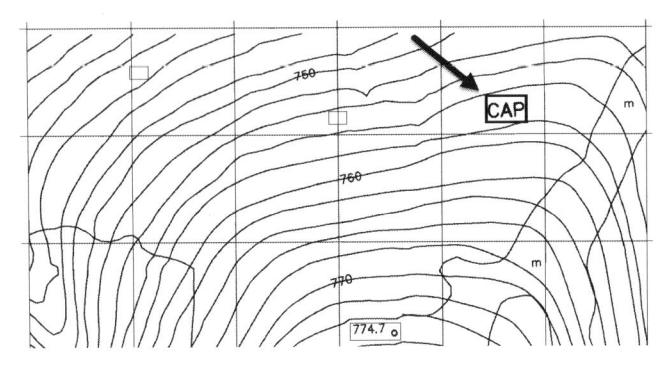

Figura 7.16 Texto de imagem manipulado com a ferrramenta REM.

19. Como a imagem sofreu diversas alterações, será necessário gravar o arquivo com as novas atualizações. Acesse a ferramenta da ribbon **Raster Tools > Insert & Write > Save As**.

20. Na caixa de diálogo **Save As**, determine o nome e local para o arquivo de imagem.

21. Feche o arquivo.

7.3 Vetorização de imagens

O processo de construção de modelos de superfícies é definido pela aquisição de dados de levantamentos de campo, sendo por meio de levantamentos topográficos tradicionais ou capturas de imagens ou laser scanner. Contudo, existe outra opção de entrada de dados para a construção de superfícies menos tradicionais, quando ocorrer a necessidade de utilizar bases topográficas antigas armazenadas em papel: pode-se escanear essas bases, transformando-as em imagens para uso no processo de vetorização, nas quais os dados raster são digitalizados para entidades vetores de AutoCAD, como linhas, textos, círculos e polilinhas (Figura 7.17). Então, as curvas de nível provenientes de imagens poderão ser vetorizadas para entidades polilinhas com elevações. Este processo permitirá o uso dessas entidades para a construção do modelo tridimensional da superfície para representar o terreno levantado.

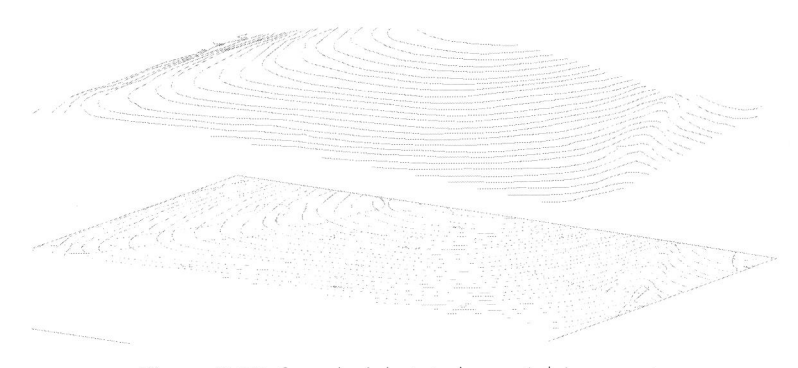

Figura 7.17 Curvas de nível vetorizadas a partir da imagem raster.

As ferramentas de vetorização de dados raster ficam posicionadas no painel **Vectorize & Recognize Text** da ribbon **Raster Tools** (Figura 7.18), e junto a elas está posicionado o painel **Snap**, utilizado para a captura de pontos notáveis nas imagens. Ambos fornecerão mais produtividade durante o processo de vetorização de imagens. É importante salientar que, para

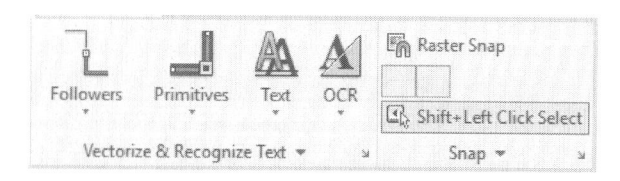

Figura 7.18 Painéis para vetorização e captura de imagens.

a utilização das ferramentas de vetorização, as imagens deverão ser do tipo bitonais, para que seja possível utilizar os pixels visíveis nas imagens para orientar as novas geometrias que serão criadas sobre eles.

As ferramentas em **Followers** permite a vetorização semiautomática de polilinhas e de curvas de nível (**Contour Followers**). **Primitives** possibilita a vetorização de elementos primitivos como linhas, arcos e retângulos. Em **Text**, pode-se criar textos manuais sobre a imagem, o que é muito diferente de **OCR**, que reconhece automaticamente os textos presentes na imagem.

Exercício – Vetorização de curvas de nível

O exercício a seguir ilustra os procedimentos para a importação de imagem georreferenciada e uso das ferramentas de vetorização das curvas de nível para a criação do modelo da superfície do terreno. Execute os procedimentos a seguir para concluir o exercício:

1. Inicie o Autodesk Civil 3D.
2. Abra o arquivo **7-4-1_VETORIZAÇÃO-CURVAS-DE-NIVEL.DWG**, disponível na plataforma da editora.
3. Acesse a ferramenta da ribbon **Raster Tools > Insert & Write > Insert**.
4. Na caixa de diálogo **Insert Image**, localize o arquivo **7-4-1_VETORIZAÇÃO-CURVAS-DE-NIVEL. TIF**, disponível da plataforma da editora. Habilite a opção **Insertion Wizard** e clique no botão **Open**.
5. Na janela **Pick Correlation Source**, observe que a imagem possui seu arquivo equivalente de correlação. Isso fica aparente no quadro **Correlation Source** quando disponível a opção **World File Correlation**. Verifique os valores de inserção e o posicionamento da imagem na área de desenho (Figura 7.19). Clique em **Next**.

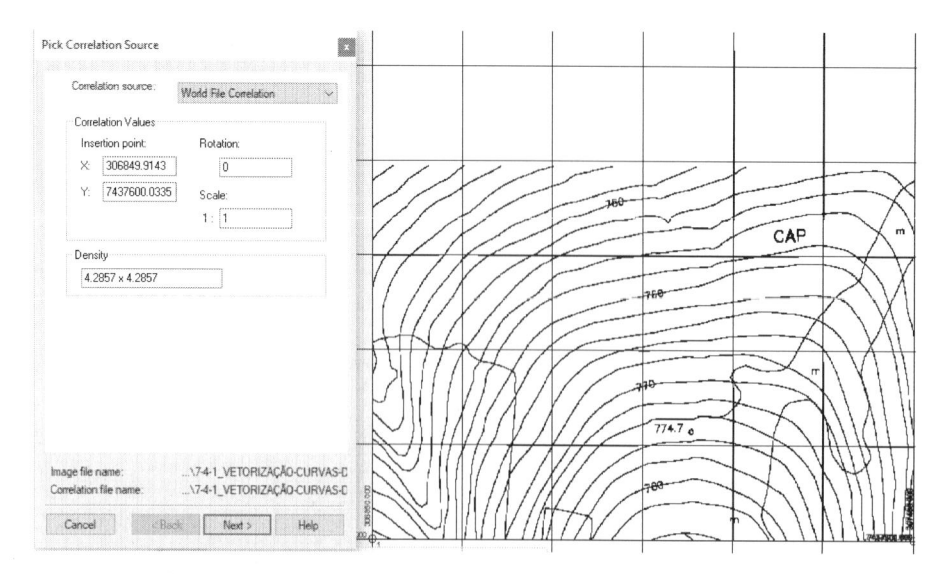

Figura 7.19 Importação de imagem com arquivo de correlação georreferenciado.

6. Na janela **Modify Correlation Values**, verifique os valores de inserção da imagem. Clique em **Next**.

7. Na janela **Insertion**, clique no botão **Select** do quadro **Color** para escolher uma cor para a imagem. Na caixa **Select Color**, escolha a cor **252** e clique em **OK**. Clique no botão **Finish** para concluir.

8. Abra a caixa de opções do Raster Design para configurar o intervalo para as curvas de nível. Acesse a ferramenta da ribbon **Raster Tools > Vectorize & Recognize Text > Options**, indicado com o ícone de seta pequeno.

9. Na aba **VTools General**, da caixa **AutoCAD Raster Design Options**, selecione o método **None** no quadro **Removal Method** para não remover dados ras da imagem durante a vetorização (Figura 7.20).

10. Na aba **VTools Follower** da caixa **AutoCAD Raster Design Options**, digite **2** no quadro **Elevation Interval** para definir o intervalo de elevações entre as curvas de nível, e clique no botão **OK** (Figura 7.20).

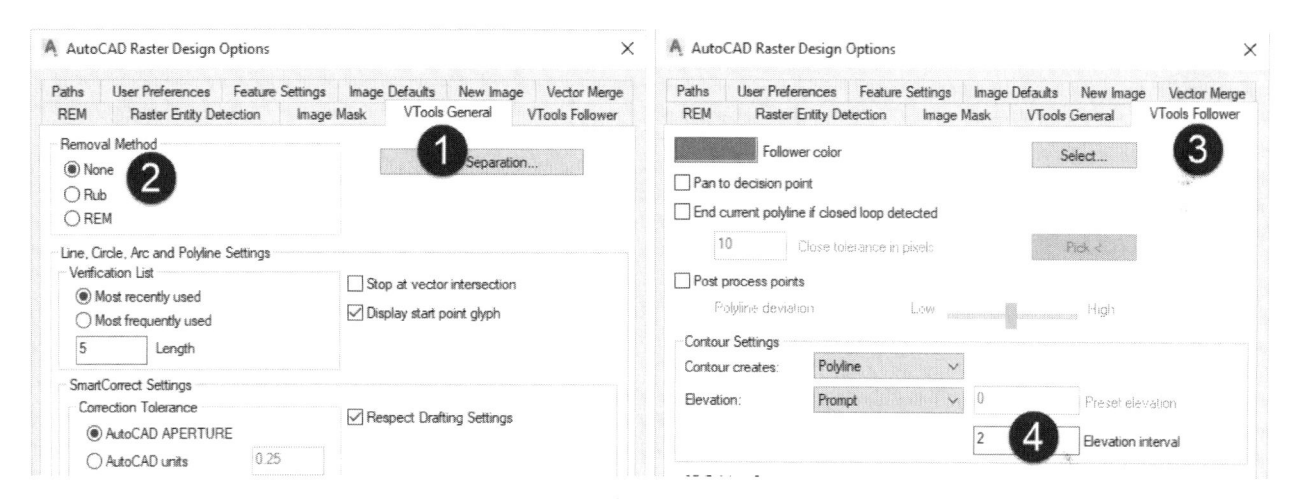

Figura 7.20 Caixa de opções do Raster Design para configurações de vetorização.

11. Antes de iniciar o processo de vetorização das curvas de nível, verifique as opções da ferramenta **Contour Follower** que estarão disponíveis na linha de comando para controle da vetorização:

    ◆ **Add:** opção para a adição de vértices de curvas de nível.

    ◆ **Switch:** opção para trocar de extremidade da curva de nível.

    ◆ **Backup:** opção que permite desfazer o último vértice da curva de nível vetorizado.

    ◆ **Rollback:** opção utilizada para desfazer um conjunto de vértices da curva de nível.

    ◆ **Direction:** opção para controlar a direção de vetorização da curva de nível.

    ◆ **Continue:** opção para continuar a vetorização semiautomática da curva de nível selecionada.

    ◆ **Vector:** opção que permite a seleção de um vetor existente no desenho.

    ◆ **Close:** opção para fechar uma curva de nível quando ela estiver próxima de seu início.

    ◆ **Join:** opção utilizada para unir curvas de nível que estiverem segmentadas no desenho.

12. Acesse a ferramenta da ribbon **Raster Tools > Vectorize & Recognize Text > Followers > Contour Follower** para iniciar o processo de vetorização das curvas de nível.

13. Na área de desenho, clique na curva de nível de elevação **760** e verifique a vetorização total da curva de nível selecionada. Pressione a tecla **Enter** para encerrar a vetorização da curva de nível selecionada (Figura 7.21).

14. Na linha de comando, digite **760** para definir a elevação da curva de nível vetorizada no desenho. Pressione **Enter** para confirmar a elevação.

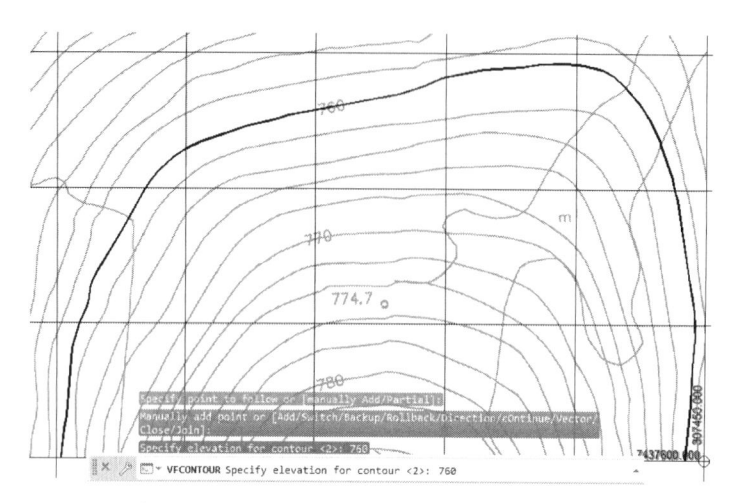

Figura 7.21 Curva de nível 760 vetorizada sobre a imagem.

15. Ainda no comando de vetorização das curvas de nível, clique na curva de nível de elevação **762** posicionada abaixo daquela vetorizada anteriormente.

16. Observe que a curva de nível não foi totalmente vetorizada. Isso ocorre na presença de cruzamentos dos pixels da imagem, ocasionando um ponto de decisão e que necessita da intervenção do usuário. Essas linhas de interferências necessitam de atenção especial para que não ocorram mudanças na linha a ser seguida.

17. Aproxime com **Zoom** na região de intervenção na curva de nível. Clique após o cruzamento da linha da curva de nível com a interferência da linha da vegetação. Na linha de comando, selecione a opção **Continue** para continuar a vetorização da curva de nível.

18. Na linha de comando, selecione a opção **Switch** para mudar para a outra extremidade da curva de nível. Clique após o cruzamento de linhas e selecione a opção **Continue**.

19. Finalize a vetorização pressionando a tecla **Enter**.

20. Na linha de comando, confirme a elevação **762** e pressione a tecla **Enter**.

21. Verifique as duas curvas de nível vetorizadas no desenho (Figura 7.22).

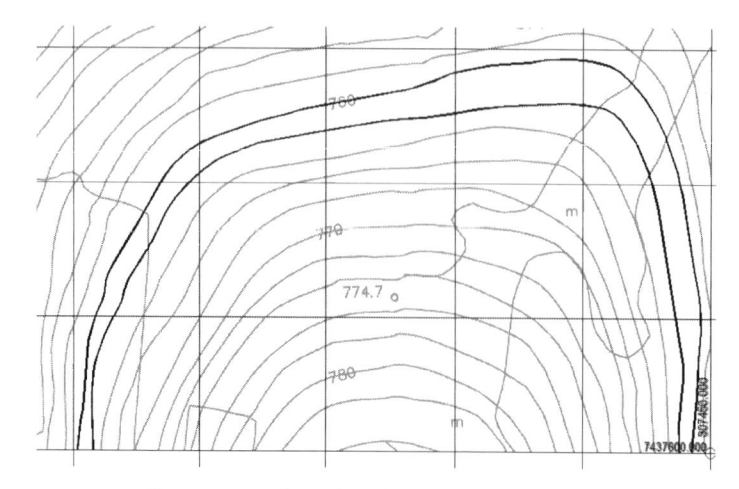

Figura 7.22 Curvas de nível vetorizadas sobre a imagem.

22. Repita os procedimentos para vetorizar as demais curvas de nível da imagem. Verifique as cotas ao final de cada curva vetorizada.

23. Com as curvas de nível vetorizadas e suas respectivas elevações aplicadas, fica possível criar o modelo da superfície para uso em projetos de infraestrutura. Se necessário, insira o arquivo **7-4-2_CURVAS-VETORIZADAS.DWG**, disponível na plataforma da editora. Este arquivo contém as curvas de nível vetorizadas.

24. Selecione a ferramenta da ribbon **Home > Create Ground Data > Surfaces > Create Surface**.

25. Na caixa de diálogo **Create Surface**, digite **SU_EX_T_TERRENO-NATURAL** no campo **Name**, para definir o nome para a superfície. Mantenha as demais configurações e clique no botão **OK** (Figura 7.23).

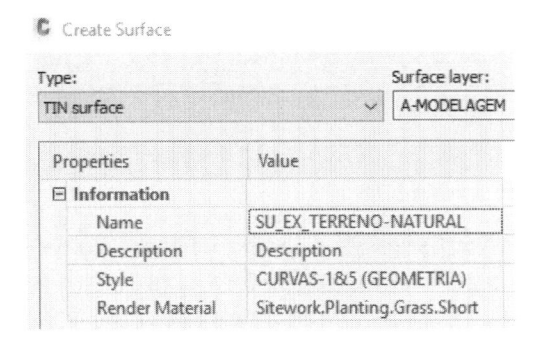

Figura 7.23 Caixa de criação de superfície.

26. Na aba **Prospector** da paleta **Toolspace**, selecione **Surfaces > SU_EX_T_TERRENO-NATURAL > Definition**. Clique com o botão direito do mouse sobre **Countours** e selecione a opção **Add** (Figura 7.24).

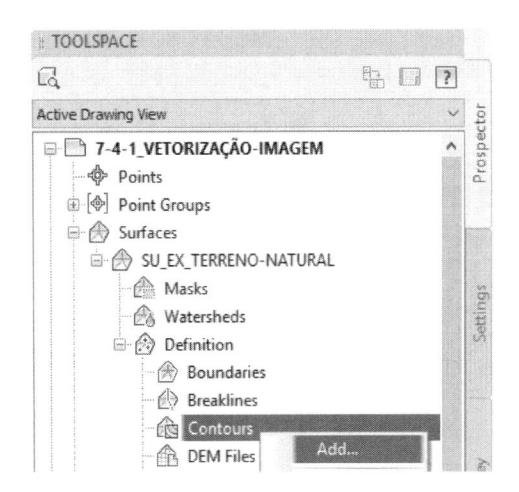

Figura 7.24 Ferramenta de adição de curvas de nível na superfície.

27. Na caixa de diálogo **Add Contour Data**, digite **Curvas** no campo **Description**. Habilite a opção **Swapping Edges** para minimizar eventuais áreas planas na definição da superfície e clique no botão **OK** (Figura 7.25).

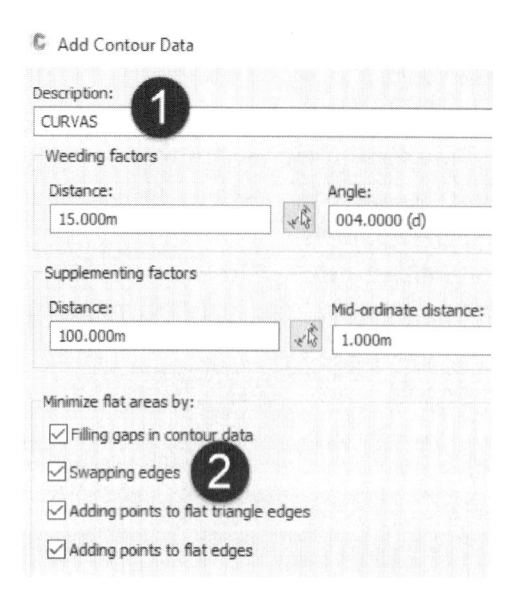

Figura 7.25 Opções de adição das curvas de nível na definição da superfície.

28. Selecione as curvas de nível presentes no desenho e confirme com **Enter**.

29. Navegue no modelo para analisar a superfície criada pelas curvas de nível vetorizadas da imagem (Figura 7.26).

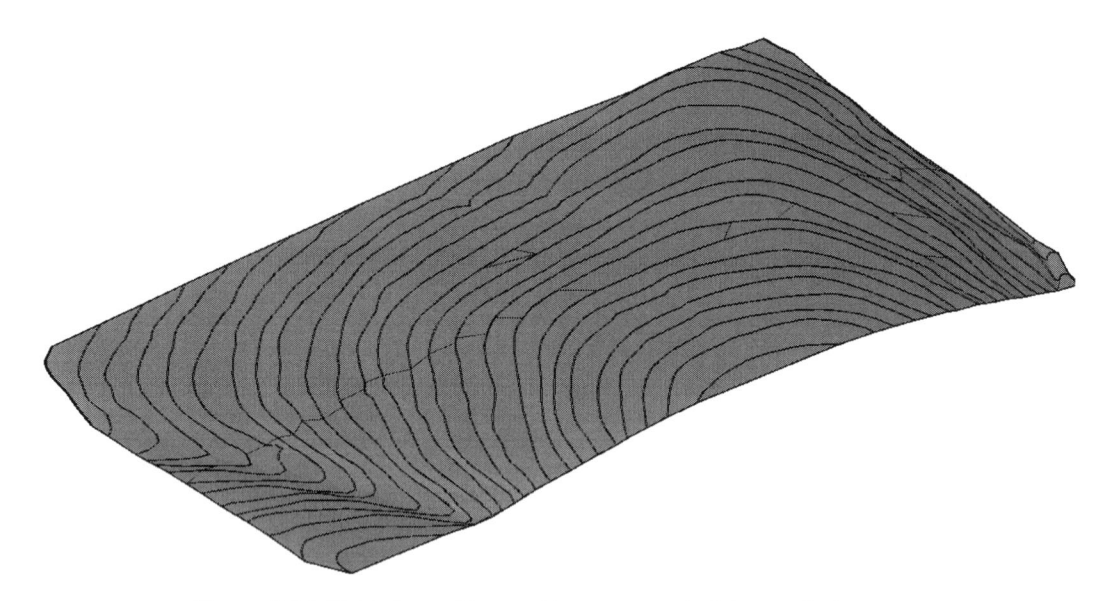

Figura 7.26 Modelo de superfície construído com as curvas de nível vetorizadas da imagem.

30. Feche o arquivo.

Manipulação de Modelos de Superfícies

O modelo digital do terreno, conhecido como MDT, é formado pela união de linhas por meio dos pontos obtidos pelos levantamentos de campo para representar a superfície topográfica ou, ainda, composto por geometrias projetadas para representar a superfície do projeto. Essas linhas agrupadas formam malhas triangulares ou quadriculadas para compor o modelo tridimensional de um terreno existente ou de superfícies de camadas geológicas e do projeto de terraplenagem (Figura 8.1).

Figura 8.1 Modelos de superfícies do terreno e projeto.

Os objetos que representam o modelo digital do terreno são denominados superfícies (surfaces) no Autodesk Civil 3D. A elaboração de superfícies conectando os pontos de levantamentos tradicionais utilizará o método de triangulação conhecido como TIN (triangular irregular network). É possível utilizá-lo para criar superfícies do tipo **Tin Surface** no Autodesk Civil 3D ou elaborar superfícies por meio de malhas para formar objetos do tipo **Grid Surface**.

Em projetos de engenharia civil, a representação dos dados topográficos é caracterizada pela simbologia dos pontos levantados e pela indicação das curvas de nível nos desenhos. Entretanto, ao definir o modelo digital do terreno, cria-se o modelo tridimensional de uma região específica e, assim, aplicam-se os estilos e recursos do Autodesk Civil 3D, para escolher a representação desejada do modelo de superfície durante as etapas de elaboração de estudos, análises e projetos.

O processo para a construção da superfície do terreno primitivo utiliza dados de levantamentos de campo como pontos cotados e curvas de nível, e, da mesma maneira, é possível construir o modelo triangulado de superfície para representar os projetos de terraplenagem, utilizando geometrias projetadas, como alinhamentos, perfis, feature lines, entre outras.

8.1 Fluxos para a manipulação de superfícies

O processo para criação e manipulação de modelos de superfícies no Autodesk Civil 3D inicia-se com a utilização de arquivos de templates ou desenhos existentes, que deverão possuir as configurações predefinidas de estilos para a representação dos modelos de superfícies e os demais objetos dos projetos. Em seguida, são importados os dados de levantamentos de campo para a construção do modelo digital do terreno, para depois iniciar em as etapas de execução de análises, edições e colaboração das superfícies, que servirão como alicerces para as demais disciplinas dos projetos. A construção dos modelos de superfícies de terraplenagem dos projetos utiliza as geometrias projetadas, para, então, seguir às etapas de análises e colaboração. Os fluxogramas a seguir (Figuras 8.2 e 8.3) ilustram os possíveis processos para criação e manipulação de modelos de superfícies, que poderão depender da etapa ou fase do projeto.

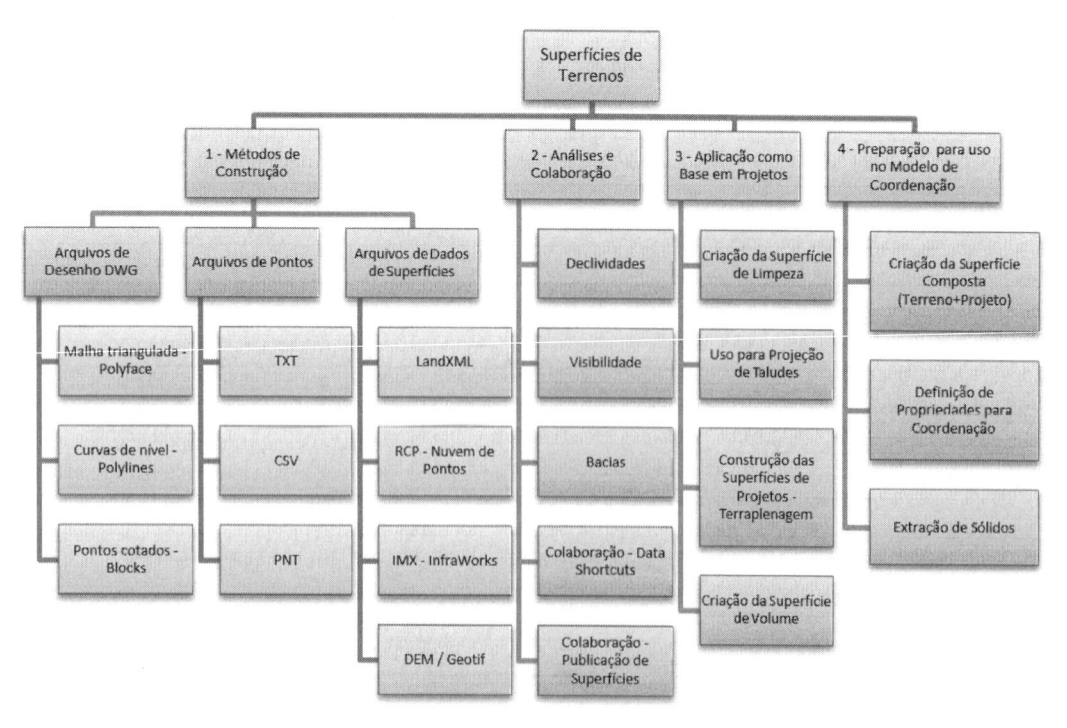

Figura 8.2 Fluxo para modelos de superfícies de terrenos.

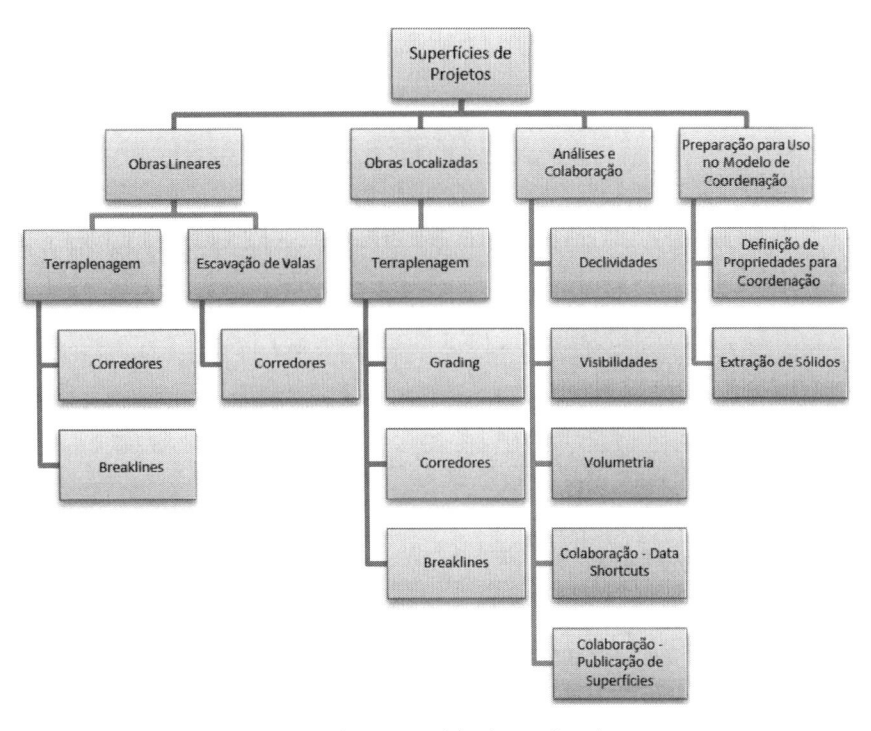

Figura 8.3 Fluxo para modelos de superfícies de projetos.

8.2 Definição de superfícies

A aba **Prospector** da **Toolspace** permite a criação de modelos de superfícies e o acesso aos dados dos objetos criados no desenho. Após criar o modelo de superfície, pode-se expandir a categoria **Surfaces** para criar máscaras no campo **Masks**, acessar as informações de análises de bacias em **Watersheds** e controlar os dados de definição das superfícies por meio das opções presentes em **Definition** (Figura 8.4).

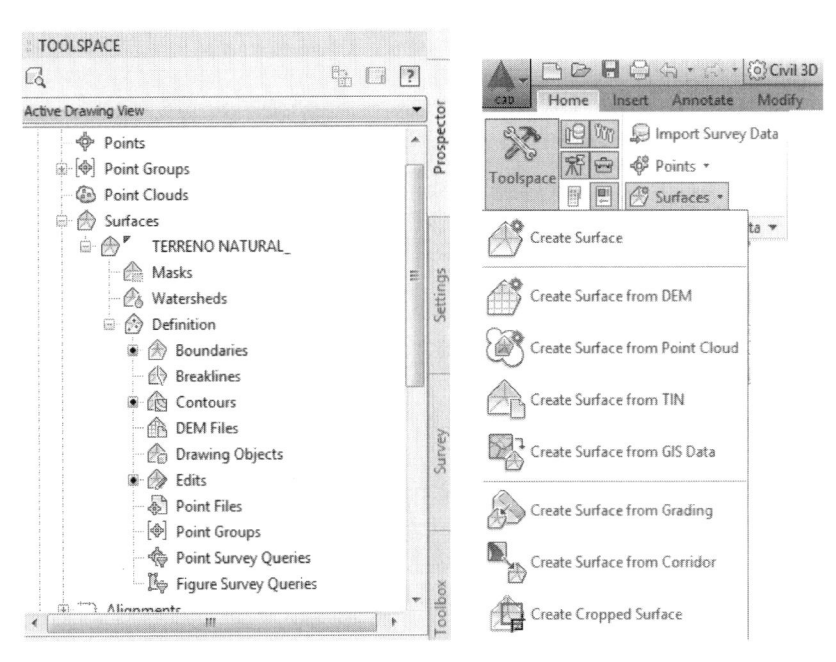

Figura 8.4 Recursos para criação e manipulação dos modelos de superfícies.

- **Create Surface:** recurso para a criação de modelos de superfícies.

- **Create Surface from Point Cloud:** recurso utilizado para a criação do modelo de superfície a partir de nuvem de pontos importados no desenho.

- **Create Surface from TIN:** recurso que permite a criação do modelo de superfície por meio de arquivos de triangulação.

- **Create Surface from GIS Data:** recurso para a criação de superfícies por meio da importação de dados geoespaciais.

- **Create Surface from Grading:** recurso que permite a criação de superfície proveniente da geometria de objetos grading, utilizados no desenvolvimento de projetos de terraplenagem.

- **Create Surface from Corridor:** recurso utilizado para a criação do modelo de superfície a partir do modelo do corredor.

- **Create Cropped Surface:** recurso utilizado para a criação de uma superfície, selecionando uma região de uma superfície existente no desenho, e que possibilita a exportação do novo modelo de superfície para um novo arquivo de desenho.

- **Boundaries:** recurso que permite eliminar regiões do modelo da superfície pela seleção de geometrias fechadas existentes no desenho, delimitando uma fronteira na região desejada do modelo. Muito utilizado para cortar os triângulos desnecessários presentes no modelo da superfície.

- **Breaklines:** recurso que possibilita a adição de linhas obrigatórias no modelo de superfície.

- **Contours:** recurso com o qual é possível adicionar polylines que representam curvas de nível na definição da superfície. Esta opção cria a malha de triângulos sobre os vértices das polylines selecionadas.

- **DEM Files/Create Surface from DEM:** recurso que possibilita a importação de arquivos em formato DEM na definição da superfície.

- **Drawing Objects:** recurso que exibe a caixa de diálogo **Add Points From Drawing Objects**, para a adição de objetos de desenho, como pontos, blocos e polifaces na definição do modelo da superfície. Com o botão direito do mouse sobre a categoria **Edits**, da aba **Prospector** da **Toolspace**, é possível acessar as ferramentas de edição de superfície, remover triângulos, adicionar pontos e minimizar áreas planas da triangulação do modelo da superfície.

- **Point Files:** recurso que permite a importação de arquivos de pontos diretamente para a definição dos triângulos do modelo da superfície.

- **Point Groups:** opção que possibilita a seleção de grupos de pontos existentes no desenho para o modelo da superfície.

- **Point Survey Queries e Figure Survey Queries:** recursos que possuem opções para selecionar pesquisas realizadas no banco de dados de survey para a adição de dados topográficos na definição do modelo de superfície.

A ribbon contextual **Tin Surface** é exibida ao selecionar uma superfície no desenho, além de permitir acesso aos dados do modelo, como propriedades e ferramentas do modelo da superfície selecionada (Figura 8.5).

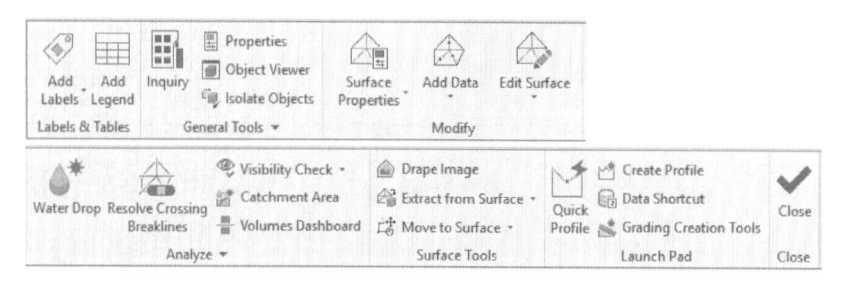

Figura 8.5 Ferramentas presentes na ribbon contextual Tin Surface.

8.2.1 Superfícies de pontos

Após a importação e o tratamento dos pontos provenientes de levantamentos, será possível elaborar os modelos de superfícies por meio da triangulação dos grupos de pontos existentes no desenho, ou utilizar os pontos do levantamento topográfico presentes no banco de dados de survey, na definição de modelos de superfícies (Figura 8.6).

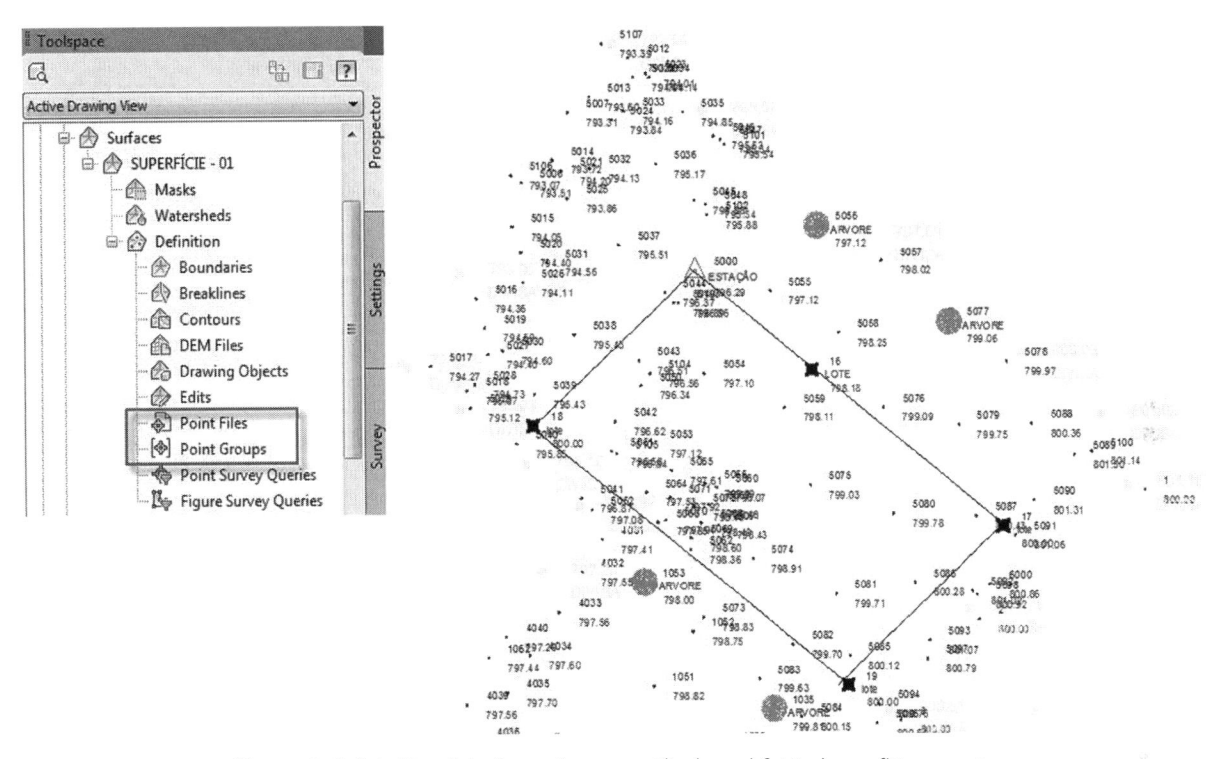

Figura 8.6 Point Files e Point Groups são recursos utilizados na definição de superfícies por pontos.

A próxima sequência exibe os procedimentos para a criação de um modelo de superfície selecionando um grupo de pontos existentes no desenho.

Agora, estude o exemplo a seguir:

1. Abra o arquivo **8-2-1_GEOMETRIA_SUPERFÍCIE.DWG**, disponível na plataforma da editora.
2. Selecione pela ribbon **Home** → **Create Ground Data** → **Surfaces** → **Create Surface**.
3. Digite **Superfície-1** no campo **Name** da caixa de diálogo **Create Surface**, verifique o estilo utilizado no campo **Style** e clique no botão **OK**.
4. Na aba **Prospector** da janela **Toolspace**, expanda **Surfaces** → **SUPERFÍCIE - 1** → **Definition**. Clique com o botão direito do mouse sobre **Point Groups** e selecione a opção **Add**.
5. Na caixa de diálogo **Point Groups**, selecione o grupo **_All Points** e clique no botão **OK** para concluir.
6. Verifique a superfície criada na área de desenho. O estilo de superfície aplicado exibe as curvas de nível com intervalos de 1.00m entre elas.
7. Para alterar o estilo de representação da superfície e exibir os triângulos, selecione a superfície na área de desenho. A ribbon contextual **Tin Surface** exibe as ferramentas para manipulação do modelo de superfície selecionado.
8. Selecione a ferramenta da ribbon **Tin Surface** → **Modify** → **Surface Properties**.

9. Na aba **Information**, da caixa de diálogo **Surface Properties**, selecione o estilo **Triângulos e Curvas** no campo **Surface Style**. Clique no botão **OK** para concluir.

10. Verifique que, além das curvas de nível, os triângulos são exibidos no modelo da superfície. Acesse novamente a caixa **Surface Properties** para alterar a representação da superfície (Figura 8.7).

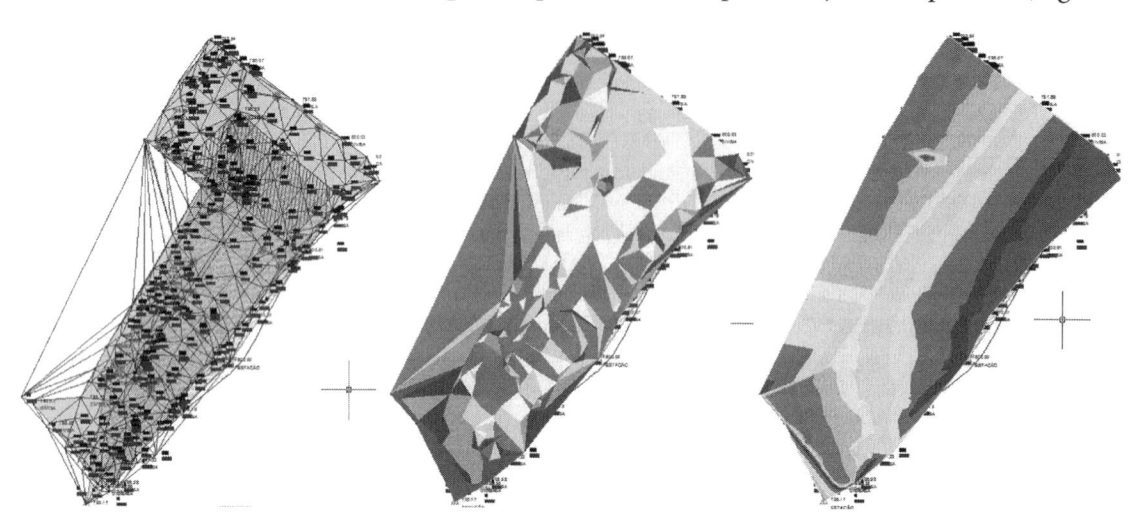

Figura 8.7 Superfície criada com diferentes estilos de representação.

11. A substituição dos estilos de superfície poderá auxiliar na elaboração de estudos e análises no modelo do terreno, como mapas de declividades, elevação e planta de bacias.

8.2.2 Superfícies de arquivos de pontos

Em geral, ao criar superfícies contendo áreas muito grandes, estamos elaborando o modelo triangulado dessas áreas. Assim, poderá ocorrer alguma redução no desempenho durante a manipulação desses modelos matemáticos.

O recurso de importação de arquivos de pontos poderá beneficiar o desempenho durante a manipulação de modelos pesados, principalmente quando não houver a necessidade de visualização dos pontos levantados no desenho. Esse recurso poderá ser muito útil em arquivos de levantamentos com áreas extremamente grandes, em que a importação dos pontos será efctuada diretamente para o modelo de superfície no desenho.

Agora, estude o exemplo a seguir:

1. Inicie um novo desenho utilizando o arquivo de template **_AutoCAD Civil 3D 2020_BRA (DER).DWT**, fornecido com a instalação do pacote *Brazil Content*.

2. Selecione a ferramenta da ribbon **Home →Create Ground Data → Create Surface**.

3. Digite **SUPERFÍCIE - 2** no campo **Name**, da caixa de diálogo **Create Surface**, verifique o estilo utilizado no campo **Style** e clique no botão **OK**.

4. Na aba **Prospector** da **Toolspace**, expanda **Surfaces → SUPERFÍCIE - 2 → Definition**. Clique com o botão direito do mouse sobre **Point Files** e selecione **Add** (Figura 8.8).

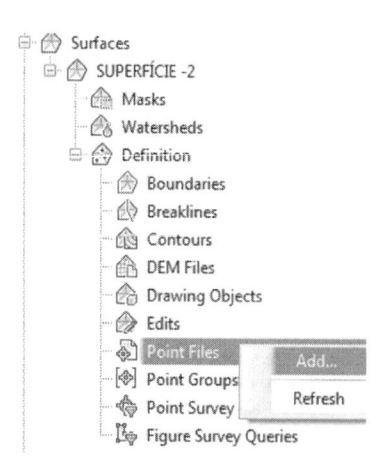

Figura 8.8 Ferramenta de importação de arquivos de pontos para a superfície

5. Na caixa de diálogo **Add Point File**, clique no botão + para selecionar o arquivo de texto **Pontos.TXT**, disponível na plataforma da editora.

6. Selecione o formato **PENZD (comma delimited)** no campo **Specify Point File Format**. Clique no botão **OK** para iniciar a importação.

7. Aplique **Zoom Extents** e verifique a superfície criada no desenho.

8. É possível navegar na superfície para análise visual por meio do comando **Orbit**. Entretanto, pode-se selecionar o modelo de superfície e a ferramenta da ribbon **Tin Surface** ⇢ **General Tools** ⇢ **Object Viewer** para navegar apenas pelos objetos selecionados no desenho.

9. A caixa de diálogo **Object Viewer** possui ferramentas de navegação 3D nos modelos selecionados.

10. Feche a caixa **Object Viewer** para retornar à área de desenho.

8.2.3 Superfícies de curvas de nível

Grande parte dos levantamentos de campo são fornecidos em formatos de arquivos de desenhos contendo as características geométricas do local levantado. Esses desenhos topográficos poderão conter a locação dos pontos levantados de geometrias existentes e ainda possuir as curvas de nível na forma de objetos polylines. Essas polilinhas representam as curvas de nível do terreno e, obrigatoriamente, deverão possuir suas respectivas elevações, para que, dessa forma, possam ser utilizadas na elaboração dos modelos de superfícies por meio do recurso **Contours** do Autodesk Civil 3D (Figura 8.9).

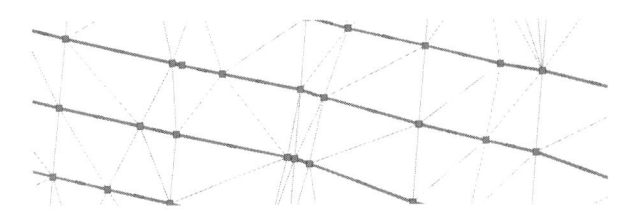

Figura 8.9 A triangulação das curvas de nível obedece aos vértices das polylines.

As polylines utilizadas terão seus vértices unidos por triângulos durante o processo de criação do modelo de superfície. Os objetos polylines não poderão ser removidos do desenho, assim como qualquer outro tipo de objeto utilizado na elaboração dos modelos de superfícies deverá permanecer nos desenhos para funcionamento do dinamismo do Autodesk Civil 3D. Então, é aconselhado o congelamento do layer das polylines e dos demais objetos utilizados para este fim.

Nos casos de recebimento de polylines de curvas de nível sem suas respectivas elevações, será possível estabelecer suas elevações por meio da ferramenta da ribbon **Modify** ⇢ **Design** ⇢ **Edit Polyline Elevations**, para corrigir as elevações das polylines. Para atribuir elevações de forma ordenada, pode-se fazer bom uso do recurso presente em **Toolspace** ⇢ **Toolbox** ⇢ **Brasil** ⇢ **Recursos Adicionais** ⇢ **Curvas de Nível 2D > 3D**.

O próximo exemplo ilustra os procedimentos para a elaboração de um modelo de superfície por meio de objetos polylines que representam curvas de nível e são provenientes do levantamento de campo.

Agora, estude o exemplo a seguir:

1. Inicie um novo desenho utilizando o arquivo de template **_AutoCAD Civil 3D 2020_BRA (DER). DWT**, ou algum template criado anteriormente.

2. Insira o desenho **8-2-3_CURVAS_DE_NIVEL. DWG**, disponível na plataforma da editora. Utilize o comando **Insert** para inserir o desenho das curvas de nível nas coordenadas **0,0** com escala de **01** unidade e rotação de **00**; habilite a opção **Explode** e clique no botão **OK**.

3. Aplique **Zoom Extents** para localizar as curvas de nível importadas e verifique as elevações das polylines.

4. Selecione a ferramenta pela ribbon **Home** ⇢ **Create Ground Data** ⇢ **Create Surface**.

5. Digite **SU-EX-F-NATURAL** no campo **Name**, da caixa de diálogo **Create Surface**, selecione um estilo no campo **Style** e clique no botão **OK**.

6. Na aba **Prospector** da janela **Toolspace**, expanda **Surfaces** → **SU_EX_T_NATURAL** → **Definition**. Clique com o botão direito do mouse sobre **Contours** e selecione a opção **Add**.

7. Na caixa de diálogo **Add Contour Data**, digite **CURVAS** no campo **Description** (Figura 8.10).

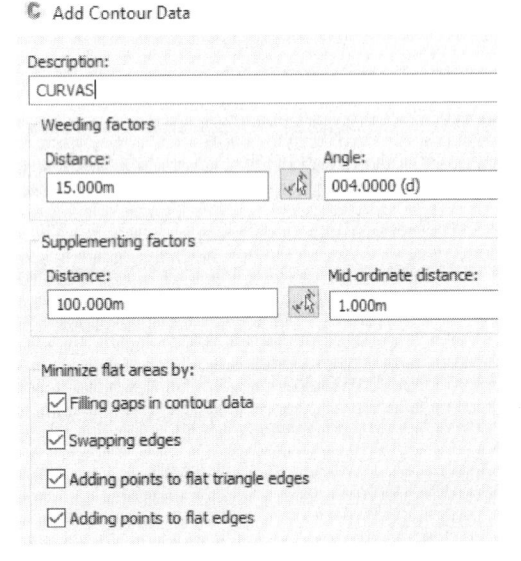

Figura 8.10   Interface da caixa Add Countour Data.

Além da descrição, a caixa de diálogo **Add Contour Data** fornece diversas ferramentas para a triangulação dos vértices das curvas de nível.

- A ferramenta **Weeding Factors**, da caixa de diálogo **Add Contour Data**, permite abandonar vértices excessivos localizados ao longo das *polylines*. Dessa forma, pode-se melhorar o desempenho do equipamento, além de diminuir a quantidade de dados no modelo da superfície e, consequentemente, no arquivo. Por meio da configuração de uma regra baseada na distância e no ângulo de deflexão entre os vértices, torna-se possível controlar a precisão desejada nos dados do modelo (Figura 8.11).

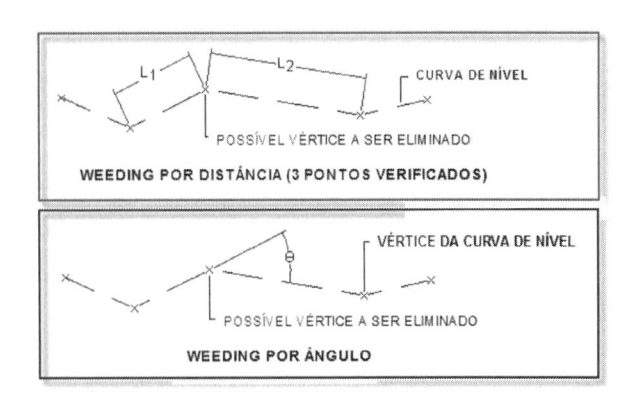

Figura 8.11   Weeding Factors controla os vértices das polylines que serão utilizadas na superfície.

- A ferramenta **Supplementing Factors**, da caixa de diálogo **Add Contour Data**, controla a adição de vértices adicionais ao longo das polylines para aumentar a precisão nos triângulos do modelo da superfície, principalmente nos trechos que possuem grandes distâncias entre os vértices das polylines. Pelo fato de não existirem triângulos com arestas curvadas, é possível segmentar os trechos das polylines que possuírem geometrias em arcos, por meio da configuração de uma distância e do comprimento da flecha do arco (Figura 8.12).

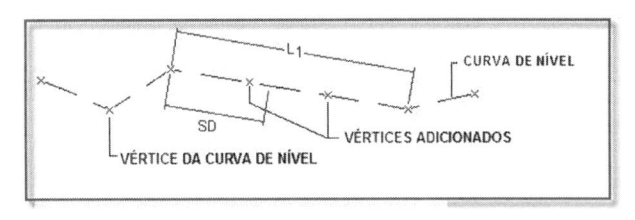

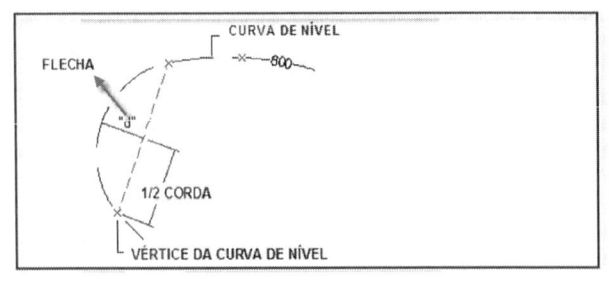

Figura 8.12   Opções de Supplementing Factors para adição de vértices de triângulos.

- As ferramentas do quadro **Minimize Flat Area By** podem minimizar as regiões de triângulos com áreas planas no modelo da superfície. Quando os vértices do triângulo possuírem a mesma cota, será criada uma região de área plana, prejudicando o modelo da superfície. O recurso **Swapping Edges** identifica essas regiões e tentará ajustar os triângulos, apontando suas arestas para outro vértice (Figura 8.13).

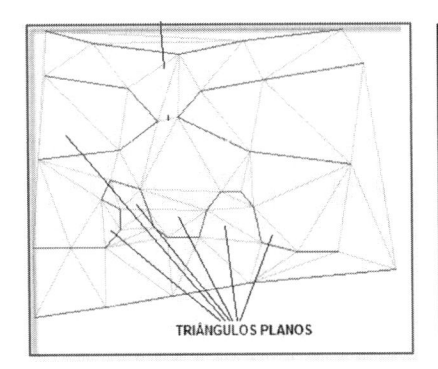 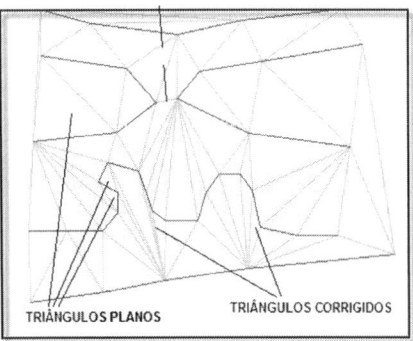

Figura 8.13 Opção Swapping Edges para minimizar áreas planas de triângulos na superfície.

8. Clique no botão **OK**, da caixa de diálogo **Add Contour Data**. Selecione as curvas de nível na área de desenho e pressione a tecla **Enter** para concluir.

9. Congele ou desligue as polylines originais utilizadas na definição da superfície. Navegue no modelo da superfície criado.

10. Efetuar análises e estudos rápidos é uma prática muito utilizada para verificar o comportamento do terreno na forma de perfil longitudinal. Desenhe uma polyline com vários vértices sobre a superfície criada para simular um estudo de traçado horizontal.

11. Selecione a polyline do estudo de traçado, clique com o botão direito do mouse e selecione a opção **Quick Profile**.

12. Clique no botão **OK**, da caixa de diálogo **Create Quick Profiles**, para aceitar as configurações de estilos. Clique na área de desenho para posicionar o gráfico do perfil longitudinal.

A ferramenta **Quick Profile** é muito utilizada nas fases de estudos e viabilidades dos projetos; entretanto, após utilizá-la, a janela **Panorama** é exibida, informando que o perfil longitudinal criado com o **Quick Profile** está temporariamente no desenho e permanecerá até o próximo comando **Save** no arquivo. Para que um perfil longitudinal permaneça definitivamente no desenho, será necessário criar o projeto do alinhamento horizontal (Figura 8.14).

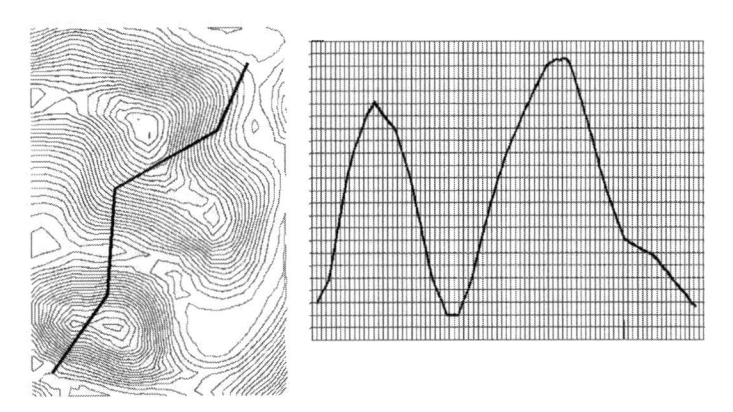

Figura 8.14 Perfil longitudinal do terreno criado com a ferramenta Quick Profile.

Apesar de sua presença temporária no desenho, o perfil longitudinal criado com a ferramenta **Quick Profile** interage dinamicamente com a polyline do traçado horizontal.

13. Altere o traçado horizontal reposicionando os grips da polyline e verifique o comportamento do perfil longitudinal.

8.2.4 Superfícies de objetos de desenho

Em algumas situações, os arquivos recebidos de levantamentos topográficos poderão conter algumas informações inconsistentes, como curvas de nível sem suas respectivas elevações, ou trabalho em desenhos contendo somente objetos de AutoCAD, como blocos utilizados na representação dos pontos levantados, objetos points e até mesmo objetos textos com a informação das cotas de eventuais pontos levantados. Por meio da opção **Drawing Objects**, da categoria **Definition** de superfície, será possível incorporar esses objetos de desenhos na definição de modelos de superfícies.

As ferramentas auxiliares ajudam na correção de eventuais irregularidades nas elevações dos blocos, pela ribbon **Modify** → **Ground Data** → **Surface** para a exibição da ribbon contextual **Surface** (Figura 8.15). Por meio do painel **Surface Tools** da ribbon **Surface**, é possível corrigir as elevações de textos e blocos com os atributos existentes no desenho, extrair sólidos, além da possibilidade de criação de novos modelos de superfícies selecionando regiões em superfícies existentes por intermédio da ferramenta **Crop Surface**.

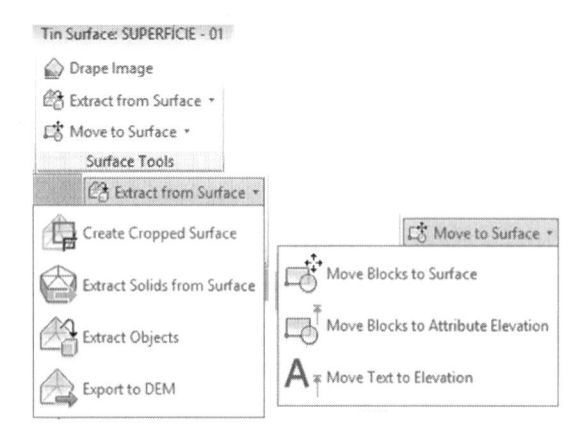

Figura 8.15 Ferramentas auxiliares de superfícies.

O próximo exemplo mostra como corrigir as elevações de blocos existentes em um arquivo de levantamento para a criação de superfícies por meio de objetos pontos e blocos do AutoCAD. Os pontos em magenta são objetos points do AutoCAD e representam a camada de rocha; já os objetos blocos representam os pontos de um levantamento topográfico entretanto, será necessário corrigir suas elevações, obedecendo às cotas descritas nos atributos dos blocos.

Agora, estude o exemplo a seguir:

1. Abra o arquivo **8-2-4_OBJETOS_DESENHO. DWG**, disponível na plataforma da editora.

2. Crie a superfície da camada de rocha com a ferramenta da ribbon **Home** → **Create Ground Data** → **Surfaces** → **Create Surface**.

3. Na caixa de diálogo **Create Surface,** digite **SU_EX_D_ROCHA** no campo **Name**, selecione o estilo desejado e clique em **OK**.

4. Pela aba **Prospector** da **Toolspace**, expanda **Surfaces** → **SU_EX_D_ROCHA** → **Definition**. Clique com o botão direito do mouse sobre **Drawing Objects** e selecione a opção **Add**.

5. Selecione o objeto **Points** no campo **Object Type**, digite **Pontos** no campo **Description** da caixa de diálogo **Add Points From Drawing Objects** e clique no botão **OK** para prosseguir.

6. Selecione os pontos em magenta na área de desenho e pressione **Enter** para concluir. Verifique a superfície rocha criada no desenho.

7. Selecione pela ribbon **Modify** → **Ground Data** → **Surface** para exibir a ribbon contextual **Surface**.

8. Selecione a ferramenta da ribbon **Contextual Surface** → **Surface Tools** → **Move Blocks to Attribute Elevation** para corrigir as elevações dos blocos dos pontos do levantamento.

9. Na caixa de diálogo **Move Blocks to Attribute Elevation**, selecione o bloco **POINT**. Selecione o tag **ELEV** no campo

Select elevation attribute tag e clique no botão **OK** para concluir (Figura 8.16).

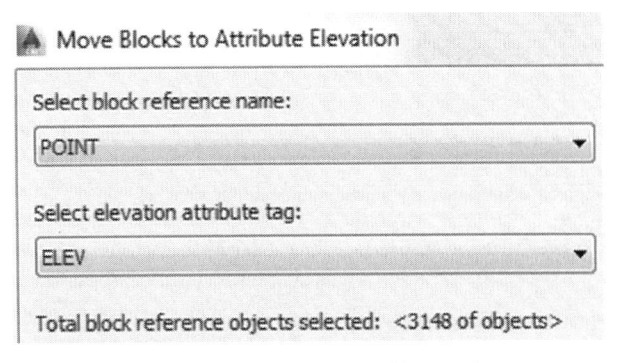

Figura 8.16 Caixa de seleção de bloco e atributo.

10. Verifique as elevações dos blocos de pontos existentes no desenho por meio da janela **Properties**.

11. Crie a superfície do levantamento topográfico. Selecione pela ribbon **Home** → **Create Ground Data** → **Surfaces** → **Create Surface**.

12. Na caixa de diálogo **Create Surface**, digite **SU_EX_T_NATURAL** no campo **Name**, selecione o estilo desejado no campo **Style** e clique no botão **OK** para prosseguir.

13. Pela aba **Prospector** da **Toolspace**, expanda **Surfaces** → **SU_EX_T_NATURAL** → **Definition**. Clique com o botão direito do mouse sobre **Drawing Objects** e selecione a opção **Add**.

14. Na caixa de diálogo **Add Points From Drawing Objects**, selecione o tipo **Blocks** no campo **Object Type**, digite **Blocos** no campo **Description** e clique em **OK**.

15. Selecione os blocos dos pontos levantados existentes no desenho e pressione a tecle **Enter** para concluir.

16. Ligue o layer **T-DI_FIG** e repita os procedimentos para criar a superfície **SU_PR_Q_LIMPEZA**, utilizando objetos do tipo 3D Faces.

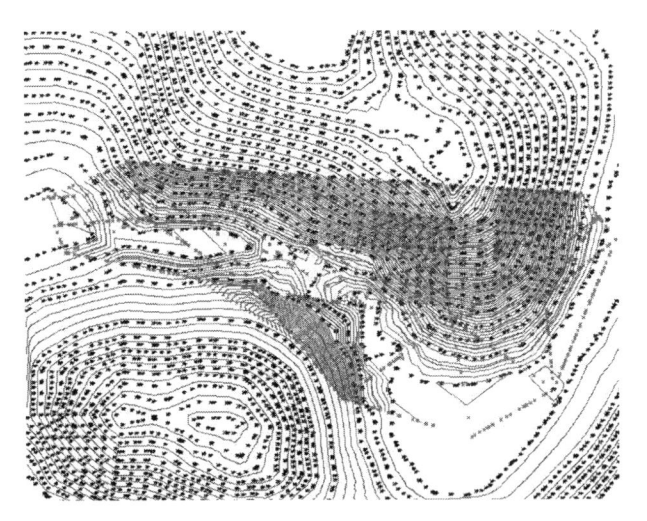

Figura 8.17 Superfícies criadas com objetos de desenho.

17. Utilize as ferramentas **Object Viewer** e **Quick Profile** para auxiliar na visualização das superfícies criadas no desenho.

8.3 Edições em modelos de superfícies

As edições e os ajustes nos modelos de superfícies são práticas fundamentais no fluxo de trabalho, aplicadas ao desenvolvimento de projetos de infraestrutura. Essas edições podem ser efetuadas para corrigir eventuais irregularidades no modelo do terreno topográfico ou, ainda, realizar ajustes e refinamentos para acabamentos e finalização em superfícies que representam os modelos de projetos de terraplenagem.

As edições mais relevantes são efetuadas nos triângulos e nos pontos de seus vértices presentes no modelo da superfície; entretanto, é possível modificar os dados da definição dos modelos quando adicionamos boundaries para remover triângulos ou breaklines, para adicionar triângulos nos modelos de superfícies.

Quando os dados da definição das superfícies sofrerem edições, o símbolo ⚠ (**Out-of-Date**) será exibido, informando que o modelo da superfície necessita ser atualizado. Para isso, basta clicar sobre o nome da superfície desejada com o botão direito do mouse na aba **Prospector** da **Toolspace** e selecionar a opção **Rebuild** ou, ainda, habilitar a opção **Rebuild – Automatic** para manter a superfície continuamente atualizada no desenho (Figura 8.18).

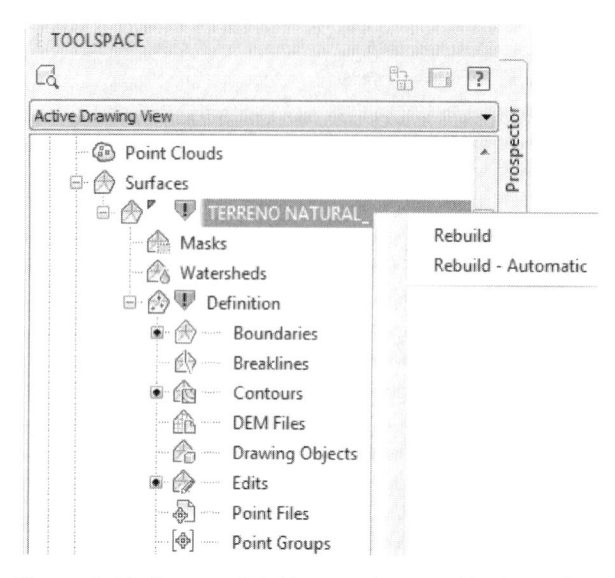

Figura 8.18 Ferramenta Rebuild para atualizar os modelos de superfícies.

As ferramentas de edição nos dados das superfícies podem ser acessadas ao clicar com o botão direito do mouse sobre a opção **Edits**, presente na categoria **Definition** da superfície desejada, localizada na aba **Prospector** da **Toolspace** (Figura 8.19).

As opções do menu de atalho **Edits** exibem as ferramentas para a edição nos dados das superfícies organizadas em categorias. As ferramentas para line modificam as arestas dos triângulos e as opções para point manipulam os pontos dos vértices dos triângulos da superfície selecionada.

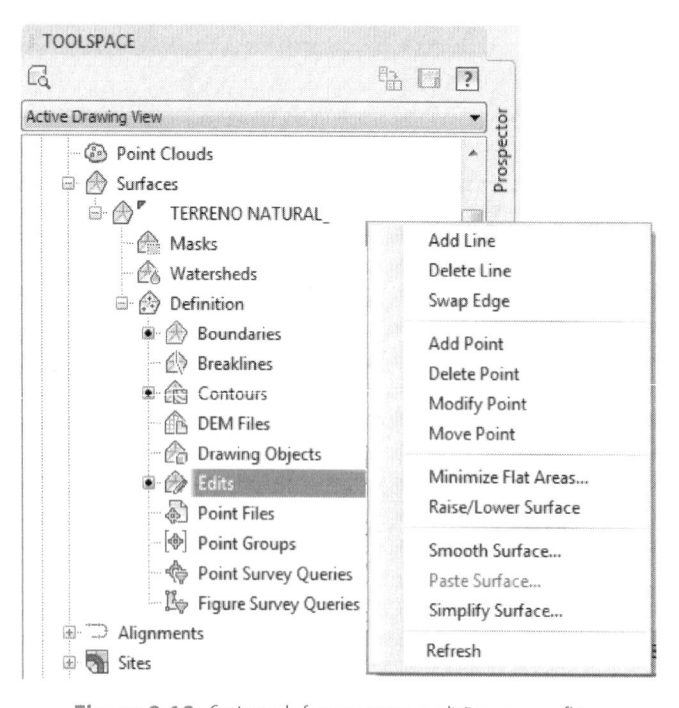

Figura 8.19 Conjunto de ferramentas para edições em superfícies.

Pela ribbon contextual **Surface**, exibida quando uma superfície está selecionada na área de desenho, também são exibidas as ferramentas de edição nos dados do modelo da superfície, localizadas em **Edit Surface** do painel **Modify** (Figura 8.20).

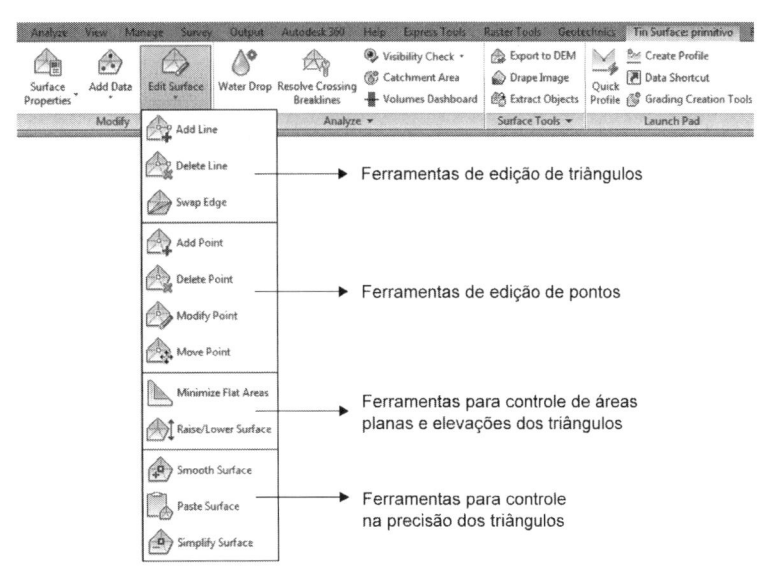

Figura 8.20 Disposição das ferramentas de edição em superfícies na ribbon Tin Surface.

Para editar os dados dos modelos de superfícies, devemos considerar o estilo de superfície utilizado no momento da edição. Para modificar as linhas dos triângulos do modelo, será necessário que a superfície a ser editada esteja com um estilo corrente que apresente seus triângulos e, da mesma forma, quando a intenção for editar os pontos dos vértices dos triângulos, então um estilo de superfície que exiba os pontos do modelo deverá ser utilizado no momento das edições.

O seguinte exemplo utiliza as principais ferramentas de edição nos dados da superfície para corrigir os triângulos excedentes ao longo do contorno do modelo marcado com um polígono em magenta; na região do retângulo azul, é necessário inverter os lados dos triângulos, e o retângulo em ciano possui um ponto do modelo com a elevação irregular. É possível, ainda, melhorar o desempenho na manipulação dos modelos de superfícies complexos.

Agora, estude o exemplo a seguir:

1. Abra o arquivo **8-3-1_EDIÇÃO_SUPER-FÍCIE. DWG**, disponível na plataforma da editora.

2. Selecione a superfície **SU_EX_T_NATURAL** na área de desenho e acesse a caixa de propriedades por meio da ribbon contextual **Tin Surface** → **Modify** → **Surface Properties**.

3. Na aba **Information**, da caixa de diálogo **Surface Properties**, selecione o estilo **Triângulos** no campo **Surface Style** e clique no botão **OK**.

4. Selecione a superfície e acesse a ferramenta da ribbon contextual **Tin Surface** → **Modify** → **Edit Surface** → **Delete Line**.

5. Apague as linhas de triângulos excedentes na região do polígono em magenta. É possível selecionar várias linhas utilizando os recursos de seleção por **Crossing** e **Fence**. Pressione a tecla **Enter** para finalizar.

6. Acesse a ferramenta **Surface Properties** novamente, altere o estilo da superfície para **Triângulos e Curvas**, por meio da aba **Information** da caixa de diálogo **Surface Properties**.

7. Aplique **Zoom** na região do retângulo azul para verificar a existência de triângulos invertidos comprometendo a suavização das curvas de nível.

8. Selecione a superfície e acesse a ferramenta da ribbon contextual **Tin Surface** → **Modify** → **Edit Surface** → **Swap Edge**.

9. Clique nas linhas dos triângulos marcados com a seta em azul. Pressione **Enter** para concluir e verifique o comportamento dos triângulos e das curvas de nível da superfície.

10. Altere o estilo da superfície para **TRI_PTO_BRD**, por meio da caixa **Surface Properties**.

11. Verifique na região do retângulo em ciano a existência de um ponto com elevação na cota zero. Este tipo de anomalia compromete o modelo da superfície e adiciona diversas curvas de nível ao redor do ponto. É possível visualizar esta anomalia em 3D com a ferramenta **Object Viewer**.

12. Selecione a superfície e acesse pela ribbon contextual **Tin Surface** → **Modify** → **Edit Surface** → **Modify Point**.

13. Selecione o símbolo do ponto localizado no centro do retângulo ciano na área de desenho e pressione a tecla **Enter**.

14. Digite a nova elevação de **25.20m** na linha de comando e finalize com a tecla **Enter**.

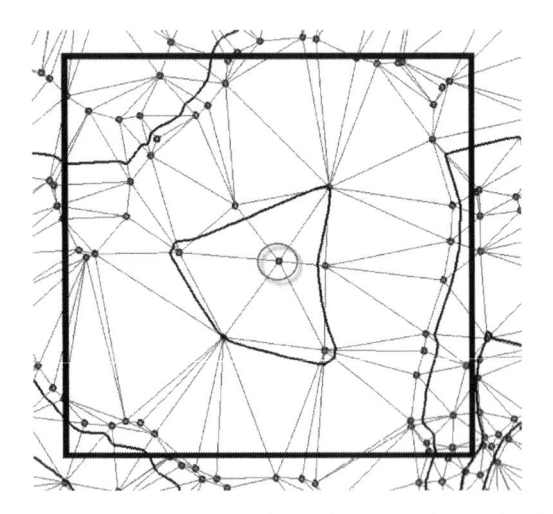

Figura 8.21 Ponto do vértice da superfície com sua elevação alterada.

15. Altere o estilo da superfície para **CURVAS-1&5 (Geometria)**, por meio da caixa de diálogo **Surface Properties**. Navegue na superfície e verifique as correções efetuadas no modelo (Figura 8.22).

Figura 8.22 Vista do modelo da superfície corrigido.

16. É possível melhorar o desempenho para trabalhar com modelos complexos de superfícies por meio do recurso **LevelOfDetail**. Na linha de comando, digite este recurso para exibir apenas partes das curvas de nível e triângulos dos modelos de superfícies, de acordo com o fator de zoom aplicado na área de desenho. Digite **LevelOfDetailoff** para retornar ao modo normal de visualização das superfícies.

17. As informações dos modelos de superfícies podem ser visualizadas pela aba **Statistics** da caixa de diálogo **Surface Properties**. Altere o estilo da superfície para **TRI_PTO_BRD** e acesse a aba **Statistics** para exibir as informações do modelo. Verifique os dados de áreas e quantidades de triângulos da superfície (Figura 8.23).

Surface Properties - NATURAL	
Information Definition Analysis **Statistics**	
Statistics	Value
⊞ **General**	
⊟ **Extended**	
2D surface area	323366.64sq.m
3D surface area	326826.63sq.m
Minimum grade/slope	0.00%
Maximum grade/slope	4734.09%
Mean grade/slope	11.07%
⊟ **TIN**	
Number of triangles	18262
Maximum triangle area	655.25sq.m
Minimum triangle area	0.00sq.m
Minimum triangle length	0.000m
Maximum triangle length	54.733m

Figura 8.23 Informações da aba Statistics da caixa Surface Properties.

18. Em superfícies complexas contendo excesso de informações, é possível aplicar a ferramenta **Simplify Surface**, com o objetivo de eliminar pontos e triângulos desnecessários do modelo e melhorar o desempenho durante sua manipulação.

19. Selecione a superfície na área de desenho e acesse o recurso da ribbon contextual **Tin Surface** → **Modify** → **Edit Surface** → **Simplify Surface**.

20. Na aba **Simplify Methods**, da caixa de diálogo **Simplify Surface**, selecione o método **Point Removal** para a remoção de pontos do modelo e clique em **Next** (Figura 8.24).

21. Em **Region Options**, da caixa **Simplify Surface**, selecione a opção **Use existing surface border** para aplicar a ferramenta utilizando o limite existente da superfície. Em **Total points selected in region**, localizado na parte inferior da caixa de diálogo, é exibida a quantidade de pontos que serão removidos da definição da superfície. Clique no botão **Next**.

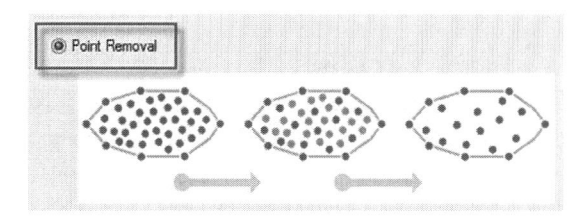

Figura 8.24 Opção de remoção de pontos do recurso Simplify Surface.

22. Em **Reduction Options**, da caixa de diálogo **Simplify Surface**, verifique as opções (Figura 8.25):

- ◆ **Total points selected in region:** opção que exibe a quantidade atual de pontos selecionados no modelo da superfície.

- ◆ **Percentage of points to remove:** opção para configurar a porcentagem para a remoção de pontos do modelo.

- ◆ **Maximum change in elevation:** opção que configura o valor máximo de diferença de elevação para a remoção dos pontos do modelo.

- ◆ **Total points removed:** exibe a quantidade de pontos removidos do modelo da superfície.

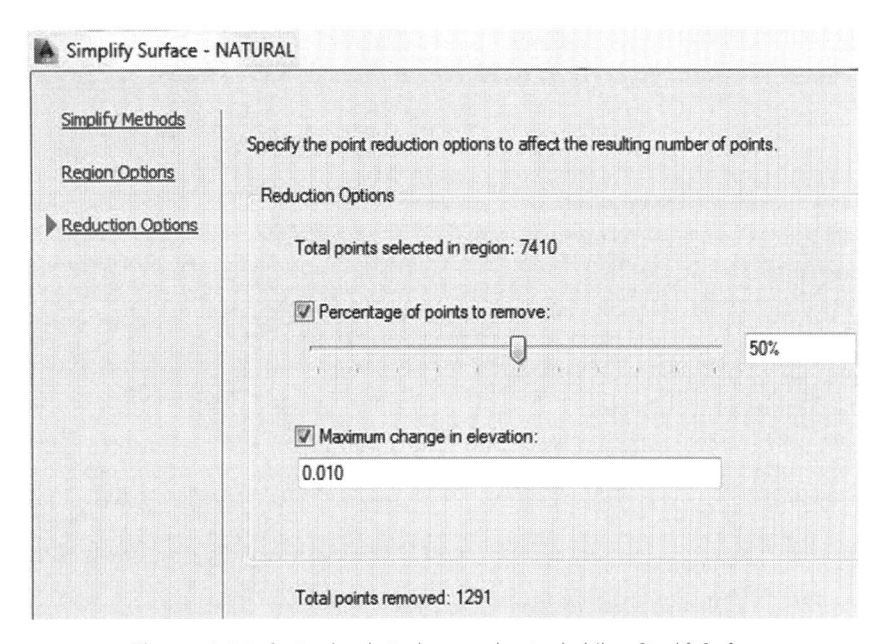

Figura 8.25 Opções de redução de pontos da caixa de diálogo Simplify Surface.

23. Clique no botão **Apply** para visualizar o número total de pontos removidos. Clique em **Finish** para concluir.

24. Selecione a superfície e acesse a ferramenta da ribbon **Tin Surface → Modify → Surface Properties**. Na aba **Statistics**, da caixa de diálogo **Surface Properties**, verifique as novas informações do modelo modificado nas propriedades de quantidades das triângulos e pontos (Figura 8.26).

Statistics	Value
General	
Revision number	0
Number of points	8131
Minimum X coordinate	1325925.141m
Minimum Y coordinate	1682165.017m
Maximum X coordinate	1326754.827m
Maximum Y coordinate	1682738.521m
Minimum elevation	18.000m
Maximum elevation	54.254m
Mean elevation	29.431m
Extended	
2D surface area	323366.64sq.m
3D surface area	326860.19sq.m
Minimum grade/slope	0.00%
Maximum grade/slope	4734.09%
Mean grade/slope	11.12%
TIN	
Number of triangles	15398
Maximum triangle area	1303.94sq.m
Minimum triangle area	0.00sq.m
Minimum triangle length	0.000m
Maximum triangle length	71.099m

Figura 8.26 Informações de triângulos e elevações da superfície.

DICA

O recurso Simplify Surface deverá ser utilizado com extrema precaução, pois modifica a precisão do modelo de superfície.

25. Identifique as propriedades **Minimum elevation**, **Maximum elevation** e **Mean elevation** para observar que a superfície **Natural** está baseada em elevações arbitrárias.

26. Para corrigir as elevações do modelo, selecione a superfície e acesse a ferramenta da ribbon contextual **Tin Surface → Modify Surface → Edit Surface → Raise/Lower Surface**.

27. Digite **700.000m** na linha de comando, para somar o valor na base de elevações do modelo da superfície e pressione **Enter** para finalizar.

28. Verifique as novas elevações aplicadas no modelo por meio da aba **Statistics**, da caixa de diálogo **Surface Properties**.

8.3.1 Caixa de propriedades da superfície

A aba **Definition**, da caixa de propriedades da superfície, disponibiliza um conjunto de configurações que auxiliam na identificação e correção automática de eventuais dados incoerentes presentes na definição dos modelos de superfícies. As configurações presentes no quadro **Definition Options** permitem eliminar os triângulos excedentes nos limites do levantamento topográfico, além de corrigirem eventuais pontos com elevações próximas ao nível **0.000m**, presentes em alguns arquivos de levantamentos de campo (Figura 8.27).

Definition Options	Value
Build	
Copy deleted dependent objects	Yes
Exclude elevations less than	Yes
Elevation <	1.000m
Exclude elevations greater than	No
Elevation >	
Use maximum angle	Yes
Maximum angle between adjacent TIN lines	090.0000 (d)
Use maximum triangle length	Yes
Maximum triangle length	50.000m

Figura 8.27 Opções para controle das definições do modelo da superfície.

As principais configurações da propriedade **Build** presentes na aba **Definition**, da caixa de diálogo **Surface Properties**, controlam:

- **Exclude elevations less than (Yes):** ferramenta que permite abandonar as elevações inferiores a uma cota determinada presentes na definição do modelo da superfície, por meio do campo **Elevation <**.

- **Exclude elevations greater than (Yes):** ferramenta que elimina da definição do modelo da superfície as elevações superiores a uma elevação determinada no campo **Elevation >**.

- **Use maximum angle (Yes):** ferramenta para remover as linhas dos triângulos do modelo da superfície que excederem um ângulo especificado no campo **Maximum angle between adjacent TIN lines**.

- **Use maximum triangle length (Yes):** ferramenta que remove as linhas de triângulos do modelo que excederem o comprimento especificado no campo **Maximum triangle length**.

A aba **Definition**, da caixa de diálogo **Surface Properties**, disponibiliza, ainda, uma ferramenta de segurança por meio do quadro **Operation Type** (Figura 8.28). Este recurso permite visualizar todas as operações de edição realizadas nos dados do modelo da superfície. Dessa forma, pode-se acessar o histórico do modelo e desmarcar os itens da lista para compor o estado original da superfície para a execução de análises e verificação nos dados do modelo.

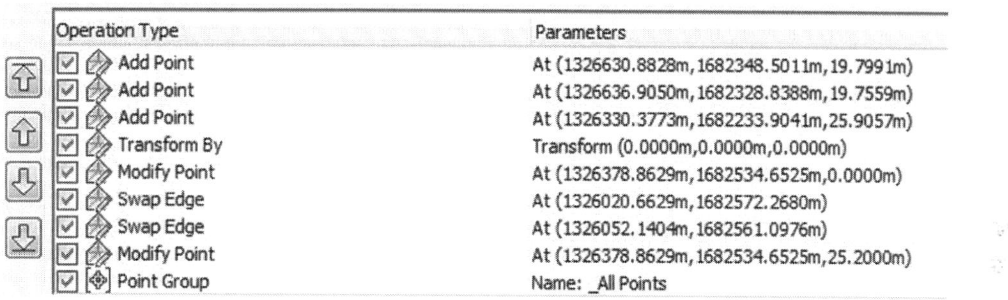

Operation Type	Parameters
☑ Add Point	At (1326630.8828m, 1682348.5011m, 19.7991m)
☑ Add Point	At (1326636.9050m, 1682328.8388m, 19.7559m)
☑ Add Point	At (1326330.3773m, 1682233.9041m, 25.9057m)
☑ Transform By	Transform (0.0000m, 0.0000m, 0.0000m)
☑ Modify Point	At (1326378.8629m, 1682534.6525m, 0.0000m)
☑ Swap Edge	At (1326020.6629m, 1682572.2680m)
☑ Swap Edge	At (1326052.1404m, 1682561.0976m)
☑ Modify Point	At (1326378.8629m, 1682534.6525m, 25.2000m)
☑ Point Group	Name: _All Points

Figura 8.28 Lista das operações realizadas na superfície.

O exemplo a seguir mostra como automatizar o processo de limpeza nos triângulos excedentes da superfície evidenciados pela região da polyline destacada em magenta no desenho, além de corrigir o ponto de elevação **0.000m** presente na definição da superfície:

1. Abra o arquivo **8-3-2_PROPRIEDADES_SUPERFÍCIE.DWG**, disponível na plataforma da editora.

2. Navegue no modelo da superfície para verificar os triângulos excedidos na região da polyline em magenta e o ponto na elevação **0.000m** na região do retângulo ciano. É possível analisar essas irregularidades em 3D pela ferramenta **Object Viewer**.

3. Selecione a superfície **Natural** na área de desenho e acesse a caixa de propriedades pela ribbon contextual **Tin surface → Modify → Surface Properties**.

4. Na aba **Definition** da caixa **Surface Properties**, expanda a opção **Build** do quadro **Definition Options** e configure:

   ◆ no campo **Exclude elevations less than**, selecione a opção **Yes**;

   ◆ no campo **Elevation <**, digite **1.000m**;

   ◆ em **Use maximum triangle length**, selecione a opção **Yes**;

   ◆ digite **50.00m** no campo **Maximum triangle length**;

   ◆ clique no botão **OK**.

5. Na caixa de diálogo **Surface Properties – Rebuild Surface**, clique na opção **Rebuild the surface** para atualizar o modelo da superfície (Figura 8.29).

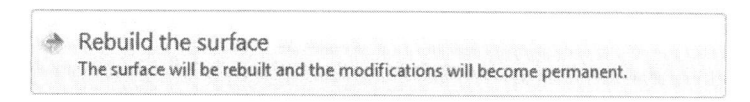

⟳ Rebuild the surface
The surface will be rebuilt and the modifications will become permanent.

Figura 8.29 Mensagem para atualização dos dados da superfície.

6. Verifique o novo comportamento dos triângulos na região da polyline em magenta e a nova composição dos triângulos na região do retângulo ciano. A configuração da opção **Use maximum triangle length**, muitas vezes, pode ocasionar aberturas indesejadas no modelo da superfície, conforme ocorre na região do quadrado em vermelho.

A opção mais eficaz para evitar este tipo de anomalia é a configuração utilizada para controlar o valor do ângulo máximo nas linhas dos triângulos do modelo (**Use maximum angle**), opção disponível na aba **Definition**, da caixa de propriedades da superfície.

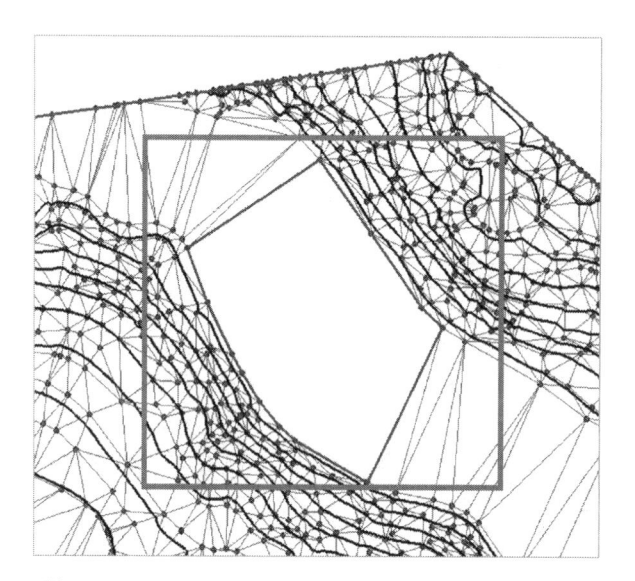

Figura 8.30 Região aberta na triangulação do modelo da superfície.

7. Acesse a aba **Definition**, da caixa de diálogo **Surface Properties**, e configure:

   ◆ no campo **Exclude elevations less than**, selecione a opção **Yes**;

   ◆ no campo **Elevation <**, digite **1.000m**;

   ◆ em **Use maximum triangle length**, selecione a opção **No**;

   ◆ no campo **Use maximum angle**, selecione **Yes**;

   ◆ digite **90.00 (d)** no campo **Maximum angle between adjacent TIN lines**.

8. Clique no botão **OK**.

9. Clique em **Rebuild the surface** para aplicar as configurações.

10. Verifique o novo comportamento dos triângulos do modelo da superfície.

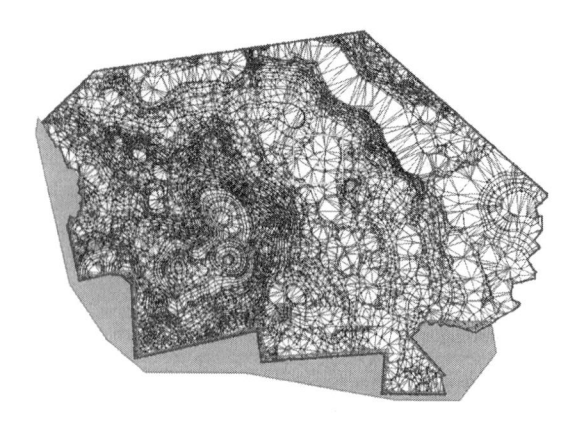

Figura 8.31 Superfície atualizada pelas ferramentas da aba Definition da caixa de propriedades.

11. Acesse a aba **Definition**, da caixa de propriedades da superfície, para visualizar o histórico de operações realizadas nos dados do modelo por meio do quadro **Operation Type**.

8.4 Boundaries e breaklines

Os recursos de **Boundaries** e **Breaklines** permitem adicionar dados na definição das superfícies para complementação ou representação de características específicas, como definir o limite do contorno da superfície, criar rebaixos de guias e definição de crista e pé de taludes.

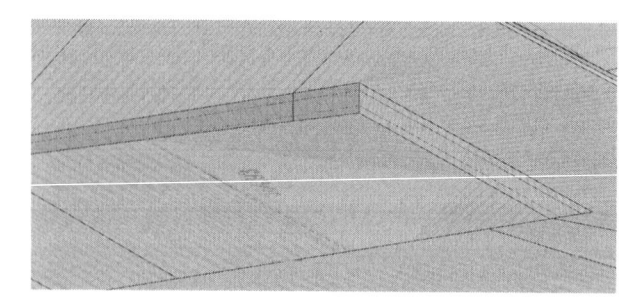

Figura 8.32 Superfície com triângulos rebaixados com breakline do tipo wall.

8.4.1 Boundaries

O recurso **Boundary** permite a definição de um contorno para limitar os triângulos da superfície.

Assim, é possível eliminar do modelo os triângulos desnecessários ou eliminar regiões selecionadas para exibir apenas as áreas de interesse dos modelos de superfícies. Este recurso é utilizado para recortar regiões indesejadas presentes no modelo da superfície.

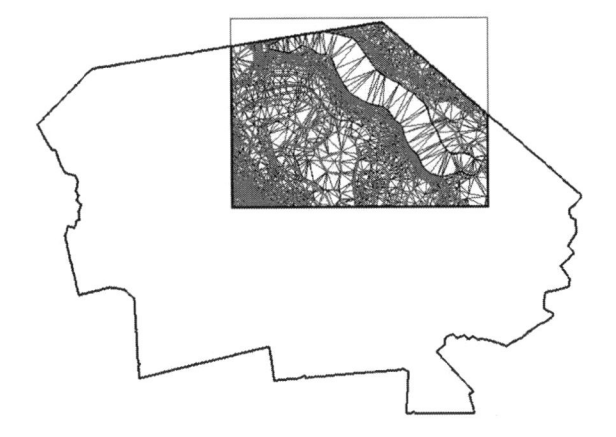

Figura 8.33 Limite da superfície criado com a ferramenta Boundary.

É possível remover as boundaries criadas pela aba **Prospector** da **Toolspace** em **Surfaces** → **Nome da superfície** → **Definition** → **Boundaries**. Selecione a boundary desejada com o botão direito do mouse e selecione a opção **Delete**; aplique a ferramenta **Rebuild** para atualizar o modelo da superfície.

As regiões para a definição de **boundaries** podem ser criadas por polígonos fechados, como polylines, objetos parcels e até mesmo por modelos de superfícies existentes no desenho. Os objetos selecionados para a criação das **boundaries** são adicionados na definição das superfícies, e os tipos de **boundaries** disponíveis são:

- **Outer:** elimina os triângulos presentes fora da região do limite selecionado. Utilizado para limitar os triângulos da super-fície para exibir apenas as regiões internas de polígonos selecionados no desenho.

- **Hide:** utilizado para eliminar os triângulos dentro da região do limite selecionado no desenho. Recurso utilizado para criar regiões vazias ou "buracos" na superfície.

- **Show:** exibe os triângulos internos de um polígono selecionado dentro de uma boundary do tipo hide existente na superfície.

- **Data Clip:** permite limitar os triângulos da superfície pela seleção de objetos polylines, feature lines, figuras de survey, parcels e círculos. É possível adicionar mais de um limite de **Data Clip** na mesma superfície. Este recurso não compromete a visibilidade da superfície; atua como filtro para impedir que dados de fora do limite interajam no modelo.

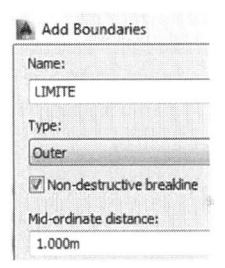

Figura 8.34 Opções da caixa Add Boundaries.

A opção **Non-Destructive Breakline**, da caixa de diálogo **Add Boundaries**, exibida durante a criação de boundaries limita os triângulos da superfície exatamente sobre os segmentos do contorno selecionado (Figura 8.35). Dessa forma, são criadas arestas de triângulos sobre a geometria do contorno selecionado.

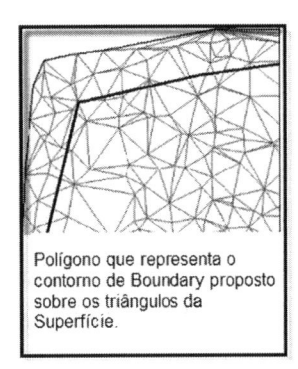 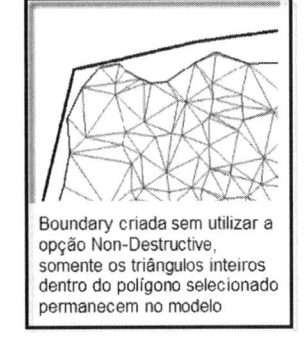 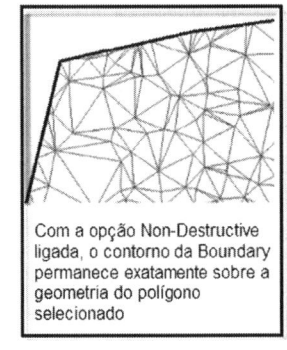

Polígono que representa o contorno de Boundary proposto sobre os triângulos da Superfície.

Boundary criada sem utilizar a opção Non-Destructive, somente os triângulos inteiros dentro do polígono selecionado permanecem no modelo

Com a opção Non-Destructive ligada, o contorno da Boundary permanece exatamente sobre a geometria do polígono selecionado

Figura 8.35 Opções de breaklines para boundaries.

8.4.2 Breaklines

As breaklines, também conhecidas como linhas obrigatórias, permitem aperfeiçoar as superfícies por meio da inserção de novas geometrias na definição da superfície. Assim, é possível adicionar novos vértices na interpolação dos modelos de superfícies TIN. A Figura 8.36 ilustra o efeito de breaklines sobre o modelo da superfície.

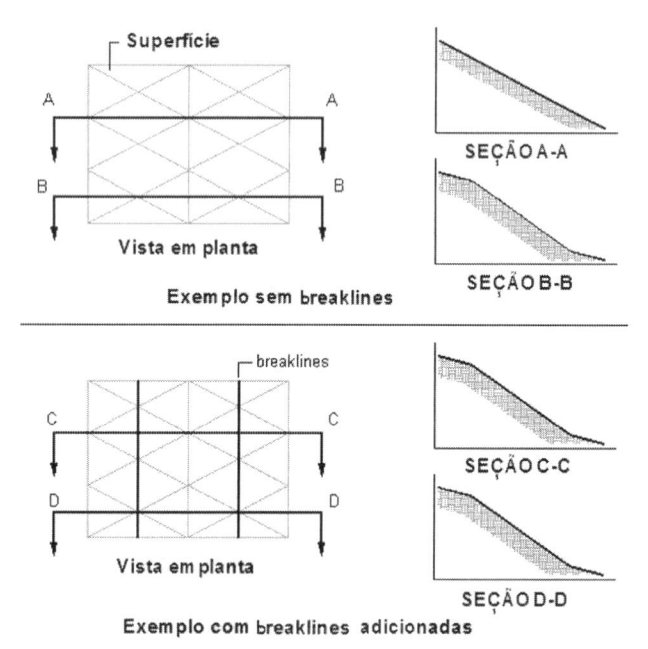

Figura 8.36 Efeito de breaklines sobre as superfícies.

8.4.2.1 Tipos de *breaklines*

- **Standard:** utilizado para adicionar linhas ou polylines 3D, splines e objetos feature lines ao modelo da superfície. O objetivo deste tipo de breakline é obrigar os vértices dos triângulos a obedecerem às elevações dos vértices das geometrias dos objetos selecionados.

- **Proximity:** adiciona objetos 2D como polylines, splines e feature lines na definição do modelo. O objetivo do tipo **proximity** é criar vértices no modelo triangulado, obedecendo à geometria dos objetos selecionados; entretanto, as elevações são capturadas dos pontos dos vértices existentes no modelo da superfície.

- **Wall:** permite a criação de triângulos verticais ao longo da geometria de objetos selecionados no desenho, como feature lines, splines, linhas ou polylines 3D. Por meio deste tipo de breakline, é possível representar as paredes de canais, guias, muros, entre outras características verticais na triangulação do modelo da superfície.

- **Non-Destructive:** definido pela seleção de objetos feature lines ou por objetos do AutoCAD; contudo, a integridade dos triângulos presentes na superfície original permanece.

- **From File:** criado pela importação de arquivos no formato ASCII com extensão FLT, permite o vínculo do arquivo com as breaklines importadas para o modelo da superfície.

O exemplo a seguir mostra como adicionar contornos para limitar o modelo da superfície, a definição de breaklines tipo wall para a representação de paredes verticais e a criação de um novo modelo de superfície para estudos de terraplenagem, utilizando as breaklines do tipo standard.

Agora, estude o exemplo a seguir:

1. Abra o arquivo **8-4-1_Breaklines.DWG**, disponível na plataforma da editora.

2. Selecione a superfície **SU_EX_T_NATURAL** na área de desenho, para remover os triângulos desnecessários do modelo.

3. Acesse a ferramenta da ribbon contextual **Tin Surface** → **Modify** → **Add Data** → **Boundaries**.

4. Na caixa de diálogo **Add Boundaries**, digite **LIMITE** no campo **Name**, selecione o tipo **Outer** e clique no botão **OK**.

5. Selecione o polígono externo da superfície de cor magenta para defini-lo como o novo limite do modelo da superfície. Pressione a tecla **Enter** para concluir.

6. Verifique o comportamento dos triângulos da superfície.

7. A superfície apresenta uma área muito maior do que a região da área de estudo desejada. Para aumentar o desempenho durante a manipulação do modelo, pode-se criar um limite somente na região de interesse.

8. Selecione novamente a superfície e repita os passos anteriores para criar uma **boundary** com o nome **Estudo** na região de interesse; selecione o retângulo vermelho existente no desenho (Figura 8.37).

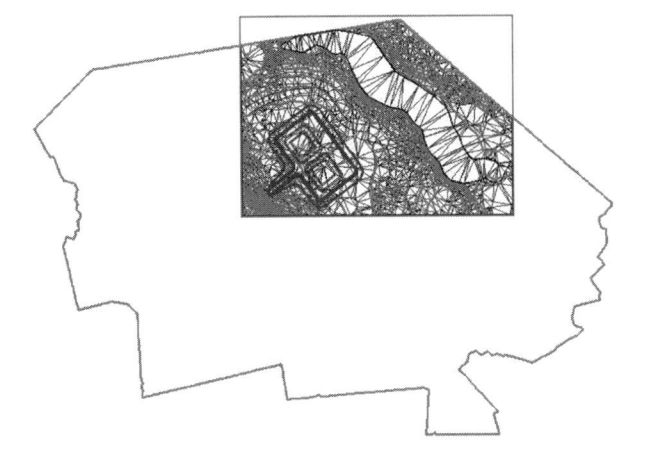

Figura 8.37 Modelo final da superfície com breaklines.

As *polylines* brancas existentes no desenho representam as paredes de um canal. Os próximos procedimentos mostram como rebaixar os triângulos entre as paredes do canal em uma profundidade de 2m.

9. Desenhe uma linha transversal na região do canal para criar o perfil com a ferramenta **Quick Profile** e facilitar a visualização dos efeitos das *breaklines* sobre a superfície.

10. Selecione a superfície e acesse a ferramenta da ribbon contextual **Tin Surface** → **Modify** → **Add Data** → **Breaklines**.

11. Na caixa de diálogo **Add Breaklines,** digite **CANAL** no campo **Description**, selecione o tipo **Wall** no campo **Type** e clique em **OK** para prosseguir (Figura 8.38).

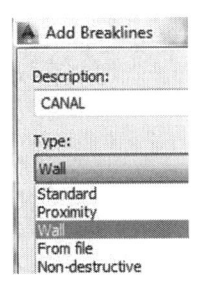

Figura 8.38 Caixa de definição de breaklines.

12. Selecione as duas polylines brancas na área de desenho, pressione a tecla **Enter** e configure:

- ◆ clique no lado interno entre as duas polylines que representam o canal no desenho, dentro do primeiro triângulo (do vértice solicitado) para determinar quais triângulos serão modificados;
- ◆ pressione **Enter** na linha de comando para aceitar a opção **ALL** e aplicar as modificações em todos os vértices da polyline simultaneamente;
- ◆ digite -**2.000m** para determinar a profundidade do rebaixo e pressione **Enter**;
- ◆ para a segunda polyline, clique no lado interno entre as duas polylines do canal, dentro do primeiro triângulo do vértice solicitado;
- ◆ pressione **Enter** na linha de comando para aceitar a opção **ALL** e aplicar as modificações em todos os vértices da polyline simultaneamente;
- ◆ digite -**2.000m** para determinar a profundidade do rebaixo e pressione **Enter**.

13. Verifique o novo comportamento da superfície no perfil criado com a ferramenta **Quick Profile**. Navegue no modelo para analisar os triângulos ao longo do caminhamento do canal por meio do recurso **Object Viewer** (Figura 8.39).

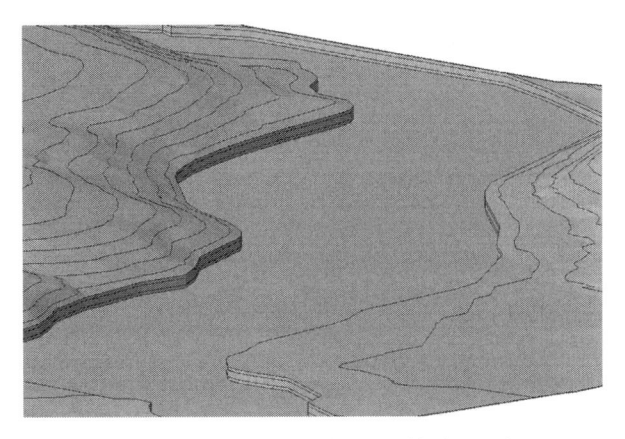

Figura 8.39 Rebaixos criados no modelo da superfície com breaklines do tipo wall.

As polylines em verde representam um arruamento existente no terreno, as quais deverão ser adicionadas na definição da superfície com breaklines do tipo standard.

14. Selecione a superfície e acesse a ferramenta da ribbon contextual **Tin Surface** → **Modify** → **Add Data** → **Breaklines**.

15. Na caixa de diálogo **Add Breaklines**, digite **RUA** no campo **Description**, selecione o tipo **Standard** no campo **Type** e clique no botão **OK**.

16. Selecione as duas polylines verdes na área de desenho e pressione a tecla **Enter** para concluir.

17. Verifique que novos vértices de triângulos foram adicionados ao modelo; entretanto, os vértices existentes entre as polylines permanecem com suas elevações originais.

18. O recurso de breaklines também possibilita a criação de novas superfícies que poderão ser utilizadas para representar o modelo da superfície projetada, permitindo adicionar os objetos feature lines e polylines diretamente na definição da nova superfície proposta. Os próximos passos exibem como criar uma superfície e adicionar as geometrias existentes em azul no desenho como breaklines para a representação de uma superfície de terraplenagem projetada.

19. Crie uma superfície pela ribbon **Home** → **Create Ground Data** → **Surfaces** → **Create Surface**.

20. Na caixa de diálogo **Create Surface**, digite **SU_PR_G_TERRAPLENAGEM** no campo **Name**, selecione o estilo **Triângulos e Curvas** e clique no botão **OK**.

21. Pela aba **Prospector** da **Toolspace**, expanda **Surfaces** → **SU_PR_G_TERRAPLENAGEM** → **Definition**, clique com o botão direito do mouse sobre **Breaklines** e selecione **Add**.

22. Na caixa de diálogo **Add Breaklines**, digite **PROJETO** no campo **Description** e selecione o tipo **Standard**. Habilite a opção

Distance do quadro **Supplementing factors** para configurar o comportamento dos triângulos nas curvas das geometrias. Digite **1.000m** no quadro **Distance** e **0.100m** no quadro **Mid-ordinate distance**. Clique no botão **OK** (Figura 8.40).

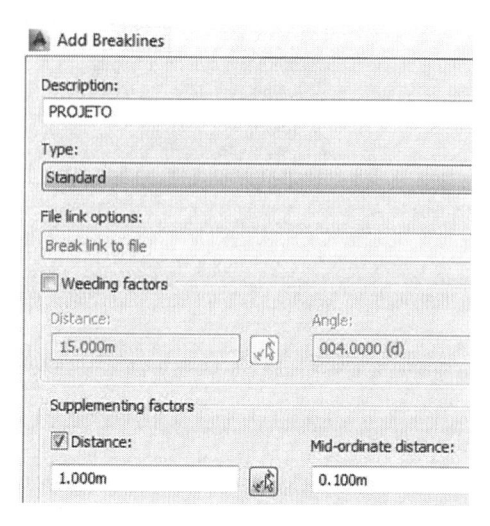

Figura 8.40 Configuração do campo Supplementing Factors.

23. Selecione os objetos de cor azul existentes no desenho e pressione a tecla **Enter** para concluir. Verifique o comportamento da superfície **SU_PR_ G_TERRAPLENAGEM** no desenho. Na região da rampa da superfície, existem diversos triângulos que deverão ser eliminados do modelo pelo recurso de boundaries.

24. Selecione a superfície **SU_PR_G_TERRAPLENAGEM** no desenho e acesse a ferramenta da ribbon contextual **Tin Surface** → **Modify** → **Add Data** → **Boundaries**.

25. Na caixa de diálogo **Add Boundaries**, digite **Limite** no campo **Name**, selecione o tipo **Outer** e clique no botão **OK**.

26. Selecione a polyline azul externa, que representa o talude da superfície **SU_PR_G_ TERRAPLENAGEM**. Pressione a tecla **Enter** para finalizar.

27. Selecione a superfície **SU_PR_G_TERRAPLENAGEM** e acesse a ferramenta **Object Viewer** para navegar no modelo da superfície criada com breaklines.

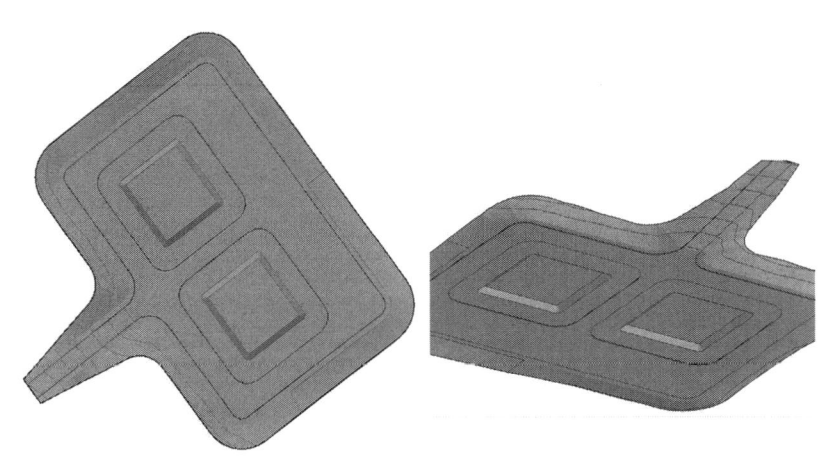

Figura 8.41 Modelo da superfície projetada criada com o recurso de breaklines.

8.5 Estudos e análises em modelos de superfícies

Diversos tipos de estudos e análises são efetuados nos modelos de superfícies durante as fases de desenvolvimento dos projetos de infraestrutura, e o Autodesk Civil 3D fornece ferramentas para auxiliar no desenvolvimento dessas atividades. Esses estudos poderão determinar as escolhas de opções adequadas para atender às demandas exigidas para cada tipo de projeto.

Os profissionais de infraestrutura poderão elaborar análises para estudar o comportamento dos modelos de superfícies por meio da criação de mapas temáticos. Dessa forma, será possível representar plantas de bacias hidrográficas, mapas de declividades, manchas de corte e aterro, zona de influência visual, entre outros. Para a maior parte das análises, pode-se inserir uma tabela no desenho com as legendas das análises elaboradas nas superfícies.

As principais análises de superfícies ficam marcadas pela definição dos estilos de superfícies combinadas com as configurações da aba **Analysis** da caixa **Surface Properties**, na qual se pode escolher entre os principais tipos de análises disponíveis:

- **Elevations:** análise para a exibição do mapa de elevações da superfície, em que é possível configurar as cores desejadas por faixas de altitudes presentes nos triângulos do modelo da superfície.

- **Slopes:** análise de declividades existentes nos triângulos do modelo da superfície. Este tipo de análise é utilizado na elaboração de mapas de inclinações do terreno (Figura 8.42).

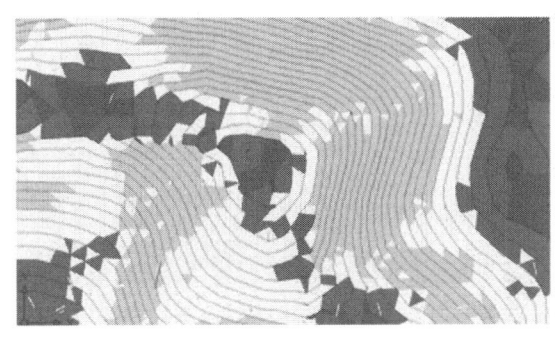

TABELA DE DECLIVIDADES DA SUPERFÍCIE

Nº	DECLIVIDADE MÍNIMA	DECLIVIDADE MÁXIMA	COR
1	0.00%	10.00%	⬛
2	10.00%	20.00%	⬛
3	20.00%	30.00%	⬜
4	30.00%	40.00%	⬜
5	40.00%	50.00%	⬜
6	50.00%	60.00%	⬛
7	60.00%	70.00%	⬛
8	70.00%	80.00%	⬛

Figura 8.42 Representação das inclinações dos triângulos da superfície e sua legenda.

- **Watersheds:** análise que exibe o limite do divisor de águas no modelo para a representação da planta de bacias da superfície.
- **Slope arrows:** análise para elaborar o mapa de declividades da superfície; entretanto, sua apresentação é feita por setas, indicando o sentido da inclinação dos triângulos do modelo. Essa análise permite a configuração de cores para as setas pelas faixas de declividades dos triângulos, assim como a análise slopes.

8.5.1 Análise de declividades da superfície

As análises slopes são utilizadas para representar o mapeamento das declividades dos triângulos presentes no modelo da superfície, sendo possível controlar a cor de preenchimento dos triângulos, dependendo de sua inclinação. Este tipo de análise permite elaborar estudos com o objetivo de prever a movimentação de terra que os terrenos poderão sofrer durante a implantação de empreendimentos projetados.

Agora, estude o exemplo a seguir:

1. Abra o arquivo **8-5-1_ANÁLISE_DECLIVIDADES.DWG**, disponível na plataforma da editora.
2. Selecione a superfície **SU_EX_T_NATURAL** na área de desenho e acesse a ferramenta da ribbon contextual **Tin Surface → Modify → Surface Properties**.
3. Na aba **Information**, da caixa de diálogo **Surface Properties**, selecione o estilo **Declividades** no campo **Surface Style**. Na aba **Analysis,** configure:

   - no campo **Analysis type**, selecione **Slopes**;
   - em **Legend**, selecione o estilo de tabela **DECLIVIDADES – ÁREA**;
   - no quadro **Ranges**, digite **8** no campo **Number** para determinar a quantidade de faixas de declividades;
   - clique no botão 🔽 **(Run Analysis)** para rodar a análise (Figura 8.43);
   - configure os valores desejados para as declividades mínimas e máximas e suas respectivas cores no quadro **Range Details**. Clique no botão **OK** para concluir.

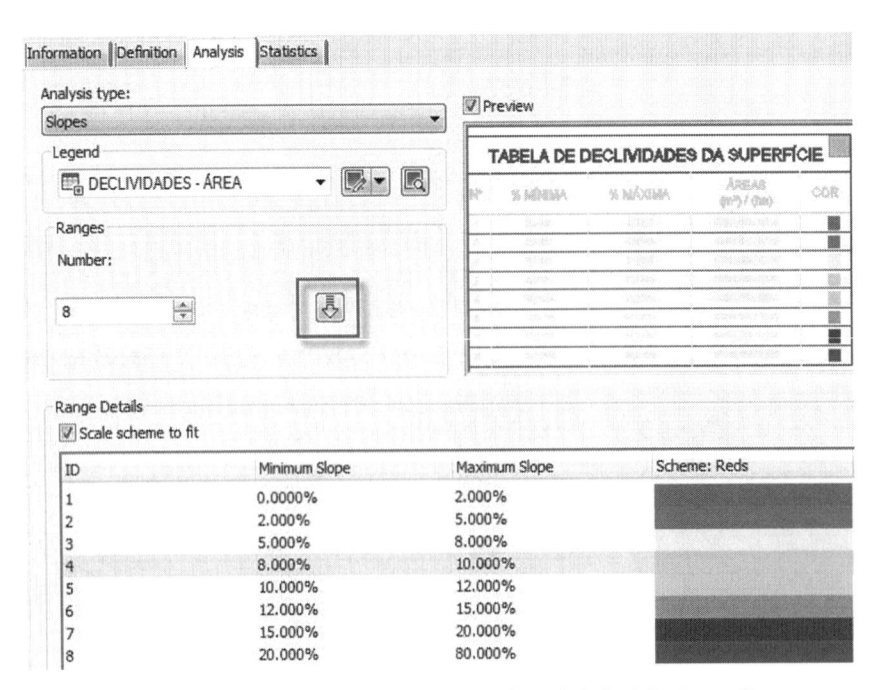

Figura 8.43 Configuração de valores e cores das faixas de declividades da superfície.

4. Navegue no modelo da superfície para visualizar o mapa de declividades criado.

5. Para criar a legenda com as cores das faixas de declividades, selecione a superfície **Natural** na área de desenho e acesse a ferramenta da ribbon contextual **Tin Surface** → **Labels & Tables** → **Add Legend**.

6. Digite a opção **S** na linha de comando para selecionar a legenda de *slopes* e pressione **Enter**.

7. Digite a opção **D** para permitir que a tabela permaneça dinâmica no desenho e pressione a tecla **Enter**.

8. Clique na área de desenho para posicionar a tabela de declividade total da superfície.

Em alguns casos, será necessário exibir o mapa de declividades da superfície apenas na região do estudo ou projeto. É possível utilizar o recurso de boundary para delimitar a área de interesse de uma superfície.

A área de interesse da superfície natural deverá obedecer ao contorno da superfície de terraplenagem. A próxima fase do exemplo mostra como extrair o contorno externo da superfície projetada por meio da ferramenta **Extract Objects** e como utilizar o contorno extraído para limitar a superfície do terreno.

Execute os procedimentos a seguir para concluir a sequência do exemplo:

9. Selecione a superfície **Terraplenagem** na área de desenho e acesse a ferramenta da ribbon contextual **Tin Surface** → **Modify** → **Surface Properties**.

10. Na caixa de diálogo **Surface Properties**, selecione o estilo **Standard** no campo **Style** e clique no botão **OK**.

11. Selecione o limite da área da superfície **Terraplenagem** na área de desenho e acesse a ferramenta da ribbon contextual **Tin Surface** → **Surface Tools** → **Extract Objects**.

12. Na caixa de diálogo **Extracts Objects from Surface**, selecione a opção **Border** e clique no botão **OK**.

13. Na área de desenho, identifique a presença de uma polyline 3D sobre a área da superfície terraplenagem.

14. Selecione a superfície **Natural** na área de desenho e acesse a ferramenta da ribbon contextual **Tin Surface** → **Modify** → **Add Data** → **Boundaries**.

15. Na caixa de diálogo **Add Boundaries**, digite **Estudo** no campo **Name**, selecione o tipo **Outer** no campo **Type** e clique no botão **OK**. Selecione a polyline 3D do limite do contorno do projeto na área de desenho.

16. Selecione a superfície **Natural** na área de desenho e acesse a ferramenta da ribbon contextual **Tin Surface** → **Labels & Tables** → **Add Legend**.

17. Digite a opção **S** na linha de comando para selecionar a legenda de slopes e pressione **Enter**.

18. Digite a opção **D** para permitir que a tabela permaneça dinâmica no desenho e pressione a tecla **Enter**.

19. Insira a nova tabela com a legenda das cores das faixas de declividades da superfície e verifique os valores das áreas.

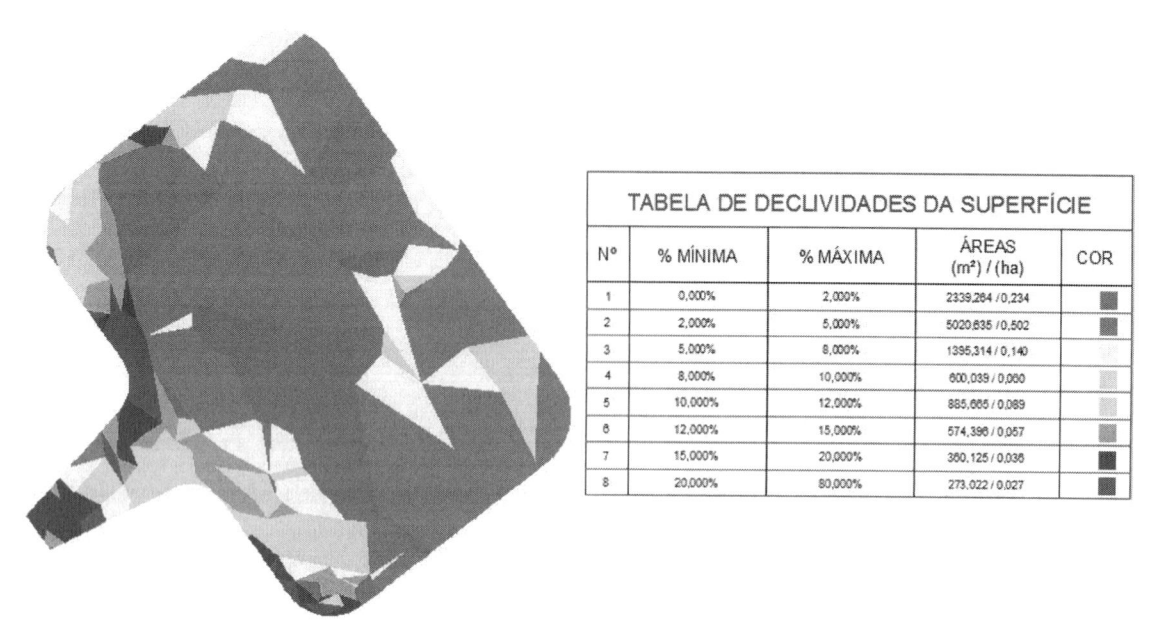

TABELA DE DECLIVIDADES DA SUPERFÍCIE

Nº	% MÍNIMA	% MÁXIMA	ÁREAS (m²) / (ha)	COR
1	0,000%	2,000%	2339,264 / 0,234	■
2	2,000%	5,000%	5020,835 / 0,502	■
3	5,000%	8,000%	1395,314 / 0,140	■
4	8,000%	10,000%	600,039 / 0,060	■
5	10,000%	12,000%	885,665 / 0,089	■
6	12,000%	15,000%	574,396 / 0,057	■
7	15,000%	20,000%	360,125 / 0,036	■
8	20,000%	80,000%	273,022 / 0,027	■

Figura 8.44 Mapa e tabela de declividades apenas da área do projeto.

8.5.2 Análise de visibilidade

Com a ferramenta **Point to Point** da categoria **Visibility Check**, é possível executar análises em regiões críticas da superfície. Dessa forma, é possível examinar a visibilidade linear de ponto a ponto, com o objetivo de identificar eventuais pontos cegos no modelo da superfície ou efetuar estudos de identificação do posicionamento ideal da sinalização necessária para auxiliar na travessia de veículos, ciclistas e pessoas em interseções de vias existentes ou projetadas. A ferramenta **Zone of Visual Influence** elabora o mapa da zona de influência visual de uma região selecionada na superfície, determinando o ponto de visão, a altura e o raio de visibilidade (Figura 8.45).

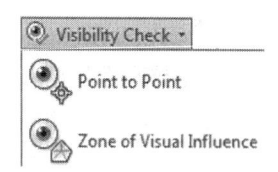

Figura 8.45 Ferramentas para análises de visibilidade na superfície.

Agora, estude o exemplo a seguir:

1. Abra o arquivo **8-5-2_ANÁLISE_VISI-BILIDADE.DWG**, disponível na plataforma da editora.

2. Verifique a presença de blocos 3D na área de desenho representando veículos e placas de sinalização.

3. Selecione a superfície no desenho e acesse a ferramenta da ribbon contextual **Tin Surface** → **Analyse** → **Visibility Check** → **Point to Point** para executar a análise de visibilidade.

4. Na linha de comando, digite **1.20** para determinar a altura de visão do observador.

5. Clique sobre um veículo na área de desenho para posicionar o observador.

6. Na linha de comando, digite **1.20** para especificar a altura do alvo.

7. Na área de desenho, clique próximo de placas e veículos para verificar a cor apresentada pela seta de direção: verde é um local visível e vermelho é um ponto de visibilidade obstruída (Figura 8.46).

8. Repita os procedimentos anteriores para identificar outras regiões obstruídas na interseção.

9. Selecione a superfície no desenho e acesse a ferramenta da ribbon contextual **Tin Surface** → **Analyse** → **Visibility Check** → **Zone of Visual Influence**, para executar a análise de influência visual das placas.

10. Na área de desenho, clique sobre uma das placas.

11. Na linha de comando, digite **2.10** para determinar a altura da placa.

12. Amplie o cursor do mouse para determinar o raio para a análise de influência visual.

13. Verifique as cores na região analisada, em que verde indica que a placa inteira está visível; amarelo aponta que partes da placa estão visíveis; e vermelho mostra que toda a geometria da placa não está visível.

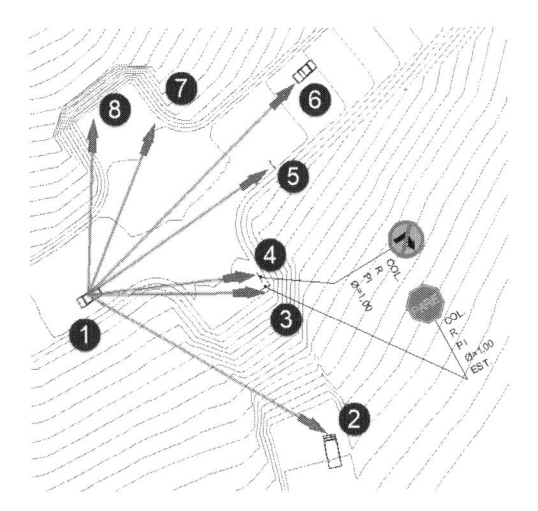

Figura 8.46 Análise de visibilidade na superfície.

8.5.3 Análise de bacias

A análise de bacias hidrográficas pode ser configurada entre os tipos **watersheds** e **slope arrows** combinados, para a exibição dos limites dos divisores de águas e do posicionamento das setas de inclinação dos triângulos do modelo. É possível complementar os estudos de bacias por meio da ferramenta **Water Drop**, para verificar o fluxo de escoamento das águas no modelo da superfície, além da ferramenta **Catchment Area,** para identificar a área de contribuição de um ponto desejado sobre o modelo da superfície.

As bacias (watersheds) são classificadas em:

▪ **Boundary point:** este tipo de bacia possui o ponto de drenagem localizado na extremidade da superfície e, também, a identificação de um ponto baixo que indica para onde a água escoará.

▪ **Boundary segment:** tipo de bacia em que não é identificado um ponto baixo; em vez disso, segmentos de retas são localizados, orientando-se pelos lados dos triângulos da superfície que delimitam seu contorno.

▪ **Depression:** tipo de bacia constituído por um ponto baixo na região interna da superfície, impossibilitando o escoamento da água para fora da superfície.

▪ **Flat area:** tipo de bacia localizado em regiões planas da superfície, sem a definição de uma direção preferencial do escoamento da água. Isso ocorre quando os triângulos desta região possuem a mesma elevação.

▪ **Multi-drain:** tipo de bacia criado na ocorrência de uma ambiguidade na determinação do escoamento correto da água.

▪ **Multi-drain notch:** tipo de bacia estabelecido na ocorrência de áreas planas entre dois pontos em uma superfície, impossibilitando a definição precisa do escoamento da água.

Agora, estude o exemplo a seguir:

1. Inicie um novo desenho com o template **_AutoCAD Civil 3D 2020_BRA (DER). DWT**, fornecido na instalação do pacote *Brazil Content*.

2. Selecione a ferramenta da ribbon **Insert → Import → LandXML**. Na caixa de diálogo **Import LandXML**, selecione o arquivo **VIARIO.XML**, disponível na plataforma da editora, e clique no botão **Open**. Clique em **OK** para confirmar a importação do modelo da superfície.

3. Selecione a superfície **TOTAL** na área de desenho para aplicar a análise de bacias. Acesse a ferramenta da ribbon contextual **Tin Surface → Modify → Surface Properties**.

4. Na aba **Information**, da caixa **Surface Properties**, selecione o estilo **Bacias** no campo **Surface Style**. Na aba **Analysis**, da caixa **Surface Properties**, configure:

   ◆ no campo **Analysis type**, selecione o tipo **Watersheds**;

- em **Legend**, selecione o estilo de tabela **BACIAS**;

- digite **1** no quadro **Watershed Parameters** e habilite a opção **Merge adjacent boundary watersheds** para agrupar bacias adjacentes.

- Clique no botão 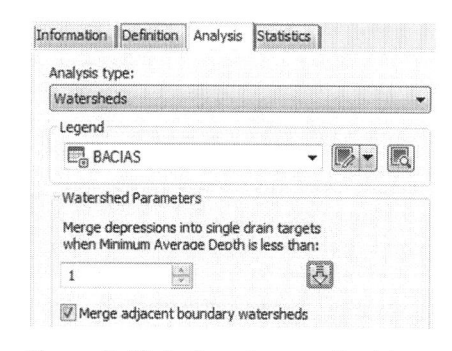 (**Run Analysis**) para executar a análise (Figura 8.47).

Figura 8.47 Configurações para análise de bacias.

5. Clique no botão ▦ do quadro **Range Details** para visualizar os tipos de divisores de bacias.

6. Na caixa de diálogo **Watershed Display**, habilite somente os tipos **Depression** e **Flat Area**. Clique no botão **OK** para retornar à caixa de propriedades da superfície.

7. Na caixa de diálogo **Surface Properties**, clique no botão **OK** para aplicar as configurações.

8. Verifique os divisores de bacias criados no modelo da superfície.

9. Selecione a superfície **TOTAL** e acesse a ferramenta da ribbon contextual **Tin Surface** → **Labels & Tables** → **Add Legend** para adicionar a tabela com os dados das bacias da superfície selecionada.

10. Digite **W** na linha de comando para selecionar a opção **Watersheds** e pressione **Enter**.

11. Digite **D** para **Dynamic** e pressione **Enter**.

12. Posicione a tabela de bacias na área de desenho.

13. Selecione a superfície na área de desenho e acesse a ferramenta da ribbon contextual **Tin Surface** → **Analyze** → **Water Drop** para verificar o escoamento da água na superfície.

14. Na caixa de diálogo **Water Drop**, selecione o tipo de objeto e o layer. Clique no botão **OK**.

15. Clique em diversos pontos desejados na superfície para a exibição do escoamento da água.

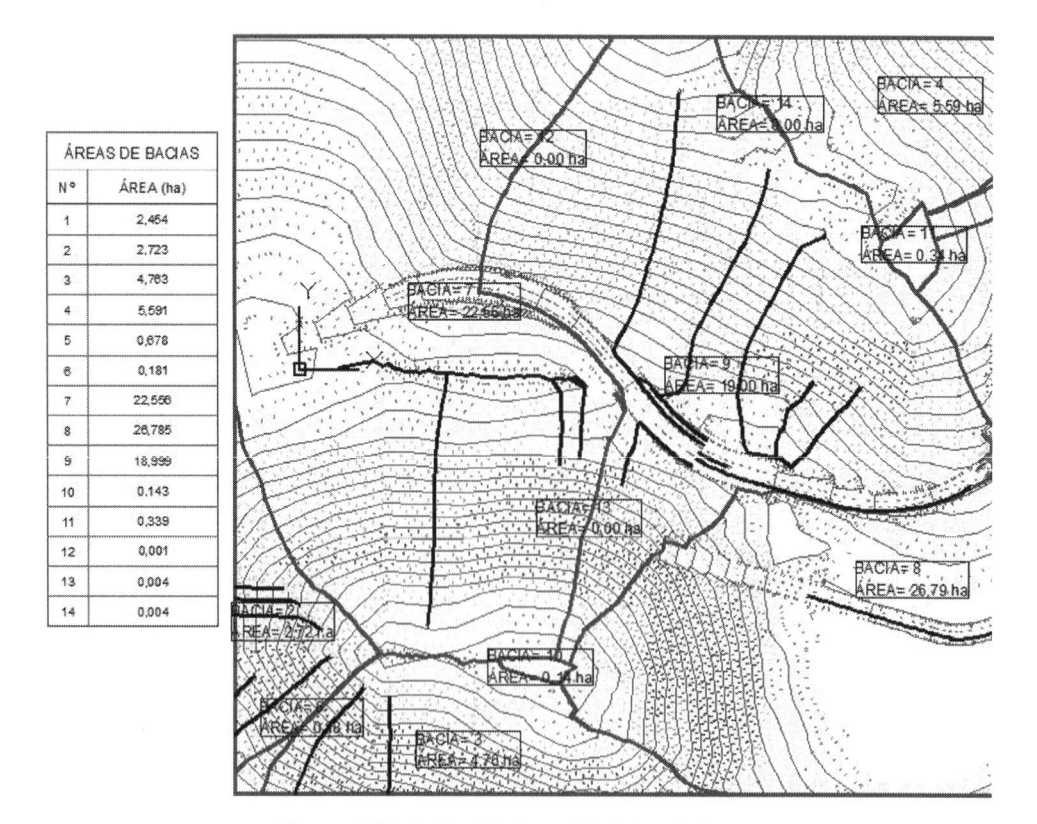

Figura 8.48 Análise de bacias e tabela de áreas das bacias.

16. Selecione a superfície na área de desenho e acesse a ferramenta da ribbon contextual **Tin Surface** → **Analyze** → **Catchment Area** para identificar bacias de contribuição pontual na superfície.

17. Na caixa de diálogo **Catchment**, selecione o tipo de objeto e o layer. Clique no botão **OK**.

18. Clique em diversos pontos na superfície para identificar as áreas das bacias de contribuição.

19. Observe os valores das áreas das bacias de contribuição exibidos na linha de comando.

8.6 Análises volumétricas entre modelos de superfícies

A principal característica dos projetos de infraestrutura é a obtenção dos valores volumétricos de terraplenagem que envolvem sua construção. Um empreendimento poderá ser inviabilizado dependendo da quantidade de material que será manipulado durante a execução da obra; quanto maior for o volume de movimentação de terra, mais cara poderá ser sua execução. É comum efetuar análises volumétricas entre os modelos de superfícies presentes no desenho durante as fases de estudos e projetos, para, assim, eliminar ou minimizar eventuais riscos de surpresas indesejadas durante a execução da obra.

O fluxo do processo de balanço de volume envolve a modelagem das superfícies da topografia e das superfícies projetadas. Assim, é possível criar uma superfície, denominada superfície de volume (TIN **volume surface** ou **grid volume surface**) e acessar os dados volumétricos dos modelos. A superfície de volume apresenta o resultado da comparação entre duas superfícies selecionadas no desenho.

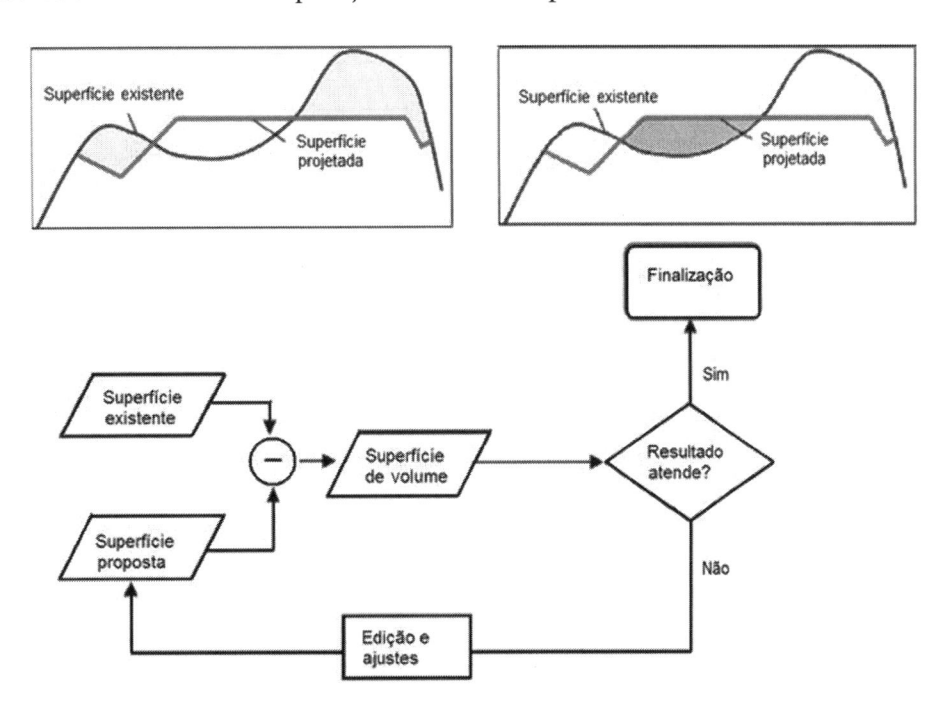

Figura 8.49 Fluxo para a elaboração de análise volumétrica entre superfícies.

8.6.1 Superfície de volume

A superfície de volume é utilizada para calcular os volumes de corte (cut), aterro (fill) e a diferença entre eles (net). É possível criar superfícies de volume com base em triângulos (**TIN volume surface**) ou em malha (**Grid volume surface**). O quadro **Type**, da caixa de diálogo **Create Surface**, exibe os tipos de superfícies disponíveis no sistema (Figura 8.50).

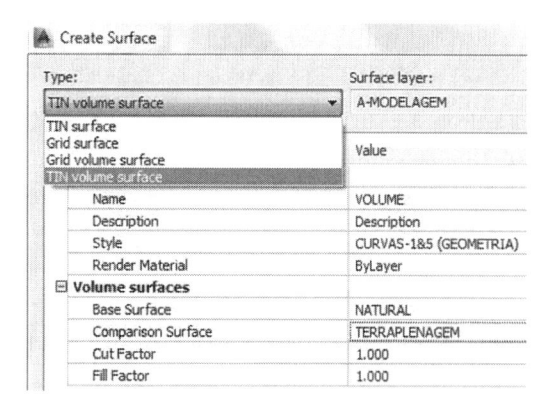

Figura 8.50 Tipos de superfícies exibidos na caixa Create Surface.

Durante a criação da superfície de volume, será necessário especificar quais superfícies serão utilizadas na composição dos volumes de corte e aterro, além de determinar os fatores de empolamento ou compactação do solo por meio das opções do quadro **Volume Surfaces.**

- **Base Surface:** opção para a escolha da superfície que servirá como base para o cálculo do volume, geralmente identificada pela superfície da topografia ou de camadas geológicas.

- **Comparison Surface:** opção para seleção da superfície de comparação para o cálculo volumétrico; a superfície projetada é identificada nesse campo.

- **Cut Factor:** opção para configurar o fator de multiplicação do valor obtido para o corte.

- **Fill Factor:** opção para a configuração do fator de multiplicação do valor obtido para o aterro.

Os volumes extraídos para o corte, o aterro e a diferença entre eles são calculados pelas geometrias definidas na triangulação dos modelos das superfícies comparadas, denominado volume geométrico.

Na ocorrência de eventuais edições na superfície da topografia ou de revisões no modelo da superfície projetada, a superfície de volume será atualizada automaticamente quando a opção **Rebuild Automatic** estiver habilitada, ou manualmente, por meio do recurso **Rebuild**.

O acesso aos dados volumétricos é efetuado pela aba **Statistics**, da caixa de diálogo **Surface**

Properties da superfície de volume selecionada (Figura 8.51).

Statistics	Value
⊞ **General**	
⊞ **TIN**	
⊟ **Volume**	
Base Surface	NATURAL
Comparison Surface	TERRAPLENAGEM
Cut Factor	1.000
Fill Factor	1.000
Cut volume (adjusted)	3579.07 Cu. M.
Fill volume (adjusted)	2939.74 Cu. M.
Net volume (adjusted)	639.33 Cu. M. <Cut>
Cut volume (unadjusted)	3579.07 Cu. M.
Fill volume (unadjusted)	2939.74 Cu. M.
Net volume (unadjusted)	639.33 Cu. M. <Cut>

Figura 8.51 Valores volumétricos presentes na aba Statistics da caixa Surface Properties.

Durante o fluxo de trabalho, poderá ocorrer a necessidade de agrupar diversos modelos de superfícies projetadas para a comparação com o modelo da superfície topográfica, além de ser necessário obter dos dados volumétricos do projeto. Dessa forma, a ferramenta **Paste Surface** poderá ser utilizada para unir diversos modelos de superfície (Figura 8.52).

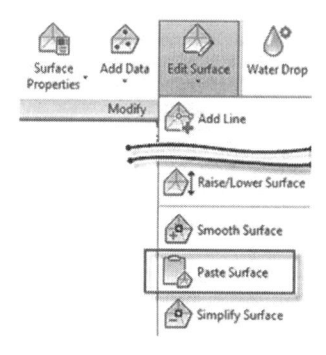

Figura 8.52 A ferramenta Paste Surface permite unir superfícies.

Este exemplo mostra como unir duas superfícies projetadas – **Acesso** e **Secundária** – para auxiliar no cálculo do volume de terraplenagem do projeto viário. As informações volumétricas são exibidas na aba **Statistics**, da caixa de diálogo **Surface Properties**, da superfície de volume selecionada no desenho.

Agora, estude o exemplo a seguir:

1. Abra o arquivo **8-6-1_SUPERFÍCIE_ VOLUME. DWG**, disponível na plataforma da editora.

2. Substitua os estilos das superfícies **Acesso--Projeto** e **Secundária-Projeto** para o estilo **Invisível**, por meio da aba **Information** da caixa de diálogo **Surface Properties**.

3. Crie uma superfície pela ferramenta da ribbon **Home** → **Create Ground Data** → **Surfaces** → **Create Surface**. Esta superfície representará a união das superfícies projetadas.

4. Na caixa de diálogo **Create Surface**, digite o nome **SU_PR_G_TERRAPLENAGEM** no campo **Name**, selecione o estilo desejado e clique no botão **OK** para concluir.

5. Na **Toolspace**, selecione a aba **Prospector** → **Surfaces** → **SU_PR_G_TERRAPLE-NAGEM** → **Definition**, clique com o botão direito sobre **Edits** e selecione a opção **Paste Surface** (Figura 8.53).

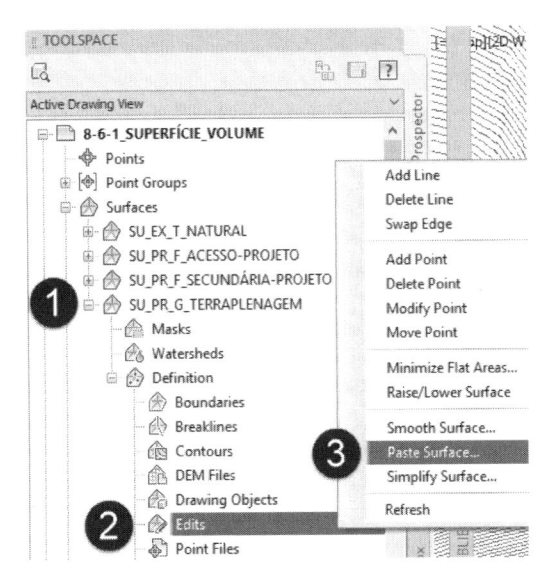

Figura 8.53 Acesso à ferramenta Paste Surface.

6. Na caixa de diálogo **Select Surface to Paste**, selecione as superfícies **Acesso-Projeto** e **Secundária-Projeto**. Clique no botão **OK** para concluir.

7. Na área de desenho, verifique a existência de apenas uma superfície do projeto de terraplenagem, resultado da união entre as demais superfícies projetadas.

8. Crie a superfície de volume por meio da ferramenta da ribbon **Home** → **Create Ground Data** → **Surfaces** → **Create Surface**.

9. Na caixa **Create Surface**, selecione o tipo **TIN volume surface** no campo **Type**. Selecione o estilo **MAPA DE ELEVAÇÕES** no campo **Style**; no campo **Base Surface**, selecione a superfície **SU_EX_T_NATURAL**; e no campo **Comparison Surface**, selecione a superfície **SU_PR_G_TERRAPLENAGEM**. Digite **SU_PR_G_VO-LUME** no campo **Name** e clique no botão **OK** (Figura 8.54).

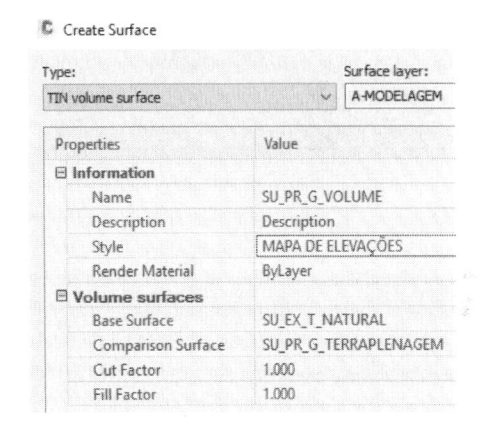

Figura 8.54 Definição da superfície de volume.

10. Selecione a superfície **SU_PR_G_VOLU-ME** na área de desenho e acesse a ferramenta da ribbon contextual **TIN volume surface** → **Modify** → **Surface Properties**.

11. Na aba **Statistics**, da caixa de diálogo **Surface Properties**, expanda a opção **Volume** para acessar os valores volumétricos da superfície (Figura 8.55).

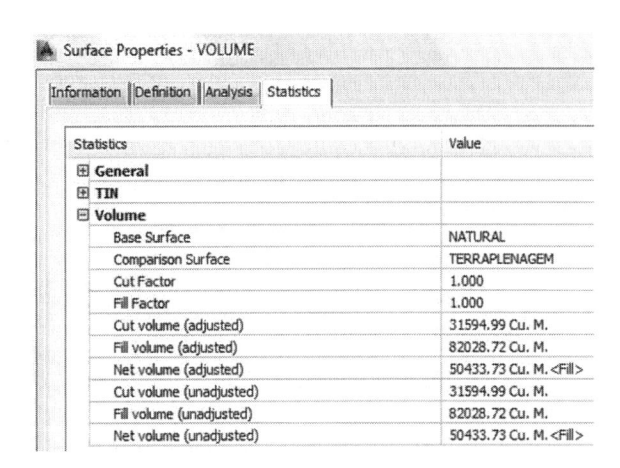

Figura 8.55 Informações volumétricas presentes na superfície de volume.

12. Clique no botão **OK** para fechar a caixa **Surface Properties**.

8.6.2 Recurso Volumes Dashboard

O recurso **Volumes Dashboard** permite analisar os dados volumétricos exibidos na janela **Panorama**. Os volumes são extraídos por meio da comparação entre as superfícies presentes na superfície de volume. Sua interface exibe os dados dos volumes nas formas gráfica e tabular, para auxiliar em estudos para o balanço de corte e aterro do projeto.

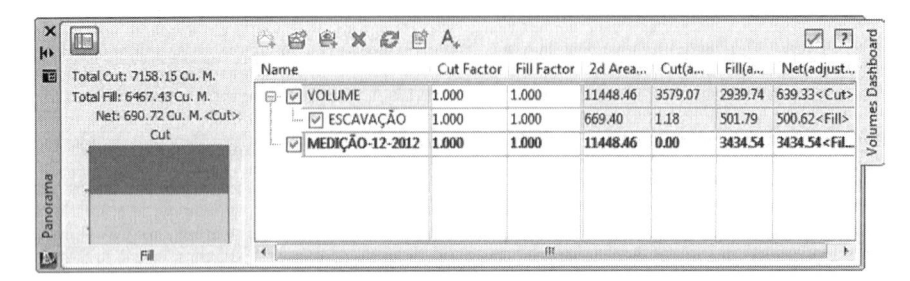

Figura 8.56 A aba Volumes Dashboard da janela Panorama permite a elaboração de análises volumétricas.

Pode-se utilizar o recurso **Volumes Dashboard** para analisar os volumes de todas as fases dos projetos ou acompanhar a evolução volumétrica durante as medições levantadas no acompanhamento da obra.

O acesso aos recursos de **Volumes Dashboard** é efetuado pela ribbon **Analyze** ou pela aba **Analysis** da ribbon contextual **Tin Surface**, quando uma superfície está selecionada na área de desenho e suas ferramentas estão organizadas em:

- **Toogle Net Graph Panel:** ferramenta para habilitar o painel de exibição do gráfico com os volumes de corte e aterro da superfície de volume selecionada.
- **Add Volume Surface:** ferramenta que permite adicionar uma superfície de volume criada anteriormente para a exibição dos dados volumétricos.
- **Create New Volume Surface:** ferramenta para a criação de uma nova superfície de volume e exibição das informações de volumes de corte e aterro na lista.
- **Add Bounded Volume:** ferramenta que calcula o volume parcial de uma superfície de volume presente no desenho, por meio da seleção de um polígono existente no desenho. Esta ferramenta pode ser utilizada para a extração de volumes de camadas distintas do projeto, como núcleos de barragens, ensecadeiras, entre outros.
- **Remove Selected Entry:** ferramenta utilizada para remover um item existente da lista da janela Panorama.
- **Re-Compute Volumes:** ferramenta que atualiza os valores volumétricos da janela na ocorrência de edições nos modelos das superfícies presentes no projeto.
- **Generate Cut/Fill Report:** ferramenta para a criação do relatório de volume das comparações entre as superfícies selecionadas no projeto (Figura 8.57).

Cut/Fill Report

| By user: | marcus.cardoso | | | | | | |

Volume Summary

Name	Type	Cut Factor	Fill Factor	2d Area (sq.m)	Cut (Cu. M.)	Fill (Cu. M.)	Net (Cu. M.)
VOLUME	fill	1.000	1.000	38813.84	22145.53	75343.65	53198.13<F>

Totals

		2d Area (sq.m)	Cut (Cu. M.)	Fill (Cu. M.)	Net (Cu. M.)
Total		38813.84	22145.53	75343.65	53198.13<F>

* Value adjusted by cut or fill factor other than 1.0

Figura 8.57 Relatório com as informações obtidas da análise volumétrica.

▪ **Insert Cut/Fill Summary:** ferramenta para a criação da tabela do resumo volumétrico na área de desenho (Figura 8.58).

```
Cut/Fill Summary
Name      Cut Factor   Fill Factor  2d Area      Cut               Fill              Net
VOLUME    1.000        1.000        39813.04sq.m   22145.53 Cu. M.   75343.65 Cu. M.   53198.13 Cu. M.<Fill>
Totals                              39813.04sq.m   22145.53 Cu. M.   75343.65 Cu. M.   53198.13 Cu. M.<Fill>
```

Figura 8.58 Tabela de resumo volumétrico inserido no desenho.

Os dados volumétricos são obtidos por meio da geometria dos triângulos presentes nos modelos das superfícies, em que:

▪ **Cut:** indica o volume do material que está presente na superfície-base, e não na superfície de comparação (material a remover).

▪ **Fill:** informa o volume do material que está presente na superfície de comparação, e não na superfície-base (material a adicionar).

▪ **Net:** apresenta a diferença entre os valores de corte e aterro.

▪ **Net Graph:** exibe o gráfico que representa o valor da diferença entre as superfícies comparadas no formato de porcentagem do volume total da superfície-base. O vermelho representa o resultado de corte, e o verde, de aterro.

▪ **Cut Factor/Fill Factor:** exibem os fatores utilizados no cálculo de compactação/empolamento.

8.6.3 Manchas de corte e aterro

Após efetuar a criação da superfície de volume, será possível elaborar o mapa com as manchas de corte e aterro. Este tipo de análise é frequentemente utilizado em projetos de infraestrutura para auxiliar na identificação das regiões de corte e aterro nos desenhos dos projetos de terraplenagem.

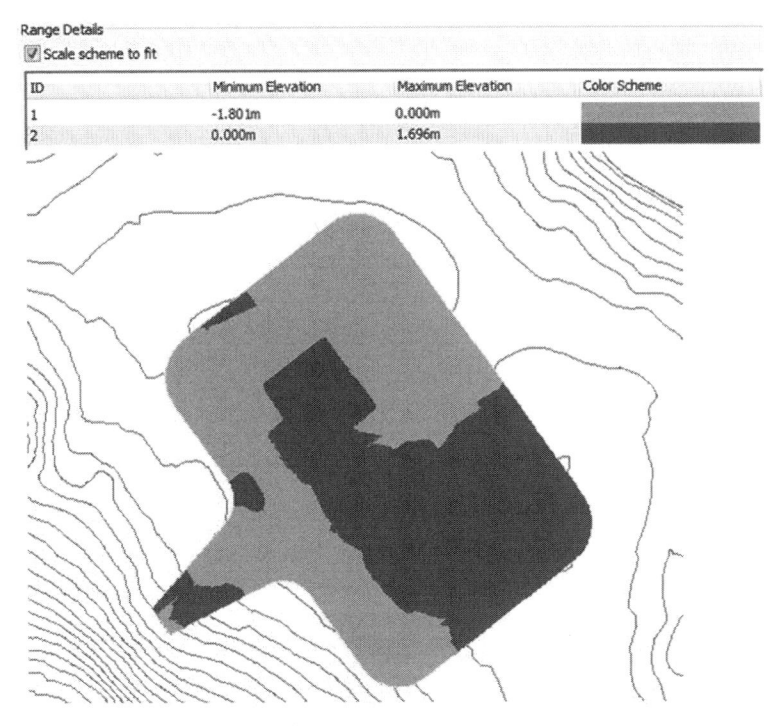

Figura 8.59 Representação de manchas de corte e aterro na superfície projetada.

O mapa com as manchas de corte e aterro será exibido pela elaboração da análise de elevação (elevation) e utilizando apenas duas faixas de elevações (ranges) sobre o modelo da superfície de volume criado previamente.

O exemplo a seguir mostra como extrair as informações volumétricas do projeto de terraplenagem por meio da ferramenta de **Volumes Dashboard** e os procedimentos para a criação do mapa com as manchas de corte e aterro.

Agora, estude o exemplo a seguir:

1. Abra o arquivo **8-6-3_MAPA_VOLUME.DWG**, disponível na plataforma da editora.
2. Acesse a ferramenta da ribbon **Analyze → Volumes and Materials → Volumes Dashboard**.
3. Na aba **Volumes Dashboard** da janela **Panorama**, clique no botão 🗄 (**Add Volume Surface**), para adicionar a superfície de volume existente no desenho.
4. Selecione a superfície **SU_PR_G_VOLUME** na caixa **Pick Volume Surface** e clique no botão **OK** (Figura 8.60).

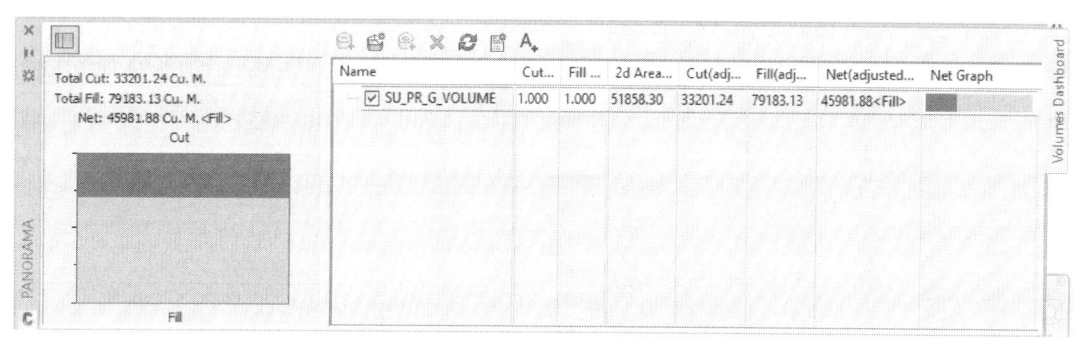

Figura 8.60 Informações volumétricas da superfície de Volume.

5. Na aba **Volumes Dashboard** da janela **Panorama**, clique no botão 🗄, para criar uma superfície de volume.
6. Na caixa de diálogo **Create Surface**, configure:
   - selecione o tipo **TIN volume surface** no campo **Type**;
   - digite o nome **VOLUME-20%** no campo **Name**;
   - escolha o estilo **MAPA DE ELEVAÇÕES** no campo **Style**;
   - selecione a superfície **SU_EX_T_NATURAL** no campo **Base Surface**;
   - selecione a superfície **SU_PR_G_TERRAPLENAGEM** no campo **Comparison Surface**;
   - digite **1.200** no campo **Fill Factor**.
7. Clique no botão 🔲 (**Toggle Net Graph Panel**) para exibir o gráfico dos volumes. Verifique os valores de área, corte e aterro na lista da janela **Panorama** (Figura 8.61).

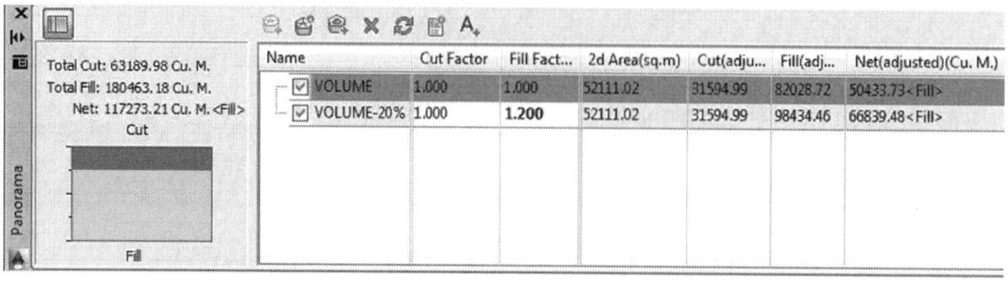

Figura 8.61 Informações volumétricas das superfícies de volume exibida na janela Panorama.

8. Selecione a superfície **VOLUME** na janela **Panorama** e clique no botão 🔲 (**Add Bounded Volume**) para a extração do volume parcial nas regiões das geometrias existentes no desenho. Selecione a polyline **Azul,** que representa a região do talude no lado esquerdo do projeto.

9. Expanda a superfície **VOLUME** para a visualização do volume parcial extraído da geometria selecionada no desenho. Renomeie o volume parcial para **TALUDE ESQUERDO** e verifique os resultados (Figura 8.62).

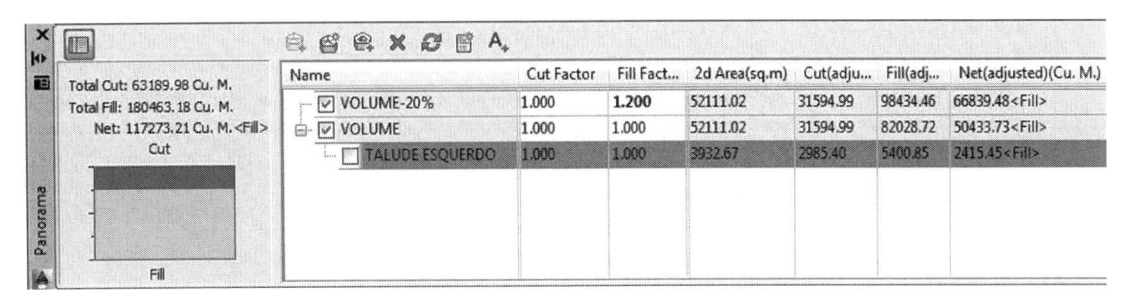

Figura 8.62 Informações volumétricas exibidas na janela Panorama.

10. Diversas composições volumétricas podem ser elaboradas entre as superfícies presentes no desenho, como a extração dos volumes individuais para cada via (**Acesso** e **Secundária**).

11. Visualize o relatório dos volumes a partir da ferramenta 🔲 **Generate Cut/Fill Report**.

12. Insira o resumo volumétrico no desenho, acessando a ferramenta 🔲 (**Insert Cut/Fill Summary**).

13. Selecione a superfície **VOLUME-20%** na área de desenho e acesse a ferramenta da ribbon contextual **TIN volume surface** → **Modify** → **Surface Properties**.

14. Na aba **Analysis** da caixa **Surface Properties**, aplique a análise de elevações com duas faixas apenas, conforme exibido na Figura 8.63:

   ◆ no campo **Analysis Type**, selecione o tipo **Elevations**;

   ◆ no quadro **Legend**, selecione o estilo **ELEVAÇÕES**;

   ◆ no quadro **Ranges**, selecione **Number of Ranges** e digite **2**;

   ◆ clique no botão 🔲 (**Run Analysis**) para compor as informações das manchas;

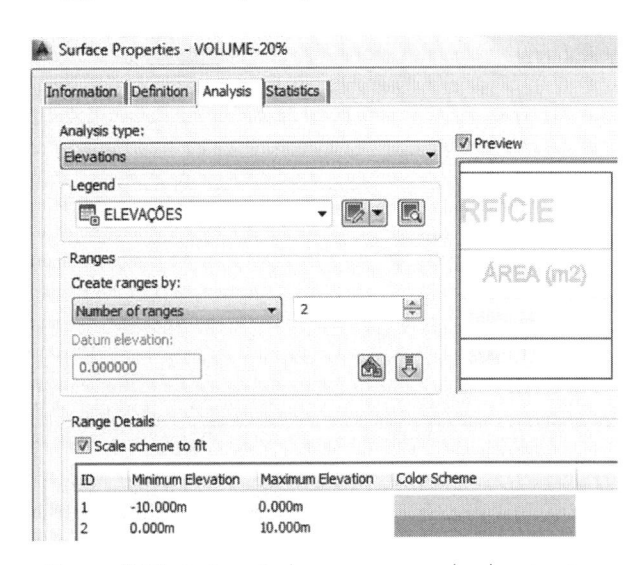

Figura 8.63 Configuração do mapa com as manchas de corte e aterro.

- ◆ digite **-10.000m** no campo **Minimum Elevation** e **0.000m** no campo **Maximum Elevation** e altere a cor da primeira faixa de elevação que representa a mancha de corte no projeto;

- ◆ digite **0.000m** no campo **Minimum Elevation** e **10.000m** no campo **Maximum Elevation** e altere a cor da segunda faixa de elevação, que representa a mancha de aterro no projeto;

- ◆ clique no botão **OK** para concluir.

15. Selecione a superfície **VOLUME-20%** na área de desenho e acesse a ferramenta da ribbon contextual **TIN Volume Surface → Labels & Tables → Add Legend**.

16. Na linha de comando, selecione a opção **Elevation** e, em seguida, **Dynamic**. Insira a tabela de elevações na área de desenho.

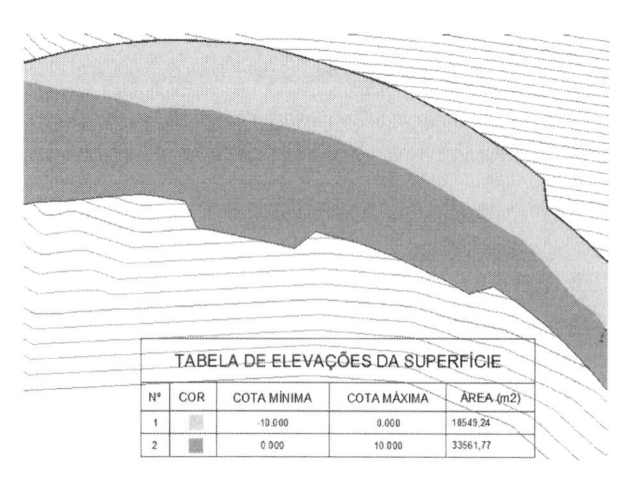

Figura 8.64 Mancha de corte e aterro e tabela com suas respectivas áreas.

8.7 Ferramentas para acabamento de superfícies

O acabamento nos modelos de superfícies é uma atividade relacionada à apresentação dos documentos de desenhos dos projetos, em que é possível ocultar ou remover regiões selecionadas dos modelos, unir diversas superfícies para a criação do modelo geral do empreendimento projetado e possibilitar a adição de rótulos, informando as cotas ou inclinações das superfícies.

As principais ferramentas para trabalhar no acabamento das superfícies são: máscaras (masks), para ocultar regiões do modelo; boundaries, para remover regiões selecionadas da superfície; recurso Paste Surface, utilizado na união de modelos de superfícies; e rótulos (Surface Labels), exibindo dados informativos sobre as superfícies.

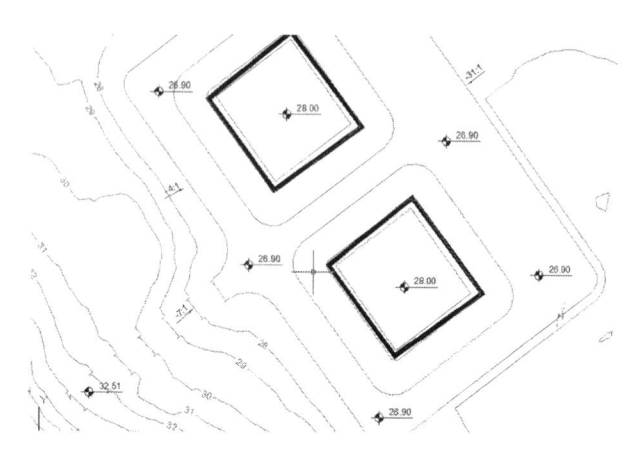

Figura 8.65 Superfícies do terreno existente e do projeto, exibidas com máscaras e rótulos.

Os modelos de superfícies finalizados poderão ser exportados para o formato **LandXML**, permitindo o envio e a leitura em equipamentos de campo, ou para a manipulação em outras plataformas de projeto.

É possível, ainda, extrair os pontos dos vértices dos triângulos das superfícies para a elaboração de relatórios ou a criação de arquivos de textos (ASCII); assim, será possível fornecer os dados dos modelos das superfícies projetadas para locação em campo.

8.7.1 Máscaras de superfícies

As máscaras são utilizadas para ocultar regiões internas (inside) ou externas (outside) de geometrias fechadas ou superfícies selecionadas na área de desenho. Podem ser utilizadas para ocultar determinadas áreas externas de superfícies grandes, a fim de aumentar o desempenho durante a manipulação dos modelos de superfícies. Em muitos casos, é comum ocultar regiões internas da superfície selecionada, para, dessa forma, exibir outras superfícies na mesma região.

O recurso **Masks** é acessado pela aba **Prospector** da **Toolspace** ao expandir a categoria **Surfaces**

(Figura 8.66). Os objetos que podem ser utilizados na definição de máscaras são: polylines, polylines 3D, circles, ellipses, rectangles, faces, figuras survey, feature lines, segmentos de lotes (parcel segments) e até mesmo selecionando superfícies presentes no desenho:

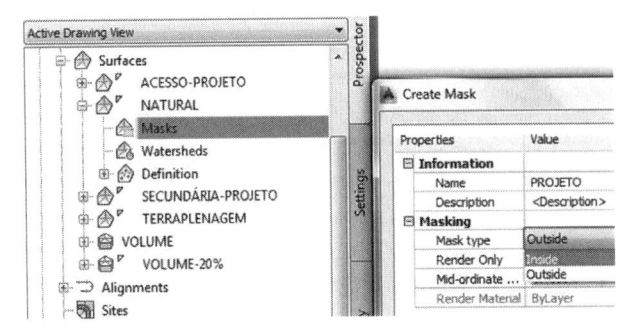

Figura 8.66 Ferramenta de criação de máscaras em superfícies.

- ■ **Render-Only:** opção que permite renderizar uma região determinada do modelo da superfície, aplicando um material desejado dentro da área da máscara.

- ■ **Mid-Ordinate Distance:** opção que controla a segmentação dos triângulos nas regiões curvadas das superfícies ao longo do contorno da máscara.

- ■ **Masks:** recurso que não remove ou compromete os dados do modelo da superfície. Dessa forma, apenas a visualização das curvas de nível, dos pontos e da malha (grid) será ocultada nas regiões das máscaras.

A proposta do próximo exemplo é mostrar os procedimentos para interromper a exibição das curvas de nível da topografia na região do estudo do empreendimento.

Agora, estude o exemplo a seguir:

1. Abra o arquivo **8-7-1_MÁSCARA_SU-PERFÍCIE.DWG**, disponível na plataforma da editora.

2. Na área de desenho, verifique o comportamento das curvas de nível sobre as superfícies natural e terraplenagem. As curvas de nível dos modelos podem ser exibidas de forma apropriada por meio da ferramenta de máscaras (**Masks**).

3. Pela aba **Prospector** da Toolspace, expanda **Surfaces** → **SU_EX_T_NATURAL**, clique com o botão direito do mouse sobre Masks e selecione a opção Create Mask.

4. Selecione a superfície **SU_PR_G_TERRAPLENAGEM** na área de desenho para utilizá-la como limite interno da máscara sobre a superfície natural. Pressione a tecla **Enter** para prosseguir.

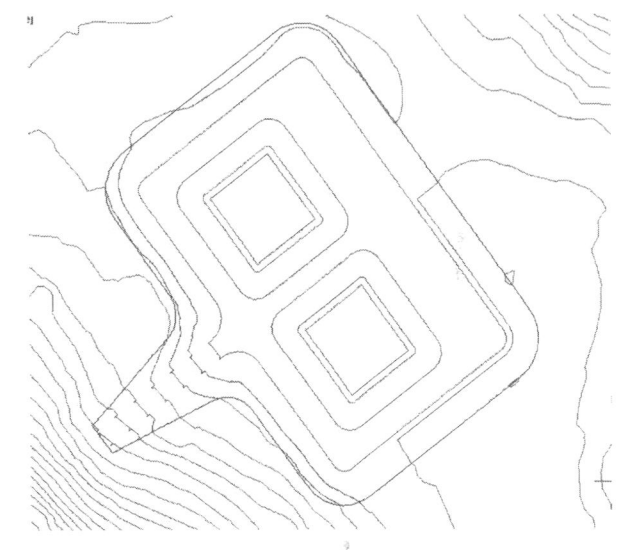

Figura 8.67 Máscara aplicada na superfície topográfica na região da superfície projetada.

5. Na caixa de diálogo **Create Mask**, digite **ESTUDO** no campo **Name**, selecione o tipo **Inside** no campo **Mask Type** e clique no botão **OK** para concluir.

6. Verifique o novo comportamento das curvas de nível na região da superfície terraplenagem. É possível selecionar as duas superfícies para visualização em 3D por meio do recurso **Object Viewer**.

8.7.2 Rótulos de superfícies

Os **Labels** de superfícies são rótulos na forma de textos que podem exibir as informações das elevações das curvas de nível, das cotas pontuais e das declividades. As ferramentas de **Labels** são acessadas pela ribbon **Annotate** ou pela ribbon contextual **Tin Surface** → **Labels & Tables** → **Add Labels** (Figura 8.68).

Os tipos de rótulos de superfícies são divididos em:

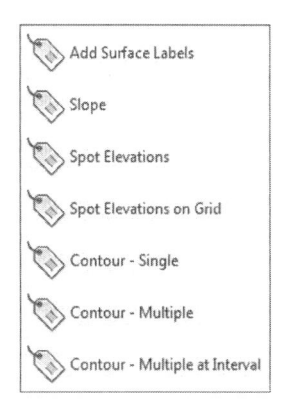

- ■ **Slope:** exibe a inclinação de um ou dois pontos selecionados na superfície.

- ■ **Spot Elevation:** informa a cota da superfície de determinado ponto sobre o modelo da superfície. A ferramenta **Spot Elevations on Grid** adiciona rótulos de cotas especificando uma malha quadriculada para o posicionamento dos rótulos.

- ■ **Contour:** exibe as elevações de uma (**Contour – Single**) ou várias (**Contour – Multiple**) curvas de nível de regiões selecionadas na superfície. A ferramenta **Contour - Multiple at Interval** adiciona diversos rótulos de cota das curvas de nível ao longo do comprimento delas.

Figura 8.68 Ferramentas de rótulos para superfícies.

Todos os tipos de **Labels** para as superfícies e os demais objetos do projeto desenvolvido no Autodesk Civil 3D podem ser adicionados por meio da caixa de diálogo **Add Labels**, que permite especificar o tipo de objeto a ser rotulado, além de selecionar os estilos de rótulos desejados para a aplicação nos objetos (Figura 8.69).

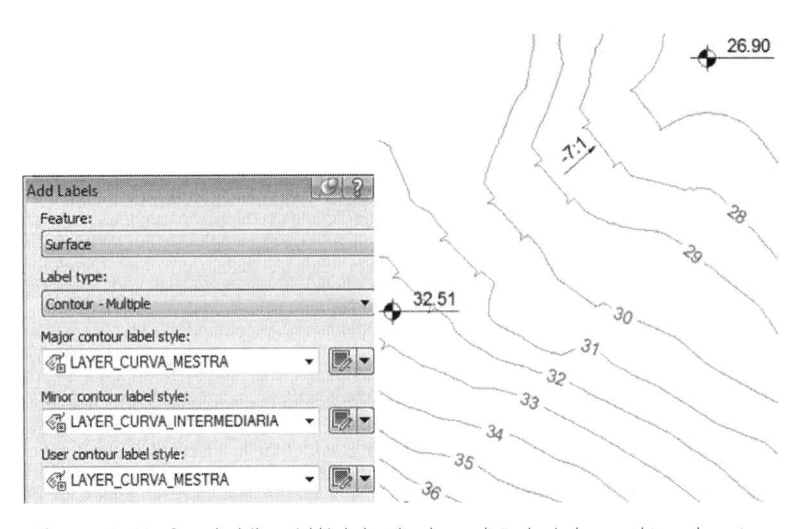

Figura 8.69 Caixa de diálogo Add Labels utilizada na adição de rótulos nos objetos do projeto.

Os procedimentos a seguir descrevem como adicionar os rótulos das elevações nas curvas de nível do modelo topográfico, bem como aplicar os rótulos de piso acabado e a inclinação da rampa no modelo da superfície projetada.

Agora, estude o exemplo a seguir:

1. Abra o arquivo **8-7-2_RÓTULOS_SUPERFÍCIE.DWG**, disponível na plataforma da editora.

2. Selecione a superfície **SU_EX_T_NATURAL** na área de desenho, para acessar a ferramenta da ribbon contextual **Tin Surface** → **Labels & Tables** → **Add Labels** → **Add Surface Labels**.

3. Na caixa de diálogo **Add Labels**, configure:

   - ◆ selecione **Surface** no campo **Feature**;

   - ◆ selecione o tipo **Contour – Multiple** no campo **Label type**;

   - ◆ escolha o estilo de rótulo **LAYER_CURVA_MESTRA** no campo **Major contour label style**;

   - ◆ escolha o estilo de rótulo **LAYER_CURVA_INTERMEDIÁRIA** no campo **Minor contour label style**;

♦ escolha o estilo de rótulo **LAYER_CURVA_MESTRA** no campo **Use contour label style**;

♦ clique no botão **Add**;

♦ selecione a superfície **SU_EX_T_NATURAL** na área de desenho;

♦ clique na região da superfície da topografia para inserir os rótulos das cotas nas curvas de nível, conforme exibido na Figura 8.70.

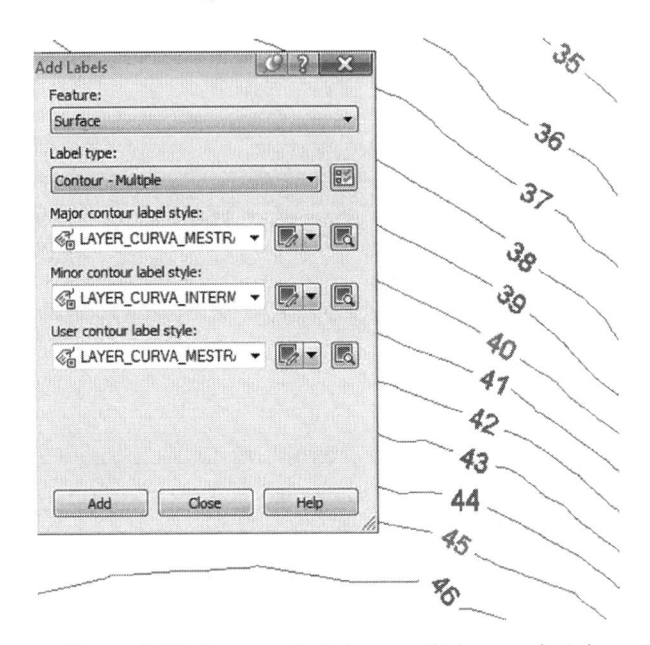

Figura 8.70 Ferramenta de rótulos para múltiplas curvas de nível.

4. Na caixa de diálogo **Add Labels**:

♦ selecione o tipo **Spot Elevation** no campo **Label type** (Figura 8.71);

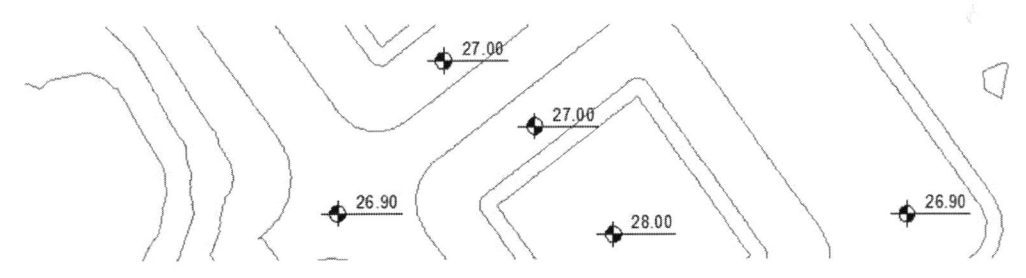

Figura 8.71 Rótulos do tipo Spot Elevation.

♦ escolha o estilo de rótulo **PISO ACABADO** no campo **Spot elevation label style**;

♦ selecione **PISO ACABADO** no campo **Marker style** para definir o estilo de representação do ponto;

♦ clique no botão **Add**;

♦ selecione a superfície **SU_PR_G_TERRAPLENAGEM** na área de desenho;

♦ clique na região do projeto de terraplenagem para inserir os rótulos das elevações.

5. Na caixa **Add Labels**, selecione o tipo **Slope** e clique no botão **Add**.

6. Selecione a superfície **SU_PR_G_TERRAPLENAGEM** na área de desenho. Defina o tipo **One-Point** na linha de comando e clique na rampa da superfície projetada.

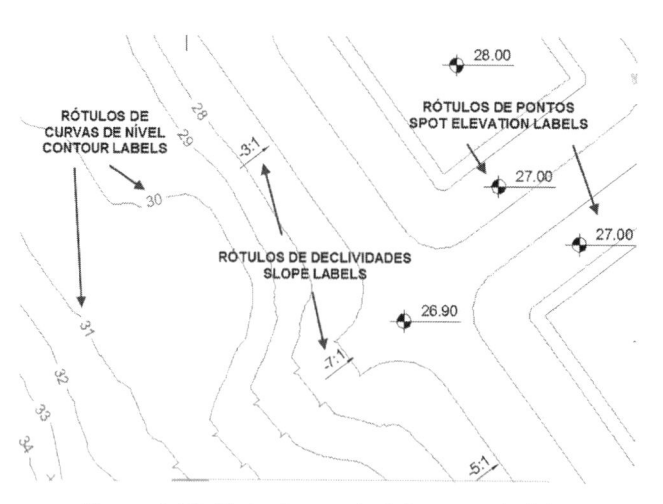

Figura 8.72 Rótulos de curvas de nível, cotas e declividades.

8.7.3 Publicação de superfícies

Parte fundamental em diversas etapas do desenvolvimento de projetos, a colaboração dos dados e dos modelos determina diversas diretrizes para os projetos, incluindo a tomada de decisões e o bom fluxo produtivo. A colaboração dos modelos pode se tornar trabalhosa se diversas equipes externas e multidisciplinares estiverem atuando simultaneamente no mesmo projeto; para tais casos, pode-se fazer uso dos recursos do Autodesk BIM 360 Docs para a colaboração do projeto, utilizando uma plataforma em nuvem, que possibilita a diminuição da distância e ter as equipes, melhorando sua comunicação e minimizando incompatibilidades nos projetos.

No Autodesk Civil 3D, pode-se publicar modelos de superfície para colaborar na plataforma do BIM 360 Docs; contudo, será necessário possuir a conta com assinatura ativa para uso da plataforma. A ferramenta de publicação de superfícies está disponível na ribbon contextual **Tin Surface** → **Surface Tools** → **Extract from Surface** → **Publish Surfaces**, ou por meio da ribbon **Output** → **Publish** → **Publish Surfaces**. O acesso aos modelos dos projetos do Autodesk BIM 360 Docs pode ser realizado por meio do navegador web (Figura 8.73).

Figura 8.73 Visualizador web do BIM 360 Docs para acesso às superfícies publicadas.

Para completar o exemplo a seguir, será necessário possuir uma assinatura ativa de BIM 360 Docs, incluindo a instalação do plugin Autodesk Desktop Connector.

Agora, estude o exemplo:

1. Abra o arquivo **8-7-3_PUBLICAÇÃO_SUPERFÍCIE.DWG**, disponível na plataforma da editora.

2. Selecione a superfície **SU_EX_T_NATURAL** na área de desenho, para acessar a ferramenta da ribbon contextual **Tin Surface** → **Surface Tools** → **Extract from Surface** → **Publish Surfaces**.

3. Na caixa de diálogo **Publish Surfaces**, selecione as superfícies desejadas para colaborar. No quadro **Specify output file**, determine a pasta e o nome do arquivo a ser publicado, clique no botão **OK** (Figura 8.74).

4. Confirme a atualização do estilo de visualização da superfície; na caixa **Publish Surface – Surface Style Display**, clique na opção **Publish the surface with the update style** (Figura 8.74).

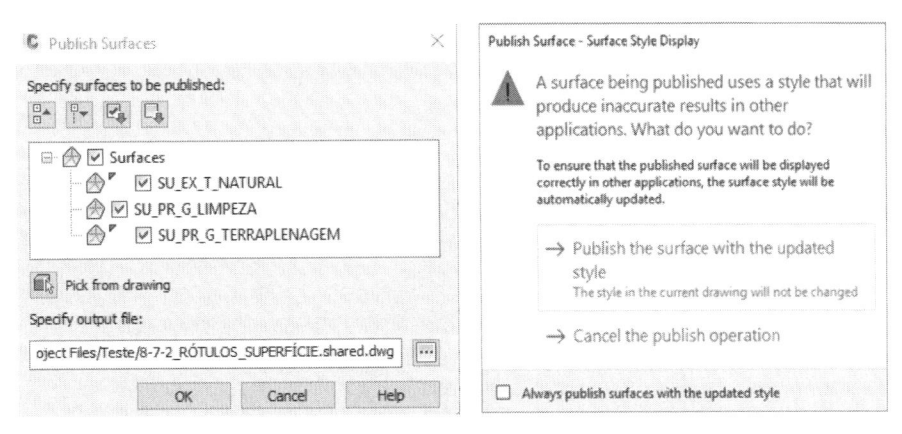

Figura 8.74 Caixa de publicação de superfícies.

5. Abra o navegador web e acesse a conta com assinatura do Autodesk BIM 360 Docs, em: <https://docs.b360.autodesk.com/>.

6. O visualizador do BIM 360 Docs, além da navegação nos modelos de superfícies, permite a verificação de distâncias, criação de marcações de anotações, como nuvens de revisão e adição de comentários (Figura 8.75).

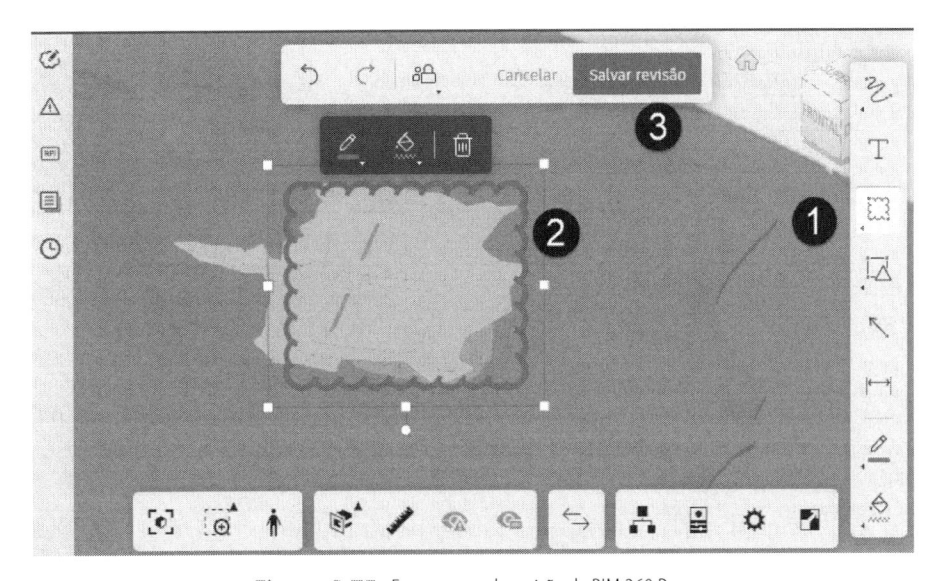

Figura 8.75 Ferramentas de revisão do BIM 360 Docs.

Exercício – Volumes de medições

O exercício a seguir mostra os principais recursos para a elaboração dos modelos de superfícies, por meio de curvas de nível, arquivos de pontos, faces 3D e polilinhas 3D, e tem como objetivo utilizar as ferramentas para a elaboração de superfícies que simulam diversas medições mensais para a extração dos volumes de terraplenagem.

Execute os procedimentos indicados para concluir o exercício:

1. Abra o arquivo **8-8-1_MEDIÇÕES_SUPERFÍCIES.DWG**, disponível na plataforma da editora.

2. Para corrigir as elevações das curvas de nível azuis presentes no desenho, aplique um duplo clique sobre a ferramenta da **Toolspace → Toolbox → Brasil → Recursos Adicionais → Curvas de nível 2D > 3D**. Siga as instruções apresentadas na linha de comando.

3. Na região das curvas de nível em azul presentes no desenho, faça uma linha auxiliar atravessando a curva de nível mais baixa (765) até a mais alta (775) (Figura 8.76).

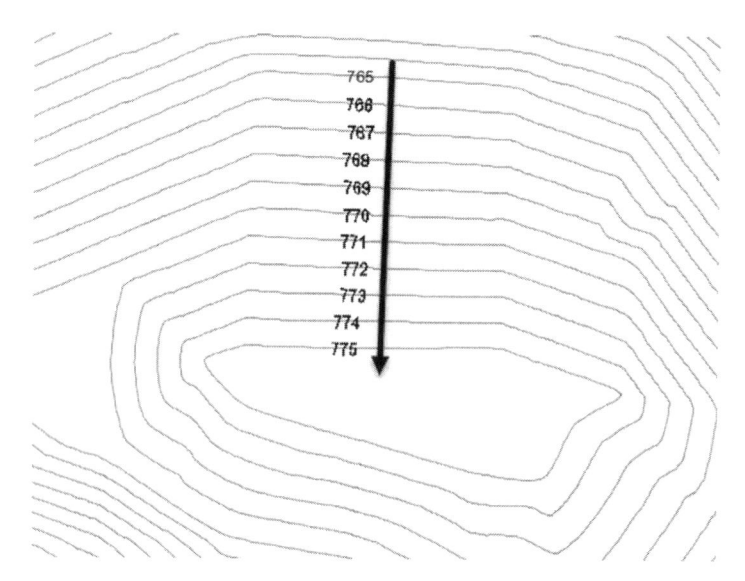

Figura 8.76 Seleção das curvas de nível azuis na área de desenho.

4. Na linha de comando, digite **765** para definir a cota inicial e pressione a tecla **Enter**.

5. Na linha de comando, digite **1** para definir o intervalo entre as curvas de nível e pressione **Enter**.

6. Verifique as novas elevações das curvas de nível azuis presentes no desenho. Com as curvas de nível corrigidas, será possível utilizar as polylines para criar a superfície do terreno natural.

7. Acesse a ferramenta da ribbon **Home → Create Ground Data → Surfaces → Create Surface**.

8. Na caixa **Create Surface**, digite **SU_EX_T _NATURAL** no campo **Name**, selecione um estilo desejado e clique no botão **OK**.

9. Na aba **Prospector** da **Toolspace**, expanda **Surfaces → SU_EX_T_NATURAL → Definition**, clique com o botão direito sobre **Contours** e selecione a opção **Add**.

10. Na caixa **Add Contour Data**, digite **Curvas** no campo **Description** e clique no botão **OK**. Selecione todas as polylines que representam as curvas de nível presentes na área de desenho e pressione **Enter** para concluir.

11. Acesse a ferramenta da ribbon **Home → Create Ground Data → Surfaces → Create Surface**.

12. Na caixa **Create Surface**, digite **SU_PR_G_MEDIÇÃO-JANEIRO** no campo **Name**, selecione um estilo desejado e clique no botão **OK**.

13. Na aba **Prospector** da **Toolspace**, expanda **Surfaces** → **SU_PR_G_MEDIÇÃO-JANEIRO** → **Definition**, clique com o botão direito sobre **Point Files** e selecione a opção **Add**.

14. Na caixa **Add Point File**, clique no botão **+ Add Files** e localize o arquivo **Medição-Janeiro.txt**, disponível na plataforma da editora. Selecione o formato **PENZD (comma delimited)** e clique no botão **OK** (Figura 8.77).

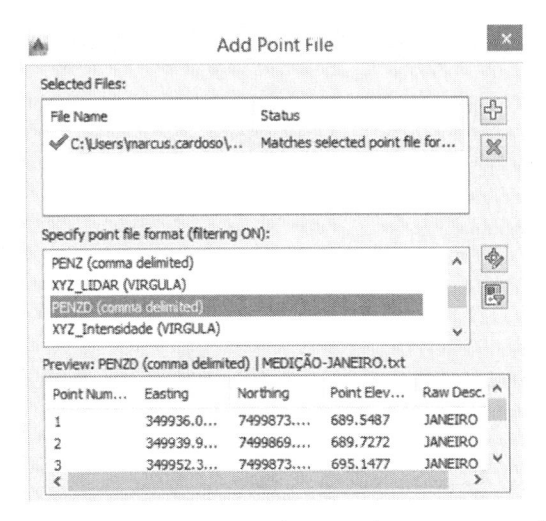

Figura 8.77 Caixa de importação de arquivos de pontos para a superfície.

15. Selecione a superfície **SU_PR_G_MEDIÇÃO-JANEIRO** na área de desenho e acesse a ferramenta da ribbon contextual **Tin Surface** → **Modify** → **Surface Properties**, para corrigir o excesso de triângulos no modelo da superfície.

16. Na aba **Definition** da caixa **Surface Properties**, expanda **Build**. Selecione a opção **Yes** no campo **Use Maximum Angle** e digite **90.00** no campo **Maximum angle between adjacent TIN lines**. Clique no botão **OK** (Figura 8.78).

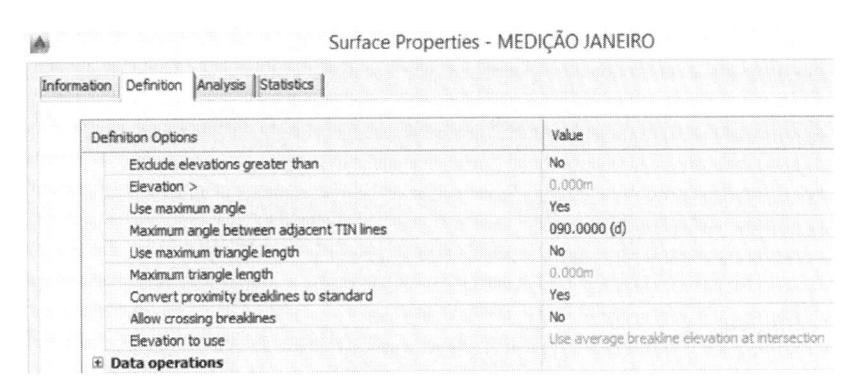

Figura 8.78 Definição de ângulos máximos dos triângulos na superfície.

17. Acesse a ferramenta da ribbon **Analyze** → **Volumes and Materials** → **Volumes Dashboard**, para efetuar o cálculo do volume da medição de janeiro.

18. Na aba **Volumes Dashboard** da janela **Panorama**, selecione a ferramenta **Create new volume surface**.

19. Na caixa **Create Surface**, digite **SU_PR _G_VOLUME-JANEIRO** no campo **Name**. Selecione a superfície **SU_EX _T_NATURAL** no campo **Base Surface**, selecione a superfície **SU_PR_G_MEDIÇÃO-JANEIRO** no campo **Comparison Surface** e clique no botão **OK** (Figura 8.79).

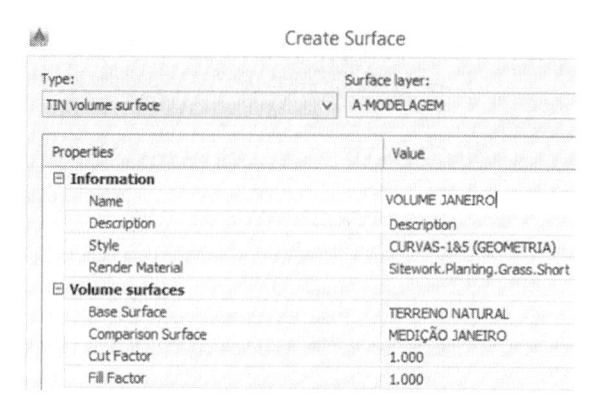

Figura 8.79 Caixa de criação da superfície de volume.

20. Verifique os dados volumétricos na janela **Panorama** (Figura 8.80).

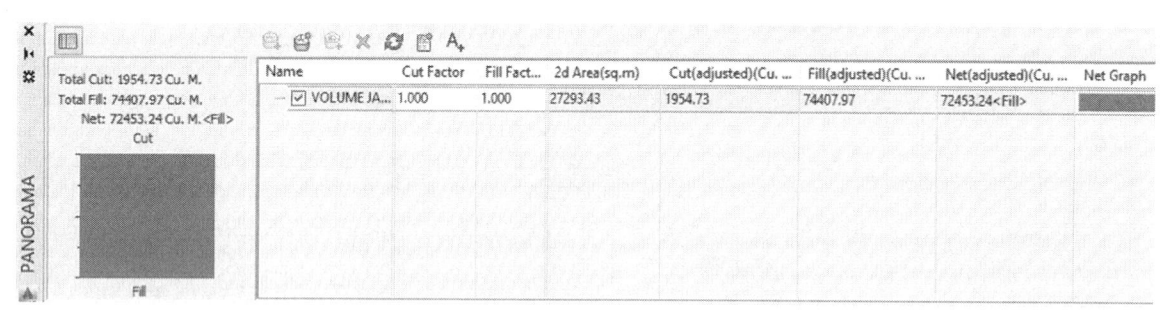

Figura 8.80 Dados volumétricos da superfície de volume.

21. Ligue o layer **A-Fevereiro**.

22. Acesse a ferramenta da ribbon **Home** → **Create Ground Data** → **Surfaces** → **Create Surface**.

23. Na caixa **Create Surface**, digite **SU_PR_G_MEDIÇÃO-FEVEREIRO** no campo **Name**, selecione um estilo desejado e clique no botão **OK**.

24. Na aba **Prospector** da **Toolspace**, expanda **Surfaces** → **SU_PR_G_MEDIÇÃO-FEVEREIRO** → **Definition**, clique com o botão direito sobre **Drawing Objects** e selecione a opção **Add.**

25. Na caixa **Add Points From Drawing Objects**, selecione o tipo **3D Faces** no campo **Object Type**, digite **TRIÂNGULOS** no campo **Description** e clique no botão **OK** (Figura 8.81).

26. Selecione todas as 3D Faces que representam a medição de fevereiro presentes na área de desenho e pressione **Enter** para concluir.

27. Selecione a superfície **SU_PR_G_MEDIÇÃO-FEVE-REIRO** na área de desenho e acesse a ferramenta da ribbon contextual **Tin Surface** → **Modify** → **Surface Properties** para corrigir o excesso de triângulos no modelo da superfície.

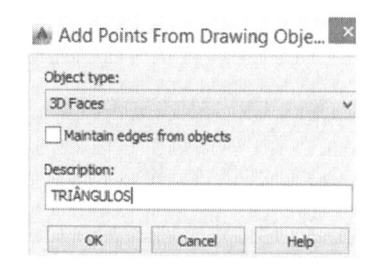

28. Na aba **Definition** da caixa **Surface Properties**, expanda **Build**. Selecione a opção **Yes** no campo **Use Maximum Angle** e digite **90.00** no campo **Maximum**

Figura 8.81 Caixa de seleção de objetos de desenhos.

angle between adjacent TIN lines. Clique no botão **OK**.

29. Acesse a ferramenta da ribbon **Analyze → Volumes and Materials → Volumes Dashboard** para efetuar o cálculo do volume da medição de fevereiro.

30. Na aba **Volumes Dashboard** da janela **Panorama**, selecione a ferramenta **Create new volume surface**.

31. Na caixa **Create Surface**, digite **SU_PR_G_VOLUME-FEVEREIRO** no campo **Name**. Selecione a superfície **SU_PR_G_MEDIÇÃO-JANEIRO** no campo **Base Surface**, selecione a superfície **SU_PR_G_MEDIÇÃO-FEVEREI-RO** no campo **Comparison Surface** e clique no botão **OK** (Figura 8.82).

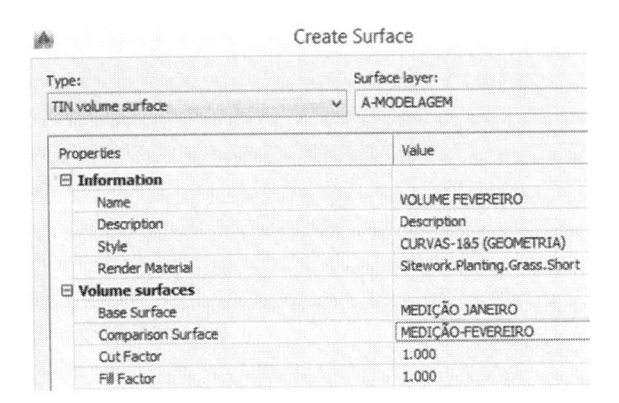

Figura 8.82 Caixa de criação da superfície de volume.

32. Verifique a composição volumétrica na janela **Panorama**.

33. Ligue o layer **A-Março**.

34. Acesse a ferramenta da ribbon **Home → Create Ground Data → Surfaces → Create Surface**.

35. Na caixa **Create Surface**, digite **SU_PR_G_MEDIÇÃO-MARÇO** no campo **Name**, selecione um estilo desejado e clique no botão **OK**.

36. Na aba **Prospector** da **Toolspace**, expanda **Surfaces → SU_PR_G_MEDIÇÃO--MARÇO → Definition**, clique com o botão direito sobre **Breaklines** e selecione a opção **Add**.

37. Na caixa **Add Breaklines**, selecione o tipo **Standard** no campo **Object Type**, digite **3D POLY** no campo **Description** e clique no botão **OK**.

Figura 8.83 Caixa de adição de linhas obrigatórias no modelo da superfície.

38. Selecione todas as polilinhas 3D na área de desenho e pressione **Enter**.

39. Selecione a superfície **Medição-Março** na área de desenho e a ferramenta da ribbon contextual **Tin Surface → Modify → Surface Properties**, para corrigir o excesso de triângulos no modelo da superfície.

40. Na aba **Definition** da caixa **Surface Properties**, expanda **Build**. Selecione a opção **Yes** no campo **Use Maximum Angle** e digite **90.00** no campo **Maximum angle between adjacent TIN lines**. Clique no botão **OK**.

41. Acesse a ferramenta da ribbon **Analyze → Volumes and Materials → Volumes Dashboard** para efetuar o cálculo do volume da medição de março.

42. Na aba **Volumes Dashboard** da janela **Panorama**, selecione a ferramenta **Create new volume surface**.

43. Na caixa **Create Surface**, digite **SU_PR_G_ VOLUME-MARÇO** no campo **Name**. Selecione a superfície **SU_PR_G_MEDIÇÃO-FEVEREIRO** no campo **Base Surface**, a superfície **SU_PR_G_MEDIÇÃO-MARÇO** no campo **Comparison Surface** e clique no botão **OK** (Figura 8.84).

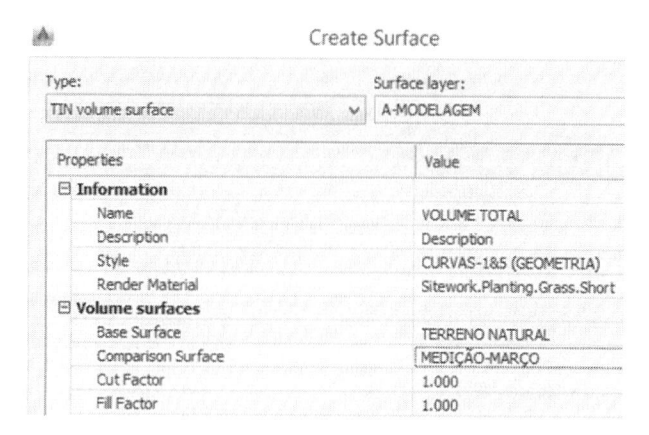

Figura 8.84 Caixa de criação da superfície de volume.

44. Verifique a composição volumétrica na janela **Panorama**.

45. Na aba **Volumes Dashboard** da janela **Panorama**, selecione a ferramenta **Create new volume surface** para criar a superfície do volume total.

46. Na caixa **Create Surface**, digite **SU_PR_ G_VOLUME-TOTAL** no campo **Name**. Selecione a superfície **SU_EX _T_NATURAL** no campo **Base Surface**, a superfície **SU_PR_G_MEDIÇÃO--MARÇO** no campo **Comparison surface** e clique no botão **OK**.

47. Verifique as composições volumétricas na janela **Panorama** (Figura 8.85).

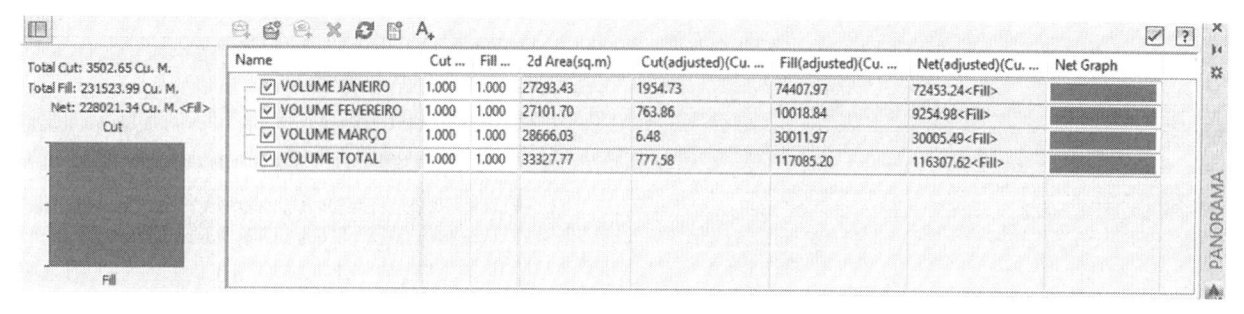

Figura 8.85 Composições volumétricas das medições.

48. Selecione a ferramenta **Generate Cut/Fill Report** na janela **Panorama** para visualizar o relatório de volumes.

Volume Summary							
Name	Type	Cut Factor	Fill Factor	2d Area (sq.m)	Cut (Cu. M.)	Fill (Cu. M.)	Net (Cu. M.)
VOLUME JANEIRO	full	1.000	1.000	27293.43	1954.73	74407.97	72453.24<Fill>
VOLUME FEVEREIRO	full	1.000	1.000	27101.70	763.86	10018.84	9254.98<Fill>
VOLUME MARÇO	full	1.000	1.000	28666.03	6.48	30011.97	30005.49<Fill>
VOLUME TOTAL	full	1.000	1.000	33327.77	777.58	117085.20	116307.62<Fill>

Figura 8.86 Relatório de volumes.

Alinhamento Horizontal

Os alinhamentos horizontais determinam o caminhamento do traçado geométrico de diversos tipos de elementos pertinentes aos projetos de infraestrutura, sobretudo para os elementos de obras lineares. É possível especificar o traçado de eixos para sistemas viários, bordos de pistas, eixos de barragens e ensecadeiras, canais, ferrovias, redes de tubulações, entre outros.

No Autodesk Civil 3D, os elementos que caracterizam os traçados geométricos horizontais são denominados **alignments** e constituídos por combinações segmentos dos tipos tangentes, curvas circulares e espirais. A representação gráfica, assim como as informações apresentadas, é controlada pelos estilos (Alignment Styles e Alignment Labels Styles).

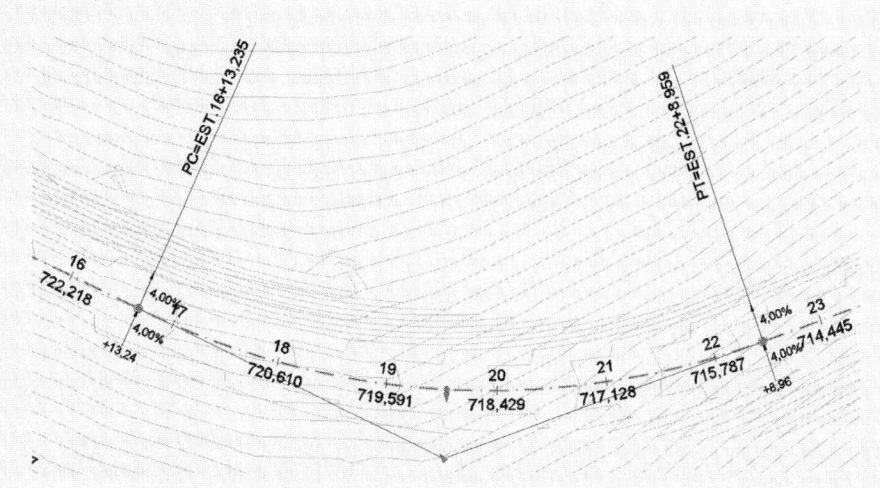

Figura 9.1 Alinhamento horizontal e rótulos de estacas e de pontos notáveis.

Os alinhamentos podem estar correlacionados às normas de projetos viários por meio do recurso **Design Criteria**, que permite verificar os requisitos normativos da geometria com a velocidade aplicada na via. Dessa forma, quando aplicamos as regras de **Design Criteria**, é possível identificar eventuais irregularidades no traçado no momento de sua concepção.

Os critérios utilizados pelo recurso **Design Criteria** ficam armazenados em arquivos XML. É possível efetuar adequações nos valores dos critérios pela ferramenta **Design Criteria Editor**.

9.1 Fluxo para manipulação de alinhamentos

O processo para concepção, manipulação e gerenciamento de alinhamentos horizontais poderá ser iniciado com o recebimento de estudos de traçados provenientes do Autodesk InfraWorks para refinamento no Autodesk Civil 3D. A elaboração de projetos básicos e executivos pode ser iniciada definindo o traçado ou utilizando geometrias existentes, para, em seguida, realizar análises e eventuais ajustes, o que possibilitará a criação dos gráficos de perfis e alimentar as demais etapas e disciplinas do projeto. O gerenciamento dos alinhamentos permite controlar seus respectivos perfis, seções transversais, incluindo os valores volumétricos de terraplenagem. A colaboração dos traçados geométricos horizontais pode ser realizada pelo recurso **Data Shortcuts** dentro de um ambiente de rede local ou na plataforma em nuvem com o BIM 360 Docs. O fluxo idealizado é apresentado na Figura 9.2.

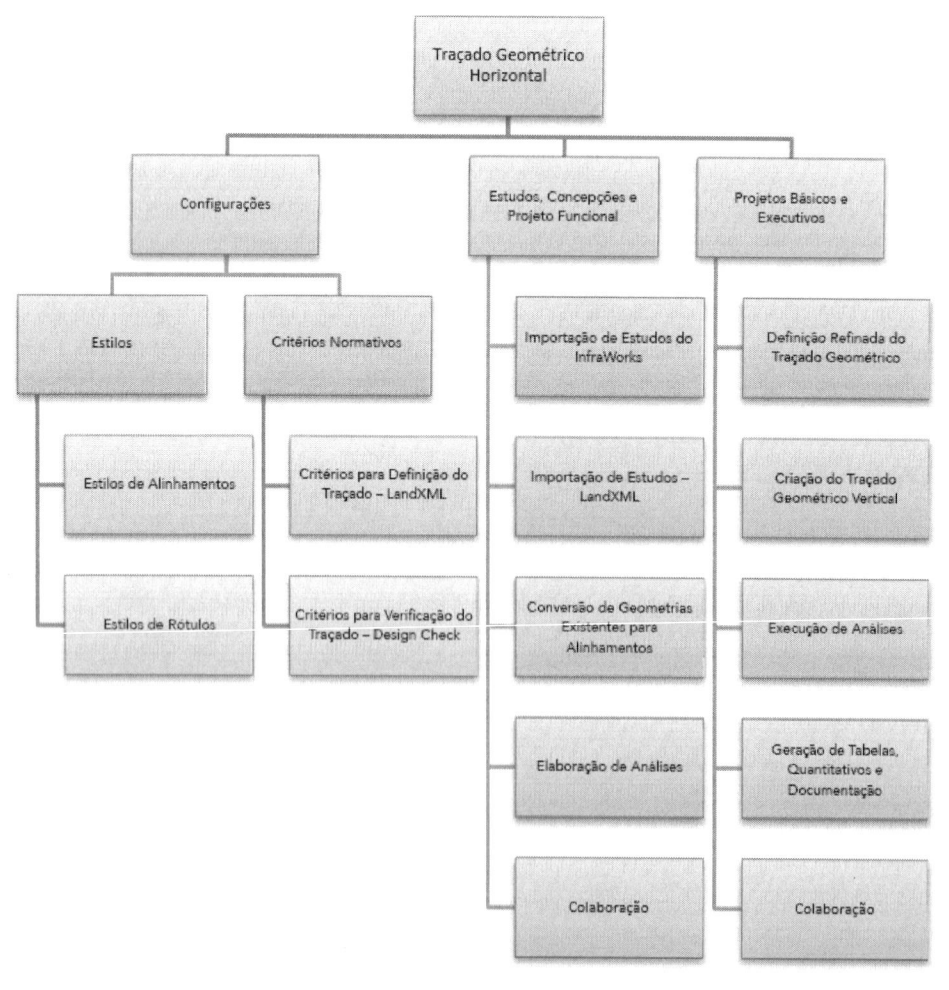

Figura 9.2 Fluxos para alinhamentos em projetos de infraestrutura.

9.2 Gerenciamento dos elementos do projeto

O recurso de **Sites** permite organizar e gerenciar os objetos alinhamentos, lotes, grupos de grading e feature lines presentes no arquivo do projeto. Por meio de **Sites**, é possível controlar a interação entre os objetos presentes no mesmo **Site**.

Dependendo do tipo de projeto, é necessário criar a interação entre os eixos e os lotes para auxiliar no parcelamento do terreno ou, ainda, utilizar os limites dos lotes com os objetos de grading pertencentes ao mesmo **Site**, para auxiliar no desenvolvimento dos projetos de terraplenagem.

Os alinhamentos elaborados nos desenhos dos projetos podem estar presentes em **Sites** ou apenas classificados no grupo **Alignments**, para que não haja interação com os demais objetos do projeto. A aba **Prospector** da **Toolspace** do Autodesk Civil 3D permite acessar os conjuntos de **Sites** e seus respectivos objetos (Figura 9.3).

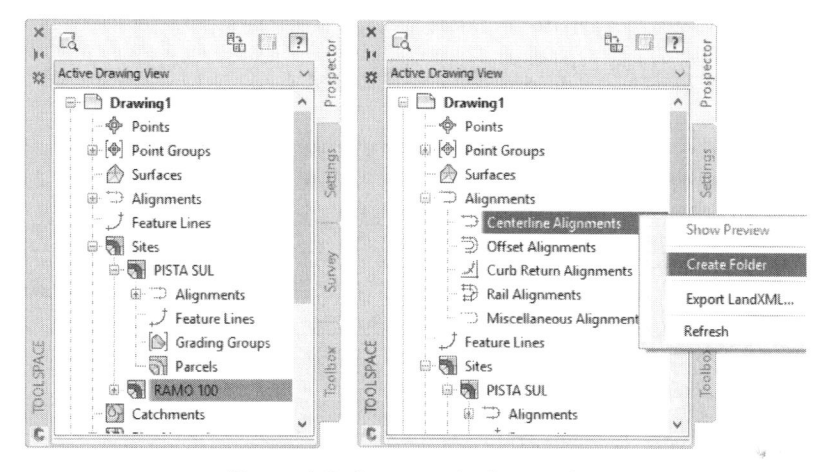

Figura 9.3 Organização dos objetos em Sites.

Os objetos presentes no desenho também podem ser copiados e relocados entre os **Sites** existentes no arquivo do projeto. Selecione o objeto desejado na área de desenho ou na aba **Prospector**, clique com o botão direito do mouse e selecione **Copy to Site** ou **Move to Site**.

Além dos **Sites**, também é possível criar pastas diretamente sobre a estrutura de objetos listados na aba **Prospector**, viabilizando maior organização dos elementos presentes nos projetos. Clique com o botão direito do mouse sobre um tipo de elemento e selecione a opção **Create Folder**.

Agora, estude o exemplo a seguir:

1. Inicie o Autodesk Civil 3D.
2. Crie um desenho utilizando o arquivo de template **_AutoCAD Civil 3D 2020_BRA (DER). DWT**, fornecido na instalação do pacote *Brazil Content*.
3. Na aba **Prospector** da **Toolspace**, clique com o botão direito do mouse sobre **Sites** e selecione a opção **New**. Na aba **Information**, da caixa de diálogo **Site Properties**, digite **Projeto** no campo **Name**.
4. Clique no botão **OK** para concluir a criação do **Site**.

9.3 Tipos de alinhamentos

Os alinhamentos horizontais podem ser classificados em cinco tipos de categorias para distinção da aplicação do tipo de projeto geométrico e controle de suas funcionalidades:

- **Centerline Alignments:** utilizado para representar os eixos de diversos tipos de projetos, como rodovias, canais, barragens, entre outros. Este tipo de alinhamento permite aplicar os critérios normativos de projetos viários, como superelevação das pistas.

- **Offset Alignments:** utilizado para representar o traçado geométrico de bordos de vias, canais, acostamentos, baias, entre outras geometrias laterais dos projetos.

- **Curb Return Alignments:** criado nas esquinas dos cruzamentos de vias para auxiliar durante o desenvolvimento de interseções viárias.

- **Rail Alignments:** aplicado em projetos metroferroviários. Permite controlar a superelevação transversal por meio do recurso **Cant**.

- **Miscellaneous Alignments:** utilizado para representar qualquer tipo de geometria horizontal não listada nas categorias anteriores. Permite representar eixos e estacas de redes de drenagem e esgoto, redes de abastecimento, eixos de canaletas, valetas e demais geometrias horizontais.

9.4 Critérios normativos para projetos geométricos

Os alinhamentos podem estar vinculados aos critérios normativos para projetos rodoviários e ferroviários. O recurso **Design Criteria** vincula a geometria projetada a um arquivo baseado em critérios de padrões para aplicação e verificação nos traçados dos alinhamentos horizontais e verticais. Os arquivos de critérios normativos auxiliam durante o desenvolvimento do projeto geométrico, para controle e validação dos padrões de raios mínimos nas curvas, distâncias de visibilidades e superelevações. A ferramenta **Design Check** trabalha agregada ao recurso **Design Criteria** e possibilita a verificação de eventuais violações normativas ao longo dos traçados geométricos horizontal e vertical projetados.

A ferramenta **Design Check** informará a existência de eventuais irregularidades nas geometrias projetadas, permitindo a verificação de critérios, como os raios mínimos utilizados nas curvas utilizadas no traçado geométrico horizontal ou a distância de visibilidade segura por meio da velocidade aplicada ao projeto. Quando alguma condição normativa for violada no traçado geométrico, o símbolo de exclamação será exibido no projeto, informando quais condições foram violadas.

A aplicação dos critérios normativos é efetuada pela aba **Design Criteria** durante o processo de criação do alinhamento horizontal, a qual poderá ser acessada posteriormente pela caixa **Alignment Properties**.

As informações dos critérios normativos ficam presentes em um arquivo externo no formato XML. É possível criar ou editar os arquivos para atender aos padrões de projetos regionais por meio da ferramenta **Design Criteria Editor**.

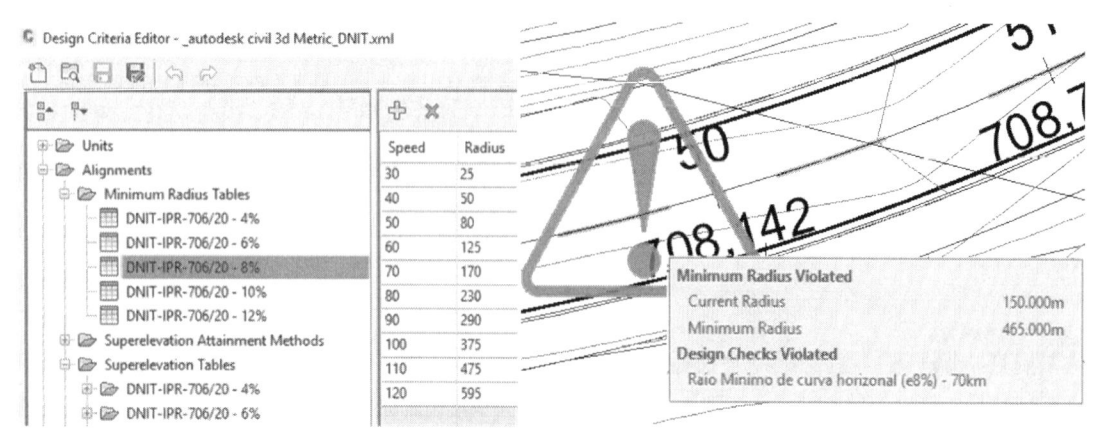

Figura 9.4 Caixa de editor dos critérios normativos e mensagem de violação do raio mínimo.

Agora, estude o exemplo a seguir:

1. Inicie o Autodesk Civil 3D e crie um desenho utilizando o arquivo de template **_AutoCAD Civil 3D 2020_BRA (DER). DWT**, fornecido na instalação do pacote *Brazil Content*.

2. Selecione pela ribbon **Modify → Design → Alignment**.

3. Na ribbon contextual **Alignment**, selecione a ferramenta **Modify → Design Criteria Editor**.

4. Na caixa de diálogo **Design Criteria Editor**, clique no botão **Open**.

5. Na caixa de diálogo **Select a Design Criteria File**, localize o arquivo **C:/usuários/all users/autodesk/C3D 2020/enu/Data/Corridor Design Standards/Metric/_Autodesk Civil 3D Metric_DNIT.xml**. Clique no botão **Open**.

6. Verifique os critérios normativos em **Alignments → Minimum Radius Tables**, para identificar os valores da tabela de raios mínimos.

7. Verifique os critérios em **Profiles → Minimum K Tables** para identificar os valores normativos para a geometria vertical. É possível editar os valores dos parâmetros e salvar o arquivo de critérios com outro nome para preservar o arquivo original.

8. Clique em **Cancel** para fechar a caixa de diálogo **Design Criteria Editor**.

9.5 Definição de alinhamentos horizontais

Existem diversos métodos para a criação do traçado geométrico horizontal no Autodesk Civil 3D: utilizar as geometrias existentes no desenho atual ou em desenhos referenciados, como arcos, linhas e polylines; definir alinhamentos selecionando os componentes de redes presentes no desenho; importar arquivos de formato LandXML; e, ainda, utilizar a barra de ferramentas **Alignment Layout Tools,** que dispõe de diversas ferramentas para a definição e a manipulação de alinhamentos.

Pela ribbon **Home → Create Design → Alignment**, é possível acessar as ferramentas para a elaboração e a manipulação de alinhamentos horizontais (Figura 9.5).

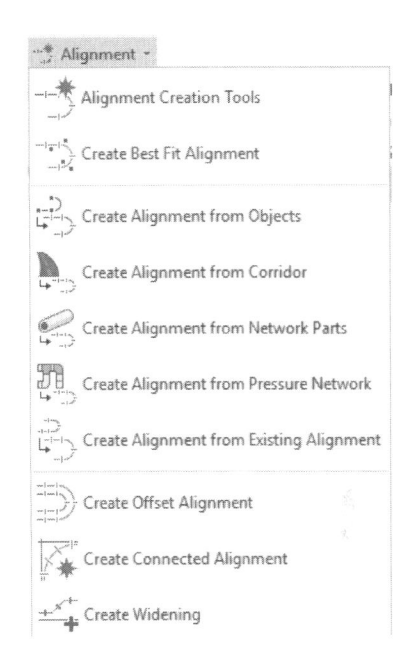

Figura 9.5 Ferramentas para a elaboração de alinhamentos.

- **Alignment Creation Tools:** acessa a barra de ferramentas **Alignment Creation Tools**, que disponibiliza um conjunto de ferramentas utilizadas no desenvolvimento do projeto geométrico horizontal.

- **Create Best Fit Alignment:** ferramenta utilizada na elaboração do traçado horizontal, obedecendo a geometrias existentes no desenho.

- **Create Alignment from Objects:** ferramenta de criação do traçado do alinhamento horizontal, utilizando geometrias existentes no desenho, com linhas, arcos e polylines.

- **Create Alignment from Corridor:** ferramenta que utiliza os objetos feature lines presentes nos objetos corridors para a construção do alinhamento horizontal.

- **Create Alignment from Network Parts:** ferramenta que permite criar o alinhamento horizontal por meio do caminhamento de redes por gravidade (pipe networks) projetadas no desenho.

- **Create Alignment from Pressure Network:** ferramenta que utiliza o traçado de redes pressurizadas (pressure network) para a definição do alinhamento horizontal.

- **Create Alignment from Existing Alignment:** ferramenta para criar um alinhamento horizontal de trechos de alinhamentos existentes no desenho.

- **Create Offset Alignment:** ferramenta utilizada para a criação de alinhamentos de bordo, com base em um alinhamento de centerline.

- **Create Connected Alignment:** ferramenta para a criação de alinhamentos de transição nas esquinas e conectados aos perfis dos troncos principais.

- **Create Widening:** ferramenta para a construção de alargamentos em alinhamentos de bordo, utilizados para a representação de superlarguras, tapers e baias.

9.5.1 Criação de alinhamentos por geometrias existentes

Dependendo do tipo ou da fase do projeto, muitas vezes, é necessário aproveitar as geometrias existentes nos desenhos para a definição do traçado geométrico horizontal, principalmente durante os projetos de duplicação ou restauração de vias. A ferramenta **Create Alignment from Objects** permite aproveitar as geometrias existentes nos desenhos, como linhas, arcos ou polylines, para a definição de alinhamentos horizontais.

Outra característica importante da ferramenta **Create Alignment from Objects** é a possibilidade de utilizar as geometrias presentes em desenhos referenciados com o recurso **Xref** para a definição de alinhamentos horizontais. Assim, é possível trabalhar com bases referenciadas, compartilhando os dados e modelos com as demais equipes engajadas nos projetos.

Agora, estude o exemplo a seguir:

1. Abra o arquivo **9-4-1_EIXO_ALTERNA-TIVA_1. DWG**, disponível na plataforma da editora.

2. O desenho possui um objeto polyline que representa uma alternativa para o projeto de um eventual traçado geométrico horizontal. Utilize a ferramenta **Quick Profile** para analisar o comportamento do terreno no gráfico do perfil.

3. Selecione a ribbon **Home** → **Create Design** → **Alignment** → **Create Alignment from Objects**.

4. Selecione a polyline e pressione **Enter**, e localize uma seta presente no meio da polyline indicando o sentido do estaqueamento.

5. Pressione **Enter** para aceitar o estaqueamento da esquerda para a direita. Caso a seta apareça da direita para a esquerda, digite **R** (reverse) para inverter o sentido do estaqueamento e prosseguir.

6. Na caixa de diálogo **Create Alignment from Objects**, configure:

   - digite **AL_PR_F_ALTERNATI-VA-01** no campo **Name**. Selecione o tipo **Centerline** no campo **Type**. Verifique o valor da estaca inicial 0+000.00 no campo **Starting station**;

   - na aba **General**, crie o **Site PISTA PRINCIPAL** e mantenha os estilos indicados;

   - habilite a opção **Add curves between tangents** para adicionar curvas circulares entre as tangentes;

   - digite **160.00m** no campo **Default radius** para especificar o raio para todas as curvas circulares do alinhamento;

   - habilite a opção **Erase existing entities** para remover a polyline do desenho (Figura 9.6);

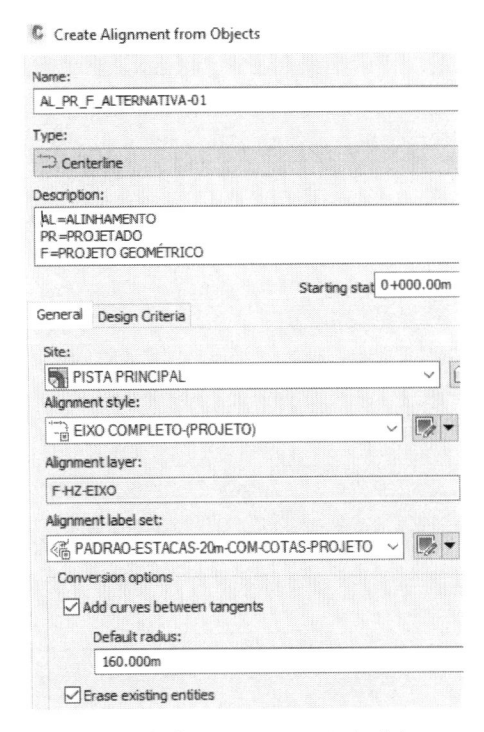

Figura 9.6 Configurações para criação do alinhamento.

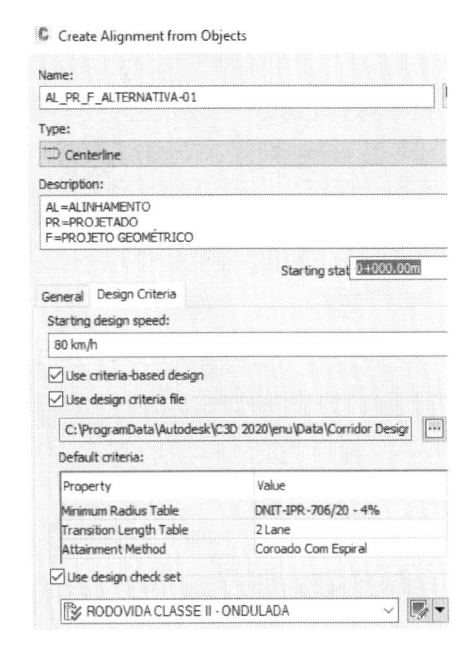

Figura 9.7 Configurações da aba Design Criteria.

◆ na aba **Design Criteria**, digite a velocidade de **80 km/h** no campo **Starting design speed** para determinar a velocidade diretriz do projeto;

◆ habilite a opção **Use criteria-based design** para aplicar os critérios normativos;

◆ ligue a opção **Use design criteria file** para utilizar o arquivo externo com os critérios normativos;

◆ localize o arquivo normativo **_autodesk civil 3d Metric_DNIT.xm**. Este é oferecido com a instalação do pacote *Brazil Content* e contém os critérios geométricos para projetos rodoviários;

◆ verifique as opções normativas no quadro **Default criteria**, configurações para a escolha da tabela de raio mínimo, método de transição e aplicação de superelevação.

7. Habilite a opção **Use design check set** para a verificação de normativas geométricas e selecione o tipo **RODOVIA CLASSE II – ONDULADA** (Figura 9.7). Clique em **OK** para concluir.

8. Aproxime o cursor do mouse sobre o símbolo de exclamação amarelo (**Design Checks**) para verificar as notificações de violação dos critérios geométricos segundo a normativa aplicada (Figura 9.8).

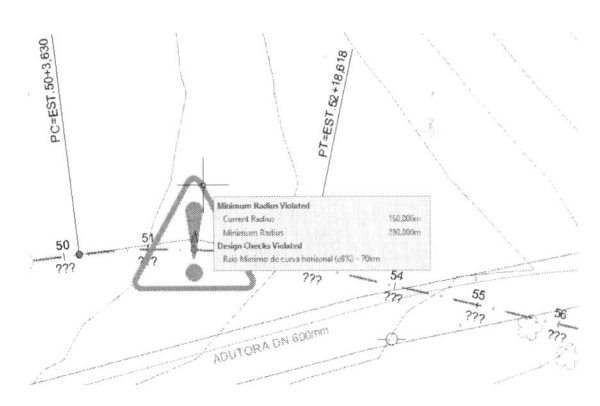

Figura 9.8 Exibição dos critérios geométricos violados no projeto horizontal.

9. Selecione o alinhamento na área de desenho e acesse a ferramenta da ribbon contextual **Alignment → Modify → Alignment Properties**.

10. A aba **Points of Intersection** da caixa **Alignment Properties** permite controlar a exibição das projeções das tangentes aos PIs. Habilite a opção **By change in alignment direction** para exibir as projeções das tangentes conforme a direção do alinhamento.

11. A aba **Constraint Editing**, da caixa **Alignment Properties**, auxilia no controle do tangenciamento dos componentes geométricos durante as edições no alinhamento. Habilite a opção **Always perform implied tangency constraint swapping** para manter os elementos geométricos adjacentes sempre tangenciados, e a opção **Lock all parameter constraints**, para travar os parâmetros tangenciais dos elementos geométricos que compõem o alinhamento.

12. Na aba **Design Criteria**, da caixa de diálogo **Alignment Properties**, digite a velocidade **70 km/h** no campo **Design Speed**. Clique no botão **Ok** para concluir (Figura 9.9).

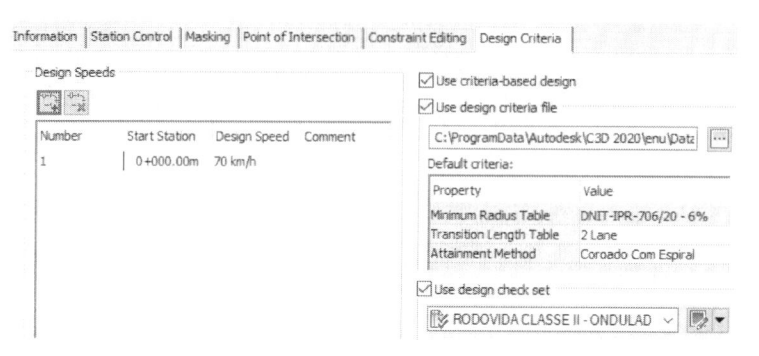

Figura 9.9 Configurações para velocidade e tabela de raio mínimo para o alinhamento.

É possível adicionar trechos com diferentes velocidades para o projeto, determinando as estacas de mudança de velocidade, por meio do botão 🔲 (**Add Design Speed**) no quadro **Design Speeds**.

13. Na área de desenho, verifique o comportamento das mensagens de violações normativas do alinhamento horizontal. É possível editar o traçado geométrico diretamente na área de desenho reposicionando os seus grips.

14. A barra de ferramentas **Alignment Layout Tools** permite manipular os componentes presentes no traçado do alinhamento horizontal. Selecione o alinhamento na área de desenho e acesse a ferramenta da ribbon contextual **Alignment** → **Modify** → **Geometry Editor**.

15. Na barra de ferramentas **Alignment Layout Tools**, selecione a ferramenta **Alignment Grid View** para editar os elementos que compõem o traçado geométrico, como tangentes, curvas circulares e espirais.

16. Na aba **Alignment Entities**, da janela **Panorama**, edite os valores dos raios na coluna **Radius** para atender ao raio mínimo exigido na normativa.

17. Feche o arquivo sem salvar as alterações.

9.5.2 Definição de alinhamentos pela barra de ferramentas

Na maioria dos projetos, determina-se cada ponto de interseção (PI) ao longo do alinhamento e, em seguida, adicionam-se as curvas circulares e de transição. Se, por opção, for escolhido criar alinhamento com curvas, elas serão geradas automaticamente em cada interseção. Os rótulos da geometria dos pontos notáveis podem ser adicionados no início e término de cada tangente, curvas espiral e circular.

Pela ribbon **Home** → **Create Design** → **Alignment** → **Alignment Creation Tools**, é possível acessar a barra de ferramentas **Alignment Layout Tools** e utilizar seu conjunto de ferramentas para auxiliar durante o desenvolvimento e a manipulação das geometrias do traçado dos alinhamentos horizontais (Figura 9.10).

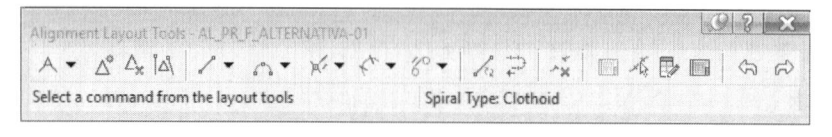

Figura 9.10 Barra de ferramentas Alignment Layout Tools.

É possível utilizar a ferramenta **Tangent-Tangent** para construir o alinhamento e, então, utilizar as demais ferramentas apropriadas para adicionar curvas e tangentes para aperfeiçoar a geometria do alinhamento horizontal.

Tangent-Tangent (No curves): ferramenta para adicionar os PIs consecutivos, criando uma sequência de tangentes sem curvas.

Tangent-Tangent (With Curves): ferramenta que permite adicionar PIs consecutivos, além de adição de curvas entre as tangentes.

Ferramenta de acesso à caixa de diálogo **Curve and Spiral Settings**, para a configuração dos parâmetros de curvas circulares e espirais que serão utilizados na criação do alinhamento hori zontal, por meio do uso da ferramenta **Tangent-Tangent (With Curves)**.

Insert PI: ferramenta que adiciona um PI em um alinhamento.

Delete PI: ferramenta que remove um PI de um alinhamento.

Break-Apart PI: ferramenta que divide um alinhamento determinando seu ponto de quebra.

Conjunto de ferramentas utilizadas para a criação de tangentes, curvas circulares e espirais para a composição da geometria do alinhamento horizontal.

Convert AutoCAD Line and Arc: ferramenta que permite converter objetos linhas e arcos do AutoCAD para entidades de alinhamento do Autodesk Civil 3D.

Reverse Sub-Entity Direction: ferramenta utilizada para inverter a direção do sentido de estaqueamento de entidades selecionadas.

Delete Sub-Entity: ferramenta para remover uma entidade selecionada do alinhamento.

Pick Sub-Entity: ferramenta que seleciona uma entidade de um alinhamento.

Sub-Entity Editor: acessa a janela **Alignment Layout Parameters**, para a edição dos valores de uma entidade do alinhamento geométrico selecionado (Figura 9.11).

Alignment Layout Parameters - Alignment - (1)
Layout Parameters:
Parameter
Value
General
Number
2
Geometry
Type
Curve
Tangency Constraint
Constrained on Both Sides (Fre
Parameter Constraint Lock
True
Parameter Constraint
Radius
Length
1460.056m
Radius
2898.146m
Degree of Curvature by Arc
000.5931 (d)

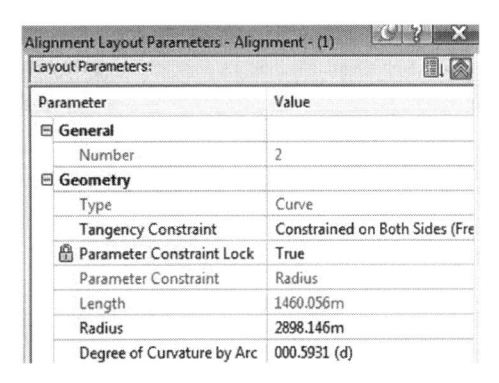

Figura 9.11 Informações exibidas na janela Alignment Layout Parameters.

Alignment Grid View: acessa a janela **Panorama** e exibe a aba **Alignment Entities**, para a visualização e a edição nos parâmetros de todas as entidades presentes no alinhamento horizontal selecionado (Figura 9.12).

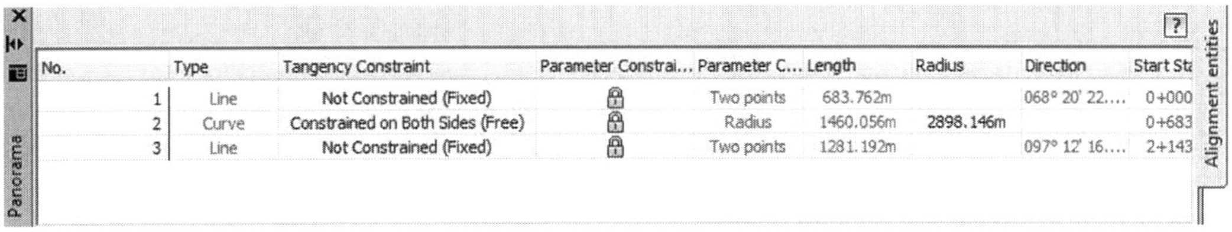

Panorama
Alignment entities
No. | Type | Tangency Constraint | Parameter Constrai... | Parameter C... | Length | Radius | Direction | Start St
1 | Line | Not Constrained (Fixed) | Two points | 683.762m | 068° 20' 22.... | 0+000
2 | Curve | Constrained on Both Sides (Free) | Radius | 1460.056m | 2898.146m | 0+683
3 | Line | Not Constrained (Fixed) | Two points | 1281.192m | 097° 12' 16.... | 2+143

Figura 9.12 Dados dos elementos geométricos exibidos na aba Alignment Entities, da janela Panorama.

9.5.2.1 Ferramentas para definição de elementos geométricos

Os alinhamentos são compostos por elementos geométricos curvas circulares, curvas espirais e tangentes, e, dependendo da maneira como são criados, podem ser classificados pelos tipos:

- **Fixed:** tipo de elemento de curvas e tangentes fixas com a definição prévia de todos seus parâmetros. A adição de um elemento no tipo fixo não necessita de outro elemento geométrico para ocorrer.

- **Floating:** tipo de elementos flutuantes que necessitam apenas de uma opção de definição para ocorrer. A inserção de um elemento flutuante ocorre somente selecionando um elemento existente no alinhamento.

- **Free:** tipo de elementos livres que podem ser criados sem a definição de suas propriedades. A adição de um elemento livre deve ser realizada, selecionando dois outros elementos existentes no alinhamento para sua melhor adequação.

9.5.2.2 Conjunto de ferramentas para criação de tangentes livres ou fixas por meio da conexão com demais elementos existentes na definição do alinhamento

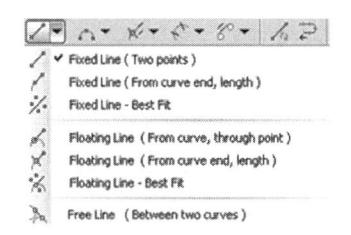

Figura 9.13 Ferramentas para definição de tangentes.

- **Fixed Line (Two points):** ferramenta para a criação de tangente, determinando dois pontos no desenho.

- **Fixed/Floating Line (From curve end, length):** ferramentas para a criação de tangente, selecionando o final de uma curva existente no desenho e determinando o valor do seu comprimento.

- **Floating Line (From curve, through point):** ferramenta para a criação de tangente, selecionando uma curva e especificando um ponto no desenho.

- **Free Line (Between two curves):** ferramenta para a criação de tangente entre duas curvas presentes no alinhamento.

9.5.2.3 Ferramentas para a definição de curvas circulares no alinhamento horizontal

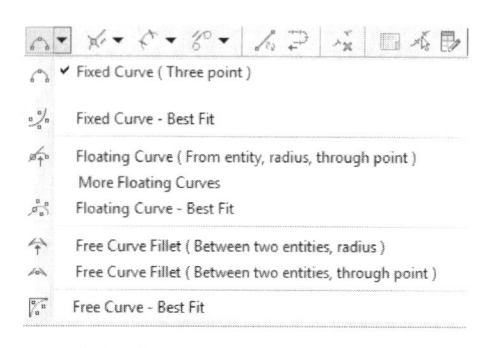

Figura 9.14 Ferramentas para a criação de curvas circulares.

- **Fixed Curve (Three point):** ferramenta para a criação de curva circular determinando três pontos no desenho.

- **Floating Curve (From entity, radius, through point):** ferramenta para a criação de curva circular, por meio da seleção de um elemento existente na geometria do alinhamento, determinando o valor do raio e um ponto na área de desenho.

- **Floating Curve (From entity end, through point):** ferramenta para a criação de curva circular, selecionando o final de um elemento existente e determinando um ponto no desenho.

- **Floating Curve (From entity end, radius, length):** ferramenta para a criação de curva circular, selecionando o final de um elemento existente, determinando o raio e o comprimento da curva.

- **Floating Curve (From entity, through point, direction at point):** ferramenta para a criação de curva circular por meio da seleção de um elemento existente, determinando um ponto no desenho e especificando a direção.

- **Free Curve Fillet (Between two entities, radius):** ferramenta para a criação de curva circular entre dois componentes existentes no alinhamento e determinando o valor do raio.

- **Free Curve Fillet (Between two entities, through point):** ferramenta para a criação de curva entre dois componentes existentes no alinhamento e determinando um ponto no desenho.

9.5.2.4 Ferramentas para a definição de curvas espirais simples, compostas e reversas no traçado da geometria horizontal

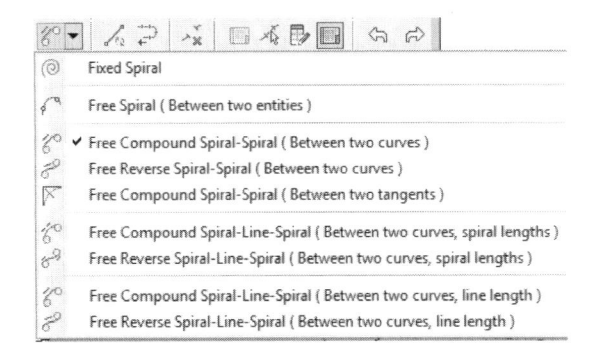

Figura 9.15 Ferramentas para definição de curvas espirais.

- **Fixed Spiral:** ferramenta para a criação de curva espiral, determinando o raio e o comprimento a partir de uma tangente ou curva circular selecionada no alinhamento.

- **Free Spiral (Between two entities):** ferramenta para a criação de curva espiral composta entre duas curvas circulares de raios diferentes selecionadas no alinhamento.

- **Free Compound/Reverse Spiral-Spiral (Between two curves):** ferramenta para a criação de curvas espirais compostas ou reversas entre duas curvas circulares selecionadas no alinhamento.

- **Free Compound Spiral-Spiral (Between two tangents):** ferramenta para a criação de curvas espirais compostas entre

duas tangentes selecionadas no alinhamento.

- **Free Compound/Reverse Spiral-Line-Spiral (Between two curves, spiral lengths):** ferramenta para a criação de curvas espirais compostas entre duas curvas circulares do alinhamento e definindo seu comprimento.

- **Free Compound/Reverse Spiral-Line-Spiral (Between two curves, line length):** ferramenta para a criação de curvas espirais compostas entre duas curvas circulares selecionadas no alinhamento e definindo o comprimento da tangente.

Em alguns casos, são fornecidas as coordenadas dos PIs para a locação do traçado geométrico horizontal. O exemplo seguinte mostra como utilizar a barra de ferramentas **Alignment Layout Tools** para projetar os PIs entre as tangentes.

Agora, estude o exemplo a seguir:

1. Abra o arquivo **9-4-2_EIXO-ALTERNA-TIVA_2. DWG**, disponível na plataforma da editora.

2. Selecione pela ribbon **Home** → **Create Design** → **Alignment** → **Alignment Creation Tools**.

3. Na caixa de diálogo **Create Alignment – Layout** (Figura 9.15):

    ◆ digite **AL-PR-F-ALTERNATIVA-02** no campo **Name**;

    ◆ selecione o tipo **Centerline** no campo **Type**;

    ◆ na aba **General**, no campo **Site**, selecione **PR-PISTA PRINCIPAL** e mantenha os estilos indicados;

    ◆ na aba **Design Criteria**, digite a velocidade de **70 km/h** no campo **Starting design speed**;

    ◆ habilite as opções **Use criteria-based design** e **Use design criteria file** para aplicar os critérios normativos;

    ◆ localize o arquivo **_autodesk civil 3d Metric _DNIT.xml**;

    ◆ no campo **Minimum Radius Table**, selecione a opção **DNIT-IPR-706/20 – 6%**;

- habilite a opção **Use design check set** para aplicar a verificação dos critérios normativos no alinhamento. Selecione a condição **RODOVIA CLASSE II – ONDULADA** (Figura 9.16);

- clique no botão **OK** para concluir.

4. Selecione a ferramenta **Tangent-Tangent (With curves)** na barra de ferramentas **Alignment Layout Tools**.

5. Na área de desenho, clique nos três círculos que representam os PIs no sentido da esquerda para a direita. Pressione **Enter** para finalizar.

6. Na barra de ferramentas **Alignment Layout Tools**, selecione a ferramenta **Alignment Grid View** para visualizar as informações dos elementos geométricos do alinhamento.

7. A aba **Alignment entities** da janela **Panorama** exibe as informações dos componentes presentes na definição do alinhamento horizontal. Altere o valor do raio na coluna **Radius** para atender ao raio mínimo estabelecido pelos critérios normativos (**Minimum Radius**) – para a velocidade de 80 km/h, o raio mínimo é 250,00m, e para a velocidade de 70 km/h, é 185,00m (Figura 9.18).

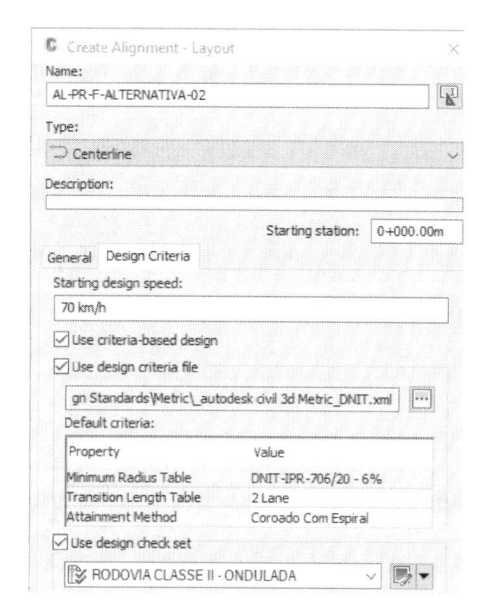

Figura 9.16 Configuração dos critérios normativos na aba Design Criteria.

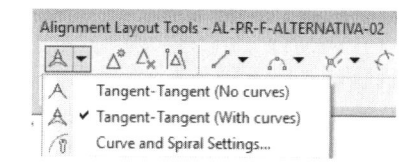

Figura 9.17 Acesso à ferramenta Tangent-Tangent (With curves).

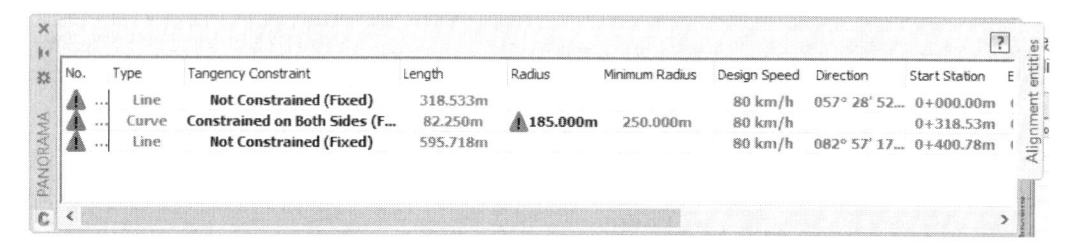

Figura 9.18 Informações dos dados geométricos exibidos na aba Alignment entities da janela Panorama.

8. Para ativar a barra **Alignment Layout Tools**, selecione o alinhamento na área de desenho e acesse a ferramenta da ribbon contextual **Alignment** → **Modify** → **Geometry Editor**.

9. Na barra de ferramentas **Alignment Layout Tools**, selecione a ferramenta (**Insert PI**) para adicionar um novo PI no alinhamento, iniciando o processo de revisão no traçado.

10. Clique no centro do círculo **PI Revisão** presente na segunda tangente no alinhamento. Pressione **Enter** para concluir.

11. Na barra de ferramentas **Alignment Layout Tools**, selecione a ferramenta **Free Spiral-Curve-Spiral (Between two entities)** para adicionar uma curva composta entre as tangentes do novo PI e configurar seus parâmetros (Figura 9.19).

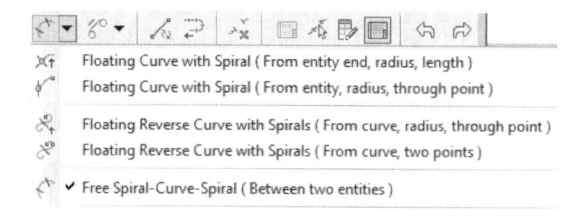

Figura 9.19 Ferramenta para a adição de curva circular entre dois elementos do alinhamento.

12. Na área de desenho, clique na tangente esquerda do novo PI (**First Entity**) e, depois, na tangente direita do PI (**Next Entity**).

13. Na linha de comando, confirme a opção **Lessthan180** para a definição do ângulo da curva.

14. Na linha de comando, digite o raio de **600.00m** e confirme com a tecla **Enter**.

15. Na linha de comando, digite **154** para definir o comprimento da espiral de entrada (**spiral in length**) e pressione a tecla **Enter**. Em seguida, confirme com a tecla **Enter** o valor de **154.00** para a espiral de saída (**spiral out length**) (Figura 9.20).

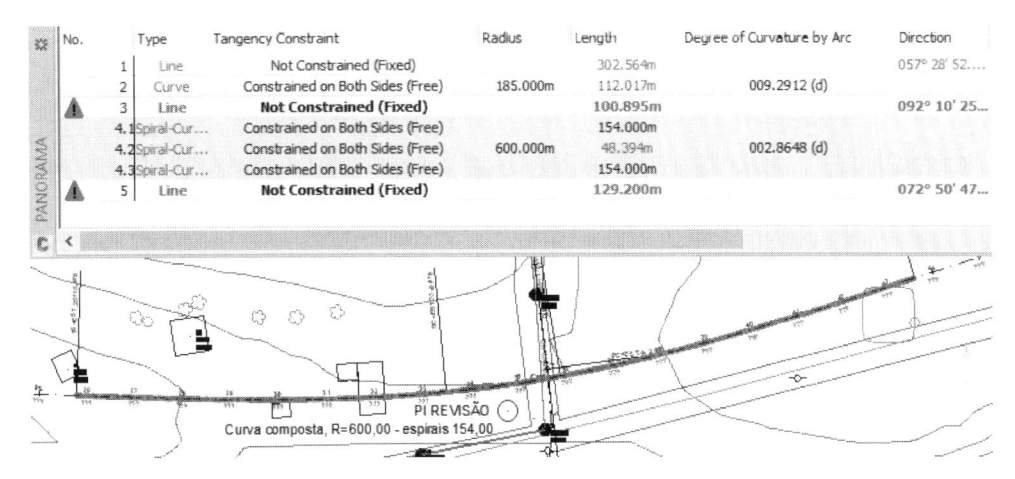

No.	Type	Tangency Constraint	Radius	Length	Degree of Curvature by Arc	Direction
1	Line	Not Constrained (Fixed)		302.564m		057° 28' 52....
2	Curve	Constrained on Both Sides (Free)	185.000m	112.017m	009.2912 (d)	
3	Line	**Not Constrained (Fixed)**		100.895m		092° 10' 25...
4.1	Spiral-Cur...	Constrained on Both Sides (Free)		154.000m		
4.2	Spiral-Cur...	Constrained on Both Sides (Free)	600.000m	48.394m	002.8648 (d)	
4.3	Spiral-Cur...	Constrained on Both Sides (Free)		154.000m		
5	Line	**Not Constrained (Fixed)**		129.200m		072° 50' 47...

PI REVISÃO
Curva composta, R=600,00 - espirais 154,00

Figura 9.20 Definição da curva composta entre as tangentes do alinhamento horizontal.

16. Na barra de ferramentas **Alignment Layout Tools**, selecione a ferramenta **Floating Curve (From entity end, radius, length)** para adicionar uma curva no último PI do alinhamento e determinar os valores para o raio e o desenvolvimento (Figura 9.21).

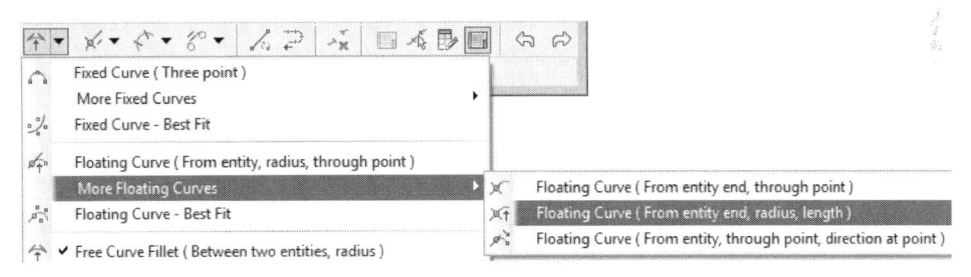

Fixed Curve (Three point)
More Fixed Curves
Fixed Curve - Best Fit

Floating Curve (From entity, radius, through point)
More Floating Curves ▸   Floating Curve (From entity end, through point)
Floating Curve - Best Fit   Floating Curve (From entity end, radius, length)
                                 Floating Curve (From entity, through point, direction at point)
✔ Free Curve Fillet (Between two entities, radius)

Figura 9.21 Ferramenta para criação de curva circular tangencial a um elemento da geometria horizontal.

17. Selecione a última tangente do alinhamento horizontal na área de desenho.

18. Na linha de comando, confirme a opção **Clockwise** para definir a direção da curva no sentido horário ao alinhamento. Pressione **Enter**.

19. Na linha de comando, determine o raio (**Radius**) com **200.00m** e o desenvolvimento (**Length**) com **175.443m**. Pressione a tecla **Enter** para concluir.

20. Na barra de ferramentas **Alignment Layout Tools**, selecione a ferramenta **Floating Line (From entity end, length)** para adicionar uma tangente na última curva do alinhamento e determinar o valor do comprimento (Figura 9.22).

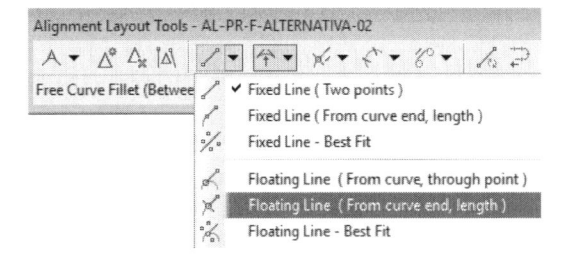

Alignment Layout Tools - AL-PR-F-ALTERNATIVA-02

Free Curve Fillet (Between   ✔ Fixed Line (Two points)
                              Fixed Line (From curve end, length)
                              Fixed Line - Best Fit

                              Floating Line (From curve, through point)
                              Floating Line (From curve end, length)
                              Floating Line - Best Fit

Figura 9.22 Ferramenta para a criação de tangente conectada a um elemento da geometria.

21. Selecione a última curva do alinhamento horizontal na área de desenho.

22. Na linha de comando, digite **67.539** para especificar o comprimento (**Length**) da tangente. Pressione **Enter** para finalizar (Figura 9.23).

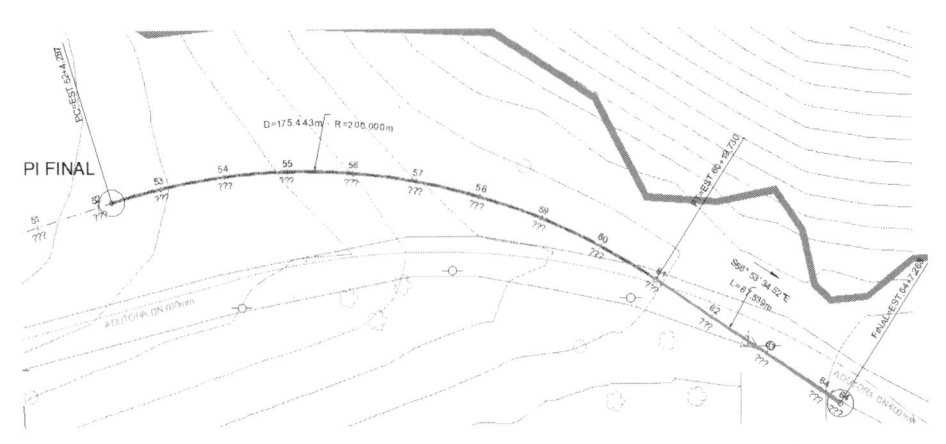

Figura 9.23 Curva circular e tangente criadas com a barra Alignment Layout Tools.

23. Verifique os novos elementos geométricos presentes no alinhamento horizontal.

24. Feche o arquivo sem salvar as alterações.

O desenvolvimento de geometrias complexas para o traçado geométrico horizontal pode depender de diversos fatores que englobam o tipo de projeto, como a necessidade de elaborar sequências de curvas compostas e reversas para eventuais desvios de edificações ou estruturas existentes, ou simplesmente para atender aos critérios geométricos exigidos no projeto.

Agora, estude o exemplo a seguir:

1. Abra o arquivo **9-4-3_EIXO-DESVIOS.DWG**, disponível na plataforma da editora.

2. Selecione o alinhamento na área de desenho e acesse a ferramenta da ribbon contextual **Alignment → Modify → Geometry Editor**.

3. Na barra de ferramentas **Alignment Layout Tools**, selecione a ferramenta **Free Reverse Spiral-Curve-Spiral-Spiral-Curve-Spiral (Between two tangents)**.

4. Na área de desenho, selecione as duas tangentes iniciais do alinhamento.

5. Na linha de comando, confirme os valores propostos para a elaboração da curva reversa. Pressione a tecla **Enter** para confirmar.

6. Na área de desenho, clique no final da primeira tangente do alinhamento e pressione a tecla **Enter**.

7. Na barra de ferramentas **Alignment Layout Tools**, selecione a ferramenta **Free Compound Spiral-Spiral (Between two tangents)** para criar duas curvas espirais compostas. Na área de desenho, selecione as duas últimas tangentes do alinhamento.

8. Pressione a tecla **Enter** para confirmar os valores exibidos na linha de comando.

9. Verifique a composição da nova geometria do alinhamento na área de desenho.

10. Feche o arquivo.

9.6 Manipulação de alinhamentos horizontais

Os alinhamentos podem ser editados por meio do reposicionamento de seus grips na área de desenho, e à medida que as edições são efetuadas, seus rótulos e o perfil longitudinal são atualizados automaticamente.

Apesar de não fornecer grande precisão, este método proverá respostas rápidas durante a elaboração de estudos e alternativas dos projetos.

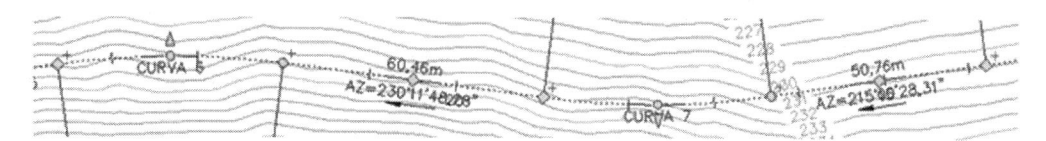

Figura 9.24 Grips de tangentes e curvas para o reposicionamento da geometria do alinhamento.

- **Grip Circular:** recurso que altera os parâmetros de uma curva. É possível alterar o raio movendo o ponto central, arrastando o ponto ou o ponto de tangência de uma curva anexa. Este grip é utilizado somente em curvas e círculos e sempre afeta o valor do raio da curva.

- **Grip Quadrado:** recurso para mover livremente um ponto de uma tangente, curva ou ponto de centro de um círculo. Em uma curva ou círculo, mover este grip não afeta o valor do raio da entidade pertencente ao grip; entretanto, poderá afetar o valor do raio de outras entidades conectadas.

- **Grip Triangular:** recurso que altera o local em que os dois pontos de conexão das tangentes se encontram. Este grip é orientado sempre pelo ponto da parte superior, em direção ao eixo Y do sistema de coordenadas World.

A ribbon contextual **Alignment** oferece diversas ferramentas para a manipulação de alinhamentos horizontais quando o alinhamento estiver selecionado na área de desenho (Figura 9.25). O painel **Modify** permite inverter o sentido do estaqueamento **(Reverse Direction)**, mover ou copiar o alinhamento selecionado para outro site.

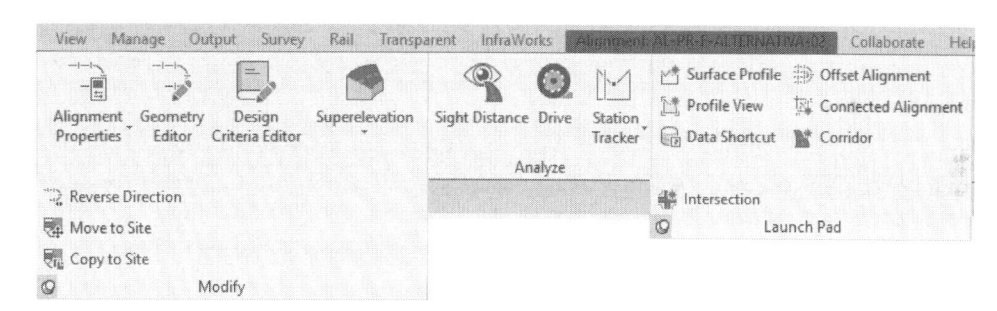

Figura 9.25 Ferramentas dispostas na ribbon contextual Alignment.

- **Alignment Properties:** ferramenta de acesso à caixa de propriedades do alinhamento selecionado na área de desenho.

- **Geometry Editor:** ferramenta que exibe a barra de ferramentas **Alignment Layout Tools** para edição na geometria do alinhamento horizontal.

- **Design Criteria Editor:** ferramenta de acesso à caixa de edição dos critérios geométricos normativos.

- **Superelevation:** ferramenta que exibe o assistente para a configuração dos parâmetros de superelevação do projeto geométrico.

O painel **Analyze** da ribbon contextual **Alignment** disponibiliza as ferramentas para a elaboração de análises no projeto geométrico horizontal, em que é possível efetuar análises de visibilidade na geometria projetada por meio da ferramenta **Sight Distance**, navegar ao longo do traçado horizontal com a ferramenta **Drive** e controlar a exibição das linhas orientativas no gráfico do perfil longitudinal pela ferramenta **Station Tracker**.

9.6.1 Alinhamentos de bordos e superlarguras

Projetos de rodovias requerem a definição de alinhamentos auxiliares nos bordos das pistas. Esses tipos de alinhamento auxiliam nos trechos de mudança de linha-base do traçado, encaixes para as alças de acesso e ramos. Os alinhamentos de bordos (offsets) devem pertencer a um alinhamento de eixo (center-line). A ferramenta da ribbon contextual **Alignment → Launch Pad → Offset Alignment** permite definir os alinhamentos de bordos (Figura 9.26).

Os alinhamentos de bordos utilizam o recurso **Widening** para a criação de alargamentos de pistas, e a projeção das superlarguras é feita por meio da função normativa **Widening Criteria**.

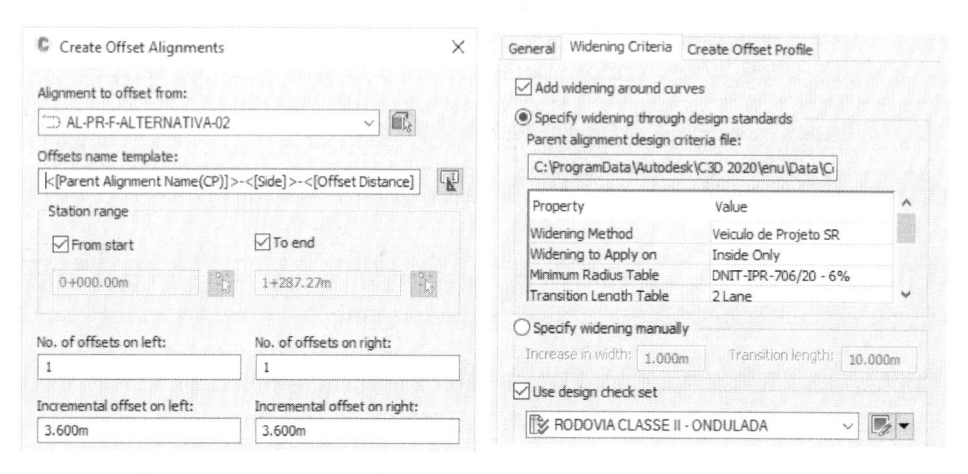

Figura 9.26 Caixa Create Offset Alignments para a definição de alinhamentos de bordos.

A aba **Create Offset Profile** possibilita a criação de perfil do alinhamento de bordo ao término do processo de definição em planta.

A combinação entre as ferramentas **Offset Alignment** e **Widening** permitirá a criação de geometrias auxiliares para a representação de superlarguras, baias, praças de pedágios, tapers, entre outras estruturas. É possível alterar a geometria dos alinhamentos de bordos por seus grips ou pela caixa de propriedades para configurar a distância do afastamento e manipular os parâmetros de suas transições (Figura 9.27).

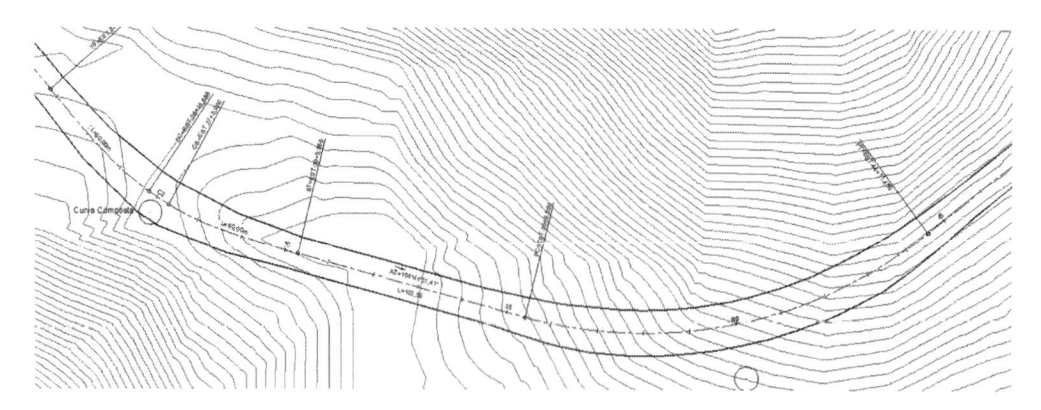

Figura 9.27 Alinhamentos de bordos criados ao longo do alinhamento principal.

Agora, estude o exemplo a seguir:

1. Abra o arquivo **9-5-1_ALINHAMENTO_BORDO. DWG**, disponível na plataforma da editora.
2. Selecione o alinhamento **ALTERNATIVA-02** na área de desenho e acesse a ferramenta da ribbon contextual **Alignment → Launch Pad → Offset Alignment**.

3. Na caixa de diálogo **Create Offset Alignments** (Figura 9.28):

- ◆ verifique o valor da quantidade de alinhamento de bordos para o lado esquerdo (**No. of offsets on left**) e para o lado direito (**No. of offset on right**);
- ◆ digite **7.200m** a fim de definir a largura do afastamento para o alinhamento de bordo para os lados esquerdo e direito;
- ◆ na aba **General**, selecione o estilo **PARALELO** no campo **Alignment style**;
- ◆ na aba **Widening Criteria**, selecione a opção **DNIT-IPR-706/20-6%** no campo **Minimum Radius Table**, para definir a tabela a ser aplicada para a superlargura (Figura 9.28);
- ◆ selecione **RODOVIA CLASSE II – ONDULADA** no campo **Use design check set** para definir a classe de rodovia;
- ◆ clique no botão **OK**.

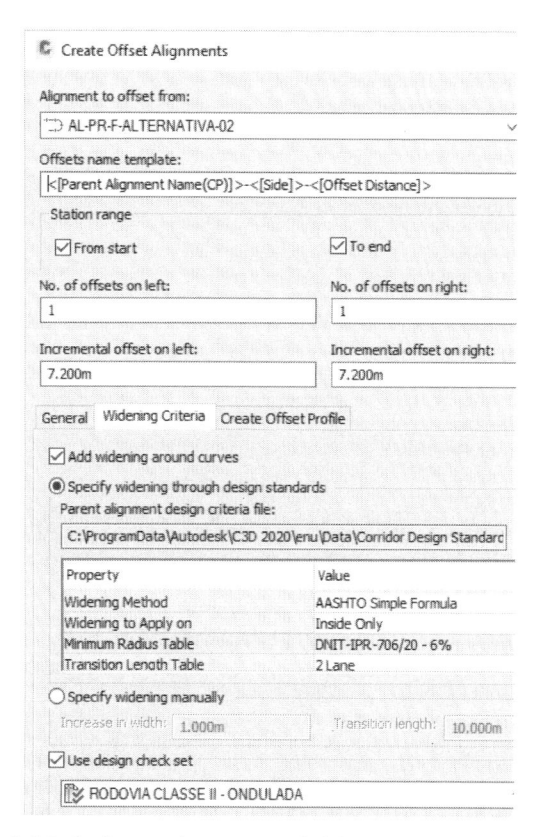

Figura 9.28 Configuração dos parâmetros de definição dos alinhamentos de bordos.

4. Verifique os alinhamentos de bordo definidos com a superlargura na área de desenho.

5. Para definir uma largura extra no alinhamento de bordo objetivando construir uma baia de segurança, selecione o alinhamento de bordo do lado direito do eixo principal e acesse a ferramenta da ribbon contextual **Offset Alignment** → **Modify** → **Add Widening**.

6. Na linha de comando, selecione a opção **N** para não criar um alinhamento.

7. Defina o início da baia **start station** na estaca 30+0,00 ou digite **600** na linha de comando e confirme com a tecla **Enter**.

8. Defina o término da baia **end station** na estaca 40+0,00 ou digite **800** na linha de comando e confirme pressionando a tecla **Enter**.

9. Na linha de comando, digite **10.80** para definir a largura da baia a partir do eixo principal e pressione **Enter**.

10. Na janela **Offset Alignment Parameters**, configure o comprimento das transições de entrada (**Entry**) e saída (**Exit**), digite **40.00** no campo **Transition Length**. Durante a definição dos parâmetros é possível identificar a região configurada com destaque colorido na área de desenho (Figura 9.29).

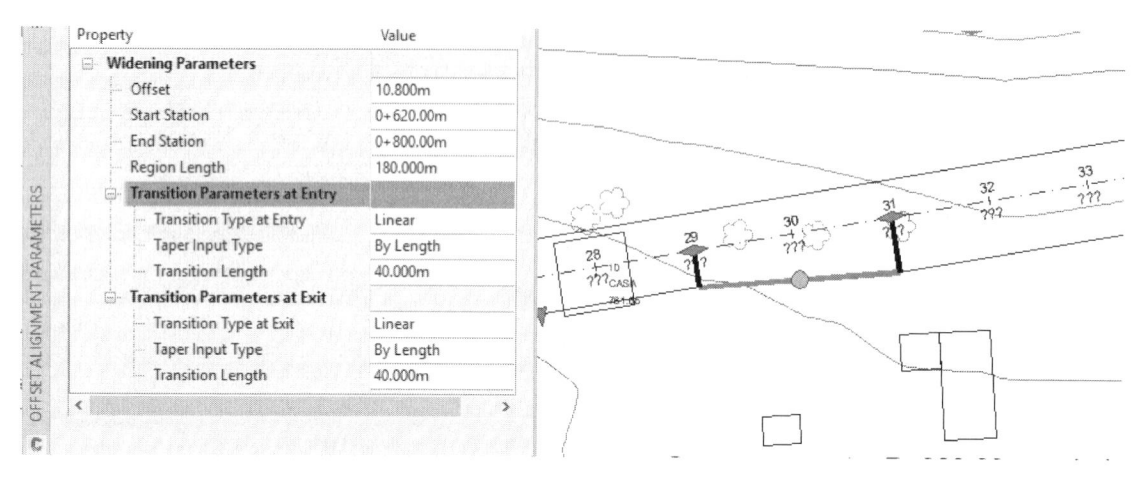

Figura 9.29 Configurações para a definição de baias e tapers em alinhamentos de bordos.

9.6.2 Alinhamentos conectados

Em trechos de interseções de vias, alguns cuidados devem ser observados durante o desenvolvimento do projeto, e dentre eles uma atenção dedicada para estabelecer conexão entre as geometrias das vias projetadas, levando em conta a ligação geométrica entre os perfis das vias, pontos altos e baixos para a drenagem e ainda considerar as inclinações transversais e superelevação das vias.

O recurso de alinhamento conectado presente na ribbon **Home** → **Create Design** → **Alignment** → **Create Connected Alignment** permite construir de maneira precisa os alinhamentos que compõem as transições entre as geometrias das vias, considerando as geometrias verticais quando já estiverem estabelecidas no projeto.

Agora, estude o exemplo a seguir:

1. Inicie o Autodesk Civil 3D.

2. Abra o arquivo **9-5-2_ALINHAMEN-TOS_CONECTADOS.DWG**, disponível na plataforma da editora.

3. Acesse a ferramenta da ribbon **Home** → **Create Design** → **Alignment** → **Create Connected Alignment**.

4. Na área de desenho, clique em cada alinhamento de bordo na região de interseção.

5. Clique no lado desejado para criar o alinhamento de esquina conectado aos traçados selecionados (Figura 9.30).

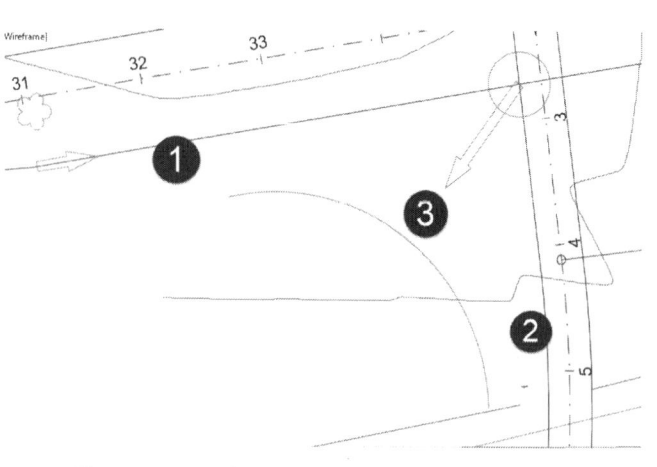

Figura 9.30 Seleção dos alinhamentos de bordo para criação do alinhamento de esquina.

6. Pressione a tecla **Enter** para confirmar os dados selecionados.

7. Na aba **General**, da caixa de diálogo **Create Connected Alignment** (Figura 9.31):

   ◆ determine o nome para o alinhamento no campo **Connected alignment name**;

   ◆ verifique os alinhamentos de conexão nos campos **Connection 1:** e **Connection 2:**;

   ◆ determine **50m** para o raio no campo **Curve radius:**;

   ◆ configure **10m** no campo **Connection overlap** para determinar a sobreposição entre os alinhamentos;

   ◆ mantenha os estilos sugeridos.

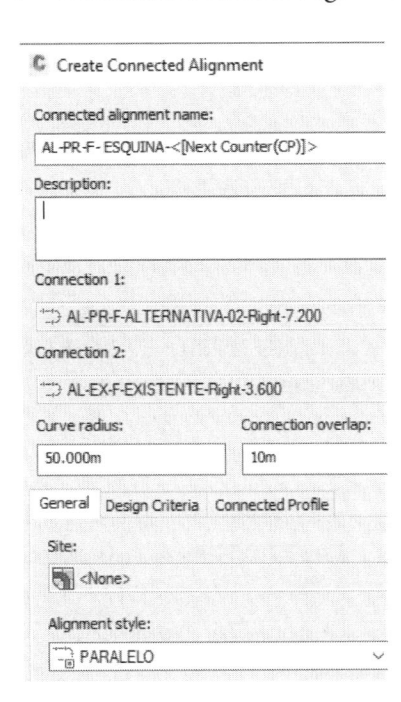

Figura 9.31 Configurações para a criação do alinhamento conectado.

8. Na aba **Design Criteria**, da caixa **Create Connected Alignment**, desligue a opção **Use criteria-based design**.

9. Verifique as opções de criação de perfis conectados presentes na aba **Connected Profile**; essas opções estarão disponíveis quando os alinhamentos possuírem seus respectivos perfis projetados.

10. Clique no botão **OK** para concluir.

11. Na área de desenho, verifique a criação do alinhamento de esquina conectado com os alinhamentos de bordos (Figura 9.32).

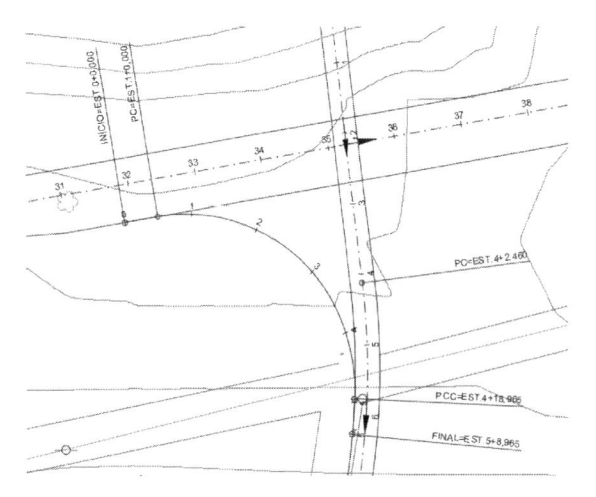

Figura 9.32 Alinhamento de esquina conectado com os alinhamentos de bordos.

9.7 Ferramentas para projetos de trilhos

Agora, é possível desenvolver projetos metroferroviários com diversas ferramentas exclusivas dispostas na ribbon **Rail**, desde a elaboração do traçado geométrico com normativas ferroviárias, passando pelo posicionamento de plataformas no traçado (**Platform Edge**), posicionamento de aparelhos de mudança de vias AMV's (**Turnout**), criação de bifurcações com AMV's (**Crossover**), gerenciar o catálogo de AMV's (**Turnout Catalog**), calcular a superelevação da via permanente (**Cant**), até a utilização de componentes de **Subassemblies** com geometrias transversais exclusivas para projetos de trilhos (Figura 9.33).

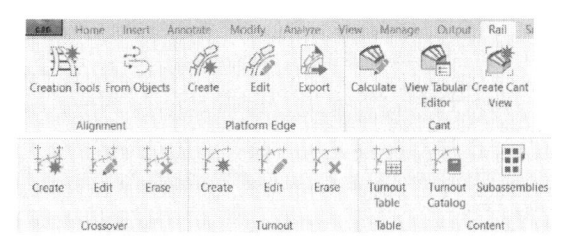

Figura 9.33 Ferramentas para projetos de trilhos presentes na ribbon Rail.

Agora, estude o exemplo a seguir:

1. Inicie o Autodesk Civil 3D e crie um desenho utilizando o arquivo de template **_AutoCAD Civil 3D 2020_BRA (Trens_Metropolitanos).DWT**, fornecido na instalação do pacote *Country Kit Brazil*.

2. Acesse a ferramenta da ribbon **Rail** → **Content** → **Subassemblies**.

3. Verifique a criação da nova aba **Rail** na **Tool Palettes** (Figura 9.34).

Figura 9.34 Componentes de subassemblies para projetos de trilhos postados na aba Rail.

9.7.1 Bifurcações e posicionamento de AMV's

Os recursos **Crossover** e **Turnout** dispostos na ribbon **Rail** possibilitam a criação de bifurcações e o posicionamento de aparelhos de mudança de vias AMV's ao longo do traçado geométrico da via permanente. Pode-se gerenciar o catálogo de composições de AMV's para atender aos diversos padrões de projetos metroferroviários, tanto para os traçados de vias permanentes para transporte de cargas quanto de passageiros.

Agora, estude o exemplo a seguir:

1. Inicie o Autodesk Civil 3D e abra o arquivo **9-6-1_AMV_ALINHAMENTO. DWG**, disponível na plataforma da editora.

2. Acesse a ferramenta da ribbon **Rail** → **Alignment** → **From Objects**.

3. Na área de trabalho, selecione a polilinha branca para criar o alinhamento via 1 da linha 1, pressione a tecla **Enter** para confirmar o sentido do estaqueamento do alinhamento.

4. Na caixa de diálogo **Create Alignment From Objects**, configure:
   - digite **L1-VIA1** no campo **Name**;
   - selecione a pasta **PROJETO** no campo **Site**;
   - selecione o estilo **U-GEOMETRIAS--VIA1** no campo **Alignment Label Set**;
   - desmarque a opção **Add curves between tangents**;
   - clique no botão **OK**.

5. Acesse a ferramenta da ribbon **Rail** → **Crossover** → **Create**.

6. Na caixa de diálogo **Draw Rail Connections** (Figura 9.35):
   - selecione o alinhamento **L1_VIA-1** no campo **Main alignment**;
   - selecione o alinhamento **L1_VIA-2** no campo **Second alignment**;
   - digite **AL-PR-U-TRANSIÇÃO-01** no campo **Rail connection alignment name**;
   - selecione o tipo **Arc Switch** no campo **Type** dos quadros **Turnout 1 e Turnout 2** para utilizar transições com curvas;
   - selecione a composição **760-1:14 54** no campo **Name** dos quadros **Turnout 1 e Turnout 2**, é possível criar padrões de composições de AMV's com o recurso **Turnout Catalog** disponível na ribbon **Rail**;
   - clique no botão **OK**.

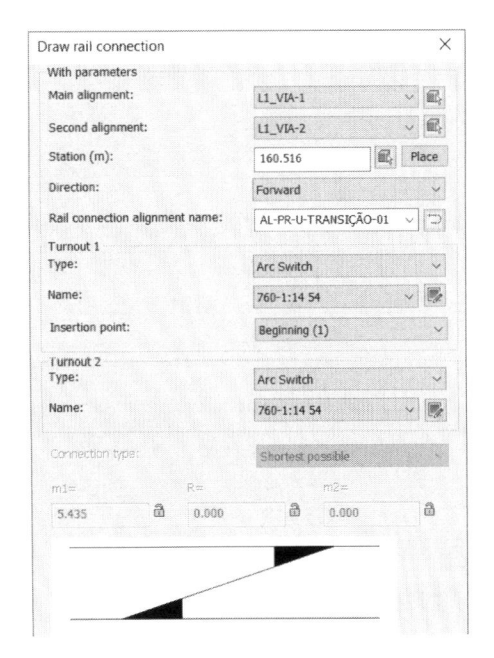

Figura 9.35 Configurações para o posicionamento de cruzamento de vias com AMV's.

7. Verifique a composição geométrica de transição criada entre os eixos da via permanente alocada na área de trabalho (Figura 9.36).

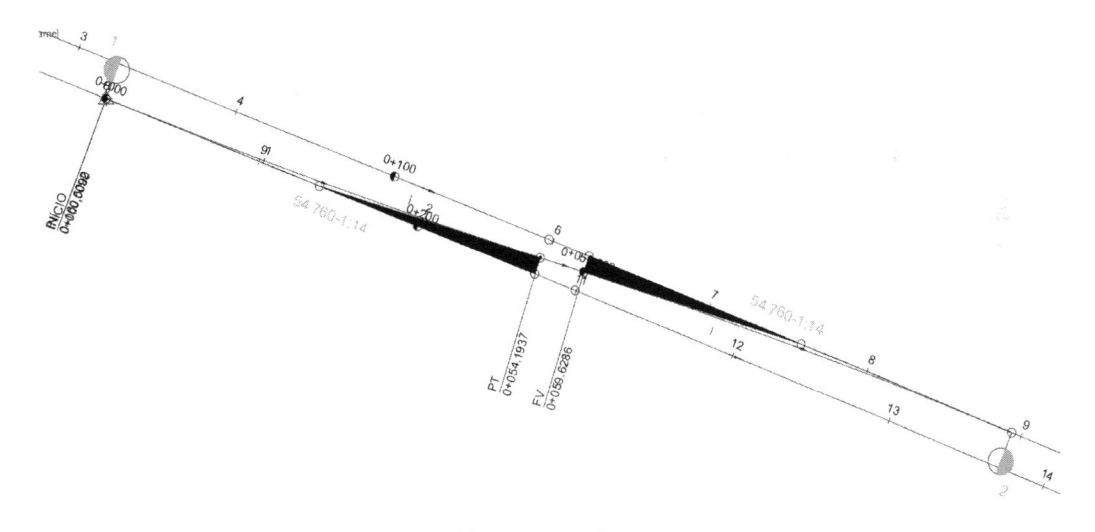

Figura 9.36 Transição construída com o recurso Crossover entre os eixos da via permanente.

8. Feche o arquivo.

9.7.2 Posicionamento de plataformas

O recurso **Platform Edge** da ribbon **Rail** possibilita o posicionamento da geometria da face da estrutura da plataforma ao longo do traçado geométrico da via permanente. Obedecendo as elevações estabelecidas no perfil do topo do boleto, o recurso cria um objeto tridimensional do tipo **Feature Line** para representar a face da plataforma e favorecer seu posicionamento em regiões de tangentes no traçado geométrico da via. O recurso utiliza a interface da caixa **Create Platform Edge** (Figura 9.37), que viabiliza o controle nos parâmetros de posicionamento da plataforma, como valor da bitola (**Track gauge**), comprimento da plataforma

(**Length**), lado de aplicação da plataforma (**Side**), tipo de uso da via (**Rail type**), seleção do arquivo de critérios normativos (**Design criteria file**) e padrão de altura da plataforma (**Platform Height**).

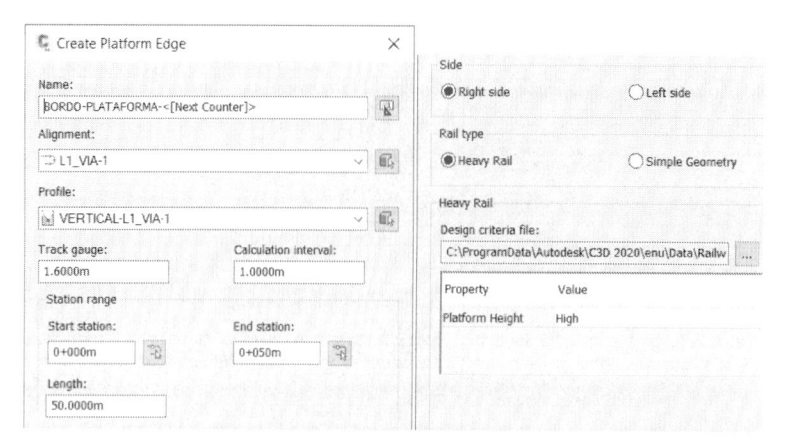

Figura 9.37 Caixa de configuração de parâmetros para aplicação da plataforma.

Agora, estude o exemplo a seguir:

1. Inicie o Autodesk Civil 3D e abra o arquivo **9-6-2_PLATAFORMA_ALINHAMENTO.DWG**, disponível na plataforma da editora.

2. Acesse a ferramenta da ribbon **Rail → Platform Edge → Create**.

3. Na área de trabalho, selecione o menor alinhamento **L1_VIA-2**.

4. Na caixa de diálogo **Create Platform Edge** (Figura 9.38):

   ◆ no campo **Name**, configure o padrão de nomenclatura **PLATAFORMA-<[Parent Alignment Name]>-<[Side]><[Next Counter]>**;

   ◆ selecione o perfil **VERTICAL-L1_VIA-2** no campo **Profile**;

   ◆ digite **1.600m** no campo **Track gauge**;

   ◆ selecione o lado **Left Side** no campo **Side**;

   ◆ clique no botão **OK**.

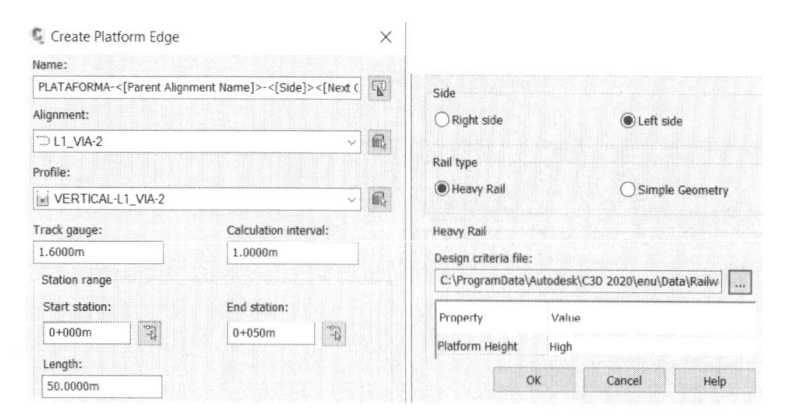

Figura 9.38 Configurações para aplicação da plataforma no lado esquerdo da via 2.

5. Acesse a ferramenta da ribbon **Rail → Platform Edge → Create**.

6. Na área de trabalho, selecione o maior alinhamento **L1_VIA-1**.

7. Na caixa de diálogo **Create Platform Edge**:

- no campo **Name**, configure o padrão de nomenclatura **PLATAFORMA-<[Parent Alignment Name]>-<[Side]><[Next Counter]>**;

- selecione o perfil **VERTICAL-L1_VIA-1** no campo **Profile**;

- digite **1.600m** no campo **Track gauge**;

- digite **95.45** no campo **Start Station** para definir a estaca inicial da plataforma;

- digite **145.45** no campo **End Station** para definir a estaca final da plataforma;

- selecione o lado **Right Side** no campo **Side**;

- clique no botão **OK**.

8. Na área de trabalho, selecione uma das linhas de feature lines das plataformas e acesse a ferramenta da ribbon contextual **Feature Line** → **Edit Elevations** → **Elevation Editor**.

9. Verifique as elevações da feature line da plataforma na janela **Panorama** (Figura 9.39).

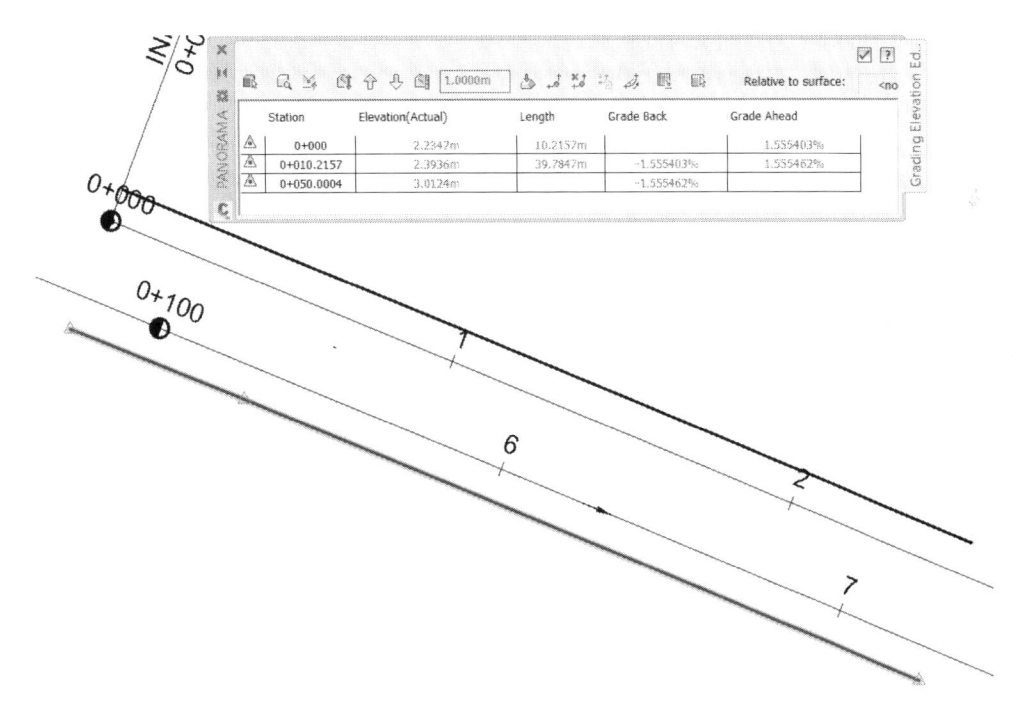

Figura 9.39 Configurações para aplicação da plataforma no lado esquerdo da via 2.

10. Feche o arquivo.

9.8 Superelevação em alinhamentos

A ferramenta **Superelevation** auxilia na elaboração do cálculo das inclinações transversais dos modelos construídos para projetos de rodovias e vias urbanas. Da mesma forma, a ferramenta **Cant** possui os parâmetros transversais específicos para o desenvolvimento de projetos metroferroviários. As superelevações têm a finalidade de agir contra a força centrífuga nas curvas, permitindo mais estabilidade e segurança dos veículos.

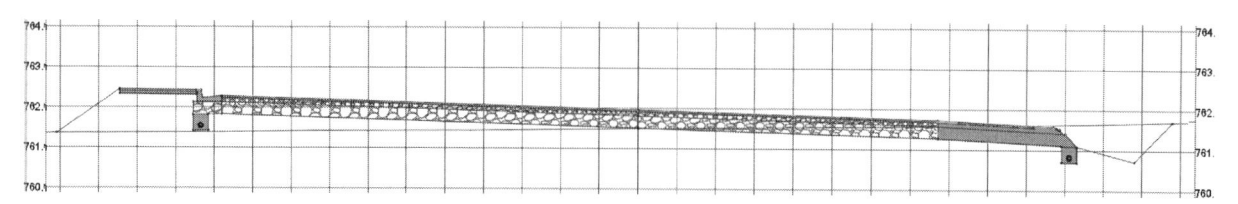

Figura 9.40 Vista em seção de via com superelevação aplicada em curva.

As ferramentas **Calculate Superelevation** e **Calculate Cant** auxiliam no processo de elaboração dos cálculos para aplicação das superelevações nos projetos. Esses assistentes orientam no processo de configuração dos parâmetros, a definição da aplicabilidade do projeto e a seleção de critérios normativos. Esses assistentes podem ser acessados pela ribbon contextual **Corridor** → **Launch Pad** → **Superelevation** ou pela ribbon contextual **Alignment** → **Modify** → **Superelevation**.

A caixa do assistente **Calculate Superelevation - Roadway Type** permite selecionar o tipo de via projetada; simples ou duplicada, coroada ou planar, além da definição do método de aplicação do pivô de giro da superelevação nas vias por meio do quadro **Pivot Method** (Figura 9.41).

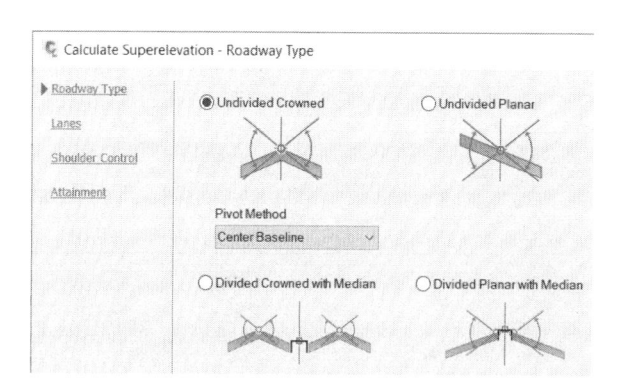

Figura 9.41 Seleção do tipo de via e método de aplicação da superelevação.

O assistente **Calculate Superelevation – Lanes** controla o número de pistas, além dos parâmetros de largura e inclinação transversal para os trechos de tangentes do projeto.

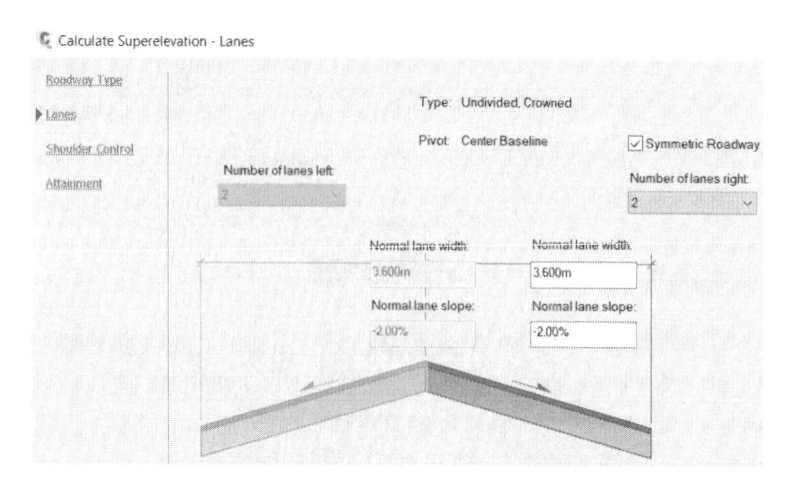

Figura 9.42 Configuração da largura e do número de pistas.

O assistente **Calculate superelevation – Shoulder Control** auxilia na configuração dos parâmetros da superelevação para os acostamentos presentes nas vias projetadas. As opções do quadro **Shoulder Slope Treatment** controlam a direção da inclinação dos acostamentos nas regiões de superelevação.

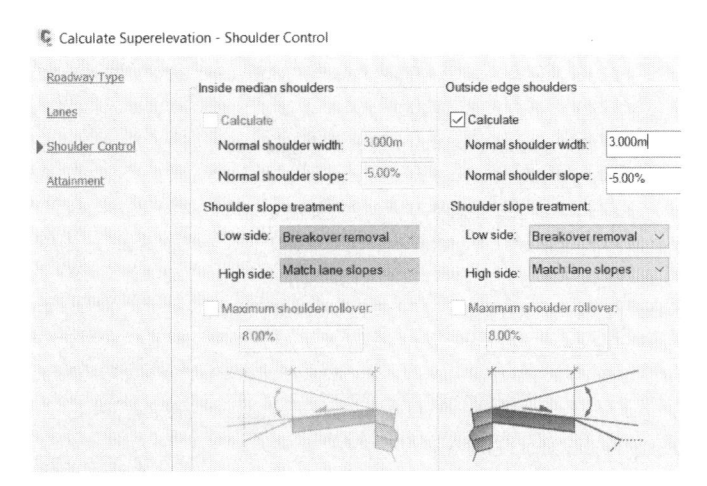

Figura 9.43 Configuração dos parâmetros de superelevação para os acostamentos.

Por meio do assistente **Calculate Superelevation – Attainment,** pode-se especificar a metodologia utilizada no cálculo da superelevação, como o critério normativo e a seleção do método para a aplicação da transição, bem como configurar o comportamento da sobreposição entre as curvas e tangentes existentes na geometria do projeto.

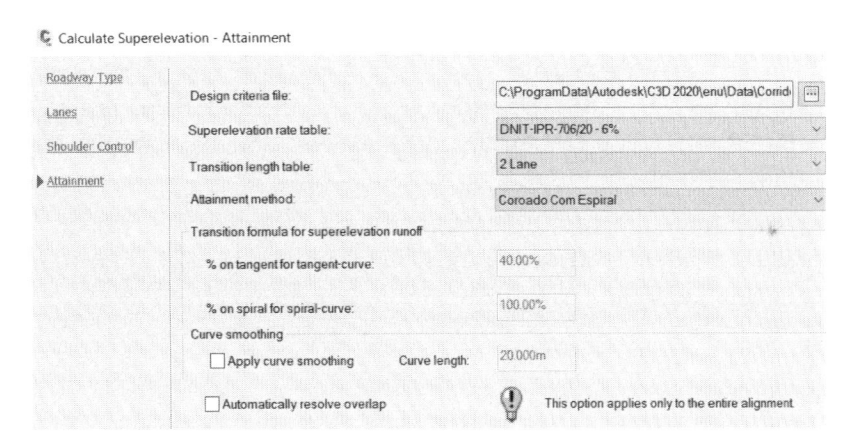

Figura 9.44 Opções de escolha dos critérios normativos e controle nas transições de superelevação.

Para o cálculo da superelevação de projetos metroferroviários, pode-se acessar a caixa de diálogo **Calculate Cant – Railway Type** para determinar o método de giro do pivô e especificar a largura da bitola estipulada no projeto da via permanente (Figura 9.45).

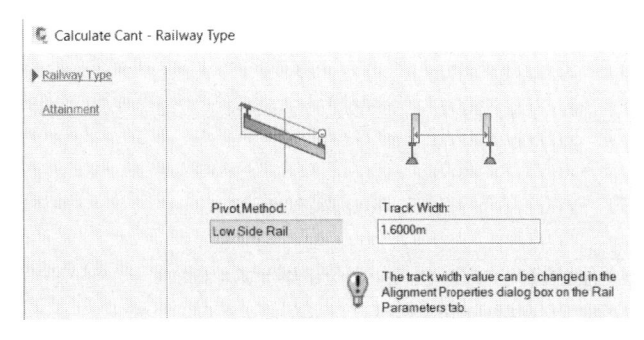

Figura 9.45 Assistente para configuração da superelevação para projetos de trilhos.

A aba **Calculate Cant – Attainment** do assistente permite especificar os parâmetros de equilíbrio, os critérios normativos e os métodos para a transição e a sobreposição das superelevações para as ferrovias projetadas (Figura 9.46).

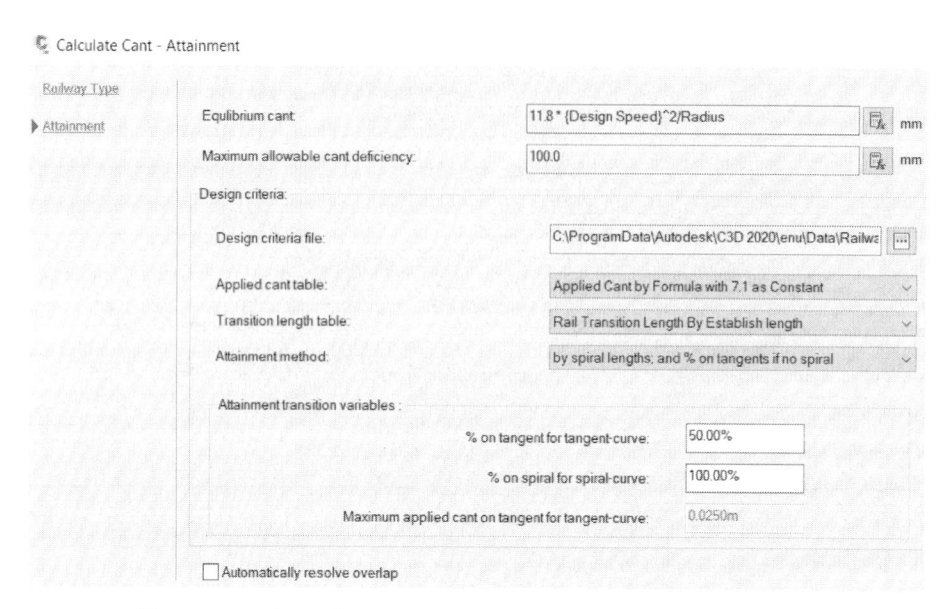

Figura 9.46 Opções de critérios normativos para superelevação de projetos de trilhos.

É possível efetuar ajustes nos dados das superelevações calculadas nos projetos por meio da aba **Superelevation Tabular Editor** da janela **Panorama**, acessada pela ribbon contextual **Alignment** → **Modify** → **Superelevation** → **View Tabular Editor**.

A aba **Superelevation Tabular Editor** permite efetuar ajustes precisos nos valores calculados para as superelevações do projeto, as colunas **Outside** controlam os valores para as pistas (*lanes*) e acostamentos (*shoulder*) externos e as colunas **Inside** manipulam os valores para as pistas e os acostamentos internos do projeto (Figura 9.47).

Superelevation Curve	Start Station	End Station	Length	Left Outside Sh...	Left Outside La...	Left Inside Lane	Right Inside Lane	Right Outside L.....
Curve.1								
Transition In Region	-0+119.80m	0+274.82m	394.625m					
End Normal Shoul...	-0+119.80m			-5.00%	-2.00%	-2.00%	-2.00%	-2.00%
Runout	0+024.57m	0+120.82m	96.250m					
End Normal Cr...	0+024.57m			-2.00%	-2.00%	-2.00%	-2.00%	-2.00%
Level Crown	0+120.82m			0.00%	0.00%	0.00%	-2.00%	-2.00%
Runoff	0+120.82m	0+274.82m	154.000m					
Level Crown	0+120.82m			0.00%	0.00%	0.00%	-2.00%	-2.00%
Reverse Crown	0+217.07m			2.00%	2.00%	2.00%	-2.00%	-2.00%
Begin Full Super	0+274.82m			3.20%	3.20%	3.20%	-3.20%	-3.20%
Begin Curve	0+274.82m							
Transition Out Region	0+361.32m	0+755.94m	394.625m					
Runoff	0+361.32m	0+515.32m	154.000m					
End Full Super	0+361.32m			3.20%	3.20%	3.20%	-3.20%	-3.20%
End Curve	0+361.32m							
Reverse Crown	0+419.07m			2.00%	2.00%	2.00%	-2.00%	-2.00%

Figura 9.47 Aba Superelevation Tabular Editor para ajustes nos valores de superelevação.

O gráfico das superelevações para as rodovias (superelevation view) e para as ferrovias (cant view) também pode ser posicionado nos desenhos dos projetos, para a visualização nos dados das superelevações projetadas e a edição nos valores por meio de seus grips (Figura 9.48).

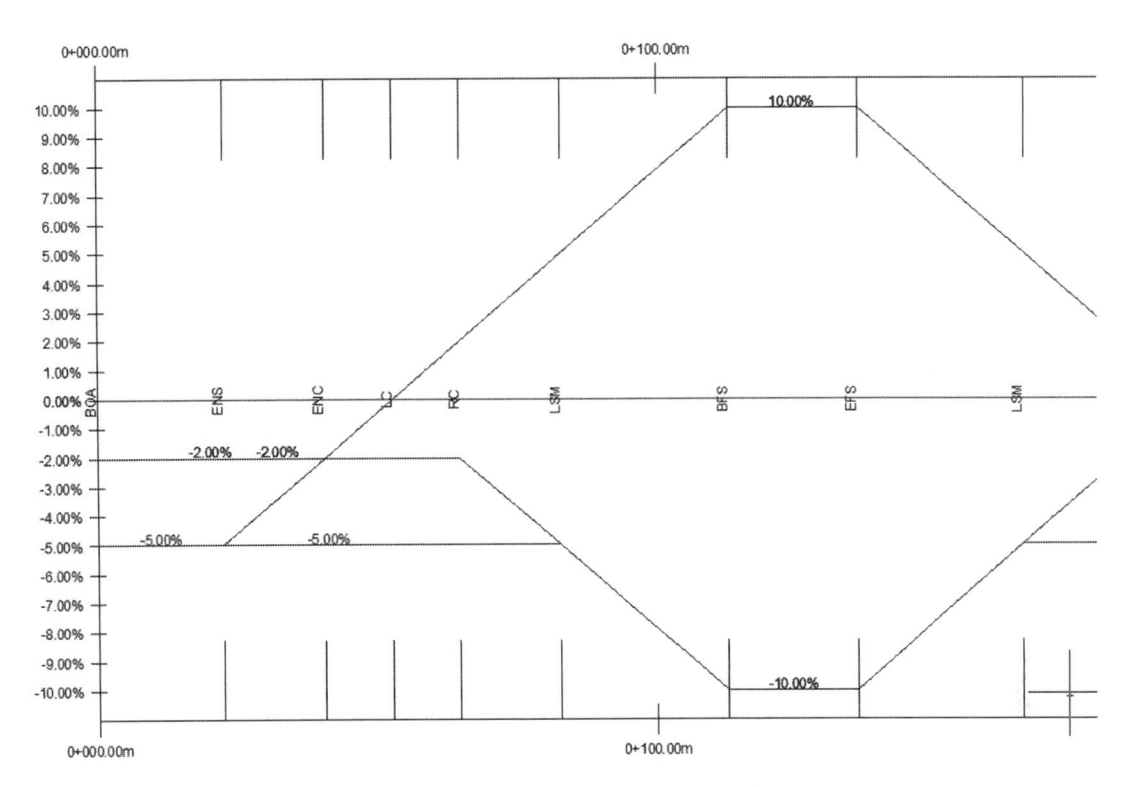

Figura 9.48 Gráfico de superelevação de projeto rodoviário.

Agora, estude o exemplo a seguir:

1. Inicie o Autodesk Civil 3D.

2. Abra o arquivo **9-7-1_SUPERELEVAÇÃO_ALINHAMENTO.DWG**, disponível na plataforma da editora.

3. Selecione o alinhamento na área de trabalho e acesse a ferramenta da ribbon contextual **Alignment → Modify Superelevation → Calculate/Edit Superelevation**.

4. Na caixa **Edit Superelevation – No Data Exists**, selecione a opção **Calculate superelevation now**.

5. Na caixa do assistente **Calculate Superelevation – Roadway Type**, selecione o tipo **Undivided Crowned** e clique no botão **Next**.

6. Em **Calculate Superelevation – Lanes**, verifique os valores para as pistas e clique em **Next**.

7. Na caixa do assistente **Calculate Superelevation – Shoulder Control**, digite **3.000m** no campo **Normal Shoulder Width Crowned** e clique no botão **Next**.

8. Em **Calculate Superelevation – Attainment**, verifique os valores dos critérios normativos predefinidos no traçado geométrico horizontal e clique em **Finish**.

9. Na aba **Superelevation Tabular Editor**, verifique e ajuste os valores das superelevações caso necessário.

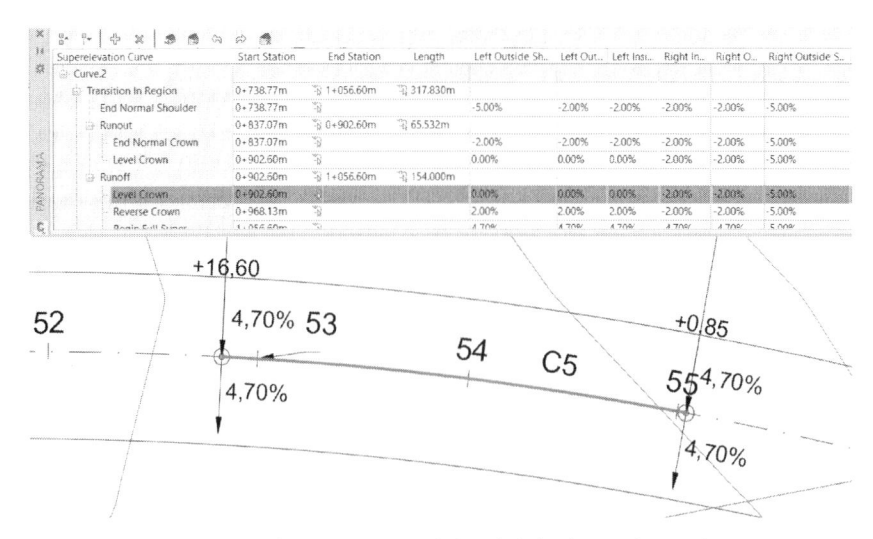

Figura 9.49 Janela Panorama com os dados calculados da superelevação do projeto.

10. Feche o arquivo.

9.9 Rótulos e tabelas de alinhamentos

Os rótulos são aplicados nos alinhamentos para transcrever as informações geométricas no projeto do traçado horizontal. Por meio dos rótulos, indicam-se as direções das tangentes, como o azimute e o rumo, ou informam-se as características geométricas das curvas, como o raio e o desenvolvimento presentes no alinhamento.

Com os estilos de rótulos de alinhamentos (alignment label styles), é possível controlar quais informações serão exibidas nos componentes do alinhamento horizontal. Os rótulos de alinhamentos trabalham com o recurso de tags, que permite controlar as informações exibidas antes e depois da aplicação das tabelas de alinhamentos (Figura 9.50).

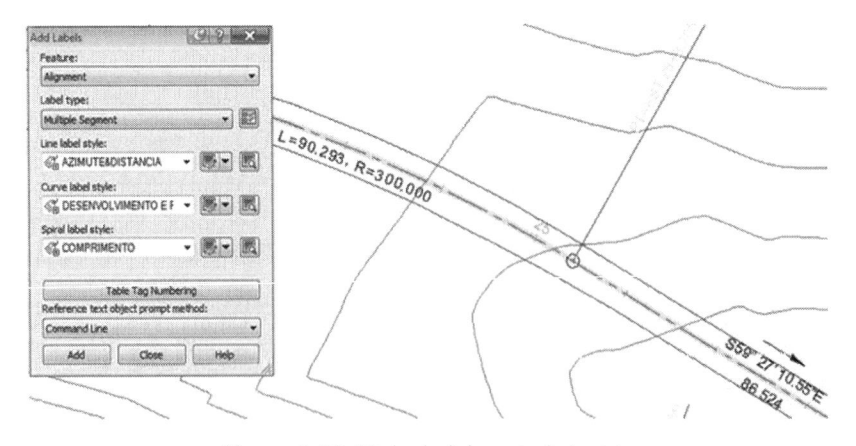

Figura 9.50 Rótulos de alinhamentos horizontais.

As informações geométricas do alinhamento horizontal também podem ser apresentadas em tabelas. É possível adicionar tabelas para tangentes, curvas circulares e espirais presentes no alinhamento. Assim como os rótulos, as informações exibidas nas tabelas são controladas pela configuração de estilos de **Alignment Table Styles**.

TABELA DE CURVAS DO ALINHAMENTO										
CURVAS	AC	R (m)	T (m)	D (m)	PC	PT	PONTO	PC	PI	PT
C3	72°29'01,62"	200,000	146,603	253,016	6+19,771	19+12,787	N E	77,5217 106,7816	134,5265 241,8473	22,8806 336,8605
C4	5°00'57,54"	115,000	5,037	10,068	26+15,888	27+5,956	N E	-82,4243 433,2949	-91,0498 433,8177	-87,7795 441,8164
C5	52°24'44,14"	200,000	98,439	182,953	35+8,503	44+11,456	N E	-133,9243 597,3377	-158,8907 692,5578	-98,6653 770,4236

Figura 9.51 Tabela com as informações das curvas circulares do alinhamento horizontal.

É possível adicionar os rótulos e as tabelas nos alinhamentos pela ribbon **Annotate** ou pela aba **Labels & Tables** da ribbon contextual **Alignment**, quando um alinhamento estiver selecionado na área de desenho (Figura 9.52).

As tabelas de dados geométricos do alinhamento podem ser criadas somente após a adição dos rótulos nos elementos do alinhamento horizontal.

É possível renumerar as curvas e as tangentes do alinhamento na presença de inconsistências na numeração sequencial das curvas por meio da ferramenta da ribbon contextual **Alignment** → **Labels & Tables** → **Renumber Tags**.

Figura 9.52 Ferramentas de rótulos e tabelas.

Durante o processo da renumeração dos componentes, recomenda-se digitar **S** na linha de comando para acessar a caixa de diálogo **Table Tag Numbering** e controlar a sequência da numeração para os componentes do alinhamento horizontal.

A ferramenta **Renumber Tags** controla a numeração de tags dos componentes geométricos do alinhamento horizontal. Após configurar a sequência numérica pela caixa **Table Tag Numbering**, é necessário selecionar individualmente cada um dos rótulos (tags) dos componentes presentes ao longo do alinhamento horizontal.

Agora, estude o exemplo a seguir:

1. Abra o arquivo **9-8-1_RÓTULOS_ALINHAMENTO.DWG**, disponível na plataforma da editora.

2. Selecione o alinhamento **AL-PR-F-ALTERNATIVA-02** na área de desenho e acesse a ferramenta da ribbon contextual **Alignment** → **Labels & Tables** → **Add Labels** → **Add Multiple Segment**. Esta ferramenta aplica rótulos em todos os elementos do traçado geométrico: curvas circulares, espirais e tangentes.

3. Clique apenas uma vez no alinhamento na área de desenho para adicionar os rótulos.

4. Verifique os rótulos aplicados no alinhamento horizontal. É possível reposicionar os rótulos por intermédio de seus grips, para evitar a sobreposição das informações no desenho. Agora, com os rótulos inseridos, fica disponível a criação da tabela com as informações geométricas do alinhamento horizontal (Figura 9.53).

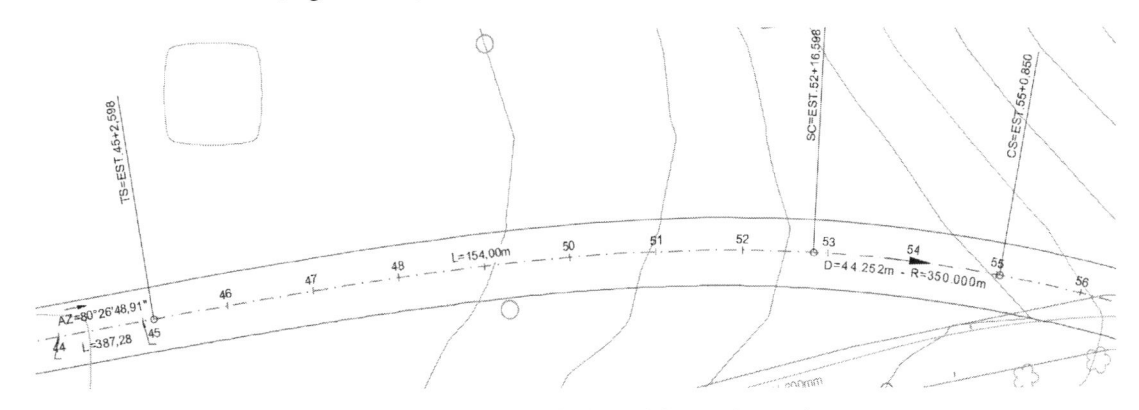

Figura 9.53 Rótulos aplicados no alinhamento horizontal.

5. Selecione o alinhamento **AL-PR-F-ALTERNATIVA-02** na área de desenho e acesse a ferramenta da ribbon contextual **Alignment** → **Labels & Tables** → **Add Tables** → **Add Segments** para criar a tabela com as informações geométricas do alinhamento.

6. Na caixa de diálogo **Table Creation**, verifique o estilo no campo **Table Style**, selecione o alinhamento **AL-PR-F-ALTERNATIVA-02** no campo **Select Alignment**. No quadro **Behavior**, habilite a opção **Dynamic** para atualizar automaticamente os dados durante as revisões no traçado geométrico e clique no botão **OK** (Figura 9.54).

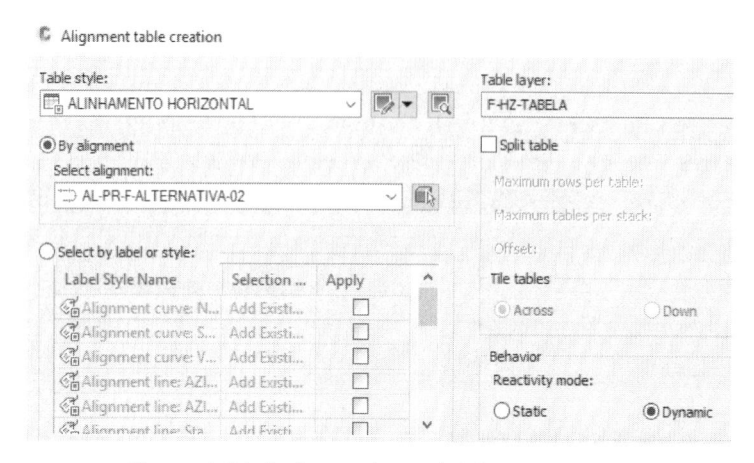

Figura 9.54 Configuração da caixa de diálogo Table Creation.

7. Clique na área de desenho para posicionar a tabela de elementos geométricos (Figura 9.55).

Nº	DEFLEXÃO/ AZIMUTE	LC (m)	TT (m)	TL (m)	TC (m)	R (m)	D/L (m)	AC	TE-PC	ET-PT	PONTO	PI	TE-PC	ET-PT
						ELEMENTOS GEOMÉTRICOS - AL-PR-F-ALTERNATIVA-02								
L6	057° 28' 52.63"	-	-	-	-	120,824	-	-	0+0,000	6+0,824	N E	-	7432038,6546 320790,9542	7432103,6065 320892,8349
S5	172° 38' 49.35"	1267,920	-	102,755	51,414	-	154,000	007° 21' 10.65"	6+0,824	13+14,824	N E	-	7432103,6065 320892,8349	7432103,6065 320892,8349
C4	-	-	1,562	-	-	600,000	86,496	008° 15' 34.98"	13+14,824	18+1,319	N E	7432210,6786 321060,7833	7432180,7085 321026,0137	7432211,7294 321106,6749
S6	172° 38' 49.35"	1267,920	-	102,755	51,414	-	154,000	007° 21' 10.65"	18+1,319	25+15,319	N E	-	7432211,7294 321106,6749	7432211,7294 321106,6749

Figura 9.55 Tabela de elementos geométricos presentes no alinhamento horizontal.

8. Altere a geometria do alinhamento horizontal reposicionando os seus grips na área de desenho. Em seguida, verifique o comportamento dos rótulos e das informações exibidas na tabela de curvas.

9. Feche o arquivo.

9.10 Relatórios de alinhamentos horizontais

A elaboração de relatórios é uma das atividades importantes durante o fluxo de desenvolvimento dos projetos, cujas informações são extraídas para a documentação do projeto e, posteriormente, utilizadas na construção do empreendimento projetado.

Os relatórios são acessados pela aba **Toolbox** da **Toolspace** do Autodesk Civil 3D e podem ser gravados em diversos formatos de arquivos, como HTML, PDF, DOC e XLS. Além de alinhamentos, pode-se gerar relatórios dos principais elementos que compõem o modelo do projeto, como alinhamentos verticais, lotes, tubulações e corredores (Figura 9.56).

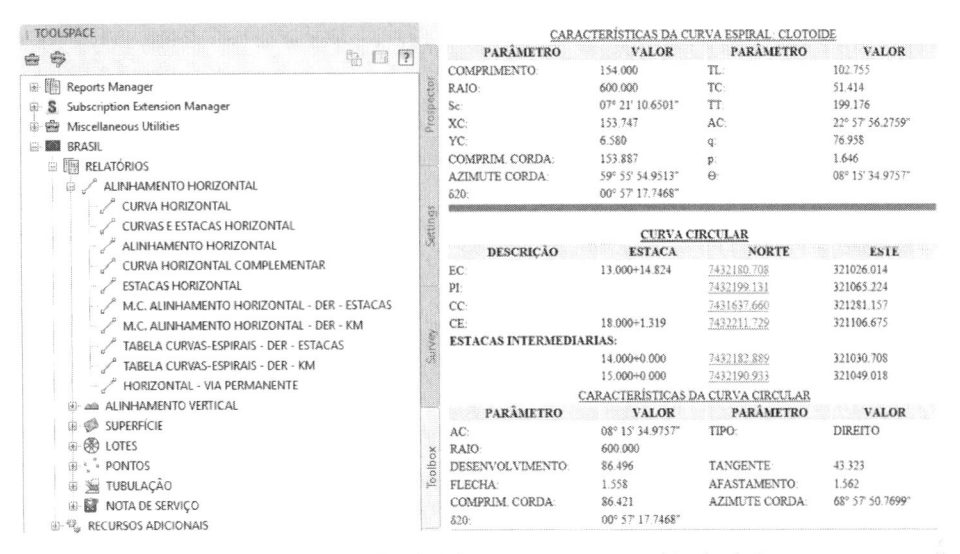

Figura 9.56 Aba Toolbox da Toolspace para acesso aos modelos de relatórios.

As unidades e precisões nos dados de saídas nos relatórios podem ser controlados por meio da caixa **Edit Report Settings**, acessada pela **Toolspace** → **Toolbox** → **Press this button to edit the Report Settings**. A caixa de diálogo **Edit Report Settings** permite regular as unidades e a precisão para todos os relatórios de saídas do Autodesk Civil 3D, bem como controlar o padrão de estaqueamento para os relatórios de alinhamentos e perfis (Station), unidades angulares (Angular), entre outras configurações. A propriedade **Rounding** controla o padrão de arredondamento para os valores numéricos dos relatórios (Figura 9.57).

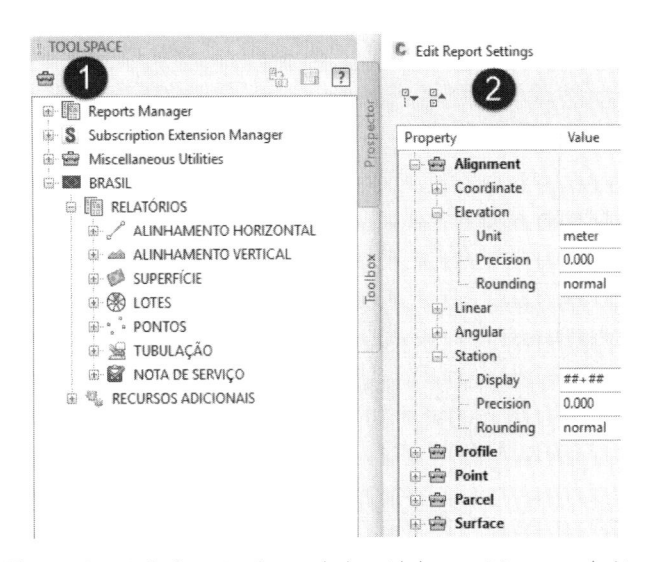

Figura 9.57 Configurações de controle das unidades e precisão para os relatórios.

Os relatórios presentes no Autodesk Civil 3D são desenvolvidos por meio de programação e, dependendo da linguagem em que são construídos, poderão ser exibidas caixas de diálogos com diferentes interfaces durante o processo de extração dos relatórios. Grande parte dos padrões de relatórios nativos do Civil 3D trabalham extraindo os dados dos elementos do projeto para o formato XML, para, em seguida, reordenar as informações em layouts predefinidos na apresentação dos relatórios. Neste processo, a caixa de diálogo **Export to XML Report** é exibida para a seleção dos elementos desejados para a construção dos relatórios (Figura 9.58).

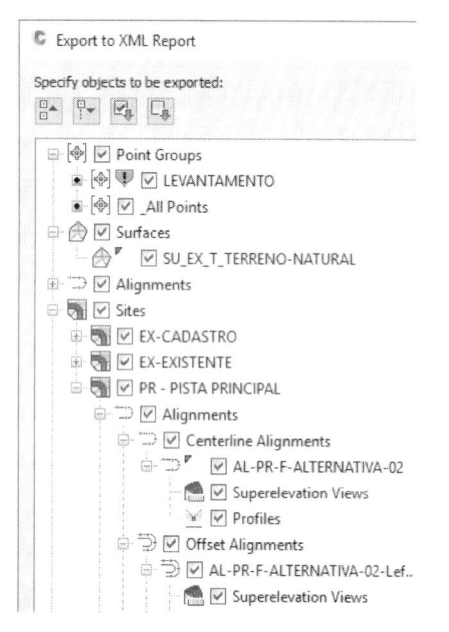

Figura 9.58 Caixa de seleção dos elementos para a criação de relatórios.

A categoria **Reports Manager** presente na aba **Toolbox** da **Toolspace** exibe os modelos de relatórios disponíveis em inglês. Já a categoria **Relatórios** apresenta os modelos de relatórios em português, que estará disponível após a instalação do pacote *Brazil Content*.

Agora, estude o exemplo a seguir:

1. Abra o arquivo **9-9-1_RELATÓRIOS_ ALINHAMENTO.DWG**, disponível na plataforma da editora.

2. Selecione **Toolspace** → **Toolbox** → **Reports Manager** → **Alignment**. Clique com o botão direito do mouse sobre o relatório **Alignment Design Criteria Verification** e selecione a opção **Execute** (Figura 9.59).

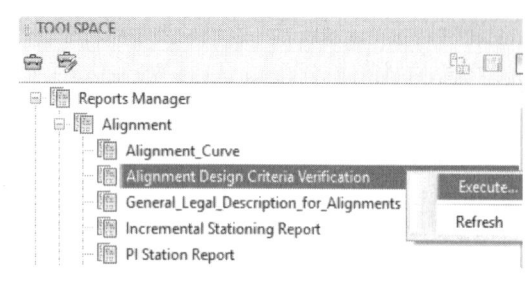

Figura 9.59 Relatório de verificação dos critérios geométricos dos alinhamentos.

3. Na caixa de diálogo **Create Reports – Alignment Design Criteria Verification Report**, selecione o alinhamento **AL- -PR-F-ALTERNATIVA-02** para criar o relatório de verificação dos critérios normativos aplicados ao traçado geométrico projetado (Figura 9.60).

Figura 9.60 Caixa de seleção dos alinhamentos para a criação de relatórios.

4. Clique no botão ▣ e especifique o formato de saída do relatório, o local e o nome para o relatório de verificação dos critérios normativos. Clique em **Create Report**.

5. O relatório será exibido no aplicativo apropriado, de acordo com o formato do arquivo de saída (Figura 9.61).

1 Tangent	
Start Station:	0+000.00
End Station:	0+120.82
Length:	120.824m
Design Speed:	70
Design Checks:	
Tangente Mínima entre curvas sucessivas	Violated
Velocidade - Classe II - Ondulado	Cleared
2.1 Spiral Curve:Clothoid	
Start Station:	0+120.82
End Station:	0+274.82
Length:	154.000m
A:	303.974m
Design Speed:	70
Design Criteria:	
Minimum Transition Length:	25.00 Cleared
Design Checks:	
Espiral mínima Critério da Fluência ótica	Cleared
Comprimento Máximo - Critério Tempo de Percurso	Cleared
Comprimento Máximo - Critério ângulo central da clotóide	Cleared
L Mínimo - Velocidade 70	Cleared

Figura 9.61 Relatório de verificação dos critérios geométricos.

6. Selecione **Toolspace** → **Toolbox** → **Brasil** → **Relatórios** → **Alinhamento Horizontal**, clique com o botão direito do mouse sobre o relatório **Alinhamento Horizontal** e selecione a opção **Execute**.

7. Na caixa de diálogo **Alinhamento Horizontal**, selecione o alinhamento **AL-PR-F-ALTERNATIVA-02**. Clique no botão **...** para determinar o local e o nome do arquivo XLS do relatório. Clique em **Criar Relatório** (Figura 9.62).

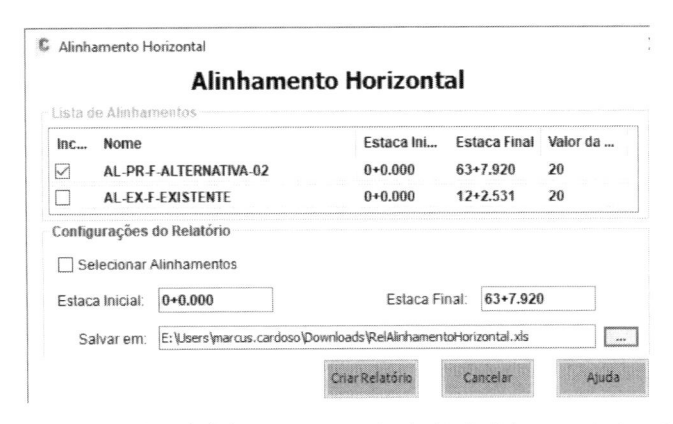

Figura 9.62 Caixa de diálogo para a criação do relatório de alinhamentos horizontais.

8. Verifique as informações do relatório criado e feche o arquivo (Figura 9.63).

Relatório de Alinhamento Horizontal
Alinhamento: AL-PR-F-ALTERNATIVA-02

CURVA Nº		COORDENADAS PI	AZIMUTE	COORDENADAS					ESTACA			
				CC	TE ou PC	EC	CE	ET ou PT	INICIAL/TE/PC	EC	CE	ET/PT/FIM
INÍCIO	Y	7432038,6546246							0+0,000			
	X	320790,9542309										
1	Y	7432210,6786371	57°28'52,63"	7431637,6596379	7432103,6065350	7432180,7084624	7432211,7293994	7432243,7341564	6+0,824	13+14,824	18+1,319	25+15,319
	X	321060,7833233		321281,1567192	320892,8348624	321026,0136727	321106,6748897	321257,1973075				
2	Y	7432337,8074893	80°26'48,90"	7431972,8401964	7432308,0074351	7432322,3437683	7432317,2042348	7432267,9329400	45+2,598	52+16,598	55+0,850	62+14,850
	X	321816,1756123		321773,4694586	321639,1054137	321792,1041914	321836,0267048	321981,5825221				
FIM	Y	7432262,8467683	112°54'04,16"									63+7,920
	X	321993,6224987										

Figura 9.63 Relatório com as informações geométricas dos pontos notáveis do alinhamento horizontal.

9. Selecione **Toolspace** → **Toolbox** → **Brasil** → **Relatórios** → **Alinhamento Horizontal**, clique com o botão direito do mouse sobre o relatório **M.C. ALINHAMENTO HORIZONTAL – DER – ESTACAS** e selecione a opção **Execute**.

10. Na caixa de diálogo **Export to XML Report**, selecione o alinhamento **AL-PR-F-ALTERNATIVA-02** e clique no botão **OK** (Figura 9.64).

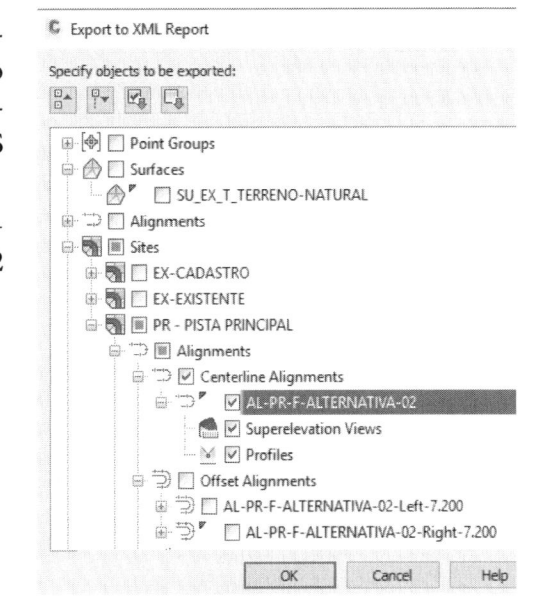

Figura 9.64 Caixa de seleção dos elementos para criação do relatório.

11. Na caixa de diálogo **Save As**, determine a pasta e o nome para o arquivo, escolha o formato de arquivo do relatório no campo **Files of type** e clique no botão **Save** (Figura 9.65).

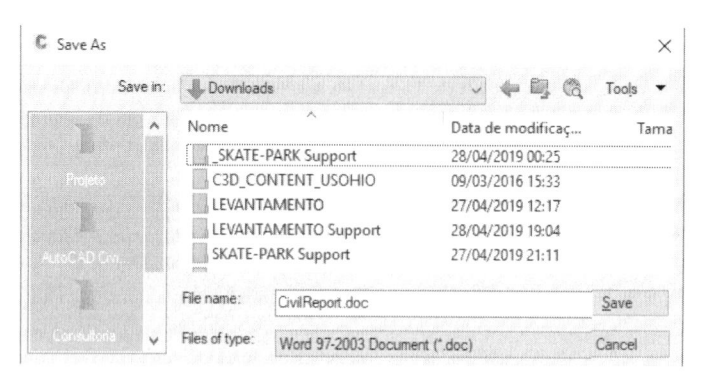

Figura 9.65 Caixa de seleção do formato para o relatório.

12. Verifique os dados apresentados no relatório (Figura 9.66).

DESCRIÇÃO	ESTACA	NORTE	ESTE
EC:	52.000+16.598	7432322.344	321792.104
PI:		7432321.164	321814.228
CC:		7431972.840	321773.469
CE:	55.000+0.850	7432317.204	321836.027
ESTACAS INTERMEDIARIAS:			
	53.000+0.000	7432322.146	321795.500

CARACTERÍSTICAS DA CURVA CIRCULAR

PARÂMETRO	VALOR	PARÂMETRO	VALOR
AC:	07° 14' 38.7414"	TIPO:	DIREITO
RAIO:	350.000		
DESENVOLVIMENTO:	44.252	TANGENTE:	22.155
FLECHA:	0.699	AFASTAMENTO:	0.701
COMPRIM. CORDA:	44.222	AZIMUTE CORDA:	96° 40' 26.5359"
δ20:	01° 38' 13.2802"		

ESPIRAL

DESCRIÇÃO	ESTACA	NORTE	ESTE
CE:	55.000+0.850	7432317.204	321836.027
EPI:		7432307.987	321886.767
ET:	62.000+14.850	7432267.933	321981.583
ESTACAS INTERMEDIARIAS:			
	56.000+0.000	7432313.289	321854.770
	57.000+0.000	7432308.249	321874.123

Figura 9.66 Relatório de memória de cálculo do alinhamento horizontal.

13. Feche os arquivos.

Exercício – Manipulação do traçado geométrico horizontal

O exercício a seguir resume os principais procedimentos para a manipulação do projeto do traçado geométrico horizontal para adequá-lo aos critérios geométricos normativos para a velocidade de 70 km/h, incluindo os procedimentos para a criação de alinhamentos de bordos, adição de rótulos e tabelas e a criação do relatório.

Execute os seguintes procedimentos para concluir o exercício:

1. Abra o arquivo **9-10-1_PROJETO-HORIZONTAL.DWG**, disponível na plataforma da editora.

2. Selecione o alinhamento na área de desenho e acesse a ferramenta da ribbon contextual **Alignment → Modify → Alignment Properties**.

3. Na aba **Design Criteria**, da caixa **Alignment Properties**, altere a velocidade do projeto para **70 km/h** no campo **Design Speed**. No campo **Maximum Radius Table**, selecione o critério **DNIT-IPR-706/20 – 6%**. No quadro **Use design check set**, selecione a classe **RODOVIA CLASSE II – ONDULADA**. Clique no botão **OK** (Figura 9.67).

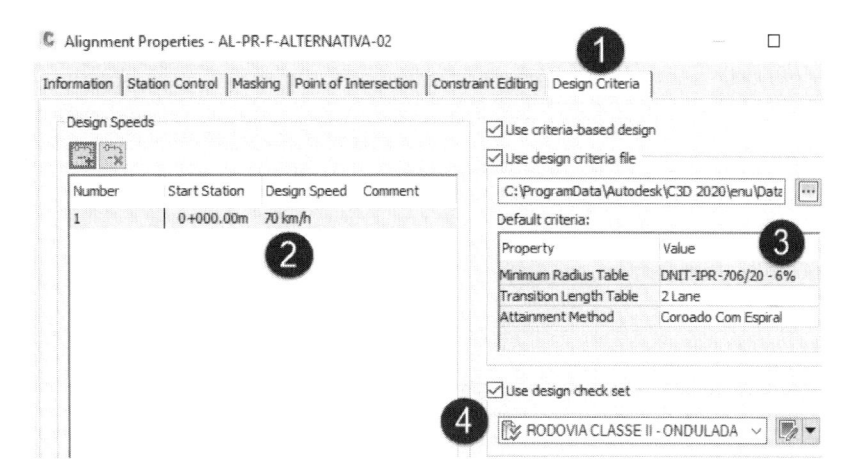

Figura 9.67 Configurações de critérios normativos para o alinhamento horizontal.

4. Na área de desenho, selecione o alinhamento e acesse a ferramenta da ribbon contextual **Alignment → Modify → Geometry Editor** para adicionar uma curva composta no traçado geométrico projetado.

5. Na barra de ferramentas **Alignment Layout Tools**, selecione a ferramenta **Free Spiral-Curve-Spiral (Between two entities)**.

6. Na área de desenho, selecione a tangente anterior e a posterior do PI presente próximo à estaca 54.

7. Na linha de commando, pressione **Enter** para confirmar a opção **Less than 180** e determine o método angular para a construção da curva.

8. Na linha de comando, digite o raio de **350.00m** para a curva circular e confirme com a tecla **Enter**.

9. Na linha de comando, digite **154.00m** para definir o comprimento da curva espiral de entrada (spiral in length). Pressione **Enter**.

10. Na linha de comando, digite **154.00m** para definir o comprimento da curva espiral de saída (spiral out length). Pressione **Enter**.

11. Pressione a tecla **Enter** para concluir a criação da curva composta (Figura 9.68).

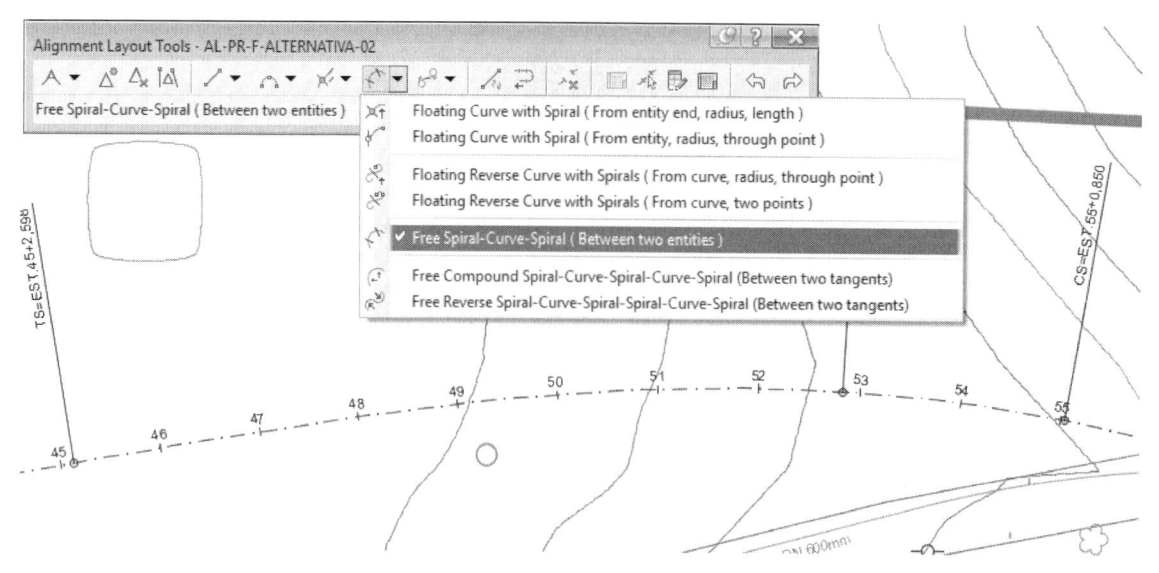

Figura 9.68 Criação de curvas compostas por espirais e circular.

12. Na área de desenho, selecione o alinhamento e acesse a ferramenta da ribbon contextual **Alignment → Launch Pad → Offset Alignment** para criar os alinhamentos de bordos.

13. Na aba **General**, da caixa **Create Offset Alignments**, digite **7.20** nos quadros **Incremental offset on Left** e **Incremental offset on right**, selecione o estilo **PARALELO** no campo **Alignment Style** (Figura 9.69).

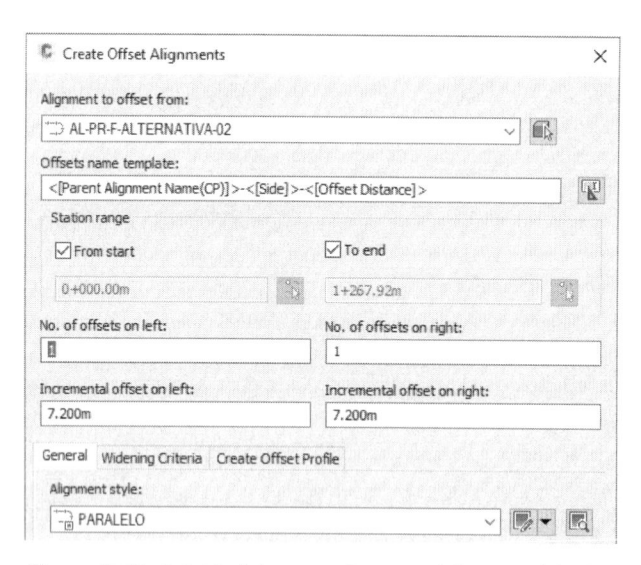

Figura 9.69 Definição da largura e estilo para os alinhamentos de bordos.

14. Na aba **Widening Criteria**, selecione o critério **DNIT-IPR-706/20 – 6%** no campo **Minimum Radius Table**. Selecione a classe **RODOVIA CLASSE II – ONDULADA** e clique no botão **OK** (Figura 9.70). Esses critérios controlam a definição dos parâmetros de superlarguras nos alinhamentos de bordos.

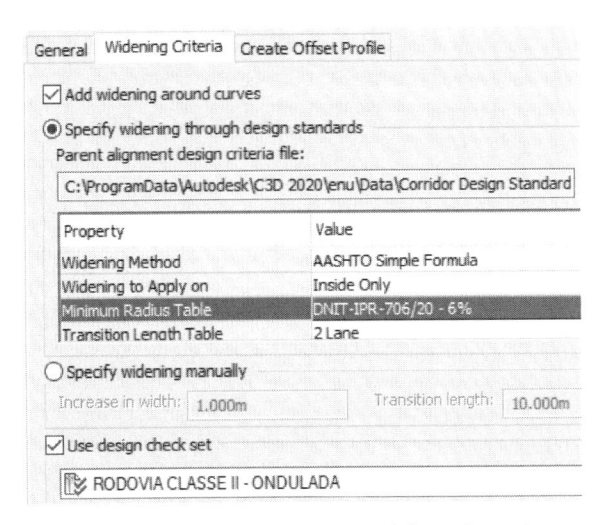

Figura 9.70 Seleção das normativas para definição da superlargura.

15. Selecione o alinhamento na área de desenho e acesse a ferramenta da ribbon contextual **Alignment** → **Labels & Tables** → **Add Labels** → **Multiple Segment**.

16. Clique no alinhamento na área de desenho para posicionar os rótulos.

17. Selecione o alinhamento na área de desenho e acesse a ferramenta da ribbon contextual **Alignment** → **Labels & Tables** → **Add Tables** → **Add Segments**.

18. Na caixa de diálogo **Alignment Able Creation**, selecione o estilo **ALINHAMENTO HORIZONTAL** no campo **Table style**. Selecione o alinhamento **AL-PR-F-ALTERNATIVA-02** no campo **Select alignment**. Clique no botão **OK**.

19. Posicione a tabela de elementos geométricos na área (Figura 9.71).

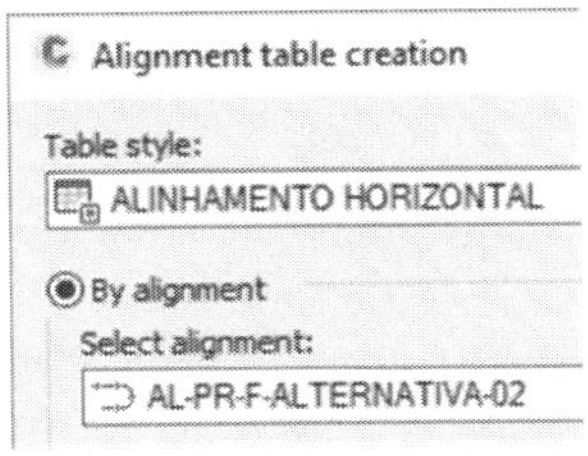

						ELEMENTOS GEOMÉTRICOS - AL-PR-F-ALTERNATIVA-02					
N°	DEFLEXÃO/ AZIMUTE	LC (m)	TT (m)	TL (m)	TC (m)	R (m)	D/L (m)	AC	TE-PC	ET-PT	P
L6	057° 28' 52.63"	-	-	-	-	-	120,824	-	0+0,000	6+0,824	
S5	172° 38' 49.35"	1267,920	-	102,755	51,414	-	154,000	007° 21' 10.65"	6+0,824	13+14,824	
C4	-	-	1,562	-	-	600,000	86,496	008° 15' 34.98"	13+14,824	18+1,319	

Alignment table creation

Table style:
ALINHAMENTO HORIZONTAL

⦿ By alignment

Select alignment:
AL-PR-F-ALTERNATIVA-02

Figura 9.71 Criação da tabela dos elementos geométricos horizontais.

20. Selecione **Toolspace** → **Toolbox** → **Brasil** → **Relatórios** → **Alinhamento Horizontal**, clique com o botão direito do mouse sobre o relatório **TABELA CURVAS – ESPIRAIS – DER – ESTACAS** e selecione a opção **Execute**.

21. Na caixa de diálogo **Export to XML Report**, selecione o alinhamento **AL-PR-F-ALTERNATIVA-02** e clique no botão **OK**.

22. Na caixa de diálogo **Save As**, determine a pasta e o nome para o arquivo de relatório, e defina o formato desejado para o arquivo no campo **Files of type**. Clique no botão **Save**.

23. Verifique as informações das curvas espirais presentes no relatório (Figura 9.72).

ALINHAMENTO: AL-PR-F-ALTERNATIVA-02

DEFLEXÃO	CURVA N°	CURVA DE TRANSIÇÃO					CURVA CIRCULAR			
		Le (m)	TL (m)	Tc (m)	Xc (m)	Yc (m)	R (m)	D (m)	T (m)	AC
---	INICIO	---	---	---	---	---	---	---	---	---
22° 57' 56.2759"	1	154.000	102.755	51.414	153.747	6.580	600.000	86.496	43.323	08° 15' 34.9757"
32° 27' 15.2561"	1	154.000	102.928	51.571	153.256	11.254	350.000	44.252	22.155	07° 14' 38.7414"
---	FIM	---	---	---	---	---	---	---	---	---

ESTACAS				COORDENADAS						
TE/PC/PI	EC	CE	ET/PT	PONTO	CC	TE/PC	EC	PI	CE	ET/PT
0+0.000	---	---	---	N	---	---	---	7432038.655	---	---
				E	---	---	---	320790.954	---	---
6.000+0.824	13.000+14.824	18.000+1.319	25.000+15.319	N	7431637.660	7432103.607	7432180.708	7432210.679	7432211.729	7432243.734
				E	321281.157	320892.835	321026.014	321060.783	321106.675	321257.197
45.000+2.598	52.000+16.598	55.000+0.850	62.000+14.850	N	7431972.840	7432308.007	7432322.344	7432337.807	7432317.204	7432267.933
				E	321773.469	321639.105	321792.104	321816.175	321836.027	321981.583
63.000+7.920	---	---	---	N	---	---	---	7432262.847	---	---
				E	---	---	---	321993.622	---	---

Figura 9.72 Relatório de curvas espirais presentes no traçado geométrico horizontal.

24. Feche os arquivos.

Perfil Longitudinal do Terreno

Os perfis são utilizados para visualizar o terreno existente e o greide projetado ao longo do alinhamento horizontal. No Autodesk Civil 3D, quando o alinhamento horizontal ou a superfície sofrem alterações, o gráfico do perfil exibe os resultados dessas alterações automaticamente. Todos os componentes exibidos nele são controlados por meio da configuração de estilos dos objetos de **Profile** e **Profile View**.

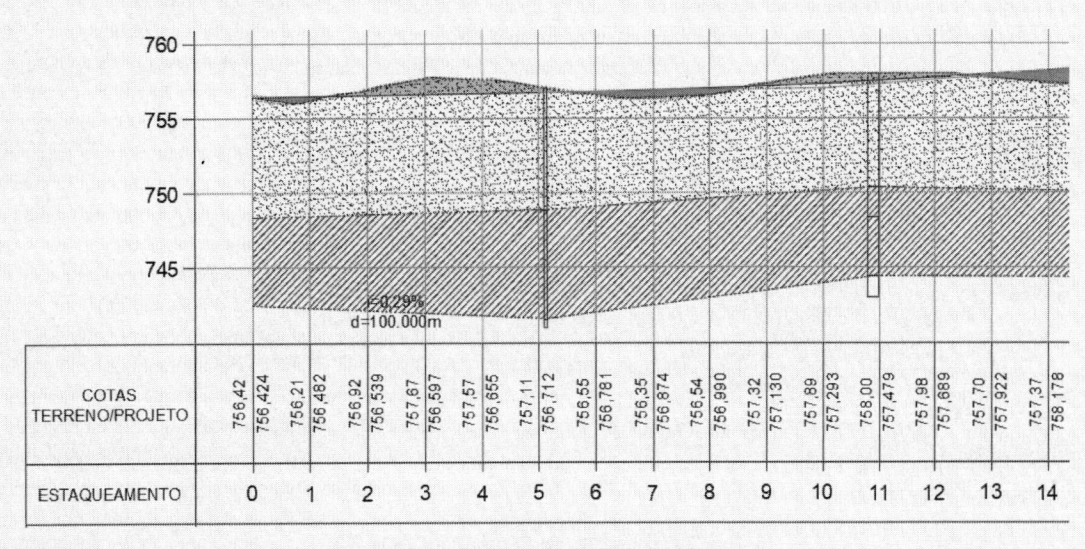

Figura 10.1 Gráfico do perfil longitudinal do terreno.

O perfil longitudinal exibe as informações das elevações do terreno ao longo do traçado do alinhamento horizontal selecionado. Em sua composição está o gráfico do perfil (Profile View), os perfis de terrenos e greides projetados (Profiles) e o conjunto de informações apresentadas no rodapé do gráfico do perfil (Band Set). Pode-se ainda apresentar as projeções de objetos diretamente no gráfico do perfil (Projection), possibilitando a representação de estruturas projetadas ou a projeção de elementos do cadastro de interferências e furos de sondagens. Todas as informações e representações exibidas no perfil são controladas pelos estilos.

É possível criar vários gráficos de perfis longitudinais de um mesmo alinhamento ou exibir diversas superfícies em um único gráfico, para representar as camadas de solos presentes ao longo do alinhamento horizontal.

O gráfico do perfil longitudinal é utilizado em grande parte dos projetos de infraestrutura, e isso inclui os projetos de obras lineares para rodovias, de trilhos metroferroviários, canalização, saneamento, barramentos em ensecadeiras e barragens, entre outros. Seu uso é de grande amplitude, pois permite representar as condições existentes de terrenos, camadas de solos e estruturas existentes do cadastro de interferência, além de subsidiar o desenvolvimento de projetos para a definição de traçados verticais e posicionamento de dispositivos e tubulações.

O fluxo para a criação do gráfico de perfil longitudinal iniciará após a definição da superfície do terreno natural; contudo, para as demais superfícies, como a superfície de limpeza e das eventuais camadas de solo, estas poderão ser incluídas no gráfico durante o desenvolvimento do projeto. Uma vez criado o gráfico do perfil longitudinal contendo as superfícies, diversas análises poderão ser realizadas para adequação de posicionamento do traçado horizontal, em seguida, para complementação do gráfico com as demais superfícies das camadas de solos, para que na próxima etapa possa ser definido o traçado geométrico vertical no mesmo gráfico do perfil longitudinal (Figura 10.2).

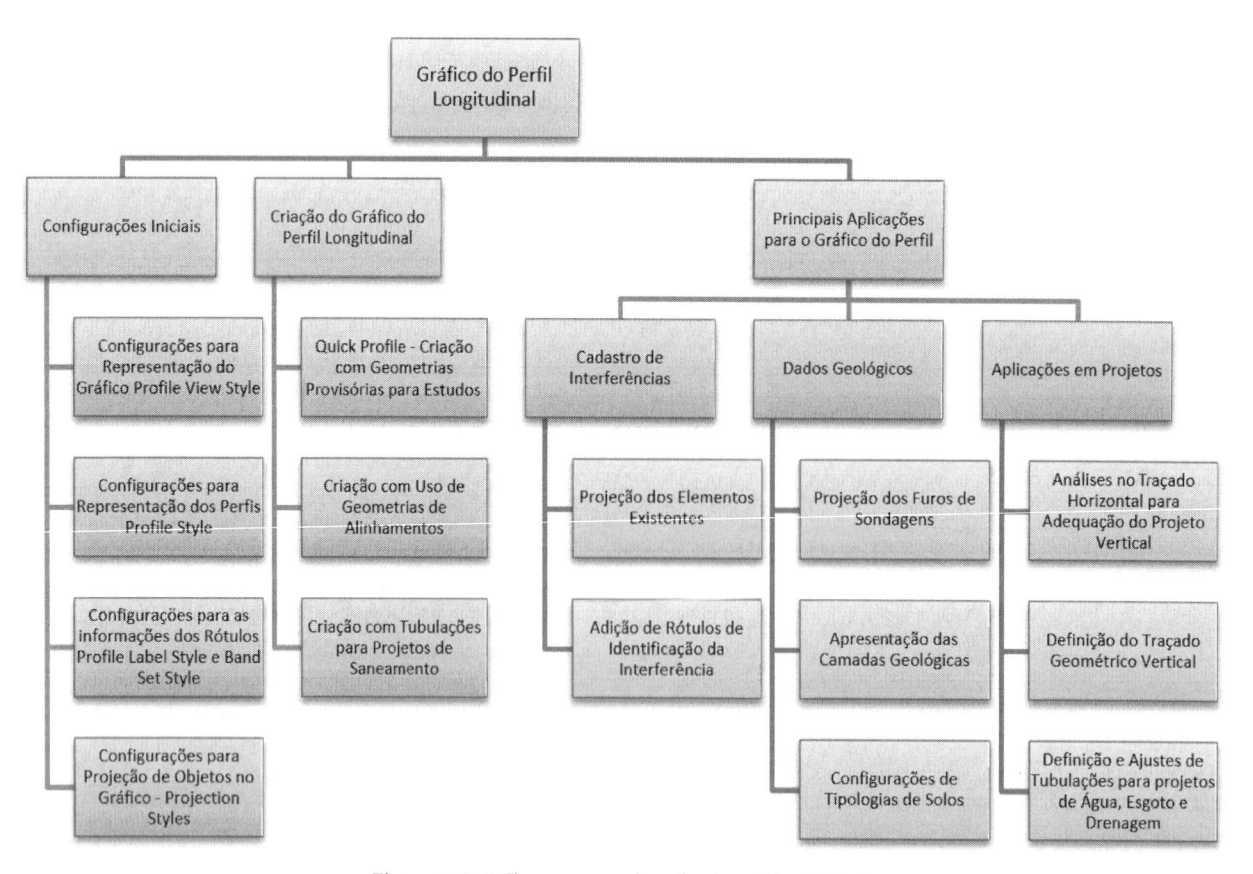

Figura 10.2 Fluxos para usos do gráfico de perfil longitudinal.

10.1 Informações no rodapé do perfil longitudinal

As informações da superfície topográfica e os dados do projeto podem ser controlados no rodapé do gráfico por meio do recurso de **Data Bands**. É possível configurar os estilos de band sets para a exibição das cotas do terreno e projeto, das estacas e dos quilômetros, além das informações planimétricas do alinhamento, dados de superelevação e as informações de redes projetadas (Figura 10.3).

COTAS TERRENO/PROJETO	756,39 756,389		756,20 756,198		756,94 756,941		757,32 757,324		757,43 757,398		757,06 757,063	
ESTAQUEAMENTO	0		1		2		3		4		5	
QUILOMETRAGEM												
PLANIMETRIA				TANGENTE L=120.824								

Figura 10.3 Informações exibidas no rodapé do gráfico do perfil longitudinal (Data Bands).

As informações dos rodapés são adicionadas durante o processo de criação do gráfico do perfil longitudinal e podem ser controladas por meio da aba **Bands**, da caixa de diálogo **Profile View Properties** do gráfico do perfil selecionado (Figura 10.4). Dessa forma, as informações pertinentes para cada tipo de projeto poderão ser apresentadas na documentação do projeto.

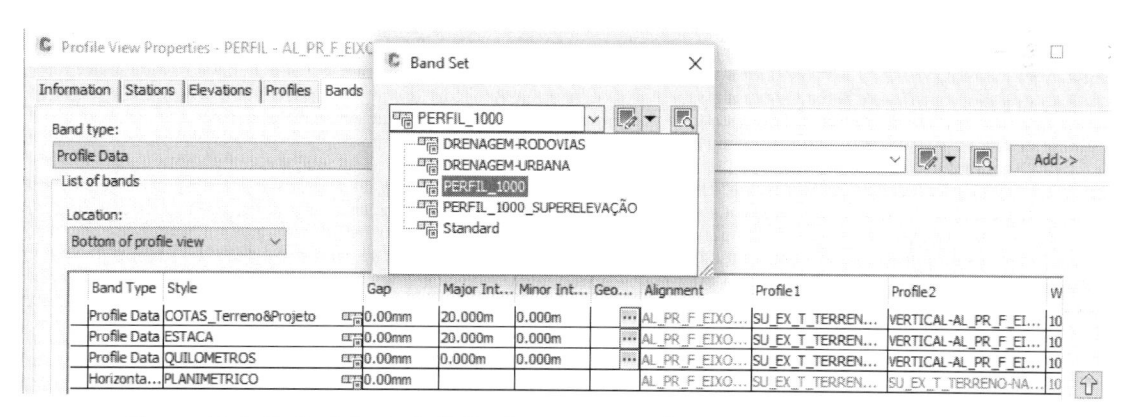

Figura 10.4 Aba Bands da caixa Profile View Properties para a configuração das informações no rodapé do perfil.

10.2 Definição das informações exibidas no perfil

A ferramenta presente na ribbon **Home** → **Create Design** → **Profile** → **Create Surface Profile** acessa a caixa de diálogo **Create Profile from Surface**, que possibilita selecionar o alinhamento desejado e a região das estacas para a criação do gráfico do perfil longitudinal. Essa caixa permite, ainda, selecionar quais superfícies serão exibidas no gráfico do perfil e quais estilos serão aplicados a elas, além de possibilitar a definição de projeções paralelas de superfícies, especificando o valor do afastamento com relação ao eixo do alinhamento, para, dessa forma, representar o comportamento do terreno junto às faixas de domínio ou ilustrar as condições do terreno nos bordos da via proposta. Essa possibilidade é definida pela opção **Sample offsets** (Figura 10.5).

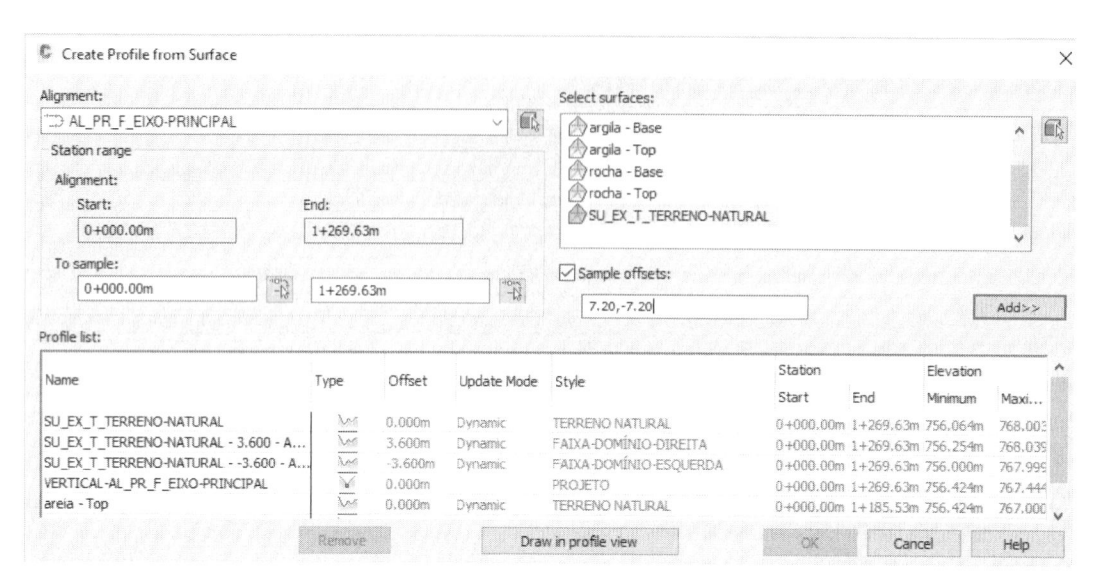

Figura 10.5 Caixa para a configuração das informações que serão exibidas no gráfico do perfil longitudinal.

As configurações de representação dos elementos no gráfico do perfil são estabelecidas pelas seguintes propriedades:

- **Alignment:** permite selecionar o alinhamento que será utilizado como linha base para exibição do perfil.
- **Select surfaces:** quadro com a lista de superfícies para seleção e aplicação no gráfico do perfil longitudinal.
- **Station range:** quadros para determinar o intervalo de estacas do alinhamento que serão exibidos no gráfico do perfil.
- **Sample offsets:** ferramenta que permite determinar a distância de afastamento do eixo do alinhamento horizontal para a criação do perfil deslocado de superfícies presentes no desenho. Valores negativos digitados no quadro criarão o perfil deslocado do lado esquerdo do alinhamento, e valores positivos criarão o perfil deslocado do lado direito do eixo do alinhamento horizontal.
- **Add:** botão que adiciona as configurações estabelecidas na lista do campo Profile list.
- **Profile list:** lista com os nomes dos perfis que serão exibidos no gráfico do perfil.
- **Draw in profile view:** botão para iniciar o assistente de criação do gráfico do perfil longitudinal.

10.3 Criação do gráfico do perfil longitudinal

Com a definição do alinhamento horizontal e as escolhas das superfícies de terrenos e camadas que serão apresentadas no gráfico do perfil longitudinal, a etapa de criação do gráfico faz uso de um assistente para conduzir o processo de configuração de apresentação do gráfico, por meio da caixa de diálogo **Create Profile View**, que pode ser acessada pelo botão **Draw in Profile View**, presente na caixa **Create Profile**

from Surface, ou pela ferramenta da ribbon **Home** → **Profile & Section Views** → **Profile View** → **Create Profile View**.

O assistente **Create Profile View** dispõe de um conjunto de abas que serão apresentadas durante o processo de criação do gráfico do perfil longitudinal. Cada uma delas representa uma etapa de configuração, em que será possível controlar o intervalo de estacas e faixa de elevações que o gráfico exibirá no desenho, controlar os estilos e rótulos dos perfis que serão projetados no gráfico, controlar a exibição das redes de tubulações e regular quais informações serão apresentadas no rodapé do gráfico. E uma vez finalizada a construção do gráfico, todos os parâmetros utilizados em seu processo de criação poderão ser acessados por meio da caixa de diálogo **Profile View Properties**.

A aba **General** da caixa **Create Profile View** permite definir o nome e a descrição para o gráfico do perfil, selecionar seu estilo de representação e habilitar a função **Show offset profiles by vertically stacking profile view** para fazer uso da opção de criação de vários gráficos de perfis simultaneamente (Figura 10.6).

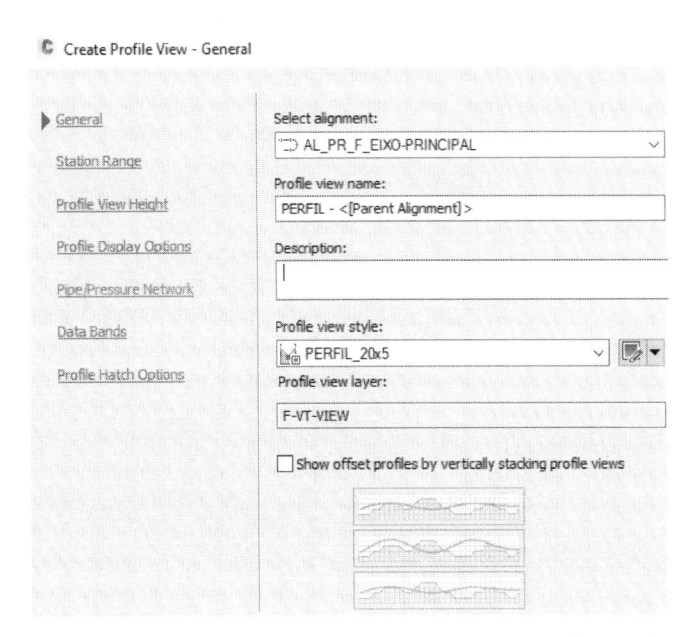

Figura 10.6 Opções de criação do gráfico do perfil presentes na aba General.

Em **Create Profile View – Station Range,** o quadro **Station range** possibilita determinar o intervalo de estacas do alinhamento para a representação no gráfico do perfil (Figura 10.7).

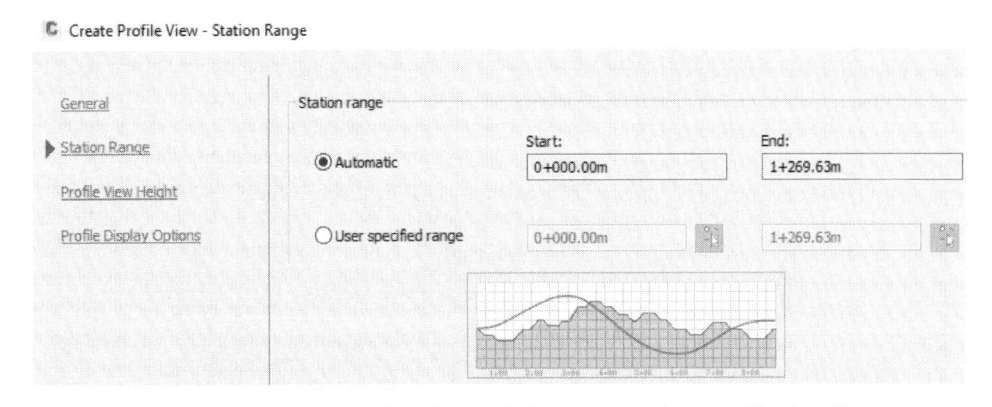

Figura 10.7 Opções de seleção do intervalo de estacas para exibição no gráfico do perfil.

As opções da caixa **Create Profile View – Profile View Height** permitem configurar a altura do gráfico do perfil por meio das cotas do terreno. A opção **Split profile view** auxilia na criação de articulações dos perfis ao longo do gráfico do perfil longitudinal (Figura 10.8).

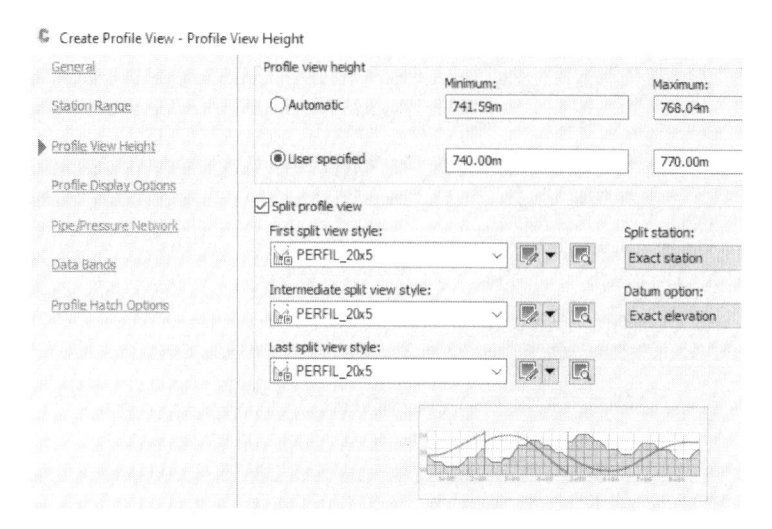

Figura 10.8 Opções para controle das alturas do gráfico do perfil.

A caixa **Create Profile View – Profile Display Options** disponibiliza opções de estilos para representação das linhas dos perfis, escolha de estilos para os rótulos, layers, entre outras opções de visualizações dos perfis (Figura 10.9).

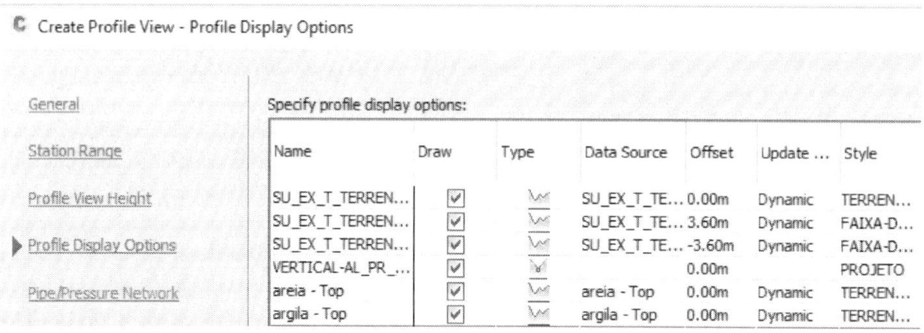

Figura 10.9 Opções para exibição dos perfis no gráfico.

A caixa **Create Profile View – Pipe/Pressure Network** permite selecionar quais dispositivos de redes de tubulações serão apresentados no gráfico do perfil longitudinal. Esta aba será habilitada quando o modelo possuir projetos de redes de tubulações elaborados com Pipe Network ou Pressure Network (Figura 10.10).

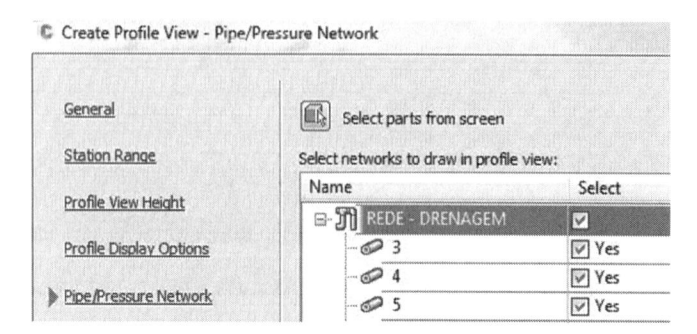

Figura 10.10 Opções para seleção dos dispositivos de redes de tubulações.

A aba **Data Bands**, da caixa **Create Profile View**, auxilia na configuração das informações apresentadas no rodapé do gráfico do perfil longitudinal (Figura 10.11).

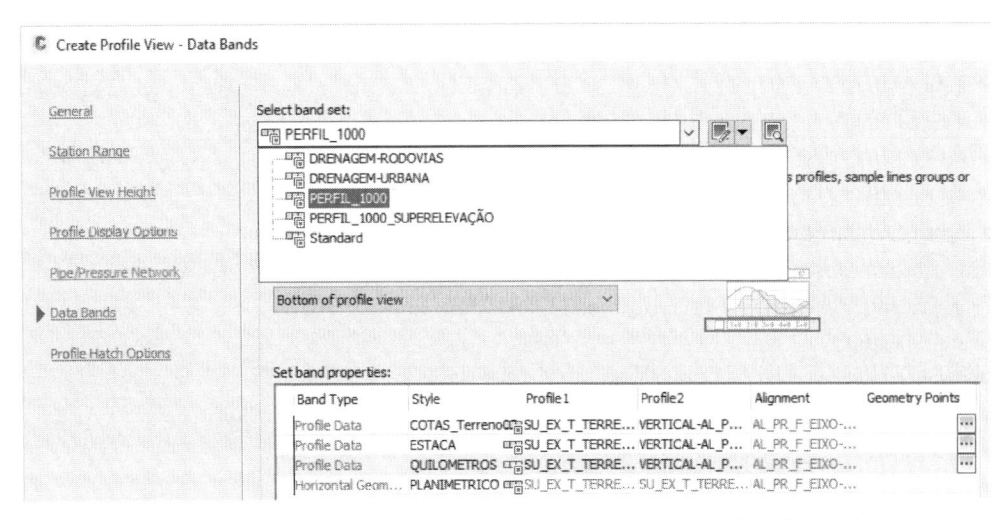

Figura 10.11 Configurações para exibição dos dados no rodapé do gráfico do perfil longitudinal.

Na caixa **Create Profile View – Profile Hatch Options** é possível aplicar as pinturas nas regiões de corte e aterro ao longo do perfil longitudinal. Essas opções serão válidas após a definição do projeto do traçado geométrico vertical. Essas pinturas são objetos do tipo **shape** e podem ser configuradas por meio dos estilos de shape styles. Pode-se aplicá-las para ilustrar as camadas de materiais com tipos de solos diferentes. A aplicação das pinturas é realizada por meio dos botões **Cut Area e Fill Area**. O botão **Multiple boundaries** possibilita a aplicação de pinturas selecionando várias superfícies (Figura 10.12).

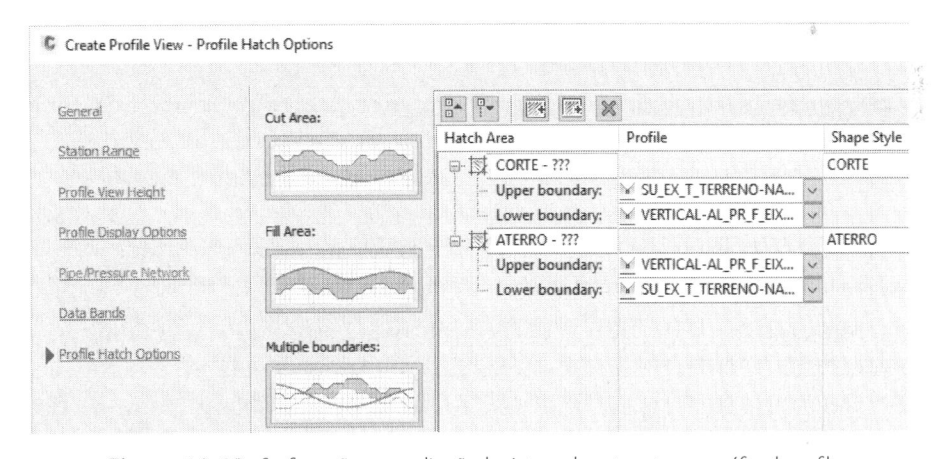

Figura 10.12 Configurações para aplicação de pinturas de corte e aterro no gráfico do perfil.

O botão **Create Profile View** conclui o assistente para a inserção do gráfico do perfil longitudinal na área de desenho.

O gráfico do perfil longitudinal é criado no desenho para, primeiramente, exibir as camadas de superfícies presentes ao longo do traçado do alinhamento horizontal contudo, pode-se adicionar novas camadas de superfícies como limpeza e camadas de solos, para posteriormente servir em como base para o desenvolvimento do projeto do traçado geométrico vertical.

10.4 Projeção de objetos existentes no gráfico do perfil longitudinal

Os gráficos dos perfis também podem ser utilizados para a projeção de objetos existentes ou projetados e, assim, facilitar o processo de tomada de decisões em projetos de obras lineares. É possível incluir elementos do projeto no gráfico, como plataformas metroferroviárias, edificações, obras de arte, furos de sondagens, entre outros. Contudo, a principal aplicação e uso para a projeção de objetos no gráfico do perfil é voltada para o lançamento de elementos existentes, provenientes do cadastro de interferências, como as redes de utilidades existentes, adutoras, oleodutos e gasodutos, redes de transmissão, árvores, postes, construções, entre muitas outras interferências levantadas (Figura 10.13).

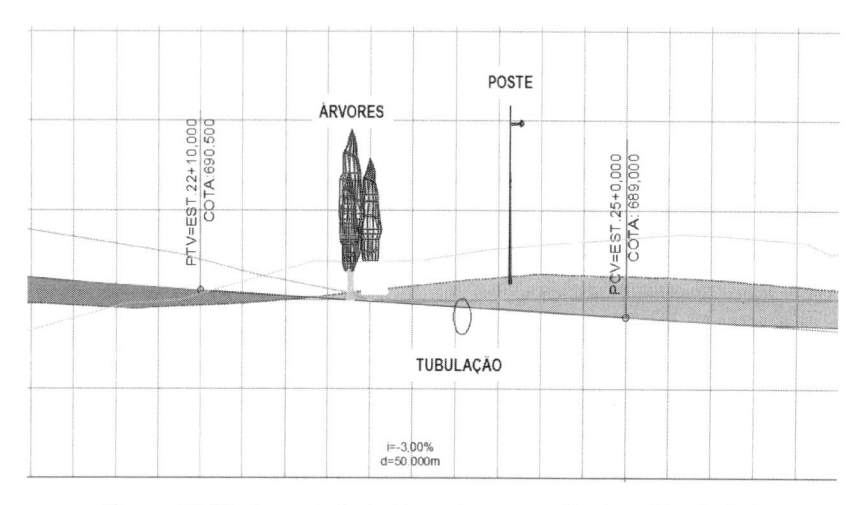

Figura 10.13   Representação de objetos existentes no gráfico do perfil longitudinal.

O primeiro passo para uso do recurso de projeção dos objetos é a modelagem dos elementos existentes provenientes do levantamento cadastral e, dependendo da necessidade e do uso do modelo BIM, essa modelagem poderá requerer níveis de detalhamento diferenciados para os elementos cadastrais. O recurso de projeção de objetos no perfil trabalha com elementos do tipo sólidos 3D (3D Solids), blocos 2D ou 3D, Feature Lines, pontos de AutoCAD, Polylines 3D (3D Poly) e blocos de múltiplas vistas (Multi-View Blocks), e para todos os tipos de objetos será necessário configurar os estilos de projeção de objetos – **Projections Styles**.

O recurso que viabiliza a projeção de objetos no gráfico do perfil é o **Project Objects To Profile View**, acessado por meio da ribbon **Home** → **Profile & Section Views** → **Profile View**, assim como para a projeção nos gráficos das seções transversais utiliza-se a ferramenta da ribbon **Home** → **Profile & Section Views** → **Section Views** → **Project Objects To Section View**.

Exercício – Gráfico do perfil longitudinal

A construção do gráfico do perfil longitudinal do terreno é a etapa fundamental para os projetos de infraestrutura. A partir do gráfico do perfil será possível apresentar o terreno existente, que, e juntamente com as camadas de solos e o cadastro de interferências, fornecerá os subsídios necessários para o bom desenvolvimento dos projetos. Execute os seguintes procedimentos para concluir o exercício:

1. Abra o arquivo **10-5-1_GRÁFICO_PERFIL.DWG**, disponível na plataforma da editora.
2. Selecione a ferramenta da ribbon **Home** → **Create Design** → **Profile** → **Create Surface Profile**.

3. Na caixa de diálogo **Create Profile from Vertical** (Figura 10.14):

   ◆ selecione o alinhamento **AL-PR-F-ALTERNATIVA-02** no campo **Alignment**;

   ◆ no quadro **Select surfaces,** selecione a superfície **SU-EX-T-TERRENO-NATURAL**;

   ◆ clique no botão **Add>>** para adicionar as informações na lista do quadro **Profile list**;

   ◆ habilite a opção **Sample offsets** e digite **25,-25** no quadro logo abaixo. Esta configuração representa a projeção do terreno a 25 metros de cada lado do eixo principal, para simular as condições do terreno na faixa de domínio.

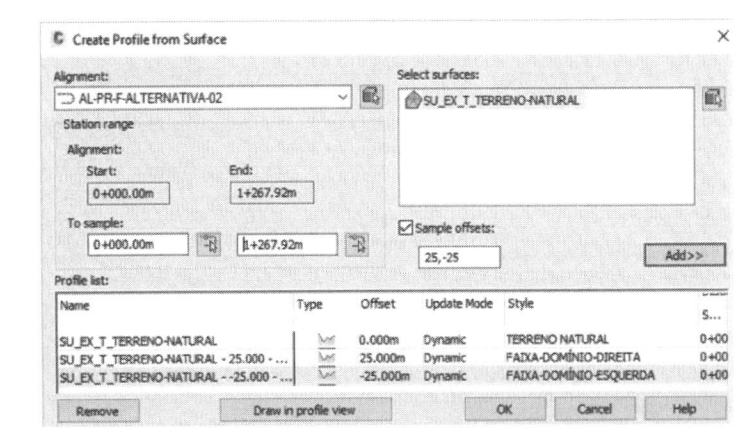

Figura 10.14 Configurações das informações para criação do gráfico do perfil longitudinal.

   ◆ clique no botão **Add>>** para incluir as novas informações na lista.

   ◆ altere o estilo para que a projeção de **25.00m** fique com o estilo **FAIXA-DOMÍNIO-DIREITA** na coluna **Style**.

   ◆ altere o estilo para que a projeção de **-25.00m** fique com o estilo **FAIXA-DOMÍNIO-ESQUERDA** na coluna **Style**.

   ◆ clique no botão **Draw in Profile View** para acessar o assistente de criação do gráfico do perfil longitudinal.

4. Na caixa de diálogo **Create Profile View – General**, verifique o nome e o estilo propostos para o gráfico do perfil longitudinal, e clique no botão **Avançar**.

5. Verifique as demais configurações em cada aba do assistente clicando em **Avançar**.

6. Clique no botão **Create Profile View**.

7. Clique na área de desenho para posicionar o gráfico do perfil longitudinal (Figura 10.15).

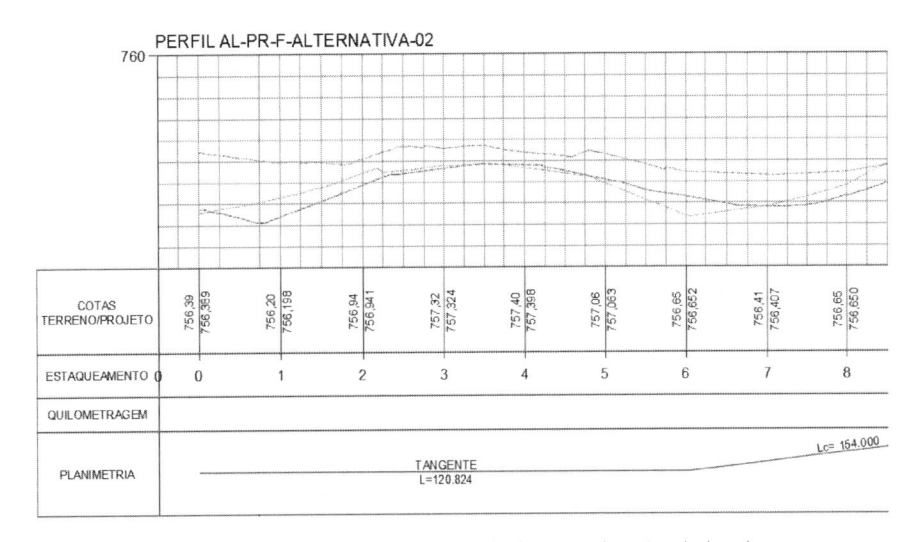

Figura 10.15 Gráfico do perfil longitudinal posicionado na área de desenho.

8. Selecione o gráfico do perfil longitudinal e acesse a ferramenta da ribbon contextual **Profile View** → **Analyze** → **Station Tracker** → **Current Viewport**.

9. Passe o cursor do mouse sobre o alinhamento horizontal para exibir sua posição correspondente no gráfico do perfil longitudinal.

10. Passe o cursor do mouse sobre o gráfico do perfil para exibir a posição no alinhamento horizontal.

11. Para a projeção de objetos no gráfico do perfil longitudinal, será necessário modelar os elementos fornecidos pelo levantamento cadastral, como placas, postes, árvores, tubulações e outros que possam se apresentar como interferências no projeto. No modelo foram posicionados objetos tridimensionais do tipo Multi-View Blocks para representar os postes e as árvores do levantamento cadastral, e também foram construídos objetos do tipo sólidos para representação de tubulações e furos de sondagens, além de blocos 3D das placas de sinalização existentes no cadastro.

12. Selecione a superfície na área de desenho e acesse a ferramenta da ribbon contextual **Tin Surface** → **Surface Tools** → **Move to Surface** → **Move Blocks to Surface**.

13. Na caixa **Move Blocks to Surface**, selecione todos os blocos da lista e verifique a contagem de objetos. Clique no botão **OK** para elevar todos os blocos para a sua respectiva cota sobre o modelo da superfície do terreno (Figura 10.16).

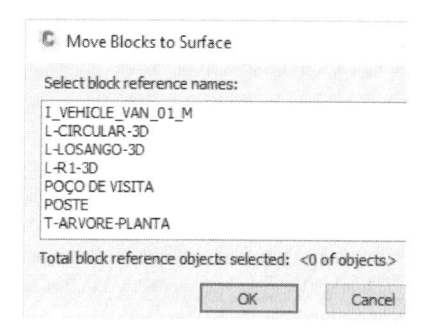

Figura 10.16 Caixa para posicionamento dos blocos sobre a superfície.

14. Agora, a maior parte dos elementos cadastrais estão modelados e posicionados em suas respectivas elevações, entre eles postes, árvores, placas, furos de sondagens e tubulações (Figura 10.17).

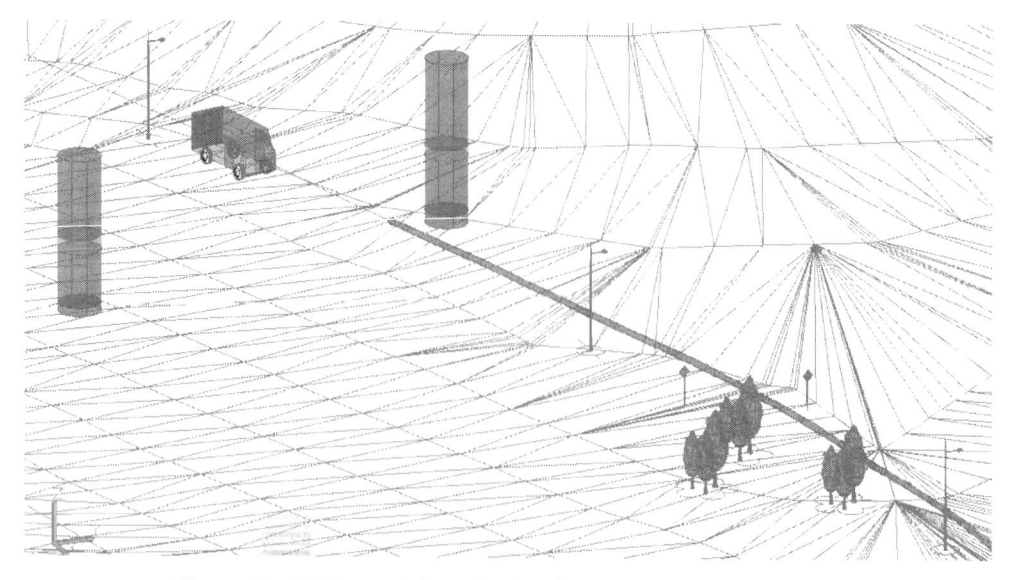

Figura 10.17 Blocos e tubulações elevados sobre o modelo da superfície do terreno.

15. Selecione o gráfico do perfil longitudinal e acesse a ferramenta da ribbon contextual **Profile View** → **Launch Pad** → **Project Objects To Profile View**.

16. Na área de desenho, selecione os sólidos que representam as tubulações de esgoto DN 200mm e da adutora DN 600mm. Pressione a tecla **Enter** para confirmar a seleção.

17. Na caixa **Project Objects To Profile View**, selecione o estilo **Tubulação** na coluna **Style**, utilize a opção **Use Object** na coluna **Elevation Options** e verifique as cotas das tubulações exibidas na coluna **Elevation Value**. Selecione o estilo **Projeção** na coluna **Label Style** e clique no botão **OK** (Figura 10.18).

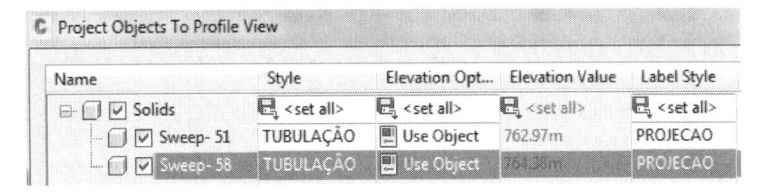

Figura 10.18 Opções de controle para as projeções de objetos no perfil.

18. Verifique a seção das tubulações projetadas no gráfico do perfil longitudinal.

19. Selecione o gráfico do perfil longitudinal e acesse a ferramenta da ribbon contextual **Profile View** → **Launch Pad** → **Project Objects To Profile View**.

20. Na área de desenho, selecione algumas árvores próximas ao eixo do alinhamento principal. Pressione a tecla **Enter** para confirmar a seleção.

21. Na caixa **Project Objects To Profile View**, selecione o estilo **Projeção** na coluna **Style**. Selecione a opção **Use Object** na coluna **Elevation Options** e verifique as cotas dos objetos **Multi-View Blocks** de árvores apresentadas na coluna **Elevation Value**. Clique no botão **OK** (Figura 10.19).

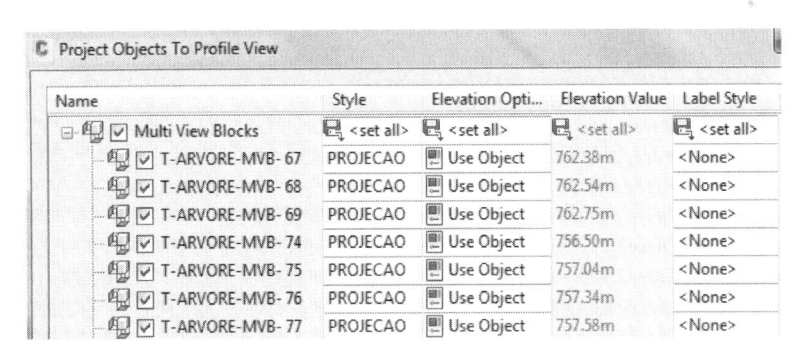

Figura 10.19 Opções de controle para as projeções de árvores no perfil.

22. Verifique as árvores projetadas no gráfico do perfil longitudinal.

23. Selecione o gráfico do perfil longitudinal e acesse a ferramenta da ribbon contextual **Profile View** → **Launch Pad** → **Project Objects To Profile View**.

24. Na área de desenho, selecione alguns postes próximos ao alinhamento principal. Pressione a tecla **Enter** para confirmar a seleção.

25. Na caixa **Project Objects To Profile View**, selecione o estilo **Projeção** na coluna **Style**. Selecione a opção **Use Object** na coluna **Elevation Options** e verifique as cotas dos objetos **Multi-View Blocks** de postes, apresentadas na coluna **Elevation Value**. Clique no botão **OK**.

26. Verifique os objetos de cadastro projetados no gráfico do perfil.

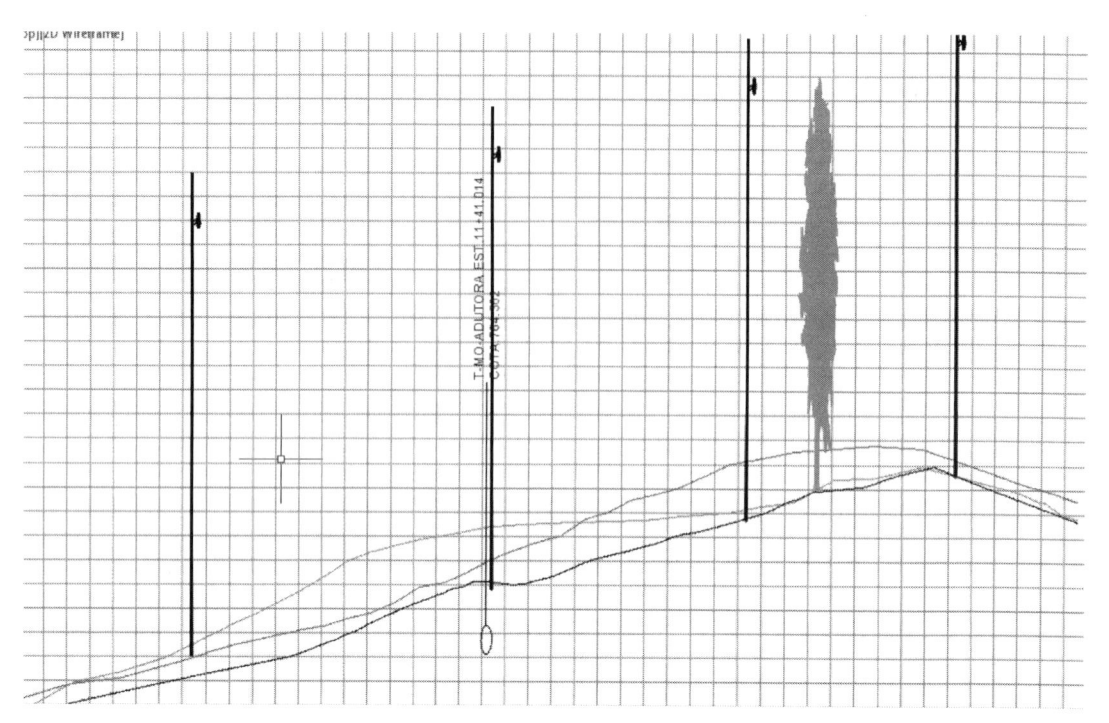

Figura 10.20 Objetos do levantamento cadastral projetados no gráfico do perfil longitudinal.

Alinhamento Vertical

Com o gráfico do perfil longitudinal estabelecido e apresentando as diversas projeções dos terrenos, camadas de solos e cadastro de interferências, tem início o desenvolvimento do projeto do traçado geométrico vertical, que, dependendo da natureza do tipo de projeto, poderá ser utilizado para caracterizar o greide de vias projetadas ou até mesmo vias existentes para projetos de duplicação de rodovias. Pode-se representar ainda a geometria do topo do boleto para vias em trilhos, linhas da crista de barramentos, indicação do traçado do fundo de canais ou valas de escavação para assentamento de tubulações, entre outras geometrias verticais utilizadas em projetos de infraestrutura. Seu fluxo poderá variar de acordo com seu uso (Figura 11.1).

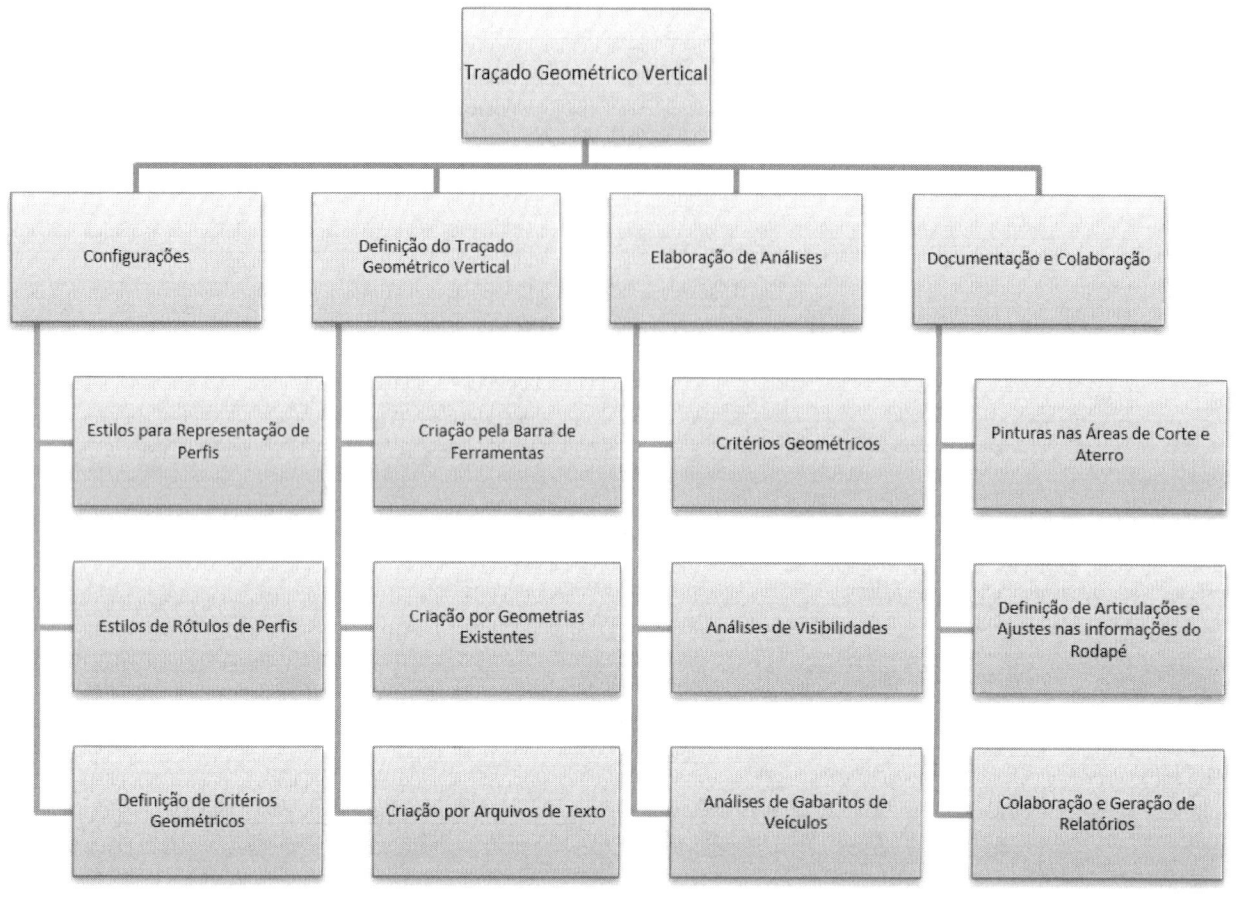

Figura 11.1 Etapas para o projeto do traçado geométrico vertical.

Todo perfil estará associado e vinculado ao seu respectivo alinhamento horizontal e, por meio das ferramentas **Profile Layout Tools**, pode-se determinar o greide projetado no gráfico do perfil longitudinal e lançar manualmente o traçado geométrico vertical no gráfico ou especificar os valores para as estacas e elevações (Figura 11.2). O objeto **Layout profile** representa o traçado geométrico vertical proposto ao longo de um alinhamento e é aplicado em projetos lineares, como rodovias, ferrovias, canais, ensecadeiras, drenagem superficial, entre outros componentes de projetos de infraestrutura.

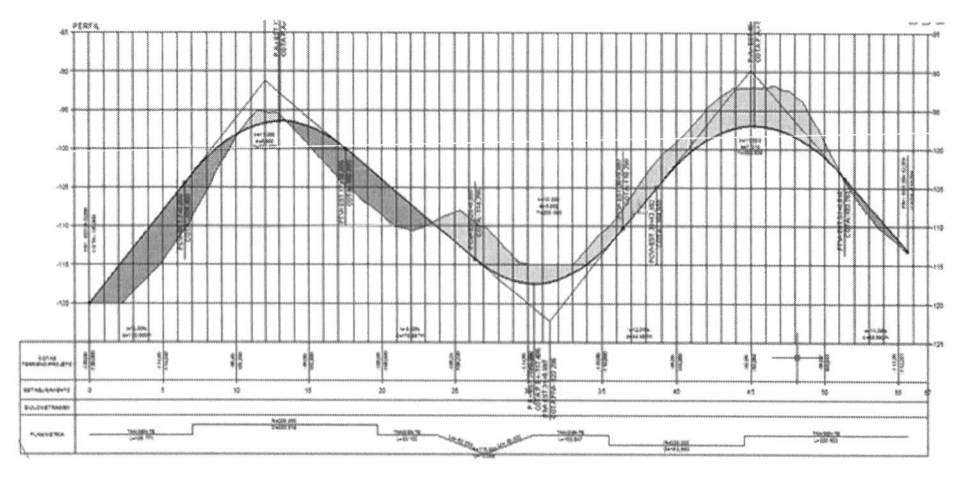

Figura 11.2 Gráfico do perfil longitudinal com o alinhamento vertical projetado.

Os recursos de **Layout profile** auxiliam durante o processo de definição, cálculo, análises, revisão e documentação do projeto geométrico vertical. Em muitos casos, utiliza-se o perfil do terreno natural como referência para a elaboração do projeto do alinhamento vertical, para projetar as rampas e as curvas do greide vertical mais próximas possíveis do terreno natural ou para a acomodação do traçado vertical em geometrias existentes, muito comum em projetos de duplicação ou restauração de vias, ou, ainda, para balancear os volumes de corte e aterro do projeto.

É possível importar um arquivo de texto contendo as informações geométricas verticais para a criação do alinhamento vertical pela ferramenta **Create Profile From File**.

Assim como o alinhamento horizontal, o projeto do alinhamento vertical também pode ser associado ao arquivo de critérios normativos (Design Criteria), para a execução de análises e validação do projeto geométrico.

11.1 Definições para traçado geométrico vertical

O traçado do projeto geométrico vertical pode ser definido determinando os pontos que representam as interseções verticais (PIVs), que são conectadas utilizando-se tangentes com ou sem curvas. Se for selecionada a opção de tangentes com curvas, é possível configurar valores-padrão para criar automaticamente as curvas quando se inserem os pontos das PIVs. Os parâmetros das curvas e as demais propriedades poderão ser editados posteriormente para melhorar a precisão do projeto geométrico vertical.

Existem três tipos de fórmulas para a aplicação das curvas verticais no projeto geométrico vertical:

■ **Parábola:** tipo de curva que utiliza os parâmetros de comprimento horizontal ou o valor do K para a definição da curva.

■ **Circular:** tipo de curva determinado pelo desenvolvimento ou raio na definição da curva vertical.

■ **Assimétrica:** tipo de curva que a segmenta em duas parábolas e utiliza os comprimentos separados para as parábolas de entrada e saída, fornecendo mais flexibilidade geométrica, apesar de seu uso pouco frequente.

As curvas verticais ainda podem ser classificadas em (Figura 11.3):

■ **Crest curves:** são as curvas convexas, criadas na parte superior do traçado geométrico vertical.

■ **Sag curves:** são as curvas côncavas, definidas na parte inferior do alinhamento vertical.

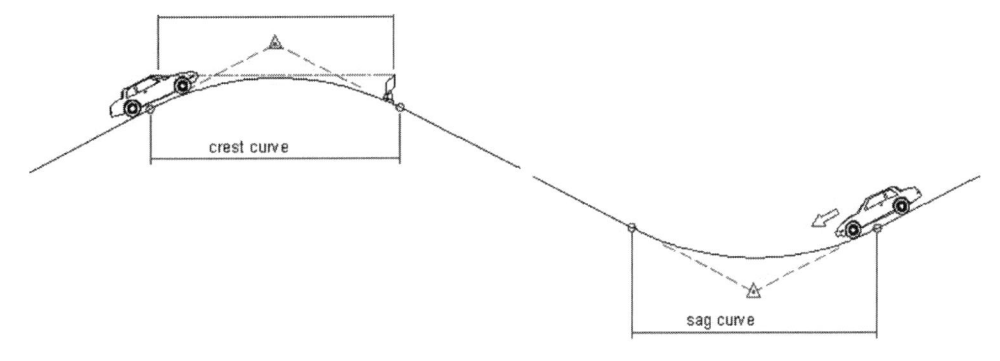

Figura 11.3 Curvas convexas e côncavas.

11.2 Critérios normativos

Os critérios normativos de **Design Criteria** são conjuntos de regras geométricas aplicados ao projeto geométrico, que auxiliam na identificação de eventuais violações normativas de conforto e segurança ao longo dos traçados geométricos horizontal e vertical durante o desenvolvimento de projetos para rodovias e ferrovias. Esses conjuntos critérios são referenciados a arquivos externos no formato XML.

As ferramentas de **Design Check** informam a existência de eventuais irregularidades nas geometrias projetadas, permitindo a verificação de critérios como a distância de visibilidade ou de frenagem segura, por meio da velocidade aplicada ao projeto.

Pode-se selecionar a classe da via e determinar quais tipos de veículos serão suportados na via projetada por meio da ferramenta **Design Check**, aplicada ao traçado da geometria vertical. Dessa forma, também é possível identificar as violações de rampas máximas permitidas em virtude do tipo de veículo que passará pela via projetada. As regras de Design Check são definidas como fórmulas dentro do arquivo de trabalho ou em arquivos de templates (Figura 11.4).

Os critérios normativos poderão ser criados e configurados pela **Toolspace** → **Settings** → **Profile** → **Design Checks**.

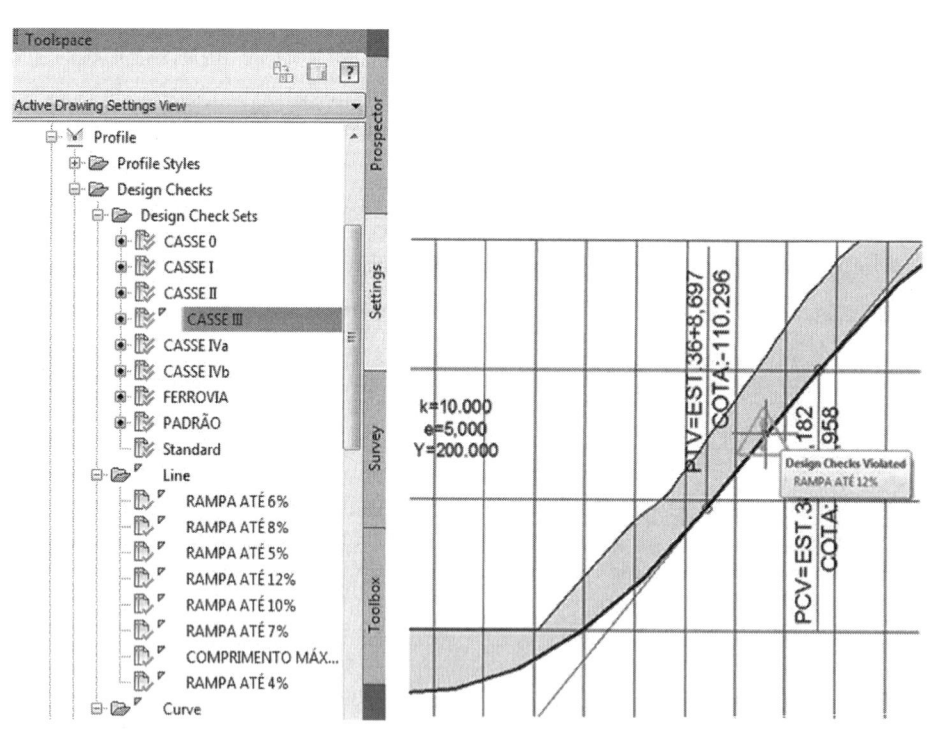

Figura 11.4 Critérios geométricos para verificação de rampas.

O seguinte exemplo mostra como acessar os critérios normativos de traçado geométrico vertical.

Agora, estude o exemplo a seguir:

1. Crie um novo desenho e utilize o arquivo de template **_AutoCAD Civil 3D 2020_BRA (DNIT). DWT**, fornecido na instalação do pacote *Brazil Content*.

2. Acesse a **Toolspace** → **Settings** → **Profile** → **Design Checks** → **Design Check Sets**. Clique com o botão direito do mouse sobre **RODOVIA CLASSE II - ONDULADO** e selecione a opção **Edit**.

3. Verifique as referências normativas presentes na aba **Information**, da caixa **Profile Design Check Set**.

4. Verifique os critérios configurados para rampas (line) e curvas verticais (curve) presentes na aba **Design Checks**, da caixa **Profile Design Check Set**.

5. Clique no botão **OK** para concluir.

6. Feche o arquivo.

11.3 Ferramentas para definição da geometria vertical

A barra de ferramentas **Profile Layout Tools** é disponibilizada após a confirmação da criação do alinhamento vertical (Figura 11.5). A metodologia para criar o projeto do traçado geométrico vertical é muito parecida com o processo utilizado no desenvolvimento do traçado horizontal. As ferramentas desta barra permitem controlar o posicionamento dos PIVs e os comandos para a criação de tangentes e curvas verticais.

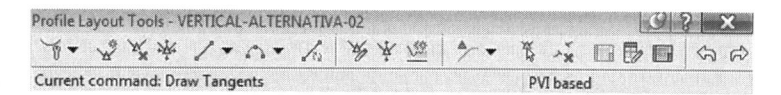

Figura 11.5 Barra de ferramenta para a definição do projeto geométrico vertical.

Draw Tangents Without Curves: ferramenta para criar as rampas verticais determinando os PIVs; as curvas entre essas rampas não são adicionadas.

Draw Tangents With Curves: ferramenta que cria as rampas verticais determinando os PIVs; as curvas verticais são criadas automaticamente entre as rampas.

Curve Settings: ferramenta de acesso à caixa de diálogo **Vertical Curve Settings**, para configurar os parâmetros das curvas que serão criadas automaticamente na utilização do comando **Draw Tangents With Curves**.

Insert PVI: ferramenta para adicionar um PIV no traçado do alinhamento vertical.

Delete PVI: ferramenta que remove um PIV do alinhamento vertical.

Move PVI: ferramenta utilizada para reposicionar um PIV existente no traçado.

▪ **Tangents:** conjunto de ferramentas para a definição de rampas (Figura 11.6).

▪ **Vertical Curves:** conjunto de ferramentas para a criação de curvas verticais no projeto do traçado geométrico (Figura 11.7).

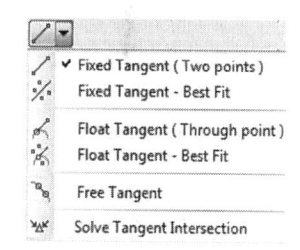

Figura 11.6 Ferramentas para a definição de rampas.

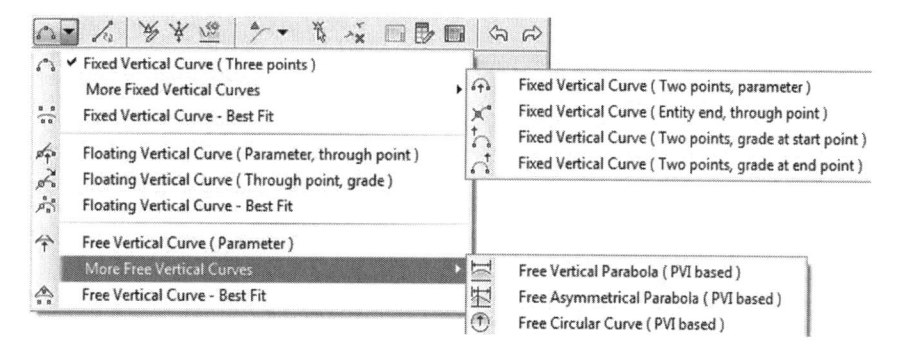

Figura 11.7 Ferramentas de adição de curvas verticais.

- **Convert Line to Spline:** ferramenta utilizada para converter linhas e splines do AutoCAD para elementos do alinhamento vertical.

- **Insert PVIs - Tabular:** ferramenta de acesso à caixa de diálogo **Insert PVIs**. Permite a criação de PIVs no alinhamento vertical determinando valores de estacas e elevações (Figura 11.8). O valor do campo **Station** deverá ser inserido em metros progressivos; por exemplo, para a estaca 2+10.00m, digite 50.000m.

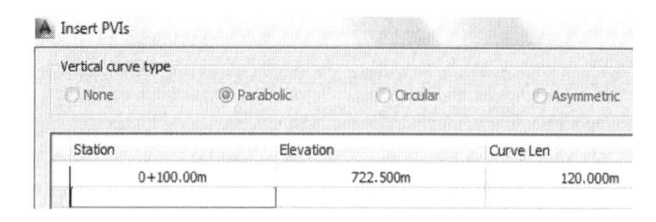

Figura 11.8 Caixa de definição de PIVs e curvas verticais no alinhamento vertical.

- **Raise/Lower PVIs:** ferramenta que determina novos valores para as elevações do alinhamento vertical, elevando ou rebaixando todo o traçado projetado.

- **Copy Profile:** ferramenta que possibilita copiar todo o projeto vertical ou partes dele.

- **PVI Based:** ferramenta utilizada para exibir as informações de PIV na caixa de diálogo **Layout Parameter**.

- **Entity Based:** ferramenta utilizada para exibir as informações de entidades na caixa de diálogo **Layout Parameter**.

- **Select PVI:** ferramenta para selecionar um PIV quando a opção **PVI Based** estiver acionada.

- **Select Entity:** ferramenta para selecionar um componente do traçado vertical quando a opção **Entity Based** estiver acionada.

- **Delete Entity:** ferramenta para a remoção de um componente presente no alinhamento vertical.

- **Profile Layout Parameters:** ferramenta que acessa a caixa de diálogo **Profile Layout Parameter** para visualizar ou modificar os valores dos PIVs da geometria vertical projetada.

- **Profile Grid View:** ferramenta utilizada para exibir a janela **Panorama** com as propriedades dos PIVs.

- **Undo:** ferramenta utilizada para desfazer o último comando da barra de ferramentas **Profile Layout Tools**.

- **Redo:** ferramenta utilizada para refazer a última ação desfeita da barra de ferramentas **Profile Layout Tools**.

O seguinte exemplo ilustra os passos para a definição do alinhamento geométrico vertical utilizando a ferramenta de criação dos PIVs e adicionando automaticamente as curvas verticais no projeto.

Agora, estude o exemplo a seguir:

1. Abra o arquivo **11-3-1_PERFIL_PROJETO.DWG**, disponível na plataforma da editora.

2. Selecione a ferramenta da ribbon **Home → Create Design → Profile → Profile Creation Tools**. É possível selecionar o alinhamento na área de desenho e acessar a ferramenta da ribbon contextual **Alignment → Launch Pad → Profile Creation Tools**.

3. Selecione o gráfico do perfil longitudinal na área de desenho.

4. Na aba **Design Criteria**, da caixa de diálogo **Create Profile – Draw New** (Figura 11.9):

   - habilite a opção **Use criteria-based design**;
   - desligue a opção **Use design criteria file**;

◆ habilite a opção **Use design check set** e selecione a **RODOVIA CLASSE II - ONDULADO**;

◆ clique no botão **OK**.

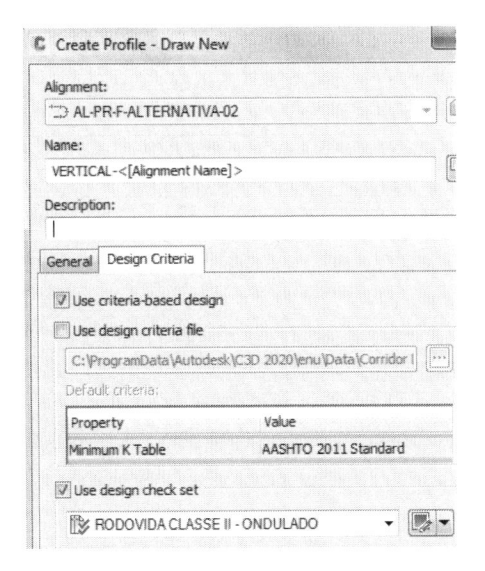

Figura 11.9 Aba Design Criteria para aplicação dos critérios normativos no traçado vertical.

5. Na barra de ferramentas **Profile Layout Tools**, selecione a ferramenta ⛏ **Draw Tangents With Curves**.

6. Clique no centro dos círculos para posicionar os PIVs da estaca 0+0.00 até o último PIV da direita no gráfico do perfil longitudinal (Figura 11.10). Pressione a tecla **Enter** para concluir.

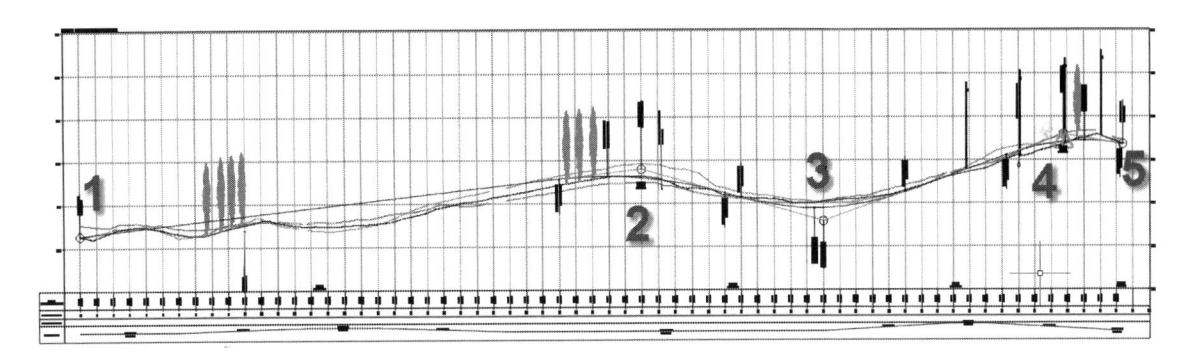

Figura 11.10 Projeto do traçado geométrico vertical.

7. Na barra de ferramentas **Profile Layout Tools**, selecione a ferramenta 📈 (**Insert PVIs – Tabular**) para adicionar um PIV na estaca 10+0,00, na cota 757,00, com uma curva vertical de 200,00m.

8. Na caixa de diálogo **Insert PVIs** (Figura 11.11):

◆ habilite a opção **Parabolic** para adicionar uma curva parábola;

◆ digite **200.00m** no campo **Station** para definir o PIV na estaca 10+0.00;

◆ digite **757.00m** no campo **Elevation** para determinar a cota do PIV;

◆ digite **200.000m** no campo **Curve Len** para especificar o comprimento da curva vertical;

◆ clique no botão **OK** para criar o PIV.

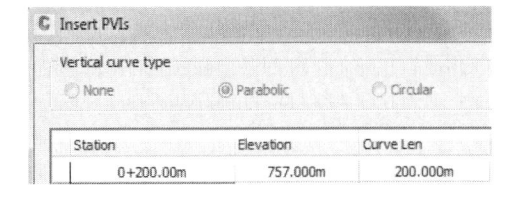

Figura 11.11 Configuração do novo PIV com curva vertical.

9. Selecione o gráfico do perfil longitudinal na área de desenho e acesse a ferramenta da ribbon contextual **Profile View** → **Modify View** → **Profile View Properties**, para atualizar as cotas do projeto vertical e adicionar as pinturas nas áreas de corte e aterro.

10. Na aba **Bands**, da caixa de diálogo **Profile View Properties**, selecione o perfil **VERTICAL-AL--PR-F-ALTERNATIVA-02** nos campos da coluna **Profile2** (Figura 11.12).

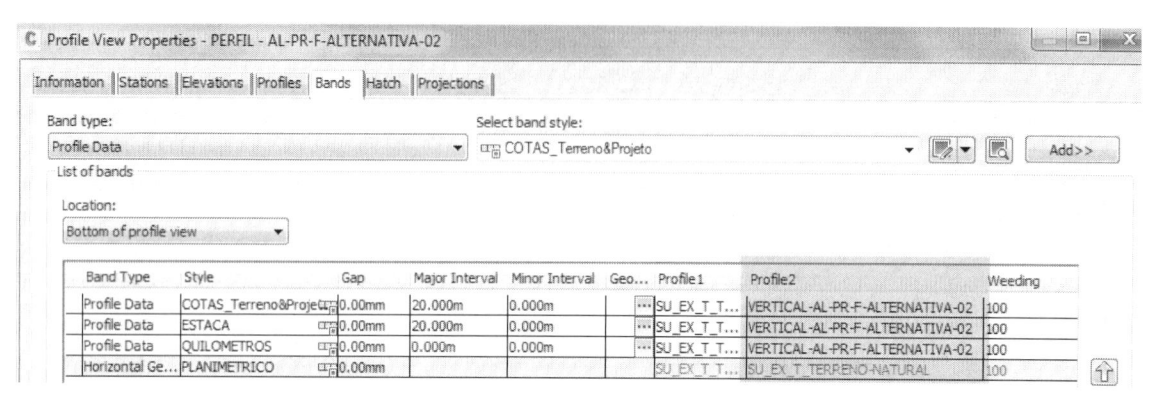

Figura 11.12 Configuração das informações do rodapé do perfil longitudinal.

11. Na aba **Hatch**, da caixa de diálogo **Profile View Properties**, clique nos botões **Cut Area** e **Fill Area** para adicionar as pinturas de corte e aterro no gráfico do perfil longitudinal. Clique no botão **OK** para concluir.

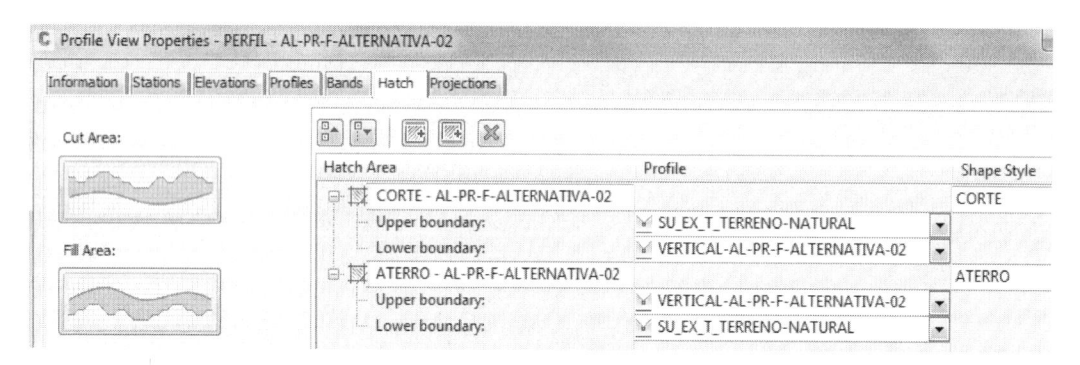

Figura 11.13 Aplicação das pinturas nas áreas de corte e aterro do perfil longitudinal.

12. Verifique as cotas atualizadas no rodapé e a criação das pinturas de corte e aterro no gráfico do perfil.

13. Feche o arquivo.

11.4 Ferramentas auxiliares de geometria vertical

As ferramentas de comandos transparentes (transparent commands) fornecem a precisão desejada na definição dos elementos que incorporam a geometria do traçado vertical (Figura 11.14). Pode-se projetar o traçado geométrico vertical determinando a inclinação de uma rampa até uma estaca ou cota desejada. Os comandos transparentes podem ser acessados pela barra de ferramentas **Toolbar** ou pela ribbon **Transparent**.

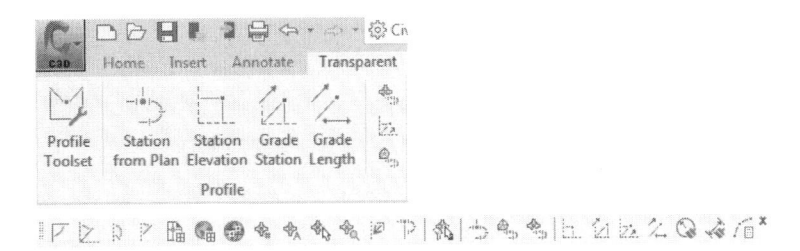

Figura 11.14 Ribbon e Toolbar para acesso aos comandos transparentes.

Durante o uso de algum comando de AutoCAD ou Civil 3D, será possível utilizar os comandos transparentes para escolher o ponto de partida no gráfico do perfil e determinar:

- **Profile Toolset:** recurso que acessa a ribbon contextual **Profile Toolset** para auxiliar a criação de geometrias verticais determinando cotas, estacas e rampas.

- **Station from Plan:** ferramenta que permite determinar um ponto no gráfico do perfil selecionando uma estaca diretamente sobre o alinhamento horizontal em planta.

- **Station Elevation:** ferramenta para selecionar uma estaca e a cota no gráfico do perfil longitudinal.

- **Grade Station:** ferramenta para determinar a declividade de uma rampa e uma estaca no gráfico do perfil.

- **Grade Length:** ferramenta para determinar a declividade da rampa e seu comprimento.

A combinação entre as ferramentas de definição dos elementos geométricos verticais e os comandos transparentes permite a elaboração do projeto geométrico, atendendo às normativas de rampas máximas exigidas em projetos viários.

O seguinte exemplo utiliza as ferramentas de comandos transparentes como metodologia para definir o projeto do alinhamento vertical, adicionando primeiro as rampas e depois inserindo as curvas verticais.

Agora, estude o exemplo a seguir:

1. Abra o arquivo **11-4-1_ PERFIL_VERTICAL.DWG**, disponível na plataforma da editora.

2. Selecione o alinhamento vertical e acesse a ferramenta da ribbon contextual **Profile** → **Modify Profile** → **Geometry Editor**.

3. Selecione a ferramenta **Draw Tangents** da barra de ferramentas **Profile Layout Tools**.

4. Clique no centro do círculo do último PIV criado no gráfico do perfil longitudinal.

5. Selecione a ferramenta da ribbon **Transparent** → **Profile** → **Grade Station.**

6. Selecione o gráfico do perfil longitudinal.

7. Na linha de comando, digite **1.45** para determinar a inclinação da rampa e pressione **Enter** para confirmar.

8. Digite **680** na linha de comando para determinar o PIV na estaca 34+0,00. Pressione **Enter**.

9. Na linha de comando, digite **-2.73** para definir a inclinação da rampa e pressione a tecla **Enter**.

10. Digite **900** para posicionar o PIV na estaca 45+0,00 e pressione a tecla **Enter**.

11. Na linha de comando, digite **3.39** para definir a inclinação da rampa e pressione a tecla **Enter**.

12. Digite **1195** para posicionar o PIV na estaca 59+15,00 e pressione a tecla **Enter**.

13. Pressione a tecla **Esc** (apenas uma vez) para sair do comando transparente.

14. Selecione a ferramenta da ribbon **Transparent** → **Profile** → **Station Elevation.**

15. Na linha de comando, digite **1264,274** para determinar a estaca 63+4,274 e pressione a tecla **Enter**.

16. Digite **766.838** na linha das comando para definir a cota do PIV e pressione **Enter** duas vezes para concluir a construção de rampas no traçado vertical.

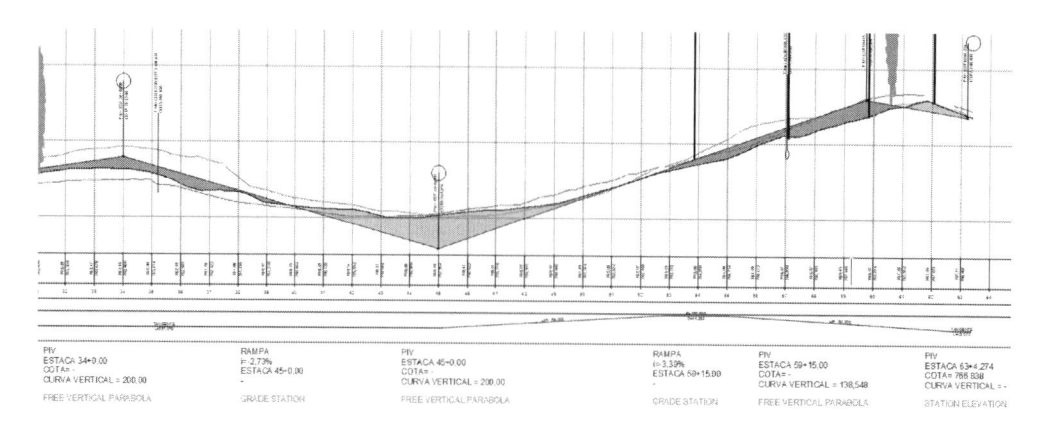

Figura 11.15 Rampas criadas no gráfico do perfil longitudinal.

17. Na barra de ferramentas **Profile Layout Tools**, selecione **Free Vertical Parabola (PVI based)**.

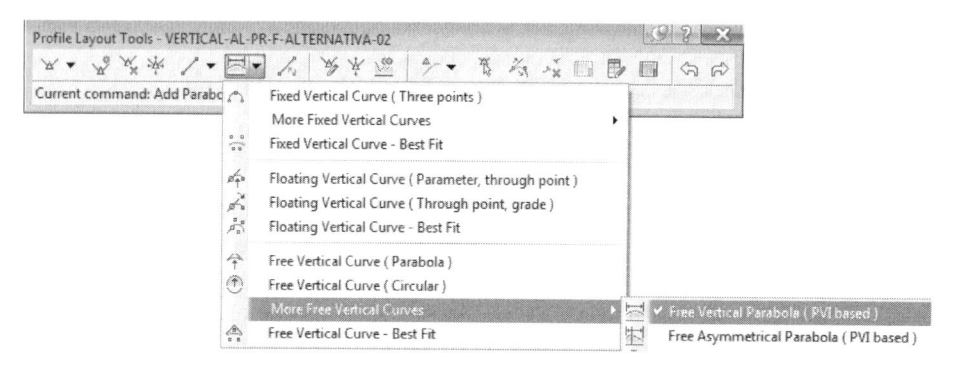

Figura 11.16 Acesso à ferramenta de criação de curvas parábolas.

18. Clique próximo do PIV da estaca **10+0.00** e digite **200** na linha de comando para determinar o comprimento da curva parábola. Pressione **Enter**.

19. Clique próximo do PIV das estacas **34+0,00.** e **45+0,00**. Digite **200** e pressione **Enter** para adicionar as curvas verticais.

20. Clique próximo do PIV da estaca **59+15,00**, digite **138.548** para determinar o comprimento da curva vertical. Pressione **Enter** para concluir.

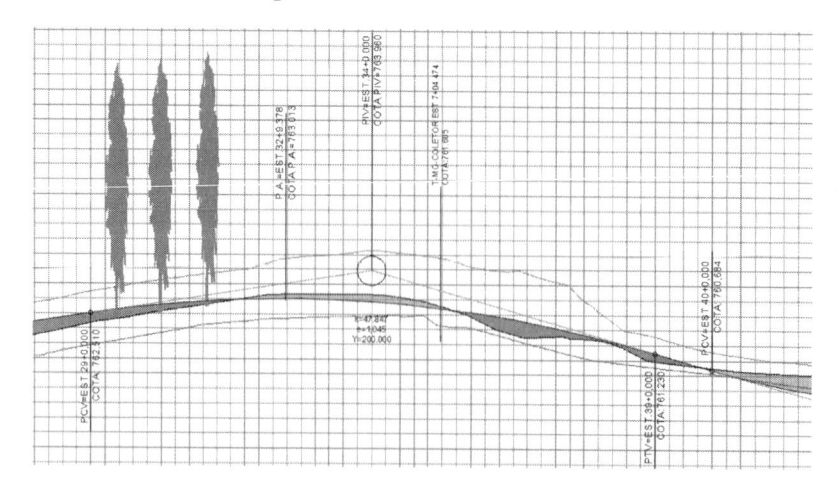

Figura 11.17 Curva parábola construída no traçado geométrico vertical.

21. Verifique o traçado geométrico vertical construído no gráfico do perfil e feche o arquivo.

11.5 Controle de dados e aparência do perfil longitudinal

Após definir o projeto do traçado geométrico vertical, será necessário acessar a aba **Bands** da caixa de propriedades do gráfico do perfil (**Profile View Properties**), para atualizar as cotas do projeto vertical exibidas no rodapé do perfil longitudinal (Figura 11.18).

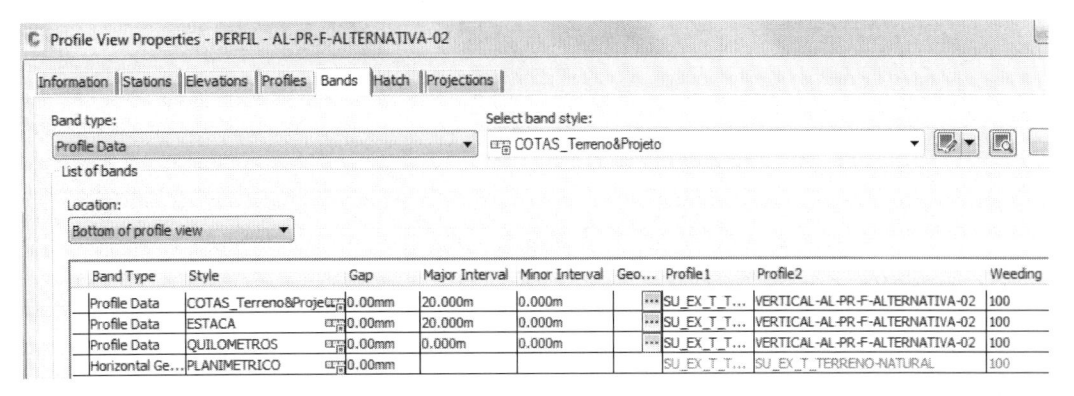

Figura 11.18 Configuração para atualizar as cotas do projeto vertical exibidas no rodapé do gráfico do perfil.

A aba **Hatch**, da caixa de diálogo **Profile View Properties**, permite adicionar as pinturas nas áreas de corte e aterro do perfil longitudinal. Os botões **Cut Area** e **Fill Area** adicionam as pinturas de corte e aterro no gráfico do perfil; a coluna **Shape Style** auxilia na escolha do estilo da pintura que será aplicado no perfil longitudinal (Figura 11.19).

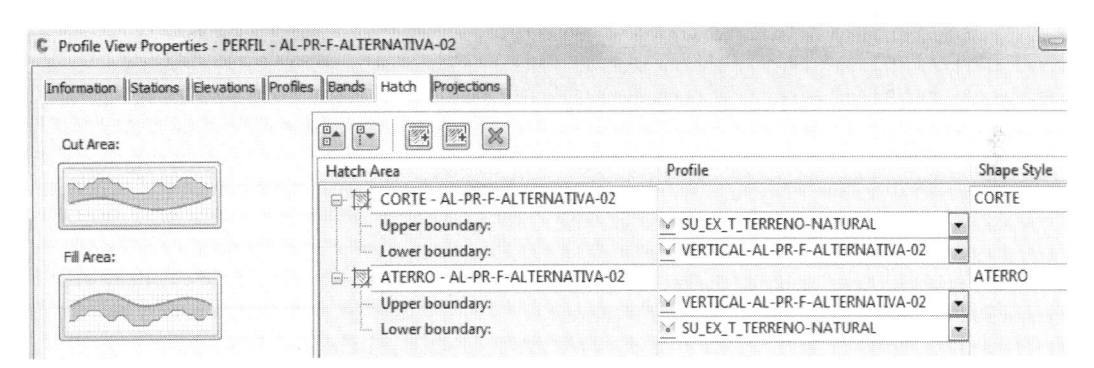

Figura 11.19 Configuração das pinturas nas áreas de corte e aterro do gráfico do perfil.

A aba **Information**, da caixa de diálogo **Profile View Properties**, possibilita escolher o estilo do gráfico do perfil e redefinir o nome do perfil.

Na aba **Stations** é possível controlar os trechos entre as estacas que serão exibidas no gráfico do perfil longitudinal.

Por meio da aba **Profiles**, é possível selecionar os estilos para a representação dos perfis das superfícies que serão exibidas no gráfico do perfil longitudinal, cuja altura pode ser controlada para acomodar os perfis nas folhas dos desenhos do projeto.

A aba **Elevations**, da caixa **Profile View Properties**, permite criar as articulações ao longo do perfil longitudinal. Esta ferramenta é muito útil durante o processo de documentação dos desenhos de plantas e perfis dos projetos de infraestrutura.

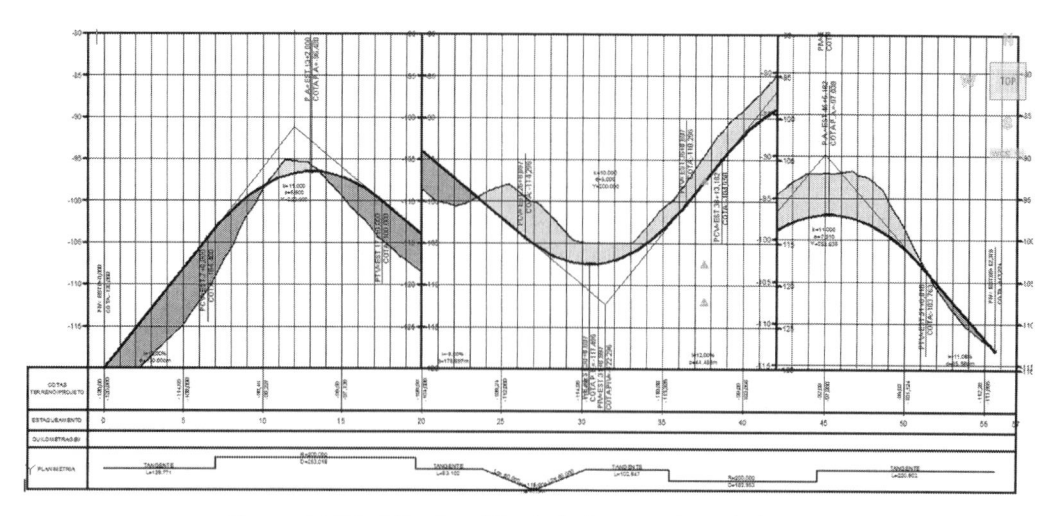

Figura 11.20 Gráfico do perfil longitudinal com articulações de elevações.

Os próximos procedimentos mostram as principais ferramentas da caixa de propriedades do gráfico do perfil longitudinal, para manipular os dados que serão exibidos no rodapé do gráfico, além de controlar a sua aparência.

Agora, estude o exemplo a seguir:

1. Abra o arquivo **11-5-1_ PROPRIEDADES_VERTICAL.DWG**, disponível na plataforma da editora.

2. Selecione o alinhamento vertical e acesse a ferramenta da ribbon contextual **Profile View** → **Modify View** → **Profile View Properties**.

3. Na aba **Bands**, na caixa de diálogo **Profile View Properties**, selecione o perfil **VERTICAL-AL--PR-F-ALTERNATIVA-02** nos campos da coluna **Profile2**.

4. Na aba **Hatch**, clique nos botões **Cut Area** e **Fill Area** para adicionar as pinturas de corte e aterro no perfil longitudinal.

5. Configure as articulações do perfil na aba **Elevations**:

   ◆ habilite a opção **User specified height**;

   ◆ selecione a opção **Split profile view**;

   ◆ ative a opção **Manual** (Figura 11.21);

   ◆ altere a elevação da primeira articulação para a cota **740.000m** no campo **Adjusted Datum**, do quadro **Split Profile View Data**;

   ◆ clique no botão ⊞ (**Add New Split Station**) no quadro **Split Profile View Data**;

   ◆ na linha de comando, determine a primeira articulação na estaca **500** e cota **750**. Pressione **Enter**;

   ◆ clique no botão ⊞ (**Add New Split Station**) no quadro **Split Profile View Data** para definir a última articulação no perfil longitudinal;

   ◆ na linha de comando, determine a articulação na estaca **1060** e cota **755**. Pressione **Enter** (Figura 11.22).

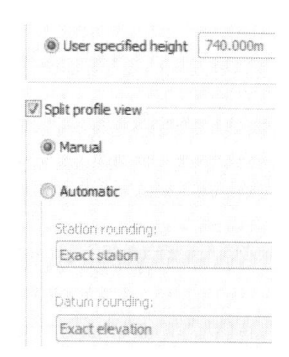

Figura 11.21 Opções para configuração das articulações do perfil.

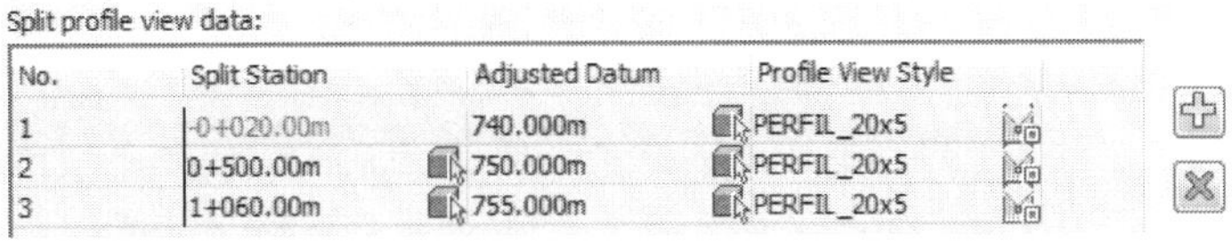

Split profile view data:

No.	Split Station	Adjusted Datum	Profile View Style
1	-0+020.00m	740.000m	PERFIL_20x5
2	0+500.00m	750.000m	PERFIL_20x5
3	1+060.00m	755.000m	PERFIL_20x5

Figura 11.22 Configuração das articulações do perfil longitudinal.

◆ Clique no botão **OK** para concluir.

6. Verifique o comportamento do gráfico do perfil longitudinal e feche o arquivo (Figura 11.23).

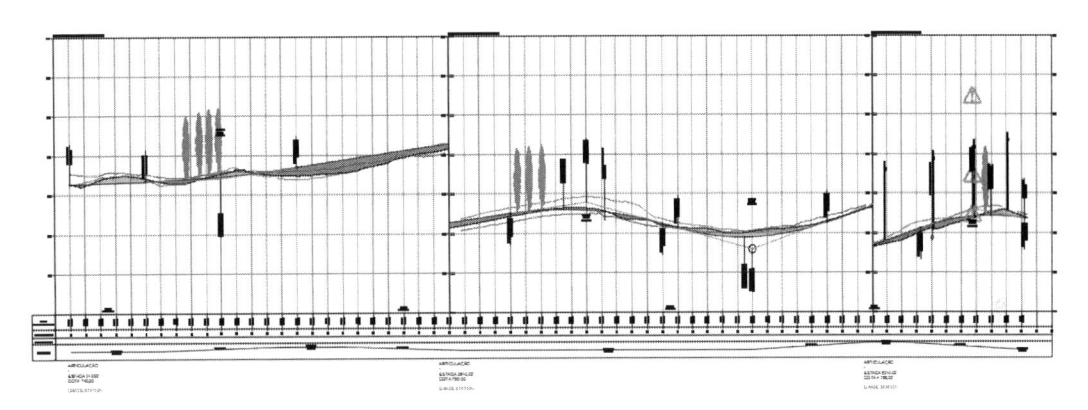

Figura 11.23 Articulações criadas no gráfico do perfil longitudinal.

11.6 Análises e relatórios do projeto geométrico

Analisar a geometria projetada é uma atividade eficiente, utilizada para identificar algumas características normativas de visibilidade ao longo do traçado geométrico. A ferramenta **Sight Distance** permite localizar eventuais violações de distâncias mínimas seguras para ratificar prováveis pontos cegos no projeto da via. Essas características auxiliarão na definição dos parâmetros para a elaboração do projeto de sinalização (Figura 11.24).

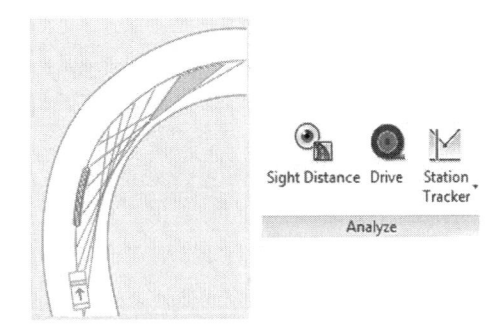

Figura 11.24 Ferramenta Sight Distance para a análise de visibilidade da geometria projetada.

Durante o processo de execução da análise de visibilidade do projeto geométrico, o assistente **Sight Distance Check** permitirá a extração do relatório com os dados analisados da geometria projetada.

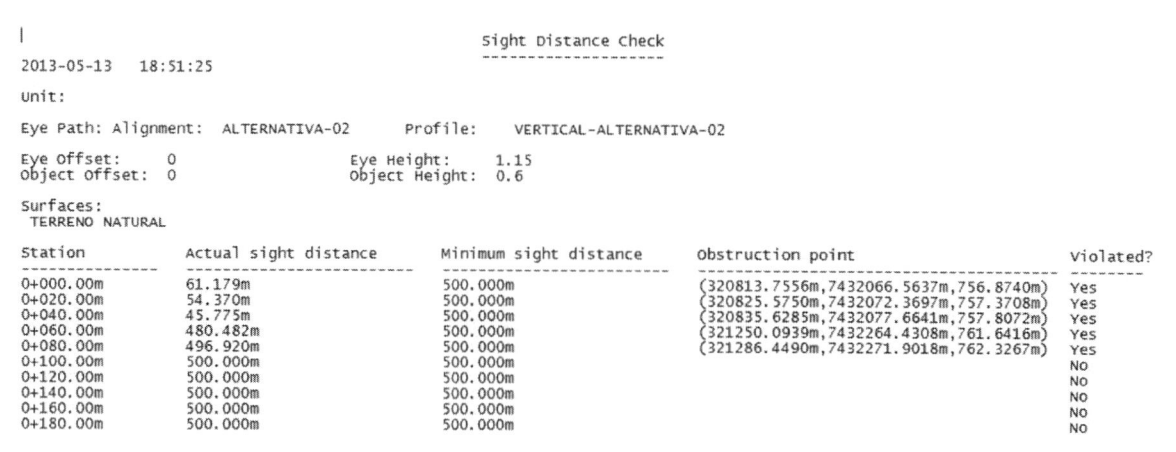

```
|                                      Sight Distance check
2013-05-13   18:51:25                  --------------------

unit:

Eye Path: Alignment:  ALTERNATIVA-02      Profile:    VERTICAL-ALTERNATIVA-02

Eye Offset:       0                   Eye Height:     1.15
Object Offset:    0                   Object Height:  0.6

Surfaces:
 TERRENO NATURAL

Station           Actual sight distance    Minimum sight distance    Obstruction point                            Violated?
---------------   ----------------------   ----------------------    ------------------------------------------   ---------
0+000.00m         61.179m                  500.000m                  (320813.7556m,7432066.5637m,756.8740m)       Yes
0+020.00m         54.370m                  500.000m                  (320825.5750m,7432072.3697m,757.3708m)       Yes
0+040.00m         45.775m                  500.000m                  (320835.6285m,7432077.6641m,757.8072m)       Yes
0+060.00m         480.482m                 500.000m                  (321250.0939m,7432264.4308m,761.6416m)       Yes
0+080.00m         496.920m                 500.000m                  (321286.4490m,7432271.9018m,762.3267m)       Yes
0+100.00m         500.000m                 500.000m                                                               NO
0+120.00m         500.000m                 500.000m                                                               NO
0+140.00m         500.000m                 500.000m                                                               NO
0+160.00m         500.000m                 500.000m                                                               NO
0+180.00m         500.000m                 500.000m                                                               NO
```

Figura 11.25 Relatório com as informações da análise de visibilidade da geometria projetada.

O seguinte exemplo ilustra os procedimentos para a execução da análise de visibilidade na geometria proposta e para a criação do relatório em formato TXT, contendo as informações dessa análise.

Agora, estude o exemplo a seguir:

1. Abra o arquivo **11-6-1_ ANÁLISE_GEOMETRIA.DWG**, disponível na plataforma da editora.

2. Selecione a ferramenta da ribbon **Analyse** → **Design** → **Visibility Check** → **Check Sight Distance**.

3. Na aba **General**, da caixa de diálogo **Sight Distance Check** (Figura 11.26):

   ◆ selecione o alinhamento **AL-PR-F-ALTERNATIVA-02** no campo **Alignment**;

   ◆ selecione o perfil **VERTICAL-AL-PR-F-ALTERNATIVA-02** no campo **Profile**;

   ◆ configure o intervalo de verificação para **20.000m** no campo **Check interval**;

   ◆ verifique a existência da superfície **SU_EX_T_TERRENO NATURAL** no quadro **Select surfaces to check against**;

   ◆ clique em **Next**.

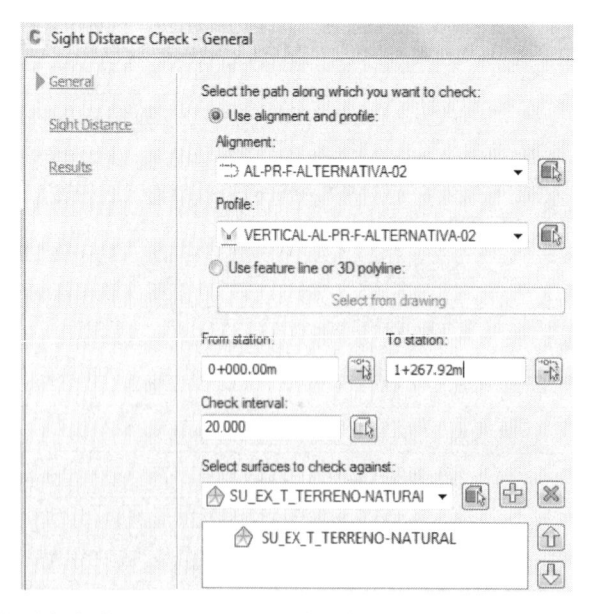

Figura 11.26 Configurações para a execução da análise de visibilidade na geometria projetada.

4. Na aba **Sight Distance**, da caixa de diálogo **Sight Distance Check**:

   ◆ especifique a distância de **500.00m** no campo **Minimum sight distance** para determinar a distância mínima de visibilidade;

   ◆ digite **1.150m** no campo **Eye height** para configurar a altura de visão;

   ◆ determine a altura do alvo em **0.600m** no campo **Target height**;

   ◆ clique em **Next**.

5. Na aba **Results**, da caixa de diálogo **Sight Distance check**:

   ◆ selecione layers diferentes para cada um dos componentes de visibilidade (visible) e obstrução (obstructed) no quadro (Figura 11.27).

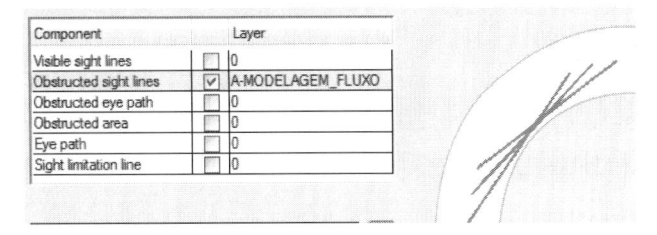

Figura 11.27 Definição de layer para a interpretação da análise.

   ◆ **Visible sight lines:** opção para a exibição das linhas das regiões visíveis.

   ◆ **Obstructed sight lines:** opção para representação das regiões obstruídas.

   ◆ **Obstructed eye path:** opção para exibição do percurso de visão obstruído.

   ◆ **Obstructed area:** opção que exibe as áreas obstruídas na geometria projetada.

   ◆ **Eye path:** opção para a exibição do percurso de visão.

   ◆ habilite a opção **Create sight analysis report**;

   ◆ determine nome e local para o relatório da análise de visibilidade do projeto;

   ◆ clique no botão **Finish**.

6. Verifique o resultado da análise de visibilidade ao longo da geometria horizontal presente na área de desenho (Figura 11.28).

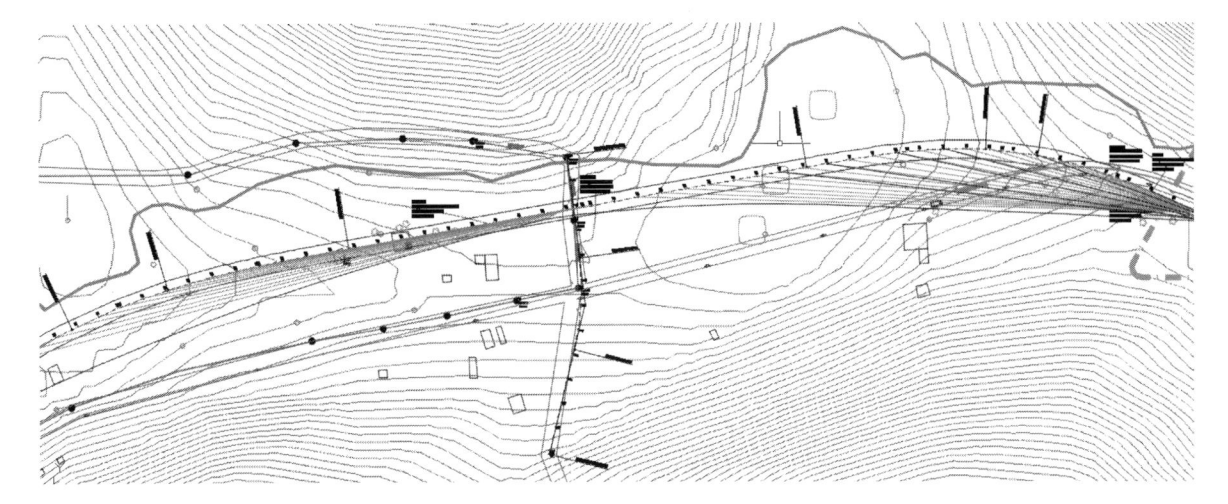

Figura 11.28 Resultado da análise de visibilidade.

7. Localize o arquivo TXT criado durante a execução da análise para visualizar as informações.

Exercício – Projeto do traçado geométrico vertical

A elaboração do traçado geométrico vertical sinaliza a próxima etapa do projeto, na qual são definidas as elevações para o posicionamento do greide projetado, que, para este projeto, é identificado como as cotas da parte inferior das camadas estruturais que compõem a via urbana. A definição do alinhamento vertical também afeta diretamente a composição volumétrica do projeto, que será calculada posteriormente.

Agora, estude o exercício a seguir:

1. Abra o arquivo **11-7-1_PROJETO_VERTICAL.DWG**, disponível na plataforma da editora.
2. Acesse a ferramenta da ribbon **Home** → **Create Design** → **Profile** → **Profile Creation Tools**.
3. Selecione o gráfico do perfil longitudinal presente na área de desenho.
4. Na aba **Design Criteria**, da caixa de diálogo **Create Profile – Draw New**:
   - habilite a opção **Use criteria-based design** para aplicar os critérios geométricos;
   - desmarque a opção **Use design criteria file** para não utilizar o arquivo externo;
   - habilite a opção **Use design check set** para informar eventuais violações geométricas no projeto vertical;
   - selecione o critério **RODOVIA CLASSE II – ONDULADO**;
   - clique no botão **OK**.
5. Na barra de ferramentas **Profile Layout Tools**, selecione a ferramenta **Convert AutoCAD Line and Spline** (Figura 11.29).

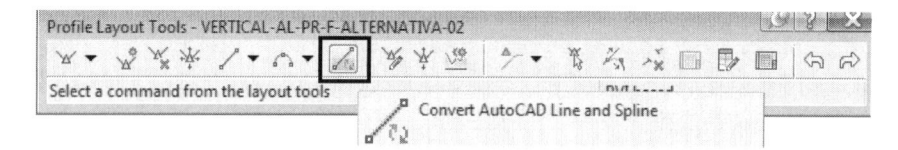

Figura 11.29 Barra de ferramentas para a criação do traçado geométrico vertical.

6. Selecione a linha presente no início do gráfico do perfil representando a rampa inicial do traçado vertical. Pressione a tecla **Enter**.
7. Na barra de ferramentas **Profile Layout Tools**, selecione a ferramenta **Draw Tangents** (Figura 11.30).

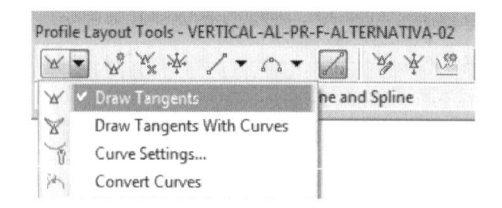

Figura 11.30 Ferramenta para a construção de rampas verticais.

8. Clique na extremidade da primeira rampa vertical presente no gráfico do perfil.
9. Acesse a ferramenta da ribbon **Transparent** → **Profile** → **Profile Toolset**.
10. Na ribbon **Toolset**, digite a rampa de **1.45** no campo **Grade**, digite **680** no campo **Station** para determinar o PIV na estaca **34+0,00**. Pressione a tecla **Enter** para confirmar os valores para a nova rampa (Figura 11.31).

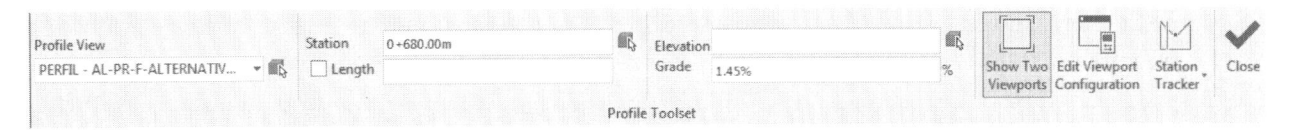

Figura 11.31 Ribbon Toolset para controle de rampas projetadas no gráfico do perfil.

11. Na ribbon **Toolset**, digite a rampa de **-2.73** no campo **Grade**, digite **900** no campo **Station** para determinar o PIV na estaca **45+0,00**. Pressione a tecla **Enter** para confirmar.

12. Na ribbon **Toolset**, digite a rampa de **3.39** no campo **Grade**, digite **1195** no campo **Station** para determinar o PIV na estaca **59+15,00**. Pressione a tecla **Enter** para confirmar.

13. Clique na extremidade da linha do terreno natural presente no gráfico do perfil. Finalize a criação das rampas verticais pressionando a tecla **Enter**.

14. Clique no botão **Close** da ribbon **Profile Toolset** para fechá-la.

15. Na barra de ferramentas **Profile Layout Tools**, selecione a ferramenta **Free Vertical Parabola (PVI based)** para adicionar as curvas verticais entre as rampas do projeto (Figura 11.32).

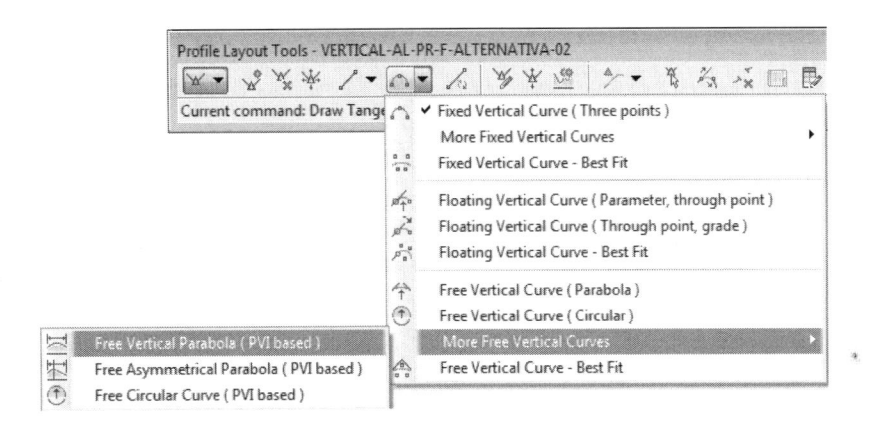

Figura 11.32 Acesso às ferramentas de criação de curvas verticais da barra de ferramentas.

16. Clique próximo aos PIs para posicionar as curvas verticais. Digite o comprimento de cada curva conforme o texto orientativo na parte inferior do gráfico do perfil longitudinal.

17. Na barra de ferramentas **Profile Layout Tools**, selecione a ferramenta **Profile Grid View** para editar o traçado geométrico vertical.

18. Na aba **Profile Entities** da janela **Panorama**, corrija o penúltimo PIV para remover o alerta de violação geométrica. Digite **1150**⊠ no campo **PVI Station** do item **5** da lista de geometrias, altere o comprimento da curva para **150m** no campo **Profile Curve Length** (Figura 11.33).

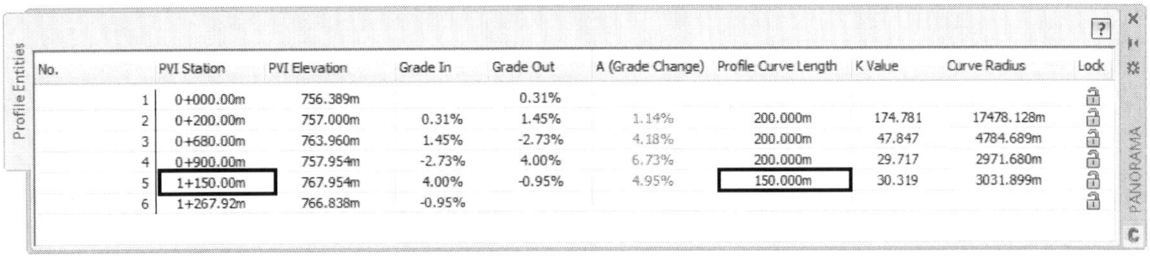

No.	PVI Station	PVI Elevation	Grade In	Grade Out	A (Grade Change)	Profile Curve Length	K Value	Curve Radius	Lock
1	0+000.00m	756.389m		0.31%					
2	0+200.00m	757.000m	0.31%	1.45%	1.14%	200.000m	174.781	17478.128m	
3	0+680.00m	763.960m	1.45%	-2.73%	4.18%	200.000m	47.847	4784.689m	
4	0+900.00m	757.954m	-2.73%	4.00%	6.73%	200.000m	29.717	2971.680m	
5	1+150.00m	767.954m	4.00%	-0.95%	4.95%	150.000m	30.319	3031.899m	
6	1+267.92m	766.838m	-0.95%						

Figura 11.33 Aba Profile Entities da janela Panorama para edição nos elementos geométricos verticais.

19. Selecione o gráfico do perfil e acesse a ferramenta da ribbon contextual **Profile View** → **Modify View** → **Profile View Properties.**

20. Na aba **Bands**, da caixa de diálogo **Profile View Properties**, selecione o perfil **VERTICAL-AL-PR-F-**-**ALTERNATIVA-02** nos campos da coluna **Profile2.**

21. Na aba **Hatch**, da caixa de diálogo **Profile View Properties**, clique nos botões **Cut Area** e **Fill Area** para adicionar as pinturas de corte e aterro no gráfico do perfil longitudinal. Clique no botão **OK** para concluir (Figura 11.34).

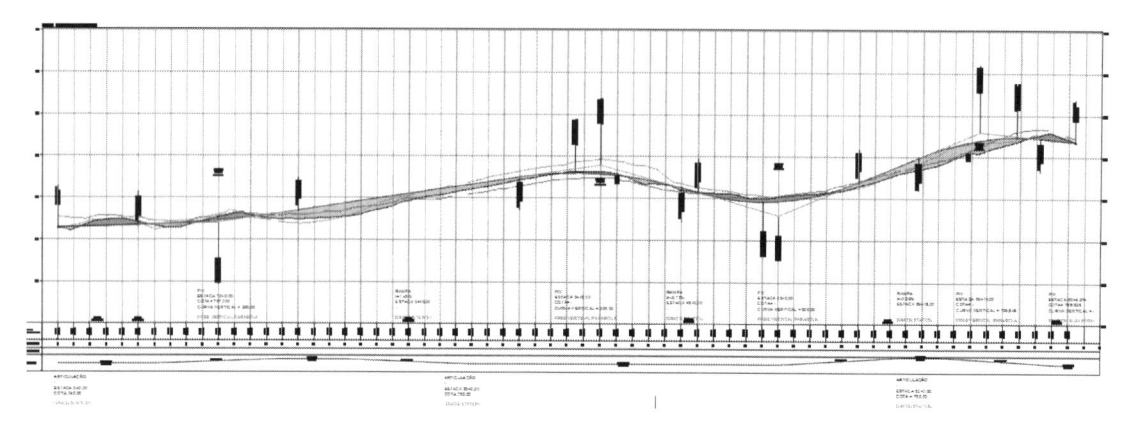

Figura 11.34 Gráfico do perfil com os seus respectivos perfis.

22. Selecione o gráfico do perfil e acesse a ferramenta da ribbon contextual **Profile View** → **Modify View** → **Profile View Properties.**

23. Na aba **Elevations**, da caixa de diálogo **Profile View Properties**:

   ◆ altere a cota da primeira articulação em **Ajusted Datum** para 740;

   ◆ clique no botão **Add New Split Station** no quadro **Split Profile View Data;**

   ◆ na linha de comando, determine a segunda articulação na estaca **500** e cota **750**. Pressione **Enter;**

   ◆ clique no botão **Add New Split Station** no quadro **Split Profile View Data;**

   ◆ na linha de comando, determine a terceira articulação na estaca **1060** e cota **755**. Pressione **Enter.**

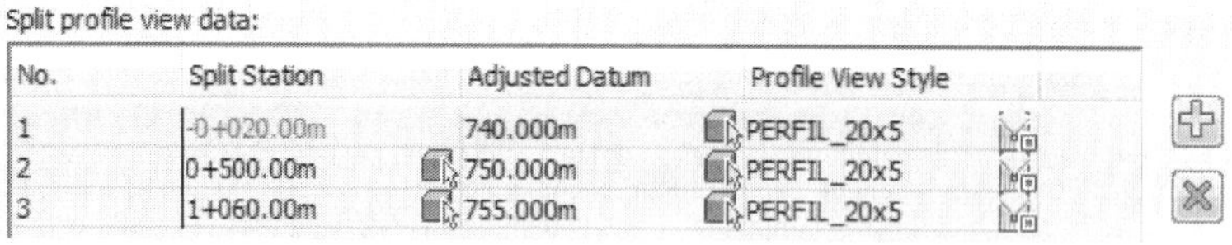

Split profile view data:

No.	Split Station	Adjusted Datum	Profile View Style	
1	-0+020.00m	740.000m	PERFIL_20x5	
2	0+500.00m	750.000m	PERFIL_20x5	
3	1+060.00m	755.000m	PERFIL_20x5	

Figura 11.35 Configuração para as articulações do perfil.

24. Feche o arquivo.

Seção Típica
Transversal – Assembly

A construção do modelo tridimensional dos componentes de infraestrutura requer o desenvolvimento de seções típicas transversais para serem aplicadas ao longo do traçado geométrico. No Autodesk Civil 3D, os objetos **Assemblies** assumem este importante papel de representar as geometrias das estruturas transversais de projetos de infraestrutura. Os **Assemblies** são formados pelo agrupamento de peças denominadas **Subassemblies**, que poderão representar diversos tipos de estruturas parametrizadas de infraestrutura, como pistas, acostamentos ou drenagem. Pode-se ainda incorporar regras geométricas aos componentes, possibilitando a aplicação automatizada de taludes, bermas e banquetas, muros, entre outras.

O objeto **assembly** é constituído por um conjunto de componentes com características geométricas transversais específicas para o desenvolvimento de projetos de rodovias, canais, ferrovias, ensecadeiras e demais componentes encontrados em projetos de infraestrutura. As seções de assemblies são formadas por componentes que fornecem subsídios para atender às diversas características estabelecidas para os projetos de terraplenagem, drenagem, pavimentação, geotecnia, entre outros (Figura 12.2).

Os **assemblies** representam a seção típica transversal do projeto, em que são adicionadas diversas estruturas disponíveis no catálogo de **subassemblies** do Autodesk Civil 3D, como pistas, guias, passeios, condições para taludes, entre outros. É possível criar estruturas complexas para atender aos critérios geométricos estabelecidos para cada tipo de projeto, incluindo geometrias para pontes e túneis, estruturas para barramentos, condições especiais para escavações em rocha, estruturas para camadas de pavimento, geogrelhas e geomantas, entre inúmeras outras geometrias (Figura 12.3).

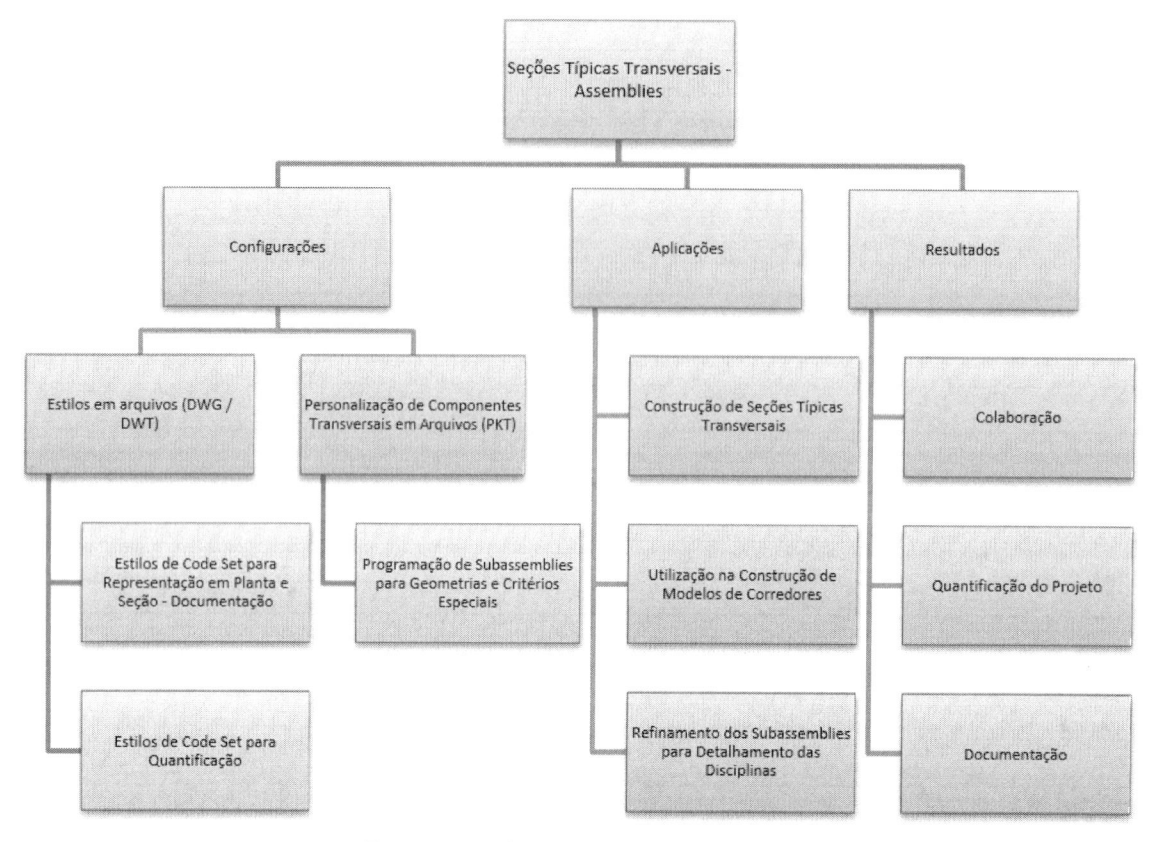

Figura 12.1 Fluxos para a utilização de Assemblies.

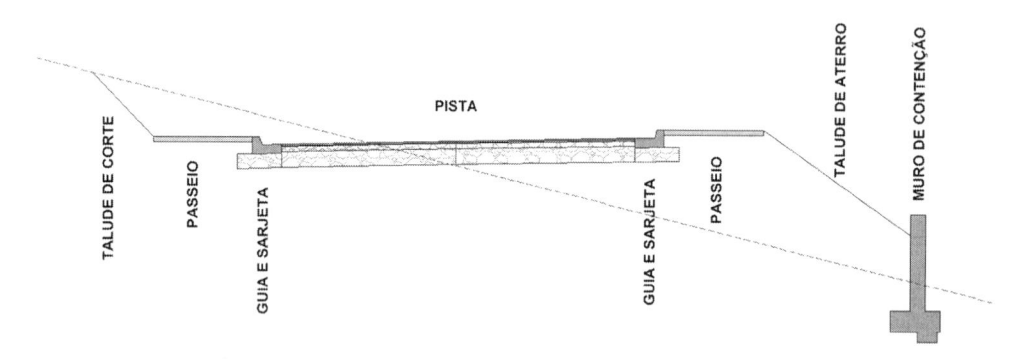

Figura 12.2 Seção típica transversal viária para utilização nas disciplinas de terraplenagem, pavimentação, drenagem e geotecnia.

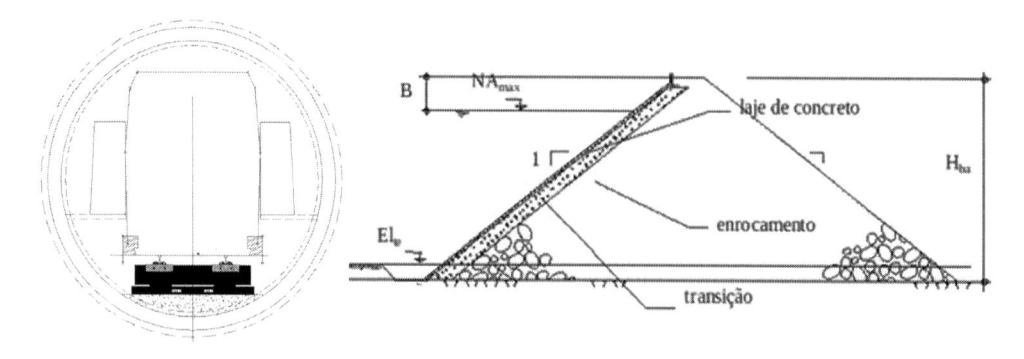

Figura 12.3 Seções típicas transversais de projetos de infraestrutura.

As seções típicas transversais caracterizadas pelos **assemblies** são aplicadas ao longo do alinhamento horizontal, obedecendo às cotas definidas no alinhamento vertical, e são utilizadas na construção tridimensional do modelo de projetos lineares.

12.1 Catálogo de subassemblies

Os **assemblies** são criados definindo uma linha base e, em seguida, adicionando os objetos que representam os componentes estruturais do projeto, os quais são denominados **subassemblies**. O Autodesk Civil 3D disponibiliza diversos componentes de projetos lineares que estão organizados em categorias e acessados por meio do navegador do catálogo de **subassemblies.**

O catálogo de **subassemblies** está estruturado com as seguintes categorias:

- **Assemblies:** categoria que possui diversos exemplos de assemblies montados.

- **Bridge:** categoria que contém dois exemplos de subassemblies para seções em ponte.

- **Conditional:** categoria que fornece subassemblies com critérios condicionais para corte e aterro.

- **Daylight:** categoria que fornece diversos subassemblies com critérios de taludes para o projeto.

- **Lanes:** categoria que contém os componentes de subassemblies para as pistas do projeto.

- **Basic:** categoria que disponibiliza os subassemblies básicos utilizados para aprendizado ou em situações de condições simples do projeto.

- **Channel and Trench Pipe:** categoria com subassemblies utilizados no desenvolvimento de projetos de canalização ou drenagem.

- **Curb and Gutters:** categoria que fornece os componentes de subassemblies para projetos de urbanização, como guias, sarjetas e passeios.

- **Generic Subassemblies:** categoria com componentes gerais para uso em diversos tipos de projetos de infraestrutura.

- **Median:** categoria de subassemblies para a criação de canteiro central para projetos lineares.

- **Rehab/New Rehab:** categoria que disponibiliza estruturas para projetos de duplicação de vias.

- **Shoulders:** categoria de subassemblies com modelos de acostamentos.

- **Retaining Wall:** categoria que fornece vários subassemblies de estruturas para projetos de muros de contenção.

- **Rail Subassemblies:** categoria disponível apenas na **Tool Palettes**, que oferece diversos elementos para projetos de trilhos, incluindo estrutura para plataforma dupla, via singela, múltiplas vias, entre outras.

Algumas categorias presentes no catálogo possuem subcategorias para usos específicos, dentre elas:

- **Common Assemblies:** subcategoria disponível na categoria Assemblies, que oferece diversas composições de Assemblies prontos para uso em projetos viários.

- **Intersections:** subcategoria disponível na categoria Assemblies, que dispõe de inúmeros exemplos de composições para o desenvolvimento de interseções viárias em nível.

- **Roundabout:** subcategoria disponível na categoria Assemblies contendo composições preparadas para a criação de rotatórias.

Na parte inferior direita do navegador do catálogo estão dispostas três ferramentas para a organização dos componentes de **Subassemblies**, em que é possível criar pasta de categoria no catálogo, copiar os Subassemblies desejados e ainda exportá-la para uma aba na **Tool Palettes**, no Autodesk Civil 3D.

O catálogo de componentes de subassemblies do Autodesk Civil 3D, denominado **Content Browser**, é criado e configurado para cada usuário logado no sistema operacional, e seu conteúdo fica armazenado na pasta: C:\Users\nomedousuário\Documents\Autodesk\My Content Browser Library\C3D 2020.

12.2 Tool Palettes de subassemblies

A **Tool Palettes** do Autodesk Civil 3D também disponibiliza os mesmos componentes de **subassemblies** para a utilização nos projetos. As mesmas categorias presentes no catálogo estão disponíveis e organizadas por abas dentro da **Tool Palettes**.

A Figura 12.4 exibe a aba **Lanes** com os componentes de pistas; a aba **Daylight** apresenta os componentes para taludes; e a aba **Trench Pipes** apresenta seus componentes para canalização e drenagem. É possível criar diversas abas na **Tool Palettes** para personalizar a biblioteca dos assemblies mais utilizados nos projetos.

Figura 12.4 Componentes de subassemblies presentes nas abas da Tool Palettes.

O seguinte exemplo mostra como acessar e navegar nas categorias de subassemblies presentes no catálogo e na **Tool Palettes** do Autodesk Civil 3D.

Agora, estude o exemplo a seguir:

1. Inicie o Autodesk Civil 3D.

2. Selecione a ferramenta da ribbon **Home** → **Palettes** → **Content Browser** para acessar o catálogo de subassemblies.

3. Selecione o catálogo **Corridor Modeling Catalogs (Metric, .NET)** no navegador Autodesk Content Browser para abrir os componentes de subassemblies disponíveis no sistema métrico.

4. Acesse a categoria **Lanes** e localize o subassembly **LaneSuperelevationAOR**. Clique com o botão direito do mouse sobre a pista e selecione a opção **Help**.

5. Na caixa de diálogo **Help**, verifique os parâmetros do subassembly da pista selecionada. O parâmetro **Width** configura a largura da pista, e as opções de **Outside Lane SE % Slope** determinam a inclinação transversal da pista.

6. Feche a caixa de diálogo **Help** e navegue pelas demais categorias do catálogo.

7. Selecione a ferramenta da ribbon **Home** → **Palettes** → **Tool Palettes**.

8. Localize a aba **Medians** da **Tool Palettes**, clique com o botão direito do mouse sobre o subassembly **MedianFlushWithBarrier** e selecione a opção **Help** (Figura 12.5).

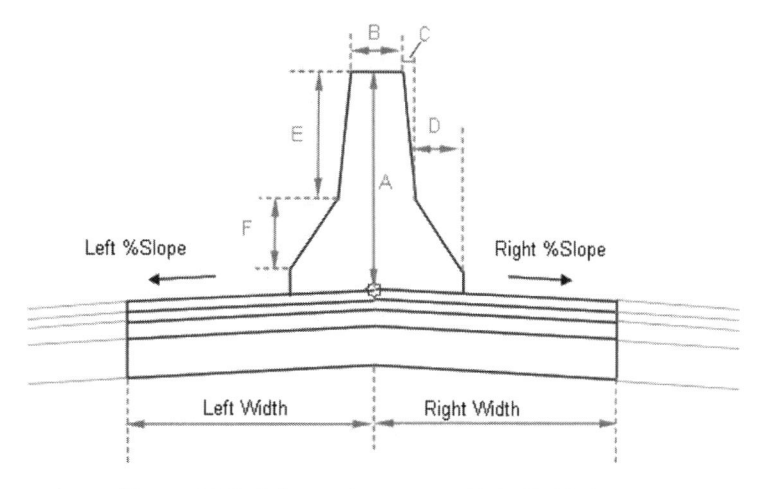

Figura 12.5 Parâmetros do componente MedianFlushWithBarrier.

9. Verifique os parâmetros do componente de canteiro com barreira e feche o arquivo.

12.3 Principais subassemblies

Imagem	Nome	Descrição	Parâmetros
	BasicSidewalk	Passeio simples retangular	Largura, espessura, canteiros
	BasicLane	Pista com caixa de pavimento simples	Largura, espessura, inclinação
	BasicShoulder	Acostamento com caixa de pavimento simples	Largura, espessura, inclinação
	BasicCurbAndGutter	Guia e sarjeta simples	Larguras, espessuras, comprimento, inclinação
	BasicBarrier	Barreira rígida simples	Larguras, alturas
	LaneSuperelevationAOR	Pista com duas camadas de pavimento, base e sub-base, permite controle no pivô de giro da superelevação e superlargura	Largura, espessuras, inclinação, superelevação, alvo lateral

Imagem	Nome	Descrição	Parâmetros
	LaneInsideSuperLayerVaryingWidth	Pista interna com até dez camadas de pavimentos escalonados, permite aplicar superelevação e superlargura	Larguras, espessuras, inclinação, nomes para as camadas, inclinação, superelevação, alvo lateral
	MedianDepressed	Canteiro central com valeta de drenagem	Inclinações, base da valeta
	UrbanCurbGutterGeneral	Guia com sarjeta e sub-base	Inclinações, espessuras, dimensões
	UrbanSidewalk	Passeio simples retangular	Largura, espessura, canteiros, alvo lateral
	DaylightBench	Talude para corte e aterro como banquetas ou bermas	Inclinações, alturas, largura da banqueta
	DaylightGeneral	Talude para corte e aterro que permite criar geometrias para drenagem e banquetas	Inclinações, larguras
	Channel	Seção para canal ou para drenagem superficial retangular ou trapezoidal	Inclinações, larguras, profundidade, alvos laterais e superfície
	SideDitch	Seção para drenagem superficial retangular ou trapezoidal para proteção de talude	Inclinações, larguras, profundidade, espessuras, alvos laterais e superfície
	TrenchWithPipe	Estrutura drenante, uso como drenos de pavimento ou drenos em geral	Larguras, profundidade, diâmetro e espessura do dreno, alvo de profundidade
	RetainWallVertical	Estrutura para muro de contenção	Dimensões do muro e da base, alvo de profundidade e superfície
	OverlayMillAndLevel1	Sobreposição de estrutura de pavimento para restauração de vias, interage com terreno existente	Inclinações, profundidades, afastamentos, alvos para superfície, laterais e profundidade
	RailDoubleTrackCANT_w_ExtraLayers	Via permanente dupla com as estruturas de lastro e sublastro	Inclinações, larguras, espessuras
	ConditionalCutOrFill	Critério condicional que verifica a diferença de altura até uma superfície	Profundidades mínima e máxima, condição para corte ou aterro, alvo de superfície
	ConditionalHorizontal-Target	Critério condicional que verifica a largura lateral até uma geometria desejada	Tipo de aplicação, largura máxima, alvo lateral
	LinkMulti	Criação de componente transversal definindo geometria livre	Largura, altura, não permite alvos
	LinkOffsetAndSlope	Cria uma linha determinando o afastamento e uma inclinação	Alvos de afastamento, inclinação
	LinkOffsetOnSurface	Cria uma linha determinando o afastamento até uma superfície	Alvos de afastamento e superfície
	LinkSlopeAndVertical-Deflection	Cria uma linha determinando uma inclinação e uma diferença de altura	Alvo de elevação (perfil, 3D Poly, Feature Line)
	LinkSlopesBetweenPoints	Constrói uma valeta determinando as inclinações entre um ponto fixo e um marcador	Inclinações, largura da valeta,

Imagem	Nome	Descrição	Parâmetros
	LinkSlopeToElevation	Cria uma linha especificando uma inclinação até uma elevação	Inclinação, alvo de elevação
	LinkSlopeToSurface	Cria uma linha de talude determinando uma inclinação até uma superfície	Inclinação, alvo de superfície
	LinkVertical	Cria uma linha vertical determinando a altura	Altura, alvo de elevação
	MarkPoint	Cria um ponto marcador para utilização como alvo para outras linhas	Nome do ponto
	LinkToMarkedPoint	Cria uma linha até um ponto marcador desejado	Alvo do ponto marcador
	LinkWidthAndSlope	Cria uma linha especificando uma largura e inclinação	Alvos de inclinação e largura
	Talude_Nota_De_Serviço_DER_SP	Composição para a criação de taludes com bermas, banquetas e drenagem. Disponível com a instalação do Country Kit Brazil	Inclinações, larguras, alvo de superfície
	Acostamento_DER_SP	Cria uma composição para acostamento com camadas de pavimento. Disponível com a instalação do Country Kit Brazil	Espessuras, largura
	Superfície_Categorias_Sondagens	Cria uma composição linear para aplicação em perfis geológicos, possibilitando a construção de camadas de solos. Disponível com a instalação do Country Kit Brazil	Alvos de perfil geológico e superfície

12.4 Subassemblies especiais

O subassembly **ConditionalCutOrFill** permite controlar a aplicação de diversas geometrias condicionais, por meio da diferença de altura da baseline do projeto com uma superfície desejada para corte e aterro (Figura 12.6).

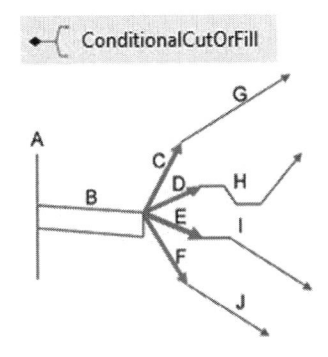

Figura 12.6 Exemplo de condições para controle dos taludes de corte e aterro.

O subassembly **StrippingPavement** fornece parâmetros para aplicar uma camada ao longo de uma superfície desejada após o ponto de contato do talude com a superfície. Este subassembly pode ser utilizado em projetos de duplicação ou reconstrução de vias (Figura 12.7).

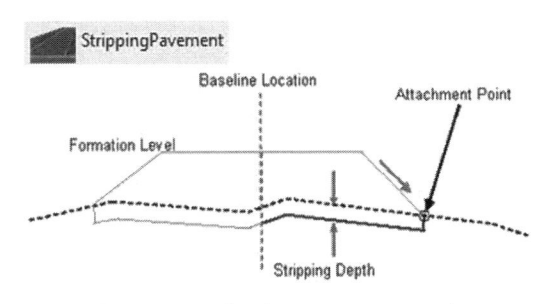

Figura 12.7 Simulação para compor camadas de estruturas de pavimentos.

O subassembly para **StrippingTopSoil** possibilita a configuração de parâmetros para simular a camada de limpeza ou de remoção de vegetação na região do projeto (Figura 12.8).

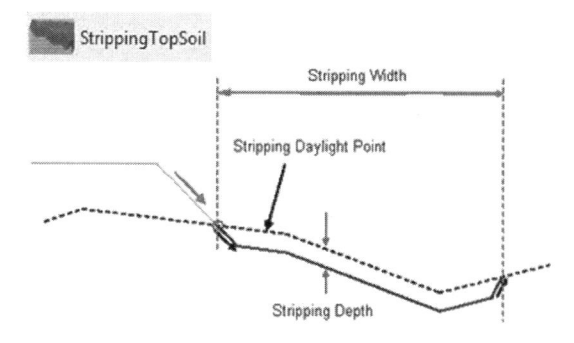

Figura 12.8 Simulação para caracterizar a camada de limpeza.

O subassembly **DaylightMultipleSurface** trabalha com várias superfícies para a aplicação de taludes e bermas, e pode ser utilizado para cálculo dos volumes das camadas geológicas quando presentes no projeto (Figura 12.9).

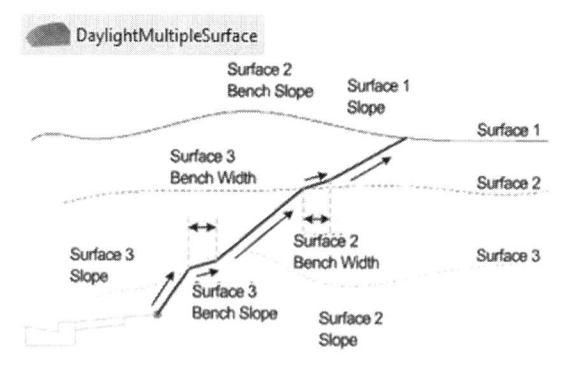

Figura 12.9 Situação de talude em corte entre várias camadas de superfícies.

O subassembly **LinkMulti** é utilizado para elaborar geometrias livres para a aplicação em diversos tipos de projetos de infraestrutura. Os parâmetros desse subassembly permitem construir componentes para representação de estruturas como barreiras, galerias, valetas, entre outras. O parâmetro **dW** determina a distância horizontal, e o **dZ** configura o valor da distância vertical (Figura 12.10).

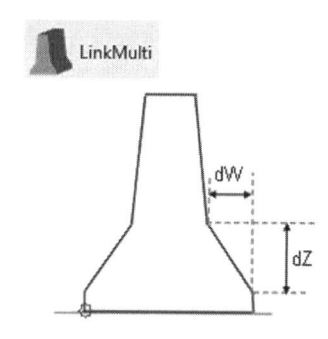

Figura 12.10 Subassembly LinkMulti para projetos de infraestrutura.

12.5 Configurações e diretrizes

Considerada como a principal configuração do Autodesk Civil 3D, os estilos de **Code Set Styles** permitem controlar a aparência dos componentes de subassemblies presentes nos Assemblies, tanto nele mesmo, como na vista em planta e nas seções transversais de notas de serviço. A abrangência dos estilos de **Code Sets** ainda se estende para a quantificação (pay item), organizada dos elementos que compõem os projetos de infraestrutura. Basicamente, o **Code Set** regula a apresentação das geometrias de linhas (links), pontos (points) e áreas (shapes) presentes nos componentes de subassemblies (Figura 12.11).

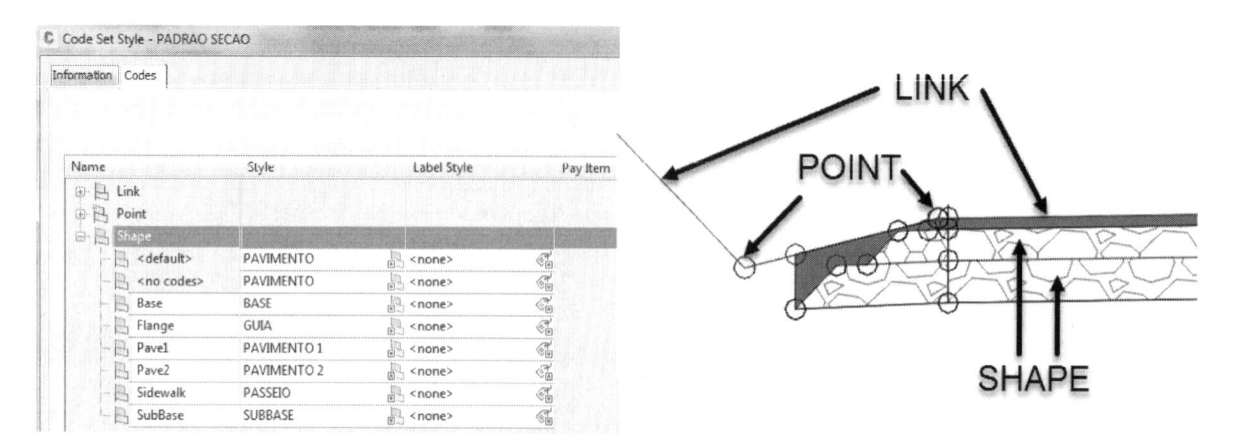

Figura 12.11 Code Set Style para controle na representação das geometrias dos componentes de subassemblies.

Para atender todas as etapas dos projetos de infraestrutura, será fundamental criar estilos de **Code Sets** para cada uma dessas etapas, além da construção de estilos de **Code Sets** para cada vista dos elementos, considerando planta e seção transversal. Os estilos de **Code Sets** ficam posicionados na aba **Settings** da **Toolspace**, em **General > Multipurpose Styles > Code Set Styles** (Figura 12.12).

A caixa de propriedades dos assemblies (**Assembly Properties**) permite configurar diversas características, como o nome e o estilo para o assembly selecionado. A aba **Construction** exibe a estrutura dos componentes de subassemblies conectados ao assembly. O quadro **Input Values** de um componente subassembly selecionado possibilita alterar os valores geométricos e os demais parâmetros geométricos dos componentes.

É possível editar os nomes dos componentes de subassemblies conectados ao assembly por meio da aba **Construction**, da caixa de diálogo **Assembly Properties**. Esse procedimento é opcional, não afeta a geometria do assembly e pode ser utilizado apenas para melhorar a identificação dos componentes.

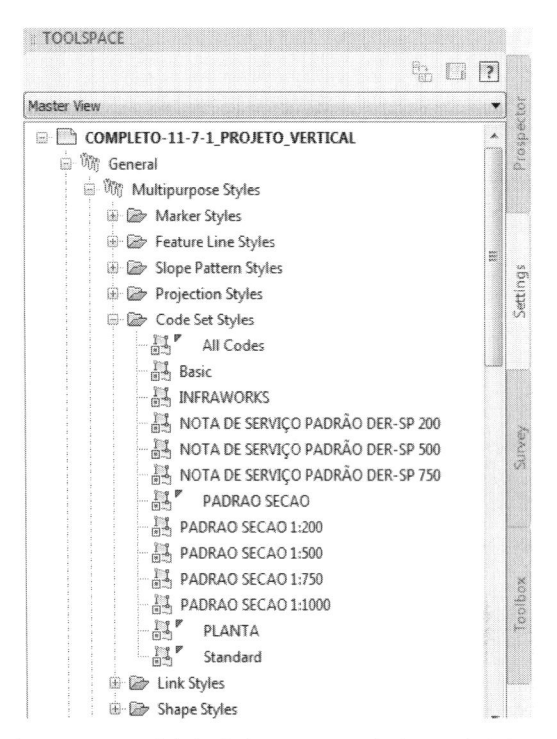

Figura 12.12 Code Set Styles presentes na aba Settings da Toolspace.

A aba **Codes**, da caixa de diálogo **Assembly Properties**, permite substituir o estilo dos códigos que controlam a representação das linhas (links), pontos (points) e áreas (shapes) presentes nos componentes de subassemblies do assembly selecionado (Figura 12.13).

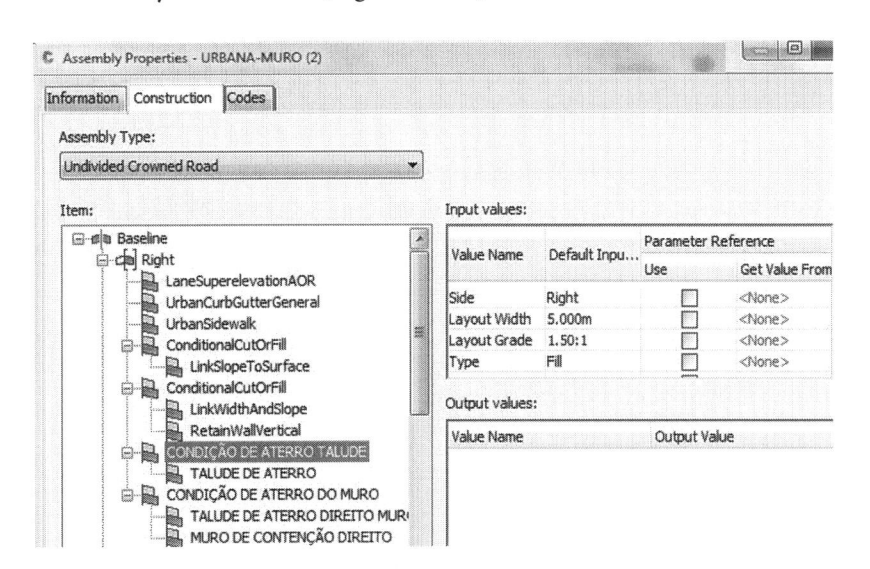

Figura 12.13 Caixa de propriedades do assembly.

Uma diretriz importante é a padronização de nomenclatura para os assemblies, ordenados com a composição de subassemblies presentes em sua estrutura, para, dessa forma, beneficiar o processo de coordenação dos elementos do projeto. A seguir, são ilustrados alguns exemplos de nomenclaturas de assemblies como sugestão.

Partindo da possibilidade de codificar as estruturas das composições transversais, como TA – talude; AE/AI – acostamento externo ou interno; RE – refúgio; PA – passeio; GS – guia e sarjeta; VA – valeta; BS – barreira simples; DS – defesa simples; MC – muro de contenção; Fxx – faixa de rolamento com a indicação de posição e quantidades de camadas; (+) sinal de indicação da posição da linha base do assembly, (<) sinal de indicação de componente acima do componente anterior como barreiras, (>) sinal de indicação de componente abaixo do componente anterior como dreno de pavimento, então pode-se determinar sugestões de nomenclaturas para os assemblies, conforme Figuras 12.14 e 12.15.

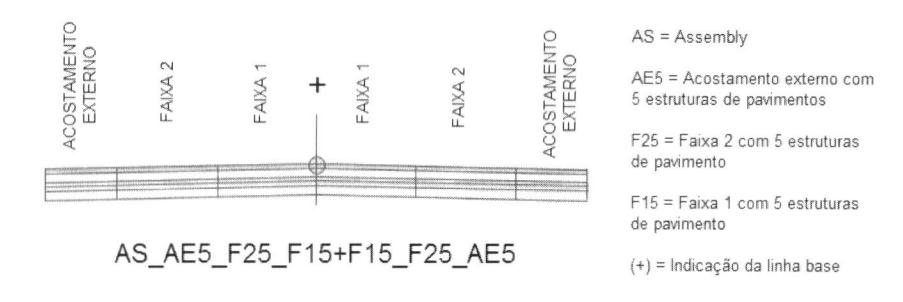

Figura 12.14 Sugestão de nomenclatura para seção de rodovia.

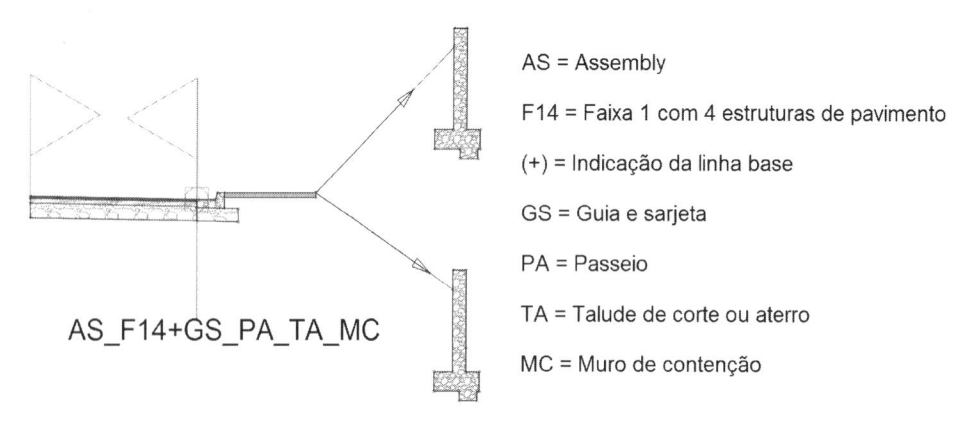

Figura 12.15 Sugestão de nomenclatura para seção de via urbana com talude e muro de contenção.

O acesso aos parâmetros dos subassemblies também poderá ser efetuado pela janela de propriedades do AutoCAD.

Agora, estude o exemplo a seguir:

1. Inicie o Autodesk Civil 3D.
2. Selecione a ferramenta da ribbon **Home** → **Palettes** → **Tool Palettes**.
3. Na aba **Brasil** da **Tool Palettes**, selecione o **Assembly Básico**.
4. Clique na área de desenho para posicionar o assembly.
5. Aplique um duplo clique no **subassembly** da pista direita presente no assembly.
6. A janela **Properties** será exibida, disponibilizando os parâmetros para a configuração do componente da pista direita selecionada.
7. Altere o valor do campo **Width** para **7.000m** e pressione a tecla **Enter** para confirmar.
8. Verifique o comportamento da geometria da pista direita na área de desenho.
9. Selecione o eixo do **assembly** na área de desenho.

10. Selecione a ferramenta da ribbon contextual **Assembly** → **Modify Assembly** → **Assembly Properties**.

11. Na aba **Construction**, da caixa de diálogo **Assembly Properties**, selecione o componente **Left** → **LaneSuperelevationAOR**.

12. Altere o valor do campo **Width** para **7.000m** e clique no botão **OK** para concluir.

13. Verifique a nova geometria da pista esquerda do assembly na área de desenho.

14. Na aba **Information**, da caixa de diálogo **Assembly Properties**, renomeie o assembly conforme a sua composição de subassemblies; no campo **Name**, digite **AS_TA_PA_GS_F14+F14_GS_PA_TA**.

12.6 Ferramentas para assemblies e subassemblies

A ribbon contextual **Assembly** é exibida quando um **assembly** for selecionado na área de desenho, por meio da qual é possível acessar as ferramentas para a manipulação do **assembly** e de seus componentes de **subassemblies** (Figura 12.16).

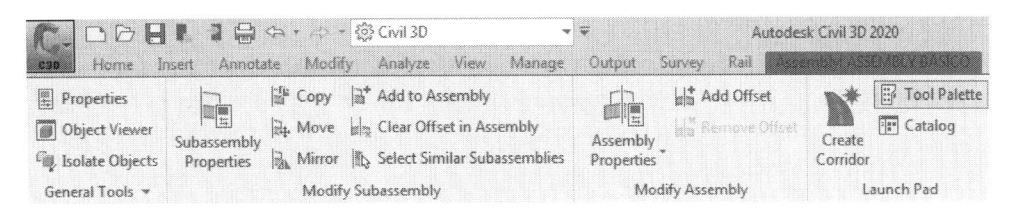

Figura 12.16 Ferramentas da ribbon contextual Assembly.

- **Subassembly Properties:** ferramenta de acesso à caixa de propriedades do componente subassembly para configuração de seus parâmetros geométricos.

- **Copy:** ferramenta que permite copiar um componente de subassembly.

- **Move:** ferramenta que auxilia no reposicionamento do subassembly selecionado.

- **Mirror:** ferramenta que espelha os componentes selecionados para o mesmo assembly ou para outro presente no desenho.

- **Add to Assembly:** ferramenta para adicionar um componente de subassembly selecionado a um assembly existente no desenho.

- **Clear Offset in Assembly:** ferramenta que conecta um subassembly que estiver desconectado a um assembly.

- **Select Similar Subassemblies:** ferramenta que seleciona todos os subassemblies semelhantes ao subassembly selecionado no desenho.

- **Assembly Properties:** ferramenta para acionar a caixa de propriedades do assembly, permitindo a configuração dos parâmetros dos subassemblies presentes no conjunto do assembly.

- **Add Offset:** ferramenta que adiciona nova linha-base no assembly.

- **Remove Offset:** ferramenta para retirar o assembly offset do grupo do assembly.

- **Create Corridor:** ferramenta para a construção do modelo do corredor do projeto.

- **Tool Palettes:** ferramenta que acessa a biblioteca de subassemblies presentes na **Tool Palettes**.

- **Catalog:** ferramenta do navegador **Content Browser** para acesso à biblioteca dos componentes de subassemblies.

O seguinte exemplo ilustra os procedimentos para a elaboração de uma seção típica transversal de uma via urbana. Este projeto tem como característica utilizar os componentes de subassemblies presentes na aba **Generic** da **Tool Palettes** para representar a camada superior das estruturas da via e configurar os taludes com bermas, por meio do **Subassembly Daylight General** disponível na aba **Daylight** da **Tool Palettes**.

Características do projeto transversal da via urbana com bermas:

- **Largura da pista:** 3.600m;

- **Inclinação da pista:** 2%; adicionar guia e sarjeta – passeio: 2.00m.

- **Talude de corte:** 1.0:1; talude de aterro: 1.5:1; altura máxima dos taludes: 8.000m.

- **Largura das bermas:** 4.000m; inclinação para as bermas: 10%.

Agora, estude o exemplo a seguir:

1. Abra o arquivo **12-6-1_ SEÇÃO_TALUDES. DWG**, disponível na plataforma da editora.

2. Selecione a ferramenta da ribbon **Home** → **Create Design** → **Assembly** → **Create Assembly**.

3. Na caixa de diálogo **Create Assembly**, digite **AS_TA_PA_GS_ P11+P11_GS_PA_TA** no campo **Name**. Em **Assembly Type**, selecione o tipo **Undivided Crowned Road**. Em **Code set style**, selecione **PADRAO SECAO**. Clique no botão **OK** (Figura 12.17).

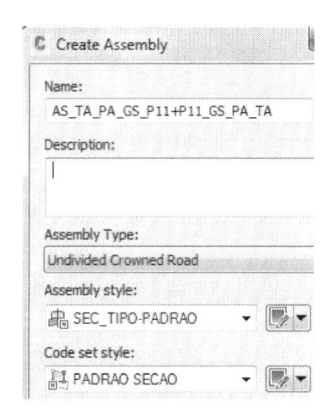

Figura 12.17 Configuração de nome e estilos para o assembly.

4. Aplique **Zoom** na região do quadro à esquerda do perfil longitudinal e clique na área de desenho para posicionar a baseline do assembly.

5. Acesse a ferramenta da ribbon **Home** → **Palettes** → **Tool Palettes**.

6. Na aba **Generic** da **Tool Palettes,** clique no subassembly ✎ **(LinkWidthAndSlope)**. Na janela **Properties** (Figura 12.18):

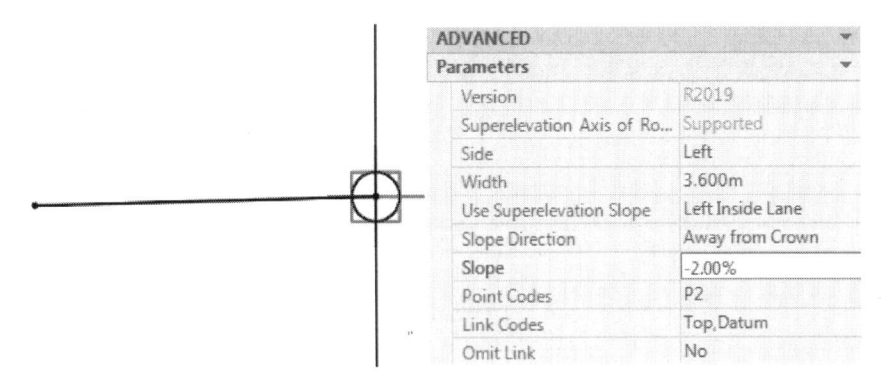

Figura 12.18 Configuração da pista esquerda.

- selecione o lado **Left** no campo **Side** para definir a pista do lado esquerdo do eixo;

- digite **3.600m** no campo **Width** para definir a largura da pista esquerda;

- selecione a opção **Left Inside Lane** no campo **Use Superelevation Slope**;

- digite **-2.00%** no campo **Slope**;

- clique no eixo da baseline para posicionar o componente.

7. Na aba **Generic** da **Tool Palettes**, clique no subassembly ⬦ (**LinkWidthAndSlope**). Na janela **Properties** (Figura 12.19):

   ◆ selecione o lado **Left** no campo **Side** para definir a sarjeta para o lado esquerdo;

   ◆ digite **0.45m** no campo **Width** para definir a largura da sarjeta;

   ◆ digite **-10.00%** no campo **Slope**;

   ◆ clique no componente da pista esquerda para posicionar a sarjeta.

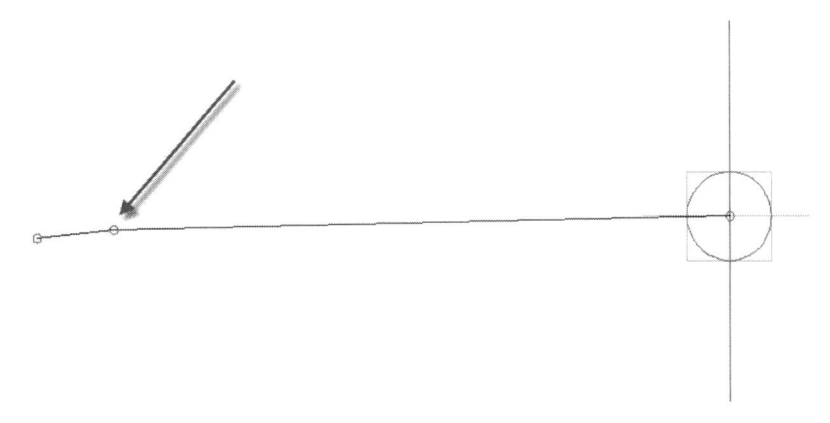

Figura 12.19 Subassemblies Generic para representação da pista e sarjeta esquerda.

8. Na aba **Generic** da **Tool Palettes**, selecione | (**LinkVertical**). No quadro **Parameters**, da janela **Properties**, digite **0.150m** no campo **Vertical Deflection** para definir a altura da guia. Clique no componente da sarjeta para posicionar a lateral da guia.

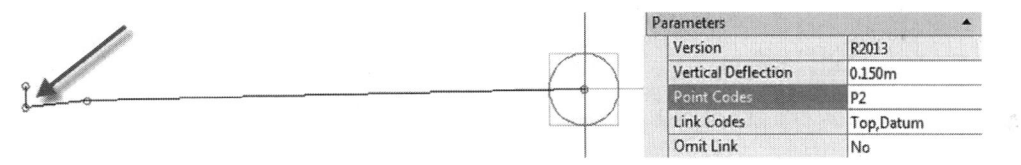

Figura 12.20 Posicionamento do componente para representar a lateral da guia.

9. Na aba **Generic** da **Tool Palettes**, clique no subassembly ⬦ (**LinkWidthAndSlope**). No quadro **Parameters** da janela **Properties**:

   ◆ selecione o lado **Left** no campo **Side**;

   ◆ digite **0.100m** no campo **Width** para definir a largura da guia esquerda;

   ◆ digite **0.00%** no campo **Slope**;

   ◆ clique no conector superior da guia para posicionar o componente.

10. Na aba **Generic** da **Tool Palettes**, selecione ⬦ (**LinkWidthAndSlope**). No quadro **Parameters** da janela **Properties** (Figura 12.21):

    ◆ selecione o lado **Left** no campo **Side**;

    ◆ digite **2.000m** no campo **Width** para definir a largura do passeio esquerdo;

    ◆ digite **1.00%** no campo **Slope**;

    ◆ clique no conector da guia para posicionar o passeio.

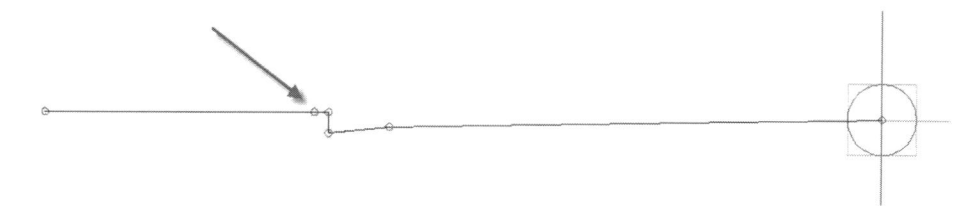

Figura 12.21 Posicionamento dos componentes esquerdos do projeto da via.

O procedimento usual seria espelhar os componentes do lado esquerdo para o direito (ribbon contextual **Assembly → Modify Subassembly → Mirror).** Entretanto, o próximo passo mostra como podem ser construídos os componentes da pista, da guia, da sarjeta e do passeio utilizando apenas um único subassembly.

11. Na aba **Generic** da **Tool Palettes**, selecione o subassembly ▮ **(LinkMulti)**. No quadro **Parameters** da janela **Properties** (Figura 12.22):

    ◆ selecione o lado **Right** no campo **Side**;

    ◆ digite **5** no campo **No. of Links** para definir a quantidade de segmentos que serão criados para representar os mesmos componentes criados no lado esquerdo da seção;

    ◆ digite **3.600m** no campo **dW1** para configurar a largura da pista direita; digite **-0.072m** no campo **dZ1** para definir a inclinação da pista direita; digite **0.450m** no campo **dW2** para determinar a largura da sarjeta;

    ◆ digite **-0.045m** no campo **dZ2** para configurar a inclinação da sarjeta;

    ◆ digite **0.000m** no campo **dW3** para a guia;

    ◆ digite **0.150m** no campo **dZ3** para determinar a altura da guia; digite **0.100m** no campo **dW4** para configurar a largura da guia;

    ◆ digite **0.000m** no campo **dZ4** para definir a inclinação do topo da guia;

    ◆ digite **2.000m** no campo **dW5** para especificar a largura do passeio; digite **0.020m** no campo **dZ5** para configurar a inclinação do passeio; clique no eixo da baseline para posicionar o componente.

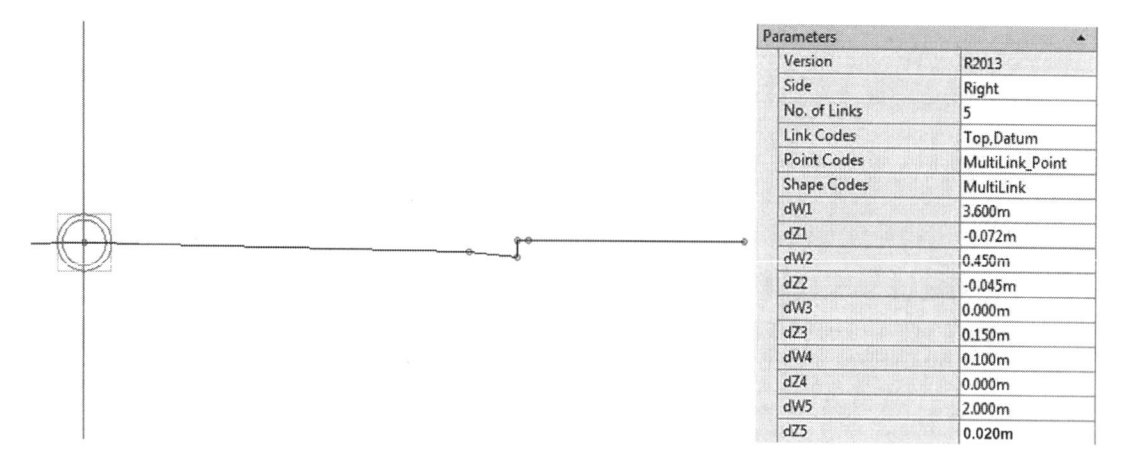

Parameters	▲
Version	R2013
Side	Right
No. of Links	5
Link Codes	Top,Datum
Point Codes	MultiLink_Point
Shape Codes	MultiLink
dW1	3.600m
dZ1	-0.072m
dW2	0.450m
dZ2	-0.045m
dW3	0.000m
dZ3	0.150m
dW4	0.100m
dZ4	0.000m
dW5	2.000m
dZ5	0.020m

Figura 12.22 LinkMulti utilizado na criação de estruturas transversais para projetos de infraestrutura.

12. Na aba **Daylight** da **Tool Palettes**, selecione o subassembly ▮ **(DaylightGeneral)**. No quadro **Parameters** da janela **Properties**, configure os parâmetros para definir os taludes com bermas de corte e aterro para os dois lados da seção (Figura 12.23).

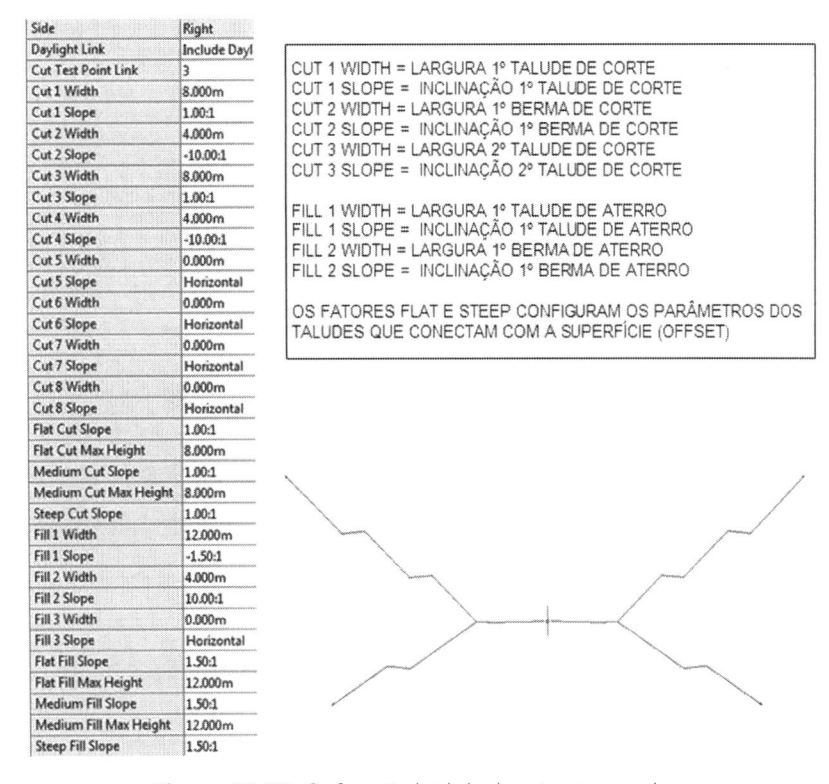

Side	Right
Daylight Link	Include Dayl
Cut Test Point Link	3
Cut 1 Width	8.000m
Cut 1 Slope	1.00:1
Cut 2 Width	4.000m
Cut 2 Slope	-10.00:1
Cut 3 Width	8.000m
Cut 3 Slope	1.00:1
Cut 4 Width	4.000m
Cut 4 Slope	-10.00:1
Cut 5 Width	0.000m
Cut 5 Slope	Horizontal
Cut 6 Width	0.000m
Cut 6 Slope	Horizontal
Cut 7 Width	0.000m
Cut 7 Slope	Horizontal
Cut 8 Width	0.000m
Cut 8 Slope	Horizontal
Flat Cut Slope	1.00:1
Flat Cut Max Height	8.000m
Medium Cut Slope	1.00:1
Medium Cut Max Height	8.000m
Steep Cut Slope	1.00:1
Fill 1 Width	12.000m
Fill 1 Slope	-1.50:1
Fill 2 Width	4.000m
Fill 2 Slope	10.00:1
Fill 3 Width	0.000m
Fill 3 Slope	Horizontal
Flat Fill Slope	1.50:1
Flat Fill Max Height	12.000m
Medium Fill Slope	1.50:1
Medium Fill Max Height	12.000m
Steep Fill Slope	1.50:1

```
CUT 1 WIDTH = LARGURA 1º TALUDE DE CORTE
CUT 1 SLOPE =  INCLINAÇÃO 1º TALUDE DE CORTE
CUT 2 WIDTH = LARGURA 1º BERMA DE CORTE
CUT 2 SLOPE =  INCLINAÇÃO 1º BERMA DE CORTE
CUT 3 WIDTH = LARGURA 2º TALUDE DE CORTE
CUT 3 SLOPE =  INCLINAÇÃO 2º TALUDE DE CORTE

FILL 1 WIDTH = LARGURA 1º TALUDE DE ATERRO
FILL 1 SLOPE =  INCLINAÇÃO 1º TALUDE DE ATERRO
FILL 2 WIDTH = LARGURA 1º BERMA DE ATERRO
FILL 2 SLOPE =  INCLINAÇÃO 1º BERMA DE ATERRO

OS FATORES FLAT E STEEP CONFIGURAM OS PARÂMETROS DOS
TALUDES QUE CONECTAM COM A SUPERFÍCIE (OFFSET)
```

Figura 12.23 Configuração de taludes de corte e aterro com bermas.

13. Selecione o subassembly do talude na área de desenho e acesse a ferramenta da ribbon contextual **Subassembly** → **Modify Subassembly** → **Mirror**.

14. Clique no final do passeio esquerdo para espelhar o subassembly do talude com bermas no lado esquerdo da seção (Figura 12.23).

12.6.1 Recurso de assembly offset

O recurso **Assemblies Offset** auxilia na elaboração de seções transversais com estruturas compostas, em que é possível o acréscimo de diversos eixos (baselines) ao eixo de um assembly existente no desenho (Figura 12.24). Para cada eixo de **assembly offset** adicionado no assembly, é possível inserir componentes de subassemblies diferenciados para atender às geometrias transversais solicitadas nos projetos.

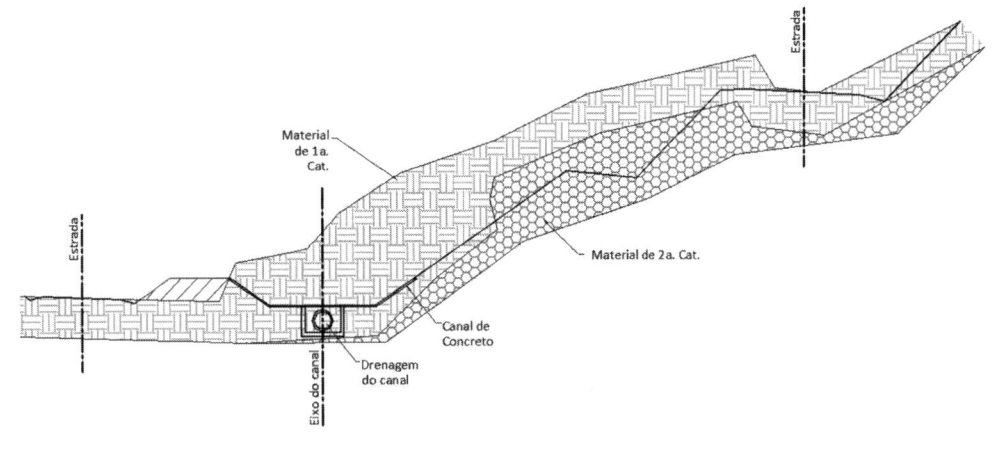

Figura 12.24 Modelo de seção típica transversal composta.

O recurso **assembly offset** pode ser empregado em projetos lineares que possuam geometrias laterais controladas por outros traçados geométricos, como o corpo viário obedece ao alinhamento principal, enquanto o dreno de pavimento acompanha o traçado de outro alinhamento ou de uma feature line lateral. Enquanto o assembly principal obedece à geometria de um alinhamento horizontal selecionado, o **assembly offset** percorre a geometria de outros alinhamentos simultaneamente durante a construção do modelo do corredor projetado. Agora, estude o exemplo a seguir:

1. Inicie o Autodesk Civil 3D. Selecione a ferramenta da ribbon **Home** → **Palettes** → **Tool Palettes**.

2. Na aba **Brasil** da **Tool Palettes**, selecione o **Assembly Básico** e posicione-o no desenho.

3. Selecione a linha vermelha do eixo do assembly e acesse a ferramenta da ribbon contextual **Assembly** → **Modify Assembly** → **Add Offset.**

4. Adicione a nova linha base no canto inferior da estrutura da guia direita.

5. Na aba **Trench Pipes** da **Tool Palettes**, selecione o componente drenante **Trench-WithPipe** e configure os valores dos campos **Bottom Width**, **Top Width** e **Depth** com **0.400m**, defina **Pipe Diameter** com **0.100m**.

6. Posicione o dreno de pavimento na nova linha base criada.

12.7 Gerenciamento de assemblies

Os principais assemblies utilizados frequentemente nos projetos podem ser incorporados dentro das abas na **Tool Palettes** (Figura 12.25), possibilitando, assim, organizar e gerenciar as bibliotecas dos assemblies mais utilizados para a reutilização em projetos futuros.

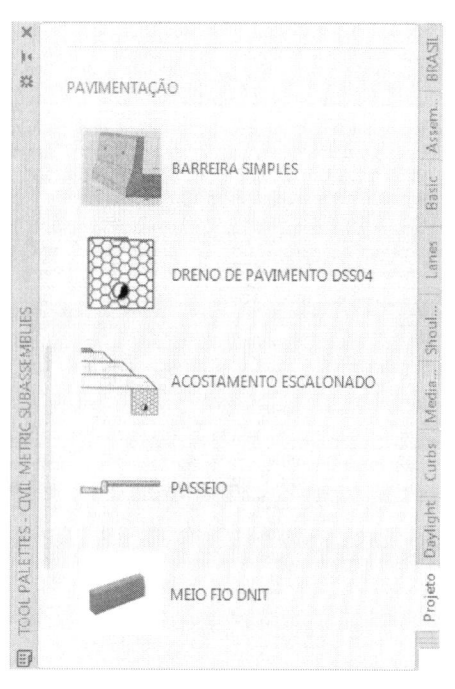

Figura 12.25 Aba da Tool Palettes personalizada com assemblies.

Com o botão direito do mouse sobre a **Tool Palettes,** é possível criar abas (**New Palette**). Os assemblies devem ser adicionados nas abas da Tool Palettes arrastando apenas a baseline do assembly desejado. É possível organizar e classificar os assemblies adicionados nas abas da **Tool Palettes** por meio das ferramentas **Add Text** e **Add Separator**, acessadas com o botão direito do mouse sobre a área da aba da **Tool Palettes** desejada.

A organização da biblioteca dos assemblies na **Tool Palettes** tem o objetivo de auxiliar na redução de criação repetitiva de estruturas de assemblies idênticos ou que são frequentemente utilizados nos projetos.

A sequência a seguir mostra como montar um novo assembly com as pistas alargadas em 10 metros, para representar uma seção típica transversal de uma baia. Entretanto, são utilizados os componentes do assembly da via existente no desenho e os assemblies na **Tool Palettes** são organizados, a fim de serem usados em projetos futuros.

Agora, estude o exemplo a seguir:

1. Abra o arquivo **12-7-1_MANIPULAÇÃO_ASSEMBLIES.DWG**, disponível na plataforma da editora.

2. Selecione a ferramenta da ribbon **Home** → **Create Design** → **Assembly** → **Create Assembly**.

3. Na caixa de diálogo **Create Assembly,** digite **AS_TA_DR_DP_AE4_F14+F14_AE4_DP_DR_TA** no campo **Name**. No campo **Assembly Type**, selecione o tipo **Undivided Crowned Road**. No campo **Code set style,** selecione **NOTA DE SERVIÇO PADRÃO DER-SP 200**. Clique no botão **OK** (Figura 12.26).

4. Posicione a baseline do assembly no local indicado na área de desenho.

5. Na aba **Lanes** da **Tool Palettes**, selecione o componente de pista **LaneSuperelevationAOR** e configure na caixa de propriedades:

   ◆ no campo **Side**, selecione o lado **Left**;

   ◆ digite **7.200m** no campo **Width**;

   ◆ selecione **Left Lane Inside** no campo **Use Superelevation**.

6. Posicione a pista na linha base do Assembly.

7. Na aba **Shoulders** da **Tool Palettes**, selecione o acostamento **ShoulderVerticalSubbase** e configure na caixa de propriedades:

   ◆ no campo **Side**, selecione o lado **Left**;

   ◆ digite **-5.00%** no campo **Default Pave Slope**;

   ◆ digite **0.000m** no campo **Unpaved Width**;

   ◆ selecione **Left Outside Shoulder** no campo **Use Superelevation Slope**.

8. Conecte o acostamento após a pista (Figura 12.27).

Figura 12.26 Configuração inicial da seção transversal.

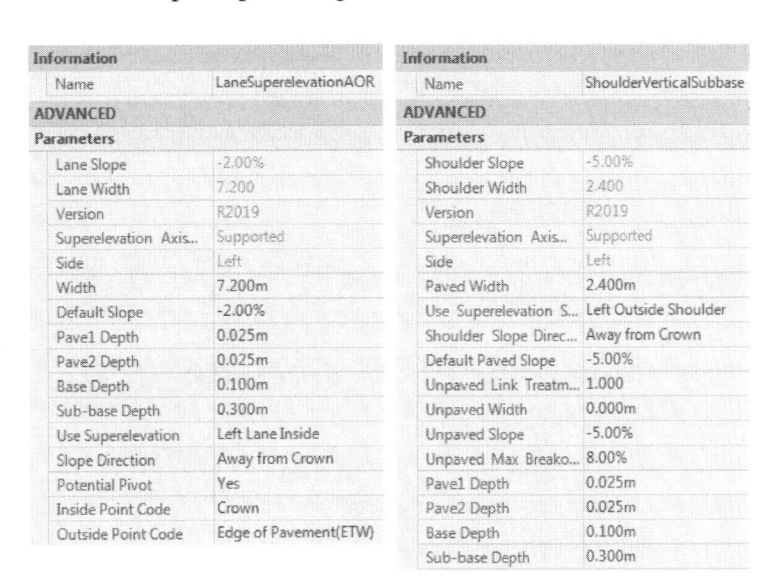

Information		Information	
Name	LaneSuperelevationAOR	Name	ShoulderVerticalSubbase
ADVANCED		**ADVANCED**	
Parameters		**Parameters**	
Lane Slope	-2.00%	Shoulder Slope	-5.00%
Lane Width	7.200	Shoulder Width	2.400
Version	R2019	Version	R2019
Superelevation Axis...	Supported	Superelevation Axis...	Supported
Side	Left	Side	Left
Width	7.200m	Paved Width	2.400m
Default Slope	-2.00%	Use Superelevation S...	Left Outside Shoulder
Pave1 Depth	0.025m	Shoulder Slope Direc...	Away from Crown
Pave2 Depth	0.025m	Default Paved Slope	-5.00%
Base Depth	0.100m	Unpaved Link Treatm...	1.000
Sub-base Depth	0.300m	Unpaved Width	0.000m
Use Superelevation	Left Lane Inside	Unpaved Slope	-5.00%
Slope Direction	Away from Crown	Unpaved Max Breako...	8.00%
Potential Pivot	Yes	Pave1 Depth	0.025m
Inside Point Code	Crown	Pave2 Depth	0.025m
Outside Point Code	Edge of Pavement(ETW)	Base Depth	0.100m
		Sub-base Depth	0.300m

Figura 12.27 Configurações para a pista e o acostamento.

9. Na aba **Trench Pipes** da **Tool Palettes**, selecione o componente **TrenchWithPipe** e configure na caixa de propriedades:

   ◆ no campo **Side**, selecione o lado **Right**;

   ◆ selecione a opção **Top Corner** no campo **Attachment Point**;

- digite **0.400m** nos campos **Bottom Width, Top Width e Depth**;
- digite **0.050m** em **Bending Depth**;
- digite **0.100m** no campo **Pipe Diameter**;
- digite **0.010m** no campo **Pipe Thickness**.

10. Posicione o dreno na parte inferior da estrutura do acostamento esquerdo.

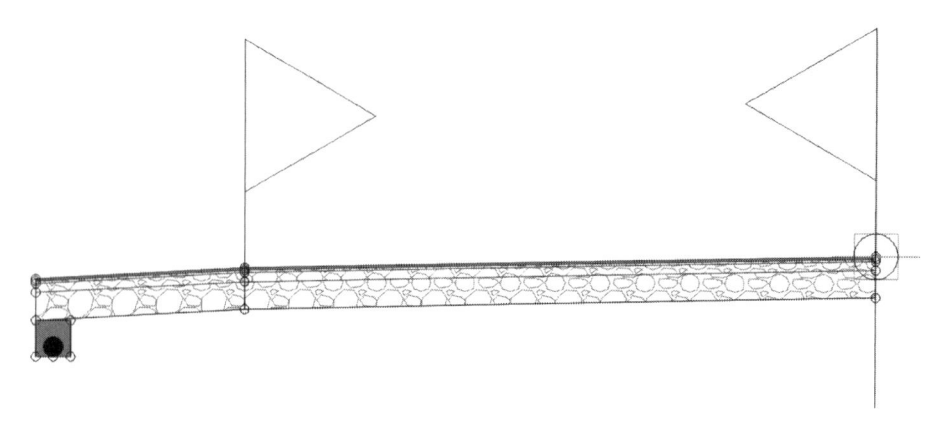

Figura 12.28 Composição com pista, acostamento e dreno esquerdo.

11. Na aba **BRASIL** da **Tool Palettes**, selecione o componente **TALUDE NOTA DE SERVIÇO DER- -SP** e configure na caixa de propriedades:

- no campo **Side**, selecione o lado **Left**;
- digite **2** no campo **Número do Primeiro Ponto do Talude** para definir a numeração do talu- de para a nota de serviço.

12. Posicione o dreno na parte superior da estrutura do acostamento esquerdo.

13. Selecione todos os componentes criados ao lado esquerdo do eixo e acesse a ferramenta da ribbon contextual **Assembly → Modify Assembly → Mirror**.

14. Clique no eixo do assembly para posicionar os componentes espelhados para o lado direito da seção.

15. Selecione o eixo do assembly criado e acesse a ferramenta da ribbon contextual **Assembly → Modify Assembly → Assembly Properties**.

16. Pode-se renomear os componentes de subassemblies presentes na seção por meio da aba **Construction** da caixa **Assembly Properties** (Figura 12.29).

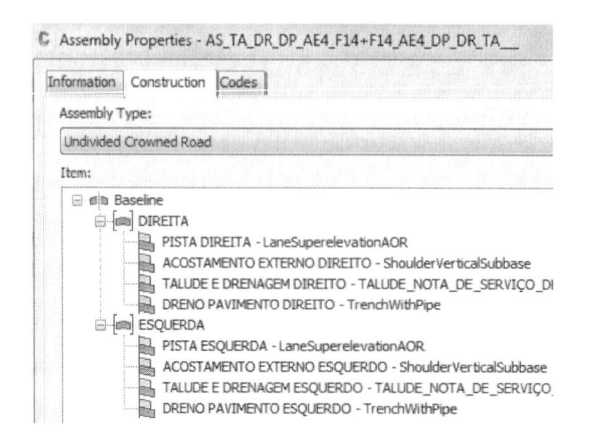

Figura 12.29 Configuração final dos componentes na seção de assembly.

17. Acesse a ferramenta da ribbon **Home** → **Palettes** → **Tool Palettes**.

18. Clique com o botão direito do mouse sobre uma das abas da **Tool Palettes** e selecione a opção **New Palette**. Renomeie a aba criada para **PROJETO**.

19. Na área de desenho, selecione a baseline do assembly criado, selecione apenas o eixo vermelho da seção.

20. Clique novamente sobre o eixo vermelho da seção e arraste e solte-o para dentro da aba **PROJETO** criada na **Tool Palettes**.

21. Clique com o botão direito do mouse sobre a área da aba **PROJETO** e selecione a opção **Add Text**, para adicionar o texto.

22. Clique com o botão direito do mouse sobre a área da aba **PROJETO** e selecione a opção **Add Separator**, para adicionar o separador.

23. É possível reposicionar os textos e separadores criados para organizar a biblioteca de assemblies presentes na aba **PROJETO** criada na **Tool Palettes**.

24. Feche o arquivo.

12.8 Programação de subassemblies

O aplicativo **Autodesk Subassembly Composer** permite programar subassemblies com parâmetros personalizados para a utilização em diversos tipos de projetos de infraestrutura elaborados no Autodesk Civil 3D (Figura 12.30). O uso do **Autodesk Subassembly Composer** beneficia os projetistas no desenvolvimento de seções de subassemblies com características específicas, que, na maioria das vezes, são exigidas nos projetos. É possível programar os componentes obedecendo aos critérios de superelevação e cotas, acompanhar geometrias de superfícies e, até mesmo, construir condições para a extração de camadas de materiais.

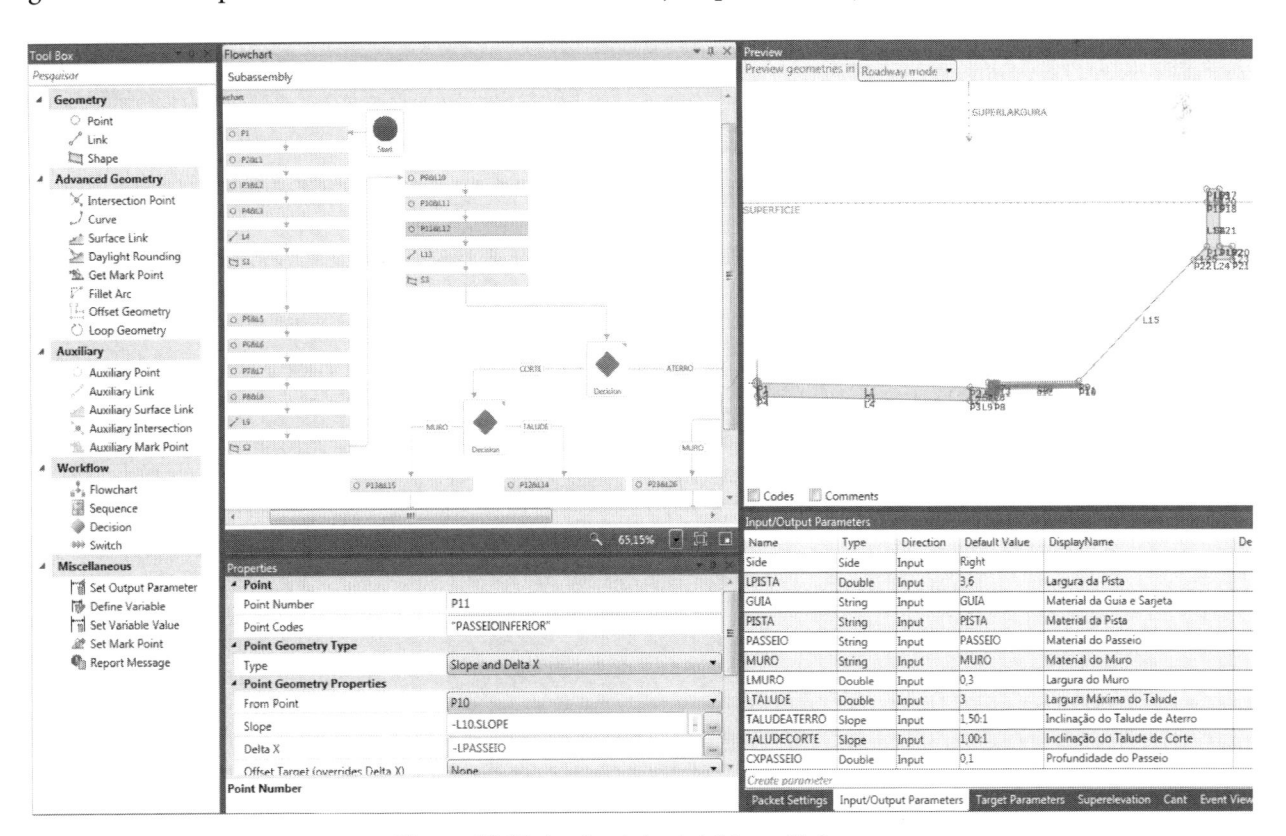

Figura 12.30 Interface do Autodesk Subassembly Composer.

O Autodesk Subassembly Composer grava arquivos na extensão PKT, que podem ser importados para o Civil 3D e utilizados na elaboração de projetos. A interface do Autodesk Subassembly Composer é distribuída em painéis na forma de janelas, permitindo aos usuários personalizar seu layout conforme desejado. Os painéis são distribuídos por:

- **Tool Box:** painel que apresenta as ferramentas para a construção das geometrias dos subassemblies, como points, links e shapes. Para utilizar as ferramentas do painel **Tool Box**, basta arrastá-las para o painel **Flowchart**.

- **Flowchart:** painel para a organização da sequência lógica da construção dos componentes do subassembly na forma de fluxograma.

- **Properties:** painel de controle das propriedades geométricas dos componentes presentes no subassembly.

- **Preview:** painel para a exibição da prévia da composição do subassembly configurado.

- **Input/Output Parameters:** painel de criação e configuração de parâmetros para aplicação no subassembly.

12.8.1 Ferramentas geométricas e principais parâmetros

O painel **Tool Box** exibe as ferramentas geométricas organizadas nas categorias Geometry, Advanced Geometry, Auxiliary, Workflow e Miscellaneous (Figura 12.31).

Point: ferramenta utilizada para determinar os vértices para as geometrias dos subassemblies. É possível conectar os pontos adicionando manual ou automaticamente os links entre eles. O painel **Properties** permite alterar o tipo do critério geométrico do ponto e exibe as propriedades do ponto selecionado no painel **Flowchart**.

O campo **Point Number** do painel **Properties** de um ponto selecionado permite determinar o número do ponto, assim como é possível especificar os nomes dos códigos para o ponto no campo **Point Codes**. O campo **Type** permite selecionar o tipo de ponto (Figura 12.32).

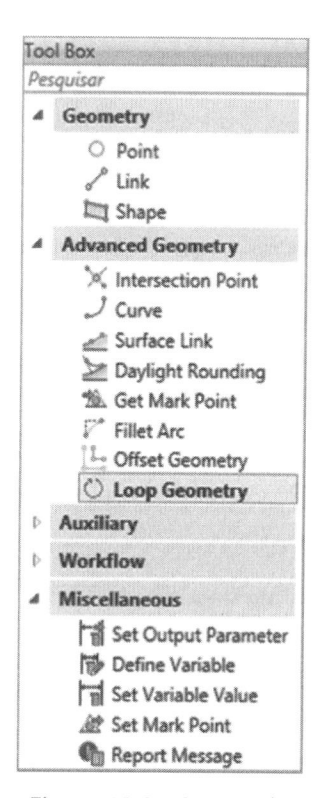

Figura 12.31 Disposição das ferramentas da Tool Box.

Figura 12.32 Opções de ponto presentes no painel Properties.

No campo **Point Geometry Properties**, pode--se selecionar o ponto de origem em **From Point**, além de determinar os valores como inclinações e afastamentos para a locação dos pontos, dependendo do tipo selecionado. O campo **Link** permite criar automaticamente a linha de conexão com os pontos.

- **Angle and Delta X:** ferramenta que adiciona um ponto, determinando o ângulo e a distância de afastamento em X de outro ponto existente na geometria.

- **Angle and Delta Y:** ferramenta para adicionar um ponto, determinando o ângulo e a diferença de altura em Y de outro ponto existente na geometria.

- **Angle and Distance:** ferramenta para adicionar um ponto, determinando o ângulo e a distância de outro ponto existente na geometria.

- **Delta X and Delta Y:** ferramenta que adiciona um ponto, determinando a distância de afastamento em X e a diferença de altura em Y de outro ponto existente na geometria.

- **Delta X on Surface:** ferramenta para adicionar um ponto em uma superfície como alvo (surface target), determinando a distância de afastamento em X.

- **Interpolate Point:** ferramenta que adiciona um ponto, determinando uma distância e interpolando entre os pontos de origem e destino.

- **Slope and Delta X:** ferramenta para adicionar um ponto, determinando uma inclinação e a distância de afastamento em X de outro ponto existente na geometria.

- **Slope and Delta Y:** ferramenta para adicionar um ponto, determinando uma inclinação e a diferença de altura em Y de outro ponto existente na geometria (Figura 12.33).

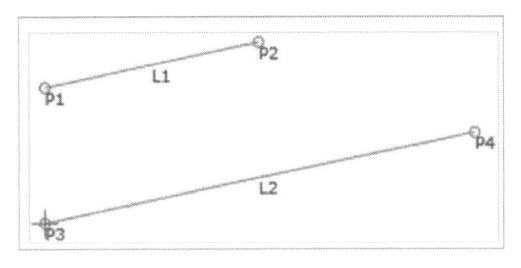

Figura 12.33 Ferramenta de criação de ponto por inclinação de altura.

- **Slope to Surface:** ferramenta para adicionar um ponto em uma superfície como alvo (surface target), determinando a inclinação partindo de outro ponto existente na geometria.

- **Link:** ferramenta utilizada para conectar os pontos definidos na geometria do assembly (Figura 12.34).

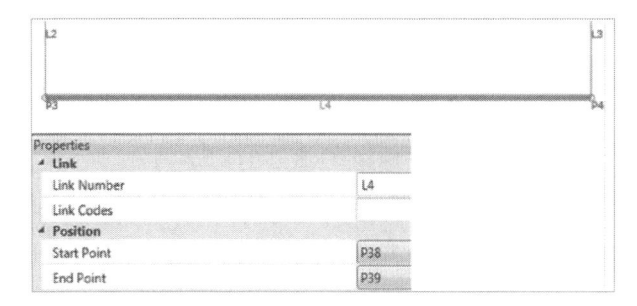

Figura 12.34 Propriedades de Link.

- **Shape:** ferramenta utilizada para criar áreas transversais fechadas, selecionando os links presentes na geometria. Permite a definição de materiais para a extração de valores volumétricos dos subassemblies aplicados no Autodesk Civil 3D (Figura 12.35).

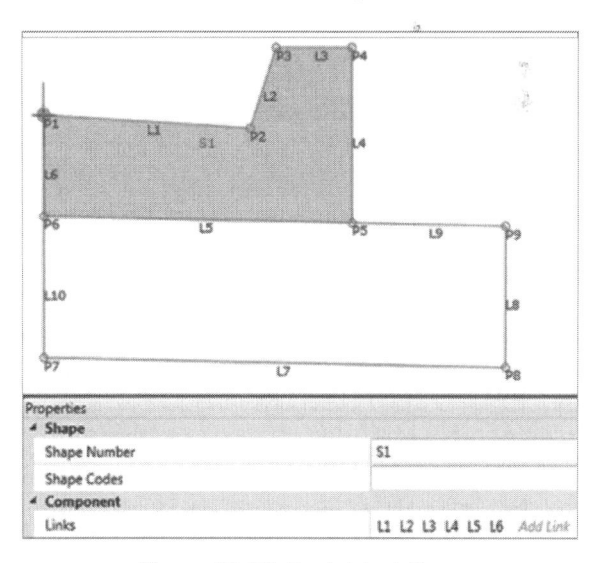

Figura 12.35 Propriedades de Shape.

- **Intersection Point:** ferramenta para adicionar ponto na interseção entre dois elementos presentes na geometria do subassembly. É possível determinar os parâmetros de inclinação entre pontos e links para a projeção do novo ponto.

- **Curve:** ferramenta para adicionar uma curva, um círculo ou uma parábola, determinando os pontos inicial, central e final (Figura 12.36).

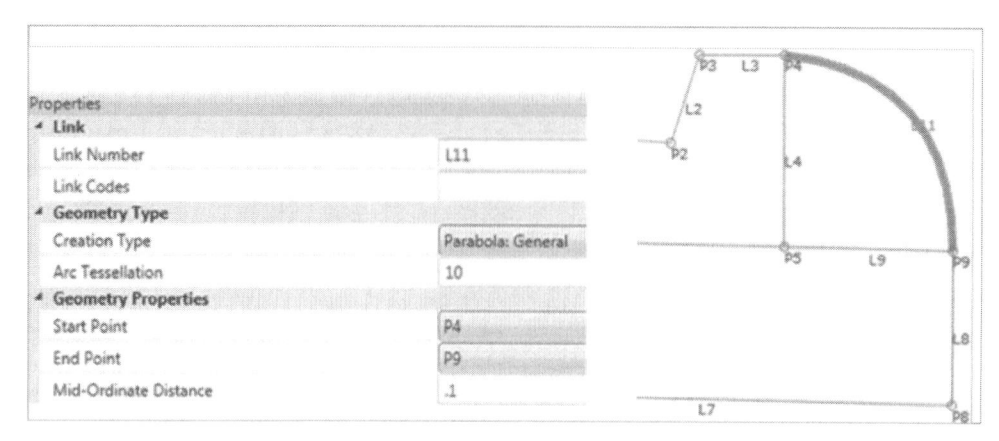

Figura 12.36 Parâmetros da ferramenta Curve.

- **Surface Link:** ferramenta para adicionar link sobre uma superfície (target surface), especificando seus afastamentos. É possível acompanhar a geometria da superfície e controlar a profundidade para o posicionamento do link.

- **Daylight Rounding Link:** ferramenta que adiciona um link de arco ou uma parábola para simulação do arredondamento dos taludes.

- **Get Mark Point:** ferramenta para adicionar um ponto marcador sobre a geometria ou próximo dela. O ponto marcador permite a conexão de links.

- **Fillet Arc:** ferramenta para adicionar um arco acomodado na interseção entre dois links existentes na geometria.

- **Offset Geometry:** ferramenta que permite efetuar uma cópia paralela de um link desejado.

- **Loop Geometry:** ferramenta utilizada para criar repetições, selecionando uma sequência de geometrias.

- **Auxiliary:** categoria que possibilita a criação de pontos e links auxiliares e que não serão incluídos na geometria do subassembly final, mas que poderão ser utilizados para criar ou conectar outros elementos da geometria.

- **Sequence:** ferramenta para criar conjuntos de elementos de geometria, organizados na forma de subclasses no fluxograma construtivo do subassembly (Figura 12.37).

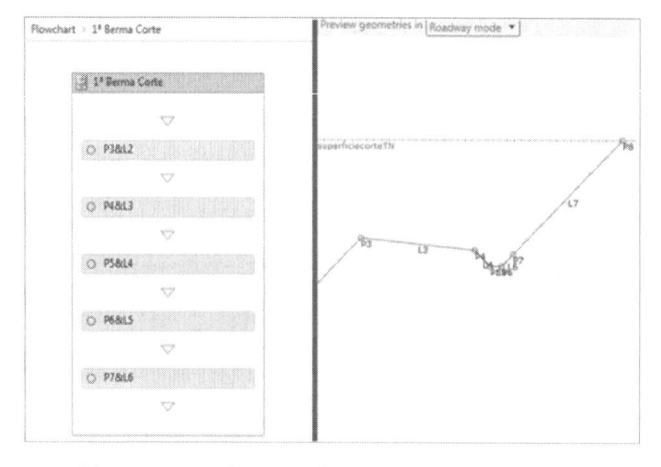

Figura 12.37 Ferramenta Sequence para agrupar geometrias.

- **Decision:** ferramenta que permite estabelecer duas opções para a sequência construtiva do subassembly no fluxograma, as quais dependem de condições específicas estabelecidas para a geometria (Figura 12.38).

- **Switch:** ferramenta que permite criar até 11 opções de sequências construtivas do subassembly no fluxograma, as quais dependem do resultado de expressões específicas. As condições utilizadas para a ferramenta **Switch** poderão ser strings ou enumeration (Figura 12.39).

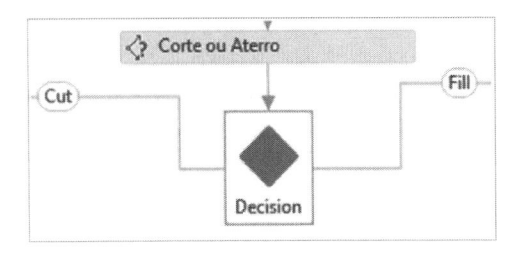

Figura 12.38 Ferramenta Decision.

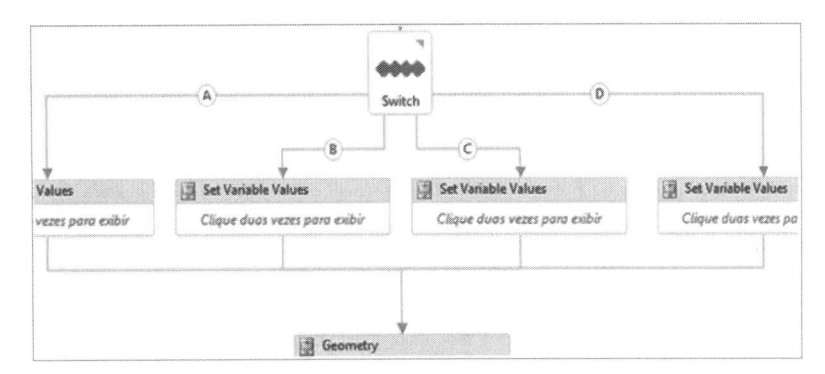

Figura 12.39 Ferramenta Switch aplicada com diversas variáveis.

- **Input/Output Parameters:** aba que permite a definição de parâmetros de entrada e saída para a utilização na definição dos critérios da geometria do subassembly. Esses parâmetros podem ser utilizados na definição dos elementos de geometria do subassembly, acessando o painel **Properties** do elemento selecionado. É possível, ainda, utilizá-los na definição da sequência do fluxograma, como nas ferramentas **Decision** e **Switch**.

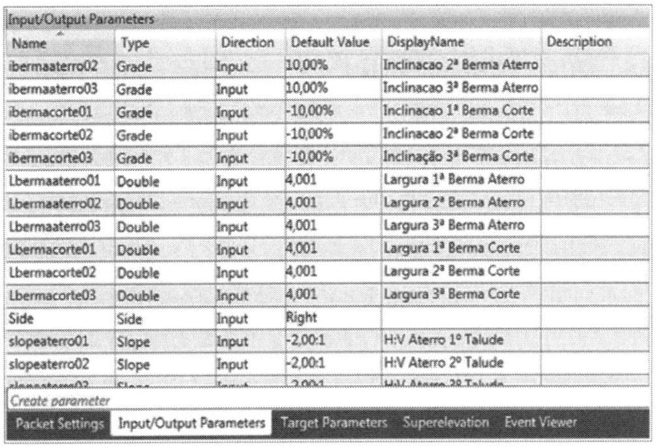

Name	Type	Direction	Default Value	DisplayName	Description
ibermaaterro02	Grade	Input	10,00%	Inclinacao 2ª Berma Aterro	
ibermaaterro03	Grade	Input	10,00%	Inclinacao 3ª Berma Aterro	
ibermacorte01	Grade	Input	-10,00%	Inclinacao 1ª Berma Corte	
ibermacorte02	Grade	Input	-10,00%	Inclinacao 2ª Berma Corte	
ibermacorte03	Grade	Input	-10,00%	Inclinação 3ª Berma Corte	
Lbermaaterro01	Double	Input	4,001	Largura 1ª Berma Aterro	
Lbermaaterro02	Double	Input	4,001	Largura 2ª Berma Aterro	
Lbermaaterro03	Double	Input	4,001	Largura 3ª Berma Aterro	
Lbermacorte01	Double	Input	4,001	Largura 1ª Berma Corte	
Lbermacorte02	Double	Input	4,001	Largura 2ª Berma Corte	
Lbermacorte03	Double	Input	4,001	Largura 3ª Berma Corte	
Side	Side	Input	Right		
slopeaterro01	Slope	Input	-2,00:1	H:V Aterro 1º Talude	
slopeaterro02	Slope	Input	-2,00:1	H:V Aterro 2º Talude	
slopeaterro03	Slope	Input	-2,00:1	H:V Aterro 3º Talude	

Create parameter

Packet Settings | Input/Output Parameters | Target Parameters | Superelevation | Event Viewer

Figura 12.40 Configuração de parâmetros para controle das geometrias do subassembly.

- **Target Parameters:** aba que define parâmetros de alvos (target) para os elementos presentes na geometria do subassembly, os quais podem ser utilizados na definição dos elementos de geometria do subassembly, acessando a janela **Properties** do elemento selecionado.

- **Superelevation Parameters:** aba que define os parâmetros de superelevação, que podem ser utilizados na definição dos elementos de geometria do subassembly (Figura 12.41).

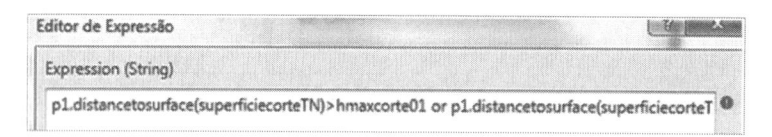

Cross Slope	Preview Value	Enabled In Previe
Left Inside Lane Slope	-2,00%	✓
Left Inside Shoulder Slope	-5,00%	✓
Left Outside Lane Slope	-2,00%	✓
Left Outside Shoulder Slope	-5,00%	✓
Right Inside Lane Slope	-2,00%	✓
Right Inside Shoulder Slope	-5,00%	✓
Right Outside Lane Slope	-2,00%	✓
Right Outside Shoulder Slope	-5,00%	✓

Figura 12.41 Configuração de parâmetros para superelevação.

O recurso **Expressions** permite criar fórmulas matemáticas, convertendo informações de posição, inclinações e elevações. O resultado das fórmulas pode ser utilizado como uma propriedade dos elementos da geometria do subassembly. A caixa de diálogo **Editor de Expressão** é acessada ao clicar no botão **Expression** ou **Condition** da janela de propriedades dos elementos geométricos (Figura 12.42).

Editor de Expressão

Expression (String)

p1.distancetosurface(superficiecorteTN)>hmaxcorte01 or p1.distancetosurface(superficiecorteT

Figura 12.42 Caixa do editor de expressão.

É possível adicionar fórmulas, variáveis, parâmetros e demais funções matemáticas no campo **Expression** ou na caixa de diálogo **Editor de Expressão**. O símbolo vermelho de exclamação ❗, exibido no lado direito da caixa de diálogo **Editor de Expressão,** informa que a expressão contém erros.

Veja alguns exemplos de expressões:

- **AP10.Y<P1.Y:** verifica se o valor de **Y** do ponto auxiliar **AP10** é menor do que o valor de **Y** do ponto **P1**.

- **P1.DistanceToSurface(NOME DA SUPERFÍCIE)>8:** verifica se a distância vertical entre o ponto **P1** e a superfície é maior que **8**.

- **L1.Slope:** retorna a inclinação calculada para o link **L1**.

- **P2.Y-P3.Y:** calcula o valor da diferença de altura entre os pontos **P2** e **P3**.

A seguinte sequência mostra os procedimentos para definir os parâmetros geométricos transversais para a composição dos elementos estruturais de uma seção urbana, utilizando o aplicativo Autodesk Subassembly Composer para determinar as geometrias de pista, sarjeta, guia, passeio, talude e muro.

Agora, estude o exemplo a seguir:

1. Inicie o Autodesk Subassemby Composer.
2. Crie um subassembly pelo menu **File** → **New**. Grave o arquivo com o nome **MURO.PKT.**
3. No painel **Packet Settings**, em **Subassembly**, digite **MURO** no campo Subassembly **Name,** para definir o nome que será exibido na **Tool Palettes** do AutoCAD Civil 3D. Digite uma descrição no campo **Description**. No campo **Image**, clique no botão **...** e selecione o arquivo **MURO.JPG**, disponível na plataforma da editora.

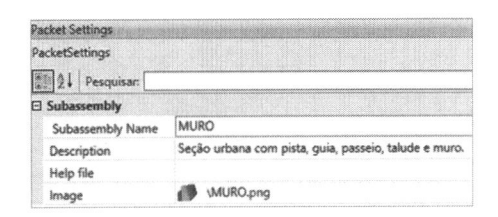

Figura 12.43 Definição do nome e escolha da imagem para o Subassembly.

4. No painel **Input/Output Parameters**, clique na linha **Create parameter** e defina os parâmetros e as variáveis para a construção das geometrias transversais do projeto.

Name	Type	Direction	Default Value	DisplayName	Description
Side	Side	Input	None		
LPISTA	Double	Input	3,6	Largura da Pista	
GUIA	String	Input	GUIA	Material da Guia e Sarjeta	
PISTA	String	Input	PISTA	Material da Pista	
PASSEIO	String	Input	PASSEIO	Material do Passeio	
MURO	String	Input	MURO	Material do Muro	
LMURO	Double	Input	0,3	Largura do Muro	
LTALUDE	Double	Input	3	Largura Máxima do Talude	
TALUDEATERRO	Slope	Input	1,50:1	Inclinação do Talude de Aterro	
TALUDECORTE	Slope	Input	1,00:1	Inclinação do Talude de Corte	
CXPASSEIO	Double	Input	0,1	Profundidade do Passeio	
IPASSEIO	Grade	Input	0,00%	Inclinação do Passeio	
LPASSEIO	Double	Input	2	Largura do Passeio	
ISARJETA	Grade	Input	-10,00%	Inclinação da Sarjeta	
LSARJETA	Double	Input	0,45	Largura da Sarjeta	
IPISTA	Grade	Input	-2,00%	Inclinação da Pista	
CXPAV	Double	Input	0,3	Profundidade da Caixa de Pavimento	
Create parameter					

Packet Settings | **Input/Output Parameters** | Target Parameters | Superelevation | Cant | Event Viewer

Figura 12.44 Parâmetros e variáveis para a construção das geometrias do projeto.

5. No painel **Target Parameters**, clique na linha **Create parameter** e defina os parâmetros **SUPERFICIE** com o tipo **Surface**, e **SUPERLARGURA** com o tipo **Offset** (Figura 12.45).

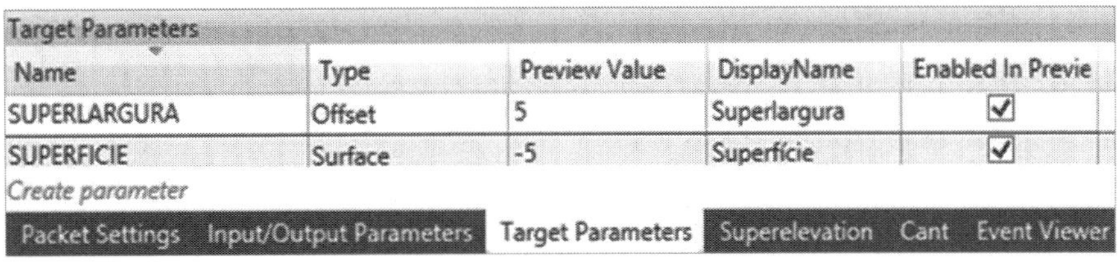

Name	Type	Preview Value	DisplayName	Enabled In Previe
SUPERLARGURA	Offset	5	Superlargura	☑
SUPERFICIE	Surface	-5	Superfície	☑
Create parameter				

Packet Settings | Input/Output Parameters | **Target Parameters** | Superelevation | Cant | Event Viewer

Figura 12.45 Parâmetros de superfície para aplicação de taludes e superlargura para a pista.

6. No painel **Superelevation**, verifique os valores padrões para aplicação da superelevação exibidos na coluna **Preview Value**.

7. Na categoria **Geometry** da **Tool Box**, arraste a ferramenta **Point** para a janela **Flowchart** (Figura 12.46).

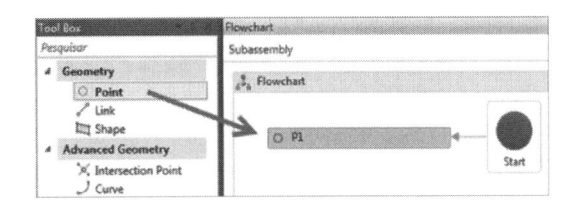

Figura 12.46 Aplicação do ponto inicial na sequência do fluxograma.

8. Selecione o ponto **P1** criado no painel **Flowchart** e configure os parâmetros no painel **Properties** (Figura 12.47):

- ◆ digite **"Eixo"** no campo **Point Codes**;
- ◆ selecione **Delta X and Delta Y** no campo **Type**;
- ◆ selecione **Origin** no campo **From Point**.

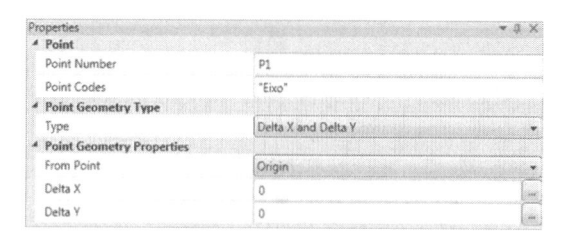

Figura 12.47   Configuração do ponto inicial posicionado na origem do Subassembly.

9. Na categoria **Geometry** da **Tool Box**, arraste a ferramenta **Point** para a janela **Flowchart** para definir a crista do lado direito do dique (Figura 12.48).

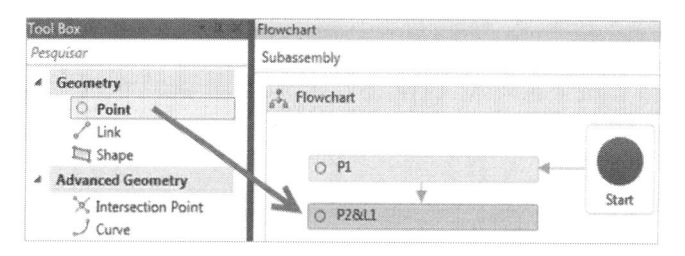

Figura 12.48   Aplicação do novo ponto de conexão com o ponto anterior.

10. Selecione o ponto **P2&L1** criado no painel **Flowchart** e configure os parâmetros no painel **Properties** (Figura 12.49):

- ◆ digite **"PISTASUPERIOREXTERNA"** no campo **Point Codes**;
- ◆ selecione **Slope and Delta X** no campo **Type**;
- ◆ selecione **P1** no campo **From Point**; digite o parâmetro **IPISTA** no campo **Slope** para definir a inclinação da pista;
- ◆ digite o parâmetro **LPISTA** no campo **Delta X** para definir a largura da pista;
- ◆ selecione o parâmetro **SUPERLARGURA** no campo **Offset Target (overrides Delta X)**. Esta configuração permitirá efetuar variações na largura da pista quando necessário;

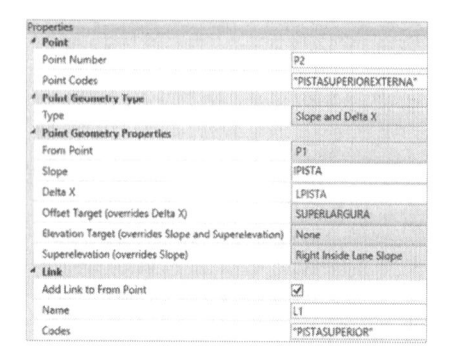

Figura 12.49   Configuração do ponto P2 e criação da linha L1.

- ◆ selecione a opção **Right Inside Lane Slope** no campo **Superelevation (overrides Slope)** para determinar o critério de superelevação;
- ◆ habilite a opção **Add Link to From Point** para adicionar automaticamente a linha de conexão do ponto P1 ao P2;
- ◆ digite **L1** no campo **Name**;
- ◆ digite "**PISTASUPERIOR**" no campo **Codes**.

11. Grave o arquivo com o nome **MURO. PKT**.

12. Execute a próxima sequência de geometrias para a estrutura da pista. É possível consultar o arquivo **_MURO.PKT** para visualizar a sequência construtiva do subassembly deste exemplo.

13. Ponto **P3&L2** para a definição da lateral externa da pista:
- ◆ Point Codes: "**PISTALATERALEXTERNA**".
- ◆ Type: Delta x and Delta Y.
- ◆ From Point: P2.
- ◆ Delta X: 0.
- ◆ Delta Y: -CXPAV.
- ◆ Habilite a opção **Add Link to From Point**.
- ◆ Codes: "**PISTAEXTERNA**".

14. Ponto **P4&L3** para a definição da lateral interna da pista:
- ◆ Point Codes: "**PISTALATERALINTERNA**".
- ◆ Type: Delta x and Delta Y.
- ◆ From Point: P1.
- ◆ Delta X: 0.
- ◆ Delta Y: -CXPAV.
- ◆ Habilite a opção **Add Link to From Point**.
- ◆ Codes: "**PISTAINTERNA**".

15. Linha (link) **L4** para a definição da pista inferior:
- ◆ Link Codes: "**PISTAINFERIOR**".
- ◆ Start Point: P4.
- ◆ End Point: P3.

16. Shape S1 para a definição do material da pista:
- ◆ Shape Codes: PISTA.
- ◆ Selecione o botão 🔲 **Select Shape in Preview** e clique na área interna da estrutura da pista. As linhas de links selecionadas exibidas no campo **Links** são L1, L2, L3 e L4 (Figura 12.50).

17. Execute a próxima sequência para configurar a geometria da sarjeta e guia. É possível consultar o arquivo **_MURO.PKT** para visualizar a sequência construtiva do subassembly deste exemplo.

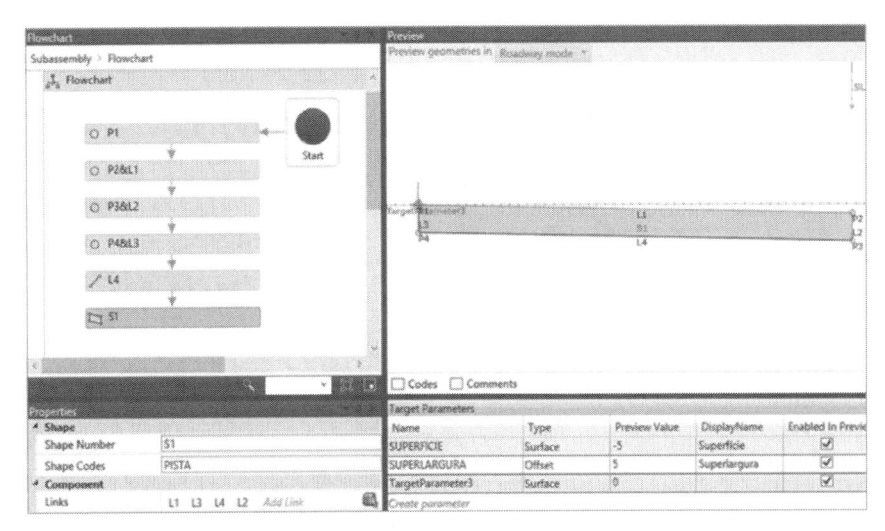

Figura 12.50 Composição da geometria transversal da pista.

18. Ponto **P5&L5** para a definição da linha na face superior da sarjeta (Figura 12.51):

   - Point Codes: "**SARJETASUPERIOR**".
   - Type: Slope and Delta X.
   - From Point: P2.
   - Slope: ISARJETA.
   - Delta X: LSARJETA.
   - Habilite a opção **Add Link to From Point.**
   - Codes: "**SARJETASUPERIOR**".

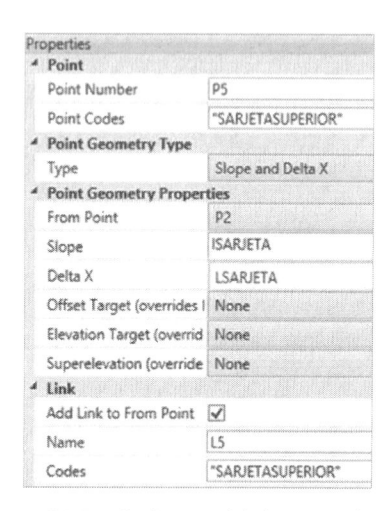

Figura 12.51 Configuração da linha superior da sarjeta.

19. Ponto **P6&L6** para a definição da linha na face lateral interna da guia:

   - Point Codes: "**GUIAINTERNA**".
   - Type: Delta X and Delta Y. From Point: P5.
   - Delta X: 0.
   - Delta Y: 0.15.
   - Habilite a opção **Add Link to From Point.**
   - Codes: "**GUIAINTERNA**".

20. Ponto **P7&L7** para a definição da linha na face superior da guia:

   - Point Codes: "**GUIASUPERIOR**".
   - Type: Delta X and Delta Y.
   - From Point: P6.
   - Delta X: 0.15.

   - Delta Y: 0.
   - Habilite a opção **Add Link to From Point.**
   - Codes: "**GUIASUPERIOR**".

21. Ponto **P8&L8** para a definição da linha na face lateral externa da guia (Figura 12.52):

   - Point Codes: "**GUIAEXTERNA**".
   - Type: Delta X and Delta Y.
   - From Point: P7.
   - Delta X: 0.
   - Delta Y: -(p7.y-p3.y). Define a diferença de altura entre os pontos P7 e P3.
   - Habilite a opção **Add Link to From Point.**
   - Codes: "**GUIAEXTERNA**".

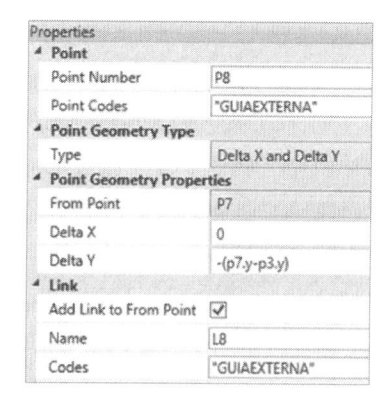

Figura 12.52 Configuração da profundidade da guia.

22. Linha (link) **L9** para a definição da linha inferior da guia:

   - Link Codes: "**GUIAINFERIOR**".
   - Start Point: P8.
   - End Point: P3.

23. Shape **S2** para a definição do material da guia:

   - Shape Codes: GUIA.
   - Selecione o botão 🔲 **Select Shape in Preview** e clique na área interna da estrutura da guia. As linhas de **links** selecionadas exibidas no campo **Links** são L2, L9, L8, L7, L6 e L5 (Figura 12.53).

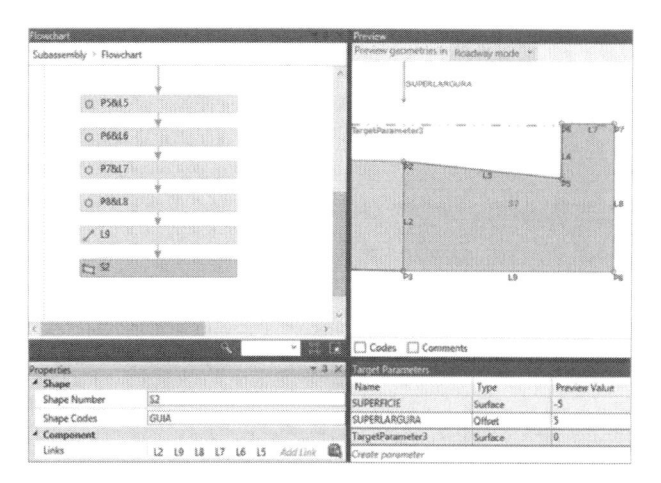

Figura 12.53 Composição da geometria transversal da guia.

24. Execute a próxima sequência para configurar a geometria transversal do passeio. É possível consultar o arquivo **_MURO. PKT** para visualizar a sequência construtiva do subassembly deste exemplo.

25. Ponto **P9&L10** para a definição da linha na face superior do passeio:
    - Point Codes: **"PASSEIOSUPERIOR"**.
    - Type: Slope and Delta X.
    - From Point: P7.
    - Slope: IPASSEIO
    - Delta X: LPASSEIO.
    - Habilite a opção **Add Link to From Point**.
    - Codes: **"PASSEIOSUPERIOR"**.

26. Ponto **P10&L11** para a definição da linha da lateral externa do passeio:
    - Point Codes: **"PASSEIOLATERAL"**.
    - Type: Delta X and Delta Y.
    - From Point: P9.
    - Delta X: 0.
    - Delta Y: -CXPASSEIO.
    - Habilite a opção **Add Link to From Point**.
    - Codes: **"PASSEIOLATERAL"**.

27. Ponto **P11&L12** para a definição da linha na face inferior do passeio:

- Point Codes: **"PASSEIOINFERIOR"**.
- Type: Slope and Delta X.
- From Point: P10.
- Slope: -L10.SLOPE. Aplica a mesma inclinação da linha superior do passeio, Link L10.
- Delta X: -LPASSEIO.
- Habilite a opção **Add Link to From Point**.
- Codes: **"PASSEIOINFERIOR"**.

28. Linha (link) **L13** para a definição da linha da face interna do passeio:
    - Link Codes: **"PASSEIOINTERNO"**.
    - Start Point: P11.
    - End Point: P7.

29. Shape **S3** para a definição do material do passeio:
    - Shape Codes: PASSEIO.
    - Selecione o botão ▦ **Select Shape in Preview** e clique na área interna da estrutura do passeio. As linhas de **links** selecionadas exibidas no campo **Links** são L10, L11, L12 e L13 (Figura 12.54).

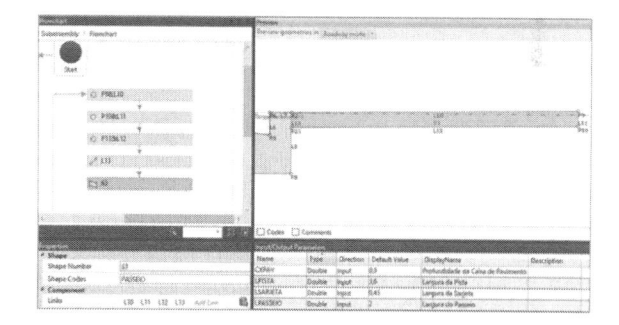

Figura 12.54 Composição da geometria transversal do passeio.

30. Decision para configurar a condicional entre o corte e o aterro (Figura 12.55):
    - Condition: P9.DISTANCETOSURFACE(SUPERFICIE)<0.00.
    - False Label: ATERRO.
    - True Label: CORTE.

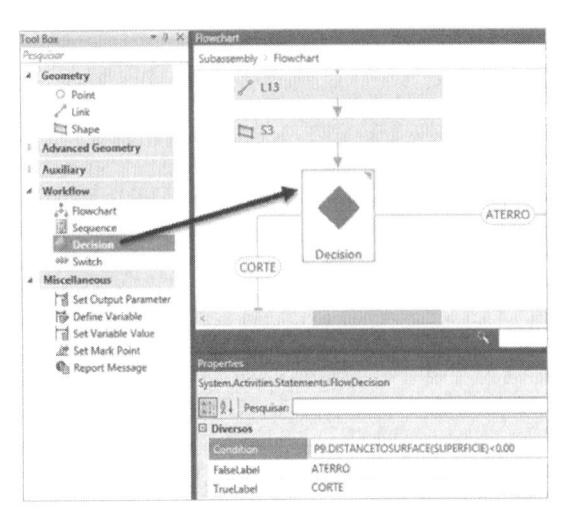

Figura 12.55 Condicional para determinar a mudança entre corte e aterro.

31. Decision para configurar a condicional entre o talude e o muro, posicionar na ligação da saída **CORTE:**

- Condition: P9.DISTANCETOSURFACE(SUPERFICIE)^2>LTALUDE^2.
- False Label: TALUDE.
- True Label: MURO.

32. Ponto **P12&L14** para a definição da linha do talude de corte até encontrar a superfície, posicionar na ligação da saída **TALUDE** (Figura 12.56):

- Point Codes: **"TALUDECORTE"**.
- Type: slope to Surface.
- From Point: P9.
- Slope: TALUDECORTE. Parâmetro criado para a inclinação do talude de corte.
- Surface Target: SUPERFICIE.
- Habilite a opção **Add Link to From Point.**
- Codes: **"TALUDECORTE".**

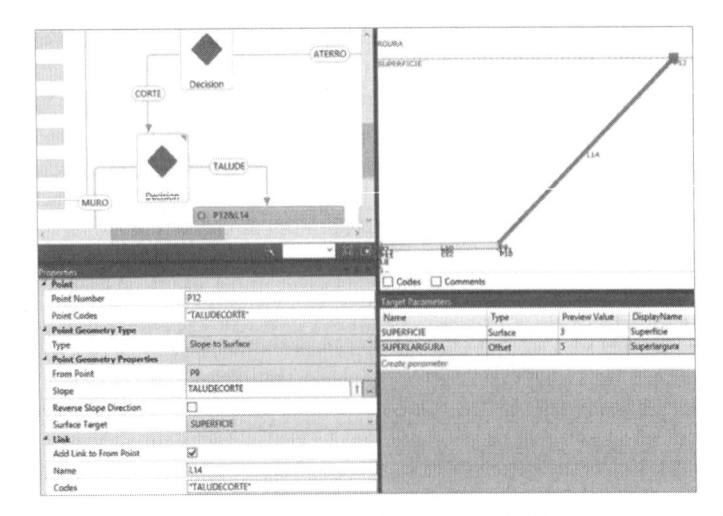

Figura 12.56 Linha de talude de corte junto com as condicionais para a decisão entre corte e aterro, talude e muro.

33. Ponto **P13&L15** para a definição da linha do talude que antecede a estrutura do muro, posicionar na ligação da saída **MURO:**

- ◆ Point Codes: **"TALUDEMURO".**
- ◆ Type: Slope and Delta X.
- ◆ From Point: P9.
- ◆ Slope: TALUDECORTE. Parâmetro criado para a inclinação do talude de corte.
- ◆ Delta X: LTALUDE. Parâmetro criado para o comprimento máximo do talude.
- ◆ Habilite a opção **Add Link to From Point.**
- ◆ Codes: **"TALUDEMURO".**

34. Sequence para agrupar os parâmetros geométricos do muro de corte. Aplique um duplo clique para entrar no grupo e renomeie para **MURO CORTE.**

35. Ponto **P15&L17** para a definição da linha da face interna na estrutura do muro, posicionar dentro do grupo da sequência **MURO CORTE:**

- ◆ Point Codes: **"MUROINFERIORINTERNA".**
- ◆ Type: Delta X on Surface.
- ◆ From Point: P13.
- ◆ Delta X: 0.
- ◆ Surface Target: SUPERFICIE.
- ◆ Habilite a opção **Add Link to From Point.**
- ◆ Codes: **"MUROINFERIORINTERNA".**

36. Ponto **P16&L18** para a definição da linha da face superior interna da estrutura do muro:

- ◆ Point Codes: **"MUROSUPERIOR INTERNA".**
- ◆ Type: Delta X and Delta Y.
- ◆ From Point: P15.
- ◆ Delta X: 0.
- ◆ Delta Y: LMURO. Parâmetro criado para a largura da estrutura do muro.

- ◆ Habilite a opção **Add Link to From Point.**
- ◆ Codes: **"MUROSUPERIORINTERNA".**

37. Ponto **P17&L19** para a definição da linha da face superior da estrutura do muro:

- ◆ Point Codes: **"MUROSUPERIOR".**
- ◆ Type: Delta X and Delta Y. From Point: P16.
- ◆ Delta X: LMURO. Parâmetro criado para a largura da estrutura do muro.
- ◆ Delta Y: 0.
- ◆ Habilite a opção **Add Link to From Point.**
- ◆ Codes: **"MUROSUPERIOR".**

38. Ponto **P18&L20** para a definição da linha da face superior externa da estrutura do muro:

- ◆ Point Codes: **"MUROSUPERIO-REXTERNA".**
- ◆ Type: Delta X on Surface.
- ◆ From Point: P17.
- ◆ Delta X: 0.
- ◆ Surface Target: SUPERFICIE.
- ◆ Habilite a opção **Add Link to From Point.**
- ◆ Codes: **"MUROSUPERIOREXTERNA".**

39. Ponto **P19&L21** para a definição da linha da face inferior externa da estrutura do muro:

- ◆ Point Codes: **"MUROINFERIOR EXTERNA".**
- ◆ Type: Delta X and Delta Y.
- ◆ From Point: P18.
- ◆ Delta X:0.
- ◆ Delta Y: -(P15.Y-P13.Y). Fórmula para a obtenção do comprimento da linha L17.
- ◆ Habilite a opção **Add Link to From Point.**
- ◆ Codes: **"MUROINFERIOREXTERNA".**

40. Ponto **P20&L22** para a definição da linha da face superior da fundação do muro:

- ◆ Point Codes: **"MUROBASESUPERIOR"**.
- ◆ Type: Delta X and Delta Y.
- ◆ From Point: P19.
- ◆ Delta X: LMURO.
- ◆ Delta Y: 0.
- ◆ Habilite a opção **Add Link to From Point.**
- ◆ Codes: **"MUROBASESUPERIOR"**.

41. Ponto **P21&L23** para a definição da linha da face externa da fundação do muro:
- ◆ Point Codes: **"MUROBASEEXTERNA"**.
- ◆ Type: Delta X and Delta Y. From Point: P20.
- ◆ Delta X: 0.
- ◆ Delta Y: -LMURO.
- ◆ Habilite a opção **Add Link to From Point.**
- ◆ Codes: **"MUROBASEEXTERNA"**.

42. Ponto **P22&L24** para a definição da linha da face inferior da fundação do muro:
- ◆ Point Codes: **"MUROBASEINFERIOR"**.
- ◆ Type: Delta X and Delta Y. From Point: P21.
- ◆ Delta X: P13.X-P20.X-LMURO.
- ◆ Delta Y:0.
- ◆ Habilite a opção **Add Link to From Point.**
- ◆ Codes: **"MUROBASEINFERIOR"**.

43. Linha (link) **L25** para a definição da face externa da fundação do muro:
- ◆ Link Codes: **"MUROBASEINTERNA"**.
- ◆ Start Point: P22.
- ◆ End Point: P13.

44. Shape **S4** para a definição do material do muro:
- ◆ Shape Codes: **MURO.**
- ◆ Selecione o botão **Select Shape in Preview** e clique na área interna da estrutura do muro. As linhas de links selecionadas exibidas no campo **Links** são: L17, L18, L19, L20, L21, L22, L23, L24 e L25 (Figura 12.57).

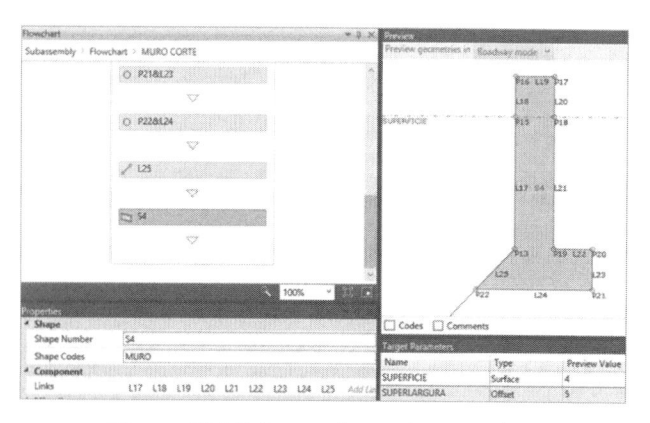

Figura 12.57 Estrutura do muro de corte criada no grupo da sequência MURO CORTE.

45. Decision para configurar a condicional entre o talude e o muro, posicionar na ligação da saída ATERRO (Figura 12.58):

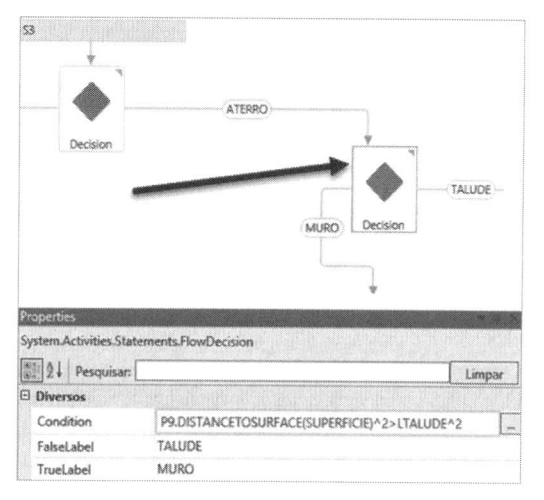

Figura 12.58 Condicional para controlar a aplicação de talude ou muro na condição de aterro.

- ◆ Condition: P9.DISTANCETOSURFACE(SUPERFICIE)^2>LTALUDE^2.
- ◆ False Label: TALUDE.
- ◆ True Label: MURO.

46. Ponto **P14&L16** para a definição da linha do talude de aterro até encontrar a superfície, posicionar na ligação da saída **TALUDE:**
- ◆ Point Codes: **"TALUDEATERRO"**.
- ◆ Type: Slope to Surface.
- ◆ From Point: P9.
- ◆ Slope: TALUDEATERRO. Parâmetro criado para a inclinação do talude de aterro.

- ◆ Surface Target: SUPERFICIE.
- ◆ Habilite a opção **Add Link to From Point.**
- ◆ Codes: **"TALUDEATERRO".**

47. Ponto **P23&L26** para a definição da linha do talude que antecede a estrutura do muro, posicionar na ligação da saída **MURO:**
    - ◆ Point Codes: **"TALUDEMURO".**
    - ◆ Type: Slope and Delta X.
    - ◆ From Point: P9.
    - ◆ Slope: -TALUDEATERRO. Parâmetro criado para a inclinação do talude de aterro.
    - ◆ Delta X: LTALUDE. Parâmetro criado para o comprimento máximo do talude.
    - ◆ Habilite a opção **Add Link to From Point**.
    - ◆ Codes: **"TALUDEMURO".**

48. Sequence para agrupar os parâmetros geométricos do muro de aterro. Aplique um duplo clique para entrar no grupo e renomeie para **MURO ATERRO.**

49. Ponto **P24&L27** para a definição da linha da face interna à estrutura do muro, posicionar dentro do grupo da sequência **MUROATERRO:**
    - ◆ Point Codes: **"MUROSUPERIOR INTERNA".**
    - ◆ Type: Delta X and Delta Y.
      From Point: P23.
    - ◆ Delta X: 0.
    - ◆ Delta Y: LMURO. Parâmetro criado para a largura da estrutura do muro.
    - ◆ Habilite a opção **Add Link to From Point.**
    - ◆ Codes: **"MUROSUPERIORINTERNA".**

50. Ponto **P25&L28** para a definição da linha da face superior da estrutura do muro:
    - ◆ Point Codes: **"MUROSUPERIOR".**
    - ◆ Type: Delta X and Delta Y.
    - ◆ From Point: P24.

- ◆ Delta X: LMURO. Parâmetro criado para a largura da estrutura do muro.
- ◆ Delta Y: 0.
- ◆ Habilite a opção **Add Link to From Point.**
- ◆ Codes: **"MUROSUPERIOR".**

51. Ponto **P26&L29** para a definição da linha da face superior externa da estrutura do muro:
    - ◆ Point Codes: **"MUROSUPERIOR EXTERNA".**
    - ◆ Type: Delta X on Surface.
    - ◆ From Point: P25.
    - ◆ Delta X: 0.
    - ◆ Surface Target: SUPERFICIE.
    - ◆ Habilite a opção **Add Link to From Point.**
    - ◆ Codes: **"MUROSUPERIOREXTERNA".**

52. Ponto **P27&L30** para a definição da linha da face inferior externa da estrutura do muro:
    - ◆ Point Codes: **"MUROINFERIOR EXTERNA".**
    - ◆ Type: Delta X and Delta Y.
    - ◆ From Point: P26.
    - ◆ Delta X: 0.
    - ◆ Delta Y: LMURO. Parâmetro criado para a largura da estrutura do muro.
    - ◆ Habilite a opção **Add Link to From Point.**
    - ◆ Codes: **"MUROINFERIOREXTERNA".**

53. Ponto **P28&L31** para a definição da linha da superior direita da fundação do muro:
    - ◆ Point Codes: **"MUROBASESUPE-RIORDIREITA".**
    - ◆ Type: Delta X and Delta Y.
    - ◆ From Point: P27.
    - ◆ Delta X: LMURO. Parâmetro criado para a largura da estrutura do muro.
    - ◆ Delta Y: 0.
    - ◆ Habilite a opção **Add Link to From Point.**

◆ Codes: **"MUROBASESUPERIOR-DIREITA".**

54. Ponto **P29&L32** para a definição da linha da face externa da fundação do muro:

   ◆ Point Codes: **"MUROBASEEXTERNA".**

   ◆ Type: Delta X and Delta Y.

   ◆ From Point: P28.

   ◆ Delta X: 0.

   ◆ Delta Y: LMURO. Parâmetro criado para a largura da estrutura do muro.

   ◆ Habilite a opção **Add Link to From Point.**

   ◆ Codes: **"MUROBASEEXTERNA".**

55. Ponto **P30&L33** para a definição da linha da face inferior da fundação do muro:

   ◆ Point Codes: **"MUROBASEINFERIOR".**

   ◆ Type: Delta X and Delta Y. From Point: P29.

   ◆ Delta X: -LMURO*3.

   ◆ Delta Y: 0.

   ◆ Habilite a opção **Add Link to From Point.**

   ◆ Codes: **"MUROBASEINFERIOR".**

56. Ponto **P31&L34** para a definição da linha da face interna da fundação do muro:

   ◆ Point Codes: **"MUROBASEINTERNA".**

   ◆ Type: Delta X and Delta Y. From Point: P30.

   ◆ Delta X: 0.

   ◆ Delta Y: LMURO. Parâmetro criado para a largura da estrutura do muro.

   ◆ Habilite a opção **Add Link to From Point.**

   ◆ Codes: **"MUROBASEINTERNA".**

57. Ponto **P32&L35** para a definição da linha da superior esquerda da fundação do muro:

   ◆ Point Codes: **"MUROBASESUPERIOR ESQUERDA ".**

◆ Type: Delta X and Delta Y. From Point: P31.

◆ Delta X: LMURO. Parâmetro criado para a largura da estrutura do muro.

◆ Delta Y: 0.

◆ Habilite a opção **Add Link to From Point.**

◆ Codes: **"MUROBASESUPERIOR ESQUERDA".**

58. Linha (link) **L36** para a definição da face inferior interna da estrutura do muro:

   ◆ Link Codes: **"MUROINFERIORIN-TERNA".**

   ◆ Start Point: P32.

   ◆ End Point: P23.

59. Shape **S5** para a definição do material do muro:

   ◆ Shape Codes: **MURO.**

   ◆ Selecione o botão 🔍 **Select Shape in Preview** muro. As linhas de **links** selecionadas exibidas no campo **Links** são L27, L28, L29, L30, L31, L32, L33, L34, L35 e L36 (Figura 12.59).

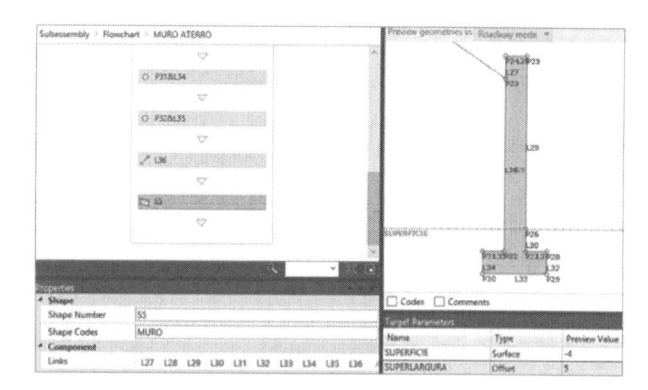

Figura 12.59 Estrutura do muro de aterro criada no grupo da sequência MURO ATERRO.

60. A estrutura final do fluxograma da construção do **subassembly**, presente no painel **Flowchart**, deverá ficar conforme exibido na Figura 12.60.

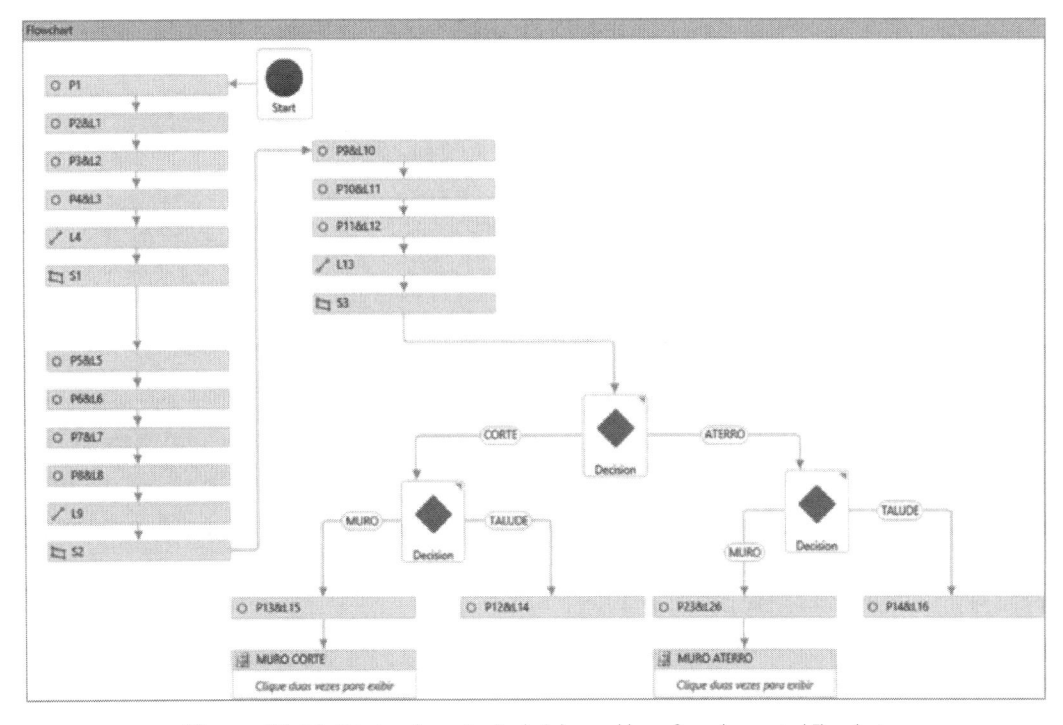

Figura 12.60 Estrutura da construção do Subassembly configurada no painel Flowchart.

61. A composição geométrica das estruturas do **subassembly** pode ser visualizada no painel **Preview**, conforme ilustrado na Figura 12.61.

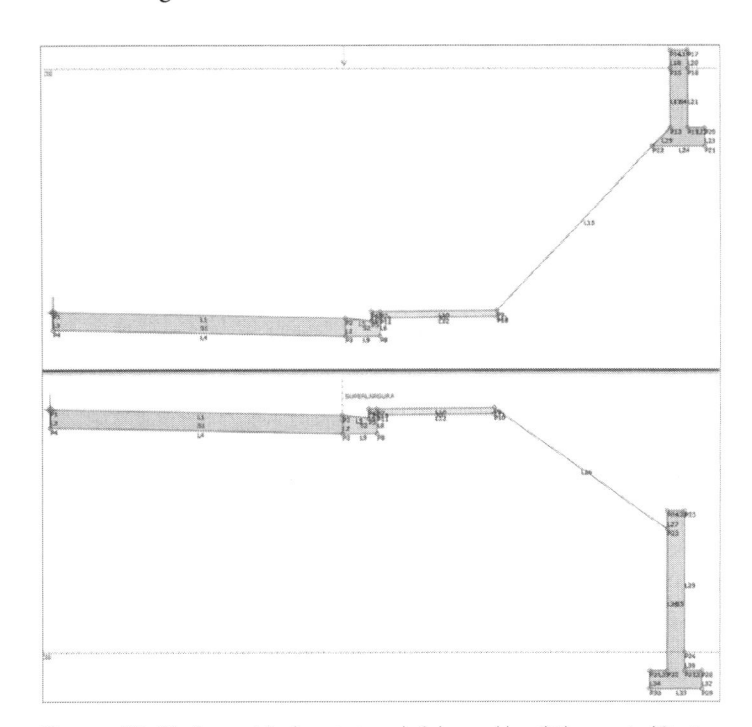

Figura 12.61 Composição das estruturas do Subassembly exibidas no painel Preview.

62. Grave o arquivo com o nome **MURO.PKT**.

63. É possível consultar o arquivo **_MURO.PKT**, disponível na plataforma da editora, para visualizar a sequência construtiva do subassembly completo deste exemplo.

12.8.2 Importação de subassemblies para a Tool Palettes

Os subassemblies desenvolvidos no Autodesk Subassembly Composer poderão ser importados por meio de arquivos de formato PKT. Dessa forma, será possível importar diversas geometrias transversais necessárias para o desenvolvimento de projetos de infraestrutura, como pontes, diques e barragens, túneis, muros, entre outras. A importação dos subassemblies personalizados é feita diretamente para a **Tool Palettes** do Autodesk Civil 3D, com a ferramenta localizada na ribbon **Insert** → **Import** → **Import Subassemblies**.

O seguinte exemplo mostra os procedimentos para a importação do subassembly com as estruturas transversais de uma via urbana com muro, desenvolvida no aplicativo **Autodesk Subassembly Composer**.

Agora, estude o exemplo a seguir:

1. Inicie o Autodesk Civil 3D.

2. Crie um novo desenho e utilize o arquivo de template **_AutoCAD Civil 3D 2020_ BRA (DER).DWT**, fornecido na instalação do pacote *Brazil Content*.

3. Acesse a ferramenta da ribbon **Home** → **Palettes** → **Tool Palettes**.

4. Selecione a ferramenta da ribbon **Insert** → **Import** → **Import Subassemblies**.

5. Na caixa de diálogo **Import Subassemblies,** clique no botão [🔍] e localize o arquivo **_MURO. PKT**, disponível na plataforma da editora.

6. No quadro **Import To** da caixa **Import Subassemblies**, habilite a opção **Tool Palette** e localize a opção **Create New Palette** na lista.

7. Na caixa de diálogo **New Tool Palette**, digite **VIÁRIO** no quadro **Name** e clique no botão **OK** (Figura 12.62).

8. Clique no botão **OK** na caixa **Import Subassemblies** para iniciar a importação da seção.

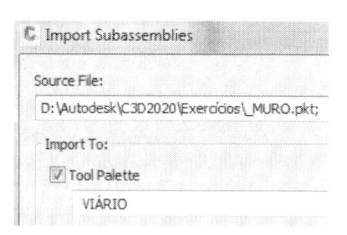

Figura 12.62   Caixa de importação de subassemblies.

9. Verifique a criação da aba **MURO** na **Tool Palettes** com o subassembly importado (Figura 12.63).

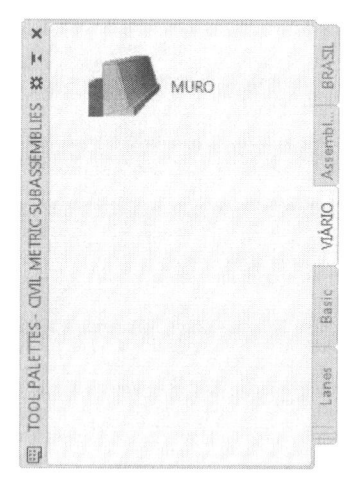

Figura 12.63   Subassembly importado para a Tool Palettes.

10. Selecione a ferramenta da ribbon **Home** → **Create Design** → **Assembly** → **Create Assembly**.

11. Na caixa de diálogo **Create Assembly**, digite **MURO** no campo **Name**. Selecione o estilo **PADRAO SECAO** no campo **Code Set Style** e clique no botão **OK**.

12. Posicione o eixo da baseline do assembly na área de desenho.

13. Selecione o subassembly **MURO** presente na aba **PROJETO** da **Tool Palettes**.

14. Verifique os parâmetros do assembly do dique exibidos na janela **Properties** (Figura 12.64).

15. Clique na baseline do assembly posicionado no desenho para adicionar o subassembly do muro. Pressione **Enter** para finalizar.

16. Verifique a geometria do subassembly do muro posicionado na área de desenho.

17. Repita os procedimentos para importar os subassemblies de exemplos fornecidos e disponíveis na plataforma da editora (Figura 12.65).

Parameters	
Largura da Pista	3.600m
Material da Guia e Sarjeta	GUIA
Material da Pista	PISTA
Material do Passeio	PASSEIO
Material do Muro	MURO
Largura do Muro	0.300m
Largura Máxima do Talude	3.000m
Inclinação do Talude de Aterro	1.50:1
Inclinação do Talude de Corte	1.00:1
Profundidade do Passeio	0.100m
Inclinação do Passeio	1.00%
Largura do Passeio	2.000m
Inclinação da Sarjeta	-10.00%
Largura da Sarjeta	0.450m
Inclinação da Pista	-2.00%
Profundidade da Caixa de Pavimento	0.300m

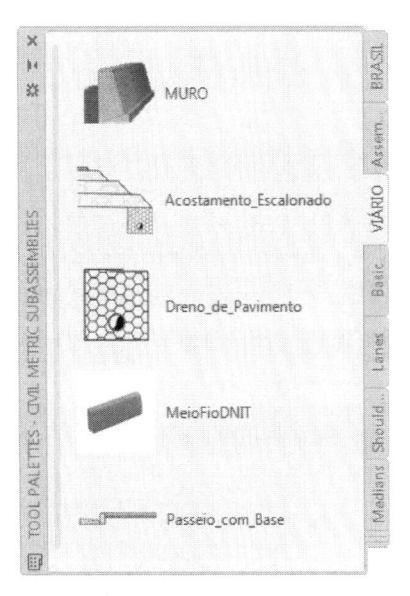

Figura 12.64 Parâmetros geométricos da seção urbana com muro.

Figura 12.65 Subassemblies importados para a Tool Palettes.

Exercício – Projeto transversal

O seguinte exercício ilustra os procedimentos para a construção de uma seção típica transversal para uma via. Este exemplo mostra como construir condições para verificar larguras e alturas máximas de taludes, para, dessa forma, determinar as regiões onde serão aplicados muros de contenção ao longo do traçado geométrico projetado.

Execute os procedimentos a seguir para concluir o exercício:

1. Abra o arquivo **12-9-1_ PROJETO_TRANSVERSAL.DWG**, disponível na plataforma da editora.

2. Selecione a ferramenta da ribbon **Insert** → **Import** → **Import Subassemblies**. Importe os arquivos de subassemblies disponíveis na plataforma da editora para a **Tool Palettes**, são eles: _ACOSTAMENTO_ESCALONADO.pkt; _DRENO_PAVIMENTO.pkt; _MFC_DNIT.pkt; _PASSEIO_COM_LASTRO.pkt. Ou copie as pastas com os mesmos nomes para: C:\ProgramData\Autodesk\C3D 2020\enu\Imported Tools.

3. Navegue no modelo para analisar as seções de assemblies existentes, aplique o comando **Zoom** na região do assembly de trabalho **VIA COM CONTENÇÕES** contendo as pistas já posicionadas em seu eixo (Figura 12.66).

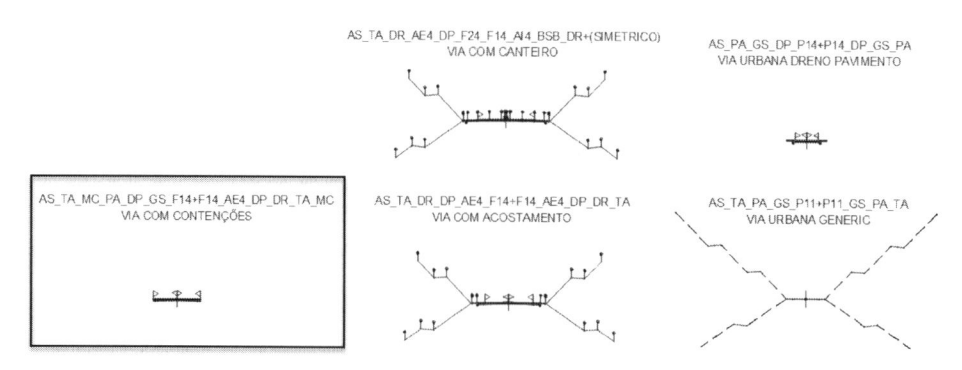

Figura 12.66 Assemblies presentes no desenho.

4. Selecione o acostamento externo direito e o dreno de pavimento direito presentes no assembly **VIA COM CANTEIRO**.

5. Acesse a ferramenta da ribbon **Subassemblies** → **Modify Subassembly** → **Copy** e clique na pista direita do assembly **VIA COM CONTENÇÕES** (Figura 12.67).

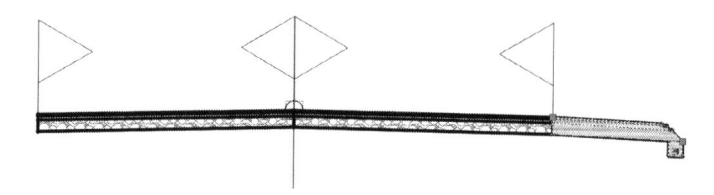

Figura 12.67 Acostamento e dreno de pavimento posicionados na pista esquerda.

6. Na aba **Conditional** da **Tool Palettes**, selecione o componente **ConditionalCutOrFill** para definir os parâmetros condicionais para o talude de corte e configure:

♦ no quadro **Parameters** da janela **Properties**, digite **5.000m** no campo **Layout Width** para configurar a representação do componente condicional na área de desenho. Este parâmetro não tem efeito geométrico no projeto;

♦ digite **1.00:1** no campo **Layout Grade** para configurar a representação da inclinação do componente condicional na área de desenho. Este parâmetro não tem efeito geométrico no projeto;

♦ selecione a condição **Cut** no campo **Type**;

♦ digite **0.000m** no campo **Minimum Distance**;

♦ digite **1.000m** no campo **Maximum Distance**;

♦ posicione o componente no final do acostamento direito (Figura 12.68).

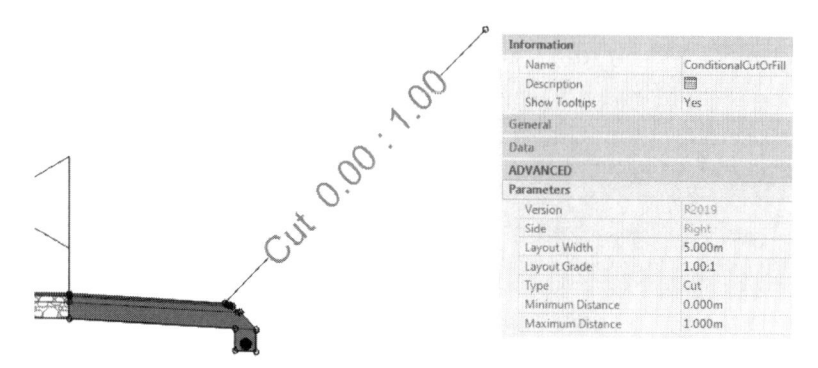

Figura 12.68 Condicional para o talude de corte até 1,00m de altura.

7. Na aba **Generic** da **Tool Palettes**, clique em **LinkWidthAndSlope** para configurar a valeta de drenagem:

- ◆ no quadro **Parameters** da janela **Properties,** digite **1.500m** no campo **Width**;
- ◆ digite **-25.00%** no campo **Slope**;
- ◆ adicione o componente no último subassembly condicional criado(Figura 12.69).

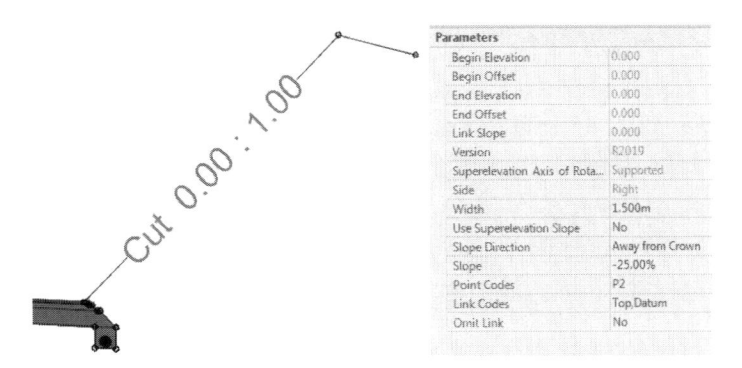

Figura 12.69 Linha da valeta de drenagem.

8. Na aba **Generic** da **Tool Palettes**, selecione o componente **LinkSlopeToSurface** para definir o talude de corte:

- ◆ no quadro Parameters da janela **Properties**, digite **1.00:1** no campo **Slope**;
- ◆ selecione a condição **Cut Only** no campo **Add Link In**;
- ◆ adicione o componente no final do componente de drenagem.

9. Na aba **Conditional** da **Tool Palettes**, selecione o componente **ConditionalCutOrFill** para definir os parâmetros condicionais para o talude de corte com o muro de contenção:

- ◆ no quadro **Parameters**, da janela **Properties**, digite **4.000m** no campo **Layout Width** para configurar a representação do componente condicional na área de desenho. Este parâmetro não tem efeito geométrico no projeto;
- ◆ digite **0.50:1** no campo **Layout Grade** para configurar a representação da inclinação do componente condicional na área de desenho. Este parâmetro não tem efeito geométrico no projeto;
- ◆ selecione a condição **Cut** no campo **Type**;
- ◆ digite **1.000m** no campo **Minimum Distance**;
- ◆ digite **20.000m** no campo **Maximum Distance**;
- ◆ posicione o componente no final do acostamento direito (Figura 12.70).

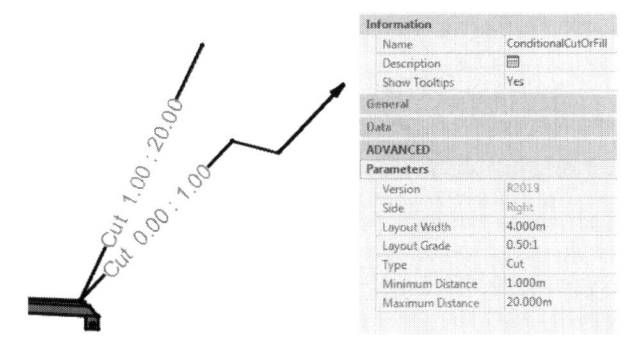

Figura 12.70 Condicional para o talude de corte acima de 1,00m de altura.

10. Selecione o componente da valeta de drenagem criado anteriormente, acesse a ferramenta da ribbon **Subassemblies** → **Modify Subassembly** → **Copy** e posicione-o no componente condicional de corte acima de 1.00m para determinar a valeta de drenagem.

11. Na aba **Generic** da **Tool Palettes**, clique em **LinkWidthAndSlope** para configurar o talude que antecede o muro de contenção:

   ◆ no quadro **Parameters** da janela **Properties,** digite **1.000m** no campo **Width**;

   ◆ digite **1:1** no campo **Slope**;

   ◆ clique no componente de drenagem criado anteriormente.

12. Na aba **Retaining Walls** da **Tool Palettes**, selecione o componente **RetainWallTapered** para configurar o muro de contenção:

   ◆ no quadro **Parameters** da janela **Properties,** digite **1.200m** no campo **Top Height** para determinar a altura do muro em relação ao terreno;

   ◆ digite **0.500m** no campo **Footing Cover** para configurar o recobrimento do muro sobre o terreno;

   ◆ selecione a opção **No** no campo **Key** para ocultar o detalhamento na fundação da contenção;

   ◆ clique no componente de talude criado anteriormente (Figura 12.71).

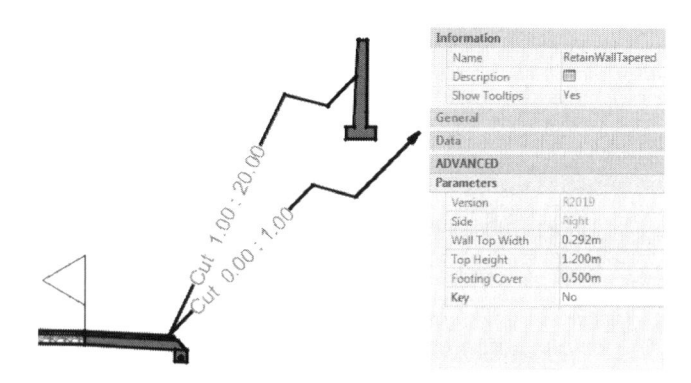

Figura 12.71 Configuração com o talude e contenção em corte.

13. Na aba **Conditional** da **Tool Palettes**, selecione o componente **ConditionalCutOrFill** para definir os parâmetros condicionais para o talude de aterro e configure:

   ◆ no quadro **Parameters** da janela **Properties**, digite **6.000m** no campo **Layout Width** para configurar a representação do componente condicional na área de desenho;

   ◆ digite **5.00:1** no campo **Layout Grade** para configurar a representação da inclinação do componente condicional na área de desenho;

   ◆ selecione a condição **Fill** no campo **Type**;

   ◆ digite **0.000m** no campo **Minimum Distance**;

   ◆ digite **1.000m** no campo **Maximum Distance**;

   ◆ posicione o componente no final do acostamento direito.

14. Na aba **Generic** da **Tool Palettes**, clique em **LinkWidthAndSlope** para configurar o componente de drenagem para o talude de aterro:

   ◆ no quadro **Parameters** da janela **Properties**, digite **1.500m** no campo **Width**;

   ◆ digite -**2.00%** no campo **Slope**;

   ◆ adicione-o no componente condicional criado anteriormente.

15. Na aba **Generic** da **Tool Palettes**, selecione o componente **LinkSlopeToSurface** para definir o talude de aterro:

   ◆ no quadro **Parameters** da janela **Properties**, digite **-1.50:1** no campo **Slope**;

   ◆ selecione a condição **Fill Only** no campo **Add Link In**;

   ◆ adicione o componente no final do componente de drenagem (Figura 12.72).

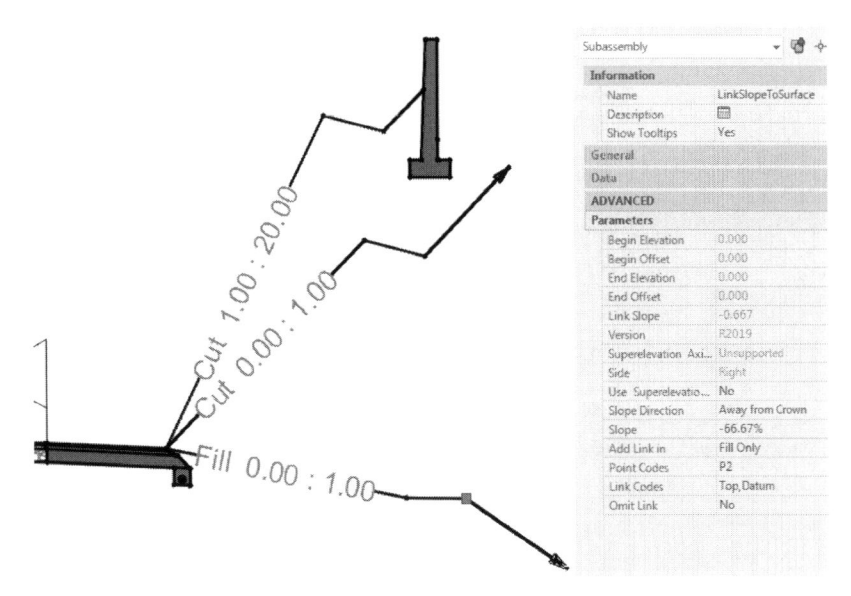

Figura 12.72 Configurações para os taludes e contenção.

16. Na aba **Conditional** da **Tool Palettes**, selecione o componente **ConditionalCutOrFill** para definir os parâmetros condicionais para o talude e contenção de aterro:

   ◆ no quadro **Parameters** da janela **Properties**, digite **5.000m** no campo **Layout Width**;

   ◆ digite **1.00:1** no campo **Layout Grade**;

   ◆ selecione a condição **Fill** no campo **Type**;

   ◆ digite **1.000m** no campo **Minimum Distance**;

   ◆ digite **20.000m** no campo **Maximum Distance**;

   ◆ posicione o componente no final do acostamento direito.

17. Selecione o componente da valeta de drenagem criado anteriormente, acesse a ferramenta da ribbon **Subassemblies** → **Modify Subassembly** → **Copy** e posicione-o no componente condicional de aterro acima de 1.00m para determinar a valeta de drenagem.

18. Na aba **Generic** da **Tool Palettes**, clique em **LinkWidthAndSlope** para configurar o talude que antecede o muro de contenção:

   ◆ no quadro **Parameters** da janela **Properties**, digite **1.500m** no campo **Width**;

   ◆ digite **-1.5:1** no campo **Slope**;

   ◆ clique no componente de drenagem criado anteriormente.

19. Na aba **Retaining Walls** da **Tool Palettes**, selecione o componente **RetainWallTapered** para configurar o muro de contenção:

   ◆ no quadro **Parameters** da janela **Properties**, digite **0.500m** no campo **Top Height** para determinar a altura do muro em relação ao terreno;

♦ digite **0.500m** no campo **Footing Cover** para configurar o recobrimento do muro sobre o terreno;

♦ selecione a opção **No** no campo **Key** para ocultar o detalhamento na fundação da contenção;

♦ clique no componente de talude criado anteriormente (Figura 12.73).

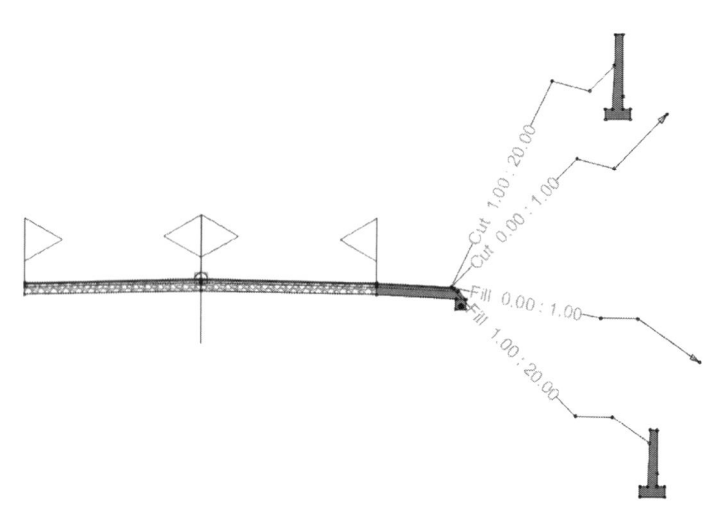

Figura 12.73 Composição dos condicionais, taludes e contenções.

20. Selecione os componentes de guia e sarjeta juntamente com o dreno de pavimento esquerdo existentes no assembly **VIA URBANA DRENO DE PAVIMENTO**.

21. Acesse a ferramenta da ribbon **Subassemblies** → **Modify Subassembly** → **Copy** e posicione os componentes selecionados na pista esquerda do assembly **VIA COM CONTENÇÕES** (Figura 12.74).

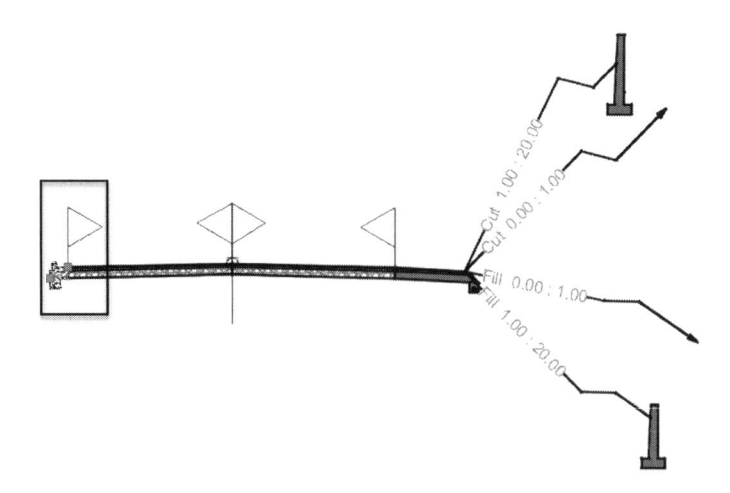

Figura 12.74 Componentes de guia, sarjeta e dreno copiados para a pista esquerda do assembly.

22. Na aba **Conditional** da **Tool Palettes**, selecione o componente **ConditionalHorizontal-Target** para definir a distância máxima relativa ao eixo do rio:

♦ no quadro **Parameters** da janela **Properties**, digite **12.000m** no campo **Layout Width**;

♦ digite **5.00:1** no campo **Layout Grade**;

- ◆ selecione a condição **Target Found** no campo **Type** para ativar a opção de aplicação de componentes na ocorrência de alcance do alvo para a distância máxima estipulada;
- ◆ digite **30.000m** no campo **Maximum Distance**; para determinar o valor de alcance máximo do alvo;
- ◆ posicione o componente no final da guia esquerda.

23. Aplique o recurso **Copy** para copiar o passeio esquerdo do assembly **VIA URBANA DRENO DE PAVIMENTO** para o componente condicional criado anteriormente.

24. Na aba **Retaining Walls** da **Tool Palettes**, selecione o componente **RetainWallTapered** para configurar o muro de contenção:
    - ◆ no quadro **Parameters** da janela **Properties**, digite **1.200m** no campo **Top Height** para determinar a altura do muro em relação ao terreno;
    - ◆ digite **0.500m** no campo **Footing Cover** para configurar o recobrimento do muro sobre o terreno;
    - ◆ selecione a opção **No** no campo **Key** para ocultar o detalhamento na fundação da contenção;
    - ◆ posicione o muro de contenção no componente de passeio criado anteriormente (Figura 12.75).

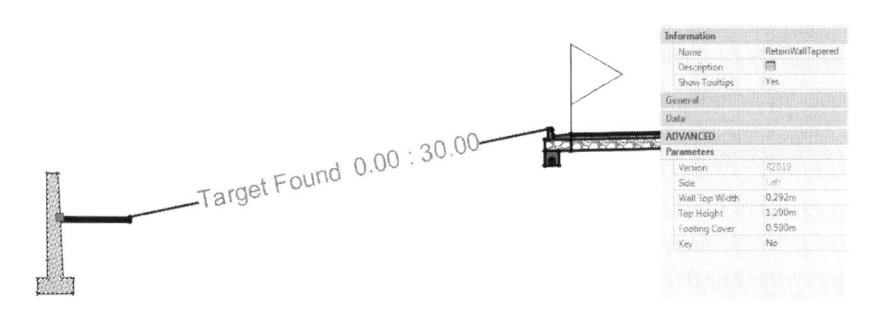

Figura 12.75 Configuração para aplicação de passeio e muro na presenção do rio dentro do alcance de 30m.

25. Na aba **Conditional** da **Tool Palettes**, selecione o componente **Conditional Horizontal Target** para controlar a distância máxima relativa ao eixo do rio:
    - ◆ no quadro **Parameters** da janela **Properties**, digite **12.000m** no campo **Layout Width**;
    - ◆ digite **2.00:1** no campo **Layout Grade**;
    - ◆ selecione a condição **Target Not Found** no campo **Type** para controlar a aplicação de componentes quando estiver fora de alcance do alvo;
    - ◆ digite **30.000m** no campo **Maximum Distance** para determinar o valor de alcance máximo do alvo;
    - ◆ posicione o componente no final da guia esquerda.

26. Aplique o recurso **Copy** para copiar o passeio esquerdo criado anteriormente para o componente condicional.

27. Aplique o recurso **Copy** para copiar o talude esquerdo do assembly **VIA URBANA GENERIC** para o componente de passeio criado anteriormente.

28. Verifique a construção final do assembly (Figura 12.76).

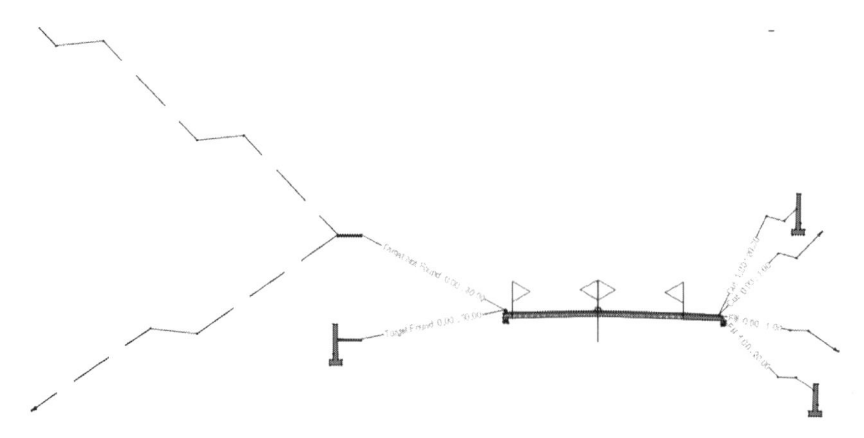

Figura 12.76 Composição final da seção com taludes e contenções.

29. Agora, o assembly criado permitirá verificar a presença da linha do rio ao lado esquerdo do traçado geométrico. Então, se o rio estiver em até 30m da guia, serão aplicados o passeio e o muro de contenção; contudo, se o rio estiver afastado acima de 30m da guia, teremos uma composição formada pelo passeio e taludes de corte e aterro com bermas ou banquetas. Já as condições estabelecidas para o lado direito da seção verificam a altura da extremidade do acostamento em relação ao terreno natural, no qual em até 1m de diferença de altura serão aplicados o elemento de drenagem e talude simples; entretanto, se a diferença de altura entre o acostamento e o terreno exceder 1m, teremos uma composição formada pela linha da drenagem com um talude de 1m seguido por uma contenção, valendo para as condições de corte e aterro. A Figura 12.77 exemplifica as condições aplicadas ao modelo de corredor.

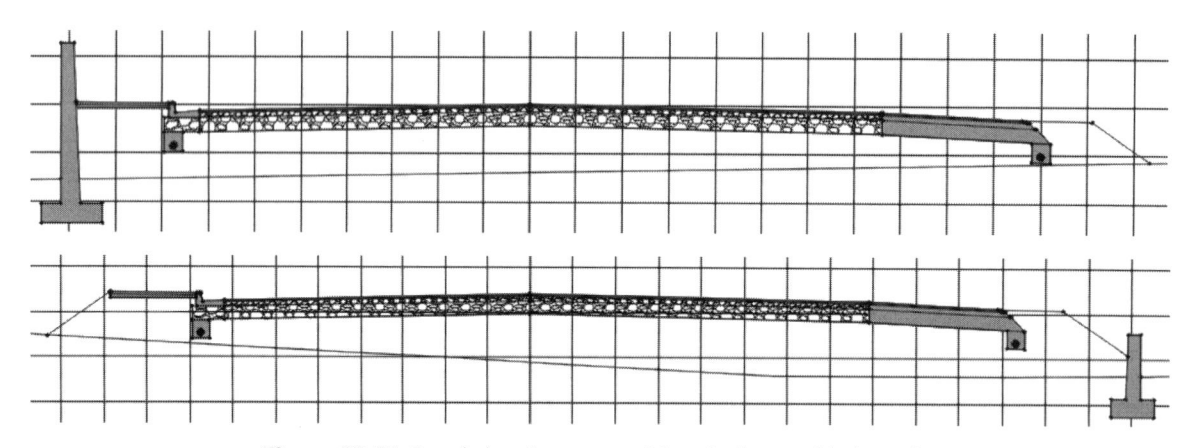

Figura 12.77 Exemplo de seções com as condições aplicadas ao modelo do corredor.

30. Arraste o eixo do assembly construído para a **Tool Palettes**.

31. Feche o arquivo.

Modelos de Corredores

O modelo do corredor pode ser considerado o principal elemento do Autodesk Civil 3D, especialmente pelo fato de permitir modelar diversos tipos de elementos peculiares de projetos de infraestrutura e que, juntamente com os modelos de superfícies, subsidiam a apresentação da documentação e extração de quantitativos. O emprego dos modelos de corredores se estende desde a construção de estruturas existentes, como vias existentes e drenagem superficial, auxilia na restituição das camadas geológicas e na construção dos principais elementos de infraestrutura, como vias em troncos, ramos ou dispositivos, via permanente, elementos lineares de drenagem como valas e drenos, dispositivos de segurança e contenções, canalizações, composições para terraplenagem, como platôs, depósitos de materiais excedentes, entre inúmeros outros (Figura 13.1).

O corredor é o elemento que caracteriza as diversas composições apresentadas em projetos de infraestrutura e obrigatoriamente é formado pela aplicação de seções típicas transversais ao longo da extensão do traçado do alinhamento geométrico horizontal, obedecendo às cotas definidas no traçado do alinhamento geométrico vertical (Figura 13.2).

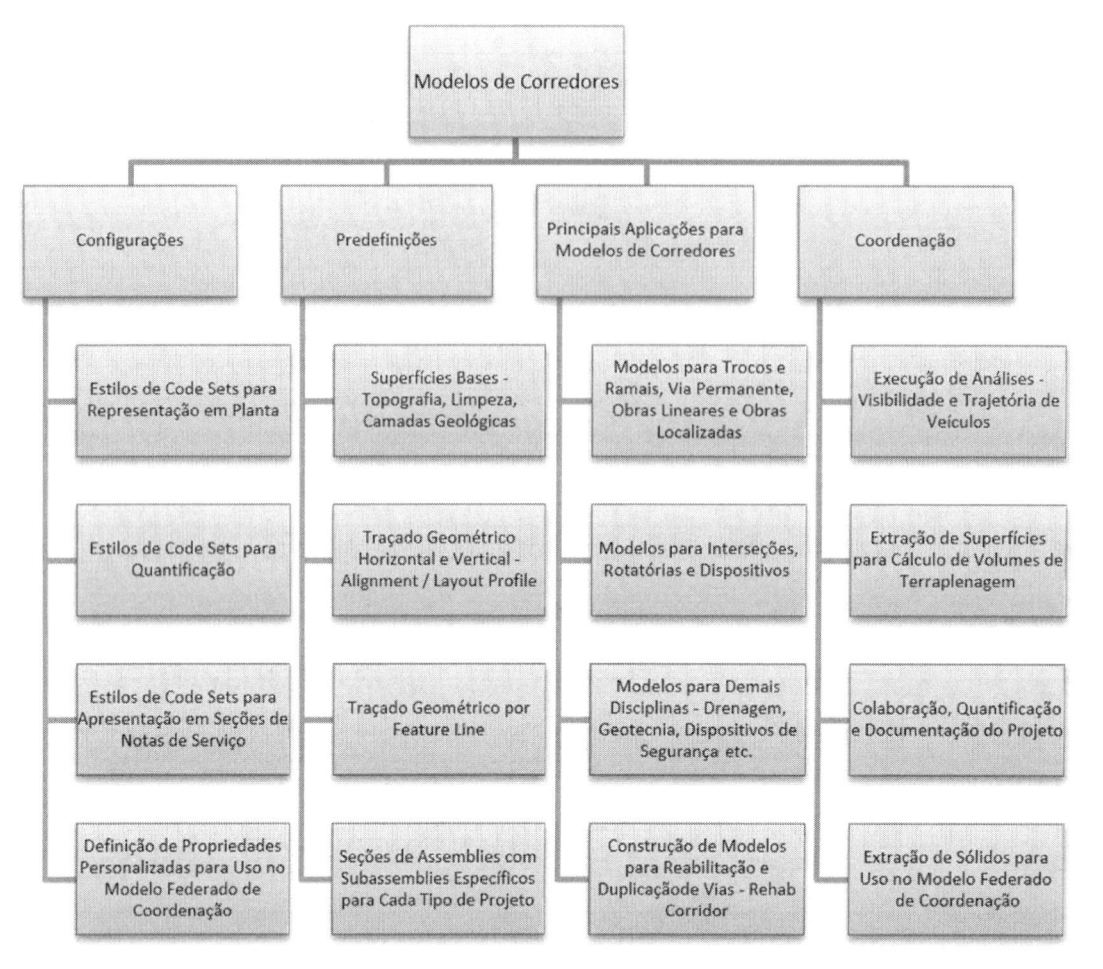

Figura 13.1 Principais aplicações para modelos de corredores.

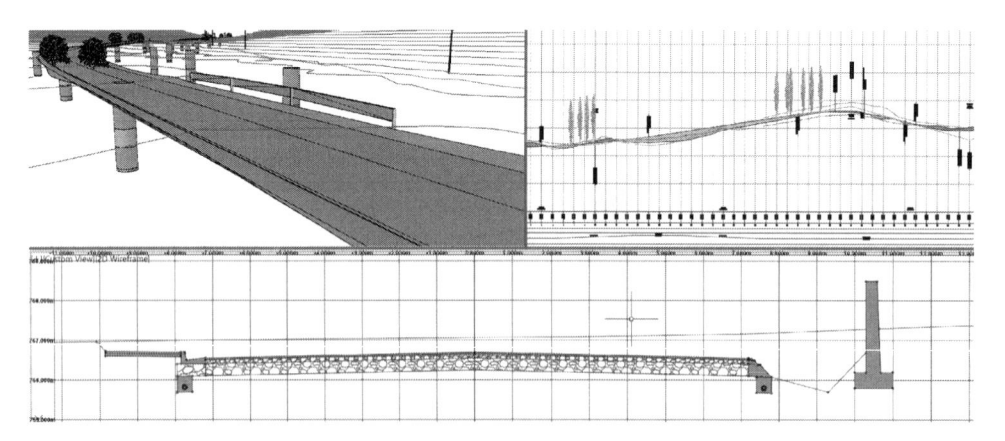

Figura 13.2 Modelo de corredor viário.

Pode-se, ainda, construir modelos de corredores utilizando objetos tridimensionais do tipo Feature Lines, aplicando as seções de Assemblies diretamente sobre o traçado das Feature Lines entretanto, esses objetos não permitem a criação de curvas verticais, inviabilizando essa metodologia na elaboração de projetos complexos. Assim, a indicação do uso de Feature Lines para a criação de modelos de corredores se restringe à construção de componentes mais simples, como drenagem superficial, drenos, valas de escavação para tubulações, dispositivos de segurança e contenções, além de composições para terraplenagem como áreas de empréstimo e depósito de material excedente.

O projeto do corredor corresponde aos modelos tridimensional e interativo do projeto, uma vez que aplicam os parâmetros e as geometrias definidos no alinhamento horizontal, o perfil vertical e a seção típica transversal. Este modelo dinâmico fornece resultados rápidos durante as fases de estudos, elaboração, análises, revisões, quantificação e documentação dos projetos.

Os objetos associados para a construção do modelo do corredor são:

- **Alinhamento:** o corredor utiliza um ou vários alinhamentos horizontais como linha base.

- **Perfil:** o alinhamento vertical fornece dados das elevações para a construção do modelo do corredor.

- **Feature Line:** representa o traçado geométrico tridimensional para a aplicação de seções de assemblies.

- **Assembly:** definido pela geometria e pelos parâmetros da seção típica transversal aplicada ao longo do corredor.

- **Subassembly:** cada um dos componentes presentes no assembly utilizado no modelo do corredor, como pistas, guias, passeios e critérios para a inclinação dos taludes, bermas e contenções.

- **Superfície:** uma superfície será solicitada durante a construção do corredor e servirá como alvo (target) para a aplicação de taludes e muros.

13.1 Configurações transversais – code set styles

A representação do corredor é controlada por seus códigos definidos pelas configurações presentes nos estilos de **Code Set Styles** (Figura 13.3). Dessa forma, pode-se controlar a representação dos modelos dos corredores em planta e seções de notas de serviço para a documentação dos projetos. Os estilos de code set possibilitam aplicar materiais para criar apresentações realísticas e ainda codificar seus componentes para facilitar a extração organizada de quantitativos, conforme codificação de tabelas de composições estabelecidas para cada projeto.

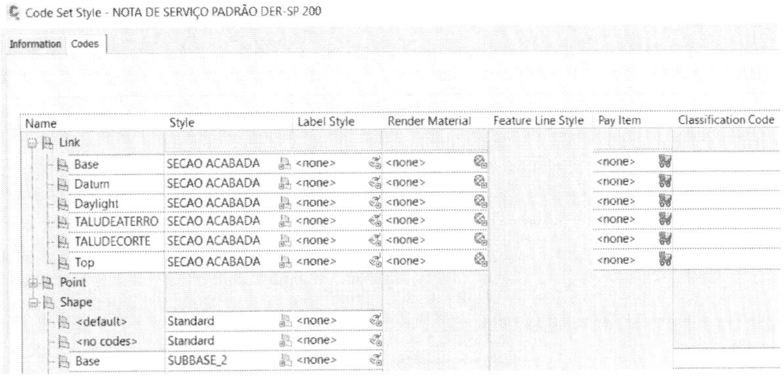

Figura 13.3 Estilo de code set para a representação dos componentes do corredor.

Os tipos de códigos controlados pela configuração dos estilos de **code set** são:

- **Link:** linhas transversais presentes no modelo do corredor, permitindo a aplicação de rótulos, material para renderização e aplicação de pinturas nas vistas em planta, perfil ou seção transversal. É possível utilizar o recurso de pay item para associar os links com uma lista de composição de preços para a extração automatizada de quantitativos.

- ■ **Point:** pontos presentes em cada vértice da geometria do assembly, que, na maioria das vezes, não serão visualizados na vista em planta. Entretanto, é possível adicionar um rótulo e associar feature lines e pay item para quantitativos.

- ■ **Shape:** são as áreas fechadas existentes na composição dos assemblies utilizados no modelo do corredor, como as áreas de pavimento, base, passeio, entre outras.

13.2 Geometrias longitudinais – feature lines

As feature lines são as linhas longitudinais que percorrem o modelo do corredor unindo cada um dos pontos (point codes) presentes nos vértices dos assemblies aplicados ao longo do corredor. O controle da representação desses objetos feature lines é efetuado por meio da configuração de seus estilos (feature line styles) (Figura 13.4).

Name		Style	Label St...	Feature Line Style	Pay Item	
⊟ Point						
	\<default\>	PROJECAO NA SECAO	\<none\>	PADRÃO	\<none\>	
	\<no codes\>	PROJECAO NA SECAO	\<none\>	INVISIVEL	\<none\>	
	ACOSTAMENTO	PROJECAO NA SECAO	\<none\>	ACOSTAMENTO	\<none\>	
	ACOSTAMENTO_PAVIMENTO1	PROJECAO NA SECAO	\<none\>	ACOSTAMENTO	\<none\>	
	ACOSTAMENTO_PAVIMENTO2	PROJECAO NA SECAO	\<none\>	INVISIVEL	\<none\>	
	ACOSTAMENTO_PAVIMENTO3	PROJECAO NA SECAO	\<none\>	INVISIVEL	\<none\>	
	ACOSTAMENTO_SUB-BASE	PROJECAO NA SECAO	\<none\>	INVISIVEL	\<none\>	
	ACOSTAMENTO_base	PROJECAO NA SECAO	\<none\>	PADRÃO	\<none\>	
	BORDO_BASE	PROJECAO NA SECAO	\<none\>	BORDO	\<none\>	
	BORDO_PAVIMENTO1	PROJECAO NA SECAO	\<none\>	BORDO	\<none\>	
	BORDO_PAVIMENTO2	PROJECAO NA SECAO	\<none\>	INVISIVEL	\<none\>	

Figura 13.4 As feature lines representam as linhas longitudinais presentes no modelo do corredor.

As feature lines também podem ser configuradas nos estilos de code set. Assim, é possível configurar as linhas longitudinais que representam os bordos de pistas, guias, passeios, valetas e demais estruturas dos componentes presentes no modelo do corredor.

A coluna **Pay Item ID** permite identificar cada item presente no estilo de code set ao seu respectivo código proveniente de uma tabela de composição de componentes do projeto. Dessa forma, é possível extrair a quantificação do projeto utilizando os recursos de **Quantity Takeoff** (QTO).

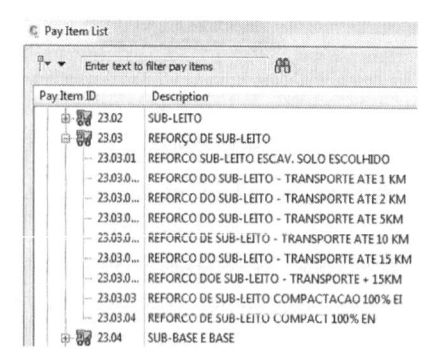

Figura 13.5 Estrutura da lista de quantificação do projeto.

O seguinte exemplo mostra como acessar o estilo de code set para verificar as configurações existentes no arquivo.

Agora, estude o exemplo a seguir:

1. Inicie o Autodesk Civil 3D e abra o arquivo de template **_AutoCAD Civil 3D 2020_BRA (DNIT).DWT**, disponível na instalação do pacote Brazil Content.

2. Na **Toolspace**, acesse a aba **Settings** → **General** → **Multipurpose Styles** → **Code Set Styles**, clique com o botão direito do mouse sobre o estilo **Planta** e selecione a opção **Edit**.

3. Verifique as configurações existentes na aba **Codes**, da caixa de diálogo **Code Set Style**:

   ◆ Pode-se adicionar uma breve descrição para cada um dos componentes por meio da coluna **Description**, como nomenclaturas para os links, ou adicionar uma numeração para os pontos (points). Assim, é possível extrair essas informações para compor diversos rótulos para a exibição no modelo do corredor, nas seções transversais e nas tabelas dos projetos.

   ◆ A coluna **Style** auxilia na escolha dos estilos para representar os objetos que serão exibidos no sentido transversal do modelo do corredor. É usual configurar estilos de **Code Sets** que exibam essas representações durante a construção do corredor; entretanto, é necessário configurar alguns estilos diferenciados para ocultá-las na etapa de documentação do projeto.

   ◆ A coluna **Label Style** permite adicionar os rótulos nos componentes do corredor, principalmente durante a representação das seções transversais do projeto.

   ◆ Dependendo da finalidade do projeto, é comum representar as pinturas nas pistas, nos acostamentos, nos passeios e nos taludes, especificando os estilos na coluna **Material Area Fill Style**.

   ◆ Para a fase de apresentação do projeto, pode-se elaborar representações renderizadas aplicando diversos tipos de materiais na coluna **Render Material**. Para utilizar este recurso, é necessário importar previamente os materiais desejados por meio do recurso **Materials Browser** do AutoCAD.

   ◆ A coluna **Feature Line Style** especifica os estilos para a representação das linhas longitudinais que unem os pontos dos assemblies ao longo do corredor. Observe que este recurso está habilitado apenas para os pontos do estilo de **code set**, pois servem de orientação para a construção das feature lines no projeto.

4. Feche a caixa de diálogo **Code Set Style**.

5. Acesse as configurações dos demais estilos de code set styles presentes no desenho.

13.3 Construção do modelo do corredor

A construção do modelo do corredor é iniciada por meio da ferramenta da ribbon **Home** → **Create Design** → **Corridor**, em que a caixa de diálogo **Create Corridor** é exibida para a definição do nome do corredor, a escolha do alinhamento horizontal, do perfil do projeto ou da feature line, além da seleção do assembly que será utilizado como seção típica transversal e da superfície de alvo, em que serão aplicados os taludes e as contenções (Figura 13.6).

A opção **Set baseline and region parameters** acessa a caixa de diálogo **Baseline and Regions Parameters** para auxiliar na configuração dos parâmetros construtivos do modelo do corredor projetado.

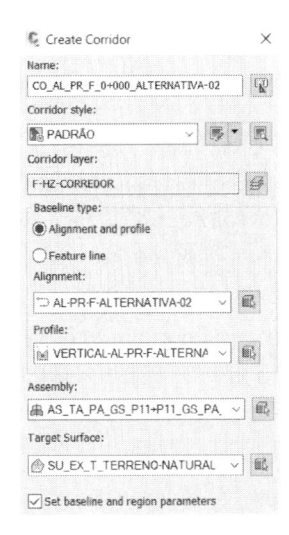

Figura 13.6 Caixa de diálogo Create Corridor.

Os parâmetros construtivos do modelo do corredor são determinados por:

- **Baseline:** seleciona o eixo do alinhamento horizontal em que são aplicados os parâmetros e os objetos construtivos do corredor. É possível adicionar vários eixos de baselines na construção do corredor.

- **Regions:** parâmetro para a configuração dos trechos que definem os intervalos de estacas, em que são aplicados os assemblies ao longo do corredor. É possível adicionar inúmeras regiões no mesmo modelo do corredor e aplicar assemblies diferenciados para cada região.

- **Frequencies:** parâmetro que controla o intervalo em que os assemblies são aplicados ao longo do corredor. Quanto menor é o valor da frequência, mais preciso e carregado fica o modelo do corredor.

- **Target:** parâmetro que permite selecionar os alvos de superfícies para a criação dos taludes, além de determinar os alvos para alargamentos e inclinações transversais para o modelo do corredor.

A seguinte sequência tem como objetivo construir o modelo de um corredor utilizando as geometrias presentes no desenho do projeto.

Agora, estude o exemplo a seguir:

1. Abra o arquivo **13-3-1_ CONSTRUÇÃO_CORREDOR.DWG**, disponível na plataforma da editora.

2. Selecione a ferramenta da ribbon **Insert** → **Import** → **Import Subassemblies**. Importe os arquivos de subassemblies disponíveis na plataforma da editora para a **Tool Palettes**, são eles: _ACOSTAMENTO_ESCALONADO.pkt; _DRENO_PAVIMENTO.pkt; _MFC_DNIT.pkt; _PASSEIO_COM_LASTRO.pkt. Ou copie as pastas com os mesmos nomes para C:\ProgramData\ Autodesk\C3D 2020\Menu\Imported Tools.

3. Selecione a ferramenta da ribbon **Home** → **Create Design** → **Corridor** → **Corridor**.

4. Na caixa de diálogo **Create Corridor**:
   - digite **CO-<[Corridor First Baseline]** no campo **Name**;
   - selecione o alinhamento **AL-PR-F-ALTERNA-TIVA-02** no campo **Alignment**;
   - selecione o perfil **VERTICAL-AL-PR-F-ALTERNATIVA-02** no campo **Profile**;
   - selecione **VIA COM CONTENÇÕES** no campo **Assembly**;
   - selecione a superfície **SU_EX_T_TERRENO NATURAL** no campo **Target Surface**;
   - habilite a opção **Set baseline and regions parameters**;
   - clique no botão **OK**.

5. Na caixa de diálogo **Baseline and Region Parameters**, clique no botão **Set all Frequencies** para definir os intervalos para a aplicação dos assemblies ao longo do traçado geométrico.

6. Na caixa **Frequency to Apply Assemblies**, determine o intervalo de **20.000m** para as tangentes e **10.000m** para todas as curvas. Desligue as opções de aplicação nos pontos notáveis (**No**). Clique no botão **OK** (Figura 13.7).

7. Clique no botão **Set all Targets**, verifique os alvos de superfícies na caixa **Target Mapping** e clique no botão **OK**.

8. Na caixa de diálogo **Baseline and Region Parameters**, clique no botão **OK**.

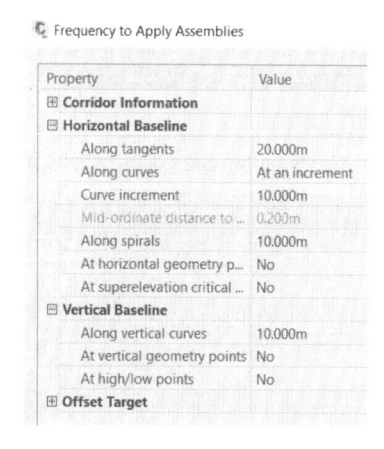

Property	Value
⊞ **Corridor Information**	
⊟ **Horizontal Baseline**	
Along tangents	20.000m
Along curves	At an increment
Curve increment	10.000m
Mid-ordinate distance to ...	0.200m
Along spirals	10.000m
At horizontal geometry p...	No
At superelevation critical ...	No
⊟ **Vertical Baseline**	
Along vertical curves	10.000m
At vertical geometry points	No
At high/low points	No
⊞ **Offset Target**	

Figura 13.7 Controle no intervalo de aplicação de assemblies para o corredor.

9. Clique na opção **Rebuild the Corridor** na caixa **Corridor Properties** para concluir.

10. Aguarde o término do processamento de construção do modelo do corridor.

11. Na área de desenho, verifique o modelo do corredor criado.

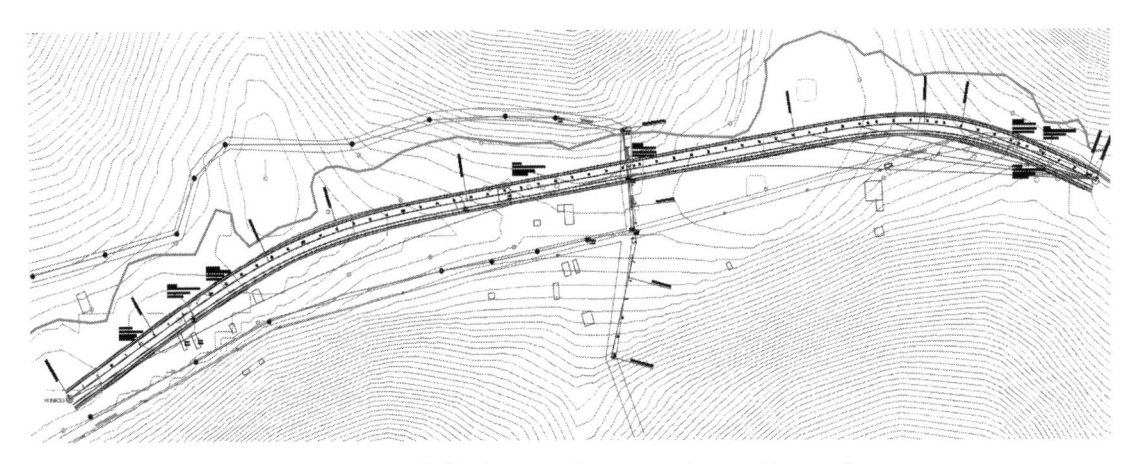

Figura 13.8 Modelo do projeto viário representado como objeto corredor.

13.4 Manipulação de corredores

A ribbon contextual **Corridor** é exibida quando o modelo do corredor estiver selecionado no desenho, oferecendo diversas ferramentas para a manipulação do corredor e suas regiões (Figura 13.9). É possível efetuar edições no modelo, corrigir sobreposição em cantos agudos, elaborar análises, gerenciar suas regiões, acessar dados de superelevação, além de permitir extrair algumas de suas principais geometrias, como feature lines, alinhamentos e até mesmo extrair sólidos para subsidiar a etapa de coordenação do projeto.

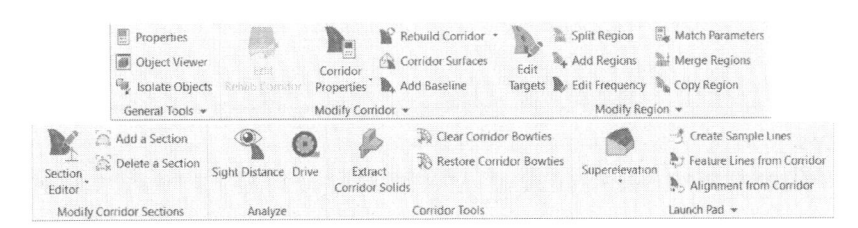

Figura 13.9 A ribbon contextual Corridor exibe as ferramentas para a manipulação do corredor.

As ferramentas presentes na ribbon contextual **Corridor** permitem realizar diversas ações de edição nos parâmetros dos modelos de corredores, possibilitando, assim, diversificar ainda mais as geometrias dos projetos. Entre suas ferramentas, podemos destacar as principais:

- **Corridor Properties:** ferramenta de acesso à caixa de propriedades do corredor.
- **Corridor Surfaces:** ferramenta que permite a criação de superfícies do projeto do corredor.
- **Slope Patterns:** ferramenta para criar a representação de corte e aterro nos taludes do corredor.
- **Edit Targets:** ferramenta para a edição dos alvos de taludes e alargamentos do corredor.
- **Edit Frequency:** ferramenta para modificar os valores da frequência de aplicação dos assemblies na região selecionada do corredor.

- **Split Region:** ferramenta que divide uma região selecionada para a criação de novos trechos de regiões no modelo do corredor.

- **Merge Regions:** ferramenta para agrupar diversas regiões selecionadas no corredor para a criação de uma única região no modelo.

- **Isolate Region:** ferramenta que permite isolar uma região selecionada no modelo do corredor, ocultando as demais.

- **Hide Regions:** ferramenta utilizada para ocultar diversas regiões selecionadas no modelo do corredor.

- **Show All Regions:** ferramenta para reexibir todas as regiões ocultas do modelo do corredor.

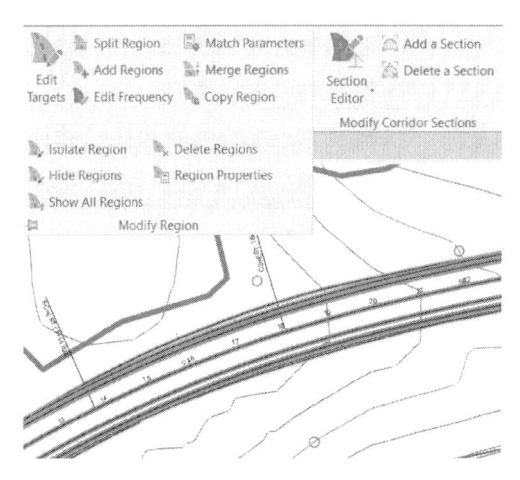

Figura 13.10 Ferramentas de controle de regiões do corredor.

- **Section Editor:** ferramenta que acessa as ferramentas **View/Edit Corridor Section** para a manipulação das seções presentes no projeto do corredor.

- **Clear/Restore Corridor Bowties:** ferramentas para realizar a limpeza de eventuais ocorrências de sobreposições em cantos agudos criados no corredor.

- **Sight Distance:** ferramenta utilizada para executar análise de visibilidade ao longo do modelo do corredor projetado.

- **Drive:** ferramenta de acesso à interface da ribbon **Drive**, que oferece recursos para navegação no modelo do corredor.

- **Extract Corridor Solids:** ferramenta que permite a extração de sólidos 3D das estruturas presentes no modelo do corredor provenientes dos assemblies. A criação de arquivos externos contendo sólidos é considerado um modelo de transição e faz parte do processo BIM, pois possibilitam a realização da coordenação do projeto.

- **Superelevation:** ferramenta para auxiliar na elaboração do cálculo da superelevação no projeto do corredor viário.

O seguinte exemplo mostra como manipular o modelo do corredor para alterar a sua representação, segmentar o modelo do corredor em regiões e navegar no modelo utilizando os recursos da ferramenta **Drive**.

Agora, estude o exemplo a seguir:

1. Abra o arquivo **13-4-1_ NAVEGAÇÃO_CORREDOR.DWG**, disponível na plataforma da editora.

2. Selecione o corredor na área de desenho e acesse a ferramenta da ribbon contextual **Corridor** → **Modify Corridor** → **Corridor Properties**.

3. Na caixa de diálogo **Corridor Properties**, verifique os parâmetros construtivos do corredor presentes na aba **Parameters** (Figura 13.11). A aba **Surfaces** permite a criação de superfícies vinculadas ao modelo do corredor; a aba **Slope Patterns** possibilita a criação das indicações de corte e aterro nos taludes do corredor; a aba **Codes** controla a exibição das geometrias do corredor. Clique no botão **OK**.

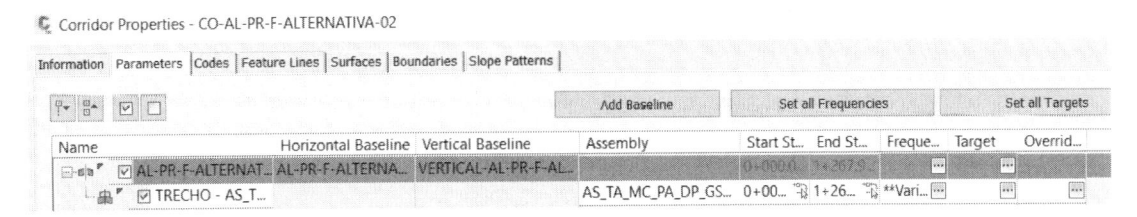

Figura 13.11 Aba Parameters da caixa de propriedades do corredor.

4. Selecione o corredor na área de desenho e acesse a ferramenta da ribbon contextual **Corridor** → **Modify Corridor** → **Slope Patterns**.

5. Na caixa de diálogo **Define Slope Patterns**, clique no botão **Add slope pattern** para criar a representação de corte e aterro nos taludes do modelo do corredor.

6. Selecione as linhas longitudinais, que indicam a crista e o pé dos taludes do projeto.

7. Confirme cada linha selecionando sempre a primeira opção apresentada na caixa **Select a Feature Line**.

8. Repita o procedimento para adicionar **Slope Patterns** entre as linhas dos taludes para o lado direito do corredor (Figura 13.12).

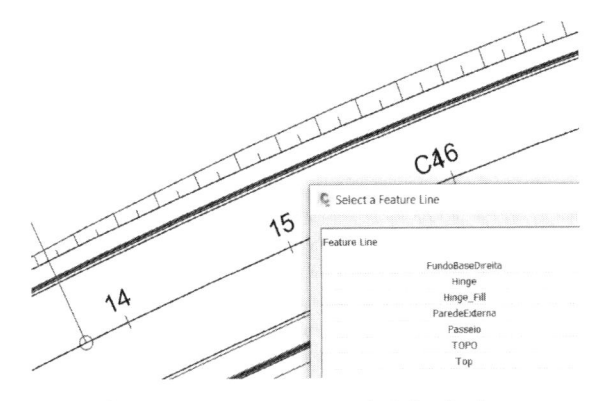

Figura 13.12 Configurações para o posicionamento das indicações de corte e aterro nos taludes.

9. Clique no botão **OK** para fechar a caixa **Define Slope Patterns** e verifique a indicação nos taludes de corte e aterro presentes no corredor.

10. Selecione o corredor e acesse a ferramenta da ribbon contextual **Corridor** → **Analyze** → **Drive** para navegar ao longo do modelo do corredor.

11. Na área de desenho, selecione uma das feature lines longitudinais exibidas ao longo do modelo do corredor, por exemplo, uma das linhas da guia, do passeio ou do eixo.

12. É comum encontrar algumas feature lines sobrepostas na vista em planta, como o topo e o fundo de guias e passeios. Na caixa de diálogo **Select a Feature Line**, escolha a feature line desejada e clique no botão **OK** para prosseguir.

13. Na ribbon contextual **Drive**, regule os parâmetros de visibilidade nos painéis **Eye** e **Target**, escolha a velocidade de navegação no quadro **Speed** e clique no botão **Play** para iniciar a navegação percorrendo o modelo do corredor (Figura 13.13).

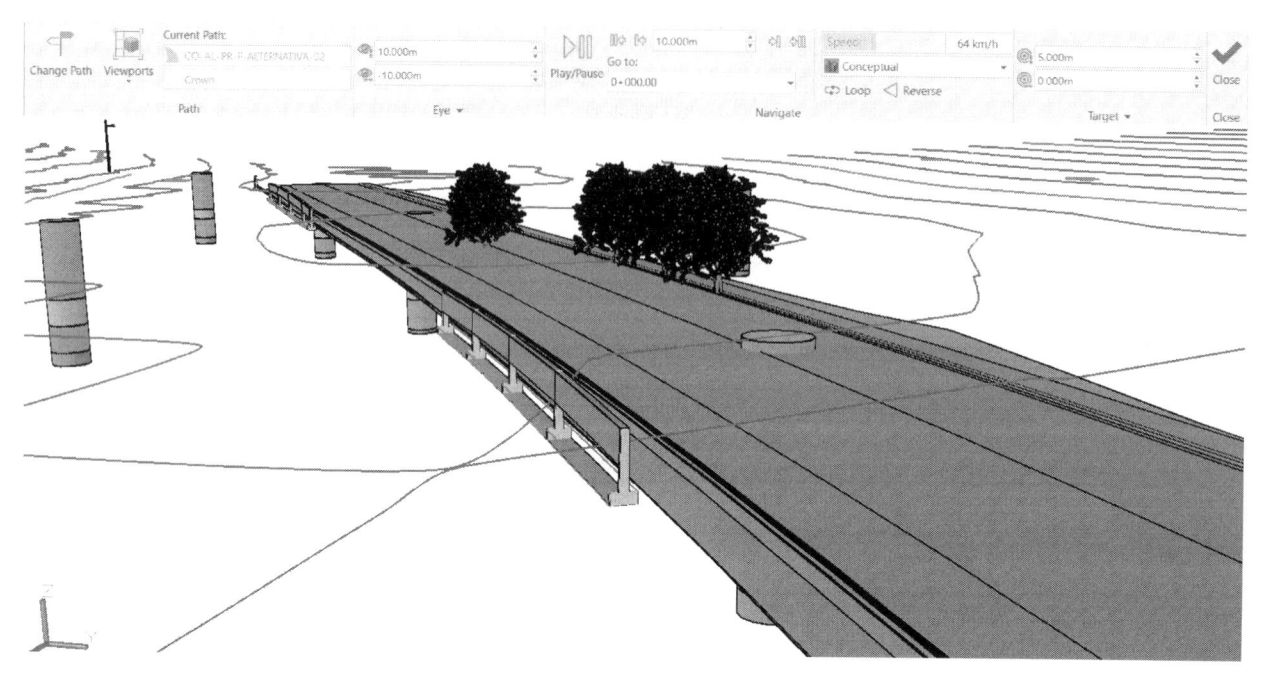

Figura 13.13 Ferramenta Drive para navegação ao longo do modelo do corredor.

14. Acesse o botão **Loop** para aplicar uma navegação contínua.

15. Clique no botão **Reverse** para inverter o sentido de navegação.

16. Clique no botão **Close** para sair do modo de navegação do recurso **Drive** e retornar para a área de trabalho.

17. Selecione o corredor na área de trabalho e acesse a ferramenta da ribbon contextual **Corridor** → **Modify Region** → **Split Region**.

18. Clique no corredor e, em seguida, segmente o corredor na estaca **26** (600m). Pressione **Enter** para concluir.

19. Selecione o corredor na área de trabalho e acesse a ferramenta da ribbon contextual **Corridor** → **Modify Region** → **Hide Regions**.

20. Clique em uma das regiões do corredor segmentado para ocultá-la.

21. Selecione o corredor na área de trabalho e acesse a ferramenta da ribbon contextual **Corridor** → **Modify Region** → **Show All Regions** para exibir a região oculta do corredor.

22. Selecione o corredor na área de trabalho e acesse a ferramenta da ribbon contextual **Corridor** → **Modify Region** → **Merge Regions**.

23. Na área de trabalho, clique em cada região para agrupá-las.

24. Verifique o comportamento do corredor na área de trabalho.

25. Feche o arquivo.

13.5 Restauração de vias com Corridor Rehab

Pode-se fazer bom uso dos recursos de **Corridor Rehab** para construir modelos específicos de corredores, voltados para projetos de reabilitação de vias, restauração de pavimentos e duplicações viárias, ou em qualquer outro tipo de projeto em que seja necessário controlar a inclinação transversal da estrutura viária para acomodar na geometria existente do modelo da superfície do terreno levantado (Figura 13.14).

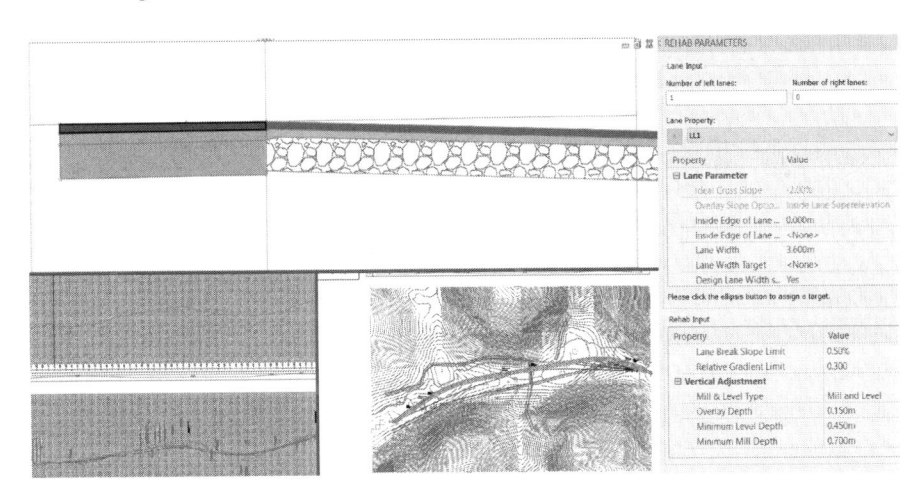

Figura 13.14 Processo de trabalho para a construção do modelo do corredor Rehab.

O corredor **Rehab** é composto pelos mesmos elementos utilizados para construir os corredores regulares, ou seja, formado pela aplicação de seções de assemblies ao longo dos traçados geométricos horizontal e vertical. Contudo, o processo de criação do corredor **Rehab** é bem mais interativo, pois apresenta as janelas com as vistas em planta, seção e perfil durante a construção do modelo do corredor **Rehab**. Outro aspecto de destaque é a existência de novos subassemblies desenvolvidos para esta finalidade (Figura 13.15).

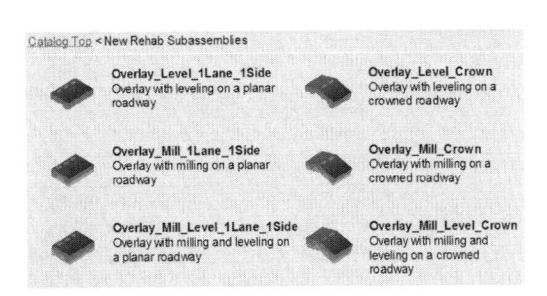

Figura 13.15 Assemblies dedicados para projetos de reabilitação de vias.

Os novos assemblies de reabilitação de vias possuem componentes de subassemblies preparados para acompanhar as geometrias existentes desejadas e controlar as espessuras de suas camadas de pavimentos, além de auxiliar no controle das inclinações transversais para essas estruturas viárias. A nomenclatura dos assemblies auxilia na compreensão para o seu uso, em que **Overlay** trata de camada de sobreposição, **Mill** indica a camada de fresagem, **Level** controla a espessura da camada de sobreposição, **Crown** indica via coroada e **Lane_Side** indica via plana.

Uma proposta de aplicação do corredor **Rehab** é construir novas camadas de pavimento sobre as camadas existentes, utilizando os dados fornecidos pelos levantamentos de campo, via topografia, cadastro e sondagens (Figura 13.16).

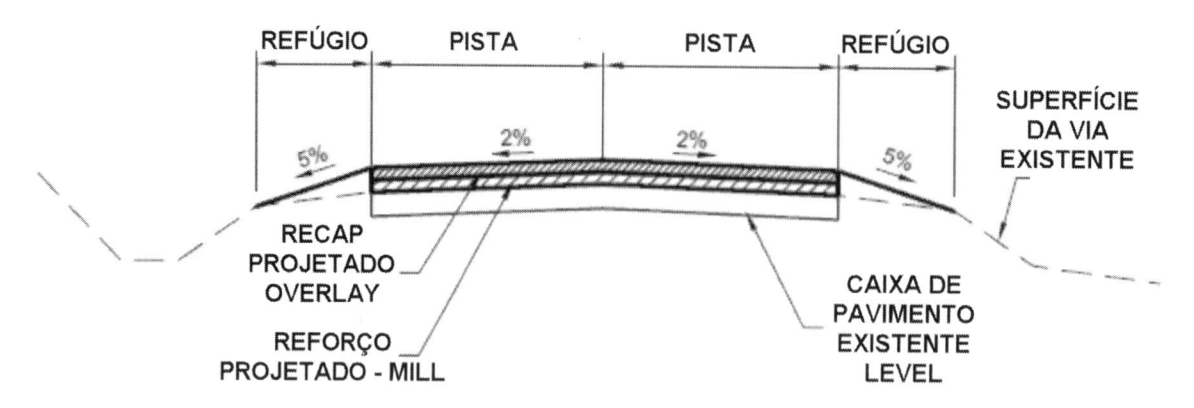

Figura 13.16 Exemplo de seção aplicada em projeto de reabilitação viária.

Outro aspecto importante e muito solicitado em projetos de restauração de pavimento é conseguir estimar, de forma precisa, as quantidades de materiais que serão removidas ou acrescidas na execução da obra. Sabe-se que os materiais asfálticos possuem um custo caro e causam impactos profundos no orçamento da obra, então, o recurso **Corridor Rehab** poderá auxiliar na assertividade de previsão orçamentária para a execução deste tipo de empreendimento (Figura 13.17).

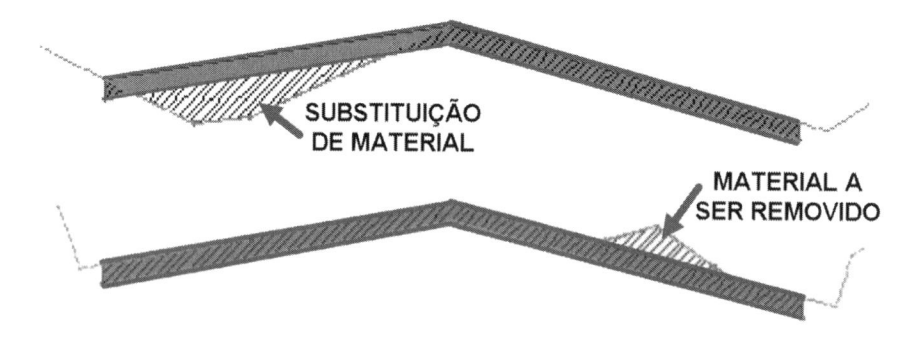

Figura 13.17 Exemplo de seção viária com classificação de materiais.

Durante o processo interativo de criação do **Corridor Rehab**, além da exibição das janelas de viewports separadas pelas vistas em planta, perfil e seção do corredor proposto, também é exibida a caixa **Rehab Parameters** para auxiliar na construção do modelo do corredor. Por meio dessa caixa é possível controlar a aplicação das estruturas de pavimento ao longo do corredor.

O quadro **Lane Input** permite especificar a quantidade de faixas à esquerda (**Number of left lanes**) e à direita (**Number of right lanes**) relativas à linha-base do corredor. O quadro **Lane Property** fornece controle sobre a inclinação (**Ideal Cross Slope**), largura (**Lane Width**) e alvo (**Lane Width Target**) para cada faixa, sendo **LL1** para a primeira faixa da esquerda, **RL1** para a primeira faixa da direita, e assim sucessivamente, dependendo da quantidade de faixas estipuladas em **Lane Input** (Figura 13.18).

O quadro **Rehab Input** dispõe de ferramentas para configuração das camadas para as estruturas de pavimentação, no qual se pode utilizar as propriedades de **Cross Slope Correction** para regular as tolerâncias de inclinação paras as camadas, em **Vertical Adjustment** controlam-se as espessuras mínimas para as camadas (Figura 13.19).

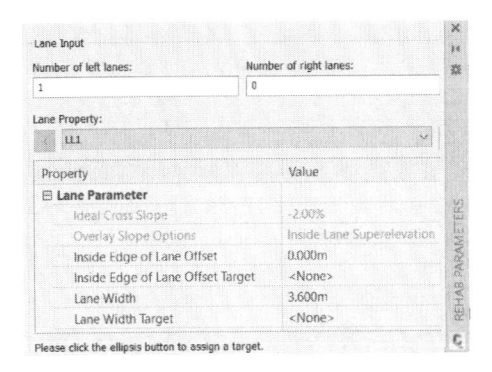

Figura 13.18 Parâmetros para controle de faixas aplicadas ao Corridor Rehab.

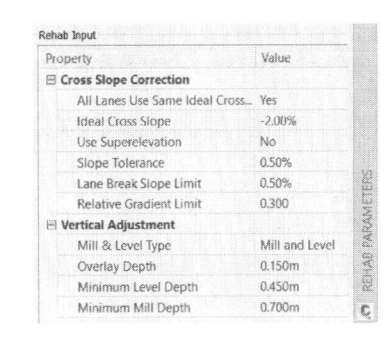

Figura 13.19 Parâmetros para controle das espessuras das camadas de fresagem (Mill) e pavimento (Level).

O seguinte exemplo mostra como construir um modelo de corredor de restauração simples para conhecimento dos principais recursos de **Corridor Rehab**. Será utilizado o alinhamento de bordo direito para aplicar a seção típica sobre o terreno existente; contudo, será necessário criar o gráfico do perfil longitudinal do alinhamento de bordo.

Agora, estude o exemplo a seguir:

1. Abra o arquivo **13-5-1_ REHAB_CORREDOR.DWG**, disponível na plataforma da editora.

2. Acesse a ferramenta da ribbon **Home** → **Create Design** → **Profile** → **Create Surface Profile**.

3. Na caixa de diálogo **Create Profile From Surface,** selecione o alinhamento AL-PR-F-ALTERNATIVA--02-Right-7.200 no campo **Alignment**, selecione a superfície SU_EX_T_TERRENO-NATURAL no quadro **Select surfaces**. Clique no botão **Add>>** e, em seguida, **Draw in profile view** (Figura 13.20).

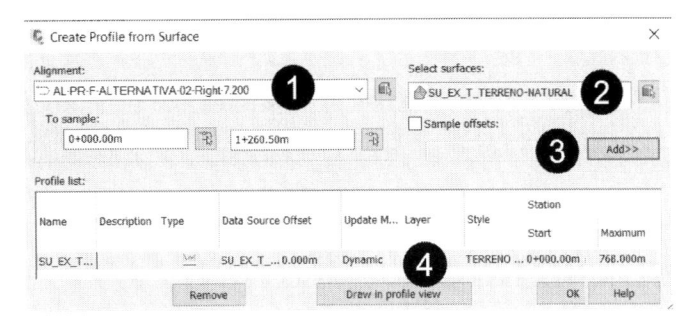

Figura 13.20 Configurações para criação do gráfico do perfil.

4. Na caixa do assistente **Create Profile View**, clique no botão **Create Profile View** e posicione o gráfico do perfil na área de trabalho.

5. Selecione a ferramenta da ribbon **Create Design** → **Corridor** → **Rehab Corridor**.

6. Na caixa **Create Rehab Corridor**, configure (Figura 13.21):

   ◆ digite **CO-PR-P-RESTAURAÇÃO** no campo **Name**;

   ◆ selecione o alinhamento **AL-PR-F-ALTERNATIVA-02-Right-7.200** no campo **Alignment**;

   ◆ selecione o perfil **SU_EX_T_TERRENO-NATURAL** no campo **Profile**;

   ◆ digite **700** no campo **End** para definir a estaca final para o corredor;

   ◆ selecione a superfície **SU_EX_T_TERRENO-NATURAL** no campo **Target Surface**;

   ◆ clique no botão **OK**.

7. Na ribbon contextual **Rehab Corridor Editor**, selecione a ferramenta **View/Edit Options**.

8. Na caixa **View/Edit Corridor Section Options**, digite **2.000** no campo **Default View Scale**, selecione o estilo **PADRAO SECAO** no campo **Code Set Style** e clique no botão **OK** (Figura 13.22).

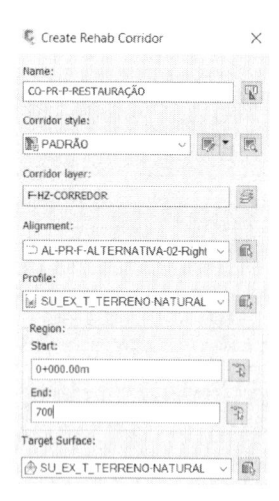

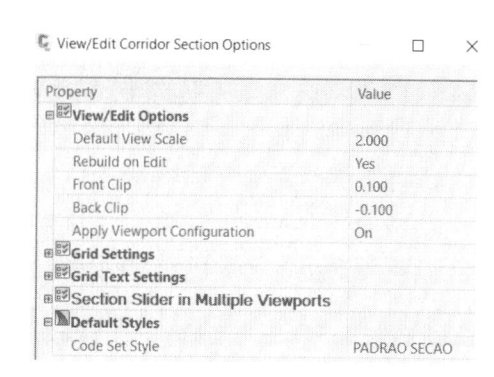

Figura 13.21 Configurações para criação do corredor Rehab.   **Figura 13.22** Configurações para exibição dos dados no editor do corredor.

9. Na janela **Rehab Parameters** (Figura 13.23):

- digite **0** no campo **Number of left lanes** para não aplicar a estrutura de pavimento para o lado esquerdo do alinhamento;

- no campo **Lane Property**, selecione **RL1** para configurar a composição do lado direito do alinhamento;

- no campo **Mill & Level Type**, selecione o tipo **Mill and Level** para aplicar as estruturas de pavimento e fresagem;

- digite **0.200** no campo **Overlay Depth** para determinar a espessura da camada de sobreposição;

- digite **0.300** no campo **Minimum Level Depth** para configurar a espessura mínima para a camada de sobreposição;

- digite **0.400** no campo **Minimum Mill Depth** para especificar a espessura mínima da fresagem;

- clique no botão **Apply**.

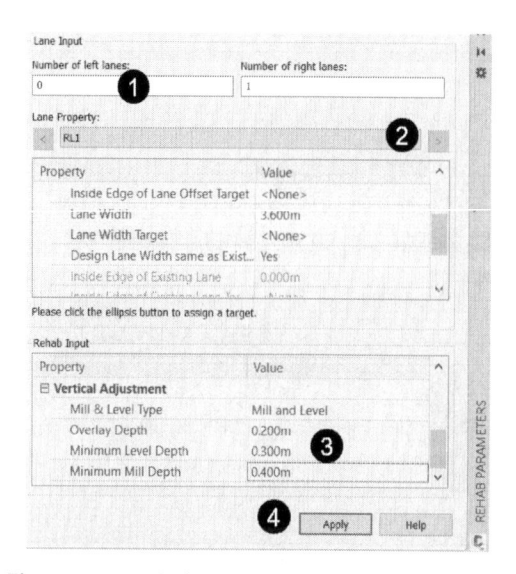

Figura 13.23 Configurações para a criação do corredor Rehab.

10. Verifique o modelo do corredor construído na área de trabalho.

11. Na ribbon contextual **Rehab Corridor Editor**, navegue no modelo do corredor avançando e retrocedendo as estacas exibidas no painel **Station Selection** (Figura 13.24).

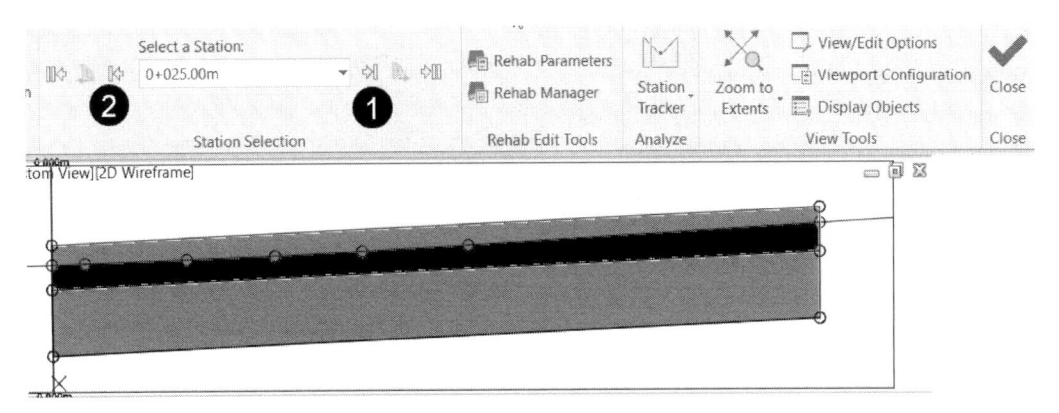

Figura 13.24 Configurações da criação do corredor Rehab.

12. Aplique **Zoom** na janela viewport da esquerda e localize o novo assembly (**ASSEMBLY-02**), criado automaticamente pelo comando **Rehab**.

13. Copie a barreira rígida do assembly **Via com Canteiro 05** e aplique na seção do **ASSEMBLY-02**.

14. Copie o dreno de pavimento do assembly **Via com Canteiro 05** e aplique na seção do **ASSEMBLY-02**.

15. Na janela **Rehab Parameters**, clique no botão **Apply** e verifique o comportamento do corredor na área de trabalho (Figura 13.25).

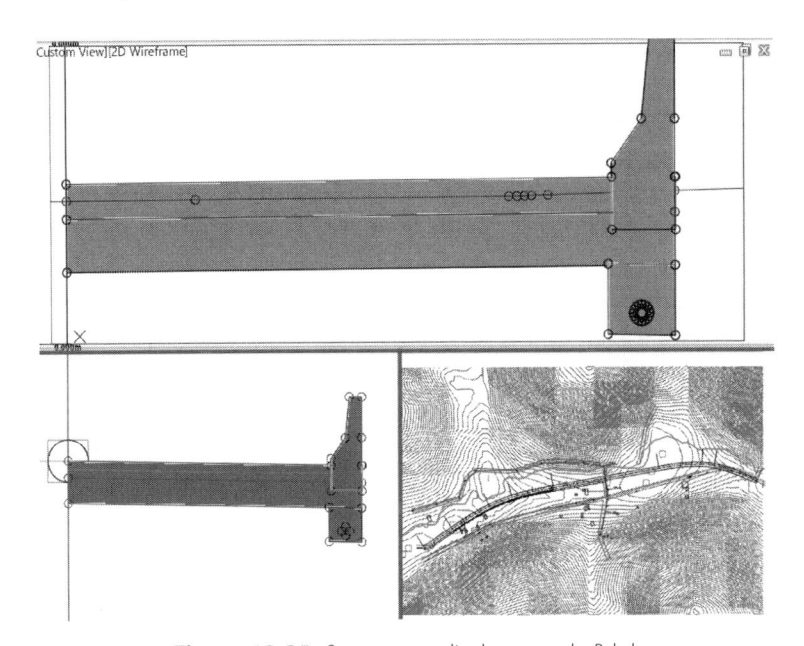

Figura 13.25 Componentes aplicados ao corredor Rehab.

16. Verifique que os componentes do dispositivo de segurança e o dreno de pavimento não possuem o mesmo dinamismo inteligente dos componentes provenientes do subassembly exclusivo para reconstrução de vias.

17. Clique no botão **Close** da ribbon contextual **Rehab Corridor Editor**.

18. Navegue com **Object Viewer** e **Drive** sobre o novo corredor criado.

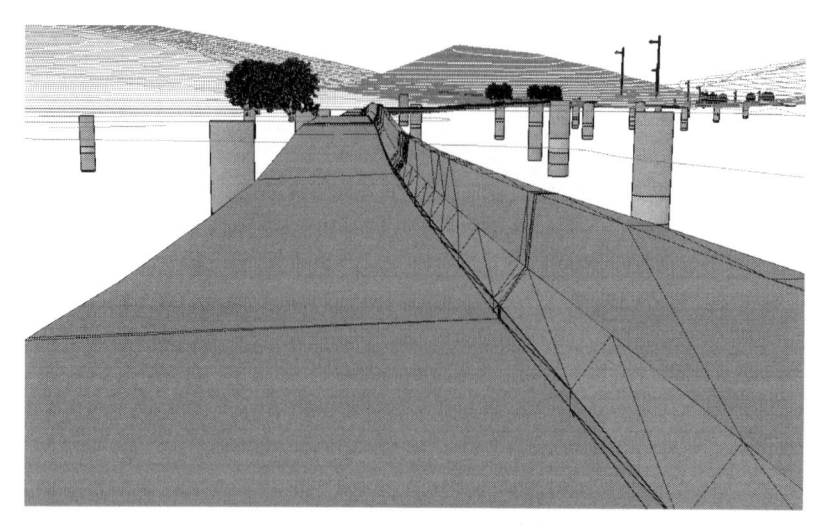

Figura 13.26 Corredor Rehab finalizado.

19. Feche o arquivo.

13.6 Regiões de corredores

Pode-se afirmar que o conceito para o uso de regiões (**Regions**) em corredores é o recurso utilizado para a troca de seção de assembly em trechos específicos do modelo do corredor. A aba **Parameters** da caixa de diálogo **Corridor Properties** permite manipular as regiões do modelo do corredor, em que é possível alterar a frequência de aplicação das seções, adicionar ou substituir assemblies e controlar os alvos (target) de superfície para a aplicação dos taludes ou, ainda, manipular os alvos laterais (offsets) para a construção de baias e interseções.

Na aba **Parameters**, da caixa **Corridor Properties**, pode-se acessar as ferramentas ao clicar com o botão direito do mouse sobre uma das regiões presentes na construção do modelo do corredor; é possível acessar as ferramentas de gerenciamento dos trechos das regiões do modelo do projeto (Figura 13.27):

- **Insert Region – Before:** ferramenta que possibilita criar uma nova região nas estacas anteriores da região selecionada.
- **Insert Region – After:** ferramenta para adicionar uma nova região nas estacas posteriores ao trecho da região selecionada.
- **Split Region:** ferramenta utilizada para dividir a região selecionada do corredor.

Ainda na aba **Parameters**, da caixa **Corridor Properties**, a coluna **Start Station** exibe os valores das estacas do início da região e a coluna **End Station** exibe as estacas finais de cada região do corredor.

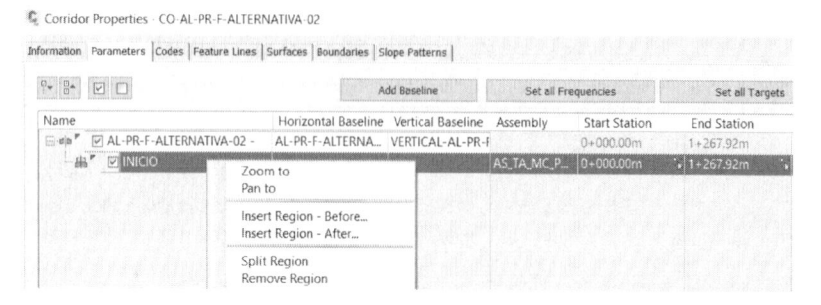

Figura 13.27 Aba Parameter da caixa Corridor Properties para gerenciamento das regiões do modelo.

Pode-se ainda manipular as regiões do modelo do corredor utilizando as ferramentas dispostas no painel **Modify Region** da ribbon contextual **Corridor**, exibida quando o modelo do corredor estiver selecionado na área de trabalho:

▪ **Split Region:** permite dividir o corredor para a criação de uma nova região.

▪ **Merge Region:** possibilita a união de regiões incorporando-as em uma única região.

▪ **Match Parameters:** copia as configurações de uma região para aplicação em outra região.

▪ **Add Regions:** adiciona uma nova região determinando um trecho no traçado geométrico

▪ **Copy Region:** copia uma região para um determinado trecho no traçado geométrico.

▪ **Edit Target:** permite gerenciar os alvos de cada região.

▪ **Edit Frequency:** auxilia no controle da distância de aplicação de assemblies ao longo do corredor.

O seguinte exemplo tem como objetivo definir regiões ao longo do modelo do corredor para representar um trecho de baia entre as estacas 30+0.000 e 40+0.000 e, consequentemente, aplicar uma diferente seção de assembly.

Agora, estude o exemplo a seguir:

1. Abra o arquivo **13-6-1_REGIÕES_CORREDOR.DWG**, disponível na plataforma da editora.

2. Selecione o corredor na área de trabalho e acesse a ferramenta da ribbon contextual **Corridor** → **Modify Corridor** → **Corridor Properties**.

3. Na aba **Parameters**, da caixa de diálogo **Corridor Properties**:

   ◆ localize a única região existente no corredor **Início**;

   ◆ altere o valor da estaca final da região **Início** para 30+0.00, digite **600** no campo **End Station**;

   ◆ clique com o botão direito do mouse sobre a região **Início** e selecione a opção **Insert Region – After** para criar uma região após o trecho da região selecionada;

   ◆ na caixa de diálogo **Create Corridor Region**, digite **Baia** no campo **Name**, selecione o assembly **AS_DP_DR_F14+F14_AE4_DP** e clique no botão **OK** (Figura 13.28);

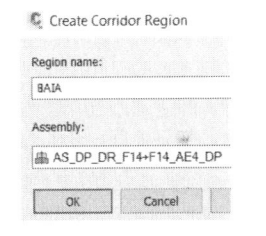

Figura 13.28 Caixa de criação de região.

   ◆ na nova região **Baia**, altere o valor da estaca no campo **End Station** para **800** (estaca 40+ 0.000m);

   ◆ clique com o botão direito do mouse sobre a região **Baia** e selecione a opção **Insert Region – After** para criar uma região;

   ◆ na caixa de diálogo **Create Corridor Region**, digite **Final** no campo **Name**, selecione o assembly **AS_TA_MC_PA_DP_GS_F14+F14_AE4_DP_DR_TA_MC** e clique no botão **OK** (Figura 13.29);

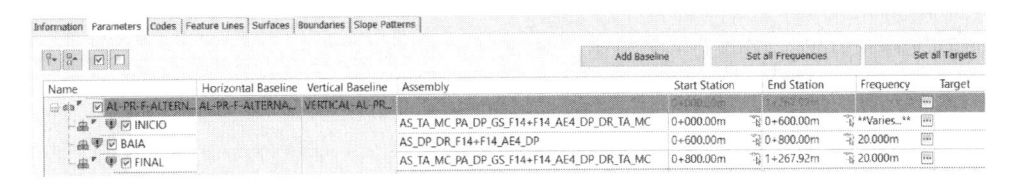

Figura 13.29 Configuração das regiões e seus respectivos assemblies e intervalos de estacas.

   ◆ clique no botão **Set all Frequencies** para configurar os intervalos de aplicação dos assemblies ao longo do corredor;

   ◆ na caixa de diálogo **Frequency to Apply Assemblies**, digite **20.000m** para as tangentes no campo **Along tangents**;

- digite **10.000m** para todas as curvas (**Along curves**, **Along spirals** e **Along vertical curves**). Clique no botão **OK** (Figura 13.30);

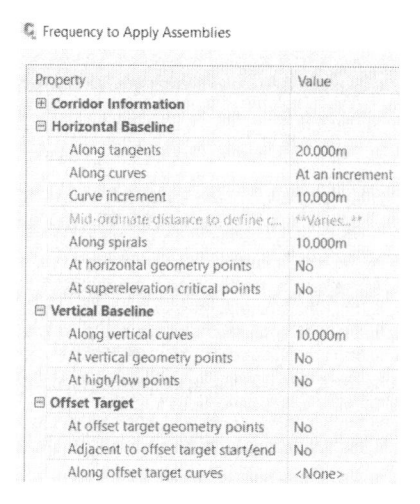

Figura 13.30 Configuração das regiões e seus respectivos assemblies e intervalos de estacas.

- clique no botão **Set all Targets** para verificar a superfície de alvo;
- na caixa de diálogo **Target Mapping**, clique no campo <**Click here to set all**> para definir a superfície **SU_EX_T_TERRENO NATURAL** como alvo para todos os campos de **Target Surface**. Clique no botão **OK**;
- clique no botão **OK** para fechar a caixa de diálogo **Corridor Properties**;
- clique em **Rebuild Corridor** para atualizar o modelo do corredor (Figura 13.31).

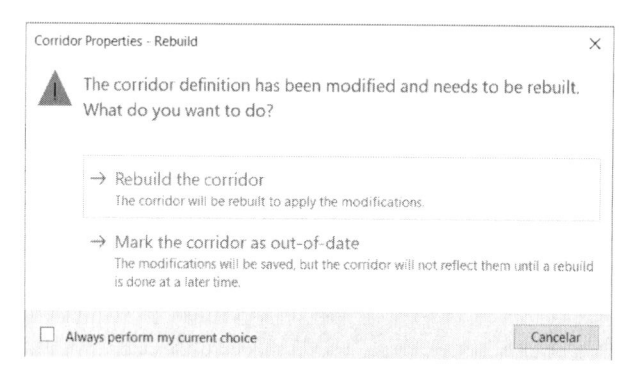

Figura 13.31 Caixa de atualização do modelo do corredor.

4. Verifique as regiões criadas na área de desenho e a presença da região da baia.

13.7 Recurso de Targets – Alvos de Corredores

O recurso de **targets** é uma das principais ferramentas para a manipulação de corredores elaborados no Autodesk Civil 3D. Este poderoso recurso permite acomodar a geometria lateral dos corredores ao encontro de objetos selecionados no desenho do projeto. Dessa forma, é possível construir modelos complexos de corredores com mais precisão e liberdade no desenvolvimento de projetos que possuam diversas geometrias irregulares, como interseções, rotatórias, acessos, transições para baias e praças de pedágio, faixas de aceleração e desaceleração, entre outras geometrias (Figura 13.32).

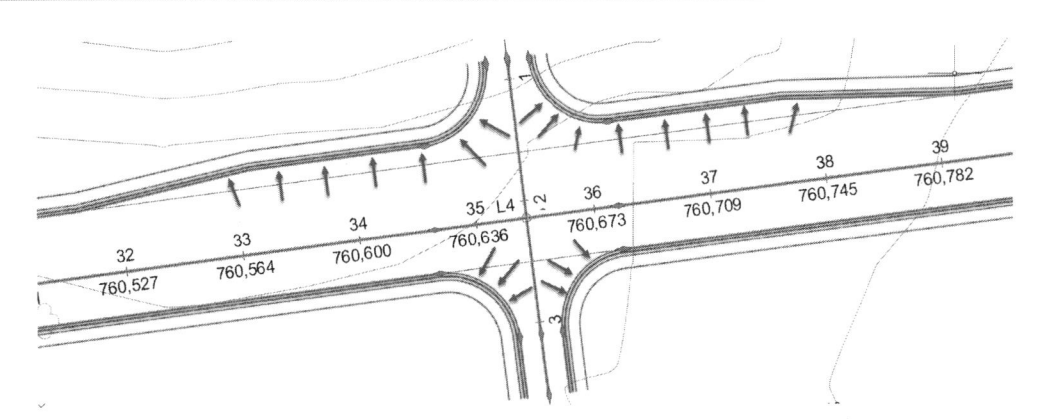

Figura 13.32 Modelo de interseção de corredor construído com diversos alvos.

Ao selecionar a ferramenta **Set all targets**, localizada na aba **Parameters** da caixa **Corridor Properties**, ou pela ferramenta **Edit Targets** da ribbon contextual **Corridor**, é apresentada a caixa de diálogo **Target Mapping** exibindo as ferramentas de manipulação dos alvos (Figura 13.33):

- **Surfaces:** seleciona as superfícies para a aplicação de taludes, bermas, muros e contenções.

- **Width or Offset Targets:** permite a definição de alinhamentos, polylines e feature lines como base para a acomodação de pistas, passeios e demais estruturas presentes na seção do assembly aplicada no corredor.

- **Slope or Elevation Targets:** permite a seleção de perfis, polylines 3D e feature lines para a acomodação da inclinação lateral das estruturas presentes dos assemblies utilizados no modelo do corredor.

Target Mapping

Corridor name:
CO-AL-PR-F-ALTERNATIVA-02

Assembly name:		Start Station:	End Station:
AS_TA_MC_PA_DP_GS_F14+F14_AE4_DP_DR_TA_MC		0+800.00	1+267.92

Target	Object Name	Subassembly	Assembly Group
Surfaces	<Click here to set all>		
— Alvo de Superfície	SU_EX_T_TERRENO-NATURAL	Passeio_Duas_Camadas ESQUERDO	Left
— Target Surface	SU_EX_T_TERRENO-NATURAL	MURO ATERRO DIREITO - RetainWallTapered	Right
Width or Offset Targets			
— Width Target	AL-PR-F-ALTERNATIVA-02-Left-7.2...	PISTA ESQUERDA - LaneSuperelevationAOR	Left
— Width Target	AL-PR-F-ALTERNATIVA-02-Right-7...	PISTA DIREITA - LaneSuperelevationAOR	Right
— Offset Target	<None>	TALUDE MURO ATERRO DIREITO - LinkWidthAndSlope	Right
Slope or Elevation Targets			
— Outside Elevation Target	<None>	PISTA ESQUERDA - LaneSuperelevationAOR	Left

Figura 13.33 Caixa Target Mapping para controle dos alvos no modelo do corredor.

A maioria dos projetos vão requerer o apontamento de diversos alvos para a criação de taludes e contenções ou para a construção de transições estruturais complexas. O exemplo a seguir ilustra como acessar as ferramentas de alvos para apontamento das pistas nas transições para o trecho da baia.

Agora, estude o exemplo a seguir:

1. Abra o arquivo **13-7-1_TRANSIÇÕES_CORREDOR.DWG**, disponível na plataforma da editora.

2. Selecione o corredor na área de trabalho e acesse a ferramenta da ribbon contextual **Corridor** → **Modify Corridor** → **Corridor Properties**.

3. Na aba **Parameters**, da caixa de diálogo **Corridor Properties**, clique no botão **Target** da região **Início**.

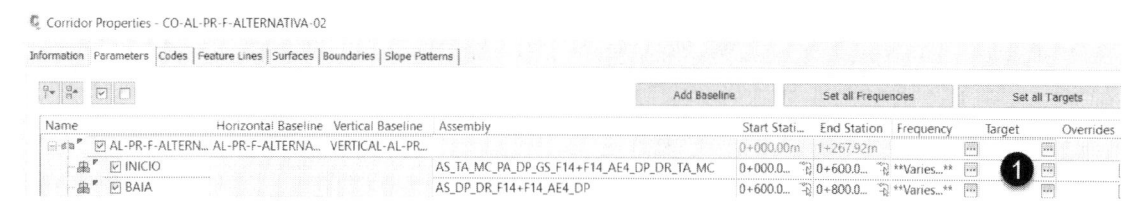

Figura 13.34 Aba Parameters para configuração dos alvos para as regiões do corredor.

4. Na caixa **Target Mapping**, na linha do componente **Pista Esquerda**, clique na sua respectiva célula da coluna **Object Name**.

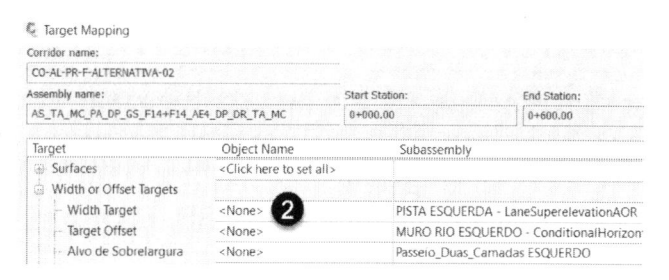

Figura 13.35 Caixa Target Mapping para configuração dos alvos.

5. Na caixa **Set Width Or Offset Target**, selecione o tipo **Alignments** no campo **Select object type to target**, selecione o alinhamento **AL-PR-F-ALTERNATIVA-02-Left-7.200** no quadro **Select Alignments**.

6. Clique no botão **Add** para selecionar o alinhamento e em **OK**.

7. Na caixa **Target Mapping** na linha do componente **Pista Direita**, clique na sua respectiva célula da coluna **Object Name**.

8. Na caixa **Set Width Or Offset Target**, selecione o tipo **Alignments** no campo **Select object type to target** e o alinhamento **AL-PR--F-ALTERNATIVA-02-Right-7.200** no quadro **Select Alignments**.

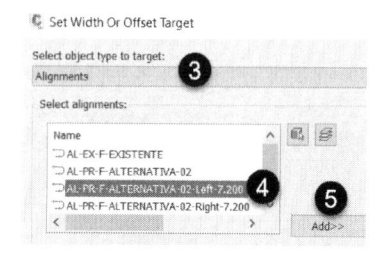

Figura 13.36 Caixa para seleção das geometrias de aplicação dos alvos.

9. Clique no botão **Add** para selecionar o alinhamento e clique no botão **OK**.

10. Clique no botão **OK** para fechar a caixa de diálogo **Corridor Properties**.

11. Clique em **Rebuild Corridor** para atualizar o modelo do corredor.

12. Selecione o corredor na área de trabalho e acesse a ferramenta da ribbon contextual **Corridor** → **Modify Region** → **Edit Targets** para configurar os alvos para a transição de saída da baia.

13. Na área de trabalho, clique sobre a região **Final**.

14. Na caixa **Target Mapping**, na linha do componente **Pista Esquerda**, clique na sua respectiva célula da coluna **Object Name**.

15. Na caixa **Set Width Or Offset Target**, selecione o tipo **Alignments** no campo **Select object type to target** e o alinhamento **AL-PR-F-ALTERNATIVA-02-Left-7.200** no quadro **Select Alignments**.

16. Clique no botão **Add** para selecionar o alinhamento e em **OK**.

17. Na caixa **Target Mapping**, na linha do componente **Pista Direita**, clique na sua respectiva célula da coluna **Object Name**.

18. Na caixa **Set Width Or Offset Target**, selecione o tipo **Alignments** no campo **Select object type to target** e o alinhamento **AL-PR-F-ALTERNATIVA-02-Right-7.200** no quadro **Select Alignments**.

19. Clique no botão **Add** para selecionar o alinhamento e em **OK**.

20. Clique no botão **OK** para fechar a caixa de diálogo **Target Mapping** (Figura 13.33).

21. Verifique o comportamento das transições da baia configuradas (Figura 13.37).

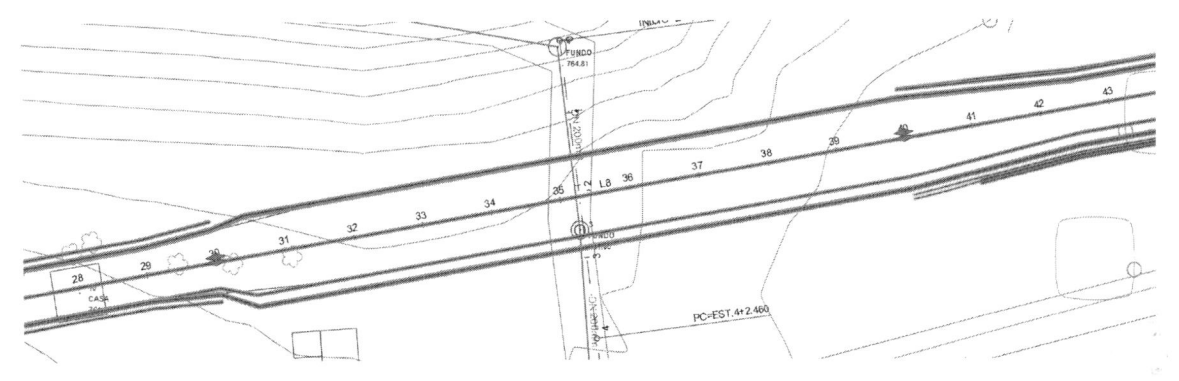

Figura 13.37 Trecho de baia e suas transições configuradas no modelo do corredor.

22. Repita os procedimentos anteriores para apontar as pistas na região da baia (Figura 13.38).

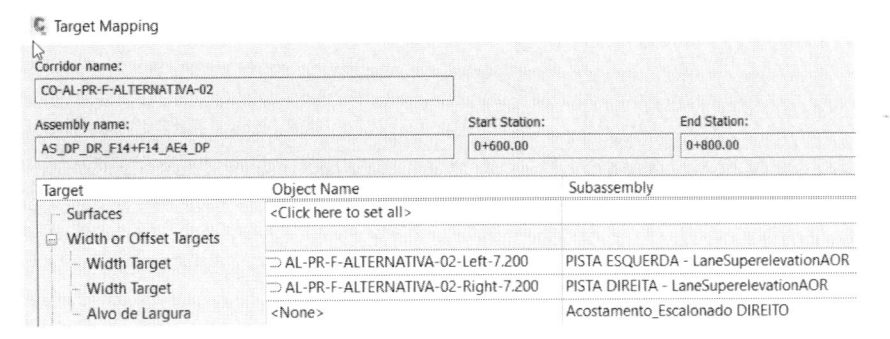

Figura 13.38 Região com as pistas apontadas para os alinhamentos de bordos.

23. Aplique a polyline do rio como alvo para a criação do muro de contenção quando o rio estiver a menos de 30m de distância da guia esquerda, componente **ConditionalHorizontalTarget – Left**.

24. Feche o arquivo.

13.8 Parâmetros transversais do corredor – Section Editor

Habitualmente, os projetos lineares apresentam diversas geometrias transversais ao longo de seu traçado geométrico, como diferenças nas larguras das pistas e dos acostamentos, bem como diferentes inclinações para os taludes, dependendo do tipo de material empregado. Essa característica proporciona um grande número de assemblies nos desenhos dos projetos. Para reduzir essa quantidade de assemblies, é possível utilizar os recursos **Section Editor** para editar diretamente os parâmetros transversais nos trechos desejados no modelo do corredor projetado.

A ferramenta **View/Edit Corridor Section**, acessada pela ribbon contextual **Corridor → Modify Corridor Sections → Section Editor**, habilita a interface do **Section Editor** utilizada para efetuar alterações nos parâmetros em uma ou em diversas seções diretamente sobre o modelo do corredor, sem a necessidade de criar um assembly ou modificar os componentes de subassemblies presentes no projeto (Figura 13.39).

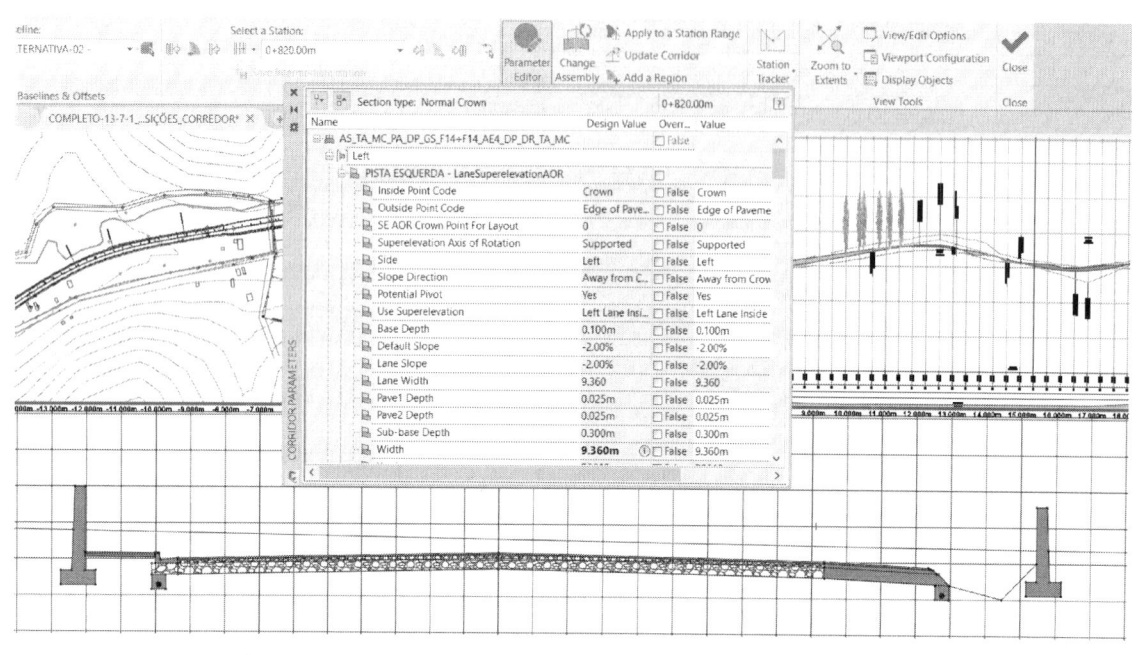

Figura 13.39   Interface do editor transversal do modelo do corredor – Section Editor.

A interface da ribbon **Section Editor** disponibiliza diversas ferramentas para a configuração das vistas de viewports, a navegação entre as seções do corredor e a substituição do assembly utilizado no modelo (Figura 13.40).

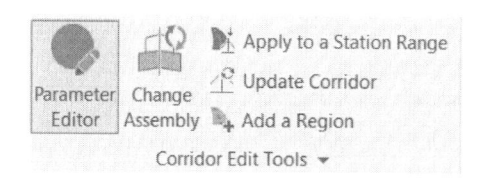

Figura 13.40   Ferramentas do editor de seções.

- **Change Assembly:** ferramenta que permite a substituição do assembly utilizado no modelo do corredor.
- **Update Corridor:** ferramenta utilizada para atualizar o modelo do corredor aplicando as novas configurações.
- **Add a Region:** ferramenta que auxilia na definição de uma nova região no corredor selecionando um assembly diferente ao novo trecho criado.
- **Apply to a Station Range:** ferramenta que possibilita aplicar as novas configurações ao longo de um intervalo de estacas desejadas no corredor.
- **Parameter Editor:** ferramenta para acesso da janela **Corridor Parameters**, que permite a alteração dos valores e parâmetros utilizados no modelo do corredor. Dessa forma, é possível efetuar edições em estacas específicas do modelo (Figura 13.41).

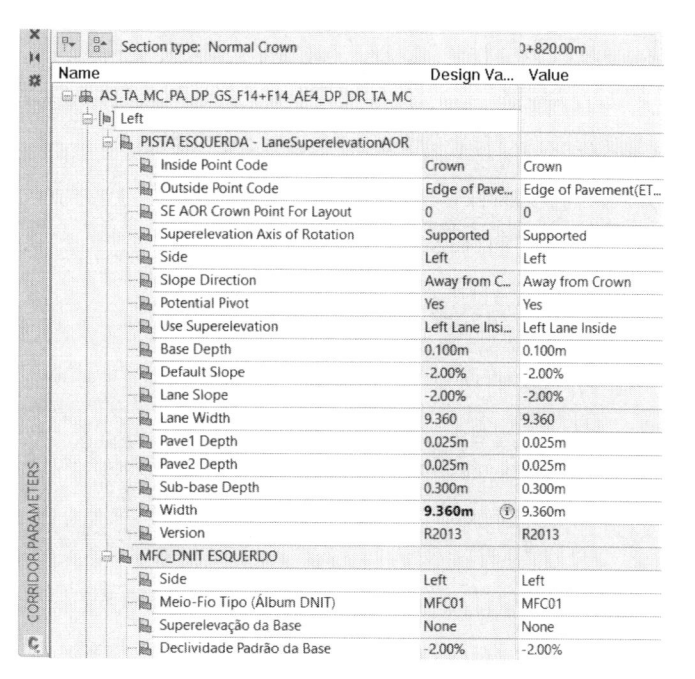

Figura 13.41 Janela Corridor Parameters para edição na geometria transversal do corredor.

▪ **Apply to a Station Range:** ferramenta utilizada para aplicar os valores dos parâmetros configurados em uma seção ao longo de um trecho específico de estacas no modelo do corredor (Figura 13.42).

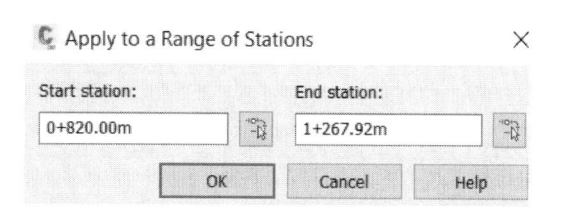

Figura 13.42 Caixa de aplicação das seções modificadas.

O seguinte exemplo tem o objetivo de desenvolver um alargamento para uma faixa adicional na pista da esquerda, iniciando na estaca 50+000 até a estaca final do alinhamento. O exemplo mostra ainda um fluxo opcional para modelar um dispositivo de segurança utilizando operações booleanas do AutoCAD:

1. Abra o arquivo **13-8-1_ SEÇÕES_CORREDOR.DWG**, disponível na plataforma da editora.

2. Selecione o corredor na área de trabalho e acesse a ferramenta da ribbon contextual **Corridor** → **Modify Corridor Sections** → **Section Editor**.

3. Selecione a ferramenta da ribbon contextual **Section Editor** → **View Tools** → **Viewport Configuration** para configurar a exibição de três viewports: planta, perfil e seção.

4. Selecione a estaca **1+000.00m** no campo **Select a Station** e acione a ferramenta **Parameter Editor**.

5. Na janela **Corridor Parameters**, localize o parâmetro **AS_TA_MC_PA_DP_GS_F14+F14_AE4_ DP_DR_TA_MC** → **Left** → **PISTA ESQUERDA** - **LaneSuperelevation AOR** → **Width**. Digite **10.800m** no campo **Value** para configurar a nova largura da pista esquerda na estaca selecionada (Figura 13.43).

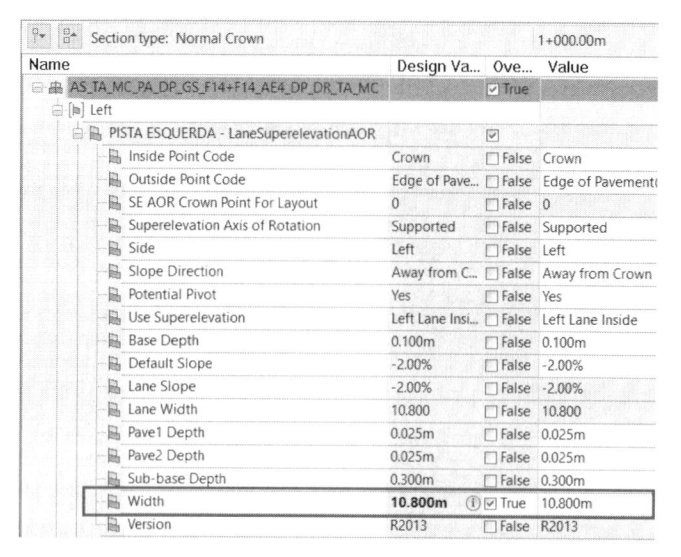

Figura 13.43 Configuração da nova largura da pista esquerda.

6. Selecione a ferramenta da ribbon contextual **Section Editor** → **Corridor Edit Tools** → **Update Corridor** para atualizar o modelo do corredor (Figura 13.44).

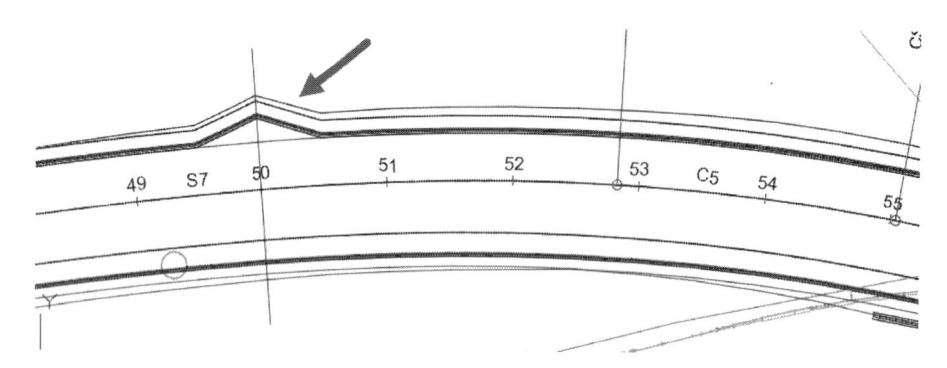

Figura 13.44 Largura da pista esquerda atualizada em planta.

7. Selecione a ferramenta da ribbon contextual **Section Editor** → **Corridor Edit Tools** → **Apply to a Station Range** para aplicar a modificação dentro de um intervalo de estacas do modelo do corredor.

8. Na caixa de diálogo **Apply to a Station Range**, confirme o intervalo de estacas e clique no botão **OK** (Figura 13.45).

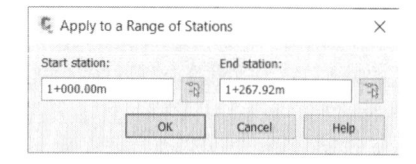

Figura 13.45 Intervalo de estacas para aplicação da modificação.

9. Selecione a ferramenta da ribbon contextual **Section Editor** → **Corridor Edit Tools** → **Update Corridor** para atualizar o modelo do corredor.

10. Clique no botão **Close** da ribbon contextual **Corridor**.

11. Verifique o acréscimo da faixa adicional no modelo do corredor (Figura 13.46).

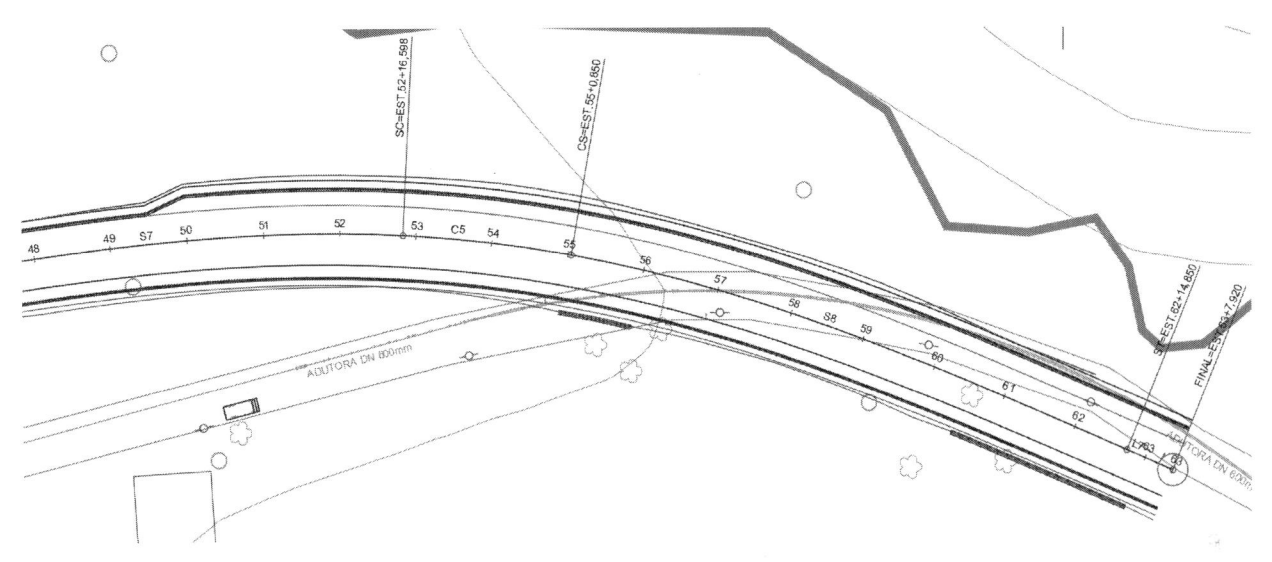

Figura 13.46 Faixa adicional incluída no modelo do corredor.

12. Selecione o corredor na área de trabalho e acesse a ferramenta da ribbon contextual **Corridor** → **Modify Corridor Sections** → **Section Editor** para visualizar um fluxo opcional para construir o dispositivo de segurança.

13. No ambiente do **Section Editor**, verifique a presença de polilinhas representando geometrias de barreira nas estacas **0+0.000, 1+0.000** e **2+0.000**.

14. Copie a polilinha vermelha com geometria da barreira localizada na vista em seção da estaca **2+0.000** para a seção da estaca **5+0.000** (Figura 13.47).

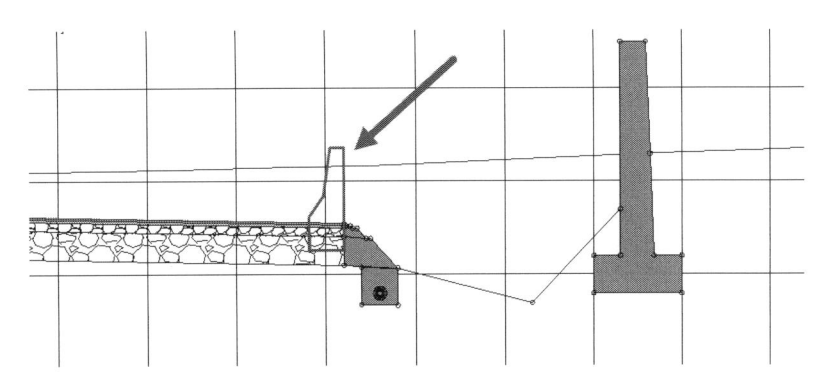

Figura 13.47 Polilinha 2D com a geometria da barreira rígida nas seções das estacas 2+0.00 e 5+0.00.

15. Clique no botão **Close** para fechar o **Section Editor**.

16. Acesse a ferramenta da ribbon **View** → **Named Views** → **Dispositivo de Segurança**.

17. Na linha de comando, digite **Loft**, selecione as geometrias das barreiras posicionadas sobre o modelo do corredor e confirme com a tecla **Enter**, para construir o modelo tridimensional do dispositivo de segurança (Figura 13.48).

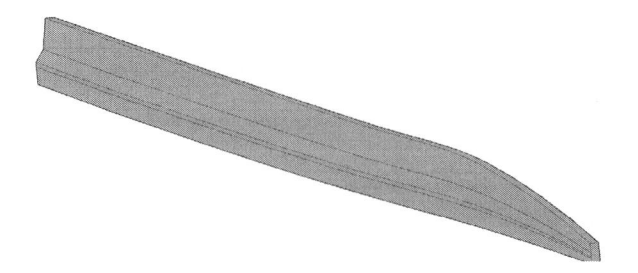

Figura 13.48 Barreira construída como sólido 3D posicionada junto com o corredor.

18. Feche o arquivo

13.9 Interseções e rotatórias

Os projetos viários são compostos por inúmeras interseções e rotatórias ao longo de sua extensão. Esses dispositivos costumam consumir muita carga horária durante seu desenvolvimento, já que é fundamental calcular com precisão os encaixes das vias tanto para a geometria horizontal, quanto para a vertical, considerar as inclinações de superelevação e ainda ponderar os aspectos hidráulicos determinando os pontos altos e baixos para evitar eventuais acúmulos de água (Figura 13.49).

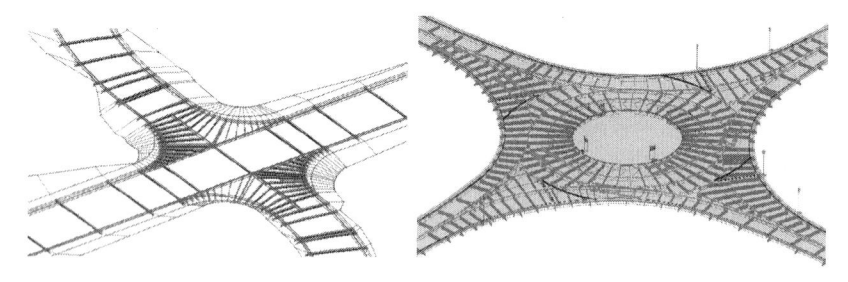

Figura 13.49 Exemplos de modelos de interseção e rotatória em nível.

A construção de interseções e rotatórias no Autodesk Civil 3D requer a definição prévia dos traçados geométricos das vias de cruzamento e seus respectivos perfis dos greides projetados. Será necessário também criar as geometrias auxiliares dos alinhamentos de bordos (offset alignments) e das esquinas (curb return alignments) e, consequentemente, os seus perfis, pois essas geometrias auxiliares serão utilizadas como alvos (targets), para possibilitar a realização dos encaixes das estruturas viárias predefinidas nas seções de assemblies.

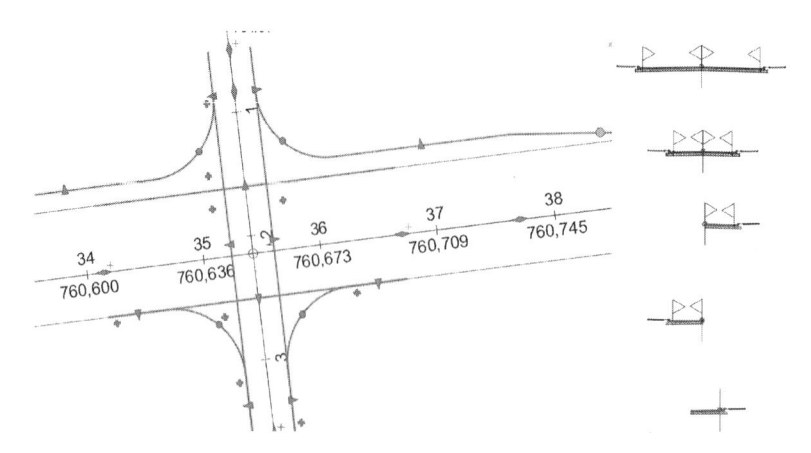

Figura 13.50 Alinhamentos auxiliares de bordos e esquinas, exemplos de assemblies para interseção.

Sabendo que um dos principais objetivos do BIM para infraestrutura é a possibilidade de maior assertividade na quantificação dos projetos, será fundamental criar modelos mais próximos do que será construído, e isso impacta a modelagem de corredores mais exatos, incluindo os trechos de interligações de vias, como rotatórias, trevos e demais dispositivos viários. As ferramentas **Intersection** e **Roundabout** permitem automatizar as tarefas desgastantes de projetar os dispositivos de rotatórias e interseções presentes em sistemas viários.

13.9.1 Resumo do processo manual

O processo para a elaboração do projeto de interseções entre os corredores inicia-se após a definição dos alinhamentos horizontais e verticais e do desenvolvimento dos assemblies. A sequência do processo pode ser descrita da seguinte forma:

1. Definir os alinhamentos horizontais e verticais para a, via, principal e secundária, que servirão como linha-base para o projeto da interseção.

2. Construir os alinhamentos de bordos no trecho da interseção (offset alignments), os quais serão utilizados como alvos para acomodações e encaixes das estruturas viárias.

3. Criar os alinhamentos horizontais e verticais das esquinas dos cruzamentos entre as vias (curb return alignments), que servem para posicionar as seções parciais com as estruturas viárias.

4. Calcular e definir os pontos baixos nos perfis dos alinhamentos das esquinas, determinando assim o posicionamento dos dispositivos de drenagem para a coleta das águas pluviais.

5. Criar as seções de assemblies para a, via, principal e secundária, definir ainda assemblies específicos para cada tipo de interseção, bem como inserir os componentes de subassemblies para as transições ou assemblies offset para atingir os alinhamentos das esquinas das interseções.

6. Criar o modelo do corredor definindo o eixo das baselines e regiões para cada quadrante da interseção (Figura 13.51).

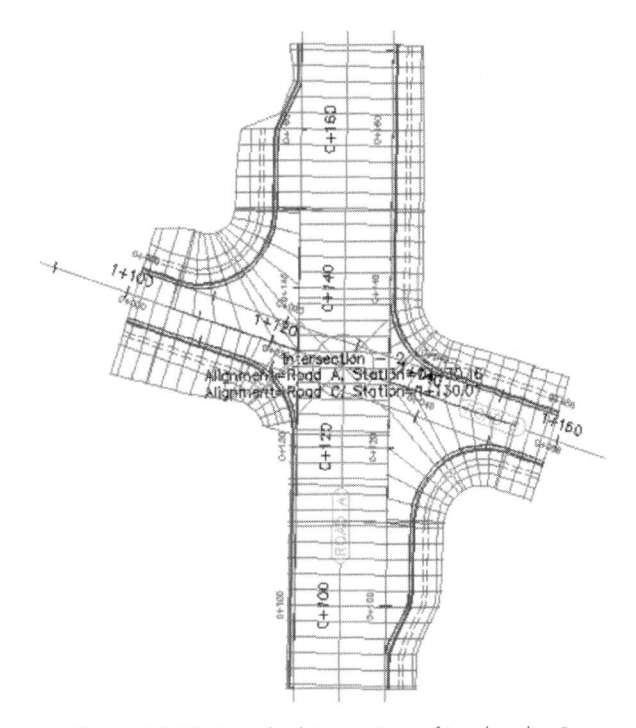

Figura 13.51 Exemplos de interseção com faixas de aceleração.

O seguinte exemplo ilustra como controlar os alvos para um trecho de quadrante de um modelo de interseção parcialmente criado no arquivo, e o objetivo é realizar o entendimento macro do processo manual de criação da interseção.

Agora, estude o exemplo a seguir:

1. Abra o arquivo **13-9-1_ INTERSEÇÃO_MANUAL.DWG**, disponível na plataforma da editora.

2. Na área de trabalho, verifique a presença de alinhamentos auxiliares na região da interseção de vias parcialmente construídas.

3. Na aba **Prospector** da **Toolspace**, expanda a pasta **Corridor**, clique com o botão direito do mouse sobre **Interseção** e selecione a opção **Corridor Properties**.

4. Na aba **Parameters** da caixa de propriedades, clique com o botão direito do mouse sobre a linha--base **INTERSEÇÃO–(2) - SE** e selecione a opção **Add Region**.

5. Na caixa de diálogo **Create Corridor Region**, digite **REGIÃO 2 – SE** no campo **Region Name**, selecione o assembly **AS-PR-F-ESQUINA DIREITA (2)** no campo **Assembly** (Figura 13.52).

6. Clique no botão **OK**.

7. Digite **10** na célula **Start Station** da linha da nova região criada e, na mesma região, digite **28.32** em **End Station**.

8. Regule a frequência para **2.000**m na coluna **Frequency**.

9. Clique no botão **Target** da linha da região criada.

10. Na caixa **Target Mapping**, configure os alvos de **Width Target** para a pista **LaneOutsideSuper-WithWidening**.

11. Na caixa de diálogo **Set Width Or Offset Target**, selecione os alinhamentos **AL-EX-F-EXISTENTE** e **AL-PR-F-ALTERNATIVA-02** e clique em **Add>>** para adicioná-los na lista. Clique no botão **OK** (Figura 13.53).

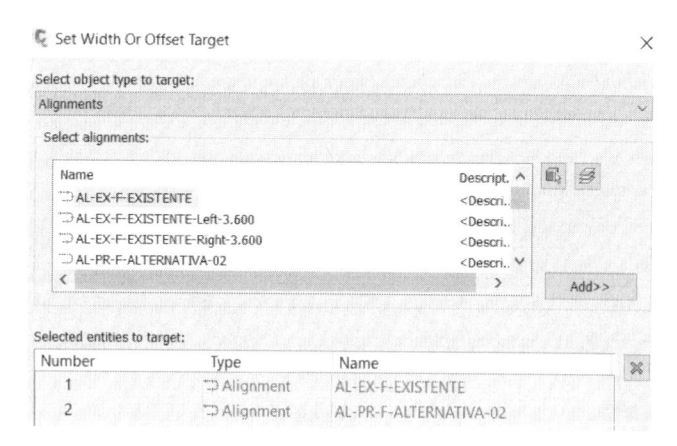

Figura 13.52 Caixa de criação de região no corredor.

Figura 13.53 Configuração dos alvos horizontais para encaixe das pistas no quadrante da interseção.

12. Na caixa **Target Mapping**, configure os alvos de **Outside Elevation Target** para a pista **LaneOutside--SuperWithWidening**.

13. Na caixa de diálogo **Set Slope Or Elevation Target**, selecione os alinhamentos **AV-EX-F-EXIS-TENTE** e **VERTICAL-AL-PR-F-ALTERNATIVA-02**, e clique em **Add>>** para adicioná-los na lista. Clique no botão **OK** (Figura 13.54).

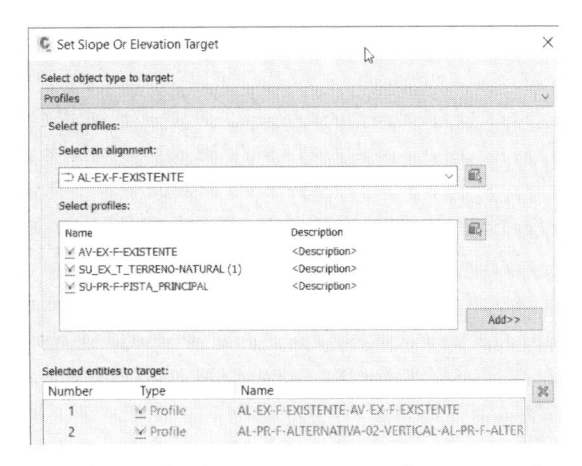

Figura 13.54 Configuração dos alvos verticais para encaixe das pistas no quadrante da interseção.

14. Clique no botão **OK** para fechar a caixa **Target Mapping**.
15. Clique no botão **OK** e em **Rebuild The Corridor** (Figura 13.55).

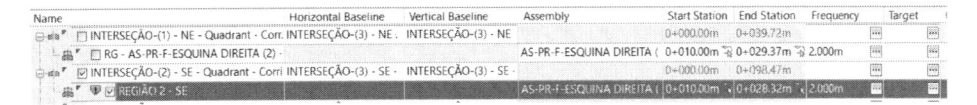

Figura 13.55 Configurações para a construção do quadrante para a interseção no modelo do corredor.

16. Verifique o modelo do corredor criado no quadrante da interseção.
17. Selecione o corredor na área de trabalho e acesse a ferramenta da ribbon contextual **Corridor** → **Modify Corridor** → **Corridor Properties**.
18. Na aba **Parameters**, da caixa de diálogo **Corridor Properties**, ligue as demais regiões listadas na coluna **Name**.
19. Clique no botão **OK** e em **Rebuild The Corridor.**
20. Verifique a composição completa do modelo da interseção e feche o arquivo (Figura 13.56).

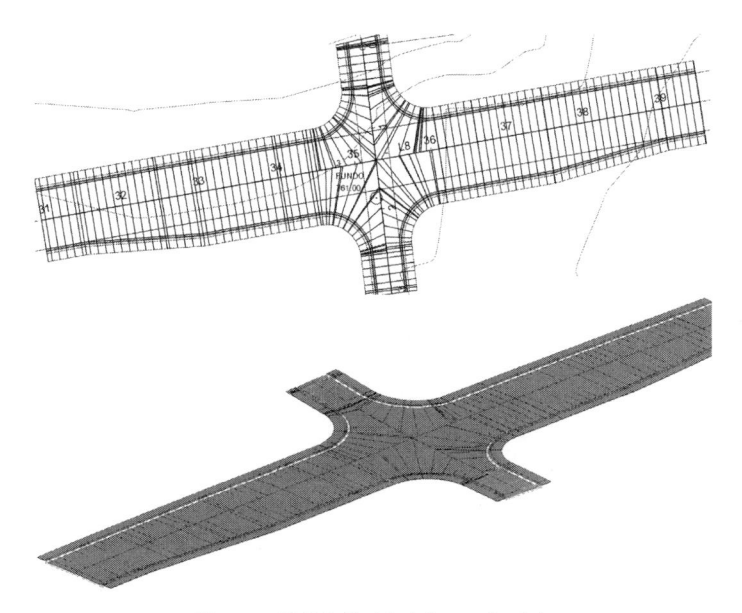

Figura 13.56 Modelo da interseção criado.

13.9.2 Assistente para interseções

Para automatizar o processo de criação de interseções viárias, pode-se fazer bom uso do assistente **Intersection**, que, além de fornecer maior produtividade no processo de criação dos alinhamentos auxiliares e verificar as cotas entre os perfis, ainda auxilia na construção do objeto **Intersection** próprio do Autodesk Civil 3D, possibilitando o seu gerenciamento direto na aba **Prospector** da **Toolspace**.

Para utilizar a ferramenta **Create Intersection**, será necessário determinar o ponto de interseção entre os dois alinhamentos horizontais e, em seguida, qual desses alinhamentos é o principal (Primary Road Alignment) e qual será o secundário (Secondary Road Alignment). O assistente **Create Intersection** facilita o processo para a criação de interseções no Autodesk Civil 3D e está organizado em três páginas distintas: **General, Geometry Details** e **Corridor Regions**.

A página **General** do assistente de criação de interseção permite determinar o nome e a descrição da interseção, selecionar o layer e os estilos de marcador e rótulo (label) para a interseção (Figura 13.57).

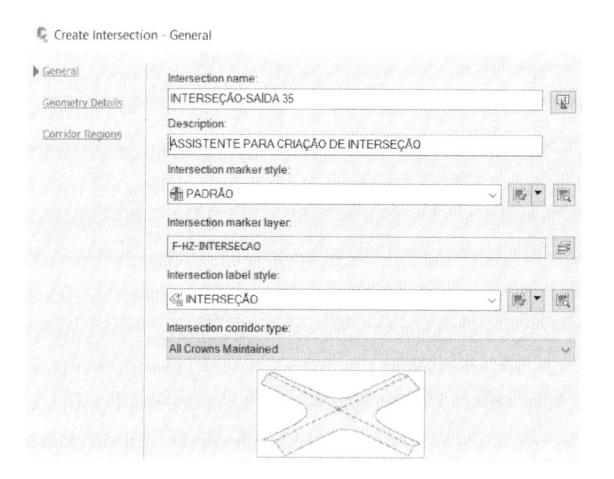

Figura 13.57 Página General do assistente de criação de interseção.

O campo **Intersection corridor type** permite selecionar os tipos de interseção:

- **Primary Road Crown Maintained:** esta opção mantém a cota do alinhamento vertical da via principal na região da interseção, ajustando o perfil do alinhamento vertical da via secundária nos bordos da via principal. Alguns projetistas denominam este tipo de sarjetão;

- **All Crowns Maintained:** opção que ajusta as cotas dos bordos das vias sem alterar o alinhamento vertical da via principal. O ajuste é efetuado por meio do perfil dos alinhamentos das esquinas (curb returns).

A página **Geometry Details**, do assistente **Create Intersection**, auxilia na configuração dos parâmetros geométricos para a construção do projeto da interseção (Figura 13.58).

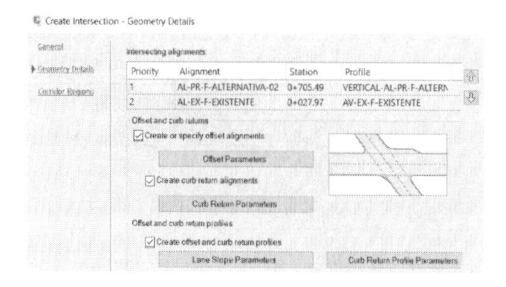

Figura 13.58 Página Geometry Details do assistente de criação de interseção.

- **Intersecting alignments:** quadro que possibilita definir a ordem prioritária entre os alinhamentos selecionados. A coluna de prioridade (Priority) define qual greide vertical permanecerá com sua cota mantida no perfil longitudinal.

- **Create or specify offset alignments:** quadro que habilita a criação automática dos alinhamentos auxiliares durante o processo de criação da interseção, os quais são utilizados como alvos nas esquinas e regiões internas da interseção.

- **Offset Parameters:** ferramenta que permite configurar os parâmetros dos alinhamentos auxiliares da interseção por meio da caixa de diálogo **Intersection Offset Parameters**.

- **Curb Return Parameters:** ferramenta que acessa os parâmetros das esquinas para cada quadrante da interseção, em que é possível definir os valores para os raios e a adição de transições de entrada e saída nas esquinas das interseções. A opção **Widen turn lane for incoming road** permite a criação da faixa de aceleração, e **Widen turn lane for output road** possibilita a criação da faixa adicional de desaceleração. Os parâmetros de **Widening Details** configuram os valores de largura e comprimento da faixa adicional, e os parâmetros de **Transitions Details** subsidiam a criação das transições para as faixas adicionais (Figura 13.59).

- **Lane Slope Parameters:** ferramenta utilizada para configurar os parâmetros das inclinações transversais para a acomodação dos perfis de alinhamentos auxiliares.

- **Curb Return Profile Parameters:** ferramenta de controle dos parâmetros de encaixes dos perfis verticais em cada um dos quadrantes da interseção.

A página **Corridor Regions**, da caixa de diálogo **Create Intersection**, auxilia na escolha da superfície que serve como alvo para a criação dos taludes e contenções na região da interseção, além de possibilitar selecionar e gravar as configurações das seções de assemblies que serão utilizadas na interseção (Figura 13.60).

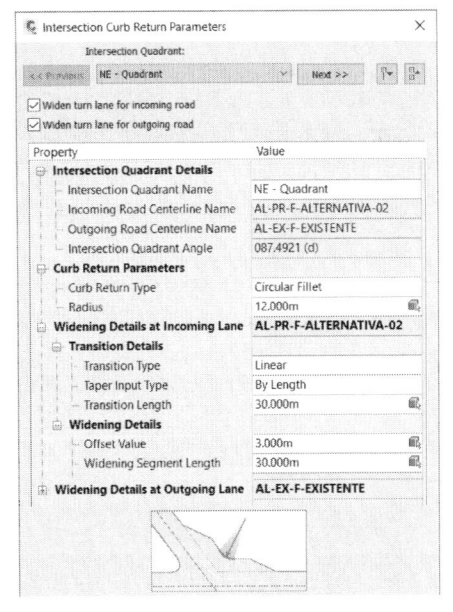

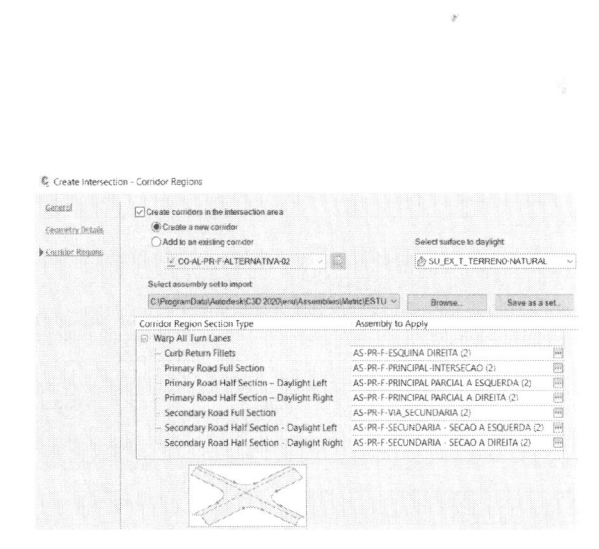

Figura 13.59 Janela Intersection Curb Return Parameters para a configuração das esquinas.

Figura 13.60 Página Corridor Regions para a configuração dos assemblies na interseção.

- **Select surface to daylight:** quadro que permite selecionar a superfície de alvo para os taludes e contenções na região da interseção.

- **Select assembly set to import:** quadro utilizado para selecionar uma configuração para a aplicação dos assemblies na região da interseção (assembly set). Esta configuração trabalha com arquivos em formato XML para a utilização em outros projetos.

■ **Corridor Region Section Type:** quadro para especificar quais assemblies serão aplicados em cada região do projeto da interseção. Uma ilustração é exibida na parte inferior da caixa de diálogo, mostrando como deve ser a seção transversal para cada item selecionado na lista (Figura 13.61).

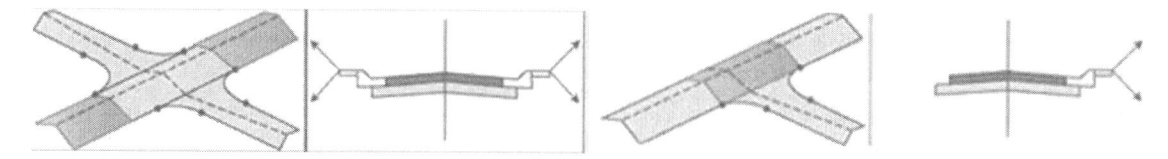

Figura 13.61 Tipos de seções de assemblies para aplicação na interseção.

O seguinte exemplo exibe os procedimentos para a criação de uma interseção simples utilizando a assistente **Create Intersection**. O arquivo do exercício possui a superfície topográfica, os alinhamentos horizontais da interseção e seus respectivos greides projetados, além dos assemblies que serão utilizados na construção dela.

Agora, estude o exemplo a seguir:

1. Abra o arquivo **13-9-2_INTERSEÇÃO_CORREDOR.DWG**, disponível na plataforma da editora.

2. Selecione a ferramenta da ribbon **Home** → **Create Design** → **Intersections** → **Create Intersection**.

3. Na área de trabalho, clique na interseção entre os alinhamentos e selecione o eixo do alinhamento **AL--PR-F-ALTERNATIVA-02** como eixo principal (main road).

4. Na página **General**, da caixa de diálogo **Create Intersection**, digite **INTERSEÇÃO-SAÍDA-35** no campo **Intersection Name** e clique no botão **Next**.

5. Na página **Geometry Details**, da caixa de diálogo **Create Intersection**, clique no botão **Offset Parameters** para configurar os parâmetros dos alinhamentos auxiliares para o dispositivo de interseção.

6. Na janela **Intersection Offset Parameters**, digite **7.200m** nos campos **Offset Value** para o lado esquerdo **Left Offset Alignment Definition** e para o lado direito **Right Offset Alignment Definition**. Clique no botão **OK** para definir a largura de 7.20m para os alinhamentos auxiliares da via principal e 3.60m de largura para os alinhamentos auxiliares na via secundária (Figura 13.62).

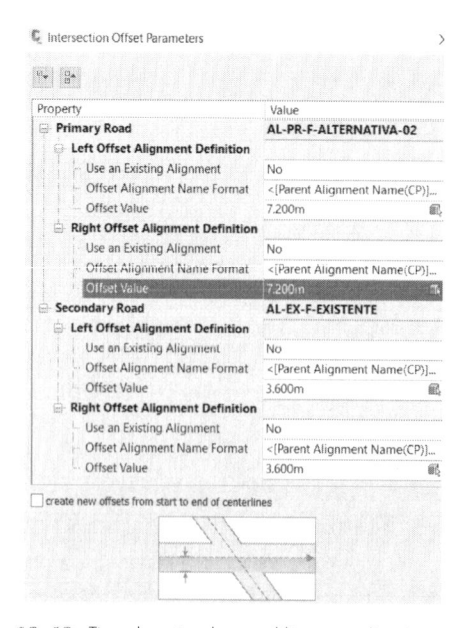

Figura 13.62 Tipos de seções de assemblies para aplicação na interseção.

7. Na página **Geometry Details**, da caixa de diálogo **Create Intersection**, clique no botão **Curb Return Parameters** para configurar os parâmetros dos alinhamentos nas esquinas para a interseção.

8. Na janela **Intersection Curb Return Parameters**, localize o quadrante **SE**, habilite a opção **Widen turn lane for outgoing road** para criar a faixa adicional de desaceleração para este quadrante da interseção e verifique os parâmetros da transição em **Transition Details** (Figura 13.63).

9. Na janela **Intersection Curb Return Parameters**, localize o quadrante **SW**, habilite a opção **Widen turn lane for incoming road** para criar a faixa adicional de aceleração para este quadrante da interseção, verifique os parâmetros da transição em **Transition Details** e clique no botão **OK**.

10. Na página **Geometry Details**, da caixa de diálogo **Create Intersection**, clique no botão **Next >** para continuar.

11. Na página **Corridor Regions**, da caixa de diálogo **Create Intersection**, habilite as opções **Create corridor in the intersection area** e **Create a new corridor**, selecione a superfície **TSU_EX_T-TERRENO NATURAL** no campo **Select surface to daylight**.

12. Configure os seguintes assemblies na coluna **Assembly to Apply** no quadro (Figura 13.64):

    ◆ em **Curb Return Fillets**, selecione o assembly AS-PR-F-ESQUINA DIREITA (2);

    ◆ em **Primary Road Full Section**, selecione o assembly **AS-PR-F-PRINCIPAL INTERSEÇÃO (2)**;

    ◆ em **Primary Road Half Section – Daylight Left**, selecione **AS-PR-F-PRINCIPAL PARCIAL ESQUERDA (2)**;

    ◆ em **Primary Road Half Section – Daylight Right**, selecione **AS-PR-F-PRINCIPAL PARCIAL DIREITA (2)**;

    ◆ em **Secondary Road Full Section**, selecione o assembly **AS-PR-F-VIA_SECUNDÁRIA (2)**;

    ◆ em **Secondary Road Half Section – Daylight Left**, selecione **AS-PR-F-SECUNDÁRIA-SEÇÃO A ESQUERDA (2)**;

    ◆ em **Secondary Road Half Section – Daylight Right**, selecione **AS-PR-F-SECUNDÁRIA--SEÇÃO A DIREITA (2)**.

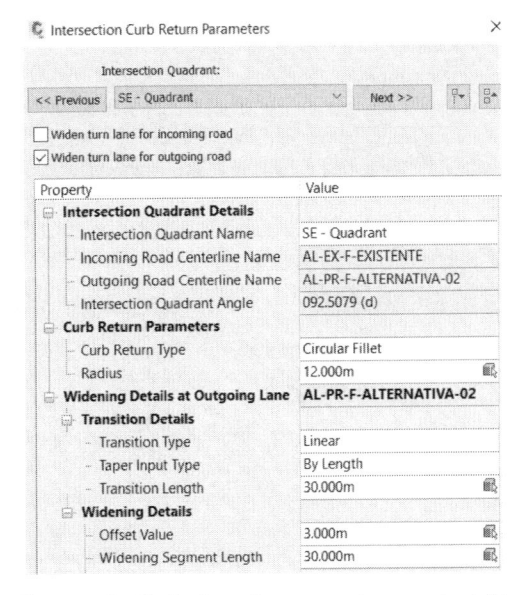

Figura 13.63 Configuração para a esquina no quadrante SE.

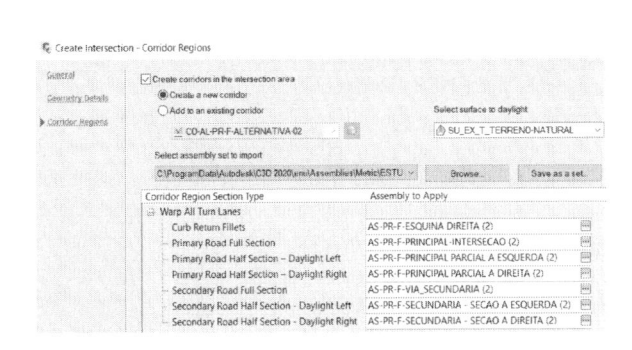

Figura 13.64 Configuração para aplicação dos assemblies na interseção.

13. Clique no botão **Create Intersection**.

14. Verifique o modelo de corredor construído para o dispositivo de interseção.

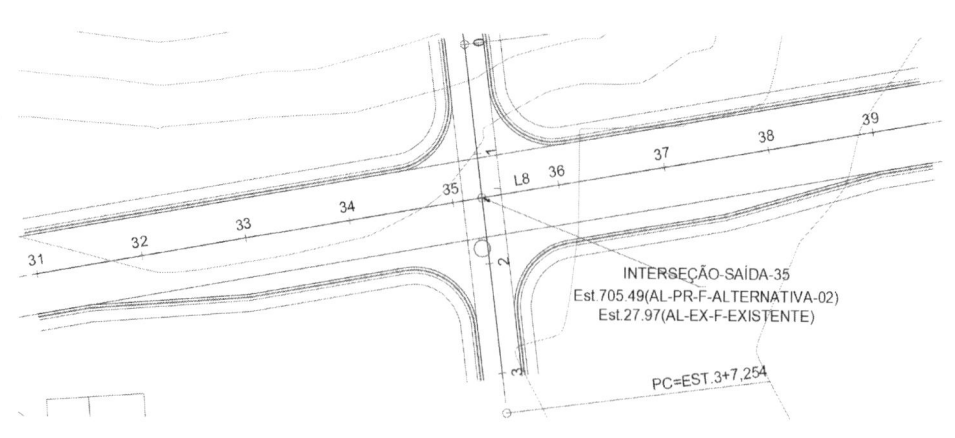

Figura 13.65 Modelo de interseção.

15. Selecione o modelo do corredor na área de trabalho e identifique as abas da ribbon contextual **Corridor** e **Intersection** – esta última permite realizar edições e ajustes no modelo da interseção caso necessário.

16. Feche o arquivo.

13.9.3 Assistente para rotatórias

A elaboração de dispositivos em rotatórias (ou rótula, rotunda, girador, giratória, giradouro, bolacha ou balão) também exige uma grande demanda de tempo no fluxo dos projetos de sistemas viários, sendo necessários a criação de alinhamentos laterais auxiliares e o cálculo do greide projetado para a acomodação das estruturas de pistas, guias e passeios, além da definição dos pontos baixos para a drenagem das águas pluviais. O recurso **Create Roundabout** auxilia na construção do modelo de rotatória, criando os alinhamentos auxiliares, seus respectivos perfis, importa seções de assemblies e ainda cria o modelo do corredor (Figura 13.66).

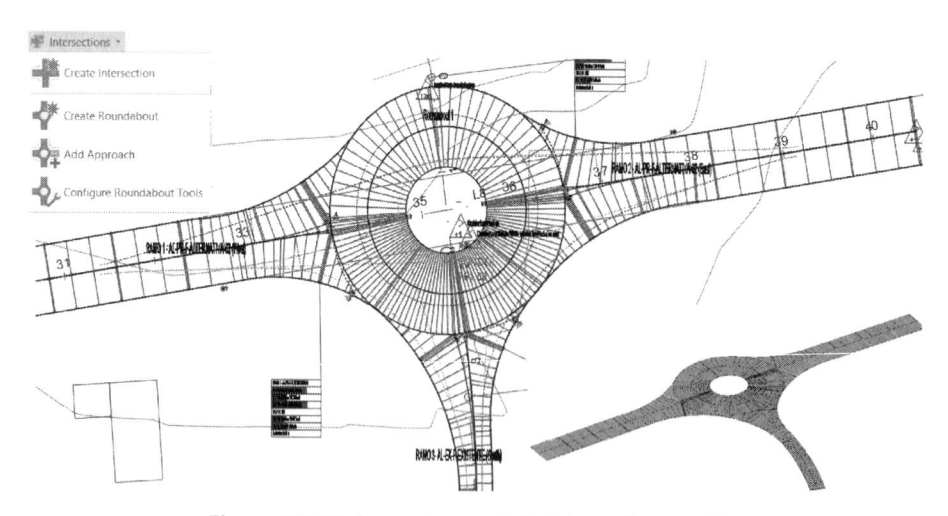

Figura 13.66 Ferramentas para criação de interseções e rotatórias.

As ferramentas para o desenvolvimento de projetos de rotatórias estão localizadas na ribbon **Home > Create Design > Intersections > Create Roundabout** para iniciar o assistente de criação de rotatórias. A ferramenta **Add Approach** permite adicionar novos ramos de acesso à rotatória, e o recurso **Configure Roundabout Tools** acessa a caixa de configurações gerais para o desenvolvimento dos dispositivos de rotatórias.

O recurso **Configure Roundabout Tools** acessa a caixa **Setting** com as principais configurações para a construção e exibição dos modelos de rotatórias, em que a aba **Styles** controla a exibição dos componentes presentes na rotatória, como a representação da sinalização, layers, área de visibilidade, trajetória de veículos, entre outras opções (Figura 13.67).

A aba **Surface**, da caixa **Setting**, permite apontar as superfícies de trabalho para a construção das rotatórias; em **Corridor**, pode-se regular a automatização da criação dos alinhamentos, perfis e do modelo do corredor para representação do dispositivo de rotatória (Figura 13.68).

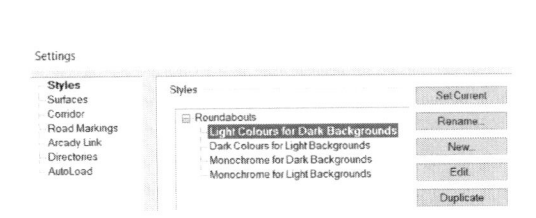

Figura 13.67 Aba Styles da caixa Settings para configuração visual para as rotatórias.

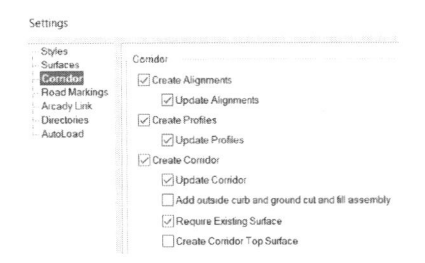

Figura 13.68 Aba Corridor da caixa Settings para controle do modelo do corredor para as rotatórias.

A aba **Road Markings** permite escolher o padrão de sinalização para a rotatória; em **Arcady Link**, é possível realizar o login para conectar com o serviço comercializado que disponibiliza recursos analíticos; na aba **Directories**, pode-se controlar as pastas com as bibliotecas de componentes para rotatórias; e em **AutoLoad**, controla-se o carregamento automático dos padrões nacionais e internacionais de rotatórias, recurso vinculado com a solução **Autodesk Vehicle Tracking** (Figura 13.69).

O seguinte exemplo mostra os procedimentos para a criação de uma rotatória rural utilizando o recurso de **Roundabout**, para posteriormente efetuar a adição de um novo ramo de acesso.

Agora, estude o exemplo a seguir:

1. Abra o arquivo **13-9-3_ROTATÓRIA_CORREDOR.DWG**, disponível na plataforma da editora.

2. Selecione a ferramenta da ribbon **Home** → **Create Design** → **Intersections** → **Configure Roundabout Tools**.

3. Na aba **Surfaces**, da caixa de diálogo **Settings**, selecione a superfície **SU_EX_T_TERRENO-NATURAL** nos campos **Existing Surface** e **Final Surface** para orientar as elevações da rotatória.

4. Na aba **Corridor**, desmarque as opções **Add outside curb and ground cut and fill assembly** para não importar os componentes de subassemblies com taludes de corte e aterro. Desmarque a opção **Create Corridor Top Surface** para não criar a superfície do corredor na rotatória (Figura 13.70).

Figura 13.69 Aba AutoLoad da caixa Settings para configuração dos padrões de rotatórias.

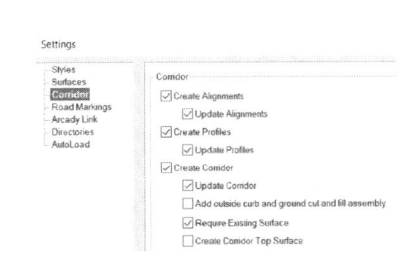

Figura 13.70 Aba Corridor da caixa Settings para configuração de corredor da rotatória.

5. Na aba **AutoLoad**, encontre o padrão **Brazilian Junction Design Standards** e clique no botão **OK**.

6. Selecione a ferramenta da ribbon **Home** → **Create Design**→ **Intersections** → **Create Roundabout**.

7. Na caixa de diálogo **New Roundabout Details**, digite **Rotatória** no campo **Name**, utilize o padrão **Rotatória Rural: Pista Simples** na lista **Standard Used**. Verifique os valores mínimos e máximos para os diâmetros da rotatória nos campos **Inscribed Circle Diameter** e **Center Island Diameter**, clique no botão **OK** (Figura 13.71).

8. Na área de trabalho, clique na interseção entre as vias principais (Figura 13.72).

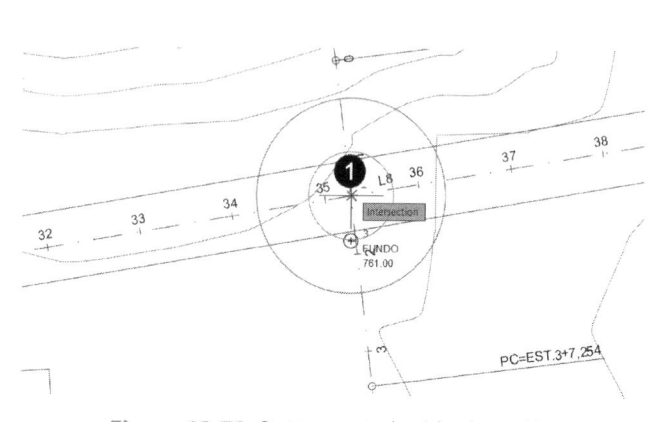

Figura 13.71 Caixa de configuração geométrica da rotatória.   **Figura 13.72** Posicionamento do núcleo da rotatória.

9. Em seguida, clique no eixo da via principal à esquerda da rotatória próxima à estaca 33 para posicionar o primeiro ramo da rotatória.

10. Na caixa de diálogo **New Arm**, digite **RAMO 1-AL--PR-F-ALTERNATIVA-02** no campo **Name**. Nos campos **Lanes**, selecione **2** pistas para a entrada (Approaching) e saída (Departuring). Digite **3.60** para definir a largura das pistas em **Lane Width** para a entrada e saída, e clique em **OK** (Figura 13.73).

11. Em seguida, clique no eixo da via principal à direita da rotatória próxima à estaca 37 para posicionar o segundo ramo da rotatória.

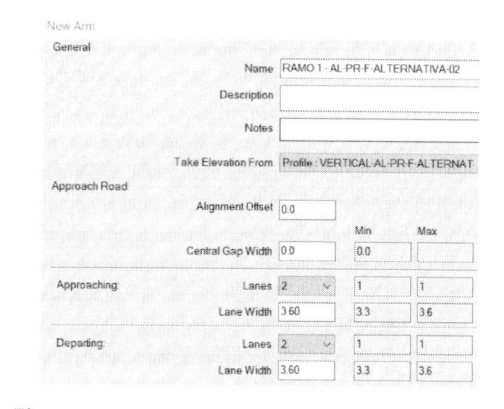

Figura 13.73 Caixa de configuração do ramo 1 da rotatória.

12. Na caixa de diálogo **New Arm**, digite **RAMO 2-AL--PR-F-ALTERNATIVA-02** no campo **Name**. Nos campos **Lanes**, selecione **2** pistas para a entrada (Approaching) e saída (Departuring). Digite **3.60** para definir a largura das pistas em **Lane Width** para a entrada e saída, clique em **OK**.

13. Em seguida, clique no eixo da via secundária na parte inferior da rotatória próxima à estaca 3 para posicionar o terceiro ramo da rotatória.

14. Na caixa de diálogo **New Arm**, digite **RAMO 3-AL-EX-F-EXISTENTE** no campo **Name**. Nos campos **Lanes**, selecione **1** pista para a entrada (Approaching) e saída (Departuring). Digite **3.60** para definir a largura das pistas em **Lane Width** para a entrada e saída, clique em **OK**.

15. Na área de trabalho, pressione a tecla **Enter** para iniciar o processo de criação do modelo da rotatória.

16. Remova os eventuais labels dos alinhamentos auxiliares e verifique o modelo de rotatória criado no desenho (Figura 13.74).

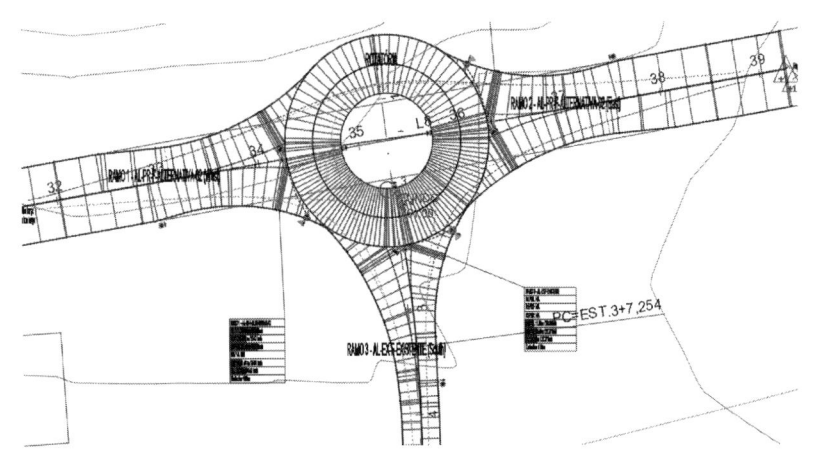

Figura 13.74 Modelo de rotatória criado no desenho.

17. Selecione a rotatória e verifique os seus grips. Dependendo da necessidade, é possível reposicioná-los como prática de edição visual nas geometrias do dispositivo de rotatória.

18. Observe a presença dos assemblies e da indicação da sinalização vertical no dispositivo de rotatória.

19. Na área de trabalho, selecione o dispositivo de rotatória e verifique as ferramentas exclusivas na ribbon contextual **Roundabout** (Figura 13.75).

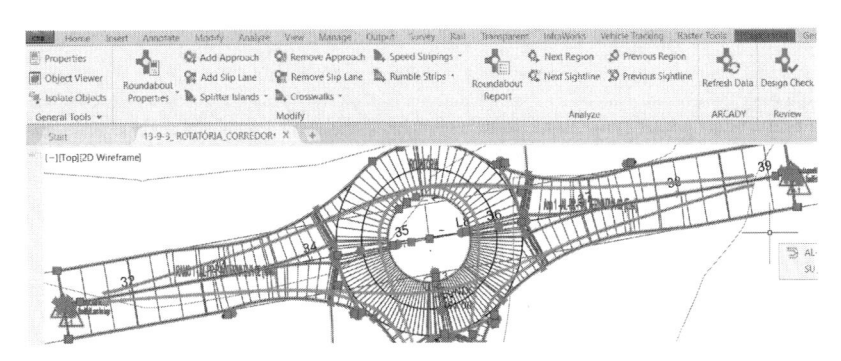

Figura 13.75 Ferramentas para rotatórias dispostas na ribbon contextual Roundabout.

20. Selecione a ferramenta da ribbon contextual **Roundabout** → **Crosswalks** → **Add Crosswalk** e posicione algumas faixas de pedestres na rotatória.

21. Na área de trabalho, selecione o dispositivo de rotatória, acesse a ferramenta da ribbon contextual **Roundabout** → **Review** → **Check Design** e verifique as violações por exceder o número máximo de faixas indicadas na caixa de diálogo **Design Check Exceptions**. Clique em **OK** (Figura 13.76).

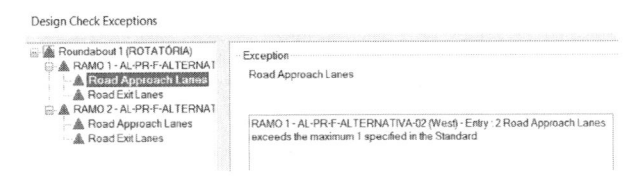

Figura 13.76 Caixa de verificação de violações de critérios para rotatórias.

22. Na área de trabalho, selecione o dispositivo de rotatória e acesse a ferramenta da ribbon contextual **Roundabout** → **Modify** → **Roundabout Properties** para acessar as propriedades do dispositivo de rotatória.

23. Na propriedade **General**, da caixa de diálogo **Roundabout Properties**, substitua o padrão de rotatória no campo **Standard Used** para **Rotatória Rural: Pista Dupla** e clique no botão OK para aplicar as modificações (Figura 13.77).

24. Na caixa de diálogo **Roundabout Properties**, digite **RAMO 1-AL-PR-F-ALTERNATIVA-02** → **Approach** e altere a quantidade de pistas para **2** nos campos **Lanes** para a entrada (Approaching) e saída (Departuring). Digite **3.60** para definir a largura das pistas em **Lane Width** para a entrada e saída.

25. Repita o procedimento anterior para corrigir a quantidade de pistas e suas larguras para o **RAMO 2-AL-PR-F-ALTERNATIVA-02**.

26. Corrija os demais valores em **Roundel** → **Dimensions** para configurar as geometrias da rotatória dentro dos limites mínimos e máximos solicitados pelo novo padrão de rotatória utilizado.

27. Clique no botão **Aplicar** e **Close** para sair da caixa e visualizar os novos parâmetros no modelo da rotatória (Figura 13.78).

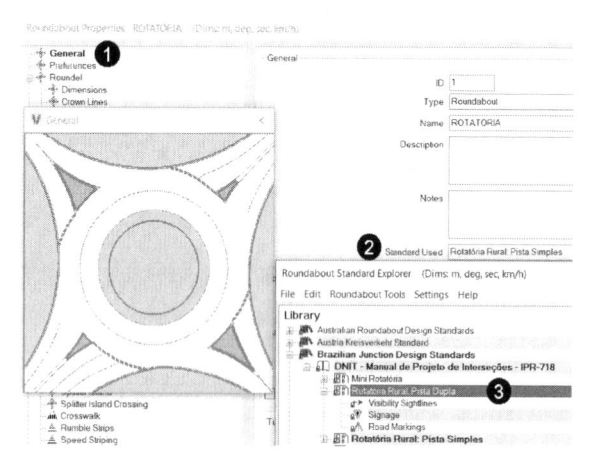

Figura 13.77 Caixa de propriedades para edições no modelo de rotatória.

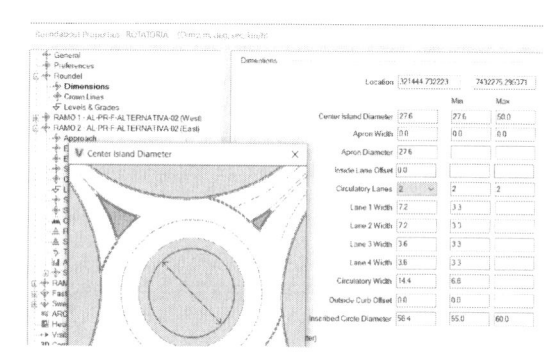

Figura 13.78 Propriedade Dimensions para controle nas geometrias no modelo de rotatória.

28. Verifique a nova composição do dispositivo de rotatória na área de trabalho (Figura 13.79).

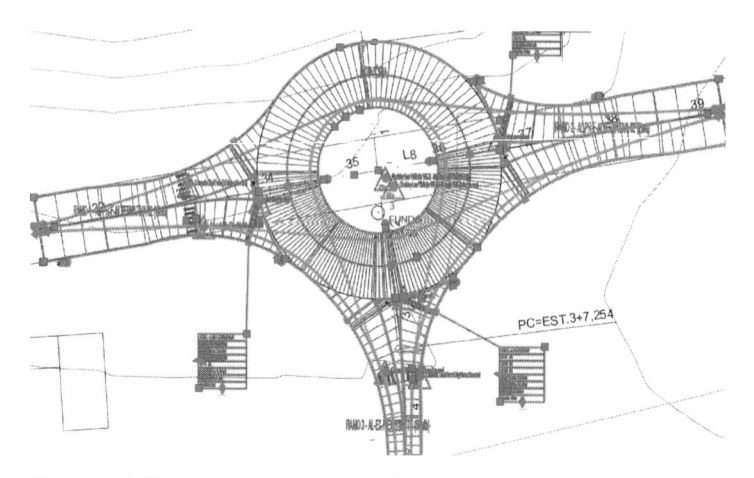

Figura 13.79 Nova composição para o modelo de rotatória exibido na área de trabalho.

29. A finalização do projeto ocorre com o acréscimo das condições de taludes e contenções nas mesmas seções de assemblies utilizadas no modelo da rotatória. Copie os componentes de subassemblies de taludes para os assemblies, e aplique a função **Rebuild Corridor** para atualizar o modelo do dispositivo.

30. Feche o arquivo.

13.10 Superfícies do modelo do corredor

As superfícies de corredores são criadas para representar os modelos TIN projetados, como o modelo da superfície de terraplenagem, representando a plataforma acabada, o greide projetado, a crista de barragem, o fundo de canais, entre outras componentes de projetos de infraestrutura. Assim como em outras superfícies, é possível controlar a aparência da superfície do corredor pela configuração de estilos, executar análises e realizar a comparação com outras superfícies para a extração de quantitativos de terraplenagem.

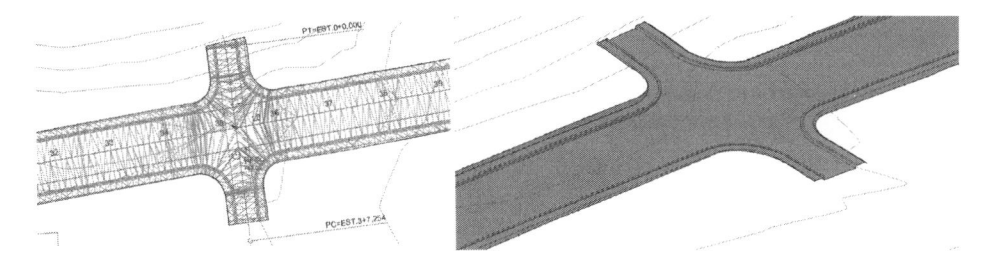

Figura 13.80 Superfície extraída do modelo do corredor.

As superfícies do corredor permanecem correlacionadas com o modelo do corredor e podem ser atualizadas sempre que o modelo o corredor sofrer alterações. É possível efetuar ajustes manuais nas superfícies do corredor para a realização do acabamento e ajuste fino na superfície projetada, como o acréscimo de pontos e triângulos para ajustes nos declives para a drenagem ou definição de linhas obrigatórias para acabamento das bermas ou banquetas e suas respectivas valetas.

Pode-se exportar a superfície do corredor diretamente para os formatos **LandXML** e DEM para a leitura em outros aplicativos ou, ainda, exportar para o arquivo de formato IMX, permitindo a leitura na solução Autodesk InfraWorks para a elaboração do modelo conceitual proposto, exportar para o formato **HEC-RAS** para análises hidrológicas e, também, exportar os modelos de superfícies para a leitura no Autodesk 3ds Max Design para a elaboração de animações e imagens realísticas do projeto.

A superfície do corredor é criada por meio da aba **Surface**, da caixa de diálogo **Corridor Properties**, local em que é possível escolher os tipos de dados (Data type) e códigos (Specify code) disponíveis no modelo do corredor.

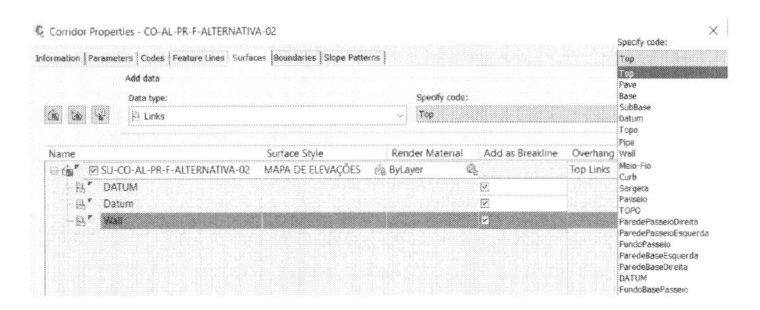

Figura 13.81 Aba Surfaces da caixa Corridor Properties para a construção da superfície do corredor.

O primeiro botão à esquerda da caixa trata-se da ferramenta **Create Corridor Surface** para a criação do modelo da superfície do corredor, uma vez criada a superfície poderá ser renomeada na coluna **Name**, e seu estilo substituído na coluna **Surface Style**.

O quadro **Add Data** fornece as ferramentas para a seleção de dados na construção do modelo de superfície, em que o campo **Data type** permite selecionar qual tipo de informação a ser utilizado na criação da superfície do corredor, que poderá ser entre links (as linhas transversais) e feature lines (representam as linhas longitudinais presentes no modelo do corredor).

A lista do campo **Specify code** exibe quais códigos podem ser empregados na construção da superfície do corredor. **Top** (ou **TOPO**) utiliza as faces superiores do modelo do corredor para a definição da triangulação da nova superfície, caracterizando a superfície da plataforma ou do piso acabado do projeto, e **Datum** triangula os dados da parte inferior do modelo do corredor, criando, assim, o modelo da superfície de terraplenagem do projeto (Figura 13.82). A opção **Add as breakline** força os triângulos da superfície a obedecer em aos pontos dos links, inclusive das regiões verticais do modelo do corredor, como as faces de guias e muros.

A aba **Boundaries**, da caixa de diálogo **Corridor Properties**, permite limitar os triângulos da superfície do corredor. Com o botão direito do mouse sobre o nome da superfície do corredor, é possível selecionar a ferramenta **Corridor extents as outer boundary** para eliminar automaticamente todos os triângulos posicionados na região externa da fronteira do modelo do corredor (Figura 13.83).

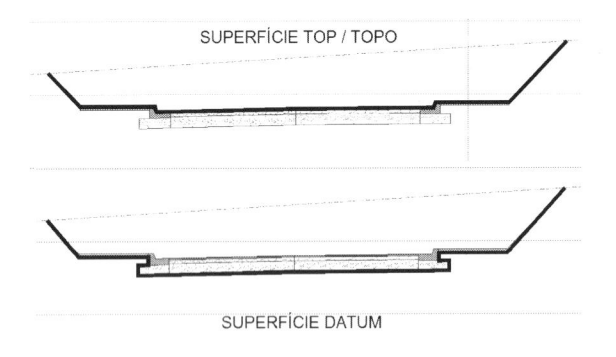

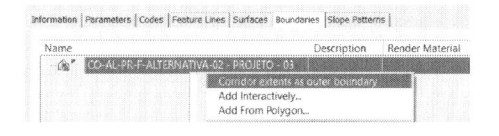

Figura 13.82 Opções de códigos para a criação da superfície do corredor.   **Figura 13.83** Ferramenta de limpeza da superfície do corredor.

Com o modelo da superfície do corredor representando a superfície projetada, fica possível confrontá-la com as demais superfícies, seja com a superfície topográfica ou com aquelas das categorias de solos geológicos, para calcular e acessar as informações volumétricas do projeto, por meio do recurso **Volumes Dashboard**.

A seguinte sequência exibe os procedimentos para a criação da superfície de terraplenagem do projeto do corredor, cujo objetivo é extrair os dados volumétricos para analisar a viabilidade do projeto.

Agora, estude o exemplo a seguir:

1. Abra o arquivo **13-10-1_SUPERFÍCIE_CORREDOR.DWG**, disponível na plataforma da editora.

2. Na área de trabalho, selecione o modelo do corredor e acesse a ferramenta da ribbon contextual **Corridor** → **Modify Corridor**→ **Corridor Surfaces**.

3. Na caixa de diálogo **Corridor Surfaces** (Figura 13.84):

   ◆ clique no primeiro botão da interface, **Create a Corridor Surface** e renomeie para **CO-AL--PR-F-ALTERNATIVA-02** na coluna **Name**;

   ◆ no campo **Specify Code**, selecione o código **DATUM** e clique no botão + (**Add Surface Item**);

   ◆ repita o procedimento para adicionar os códigos **Datum** e **Wall**;

   ◆ habilite a opção **Add as Breaklines** para todos os códigos;

- ◆ selecione a opção **Top Links** na coluna **Overhang Correction**.

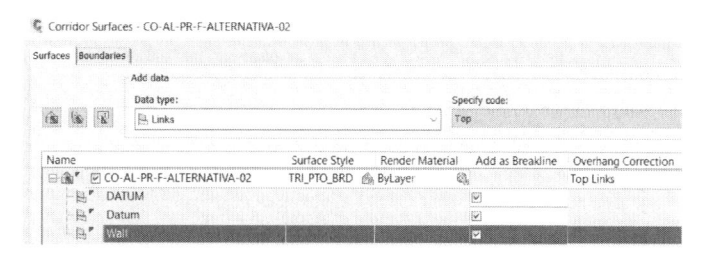

Figura 13.84 Opções de códigos para a construção da superfície do corredor.

4. Na aba **Boundaries**, da caixa **Corridor Surfaces**, clique com o botão direito do mouse sobre a superfície do corredor e selecione a opção **Corridor extents as outer boundary.**

5. Clique no botão **OK** e, em seguida, selecione a opção **Rebuild the Corridor**.

6. Verifique o modelo da superfície de terraplenagem criada na área de trabalho e na aba **Prospector** da **Toolspace** (Figura 13.85).

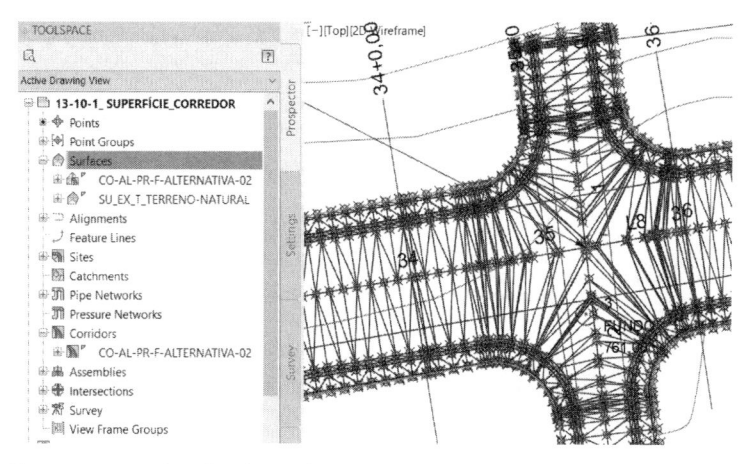

Figura 13.85 Superfície de terraplenagem presente na área de trabalho e na aba Prospector.

7. Selecione a ferramenta da ribbon **Analyze** → **Volumes and Materials** → **Volumes Dashboard** para realizar a análise volumétrica do projeto de terraplenagem.

8. Na aba **Volumes Dashboard**, da janela **Panorama**, clique no botão **Create New Volume Surface**.

9. Na caixa **Create Surface** (Figura 13.86):

- ◆ no campo **Name**, digite **Volume**;
- ◆ no campo **Style**, selecione o estilo **MAPA DE ELEVAÇÕES**;
- ◆ em **Base Surface**, selecione a superfície topográfica **SU_EX_T_TERRENO-NATURAL**;
- ◆ em **Comparison Surface**, selecione a superfície de terraplenagem **CO-AL-PR-F-ALTERNATI-VA-02**;
- ◆ clique no botão **OK**.

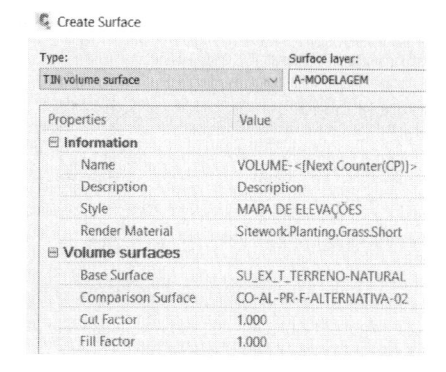

Figura 13.86 Opções para a criação da superfície volumétrica do projeto.

10. Verifique e analise as informações volumétricas exibidas nas colunas **Cut**, **Fill** e **Net** da janela **Panorama** (Figura 13.87).

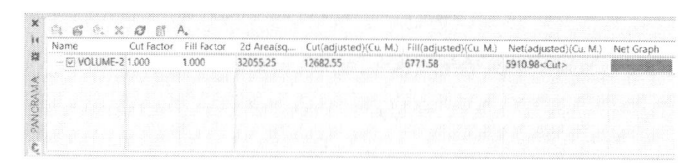

Figura 13.87 Informações volumétricas exibidas na aba Volumes Dashboard da janela Panorama.

11. Na janela **Panorama**, clique no botão **Add Bounded Volume** para calcular o volume de material com tratamento especial na região da interseção.

12. Na área de trabalho, selecione a polilinha na região da interseção.

13. Verifique o volume parcial da área da interseção apresentado na janela **Panorama** (Figura 13.88).

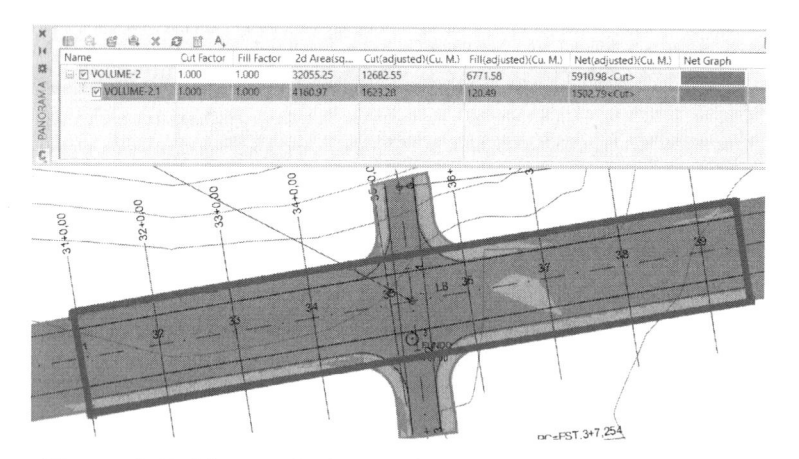

Figura 13.88 Informações de volume parcial na interseção exibidos na janela Panorama.

14. É possível utilizar as polilinhas verdes presentes ao lado direito do modelo do corredor para extrair as áreas de semeaduras nos taludes; para isso, utilize o recurso da ribbon **Home** → **Create Ground Data** → **Surfaces** → **Create Cropped Surface**.

15. Feche o arquivo.

13.11 Análise de trajetória de veículos

Os modelos de corredores podem ser verificados de acordo com o seu uso por meio da elaboração de análises. Os recursos de análises no Autodesk Civil 3D são baseados nas características geométricas do modelo projetado, permitindo, assim, a execução de análises de visibilidade, de trajetória de veículos e até mesmo as análises visuais no modelo, como os recursos drive, section editor e sight distance vistos anteriormente.

A análise que abrange a verificação do gabarito de giro de veículo utilizando o projeto geométrico estabelecido no modelo é realizada por meio da solução do **Autodesk Vehicle Tracking**, que pode ser adquirido juntamente com o pacote de soluções **AEC Collection** da Autodesk e deverá ser instalado após a instalação do Autodesk Civil 3D. A solução do Vehicle Tracking viabiliza a elaboração de projetos de parques de estacionamentos, desenvolvimento de projetos de dispositivos de rotatórias, além da realização de análises de trajetória de veículos, e ferramentas estão organizadas na ribbon **Vehicle Tracking** (Figura 13.89).

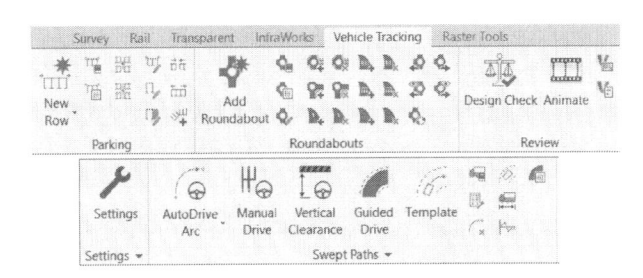

Figura 13.89 Ribbon do Vehicle Tracking para projetos de rotatórias, estacionamentos e análises de trajetória de veículos.

A ribbon **Vehicle Tracking** está distribuída por diversos painéis, em que **Settings** possibilita configurar os principais recursos do **Vehicle Tracking**, incluindo a opção de alteração do idioma para português, configuração de unidades e precisão, nomenclatura para os layers, limitação para curvas espirais e velocidade diretriz dos veículos durante a realização das análises de trajetória.

O painel **Parking** auxilia no desenvolvimento de projetos para distribuição de vagas de estacionamento, inclui ferramentas e recursos para a utilização de normativas técnicas embutidas em sua biblioteca. Já o painel **Roundabouts** prove inúmeros recursos para a construção de modelos de dispositivos de rotatórias, que, por sua vez, oferecem os padrões de rotatórias em sua biblioteca, prove ainda ferramentas para a edição, inclusão de alças de acesso externo, sinalização e análises em rotatórias. Pode-se utilizar os recursos do painel **Review** para verificar os dados e criar animações nos projetos.

O painel **Swept Path** dispõe das ferramentas para a elaboração de análises de trajetória de veículos utilizando as geometrias do projeto como base para as análises. Fornece uma ampla variedade de veículos em sua biblioteca, possibilitando ainda o acréscimo de novos veículos. A ferramenta da ribbon **Vehicle Tracking** → **Swept Paths** → **Vehicle Library Explorer** acessa a biblioteca de veículos para a escolha do veículo para a realização da análise e possibilita, ainda, a edição e os acréscimos de novos veículos (Figura 13.90).

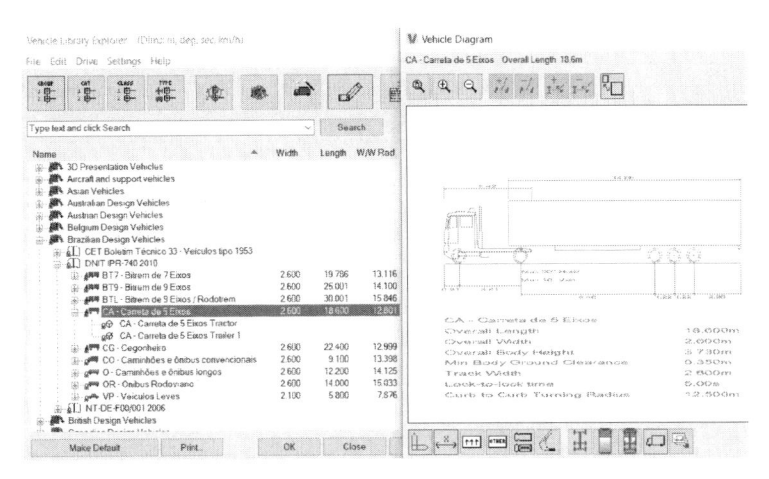

Figura 13.90 Caixas Vehicle Library Explorer e Vehicle Diagram para o gerenciamento da biblioteca de veículos.

A biblioteca de veículos está organizada em padrões regionalizados por países, incluindo algumas diretrizes nacionais como do boletim do CET, DNIT e DER alocadas na categoria **Brazilian Design Vehicles**. É possível gerenciar toda a biblioteca, criar grupos de padrões, novas categorias e novos veículos, incluindo a importação e exportação de arquivos com a biblioteca de veículos. As análises de trajetórias são caracterizadas pela indicação das linhas das rodas e da carroceria do veículo tipo definido para o projeto.

Uma vez definidas as premissas de configurações e, posteriormente, escolhido o veículo tipo do projeto, podemos destacar algumas das principais ferramentas para executar análises da trajetória de veículos:

■ **AutoDrive:** disponibiliza um grupo de ferramentas para a elaboração da análise de trajetória, posicionando o veículo do projeto sobre a geometria projetada e definindo direções por rumos ou uma sequência de arcos. Em projetos de rotatórias desenvolvidos com a ferramenta **Roundabout**, uma interação maior com a geometria da rotatória será fornecida durante a elaboração da trajetória do veículo (Figura 13.91).

■ **Manual Drive:** ferramenta que permite controlar o veículo selecionado de forma mais interativa por meio da caixa de diálogo **Driving**, que fornece controles de aceleração, freio, ré e direções (Figura 13.92).

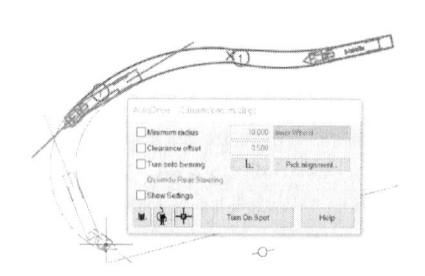

Figura 13.91 Caixa AutoDrive para auxílio no desenvolvimento da trajetória de veículos.

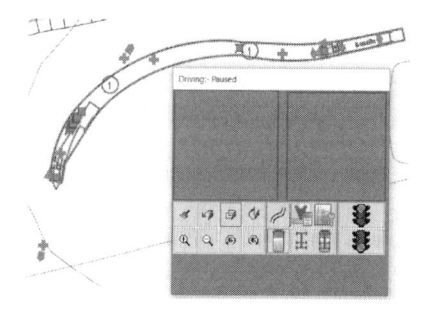

Figura 13.92 Caixa Driving para auxílio no desenvolvimento da trajetória de veículos.

■ **Vertical Clearance:** ferramenta para verificar o gabarito de altura do veículo de projeto selecionado, aplicado selecionando um greide projetado diretamente no gráfico do perfil. Esta ferramenta auxilia na verificação de eventuais colisões com estruturas acima ou abaixo da carroceria do veículo, permitindo arrastar o veículo no gráfico do perfil e fornecendo maior interatividade durante a realização da análise (Figura 13.93).

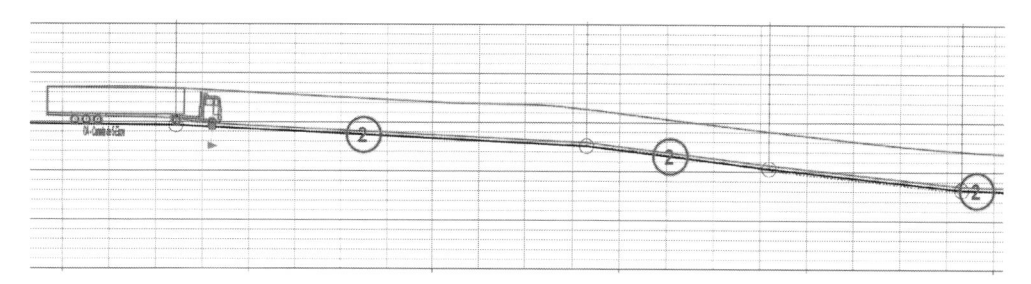

Figura 13.93 Análise de gabarito de altura do veículo de projeto no gráfico do perfil.

■ **Guided Drive:** ferramenta de condução guiada para veículos do tipo bondes ou ferroviários leves, na qual a verificação é realizada obedecendo à geometria dos trilhos da via previamente definida no desenho (Figura 13.94).

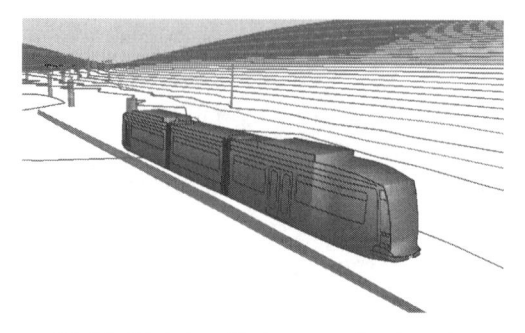

Figura 13.94 Veículo ferroviário leve para análise de condução guiada.

O exemplo a seguir ilustra uma breve sequência de procedimentos para a realização análise de trajetória do veículo tipo definido para o projeto na região do dispositivo de rotatória, além de exibir o acesso às ferramentas de animação do **Vehicle Tracking**.

Agora, estude o exemplo a seguir:

1. Abra o arquivo **13-11-1_VEÍCULOS_CORREDOR.DWG**, disponível na plataforma da editora.

2. Selecione a ferramenta da ribbon **Vehicle Tracking** → **Settings** → **Settings** para observar as principais configurações do **Vehicle Tracking**.

3. Na caixa de diálogo **Settings Wizard**, verifique as configurações em cada uma das abas, clique em **Avançar >** para navegar entre as abas da caixa e clique no botão **Concluir** para finalizar.

4. Selecione a ferramenta da ribbon **Vehicle Tracking** → **Settings** → **Drawing Settings** para verificar as configurações do desenho.

5. Na aba **Surfaces**, da caixa de diálogo **Drawing Settings**, selecione a superfície **SU_EX_T_ TERRENO-NATURAL** no campo **Existing Surface**. Selecione a superfície **SU-PR-F-ROTATÓRIA** no campo **Final Surface**. Habilite a caixa com a opção **Project plan onto final surface** para configurar as superfícies de trabalho e clique no botão **OK** (Figura 13.95).

6. Selecione a ferramenta da ribbon **Vehicle Tracking** → **Swept Paths** → **Vehicle Library Explorer** para escolher o veículo tipo para o projeto.

7. Na caixa **Vehicle Library Explorer**, localize o veículo em **Brazilian Design Vehicles** → **DNIT IPR-740 2010** → **CA-Carreta de 5 eixos,** clique em **Make Default** e depois no botão **OK**.

8. Selecione a ferramenta da ribbon **Vehicle Tracking** → **Swept Paths** → **AutoDrive Arc** para realizar a análise de trajetória de veículo no dispositivo de rotatória projetado.

9. Na área de trabalho, posicione o veículo em diversas regiões da rotatória e verifique as linhas de trajetórias das rodas e carrocerias do veículo (Figura 13.96).

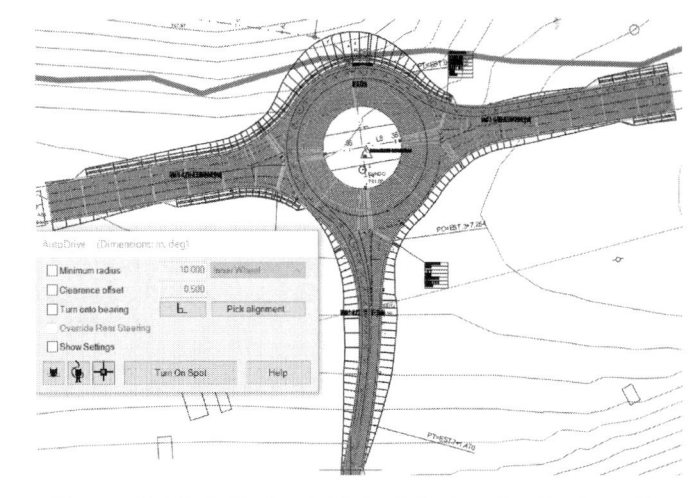

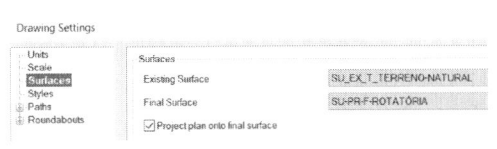

Figura 13.95 Caixa de configurações do desenho.   **Figura 13.96** Análise de trajetória de veículo sobre o dispositivo de rotatória.

10. Repita os procedimentos para adicionar novas trajetórias para o mesmo veículo e outras categorias de veículos.

11. Selecione o gráfico do perfil da via principal na área de trabalho e acesse a ferramenta da ribbon contextual **Profile View** → **Modify View** → **Profile View Properties** para substituir o estilo do gráfico do perfil.

12. Na aba **Information**, da caixa de diálogo **Profile View Properties**, selecione o estilo **PERFIL_ BUEIRO** no campo **Object Style** e clique no botão **OK**.

13. Selecione a ferramenta da ribbon **Vehicle Tracking** → **Swept Paths** → **Vertical Clearance** para verificar o gabarito do veículo de projeto no gráfico do perfil.

14. Na caixa **Autodesk Vehicle Tracking**, verifique a indicação do veículo estipulado para o projeto e clique no botão **Sim**.

15. Na área de trabalho, selecione a linha magenta do greide projetado e clique no botão **OK** para aceitar as configurações.

16. Selecione o veículo no perfil e arraste seu grip ao longo do traçado do greide projetado. O veículo vai travar em algum ponto do greide quando a carroceria do veículo entrar em colisão com o greide projetado.

17. Selecione a ferramenta da ribbon **Vehicle Tracking** → **Swept Paths** → **Insert Profile**, selecione uma das linhas de trajetórias criadas na rotatória e posicione uma vista longitudinal do veículo utilizado no projeto (Figura 13.97).

18. Selecione a ferramenta da ribbon **Vehicle Tracking** → **Swept Paths** → **Insert Graph**, selecione uma das linhas de trajetórias criadas na rotatória e posicione uma vista longitudinal da trajetória no desenho exibindo os ângulos de giro do volante e da coluna.

19. Selecione a ferramenta da ribbon **Vehicle Tracking** → **Review** → **Design Check** para verificar as pendências do projeto, tanto da rotatória quanto da trajetória de veículos. Clique no botão **OK** para fechar a caixa **Design Check Exceptions** (Figura 13.98).

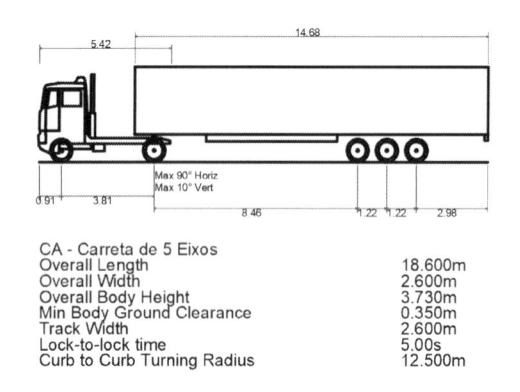

Figura 13.97 Perfil longitudinal do veículo tipo utilizado na análise de trajetória.

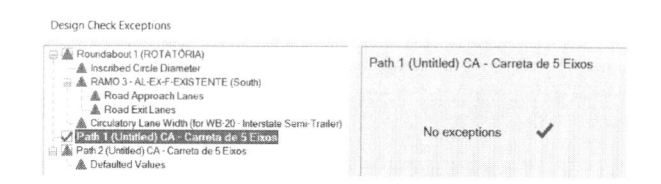

Figura 13.98 Caixa de verificação de restrições e pendências no projeto.

20. Selecione a ferramenta da ribbon **Vehicle Tracking** → **Review** → **Animate** para criar animações do projeto.

21. Na barra de ferramentas **Vehicle Tracking Animation**, clique no botão do cubo vermelho (**Animate in 3D**) e observe a interface tridimensional de animação do **Vehicle Tracking**.

22. Na barra de ferramentas **Vehicle Tracking Animation**, clique no botão **Fly-By Camera** e regule os valores de altura, profundidade e afastamento exibidos na caixa **Camera Control** (Figura 13.99).

23. Na barra de ferramentas, é possível acessar **Advanced** → **Edit** → **Text on vehicle side** para adicionar um texto na carroceria do veículo do projeto.

24. O botão da ferramenta **Settings** acessa as configurações para a criação de animações.

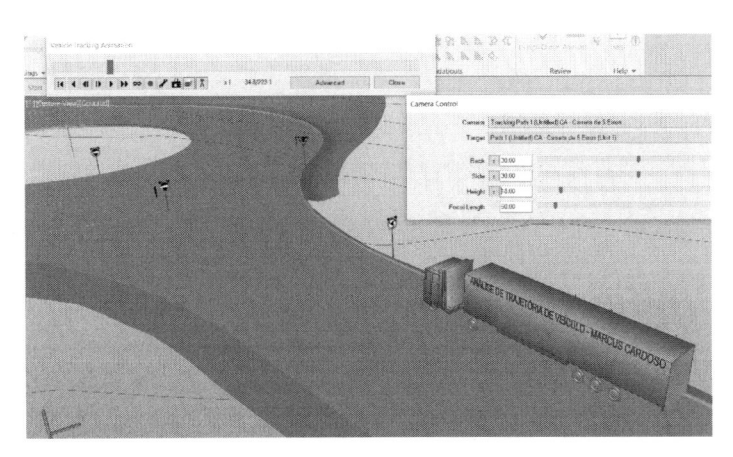

Figura 13.99 Caixa de verificação de restrições e pendências no projeto.

25. O botão com o ícone circular **Record** permite a gravação da trajetória analisada para um vídeo em formato AVI.

26. Clique no botão **Close** da barra de ferramentas para sair do ambiente de animação e retornar para a área de trabalho.

Exercício – Modelo do Corredor

Este exercício tem como proposta ilustrar os principais procedimentos observados anteriormente para a construção do modelo do corredor, utilizando componentes de vias urbanas para aplicar um dispositivo de rotatória, além da criação da superfície do projeto viário para confrontar com a superfície topográfica, e assim permitir a extração do volume de terraplenagem da alternativa proposta.

Execute os procedimentos a seguir para concluir o exercício:

1. A construção do dispositivo de rotatória fará bom uso das ferramentas presentes na solução do **Autodesk Vehicle Tracking** e, para que possamos utilizar o padrão de passeio e taludes com bermas ou banquetas, indica-se copiar os arquivos de assemblies presentes na pasta **ROTATÓRIA** e fornecidos na plataforma da editora para a pasta: C:\ProgramData\Autodesk\Vehicle Tracking 2020\Library\Assemblies (Figura 13.100).

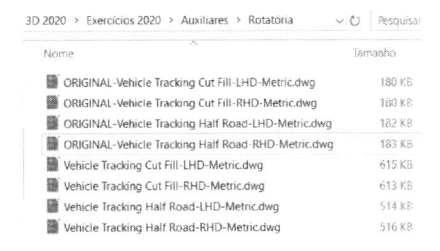

Figura 13.100 Arquivos de assemblies com taludes modificados para uso no dispositivo de rotatória.

2. Abra o arquivo **13-12-1_PROJETO_CORREDOR.DWG**, disponível na plataforma da editora.

3. No desenho, verifique a presença de superfície topográfica, traçado geométrico e seções de assemblies.

4. Selecione a ferramenta da ribbon **Vehicle Tracking** → **Roundabouts** → **Add Roundabout** para iniciar o projeto a partir do dispositivo de rotatória.

5. Na aba **Surfaces**, da caixa de diálogo **Drawing Settings**, selecione a superfície **SU_EX_T_TERRENO--NATURAL** nos campos **Existing Surface** e **Final Surface**.

6. Na aba **Corridor**, da caixa de diálogo **Drawing Settings**, habilite a opção **Add outside curb and ground cut and fill assembly** para criar os componentes de guia, passeio e taludes no dispositivo. Clique no botão **OK** (Figura 13.101).

7. Na caixa de diálogo **New Roundabout Details** (Figura 13.102):

   ◆ digite **CO-AL-PR-F-ALTERNATIVA-02** no campo **Name**;

   ◆ selecione o padrão **Rotatória Rural: Pista Dupla** no campo **Standard Used**;

   ◆ selecione **2** para definir o número de pistas no campo **Circulatory Lanes**;

   ◆ digite **28** no campo **Center Island Diameter** para definir o diâmetro da ilha na rotatória;

   ◆ verifique a superfície topográfica apontada nos campos do quadro **Surface**;

   ◆ clique no botão **OK**.

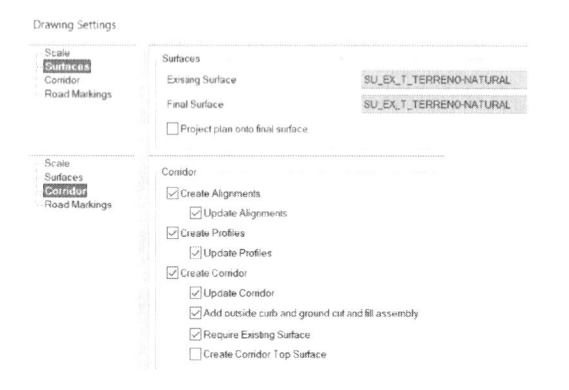

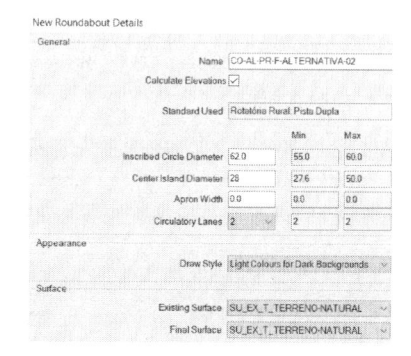

Figura 13.101 Configurações para a construção do dispositivo de rotatória.

Figura 13.102 Configurações geométricas para a região central da rotatória.

8. Na área de trabalho, posicione o centro da rotatória no cruzamento das vias.

9. Selecione o eixo do alinhamento principal próximo da estaca **33** para adicionar o primeiro ramo da rotatória.

10. Na caixa de diálogo **New Arm** (Figura 13.103):

    ◆ digite **RAMO 1-AL-PR-F-ALTERNATIVA-02** no campo **Name**;

    ◆ verifique o greide a ser utilizado no campo **Take Elevation From**;

    ◆ digite **3.60** no campo **Lane Width** no quadro **Approaching**;

    ◆ digite **3.60** no campo **Lane Width** no quadro **Departing**;

    ◆ clique no botão **OK**.

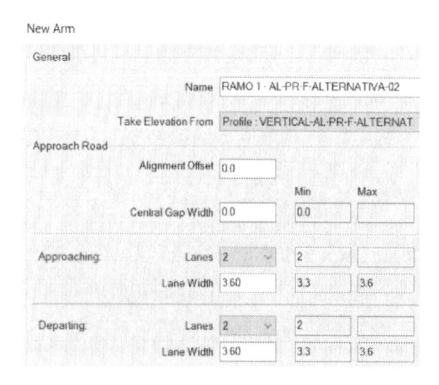

Figura 13.103 Configurações geométricas para o primeiro ramo da rotatória.

11. Selecione o eixo do alinhamento principal próximo da estaca **38** para adicionar o segundo ramo da rotatória.

12. Na caixa de diálogo **New Arm**:

   ◆ digite **RAMO 2-AL-PR-F-ALTERNATIVA-02** no campo **Name**;

   ◆ digite **3.60** no campo **Lane Width** no quadro **Approaching**;

   ◆ digite **3.60** no campo **Lane Width** no quadro **Departing**;

   ◆ clique no botão **OK**.

13. Selecione o eixo da via secundária próximo à estaca **4** para adicionar o terceiro ramo da rotatória.

14. Na caixa de diálogo **New Arm**:

   ◆ digite **RAMO 3-AL-PR-F-ALTERNATIVA-02** no campo **Name**;

   ◆ verifique o greide a ser utilizado no campo **Take Elevation From**;

   ◆ selecione **1** no campo **Lanes** no quadro **Approaching** para definir apenas uma faixa de aproximação;

   ◆ digite **3.60** no campo **Lane Width** no quadro **Approaching**;

   ◆ selecione **1** no campo **Lanes** no quadro **Departing** para definir apenas uma faixa;

   ◆ digite **3.60** no campo **Lane Width** no quadro **Departing**;

   ◆ clique no botão **OK**.

15. Na área de trabalho, pressione a tecla **Enter** e aguarde a construção do dispositivo de rotatória.

16. Remova os labels dos alinhamentos auxiliares e verifique o modelo do dispositivo da rotatória.

17. Selecione a ferramenta da ribbon **Vehicle Tracking** → **Roundabouts** → **Edit Roundabout** para editar o dispositivo.

18. Na área de trabalho, selecione o modelo da rotatória.

19. Na caixa de diálogo **Roundabout Properties**, localize **Roundel** → **Dimensions** e altere o diâmetro da ilha da rotatória para **26.0** no campo **Center Island Diameter** (Figura 13.104).

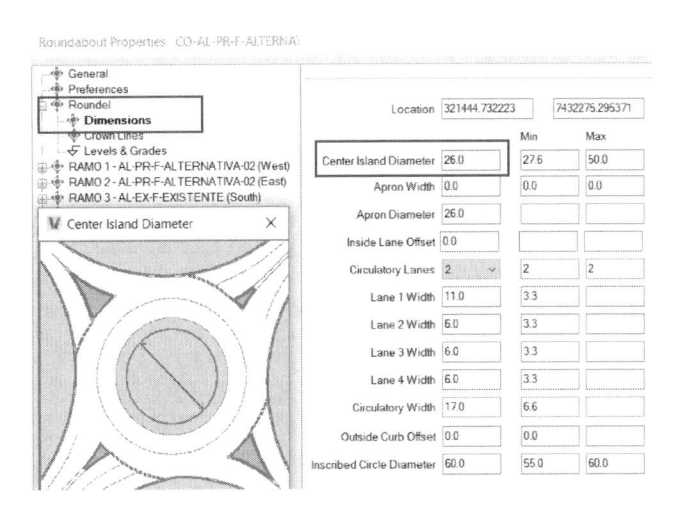

Figura 13.104 Caixa de propriedades da rotatória para controle em seus parâmetros.

20. Na área de trabalho, selecione o corredor da rotatória e acesse a ferramenta da ribbon contextual **Corridor** → **Modify Corridor** → **Corridor Properties.**

21. Na aba **Codes**, da caixa **Corridor Properties**, selecione o estilo **PLANTA** no campo **Code Set Style**.

22. Na aba **Parameters**, da caixa **Corridor Properties**, clique no botão **Add Baseline** para adicionar uma nova linha-base para complementar o projeto do modelo do corredor.

23. Na caixa de diálogo **Create Corridor Baseline**, selecione o alinhamento **AL-PR-F-ALTERNATI-VA-02** no campo **Alignment** e clique em **OK** (Figura 13.105).

24. Na nova linha-base criada, selecione o greide **VERTICAL-AL-PR-F-ALTERNATIVA-02** na coluna **Vertical Baseline**.

25. Na caixa **Create Corridor Region**, digite **INÍCIO** no campo **Name**, selecione o assembly **AS-PR--F-PRINCIPAL-INTERSEÇÃO (2)** no campo **Assembly** e clique no botão **OK** (Figura 13.107).

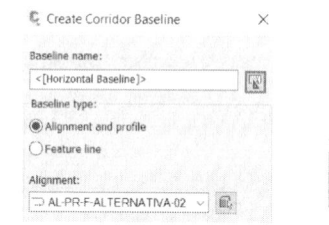
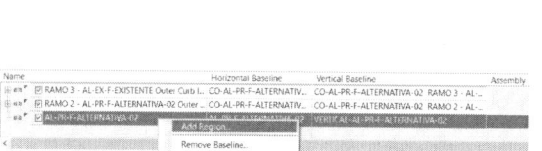
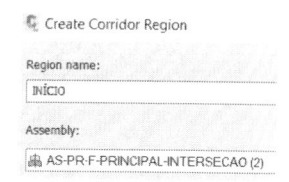

Figura 13.105 Caixa para a criação de linha-base no modelo do corredor.

Figura 13.106 Criação de região na linha-base para o posicionamento de assemblies no corredor.

Figura 13.107 Caixa de criação de região no corredor.

26. Na coluna **End Station** da região **Início**, digite **581.49** para determinar a estaca final da região.

27. Na coluna **Frequency** da região **Início**, configure o espaçamento de **20.000m** nas tangentes e **10.000m** nas curvas (Figura 13.108).

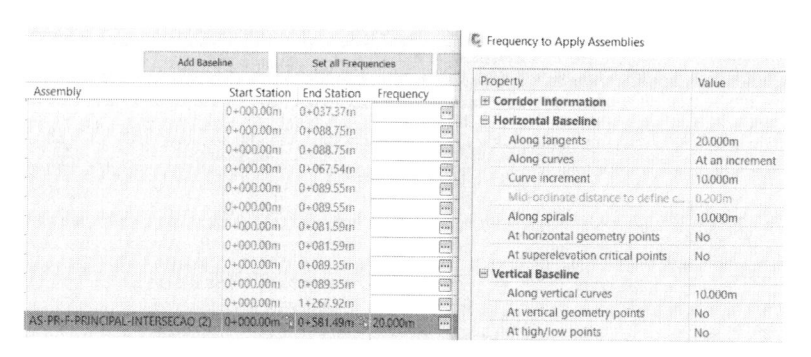

Figura 13.108 Configurações de estacas e frequências de aplicação dos assemblies no corredor.

28. Na coluna **Target** da região **Início**, aponte os alvos dos taludes para a superfície **SU_EX_T_TERRENO-NATURAL** nos campos **Target Surface** da caixa **Target Mapping**.

29. Clique com o botão direito do mouse sobre a região **Início** e selecione a opção **Add Region After** para criar a região no trecho posterior do dispositivo da rotatória.

30. Na caixa **Create Corridor Region**, digite **FINAL** no campo **Name**, selecione o assembly **AS-PR--F-PRINCIPAL-INTERSEÇÃO (2)** no campo **Assembly** e clique no botão **OK**.

31. Na coluna **Start Station** da região **Final**, digite **829.49** para determinar a estaca inicial da região.

32. Na coluna **Frequency** da região **Início**, configure o espaçamento de **20.000m** nas tangentes e **10.000m** nas curvas.

33. Na coluna **Target** da região **Final**, aponte os alvos dos taludes para a superfície **SU_EX_T_TERRENO--NATURAL** nos campos **Target Surface** da caixa **Target Mapping**.

34. Clique no botão **OK** na caixa **Corridor Properties**.

35. Verifique a nova composição do modelo do corredor viário no desenho.

36. Na área de trabalho, selecione o corredor e acesse a ferramenta da ribbon contextual **Corridor** →
Analyze → **Drive.**

37. Selecione a linha-base do eixo do corredor e selecione o código **Crown** na caixa **Select a Feature Line**.

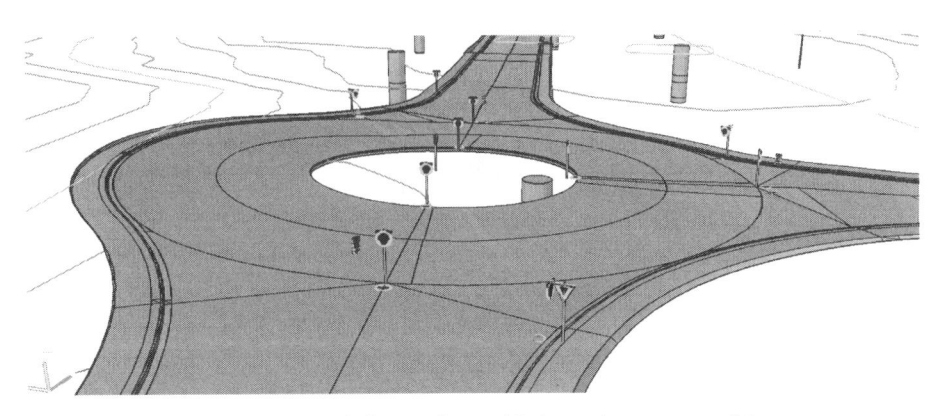

Figura 13.109 Análise visual no modelo do corredor com o recurso Drive.

38. Na área de trabalho, selecione o corredor e acesse a ferramenta da ribbon contextual **Corridor** →
Modify Corridor → **Corridor Surfaces.**

39. Na aba **Surfaces**, da caixa de diálogo **Corridor Surfaces** (Figura 13.110):

   ◆ clique no botão **Create a Corridor Surface**;

   ◆ renomeie a superfície para **SU-CO-AL-PR-F-ALTERNATIVA-02** na coluna **Name**;

   ◆ selecione o estilo **CURVAS-1&5 (GEOMETRIA)** na coluna **Surface Style**;

   ◆ selecione o link **Datum** no campo **Specify code** e clique no botão **+ Add surface item**;

   ◆ marque a opção da coluna **Add as Breakline**;

   ◆ selecione a opção **Top Links** na coluna **Overhang Correction**;

   ◆ na aba **Boundaries**, clique com o botão direito sobre a superfície e selecione a opção **Corridor extents as outer boundary**;

   ◆ clique no botão **OK**.

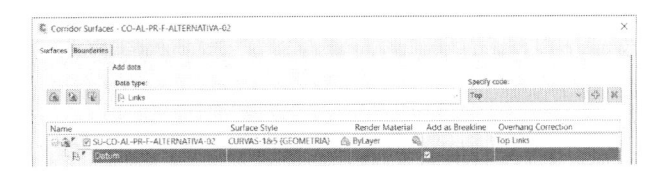

Figura 13.110 Caixa para a criação do modelo da superfície de terraplenagem da via.

40. Selecione a ferramenta da ribbon **Analyze** → **Volumes and Materials** → **Volumes Dashboard**
para calcular o volume de terraplenagem do projeto.

41. Na aba **Volumes Dashboard** da janela **Panorama**, clique no botão **Create new volume surface**.

42. Na caixa **Create Surface** (Figura 13.111):

   ◆ selecione o estilo **MAPA DE ELEVAÇÕES** no campo **Style**;

   ◆ selecione a superfície **SU_EX_T_TERRENO-NATURAL** no campo **Base Surface**;

   ◆ selecione a superfície **SU-CO-AL-PR-F-ALTERNATIVA-02** no campo **Comparison Surface**;

◆ clique no botão **OK**.

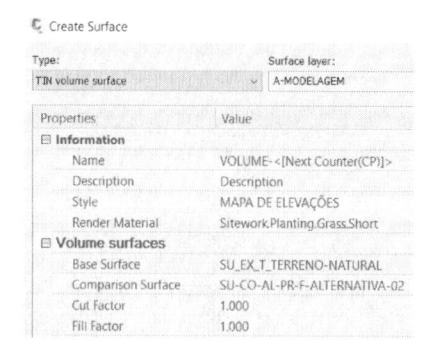

Figura 13.111 Caixa de criação da superfície de volume.

43. Verifique os valores volumétricos exibidos na janela **Panorama**.

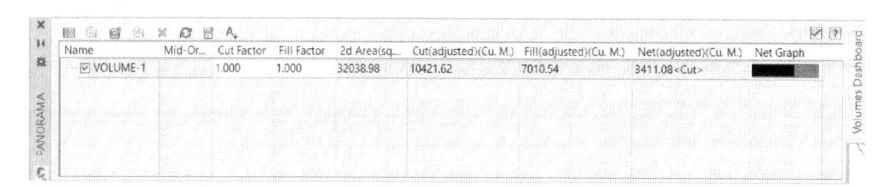

Figura 13.112 Informações volumétricas exibidas na janela Panorama.

44. Na área de trabalho, selecione a superfície **Volume** e acesse a ferramenta da ribbon contextual **Tin Volume Surface** → **Modify** → **Surface Properties.**

45. Na aba **Analysis**, da caixa **Surface Properties** (Figura 13.113):

◆ selecione a análise do tipo **Elevations** no campo **Analysis Type**;

◆ digite **2** no quadro **Number of ranges**;

◆ clique no botão da seta **Run analysis**;

◆ no quadro **Range Details**, regule as cotas mínimas e máximas, aplique as cores desejadas na coluna **Color Scheme**;

◆ clique no botão **OK**.

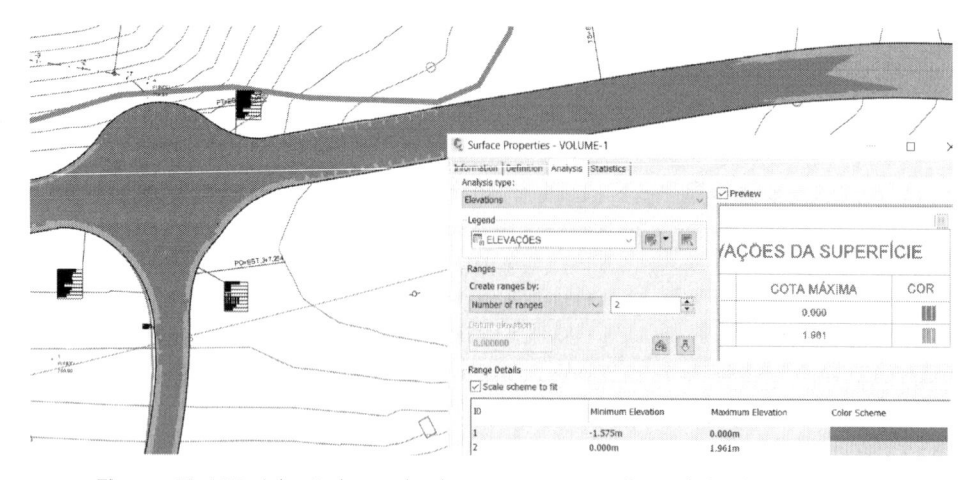

Figura 13.113 Aplicação das manchas de corte e aterro para verificação da distribuição volumétrica.

46. Feche o arquivo.

Furos de Sondagens e Camadas de Solos

Para que haja assertividade na precificação das obras, será necessário que todas as bases sejam levantadas, tratadas e modeladas de modo a permitir sua rastreabilidade nas etapas de estudos, projetos e execução, sobretudo em obras lineares de infraestrutura, que atingem grandes extensões e englobam diversas disciplinas. Essas características dificultam sua precificação e o prazo de execução e promovem o encarecimento das obras. No âmbito de melhoria da execução de empreendimentos de infraestrutura, alguns processos precisam ser atualizados, modernizados ou tropicalizados, especialmente os que tangem os levantamentos das bases fundamentais para a prática dos projetos, considerando as bases topográficas, que juntamente com as investigações geológicas subsidiam diversos embasamentos e tomadas de decisões para a maior parte das disciplinas de infraestrutura.

Atualmente, pode-se fazer bom uso de tecnologias para realizar os levantamentos com maior precisão, bem como transportar os dados desses levantamentos para soluções especializadas e, posteriormente, realizar estudos, análises e modelagem precisa dos dados. Contudo, para que todo o processo ocorra bem, temos a necessidade de modernização de muitos processos ainda embasados em papéis e com muitos retrabalhos manuais. A Figura 14.1 serve como exemplo de fluxo para uso dos dados de furos no ambiente de trabalho em BIM.

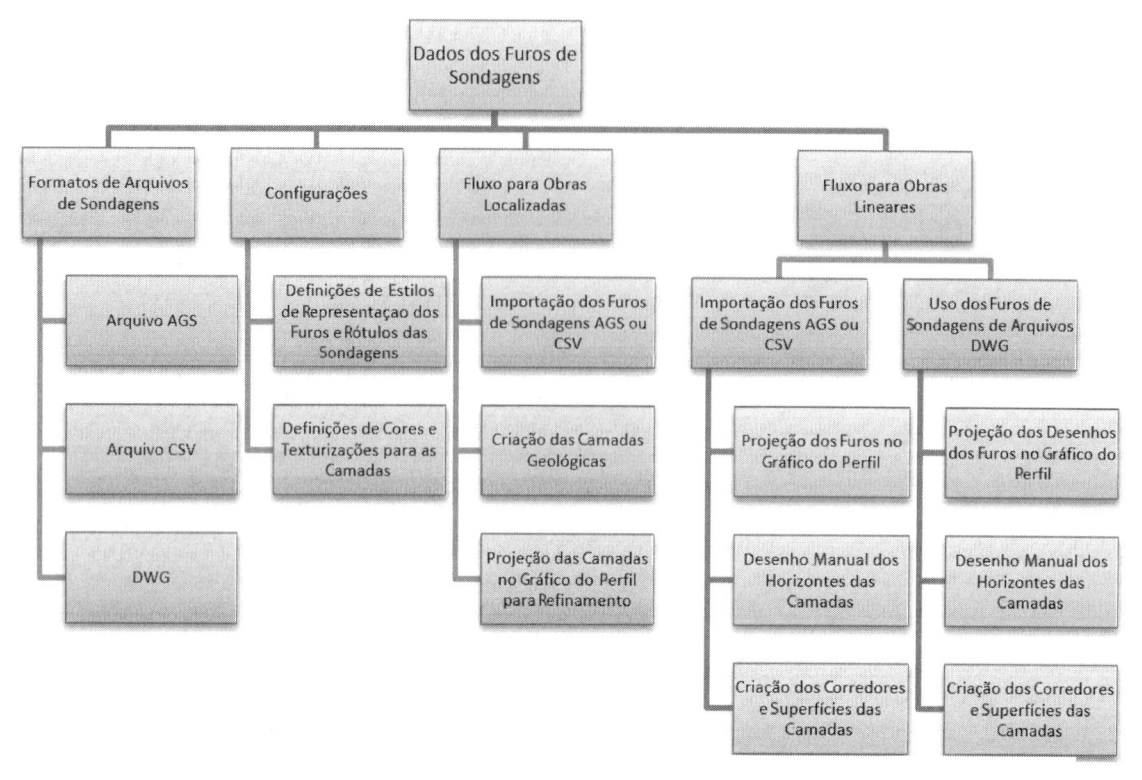

Figura 14.1 Fluxo para uso dos dados de furos de sondagens.

14.1 Padrões para dados geológico-geotécnicos

Uma prática na disseminação de metodologias para implementação de processos é a padronização dos dados, em que uma dessas padronizações fica por conta da organização das informações em formatos de arquivos específicos para seu uso adequado em atividades especializadas. Outro padrão necessário é para nomenclatura e classificação geológica, padrão de cores, classificação tátil e textural para apresentação das camadas no gráfico do perfil, além da padronização dos boletins de sondagens.

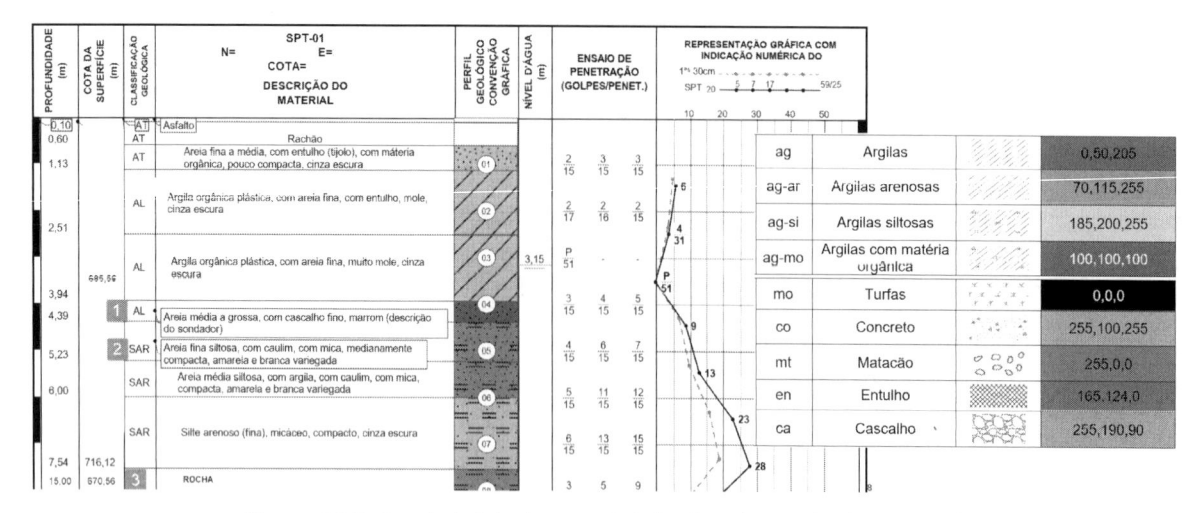

Figura 14.2 Exemplo de dados de prospecção de furo de sondagem e classificação textural.

Dentro dessa linha de raciocínio, é importante mencionar o formato de arquivo AGS, que vem recebendo adesão internacionalmente para ser adotado como o formato padrão de transmissão dos resultados de sondagens e ensaios geotécnicos. O padrão AGS definido pela Association of Geotechnical and Geoenvironmental Specialists, no Reino Unido, vem sendo adotado como modelo digital de transmissão dos dados geológico-geotécnicos por diversas entidades de vários países e, dependendo das normativas de cada localidade, pode sofrer pequenas adequações para viabilizar seu uso. No Brasil, existe o grupo AGS Brasil, que desenvolve um trabalho de tropicalização do padrão AGS para a realidade nacional.

```
"GROUP","CDIA"
"HEADING","LOCA_ID","CDIA_DPTH","CDIA_DIAM","CDIA_REM"
"UNIT","","m","mm",""
"TYPE","ID","2DP","0DP","X"
"DATA","SP-km116-101","10.90","","SP"

"GROUP","GEOL"
"HEADING","LOCA_ID","GEOL_TOP","GEOL_BASE","GEOL_DESC","GEOL_LEG","GEOL_GEOL"
"UNIT","","m","m","","",""
"TYPE","ID","2DP","2DP","X","PA","PA"
"DATA","SP-km116-101","0.00","5.50","Argila silto-arenosa, marrom avermelhada escura","ag-si","AT"
"DATA","SP-km116-101","5.50","7.80","Silte areno-argiloso, marrom avermelhado escuro","si-ar","SR"
"DATA","SP-km116-101","7.80","13.70","Silte argilo-arenoso, vermelho claro e amarelo escuro, com pedregulhos (finos)"
"DATA","SP-km116-101","13.70","15.60","Silte areno-argiloso, variegado (branco, amarelo, vermelho e verde), cauliníti
"DATA","SP-km116-101","15.60","17.80","Silte areno-argiloso variegado (amarelo, verde e vermelho), micáceo","si-ar","
"DATA","SP-km116-101","17.80","20.50","Areia (fina a média) silto-argilosa, variegada (amarela, vermelha, branca e ve
"DATA","SP-km116-101","20.50","22.45","Silte, muito arenoso, variegado (amarelo, branco, vermelho e verde), cauliníti
```

Figura 14.3 Exemplo de dados geológicos presentes no arquivo AGS.

DICA

As descrições sobre a organização do padrão AGS podem ser obtidas tanto no site AGS Brasil <http://www. padraoags.com.br/> quanto no site <https://bit.ly/2N0l4Gl> ou em sites especializados.

Pode-se, ainda, estabelecer uma padronização para o modelo dos furos de sondagens, estabelecer seu nível de desenvolvimento de apresentação gráfica ou das informações geológicas, como também informar número e tipo de sondagem realizada, ilustrar a cor do material, indicar o nível d'água, número de golpes, entre outras informações.

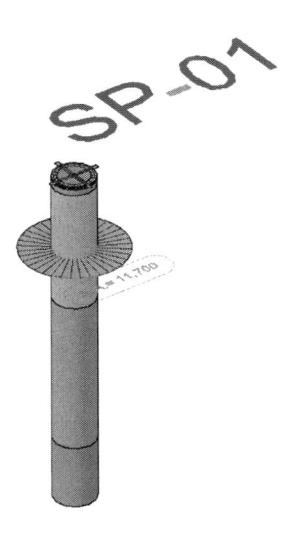

Figura 14.4 Exemplo furo de sondagem modelado.

14.2 Aplicativo Geotechnical Module

Uma vez com os dados padronizados em formatação digital, fica possível utilizar soluções e aplicativos, como o Autodesk Geotechnical Module, para realizar a importação e a modelagem dos dados provenientes das investigações. Este aplicativo faz parte do pacote de soluções da Autodesk e sua instalação deverá ser efetuada após a instalação do Autodesk Civil 3D, respeitando suas respectivas versões. Sua instalação acomoda a ribbon **Geotechnical Module** organizada em painéis para o gerenciamento dos dados (Data Management), gestão de ativos (Asset Management), controle dos perfis (Profile) e manipulação de diagramas das camadas (Fence Diagrams) (Figura 14.5).

Figura 14.5 Ribbon Geotechnical Module.

Além de arquivos AGS, o aplicativo Geotechnical Module permite a importação de arquivos em formato CSV com suas informações dos furos de sondagens organizadas de forma ordenada. São três arquivos de dados de sondagens exigidos no processo de importação com uso do Geotechnical Module: o primeiro deve conter as informações da locação de cada furo de sondagem, como nome, coordenadas e tipo de sondagem; o segundo arquivo CSV precisa ter as informações geológicas obtidas pelas prospecções, como nome do furo, codificação geológica, profundidade e detalhamento do material obtido; o terceiro arquivo CSV é opcional e deve conter as informações de rotação e inclinação dos furos prospectados que, por sua vez, dependerão do tipo de furo solicitado nas investigações.

A padronização dos caracteres de separador decimal e separador dos dados poderá variar conforme as opções regionais definidas no sistema operacional, e os dados presentes no arquivo **LOCATION DETAILS.CSV** de locação dos furos de sondagens deverá obedecer à seguinte formatação (Figura 14.6): identificação do furo; tipo de prospecção; coordenada leste; coordenada norte; cota do terreno; cota final.

```
Location Details.csv - Bloco de notas

Arquivo  Editar  Formatar  Exibir  Ajuda
Location ID;Location Type;Easting;Northing;Ground Level;Final Depth
SM-101;SM;349468,3515;7350078,8771;682,0000;667,0000
SM-102;SM;349487,7935;7350032,8118;682,0000;667,0000
SM-103;SM;349507,2350;7349986,7465;683,3560;668,3560
```

Figura 14.6 Exemplo de arquivo CSV de locação dos furos de sondagens.

O arranjo dos dados que deverão estar presentes no arquivo **FIELD GEOLOGICAL DESCRIPTIONS.CSV**, de descrição dos furos de sondagens, deverá corresponder à seguinte formatação (Figura 14.7): identificação do furo; profundidade inicial do material; profundidade final do material; código da legenda geológica; código geológico; código geológico 2; codificação padrão BGS Lexicon (British Geological Survey); descrição do material.

```
Location ID;Depth Top;Depth Base;Legend Code;Geology Code;Geology Code 2;BGS Lexicon;Description
SM-101;0;1,5;1;areia;;;Areia com Pedras e Pedrugulhos
SM-101;1,5;2,55;1;areia;;;Areia Medianamente Compacta amarela fina
SM-101;2,55;4,9;1;areia;;;Areia Medianamente Compacta cinza fina
SM-101;4,9;7,9;1;areia;;;Areia Fofa a Pouco Compacta grossa
SM-101;7,9;8,8;2;argila;;;Argila Arenosa Muito Mole cinza clara
SM-101;8,8;11,5;1;areia;;;Areia Pouco Compacta a Medianamente Compacta fina
SM-101;11,5;13,9;1;areia;;;Areia Compacta a Muito Compacta cinza fina
SM-101;13,9;15;3;rocha;;;Rocha
SM-102;0;1,45;1;areia;;;Areia com Pedras e Pedrugulhos
SM-102;1,45;3;1;areia;;;Areia Medianamente Compacta amarela fina
SM-102;3;6,15;1;areia;;;Areia Medianamente Compacta cinza fina
```

Figura 14.7 Exemplo de arquivo CSV de descrição dos furos de sondagens.

Os códigos solicitados no arquivo de descrição dos furos de sondagens poderão ser padronizados conforme a demanda, o tipo ou as necessidades de cada projeto, como codificar a camada por classificação geológica, textural, tátil e assim por diante.

14.2.1 Importação de furos de sondagens

A importação dos arquivos de furos de sondagens é efetuada pelo painel **Data Management** da ribbon **Geotechnical Module**, no qual será necessário criar um projeto para cada conjunto de programação de sondagens que serão importadas. A ferramenta **Connect** auxilia na criação do projeto (Figura 14.8) utilizado para o gerenciamento dos dados dos furos de sondagens importados; a interface de projeto geotécnico possui campos de identificação, nome, status e categoria do projeto, além dos campos de local, engenheiro responsável, nome do escritório e proprietário. Todos os campos mencionados permitirão mais rastreabilidade dos dados importados. Os projetos criados no Geotechnical Module não permitem seu compartilhamento.

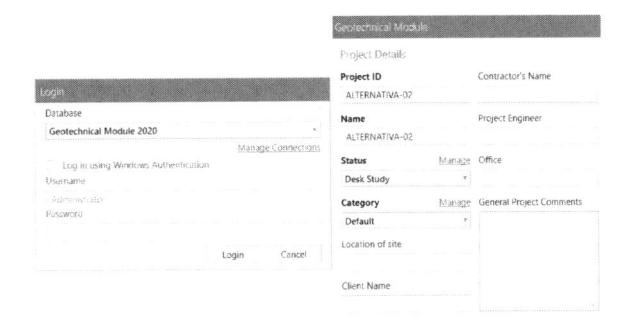

Figura 14.8 Interface do recurso de criação do projeto para importação dos furos de sondagens.

Até a data de criação desta obra, a versão 2020 do Geotechnical Module não estava disponível para instalação, contudo, é possível utilizar as versões 2018 ou 2019 para completar as próximas atividades deste capítulo.

Agora, estude o exemplo a seguir:

1. Inicie o Autodesk Civil 3D.
2. Acesse a ferramenta da ribbon **Geotechnical Module > Data Management > Connect**.
3. Na caixa de diálogo **Login**, verifique as informações de versão do aplicativo e clique no botão **Login**.
4. Na caixa de diálogo **Geotechnical Module**, clique no botão **Create** para criar um projeto de programação de sondagens.
5. Na caixa de criação do projeto, configure:

   ◆ digite **Alternativa-02** no campo **Project ID**;
   ◆ digite **Alternativa-02** no campo **Name**;
   ◆ selecione a opção **Desk Study** no campo **Status**;
   ◆ selecione a categoria **Default** no campo **Category**;
   ◆ clique no botão **Save**.
6. Na caixa de diálogo **Geotechnical Module**, selecione o projeto **Alternativa-02** e clique no botão **OK** para ativar o novo projeto criado (Figura 14.9).

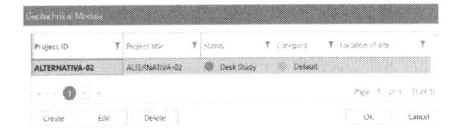

Figura 14.9 Caixa de seleção de projetos de programação de sondagens.

A importação dos arquivos de furos de sondagens é realizada por meio do assistente **Geotechnical Module** e iniciada na aba **File Selection**, que viabiliza a seleção dos três arquivos dos furos de sondagens e controle do caractere de separador de dados, no qual o campo **File Format** permite a escolha do formato de arquivo (CSV ou AGS); em **Input Mapping**, pode-se escolher o padrão de formatação dos dados (na formatação 2014/2015 ou atual); no campo **Delimiter**, é possível escolher o caractere delimitador dos dados (Comma – vírgula; Semicolon – ponto e vírgula; Colon – dois pontos; Vertical Bar – barra vertical; e Tab – tabulado); em **Quote Character**, pode-se escolher o caractere presente nos dados (None – nenhum; Double Quote – aspas dupla; e Single Quote – aspas simples); a opção **Overwrite with empty values** permite sobrescrever os dados (Figura 14.10).

A aba **File Checks** do assistente de importação aponta eventuais erros ou inconsistências nos arquivos dos furos de sondagens. Os erros mais comuns, que impossibilitam a importação dos arquivos, estão relacionados à má formatação dos dados, principalmente no que diz respeito ao caractere separador dos dados e caractere separador decimal. Tal inconsistência pode estar vinculada ao padrão estabelecido nas configurações regionais do sistema operacional. Então, se eventuais erros forem listados na aba **File Checks**, interrompa a importação, abra os arquivos dos furos de sondagens e substitua os caracteres de separador de dados e separador decimal – por exemplo, substitua o separador de dados (,) para (;).

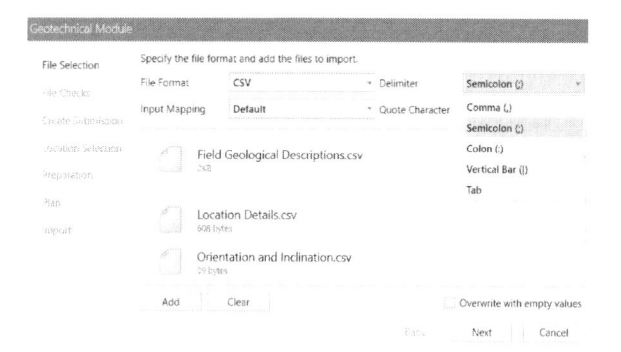

Figura 14.10 Caixa do assistente de importação dos dados dos furos de sondagens.

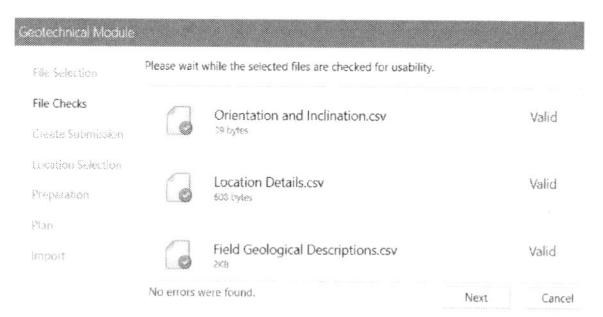

Figura 14.11 Aba File Checks para verificação de erros nos arquivos dos furos de sondagens.

A aba **Location Selection** exibe as informações de tipo de sondagem e elevações dos furos de sondagens, e permite a seleção dos furos desejados para importação (Figura 14.12).

Na aba **Plan** do assistente de importação, é apresentado um resumo informativo de quantidade de furos e quantidade de descrições geológicas que serão importadas (Figura 14.13).

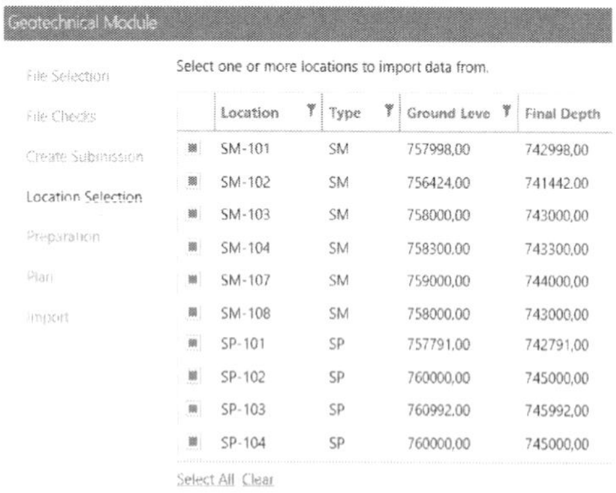

Figura 14.12 Aba Location Selection com a lista dos furos de sondagens que serão importados.

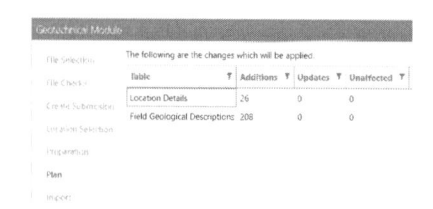

Figura 14.13 Aba Plan exibindo o resumo dos furos e descrições.

Agora, estude o exemplo a seguir:

1. Inicie o Autodesk Civil 3D.

2. Acesse a ferramenta da ribbon **Geotechnical Module** > **Data Management** > **Connect**.

3. Na caixa de diálogo **Login**, verifique as informações de versão do aplicativo e clique no botão **Login**.

4. Na caixa de diálogo **Geotechnical Module**, selecione o projeto criado anteriormente e clique no botão **OK**.

5. Acesse a ferramenta da ribbon **Geotechnical Module** > **Data Management** > **Import**.

6. Na aba **File Selection** do assistente, clique no botão **Add**.

7. Na caixa **Import**, localize e selecione os arquivos **Field Geological Descriptions.csv**; **Location Details.csv** e **Orientation and Inclination.csv**, disponíveis na plataforma da editora. Clique no botão **Abrir** para retornar à caixa do assistente de importação.

8. Na aba **File Selection** do assistente, selecione o formato **CSV** no campo **File Format**, selecione a opção **Semicolon (;)** no campo **Delimiter**, selecione **None** no campo **Quote Character** e clique no botão **Next**.

9. Verifique o status dos arquivos de furos de sondagens selecionados e a presença da mensagem **No errors were found** e clique em **Next** (Figura 14.14).

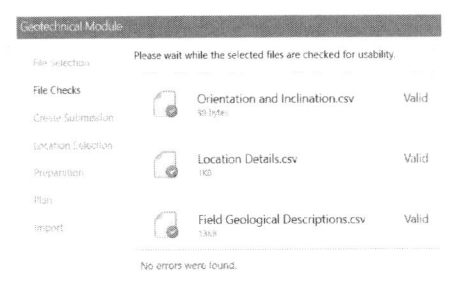

Figura 14.14 Aba File Check para exibição do Status dos arquivos dos furos de sondagens.

10. Na aba **Location Selection** do assistente, verifique as informações dos furos de sondagens presentes nos arquivos de importação e clique no botão **Next**.

11. Na aba **Plan** do assistente são exibidas as informações de quantidades de furos e de descrições das sondagens que serão importadas. Clique no botão **Next**.

12. Clique no botão **Finish** para concluir o processo de importação.

13. Verifique os furos de sondagens importados para o desenho (Figura 14.15).

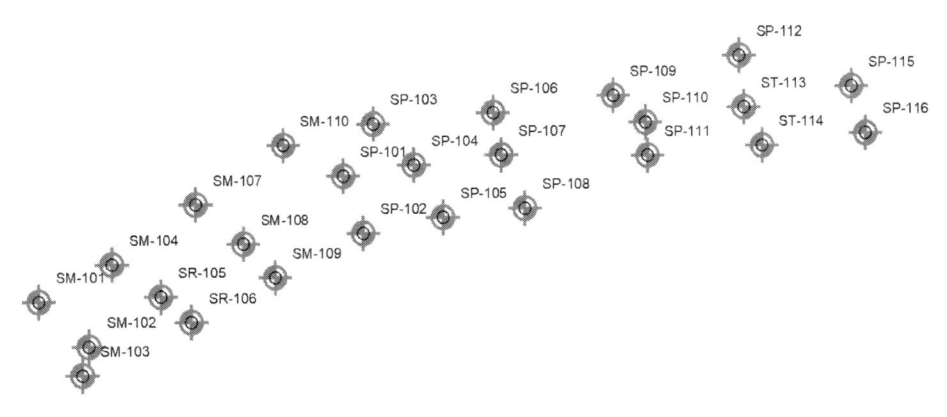

Figura 14.15 Furos de sondagens importados para o desenho.

14. Navegue e orbite o modelo para identificar as sondagens e suas divisões de camadas presentes nos furos de sondagens importados (Figura 14.16).

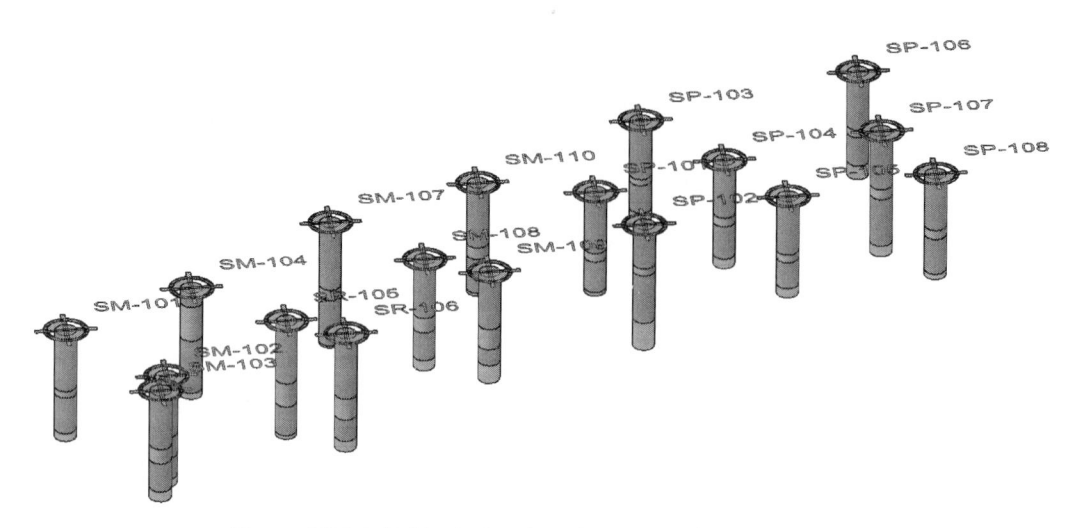

Figura 14.16 Modelos dos furos de sondagens importados para o desenho.

14.2.2 Gerenciamento e configurações dos dados

Os painéis da ribbon **Geotechnical Module** oferecem ferramentas para realizar o gerenciamento e configurações dos dados dos furos de sondagens importados. A ferramenta presente no painel **Asset Management > Locations** acessa a janela **Locations Manager** e permite acessar os dados dos furos de sondagens, na qual fica possível desativar furos da lista de programação de sondagens, visualizar as informações de identificação, tipo, cotas do terreno (**Ground Level**), cota final do furo (**Final Depth**), coordenadas (**Easting/Northing**), aplicar zoom e ligar o diagrama do furo (**Strip**) (Figura 14.17).

Select	■ Include	Id	Type	Ground Level	Final Depth	Easting	Northing	■ Plan	≡ Strip	■ Model	Zoom
	■	SM-101	SM	758,00	743,00	320731,18	7432090,01	■		■	🔍
	■	SM-104	SM	758,30	743,30	320818,15	7432132,44	■		■	🔍
	■	SP-108	SP	762,02	747,02	321311,61	7432194,77	■		■	🔍
	■	SR-106	SR	757,96	742,96	320912,40	7432066,16	■		■	🔍
	■	SP-105	SP	761,00	746,00	321213,91	7432184,88	■		■	🔍
	■	SP-110	SP	760,00	745,00	321601,88	7432292,74	■		■	🔍

Band: Geology Code   3D Exaggeration: 5   2D Exaggeration: 1   Select from Drawing   Clear All Filters   Delete Selected | Locations (26 of 26)

Figura 14.17 Janela Locations Manager para gerenciar a apresentação dos furos de sondagens importados.

O quadro **Band** localizado na parte superior da janela **Locations Manager** permite escolher o tipo de código para exibição dos dados; em **3D Exaggeration**, pode-se escolher o fator de exagero vertical para exibição dos furos; o quadro **2D Exaggeration** permite controlar o exagero dos furos na vista em planta.

A ferramenta disposta no painel **Asset Management > Strata** auxilia na construção das superfícies que representam as camadas de solos identificadas nos códigos importados nos furos de sondagens. O recurso **Asset Management > Hatches** possibilita a combinação de patterns de hachuras para representação textural das camadas de solos no gráfico do perfil (Figura 14.18). Essas configurações de combinação de hachuras são importantes para representação das camadas no gráfico do perfil e poderão estar presentes nos arquivos de templates para uso posterior por meio do aplicativo Geotechnical Module.

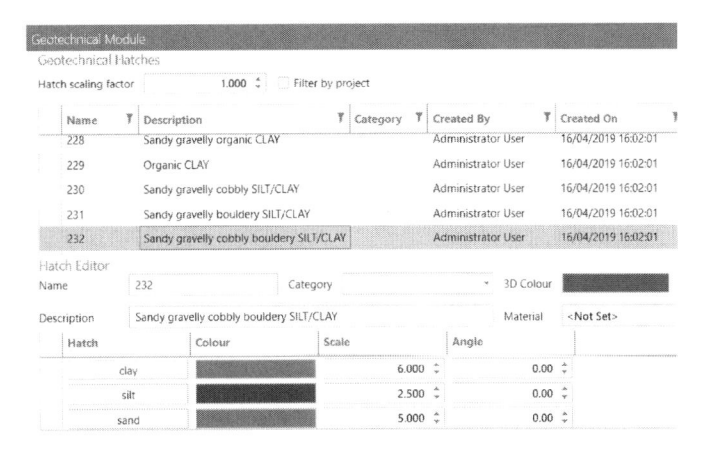

Figura 14.18 Caixa Geotechnical Hatches configura as hachuras para representação textural dos solos.

A ferramenta presente no painel **Asset Management > Styles** permite configurar toda a representação gráfica dos furos de sondagens e seus respectivos textos (**Labels**) para visualização em planta (**Plan**), em perfil (**Profile**) e na vista em 3D (**3D Stick**). Essas configurações são organizadas pelos códigos geológicos definidos nos arquivos dos furos de sondagens importados para o desenho (Figura 14.19).

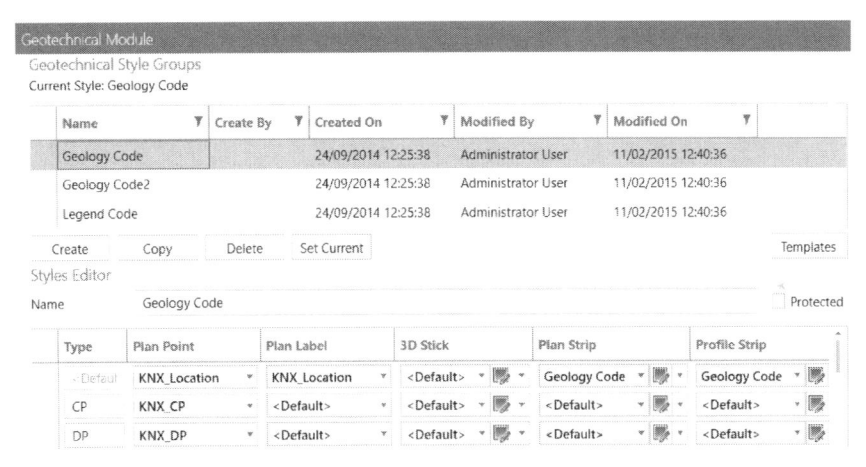

Figura 14.19 Caixa Geotechnical Style Groups para controle dos furos em planta, perfil e 3D.

14.2.3 Criação das camadas de solos

O aplicativo **Geotechnical Module** auxilia na construção das camadas de solos identificadas nos furos de sondagens e importados para o desenho. Contudo, a interpretação é muito simples e direta, pois une a camada linearmente de um furo de sondagem até o próximo. Quando este último possuir o mesmo nome de camada, o aplicativo não considera as conformações presentes na triangulação do terreno natural, não consegue construir camadas de programação de sondagens de obras lineares e não consegue construir mais de uma camada com o mesmo nome. Apesar dessas restrições no aplicativo **Geotechnical Module**, pode-se considerar seu uso no processo, pois todo em método de uso de dados geológico-geotécnicos será necessária a intervenção do profissional da área para interpretar e apresentar tais informações nos projetos.

A ferramenta disposta no painel **Asset Management > Strata** acessa a janela **Strata Manager** e auxilia na construção das camadas de solos de acordo com as regras de códigos geológicos importados com os furos de sondagens. O quadro **Band By** da janela **Strata Manager** permite selecionar o código geológico desejado (Figura 14.20).

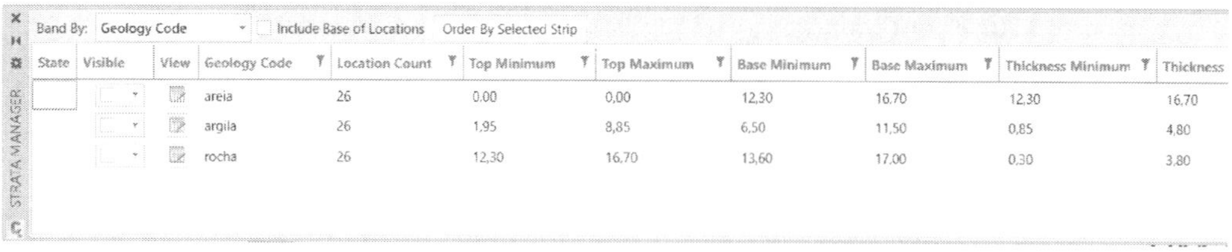

STRATA MANAGER
Band By: Geology Code
Include Base of Locations
Order By Selected Strip
State | Visible | View | Geology Code | Location Count | Top Minimum | Top Maximum | Base Minimum | Base Maximum | Thickness Minimum | Thickness
areia | 26 | 0,00 | 0,00 | 12,30 | 16,70 | 12,30 | 16,70
argila | 26 | 1,95 | 8,85 | 6,50 | 11,50 | 0,85 | 4,80
rocha | 26 | 12,30 | 16,70 | 13,60 | 17,00 | 0,30 | 3,80

Figura 14.20 Janela Strata Manager para a construção das camadas de solos.

Agora, estude o exemplo a seguir:

1. Inicie o Autodesk Civil 3D.
2. Abra o arquivo **14-2-3_CRIAÇÃO_CAMADAS.DWG**, disponível na plataforma da editora.
3. Acesse a ferramenta da ribbon **Geotechnical Module** > **Asset Management** > **Strata**.
4. Na caixa de diálogo **Login**, verifique as informações de versão do aplicativo e clique no botão **Login**.
5. Confirme a conexão com o projeto **ALTERNATIVA-02** na caixa de diálogo e clique no botão **OK**.
6. Na janela **Strata Manager**, selecione a configuração **Geology Code** no campo **Band By**, e na coluna **Visible**, marque as camadas de **areia**, **argila** e **rocha**.
7. Navegue e identifique os modelos das camadas criadas na área de trabalho (Figura 14.21).

STRATA MANAGER
Band By: Geology Code
Include Base of Locations
Order By Selected Strip
State | Visible | View | Geology Code | Location Count | Top Minimum | Top Maximum | Base Minimum
areia | 26 | 0,00 | 0,00 | 12,30
argila | 26 | 1,95 | 8,85 | 6,50
rocha | 26 | 12,30 | 16,70 | 13,60

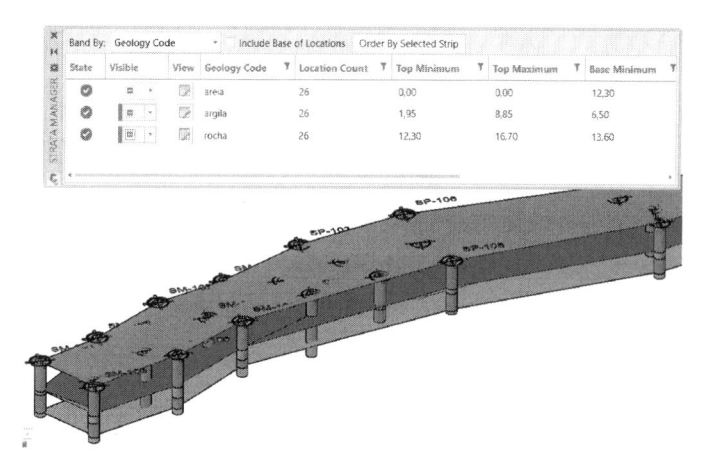

Figura 14.21 Modelos de superfícies representando as camadas criadas de solos.

Como não são criadas camadas com solos de mesmo nome, a segunda camada de areia não é identificada na lista de superfícies. Então, será necessário realizar algumas configurações para representá-la. Neste exemplo, será ativada a camada de base da argila para nomeá-la e representá-la como a segunda camada de areia.

8. Na coluna **Visible** da janela **Strata Manager**, selecione ative as camadas **Top** e **Base** apenas da superfície **argila**. Para as demais superfícies, mantenha apenas a camada **Top** (Figura 14.22).

STRATA MANAGER
Band By: Geology Code
Include Base of Locations
Order By Selected Strip
State | Visible | View | Geology Code | Location Count | Top Minimum
areia | 26 | 0,00
argila | 26 | 1,95
Top
rocha | 26 | 12,30
Base

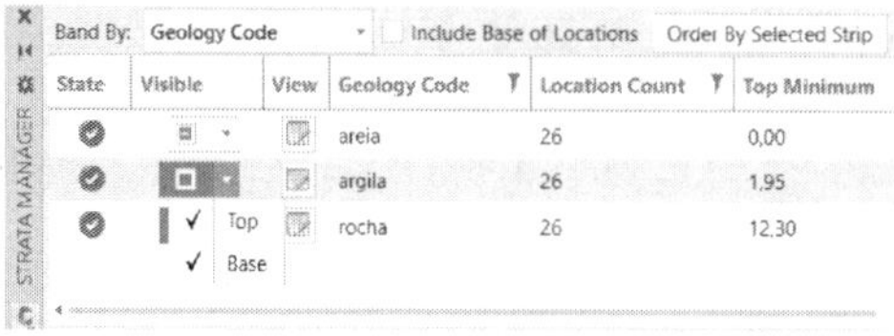

Figura 14.22 Aba Visible da janela Strata Manager para gerenciar as camadas de solos.

9. Na aba **Prospector** da paleta **Toolspace**, clique com o botão direito do mouse sobre a superfície **areia-top** e selecione a opção **Surface Properties** para renomear a camada selecionada.

10. Na aba **Information** da caixa **Surface Properties**, altere o nome da superfície para **SU-EX-G-AREIA01** no campo **Name**.

11. Repita o procedimento anterior para renomear as superfícies (Figura 14.23):

   ◆ **Argila-top** para **SU-EX-G-ARGILA**;

   ◆ **Argila-base** para **SU-EX-G-AREIA02**;

   ◆ **Rocha-top** para **SU-EX-G-ROCHA**.

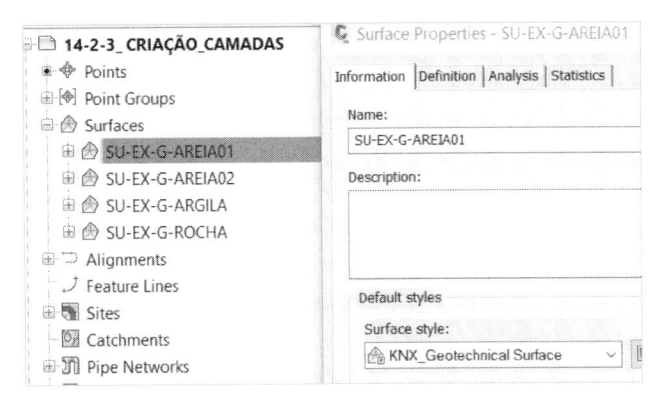

Figura 14.23 Aba Camadas de solos renomeadas presentes na aba Prospector da Toolspace.

12. Verifique as camadas de superfícies apresentadas na área de trabalho. É possível controlar a representação das camadas por meio dos estilos de superfícies combinadas com as escolhas de layers e cores. Pode-se realizar intervenções nos modelos das camadas a partir dos recursos de edições nos triângulos de superfícies, assim como incorporar novas geometrias com o recurso **Breaklines**.

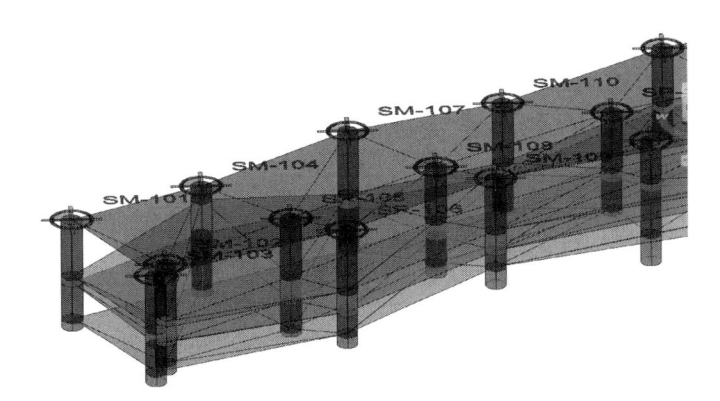

Figura 14.24 Camadas de solos exibidas na área de trabalho.

13. Na área de trabalho, selecione a superfície da camada **SU-EX-G-AREIA01** e acesse a ferramenta da ribbon contextual **TIN Surface > Surface Tools > Extract from Surface > Extract Solids from Surface** para criar os maciços sólidos das camadas de solos.

14. Na caixa de diálogo **Extract Solids from Surface**, configure (Figura 14.25):

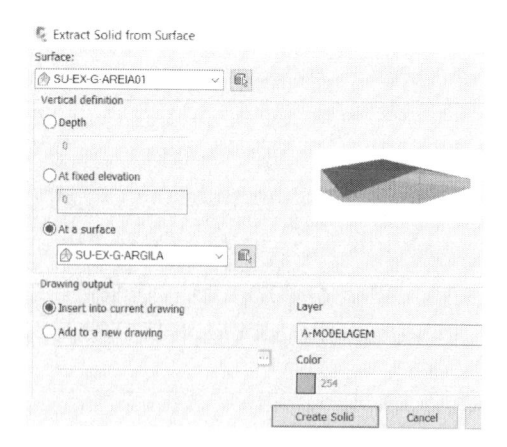

- ◆ no campo **Surface**, selecione a superfície **SU-EX-G-AREIA01**;

- ◆ no quadro **Vertical definition**, habilite a opção **At a surface** e selecione a superfície **SU-EX-G-ARGILA**;

- ◆ no quadro **Drawing output**, habilite a opção **Insert into current drawing**;

- ◆ escolha a cor desejada no campo **Color** e clique no botão **Create Solid**.

Figura 14.25 Configuração para a criação do maciço sólido da primeira camada de areia.

15. Repita os procedimentos anteriores para criar os maciços sólidos das camadas de argila, areia02 e rocha – esta última com espessura de –20 metros (Figura 14.26).

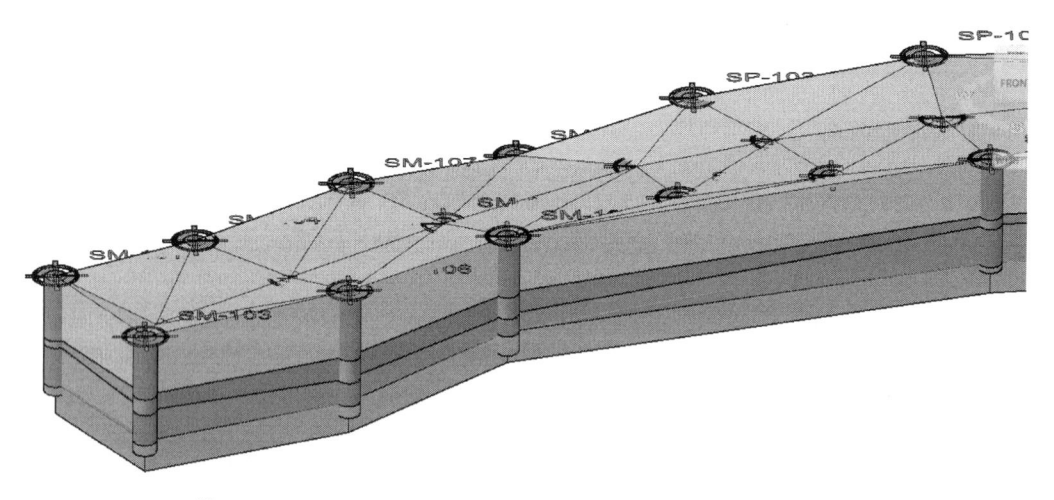

Figura 14.26 Camadas de solos representadas por elementos superfícies e sólidos.

A partir dessa etapa, os modelos das superfícies e dos sólidos das camadas poderão ser utilizados em outras disciplinas do projeto, inclusive para o cálculo volumétrico de terraplenagem separado por materiais, elaboração de análises e uso no modelo de coordenação vinculado aos demais modelos BIM do empreendimento.

16. Feche o arquivo.

14.2.4 Apresentação no gráfico do perfil longitudinal

Os perfis geológico-geotécnicos são de grande importância nos projetos, pois ajudam a identificar as condições das camadas inferiores que consequentemente subsidiarão diversas tomadas de decisões e fundamentarão uma série de condicionantes que serão aplicadas nas disciplinas subsequentes, como fundações, pavimentação, contenções, entre outras.

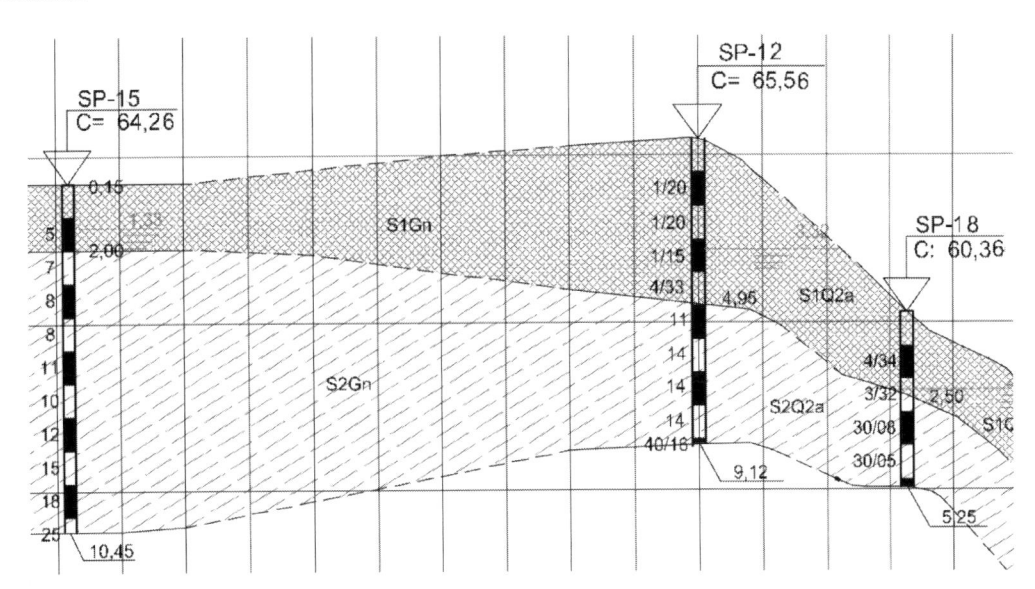

Figura 14.27　Modelo de perfil geológico-geotécnico.

Os furos de sondagens, assim como os horizontes das camadas de solos, podem ser apresentadas no gráfico do perfil longitudinal com uso dos recursos presentes no painel **Profile** do aplicativo **Geotechnical Module**. Para que fique possível apresentar as informações no gráfico do perfil, obrigatoriamente será necessário construir o traçado geométrico horizontal na forma de elemento alinhamento. Outro aspecto que deve ser cuidadosamente pontuado é a representação dos dados nos gráfico do perfil, no qual o gráfico do perfil e as linhas das camadas são controlados por estilos de **Profile View** e **Profile**. Já os estilos do gráfico do boletim de sondagem são controlados pelo recurso **Styles** do painel **Asset Management** da ribbon **Geotechnical Module**; ainda temos a representação de cores e texturas das camadas de solos, realizada por meio do recurso **Hatches**, também localizado no mesmo painel da ribbon **Geotechnical Module**. Contudo, uma verificação analítica nas informações exibidas no perfil deverá ser cuidadosamente efetuada, e também será necessário prever eventuais intervenções manuais nos elementos e informações do perfil.

Agora, estude o exemplo a seguir:

1. Inicie o Autodesk Civil 3D.
2. Abra o arquivo **14-2-4_PERFIL_CAMADAS.DWG**, disponível na plataforma da editora.
3. Acesse a ferramenta da ribbon **Geotechnical Module** > **Asset Management** > **Hatches**.
4. Na caixa de diálogo **Login**, verifique as informações de versão do aplicativo e clique no botão **Login**.
5. Confirme a conexão com o projeto **ALTERNATIVA-02** na caixa de diálogo e clique no botão **OK**.
6. Na janela **Geotechnical Hatches**, selecione a hachura **areia** na coluna **Name**. No campo **Category**, selecione **Geology Code** e selecione uma cor desejada para visualização em 3D no campo **3D Colour**. Na coluna **Hatch**, selecione o pattern **AR-SAND** e, na coluna **Colour**, escolha uma cor para exibição no gráfico do perfil. Clique no botão **Save** (Figura 14.28).

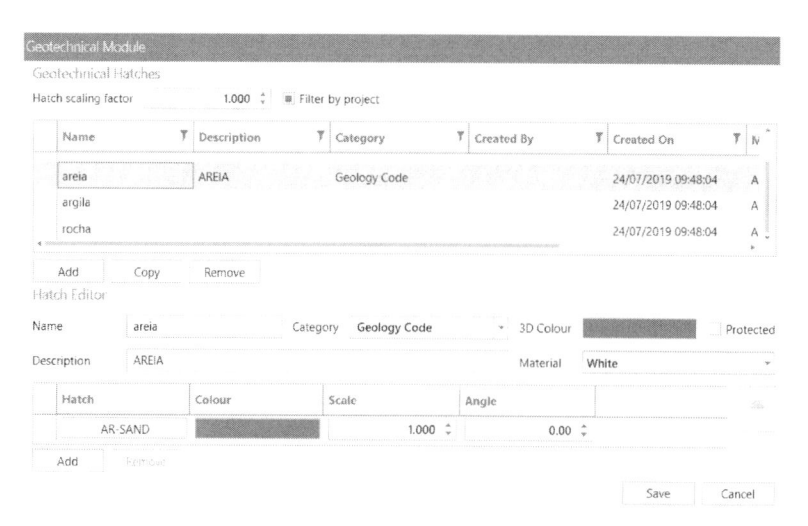

Figura 14.28 Caixa de configuração de hachuras para representação texturais no perfil.

7. Acesse a ferramenta da ribbon **Geotechnical Module > Asset Management > Hatches**.

8. Na janela **Geotechnical Hatches**, selecione a hachura **argila** na coluna **Name**. No campo **Category**, selecione **Geology Code** e selecione uma cor desejada para visualização em 3D. No campo **3D Colour**, digite **Argila Siltosa** no campo **Description**. Na coluna **Hatch**, selecione o pattern **ANSI131** e, na coluna **Colour**, escolha uma cor para exibição no gráfico do perfil.

9. Clique no botão **Add** para compor um novo pattern. Na coluna **Hatch**, selecione o pattern **NBR-13441-SILTE** e, na coluna **Colour**, escolha uma cor para exibição no gráfico do perfil. Clique no botão **Save** (Figura 14.29).

10. Repita os procedimentos para configurar as hachuras texturais para a camada de rocha.

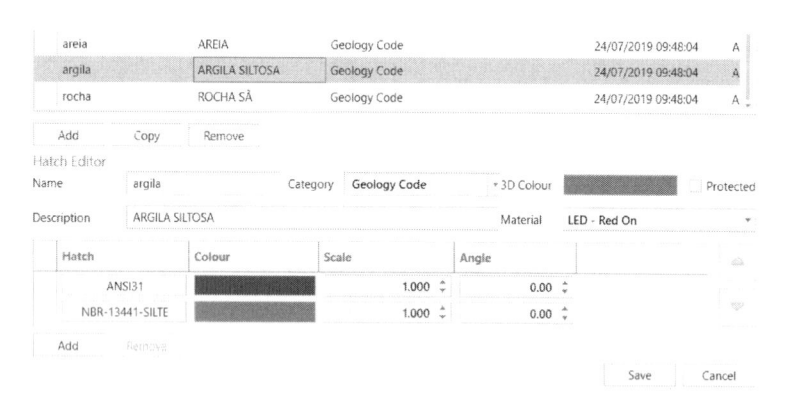

Figura 14.29 Configuração de hachuras combinadas para representação texturais no perfil.

11. Acesse a ferramenta da ribbon **Geotechnical Module > Profile > Create**.

12. Na aba **Setup Profile** da caixa **Geotechnical Module**, digite **Perfil Geológico Geotécnico** no campo **Profile View Name**. Selecione o alinhamento **AL-PR-G-EIXO** no campo Alignment **Name**, verifique as camadas presentes na lista e clique em **Next**.

13. Na aba **Select Locations**, selecione o estilo **Geology Code** no campo **Style**, digite **10.00** no campo **By Buffer** para limitar o alcance de seleção lateral dos furos de sondagens. Verifique as sondagens que serão incorporadas ao gráfico do perfil e clique no botão **Finish** (Figura 14.30).

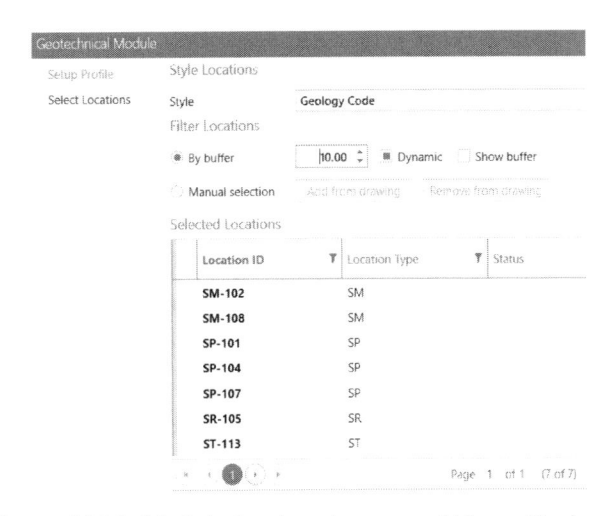

Figura 14.30 Seleção dos furos de sondagens para exibição no gráfico do perfil.

14. Clique na área de trabalho para posicionar o gráfico do perfil.

15. Apague os labels exibidos no gráfico do perfil.

16. Selecione o gráfico do perfil e acesse a ferramenta da ribbon contextual **Profile View > Modify View > Profile View Properties**.

17. Na aba **Hatches** da caixa **Profile View Properties**, configure (Figura 14.31):

   ◆ na camada **AREIA_1**, selecione o perfil **AL-PR-G-EIXO-ARGILA-TOP** no campo **Lower boundary** e selecione a hachura **NBR-13441-AREIA** na coluna **Shape Style**;

   ◆ clique no botão **Cut Area** e renomeie a camada para **AREIA_2**, selecione o perfil **AL-PR-G- -EIXO-ARGILA-BASE** no campo **Upper boundary**, selecione o perfil **AL-PR-G-EIXO-RO-CHA-TOP** no campo **Lower boundary** e selecione a hachura **NBR-13441-AREIA** na coluna **Shape Style**;

   ◆ clique no botão **OK**.

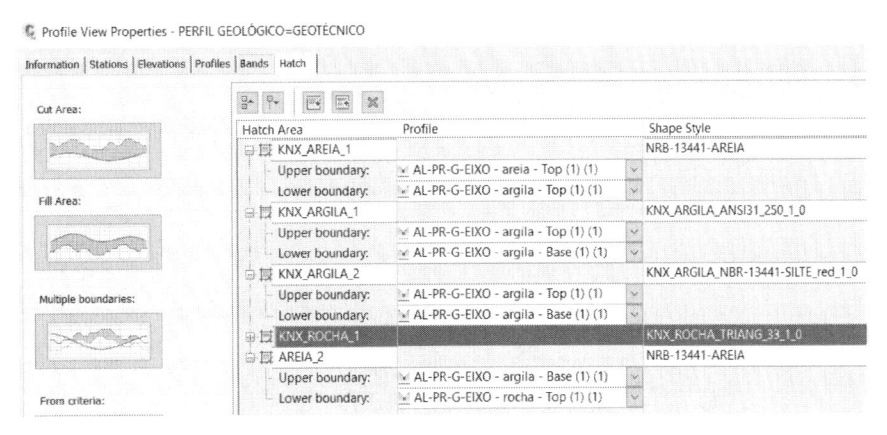

Figura 14.31 Configuração das hachuras texturais para as camadas de solos exibidas no perfil.

18. Verifique as representações das camadas no gráfico do perfil. É possível criar uma linha de profile para representar a base da camada de rocha e adicionar sua respectiva hachura textural (Figura 14.32).

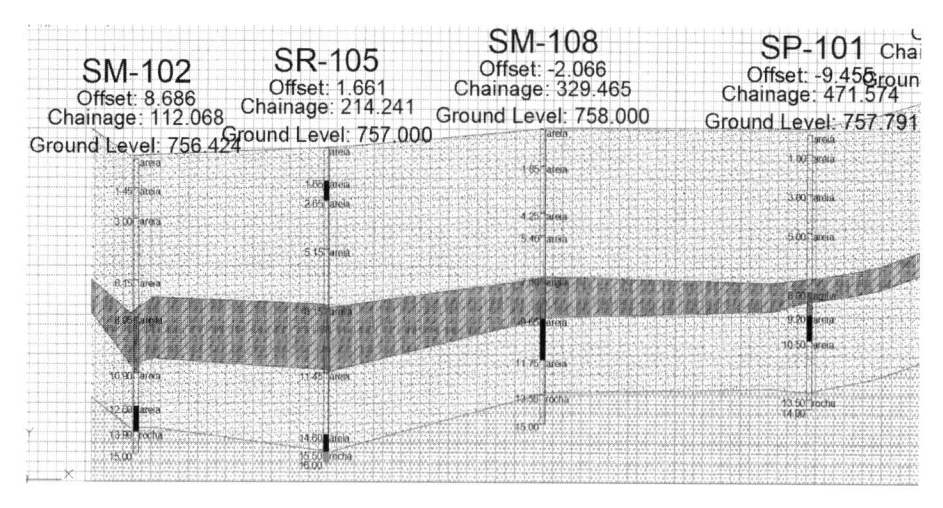

Figura 14.32 Camadas exibidas no gráfico do perfil longitudinal.

19. Feche o arquivo.

14.3 Fluxo para uso de sondagens em obras lineares

Habitualmente, as investigações de sondagens para obras lineares são obtidas determinando um espaçamento entre os furos ao longo do caminhamento de rodovias, ferrovias, canalizações, adutoras, entre outros. Salvo em ocasiões específicas, como em trechos de OAE (Obras de Arte Especiais) e contenções, a aquisição de furos de sondagens de forma linear dificulta a construção das superfícies das camadas de solos, pois os modelos de superfícies são embasados na triangulação de pontos. Então, seria necessário ampliar a programação de sondagens, prevendo a execução de fileiras paralelas de furos de sondagens para viabilizar a construção de modelos de superfícies das camadas de solos.

Um fluxo de trabalho utilizando modelos de corredores pode ser estabelecido para projetos lineares, em que parte do fluxo utiliza a metodologia habitual de lançamento dos boletins de sondagens nos gráficos dos perfis para, em seguida, estabelecer os horizontes das camadas. A partir desse ponto, pode-se utilizar um assembly com a inteligência para acompanhar os horizontes das camadas sem extrapolar o terreno natural, para construir o modelo do corredor para cada camada de solo interpretada no gráfico do perfil. Cada corredor modelado viabilizará a extração da superfície da camada interpretada e subsidiará seu uso nas demais disciplinas envolvidas no processo de desenvolvimento do projeto.

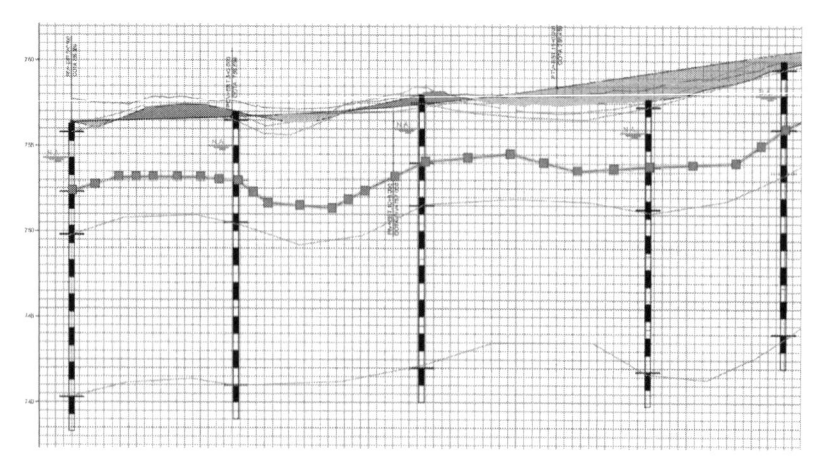

Figura 14.33 Horizontes de camadas interpretadas no gráfico do perfil longitudinal.

14.3.1 Construção do corredor da camada

Depois da criação das camadas como objetos **Profiles**, interpretadas no gráfico do perfil longitudinal, a etapa seguinte é a criação do assembly com a inteligência transversal de utilizar a linha do horizonte da camada desejada sem aflorar sobre a superfície do terreno natural. A instalação do pacote *Country Kit Brazil* oferece o componente de subassembly **SUPERFÍCIE_CATEGORIAS_SONDAGENS**, idealizado exclusivamente para essa finalidade e alocado na aba **Brasil** da **Tool Palettes**.

Será necessária a criação prévia do assembly para, em seguida, posicionar o subassembly de categoria de sondagens disponível na aba **Brasil** da **Tool Palettes**.

Com o traçado do alinhamento, dos perfis dos horizontes das camadas de solos e do assembly transversal definidos, será possível construir o modelo do corredor para cada camada de solo interpretada no gráfico do perfil. A construção do modelo do corredor deverá utilizar o eixo principal da via, utilizar o perfil da camada de solo desejada e apontar o target para a superfície do terreno natural (Figura 14.35).

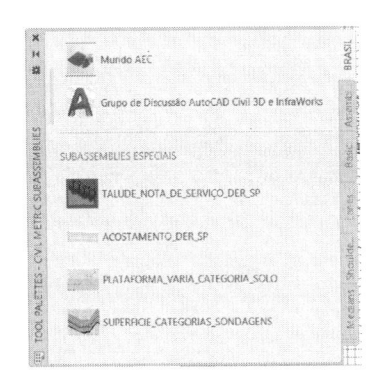

Figura 14.34 Aba Brasil da Tool Palettes com diversas ferramentas incluindo subassemblies.

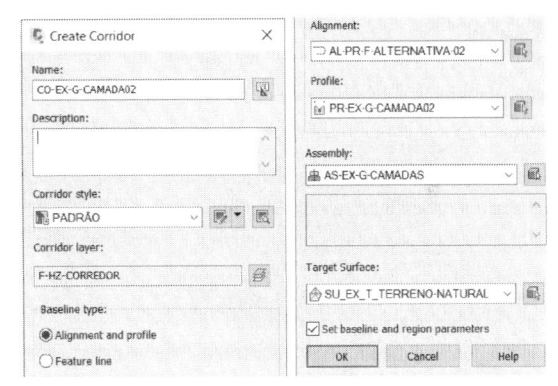

Figura 14.35 Configurações para a construção do modelo do corredor da segunda camada de solo.

Durante a criação do modelo do corredor das camadas, será possível controlar a distância da frequência de aplicação das seções de assemblies e controlar a representação do modelo por meio dos estilos de **Code Set Style**. Os corredores das camadas, assim como os corredores dos projetos criados, poderão ser visualizados para contextualização no modelo (Figura 14.36).

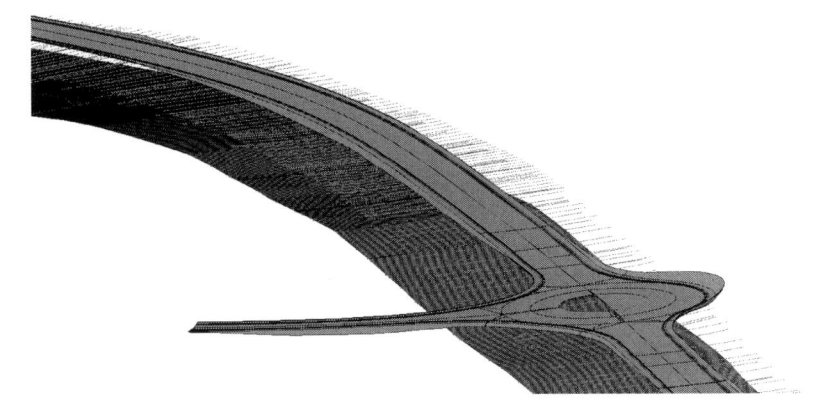

Figura 14.36 Modelos de corredores de camadas de solos e do projeto viário.

14.3.2 Criação das superfícies das camadas de solos

As superfícies das camadas de solos serão extraídas dos modelos dos corredores e permanecerão vinculadas a eles. Tal vínculo entre os modelos causa uma interação dinâmica beneficiando a produtividade e a qualidade durante as eventuais revisões no projeto. A aba **Surfaces** da caixa **Corridor Surfaces** ou **Corridor Properties** permite a criação dos modelos de superfícies, e a aba **Boundaries** possibilita controlar as fronteiras da superfície. A precisão relacionada à quantidade e ao espaçamento dos triângulos nas superfícies das camadas de solos são diretamente relacionadas às frequências aplicadas em seus respectivos corredores.

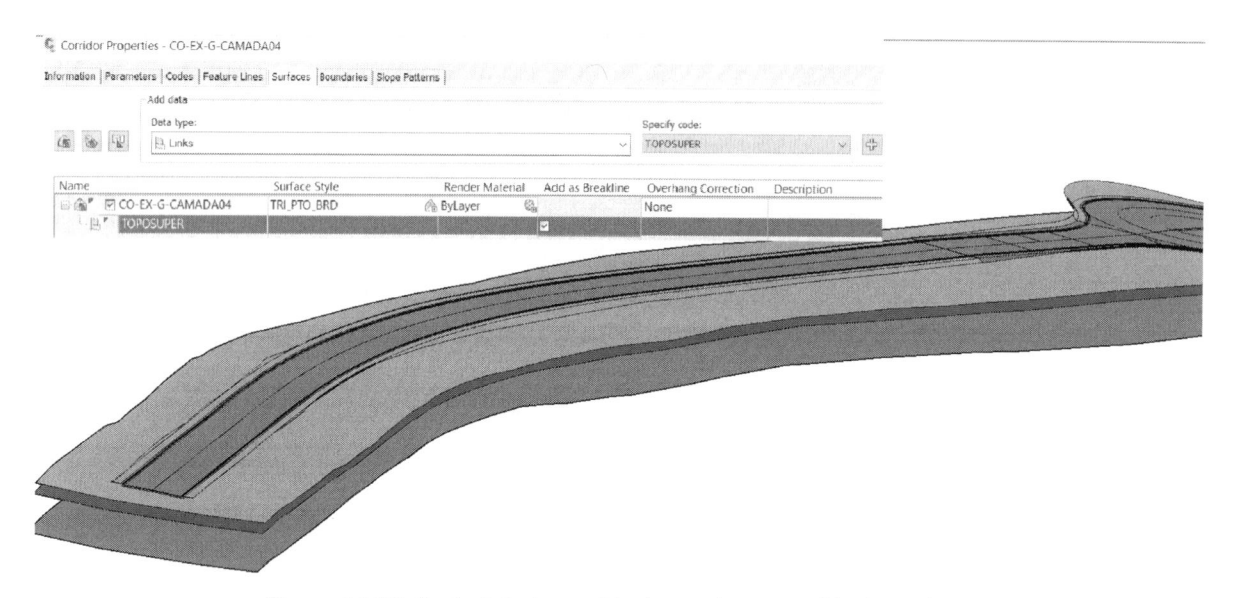

Figura 14.37 Aba de criação das superfícies das camadas e seus modelos de superfícies.

14.3.3 Extração de sólidos das camadas

Os maciços dos sólidos das camadas permitirão efetuar análises visuais nas condições das camadas de solos, além de possibilitar realizar operações booleanas nos modelos para a extração qualificada de materiais e subsidiar a realizar a coordenação do empreendimento. O recurso de extração de sólidos de superfícies pode ser acessado ao selecionar uma superfície na área de trabalho, selecionando a ribbon contextual **TIN Surface > Surface Tools > Extract from Surface > Extract Solids from Surface** (Figura 14.38).

A caixa de diálogo **Extract Solid from Surface** permite selecionar a superfície desejada no campo **Surface**. As principais opções de extração de sólidos podem ser elencadas da seguinte maneira (Figura 14.39):

- a opção **Depth** permite determinar uma espessura para toda a superfície paralelamente aos seus triângulos;
- **At fixed elevation** é a opção que possibilita extrudar os triângulos da superfície até uma altitude desejada;
- a opção **At a surface** permite criar o maciço sólido entre duas superfícies desejadas;
- na opção **Insert into current drawing**, os sólidos criados farão parte do mesmo arquivo da superfície;
- em **Add to a new drawing**, pode-se criar os maciços dos sólidos em um novo arquivo de desenho.

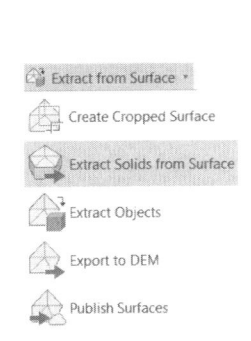

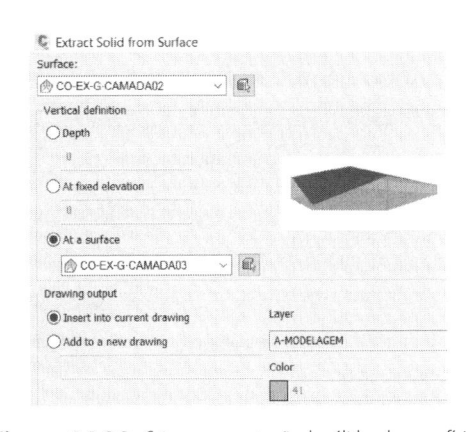

Figura 14.38 Ferramenta para a extração de sólidos de superfícies.

Figura 14.39 Caixa para a extração de sólidos de superfícies.

Cada maciço de sólido poderá fornecer as informações para a etapa de coordenação e planejamento do empreendimento. Essas informações poderão variar com dados de quantidades, código da composição de custo, etapa construtiva, entre outras informações.

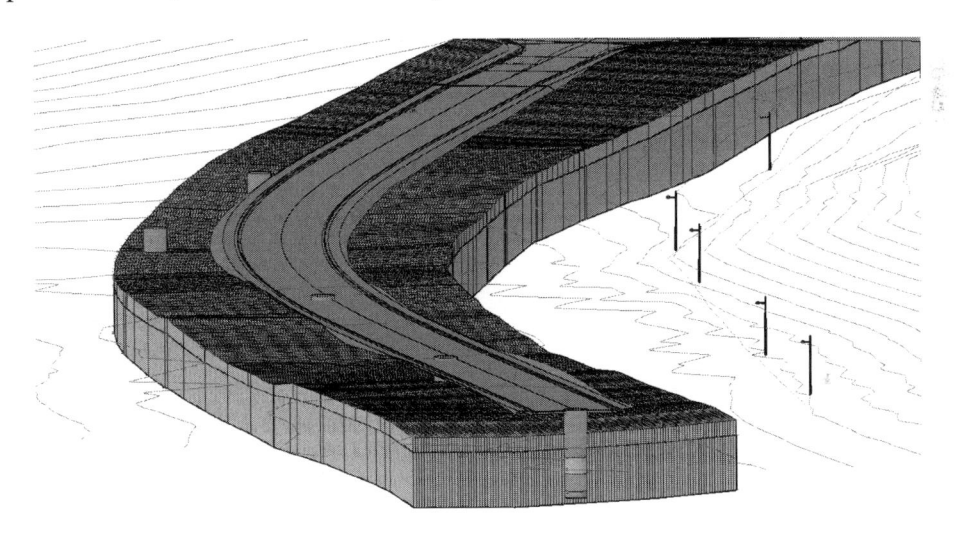

Figura 14.40 Modelo de corredor com a superfície topográfica e as camadas de solos.

Exercício – Construção de camadas de solos e muro de contenção

O exercício a seguir ilustra os procedimentos mencionados anteriormente para a construção de camadas de solos do projeto linear. No arquivo do exercício, verifique a presença do eixo da via, os perfis das camadas e o assembly para a construção do corredor. A atividade ainda desenvolve os passos para a construção de um modelo de contenção. Execute os procedimentos a seguir:

1. Inicie o Autodesk Civil 3D.

2. Abra o arquivo **14-4-1_CAMADAS-LINEARES.DWG**, disponível na plataforma da editora.

3. Acesse os perfis por meio da **Toolspace > Prospector > Sites > PR – PISTA PRINCIPAL > Alignments > Centerline Alignments > AL-PR-F-ALTERNATIVA-02 > Profiles**. Clique com o botão direito do mouse sobre o perfil desejado e selecione a opção **Properties**.

4. Na aba **Information** da caixa **Profile Properties**, selecione o estilo **TERRENO NATURAL** no campo **Object Style**, clique no botão **OK**.

5. Acesse a ferramenta da ribbon **Home > Create Design > Corridor > Corridor**.

6. Na caixa **Create Corridor**, configure:

   ◆ digite **CO-EX-G-CAMADA02** no campo **Name**;

   ◆ selecione o alinhamento **AL-PR-F-ALTERNATIVA-02** no campo **Alignment**;

   ◆ selecione o perfil **PR-EX-G-CAMADA-02** no campo **Profile**;

   ◆ selecione o **Assembly AS-EX-G-CAMADAS**;

   ◆ selecione a superfície **SU_EX_T_TERRENO-NATURAL** no campo **Target Surface**;

   ◆ clique no botão **OK**.

7. Clique no botão **OK** para fechar a caixa de diálogo **Baseline and Regions Parameters**.

8. Repita os procedimentos para criar os corredores para as demais camadas de solos.

9. Selecione o corredor de uma das camadas e acesse a ferramenta da ribbon contextual **Corridor > Modify Corridor > Corridor Surfaces**.

10. Na aba **Surfaces** da **caixa Corridor Surfaces**, clique no botão **Create a corridor surface**. Clique no botão **Add surface item** para adicionar o link **TOPOSUPER** na definição da superfície.

11. Na aba **Boundaries**, clique com o botão direito sobre o nome da superfície criada e selecione a opção **Corridor extents as outer boundary**. Clique no botão **OK** e **Rebuild Corridor**.

12. Verifique a superfície da camada criada na área de trabalho.

13. Repita os procedimentos para criar as superfícies das demais camadas de solos.

14. Na área de trabalho, selecione a superfície da camada desejada e acesse a ferramenta contextual **TIN Surface > Surface Tools > Extract from surface > Extract Solids from Surface**.

15. Na caixa **Extract Solid from Surface**, selecione a opção **At a surface** e selecione a superfície **SU_EX_T_TERRENO-NATURAL**. Habilite a opção **Insert into current drawing**, escolha a layer e cor desejadas e clique no botão **Create Solid** (Figura 14.41).

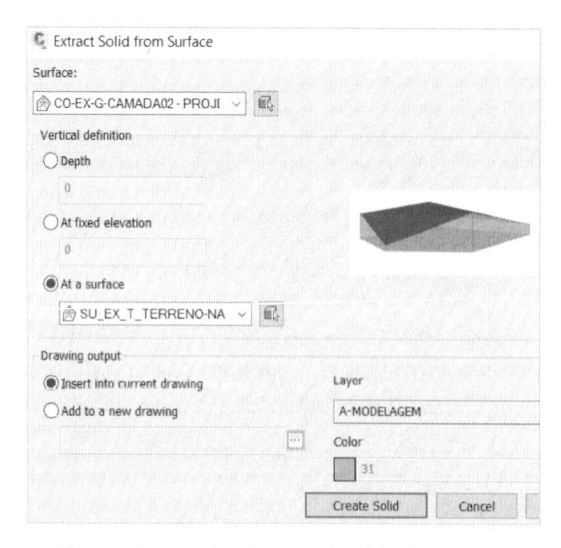

Figura 14.41 Caixa de criação de sólidos de superfícies.

16. Verifique o maciço sólido da camada criada na área de trabalho.

17. Repita os procedimentos para criar os sólidos das demais camadas de solos.

18. Na área de trabalho, selecione o modelo do corredor na região da rotatória e acesse a ferramenta da ribbon contextual **Corridor** > **Launch Pad** > **Feature Lines from Corridor** para extrair a linha do offset da parte superior da rotatória.

19. Selecione a linha de offset do talude da parte superior da rotatória e confirme com a tecla **Enter** (Figura 14.42).

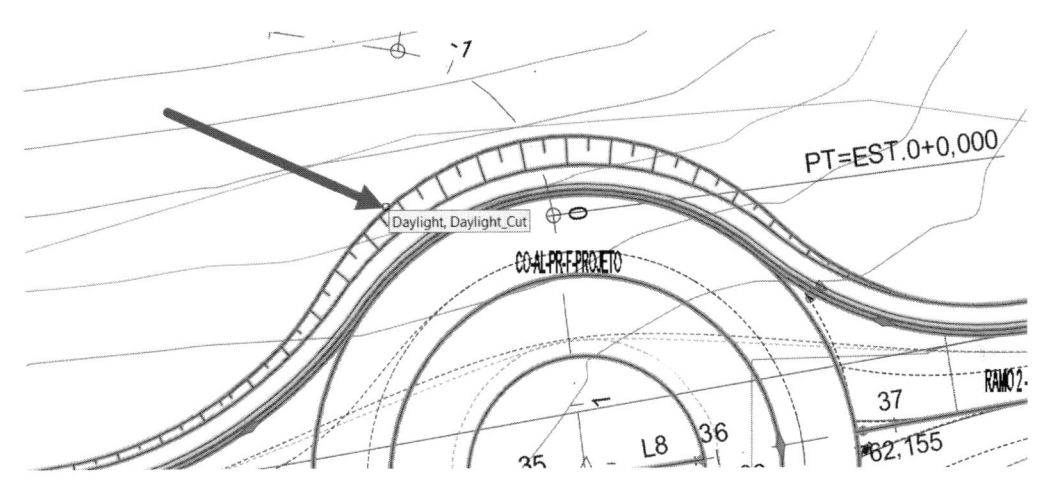

Figura 14.42 Seleção da Feature Line do offset do talude da rotatória.

20. Na caixa de diálogo **Extract Feature Line from Corridor**, verifique a seleção das linhas de offset e clique no botão **Extract** (Figura 14.43).

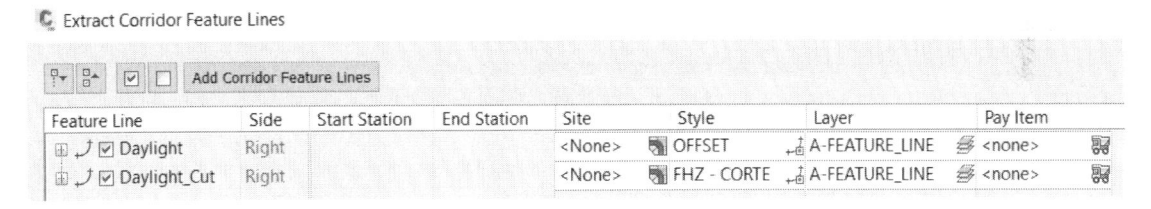

Figura 14.43 Caixa de seleção das Feature Lines do corredor da rotatória.

21. Selecione a linha de **Feature Line** criada no desenho e acesse a janela **Properties**.

22. No campo **Name** da janela **Properties**, digite **FL-PR-G-33+000-CONTENÇÃO** para definir o nome do eixo da contenção.

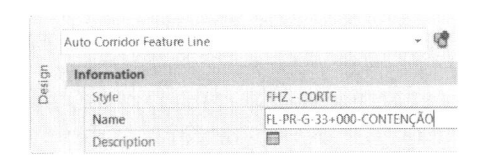

Figura 14.44 Definição do nome do eixo do muro de contenção.

23. Acesse a ferramenta da ribbon **Home** > **Create Design** > **Corridor** > **Corridor** para criar o modelo do corredor do muro de contenção.

24. Na caixa de diálogo **Create Corridor**, configure (Figura 14.45):

 ◆ digite **CO-PR-G-33+000-CONTENÇÃO** no campo **Name**;

 ◆ selecione a opção **Feature line** no campo **Baseline type**;

 ◆ selecione a feature **FL-PR-G-33+000-CONTENÇÃO** no campo **Feature Line**;

 ◆ selecione a composição **AS+MA** no campo **Assembly**;

 ◆ selecione a superfície **SU_EX_T_TERRENO-NATURAL** no campo **Target Surface**;

 ◆ clique no botão **OK**.

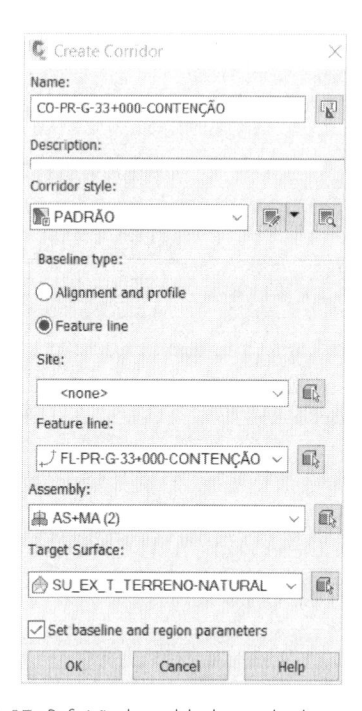

Figura 14.45 Definição do modelo do corredor do muro de contenção.

25. Na caixa **Baseline and Region Parameters**, regule a frequência de aplicação dos assemblies para **2.000m** na coluna **Frequency**, clique no botão **OK** e na opção **Rebuild the Corridor** (Figura 14.46).

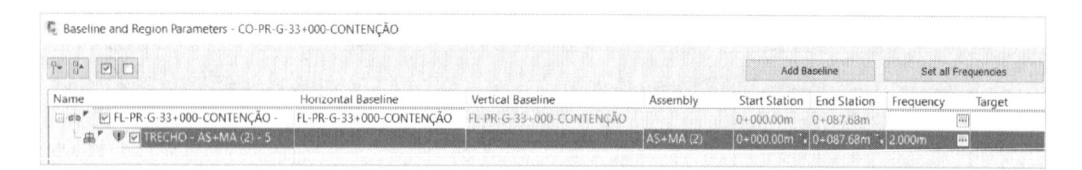

Figura 14.46 Definição dos parâmetros para a construção do modelo do corredor do muro de contenção.

26. Selecione o modelo do corredor do muro de contenção criado na área de desenho e acesse a ferramenta da ribbon contextual **Corridor > Corridor Tools > Extract Corridor Solids**.

27. Na linha de comando, selecione a opção **All Regions**.

28. Na aba **Codes to Extract** da caixa de diálogo **Extract Corridor Solids**, selecione as estruturas do muro de contenção e regule suas cores, clique no botão **Next** (Figura 14.47).

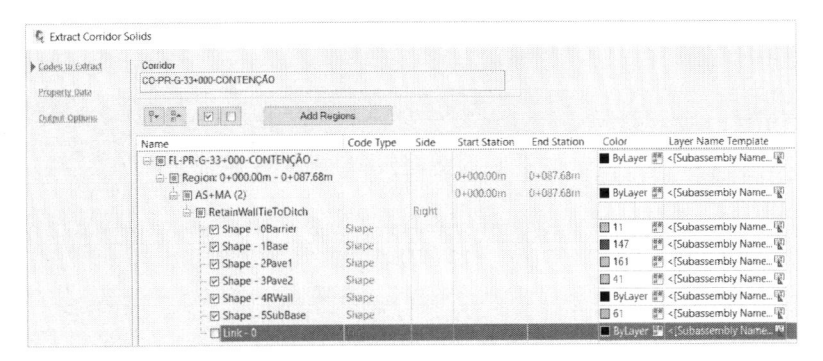

Figura 14.47 Configurações para a seleção das estruturas e a definição de cores da contenção.

29. Na aba **Property Data** da caixa de diálogo, verifique as propriedades que serão criadas para as estruturas do muro de contenção e clique no botão **Next**.

30. Na aba **Output Options** da caixa de diálogo **Extract Corridor Solids**, ligue a opção **Insert into current drawing**, desligue a opção **Dynamic link to corridor** e clique no botão **Extract Solids** (Figura 14.48).

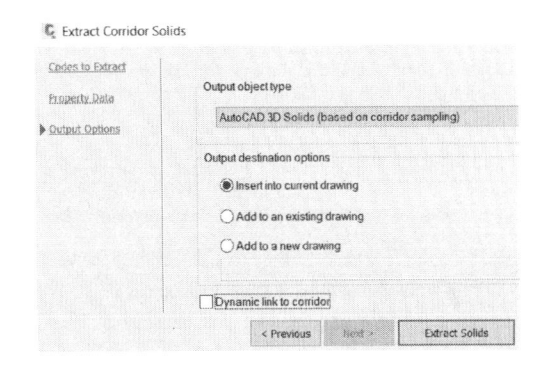

Figura 14.48 Configurações para a seleção das estruturas e definição de cores da contenção.

31. Navegue no modelo da contenção construído na área de trabalho (Figura 14.49).

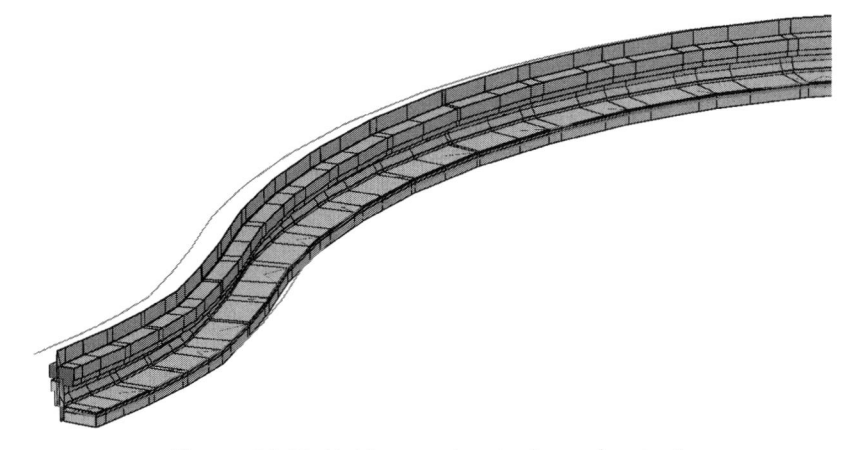

Figura 14.49 Modelo com os elementos do muro de contenção.

32. Na área de trabalho, selecione um elemento do muro de contenção e acesse a janela **Properties**.

33. Na aba **Extended Data** da janela **Properties** clique no botão **Add Property Set**.

34. Na caixa **Add Property Set**, ative apenas o grupo **Contenções** e clique no botão **OK** (Figura 14.50).

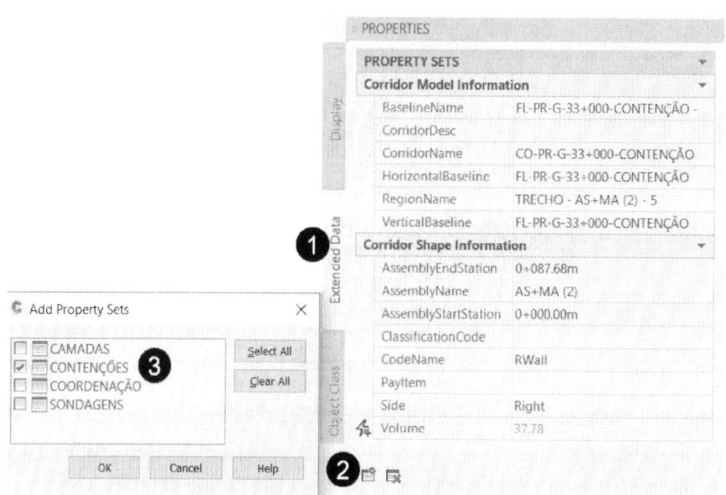

Figura 14.50 Propriedades personalizadas do muro de contenção.

35. Verifique as propriedades do muro de contenção exibidas na janela de propriedades. Pode-se preencher os demais campos para incorporar informações relevantes e beneficiar o modelo de coordenação (Figura 14.51).

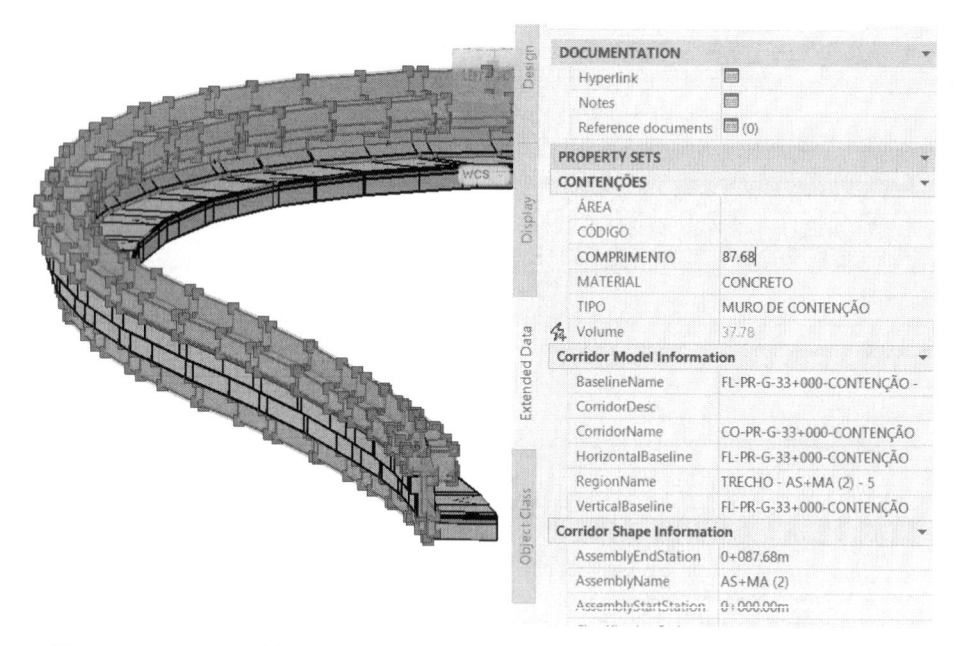

Figura 14.51 Propriedades personalizadas do muro de contenção para beneficiar o modelo de coordenação.

36. Feche o arquivo.

Cálculo de Volumes para Obras Lineares

A obtenção dos valores volumétricos para projetos de obras lineares pode ser facilmente extraídas pela comparação entre os modelos das superfícies desejadas, como construir a superfície de volume (TIN Volume Surface) comparando os modelos das superfícies topográfica e projetada. Este método conhecido como volume geométrico é extremamente preciso, pois considera as geometrias tridimensionais das superfícies modeladas. Contudo, esta metodologia restringe a maneira de conferência dos valores obtidos, pois não apresenta documentos, tabelas e gráficos, usualmente solicitados em projetos de infraestrutura.

Então, para que seja possível realizar a conferência e a rastreabilidade nos dados volumétricos obtidos dos modelos, documentar o projeto para uso na execução da obra criando gráficos de seções transversais, diagramas de massas e relatórios, será necessário utilizar o método de cálculo volumétrico convencional conhecido por cubagem, que segmenta o projeto linear por meio de seções transversais e efetua os cálculos pelas médias de áreas ao longo da extensão do projeto. No Civil 3D, o fluxo de trabalho utiliza os recursos de **Sample Line > Compute Materials > Section Views > Tables e Reports**.

Independentemente da metodologia aplicada, deve-se pontuar que, a partir dos modelos tridimensionais de superfícies e corredores projetados, fica possível o uso desses modelos para automação da execução da obra por meio de tecnologia denominada **Machine Control**, que utiliza os modelos projetados embarcados no sistema hidráulico e controlados por rastreadores GPS, e permite acionar as pás e lâminas de equipamentos como motoniveladoras e retroescavadeiras, para, assim, executar as atividades de terraplenagem ou até mesmo pavimentação de maneira precisa e muito produtiva.

Figura 15.1 Fluxo para o cálculo dos volumes de projetos lineares.

15.1 Definição das linhas de amostragens transversais – Sample Lines

Obrigatoriamente, será necessário criar grupos de linhas de amostragens (**Sample Lines**), que deverão ser posicionadas transversalmente no traçado geométrico. Essas linhas de **Sample Lines** podem ser consideradas como linhas de corte transversal ao longo do projeto, que, por sua vez, capturarão os dados das geometrias contidas nos modelos de superfícies e corredores para subsidiar as extrações volumétricas e, posteriormente, documentar os projetos nas formas de gráficos de seções transversais, diagramas de massas e extração de relatórios.

As **Sample Lines** são organizadas em grupos, o que possibilita criar classificações em eventuais necessidades de calcular os volumes aplicando fatores de empolamento e compactação do solo diferenciados. Os grupos de **Sample Lines** ainda auxiliam na representação dos gráficos das seções transversais na ocorrência de apresentação em diferentes escalas e na separação de grupos exclusivos para documentação das notas de serviços dos projetos de infraestrutura.

A criação do grupo de **Sample Line** é iniciada pela ferramenta de mesmo nome postada no painel **Profile & Section View** da ribbon **Home**, que acessa a caixa de diálogo **Create Sample Line Group**, que possibilita a seleção de superfícies e corredores desejados para a composição volumétrica, além de permitir a escolha dos estilos de representação dos elementos nos gráficos das seções transversais (Figura 15.2).

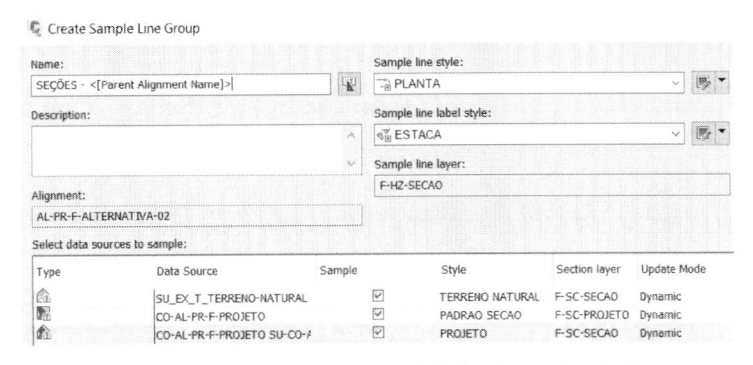

Figura 15.2 Caixa de criação de Sample Lines para o cálculo de volume e desenho das seções transversais.

O posicionamento das linhas de **Sample Lines** é orientado pelas ferramentas da barra de ferramentas **Sample Line Tools**, em que é possível controlar a nomenclatura para cada linha de **Sample Line**, regular as larguras e o posicionamento das linhas, entre outras funções (Figura 15.3).

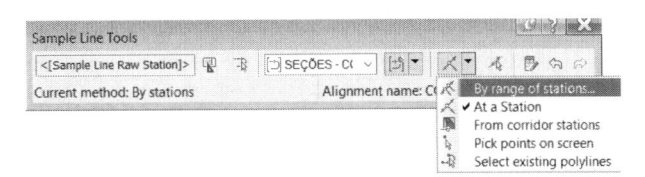

Figura 15.3 Barra de ferramentas para a criação das linhas de Sample Lines.

A ferramenta **By range of stations** permite controlar o posicionamento das linhas de **Sample Lines** de forma precisa e rápida ao longo do traçado geométrico selecionado, pois acessa a caixa de diálogo **Create Sample Line – By Station Range**, que oferece diversos parâmetros para a configuração de posicionamento das linhas de amostragem ao longo do alinhamento selecionado (Figura 15.4).

A seguir, são listados os principais parâmetros da caixa de diálogo **Create Sample Line – By Station Range** utilizados para controlar o posicionamento das linhas de **Sample Lines** na extensão do alinhamento:

- **General:** propriedade que exibe o nome do alinhamento horizontal.

- **Station Range:** parâmetro que determina as estacas inicial e final do alinhamento para a criação das sample lines.

- **Left Swath Width:** propriedade utilizada para configurar a largura da sample line para o lado esquerdo do alinhamento. O campo **Snap to an alignment** permite prolongar ou limitar o tamanho da sample line sobre a geometria de um alinhamento desejado. O campo **Width** controla a largura da sample line.

- **Right Swath Width:** propriedade utilizada para configurar a largura da sample line para o lado direito do alinhamento. O campo **Snap to an alignment** permite prolongar ou limitar o tamanho da sample line sobre a geometria de um alinhamento desejado. O campo **Width** controla a largura da sample line.

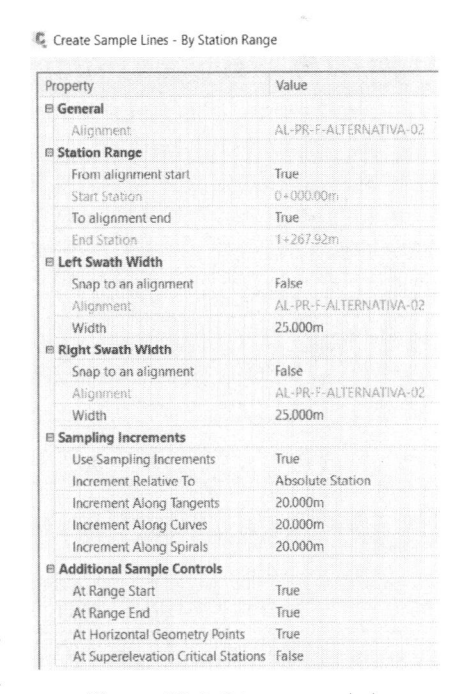

Figura 15.4 Caixa para controle de posicionamento das linhas de Sample Lines.

- **Sampling Increments:** propriedade que controla a distância de aplicação de cada sample line ao longo do alinhamento. Normalmente, essa distância é configurada para cada 20 metros nos projetos.

- **Additional Sample Controls:** propriedade que controla a aplicação de sample lines adicionais, como no início e final do alinhamento, os pontos notáveis e a mudança de superelevação ao longo do alinhamento horizontal.

Mesmo depois da criação dos grupos de **Sample Lines** no projeto, torna-se possível efetuar edições manuais no posicionamento, no tamanho e na esconsidade em cada linha de amostragem, por meio do reposicionamento de seus grips (Figura 15.5).

Para realizar alterações em todas as linhas de amostragem presentes no grupo de **Sample Lines**, ou em parte delas, pode-se acessar a caixa de propriedades do grupo **Sample Line Group Properties** para controlar a largura, os estilos e as propriedades volumétricas (Figura 15.6).

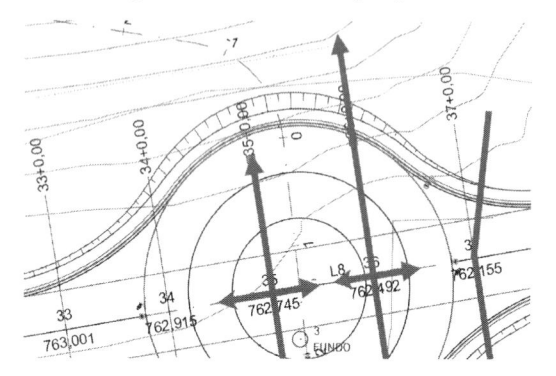

Figura 15.5 Uso dos grips para reposicionamento das linhas de Sample Lines.

Figura 15.6 Caixa para edição nas propriedades do grupo de Sample Lines.

Agora, estude o exemplo a seguir:

1. Inicie o Autodesk Civil 3D.
2. Abra o arquivo **15-1-1_DEFINIÇÃO_SAMPLE-LINES.DWG**, disponível na plataforma da editora.
3. Acesse a ferramenta da ribbon **Home > Profile & Section Views > Sample Lines**.
4. Pressione a tecla **Enter** para acessar a lista de alinhamentos.
5. Na caixa **Select Alignment**, selecione o alinhamento **AL-PR-F-ALTERNATIVA-02** e clique no botão **OK** (Figura 15.7).

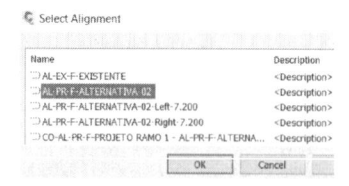

Figura 15.7 Caixa de seleção de alinhamento para criação de Sample Lines.

6. Na caixa de diálogo **Create Sample Line Group** (Figura 15.8):
   - habilite a superfície topográfica **SU_EX_T_TERRENO-NATURAL** na coluna **Sample** e selecione o estilo **TERRENO NATURAL** na coluna **Style**;
   - habilite o corredor **CO-AL-PR-F-PROJETO** na coluna **Sample** e aplique o estilo **NOTA DE SERVIÇO PADRÃO DER-SP 200** na coluna **Style**;
   - habilite a superfície **SU-CO-AL-PR-F-PROJETO** na coluna **Sample** e utilize o estilo **PROJETO** na coluna **Style**;

- ◆ desmarque os demais elementos na coluna **Sample**;
- ◆ clique no botão **OK**.

7. Na barra de ferramentas **Sample Line Tools**, acesse a ferramenta **By Range of Stations**.

8. Na caixa de diálogo **Create Sample Lines – By Station Range**, configure para aplicar as linhas de amostragens a cada **20.00m** ao longo do alinhamento e determine a largura de **25.00m** para cada lado do eixo. Clique no botão **OK** (Figura 15.9).

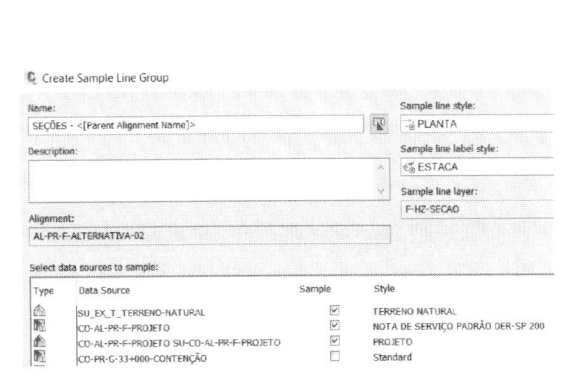

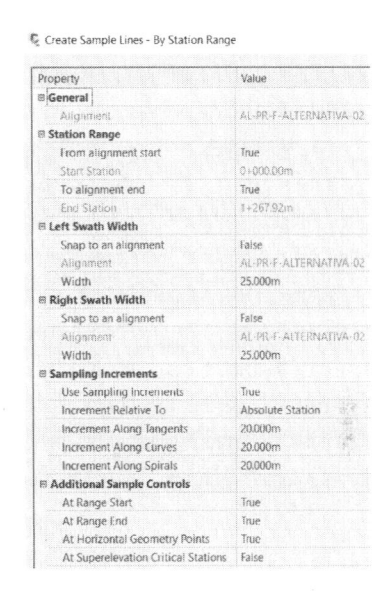

Figura 15.8 Caixa de configuração para a criação do grupo de Sample Lines.

Figura 15.9 Caixa para controle de posicionamento das linhas de Sample Lines.

9. Pressione a tecla **Enter** para concluir a construção do grupo de linhas de Sample Lines.

10. Na área de trabalho, manipule os grips das linhas nas estacas 34+0.00, 35+0.00 e 36+0.00 para envolver toda a geometria do dispositivo da rotatória.

11. Repita os procedimentos para criar o grupo de Sample Lines para o alinhamento existente **AL-EX-F-EXISTENTE**.

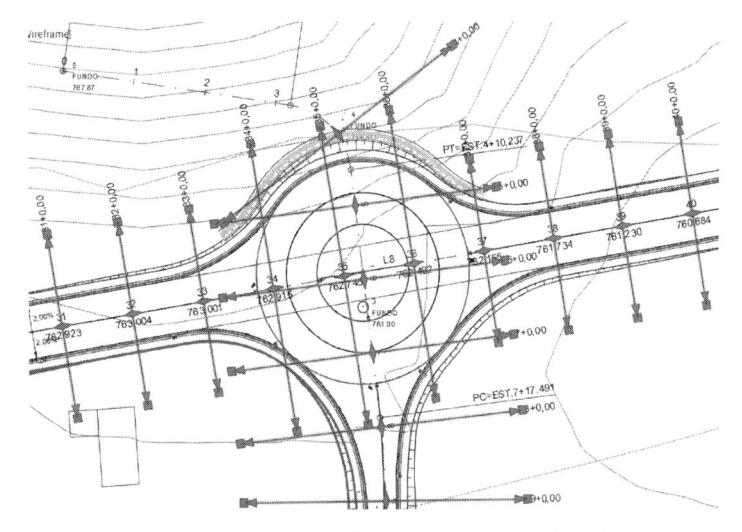

Figura 15.10 Linhas de Sample Lines criadas no projeto viário.

12. Feche o arquivo.

15.2 Método de cálculo de volume por estacas

O cálculo do volume do projeto pode ser extraído pela comparação direta confrontando a superfície topográfica com aquela do projeto, e por meio da extração dos maciços sólidos entre as mesmas superfícies. Esses dois métodos eficientes obtêm o volume geométrico do projeto; contudo, ainda é necessário comprovar os cálculos dos volumes apresentando as seções transversais ao longo das estacas de projetos lineares e na forma de seções de notas de serviço, que utilizam as somas das áreas de corte e aterro multiplicados pela distância média entre as estacas do projeto geométrico.

No Autodesk Civil 3D, esta metodologia utiliza o grupo de **Sample Lines** para subsidiar a obtenção dos valores volumétricos. Os cálculos dos volumes de terraplenagem extraídos dos modelos de superfícies, assim como os cálculos dos volumes de materiais das estruturas presentes nos modelos de corredores, são realizados pelo recurso **Compute Materials**, disponível no painel **Volumes and Materials** da ribbon **Analyze**. A caixa de diálogo **Compute Materials** permite selecionar as superfícies e as estruturas utilizadas na extração dos valores volumétricos do projeto (Figura 15.11).

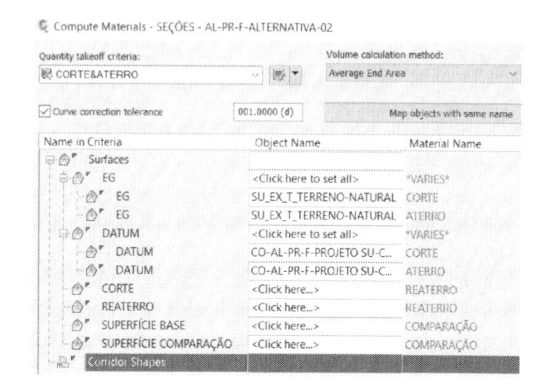

Figura 15.11 Caixa Compute Materials para a extração volumétrica de projetos lineares.

O quadro **Volume Calculation Method** permite escolher o método para o cálculo dos volumes:

- **Average end area:** método que soma a área dos materiais presentes em uma seção à área dos materiais da próxima seção. Esta somatória é dividida por dois, e o resultado é multiplicado pela distância entre as seções.

- **Prismoidal:** método similar ao anterior; entretanto, adiciona uma seção transversal entre as seções do projeto para obter os valores volumétricos.

- **Composite:** método que projeta polígonos entre as sample lines utilizadas para criar as seções transversais; o volume é adquirido pela somatória entre as sucessivas estacas. Não permite calcular volumes de materiais provenientes da geometria do corredor (corridor shapes).

Os critérios para a extração dos dados volumétricos presentes na caixa de diálogo **Compute Materials** são:

- **Existing Ground (EG):** critério para a escolha da superfície topográfica.

- **Datum:** critério de seleção de superfície projetada, terraplenagem, acabada etc.

- **Corridor Shapes:** critério para a escolha de estruturas presentes no modelo do corredor, como passeios, pavimentos, entre outros materiais provenientes da geometria dos assemblies.

O recurso **Quantity takeoff criteria** permite configurar os critérios que serão adotados para a obtenção dos valores, no qual é possível definir critérios para o cálculo a partir da comparação entre modelos de superfícies (**Surfaces**) e também configurar critérios para extrair os volumes das geometrias presentes nas estruturas dos modelos dos corredores (**Corridor Shapes**). É possível controlar os parâmetros de compactação e empolamento do solo por meio dos fatores das colunas **Fill Factor** e **Cut Factor** (Figura 15.12).

As principais ferramentas da caixa **Quantity Takeoff Criteria** para o gerenciamento das informações volumétricas são:

- **Add new material:** ferramenta utilizada para adicionar um novo item na lista de materiais.

- **Add a subcriteria:** ferramenta para a criação de um novo critério no item vazio existente na lista de materiais.

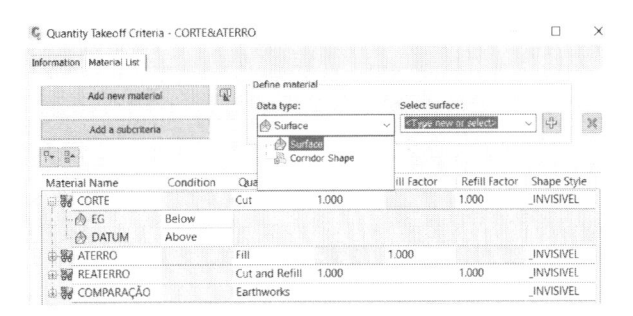

Figura 15.12 Caixa de criação dos critérios para o cálculo dos volumes.

- ▪ **Define material:** quadro que exibe as ferramentas para a escolha do tipo de dado extraído durante a composição volumétrica, podendo ser proveniente das estruturas presentes no modelo do corredor (corridor shape) ou de camadas de superfícies presentes no desenho do projeto (surface).

- ▪ **Import Another Criteria:** ferramenta para a criação de novos critérios por meio da importação de modelos de critérios previamente configurados.

- ▪ **Condition:** coluna para controle das superfícies utilizadas nas condições de corte ou aterro.

- ▪ **Quantity Type:** coluna que permite selecionar o tipo de informação volumétrica, podendo ser **Structures** para as estruturas presentes na geometria dos assemblies, **Cut and Refill** para a condição de corte e reaterro, **Earthworks** para terraplenagem, **Cut** para a condição de corte e **Fill** para aterro.

- ▪ **Cut Factor:** coluna para a configuração do fator de multiplicação do valor obtido para o corte.

- ▪ **Fill Factor:** coluna para a configuração do fator de multiplicação do valor obtido para o aterro.

- ▪ **Refill Factor:** coluna para a aplicação do fator de multiplicação do valor extraído para o reaterro.

- ▪ **Shape Style:** coluna que permite selecionar um estilo de pintura (shape) para exibir as áreas de corte, aterro ou estruturas aplicadas nos gráficos das seções transversais do projeto.

- ▪ **Curve Tolerance:** controla o valor da tolerância de curvatura. Este fator não é exibido no método prismoidal.

15.3 Cálculo do volume de terraplenagem

A extração do volume de terraplenagem para obras lineares deverá considerar a comparação entre os modelos de superfícies, que poderão ser da topografia, limpeza ou camadas de solos, confrontados com as superfícies de terraplenagem, vala de escavação, platôs, entre outras superfícies projetadas. Na caixa de diálogo **Compute Materials**, será necessário apontar o nome da superfície existente nos campos **EG** (Existing Ground) para confrontar com a superfície projetada nos campos **DATUM**. Tais nomes poderão variar dependendo das configurações dos critérios **Quantity takeoff criteria** previamente definidos.

Para cada composição volumétrica calculada, será criada uma lista de materiais (Material Lists) para facilitar o gerenciamento das informações volumétricas dos projetos, o que viabiliza a criação de listas volumétricas independentes para a extração dos volumes de terraplenagens e listas separadas para os volumes de materiais.

A caixa de diálogo **Edit Material List** é exibida quando o recurso **Compute Materials** é acionado na existência de uma primeira lista de materiais. Nessa caixa, é possível controlar e gerenciar as listas volumétricas, renomear uma lista existente, criar novas listas, adicionar novos critérios e novos materiais, além de configurar as pinturas dos volumes nos gráficos das seções transversais (Figura 15.13).

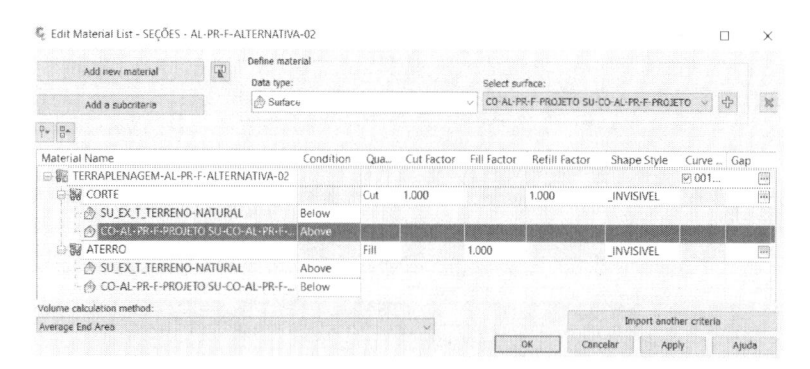

Figura 15.13 Caixa de gerenciamento das listas volumétricas do projeto.

Agora, estude o exemplo a seguir:

1. Inicie o Autodesk Civil 3D.
2. Abra o arquivo **15-3-1_VOLUME_TERRAPLENAGEM.DWG**, disponível na plataforma da editora.
3. Acesse a ferramenta da ribbon **Analyze > Volumes and Materials > Compute Materials**.
4. Na caixa de diálogo **Select a Sample Line Group**, selecione o alinhamento **AL-PR-F-ALTER-NATIVA-02** no campo **Select alignment**, selecione o grupo de sample line de mesmo nome no campo **Select sample line group** e clique no botão **OK** (Figura 15.14).
5. Na caixa de diálogo **Compute Materials**, selecione a superfície do terreno existente **SU_EX_T_TERRENO-NATURAL** nos campos **EG**, selecione a superfície projetada **SU-CO-AL-PR-F-PROJETO** nos campos **DATUM** e clique no botão **OK** (Figura 15.15).

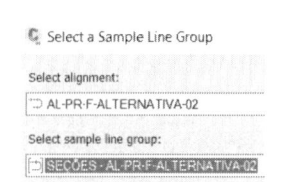

Figura 15.14 Caixa de seleção do alinhamento e grupo de Sample Lines.

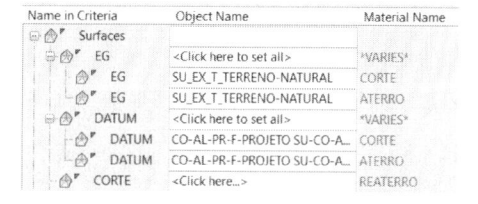

Figura 15.15 Caixa de seleção das superfícies para comparação volumétrica.

6. Acesse a ferramenta da ribbon **Analyze > Volumes and Materials > Compute Materials**.
7. Na caixa de diálogo **Select a Sample Line Group**, selecione o alinhamento **AL-PR-F-ALTER-NATIVA-02** no campo **Select alignment**, selecione o grupo de sample line de mesmo nome no campo **Select sample line group** e clique no botão **OK**.
8. Na caixa de diálogo **Edit Material List**, renomeie a lista de material para **TERRAPLENAGEM-AL-PR-F-ALTERNATIVA-02** na coluna **Material Name**, verifique as demais informações e clique no botão **OK** (Figura 15.16).

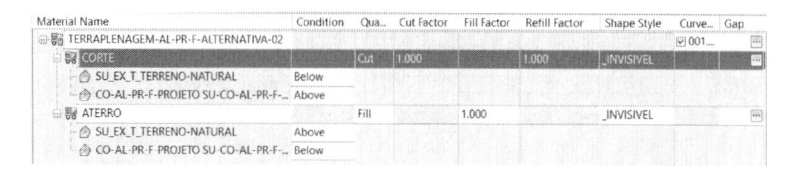

Figura 15.16 Caixa de gerenciamento das composições volumétricas do projeto.

9. Feche o arquivo.

15.4 Cálculo do volume de materiais

A extração do volume de materiais utiliza o mesmo processo do cálculo de volume de terraplenagem para obras lineares; entretanto, ao invés de utilizar as superfícies para a extração volumétrica, são utilizadas as geometrias das estruturas modeladas junto aos corredores, que utilizam as composições dos subassemblies definidos nas seções típicas dos assemblies. Na caixa de diálogo **Compute Materials** ou **Edit Material List**, será necessário apontar as estruturas do corredor utilizando os critérios do tipo **Corridor Shapes** (Figura 15.17).

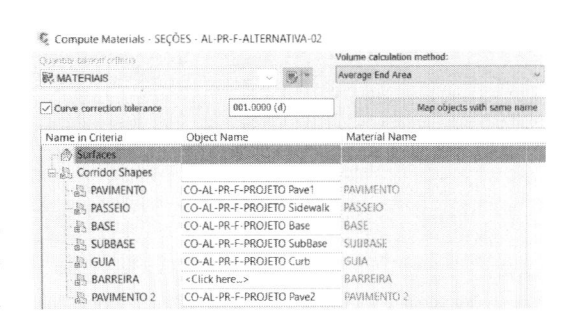

Figura 15.17 Configurações para uso das estruturas do corredor na extração volumétrica do projeto.

As composições volumétricas de terraplenagem e materiais das geometrias dos projetos serão apresentadas e gerenciadas na caixa **Compute Materials**.

Agora, estude o exemplo a seguir:

1. Inicie o Autodesk Civil 3D.
2. Abra o arquivo **15-4-1_VOLUME_MATERIAIS.DWG**, disponível na plataforma da editora.
3. Acesse a ferramenta da ribbon **Analyze > Volumes and Materials > Compute Materials**.
4. Na caixa de diálogo **Select a Sample Line Group**, selecione o alinhamento **AL-PR-F-ALTERNATIVA-02** no campo **Select alignment**, selecione o grupo de sample line de mesmo nome no campo **Select sample line group** e clique no botão **OK**.
5. Na caixa de diálogo **Edit Material List**, clique no botão **Import another criteria** para adicionar uma nova lista volumétrica.
6. Na caixa **Select a Quantity Takeoff Criteria**, selecione o critério **Materiais** e clique no botão **OK**.
7. Na caixa **Compute Materials**:
    - selecione o material **Pave1** no campo **Pavimento**;
    - selecione o material **Sidewalk** no campo **Passeio**;
    - selecione o material **Base** no campo **Base**;
    - selecione o material **Curb** no campo **Guia**;
    - selecione o material **Pave2** no campo **Pavimento 2**;
    - clique no botão **OK**.
8. No campo **Material Name**, renomeie a nova lista para **ESTRUTURAS-AL-PR-F-ALTERNATIVA-02**, clique no botão **OK** (Figura 15.18) e feche o arquivo.

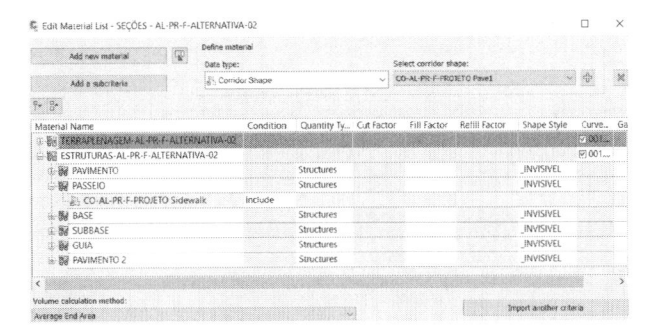

Figura 15.18 Configurações para a extração volumétrica de materiais do projeto.

9. Feche o arquivo.

15.5 Tabelas e relatórios de volumes

A apresentação das informações volumétricas dos projetos é realizada por meio de tabelas e relatórios de volumes, em que as tabelas (Tables) serão incorporadas aos desenhos dos projetos, e os relatórios (Reports) deverão ser exportados e fazer parte de memoriais de cálculos apresentados na documentação dos projetos. O painel **Volumes and Materials**, da ribbon **Analyze**, disponibiliza as ferramentas para criação de tabelas, diagramas e relatórios, em que:

- **Volume Report:** ferramenta que permite apresentar as informações volumétricas por meio de saídas externas na forma de relatórios.

- **Total Volume Table:** ferramenta que cria a tabela dos volumes de terraplenagem.

- **Material Volume Table:** ferramenta que cria as tabelas com os volumes das estruturas dos modelos dos corredores.

- **Volumes Dashboard:** recurso que permite a extração do volume geométrico do projeto por meio da criação da superfície de volume.

- **Grading Volume Tools:** ferramenta que acessa a barra de ferramentas do volume geométrico desenvolvido com as ferramentas de grading utilizadas em projetos de terraplenagem.

- **Mass Haul:** ferramenta utilizada na elaboração do diagrama de massa do projeto.

- **Earthwork Plan Production:** ferramenta que possibilita a criação de plantas de terraplenagem com manchas de corte e aterro, além da indicação da malha cotada com os valores das diferenças entre o terreno existente e o projeto.

Relatório de Áreas e Volumes

Projeto: AL-PR-F-ALTERNATIVA-02
Alinhamento: AL-PR-F-ALTERNATIVA-02
Grupo de Seções: SEÇÕES - AL-PR-F-ALTERNATIVA-02
Estaca Inicial: 0+0.000
Estaca Final: 63+7.920

ESTACA	Área(m²)						Semi Distância (m)	Volume(m³)										Ordenada Bruknner
	Corte			Remoção	Reaterro			Corte			Remoção	Reaterro			Aterro		Comp. Lateral	
	1ª Cat	2ª Cat	3ª Cat	Material Brejoso	Rachão	Solo	Aterro		1ª Cat	2ª Cat	3ª Cat	Material Brejoso	Rachão	Solo Geom	Solo +25%	Geom	+25%		
0+0.000	9.511	0.00	0.00	0.00	0.00	0.00	0.815	0.00											0.000
									0.000	0.00	0.00	0.00	0.00	0.00	0.00	0.000	0.000	
1+0.000	5.737	0.00	0.00	0.00	0.00	0.00	0.213	10.000											0.000
									152.481	0.00	0.00	0.00	0.00	0.00	0.00	8.224	10.280	10.280
2+0.000	17.817	0.00	0.00	0.00	0.00	0.00	0.000	10.000											142.200
									235.538	0.00	0.00	0.00	0.00	0.00	0.00	1.703	2.129	2.129
3+0.000	24.529	0.00	0.00	0.00	0.00	0.00	0.000	10.000											375.609
									423.456	0.00	0.00	0.00	0.00	0.00	0.00	0.000	0.000	0.000
4+0.000	24.719	0.00	0.00	0.00	0.00	0.00	0.000	10.000											799.066

Figura 15.19 Modelo de relatório de volumes por estacas.

Agora, estude o exemplo a seguir:

1. Inicie o Autodesk Civil 3D.

2. Abra o arquivo **15-5-1_TABELAS_VOLUMES.DWG**, disponível na plataforma da editora.

3. Acesse a ferramenta da ribbon **Analyze > Volumes and Materials > Total Volume Table** para a criação da tabela de terraplenagem do projeto viário.

4. Na caixa de diálogo **Create Total Volume Table** (Figura 15.20):

   - selecione o estilo **VOLUME TOTAL** no campo **Table Style**;

   - selecione o alinhamento **AL-PR-F-ALTERNATIVA-02** no campo **Select alignment**;

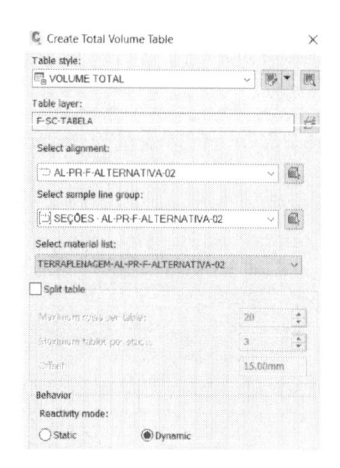

Figura 15.20 Configurações para a criação da tabela dos volumes de terraplenagem.

◆ selecione o grupo **SEÇÕES-AL-PR-F-ALTERNATIVA-02** no campo **Select sample line group**;

◆ selecione a lista de material **TERRAPLENAGEM-AL-PR-F-ALTERNATIVA-02** no campo **Select material list**;

◆ utilize a opção **Dynamic** para manter a tabela atualizada com o modelo do projeto;

◆ clique no botão **OK**.

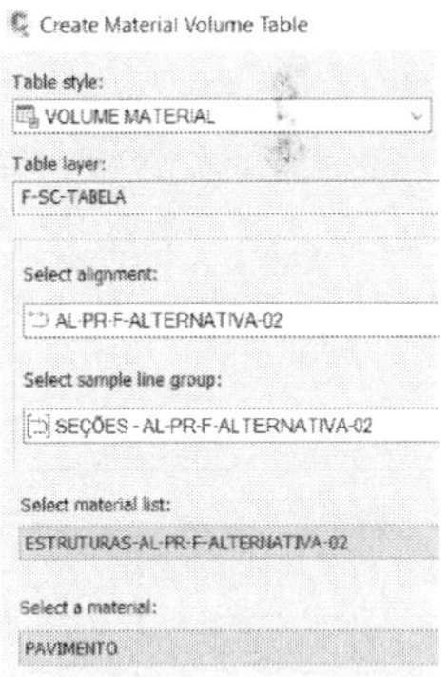

5. Posicione a tabela na área de trabalho e verifique as informações volumétricas do projeto (Figura 15.21).

VOLUME TOTAL							
Estaca	Área de Corte (m²)	Área de Aterro (m²)	Volume de Corte (m³)	Volume de Aterro (m³)	Volum. Corte Acum. (m³)	Volum Aterro Acum. (m³)	Volume Líquido (m³)
0+0,00	9,51	0,82	0.00	0,00	0,00	0,00	0,00
1+0,00	5,74	0,21	152.48	10,28	152,48	10,28	142,20
2+0,00	17,82	0,00	235.54	2,13	388,02	12,41	375,61
3+0,00	24,53	0,00	423.46	0,00	811,48	12,41	799,07
4+0,00	24,72	0,00	492.48	0,00	1303,95	12,41	1291,54
5+0,00	16,57	0,00	412.85	0,00	1716,80	12,41	1704,39

Figura 15.21 Modelo de tabela com os volumes de terraplenagem.

6. Acesse a ferramenta da ribbon **Analyze > Volumes and Materials > Material Volume Table** para a criação da tabela de material.

7. Na caixa de diálogo **Create Total Volume Table** (Figura 15.22):

◆ selecione o estilo **VOLUME MATERIAL** no campo **Table Style**;

◆ selecione o alinhamento **AL-PR-F-ALTERNATIVA-02** no campo **Select alignment**;

◆ selecione o grupo **SEÇÕES-AL-PR-F-ALTERNATIVA-02** no campo **Select sample line group**;

◆ selecione a lista de material **ESTRUTURAS-AL-PR-F-ALTERNATIVA-02** no campo **Select material list**;

◆ selecione o material desejado no campo **Select a material**;

◆ utilize a opção **Dynamic** para manter a tabela atualizada com o modelo do projeto;

Figura 15.22 Configurações para a criação da tabela dos volumes de materiais.

◆ clique no botão **OK**.

8. Posicione a tabela na área de trabalho.

9. Repita os procedimentos para criar as tabelas para os demais materiais.

10. Acesse a ferramenta da ribbon **Analyze > Volumes and Materials > Volume Report** para a criação do relatório de volume de terraplenagem.

11. Na caixa de diálogo **Report Quantities** (Figura 15.23):

◆ selecione o alinhamento **AL-PR-F-ALTERNATIVA-02** no campo **Select alignment**;

◆ selecione o grupo **SEÇÕES-AL-PR-F-ALTERNATIVA-02** no campo **Select sample line group**;

- ◆ selecione a lista **TERRAPLENAGEM-AL-PR-F-ALTER-NATIVA-02** no campo **Select material list**;
- ◆ selecione o estilo de relatório **TABELA-VOLUME-DER.XSL** no campo **Select a style sheet**;
- ◆ clique no botão **OK**.

12. Confirme as mensagens de criação do relatório e visualize as informações volumétricas de terraplenagem.

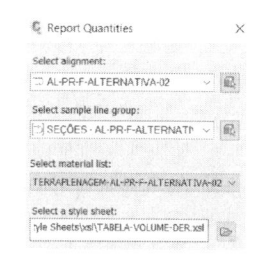

Figura 15.23 Configurações para a criação do relatório de volume de terraplenagem.

13. Acesse a ferramenta da ribbon **Analyze > Volumes and Materials > Volume Report**.

14. Na caixa de diálogo **Report Quantities**:

- ◆ selecione o alinhamento **AL-PR-F-ALTERNATIVA-02** no campo **Select alignment**;
- ◆ selecione o grupo **SEÇÕES-AL-PR-F-ALTERNATIVA-02** no campo **Select sample line group**;
- ◆ selecione a lista **ESTRUTURAS-AL-PR-F-ALTERNATIVA-02** no campo **Select material list**;
- ◆ selecione o estilo de relatório **MATERIAIS.XSL** no campo **Select a style sheet**;
- ◆ clique no botão **OK**.

15. Confirme as mensagens de criação do relatório e visualize as informações volumétricas dos materiais (Figura 15.24).

	Tipo	Área m²	Volume m³	Acumulado m³
		m²	m³	m³
Estaca: 0+0.000				
	PAVIMENTO	0.36	0.00	0.00
	PASSEIO	0.40	0.00	0.00
	BASE	1.44	0.00	0.00
	SUBBASE	4.82	0.00	0.00
	GUIA	0.26	0.00	0.00
	PAVIMENTO 2	0.36	0.00	0.00
Estaca: 1+0.000				
	PAVIMENTO	0.36	7.20	7.20
	PASSEIO	0.40	8.00	8.00
	BASE	1.44	28.80	28.80
	SUBBASE	4.82	96.41	96.41
	GUIA	0.26	5.22	5.22
	PAVIMENTO 2	0.36	7.20	7.20

Figura15.24 Modelo de tabela com os volumes de materiais do projeto.

16. Feche os arquivos.

15.6 Gráfico do diagrama de massa

O diagrama de massa ilustra a movimentação volumétrica ao longo do projeto linear e é muito utilizado para auxiliar no balanceamento volumétrico, na distribuição e no posicionamento das áreas de empréstimos e depósitos de materiais excedentes nos projetos de infraestrutura.

A ferramenta **Mass Haul** auxilia na exibição das informações volumétricas utilizando o gráfico do diagrama de massa; o assistente **Create Mass Haul Diagram** permite prever a distância de transporte sem custo (Free haul distance) e estipular a capacidade para as áreas de depósito de material excedente (Dump Site) e de empréstimo de material (Borrow Pit) ao longo das estacas do projeto.

A aba **Balancing Options**, do assistente **Create Mass Haul Diagram**, permite o posicionamento de áreas de empréstimo e de bota-fora no projeto. Assim, é possível prever a movimentação dos materiais na extensão do projeto, possibilitando a elaboração de análises e estudos de alternativas para viabilizar o transporte dos materiais ao longo do projeto (Figura 15.25).

Agora, estude o exemplo a seguir:

1. Inicie o Autodesk Civil 3D.

2. Abra o arquivo **15-6-1_DIAGRAMA_VOLUMES.DWG**, disponível na plataforma da editora.

3. Acesse a ferramenta da ribbon **Analyze > Volumes and Materials > Mass Haul**.

4. Na aba **General**, da caixa de diálogo **Create Mass Haul Diagram**, selecione o alinhamento **AL-PR-F-ALTERNATIVA-02** no campo **Select alignment**, selecione o grupo **SEÇÕES-AL-PR- -F-ALTERNATIVA-02** no campo **Select sample line group** e clique em **Next**.

5. Na aba **Mass Haul Display Options**, selecione a lista **TERRAPLENAGEM-AL-PR-F-ALTER- NATIVA-02** no campo M**aterial list**, selecione a opção **Total Volume** no campo **Choose a material to display as mass haul line** e clique no botão **Next** (Figura 15.26).

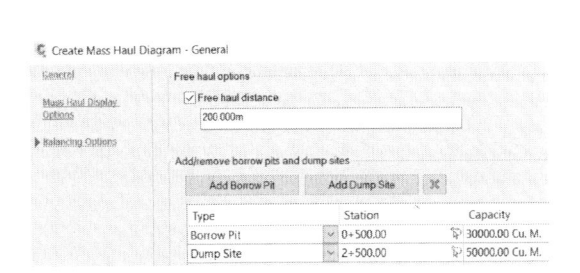

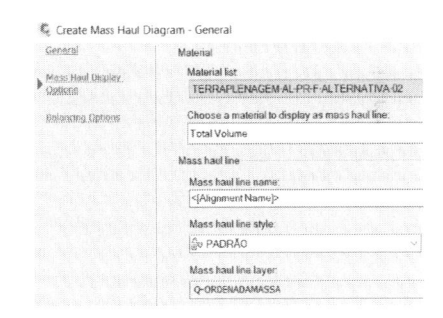

Figura 15.25 Opções para balanço volumétrico por posicionamento de áreas de empréstimos e DME.

Figura 15.26 Opções de exibição dos volumes no diagrama de massa.

6. Na aba **Balancing Options**, da caixa de diálogo, habilite a opção **Free Haul Distance** e adicione uma área de depósito de material excedente **Add Dump Site** na estaca **660m**, coluna **Station**, com capacidade de 10.000 metros cúbicos na coluna **Capacity**. Clique no botão **Create Diagram**.

7. Posicione o diagrama de massa na área de trabalho (Figura 15.27).

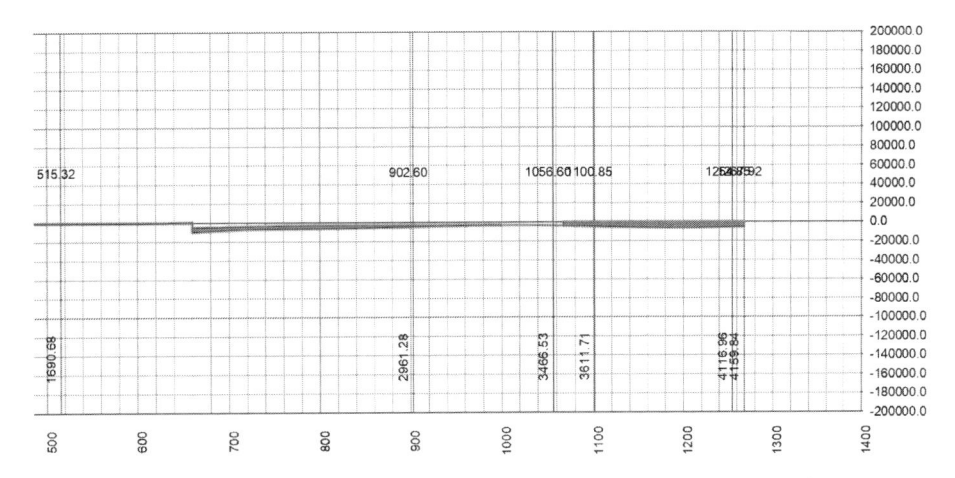

Figura 15.27 Modelo parcial do gráfico de diagrama de massa apresentando a volumetria do projeto.

8. Altere os valores de capacidade e estaca da área de DME e verifique o comportamento do diagrama.

9. Feche o arquivo.

15.7 Gráficos das seções transversais

As seções transversais são fundamentais como parte da documentação dos diversos tipos de projetos lineares e servem para apresentar detalhadamente as características dos projetos, além de permitirem realizar as verificações nos dados volumétricos apresentados nas documentações. As seções transversais das notas de serviço ainda são utilizadas para a locação e a execução da obra.

O Civil 3D utiliza os grupos de **Sample Lines** para capturar as informações dos modelos de superfícies e corredores, juntamente com as informações volumétricas para apresentar nos gráficos de seções transversais e representar as notas de serviço dos projetos lineares – estes últimos são criados como elementos **Section Views**, que, por sua vez, são controlados a partir dos estilos **Section View Styles** (Figura 15.28).

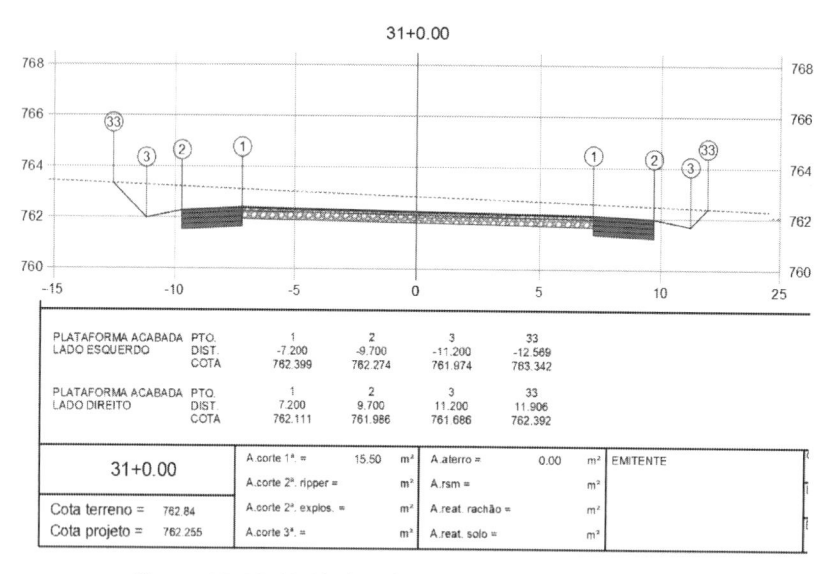

Figura 15.28 Modelo do gráfico de seção transversal de projeto viário.

A criação das seções transversais é efetuada por meio do assistente acionado pela ribbon **Home → Profile & Section Views → Section Views → Create Multiple Views**, e suas abas auxiliam durante o processo de arranjo e distribuição dos gráficos das seções no desenho. A aba **General** permite selecionar o alinhamento e o grupo de sample lines, além da definição do intervalo de estacas, do nome e do estilo para as seções transversais (Figura 15.29).

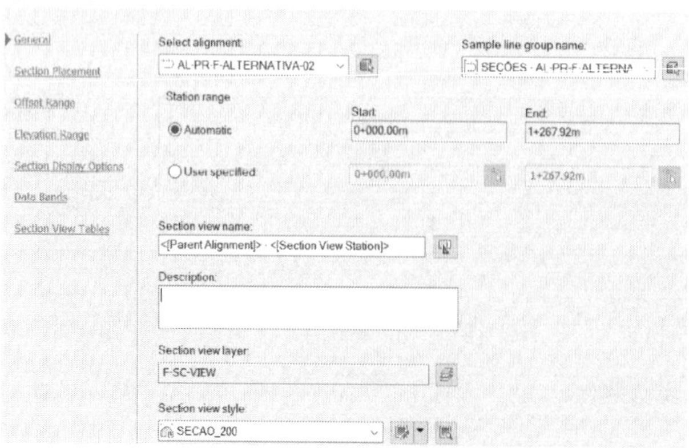

Figura 15.29 Aba General do assistente de criação de seções transversais.

A aba **Section Placement** do assistente auxilia na criação das folhas com as seções transversais para a documentação do projeto. A ferramenta **Production** permite a utilização das seções inseridas no desenho em **Model Space**, para a construção das folhas de seções transversais utilizando os *layouts* (Paper Space) do AutoCAD. Este recurso requer a definição prévia dos arquivos de templates montados com os formatos e carimbos definidos em suas abas de layouts.

A opção **Draft** posiciona as seções transversais na área de desenho. Os estilos de **Group Plot Style** permitem configurar a disposição das seções inseridas no desenho. Por meio desses estilos, é possível controlar os espaçamentos horizontais e verticais entre as seções transversais.

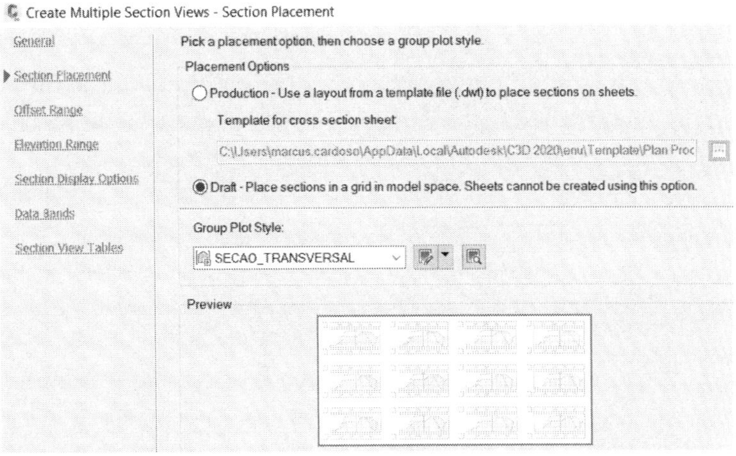

Figura 15.30 Aba Section Placement para a configuração da distribuição das seções transversais.

A aba **Offset Range**, do assistente **Create Multiple Section Views**, configura as larguras dos gráficos das seções transversais no desenho. É possível controlar essas larguras conforme a área disponível das folhas, de acordo com a escala de plotagem desejada.

A aba **Elevation Range** do assistente auxilia na configuração da altura dos gráficos das seções transversais. Dependendo do tipo de projeto, é necessário controlar a altura das seções para a acomodação nas folhas dos desenhos (Figura 15.31).

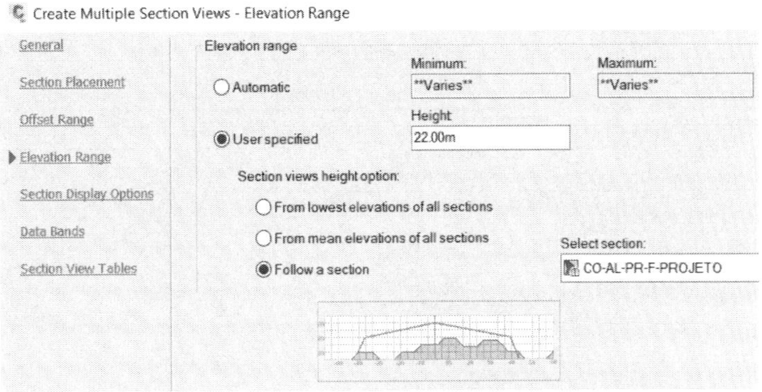

Figura 15.31 Aba de configuração das alturas dos gráficos das seções transversais.

A aba **Section Display Options**, do assistente **Create Multiple Section Views**, permite selecionar os estilos para a representação dos rótulos e das seções dos modelos de superfície e corredores que serão apresentadas nos gráficos das seções transversais (Figura 15.32).

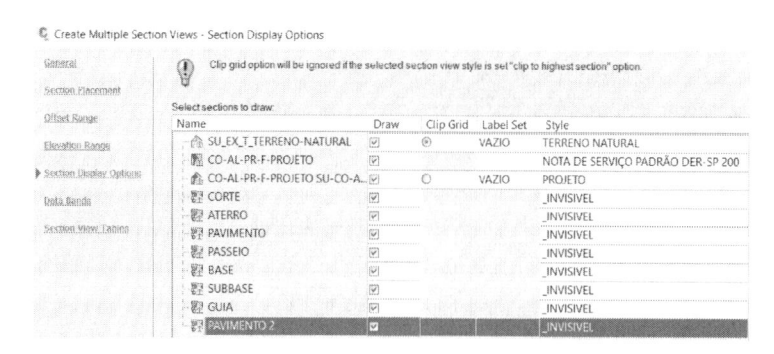

Figura 15.32 Aba para as configurações das seções e seus rótulos apresentados nas seções transversais.

A aba **Data Bands** do assistente configura os rótulos para a exibição no rodapé das seções transversais, para a qual é possível configurar diversas representações; em alguns casos, é possível apresentar as informações das notas de serviço configurando os estilos de **Band Set** (Figura 15.33).

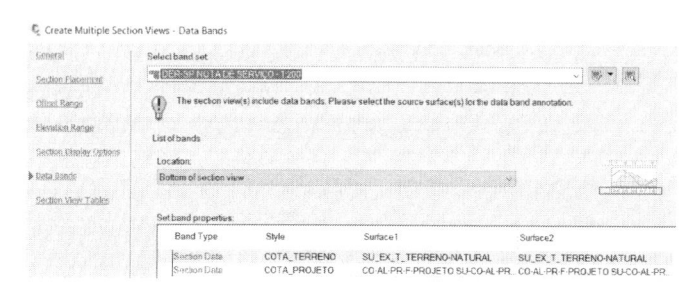

Figura 15.33 Aba para as configurações das informações no rodapé das seções transversais.

A aba **Section View Table**, do assistente **Create Multiple Section Views**, permite a adição das tabelas com as áreas e os volumes em cada seção transversal. A utilização dessa ferramenta requer a definição prévia do cálculo do volume por estacas do projeto, por meio do recurso **Compute Materials** (Figura 15.34).

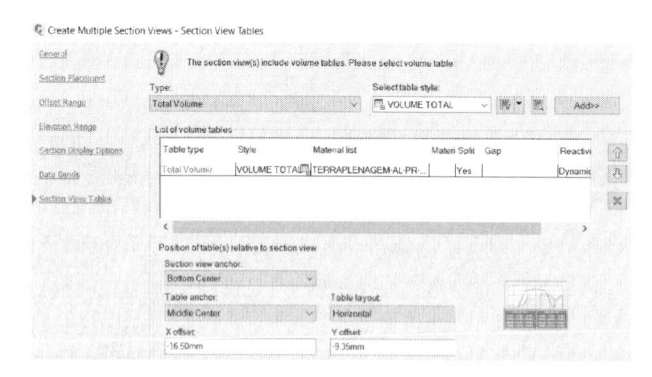

Figura 15.34 Aba para o posicionamento de tabelas de áreas e volumes nas seções transversais.

Agora, estude o exemplo a seguir:

1. Inicie o Autodesk Civil 3D.

2. Abra o arquivo **15-7-1_SEÇÕES_TRANSVERSAIS.DWG**, disponível na plataforma da editora.

3. Acesse a ferramenta da ribbon **Home > Profile & Section Views > Section Views > Create Multiple Views**.

4. Na aba **General**, do assistente **Create Multiple Section Views**, selecione o alinhamento **AL-PR-F-ALTERNATIVA-02** no campo **Select alignment**, selecione o grupo **SEÇÕES-AL-PR-F-ALTERNATIVA-02** no campo **Select sample line group** e clique em **Next**.

5. Na aba **Section Placement** do assistente, selecione a opção **Draft** no quadro **Placement Options**, selecione o estilo **SECAO_TRANSVERSAL** no campo **Group Plot Style** e clique no botão **Next**.

6. Na aba **Offset Range** do assistente, selecione a opção **Automatic** e clique em **Next**.

7. Na aba **Elevation Range**, habilite a opção **User Specified** e digite **20.00m** no campo **Height**. Selecione a opção **From mean elevations of all sections**, no quadro **Section views height options**, e clique no botão **Next** (Figura 15.35).

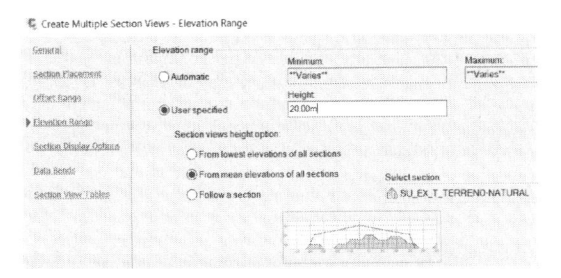

Figura 15.35 Aba para o controle das alturas das seções transversais.

8. Na aba **Section Display Options** do assistente, selecione o estilo **VAZIO** na coluna **Label Set** e clique no botão **Next** (Figura 15.36).

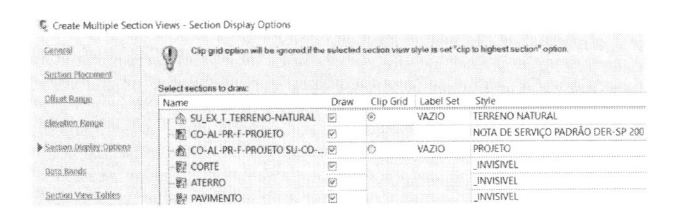

Figura 15.36 Aba para o controle dos estilos de representação das seções transversais.

9. Na aba **Data Bands** do assistente, selecione a superfície **SU-CO-L-PR-F-PROJETO** nas duas colunas da linha do estilo **COTA_PROJETO** e clique em **Next**.

10. Na aba section **View Tables** do assistente, selecione o estilo **VOLUME SEÇÕES** no campo **Select table style** e clique no botão **Add>>**. Regule o posicionamento das tabelas conforme Figura 15.37 e clique no botão **Create Section Views**.

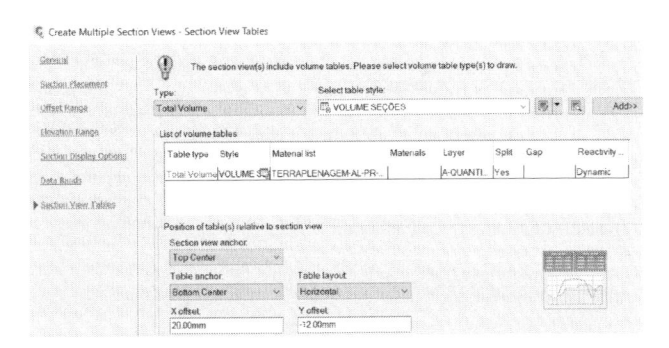

Figura 15.37 Aba para o controle do posicionamento das tabelas de áreas e volumes nas seções transversais.

11. Clique na área de trabalho para posicionar as seções transversais.

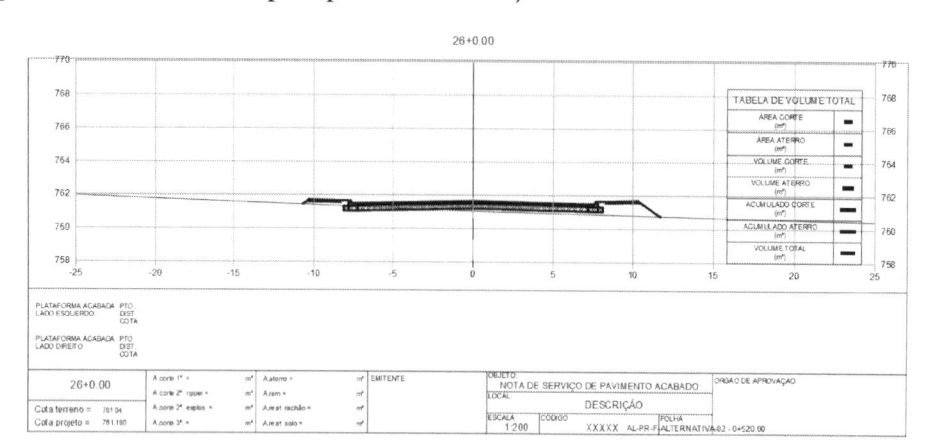

Figura 15.38   Modelo de seção transversal criada na área de trabalho.

12. Feche o arquivo.

Exercício – Volume de medições para acompanhamento de obras

O exercício a seguir ilustra os procedimentos para efetuar o cálculo do volume de remoção da primeira camada de solo, simulando o acompanhamento de atividades realizadas na execução da obra. O volume que deverá ser considerado deverá ser entre a superfície topográfica e a superfície da Camada01; entretanto, o cálculo não deverá ultrapassar a superfície do projeto. Execute os procedimentos a seguir para concluir o exercício:

1. Inicie o Autodesk Civil 3D.

2. Abra o arquivo **15-8-1_CAMADAS-LINEARES.DWG**, disponível na plataforma da editora.

3. Localize o gráfico do perfil longitudinal e identifique as pinturas para verificar como deverá ser realizada a composição volumétrica para a medição. A Camada01 não está incluída na composição volumétrica do projeto, então, será necessário adicionar a Camada01 no grupo de Sample Lines presentes no projeto.

4. Na aba **Prospector** da **Toolspace**, expanda **Sites > PR-PISTA PRINCIPAL > Alignments > Centerline Alignments > AL-PR-F-ALTERNATIVA-02 > Sample Line Groups**. Clique com o botão direito do mouse sobre o grupo **SEÇÕES-AL-PR-F-ALTERNATIVA-02** e selecione a opção **Properties** (Figura 15.39).

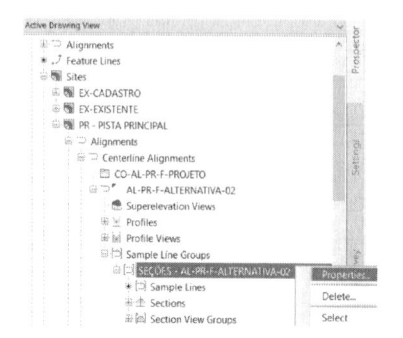

Figura 15.39   Acesso à caixa de propriedades do grupo de Sample Lines do projeto.

5. Na aba **Sections**, da caixa de diálogo **Sample Line Group Properties**, clique no botão **Sample more sources**.

6. Na caixa **Selection Sources**, selecione a superfície **CO-EX-G-CAMADA01** no quadro **Available sources** e clique no botão **Add>>** para adiciona-lá no grupo de Sample Lines do projeto. Altere seu estilo para **SUPERFÍCIE-DATUM** no campo **Style** e clique no botão **OK** (Figura 15.40).

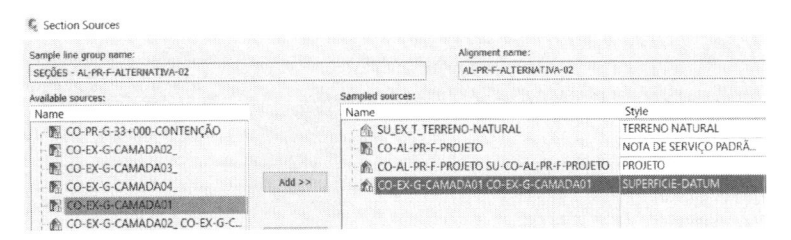

Figura 15.40 Caixa de seleção de dados para adição no grupo de Sample Lines do projeto.

7. Clique no botão **OK** para fechar a caixa de diálogo **Sample Line Group Properties**.

8. Verifique a presença da superfície da Camada01 nas seções transversais presentes na área de trabalho.

9. Acesse a ferramenta da ribbon **Analyze > Volumes and Materials > Compute Materials**.

10. Na caixa de diálogo **Select a Sample Line Group**, selecione o alinhamento **AL-PR-F-ALTERNATIVA-02** no campo **Select alignment**, selecione o grupo de sample line de mesmo nome no campo **Select sample line group** e clique no botão **OK**.

11. Na caixa de diálogo **Edit Material List**, clique no botão **Import another criteria**.

12. Na caixa **Select a Quantity Takeoff Criteria**, selecione o critério **CORTE&ATERRO** e clique no botão **OK**.

13. Na caixa de diálogo **Compute Materials**, selecione a superfície **SU_EX_T_TERRENO NATURAL** apenas para o critério de corte da linha **EG**. Selecione a superfície **SU-CO-AL-PR-PROJETO** apenas para o critério de corte da linha **DATUM**. Clique no botão **OK** (Figura 15.41).

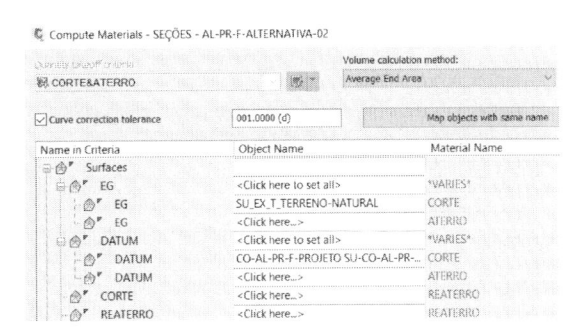

Figura 15.41 Caixa de seleção das primeiras superfícies para o cálculo do volume de remoção.

14. Na caixa de diálogo **Edit Material List** (Figura 15.42):

   ◆ renomeie a nova lista criada para **MEDIÇÃO 01 AL-PR-F-ALTERNATIVA-02**;

   ◆ renomeie o material corte para **REMOÇÃO**;

   ◆ selecione o estilo de pintura **Pave** na coluna **Shape Style**;

   ◆ selecione a superfície **CO-EX-G-CAMADA01** no campo **Select surface** e clique no botão + para adicioná-la na nova composição volumétrica;

   ◆ altere a condição da superfície **SU-CO-AL-PR-PROJETO** para **Above** na coluna **Condition**;

- altere a condição da superfície **SU_EX_T_TERRENO NATURAL** para **Below** na coluna **Condition**;
- altere a condição da superfície **CO-EX-G-CAMADA01** para **Above** na coluna **Condition**;
- clique no botão **OK**.

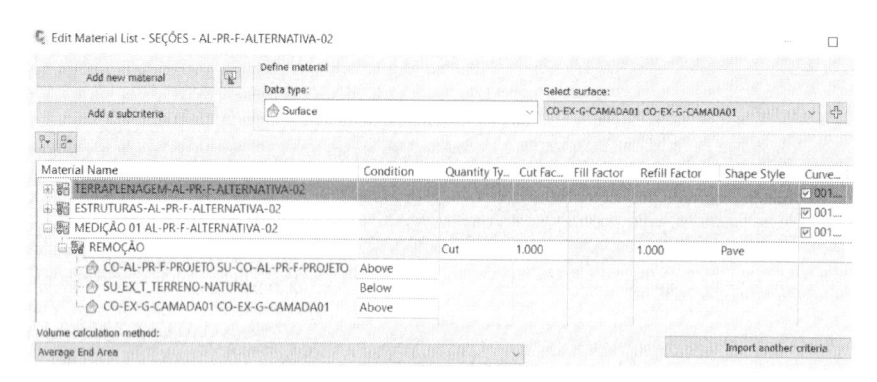

Figura 15.42   Composição das superfícies para o cálculo do volume de remoção da primeira camada de solo.

15. Nos gráficos das seções transversais, verifique a aplicação da pintura nas áreas de remoção da primeira camada de solo.

16. Acesse a ferramenta da ribbon **Analyze > Volumes and Materials > Total Volume Table**.

17. Na caixa de diálogo **Create Total Volume Table**, selecione o alinhamento **AL-PR-F-ALTERNATIVA-02** no campo **Select Alignment**, selecione o grupo **SEÇÕES – AL-PR-F-ALTERNATIVA-02** no campo **Select sample line group**, selecione a lista **MEDIÇÃO 01 AL-PR-F-ALTERNATIVA-02** no campo **Select Material List** e clique no botão **OK** (Figura 15.43).

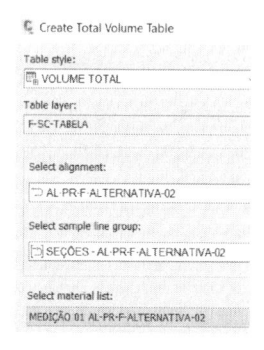

Figura 15.43   Configurações para a criação da tabela de volume de remoção.

18. Posicione a tabela de volumes na área de trabalho.

19. Acesse a ferramenta da ribbon **Analyze > Volumes and Materials > Volume Report**.

20. Na caixa de diálogo **Report Quantities**, selecione o alinhamento **AL-PR-F-ALTERNATIVA-02** no campo **Select Alignment**, selecione o grupo **SEÇÕES – AL-PR-F-ALTERNATIVA-02** no campo **Select sample line group**, selecione a lista **MEDIÇÃO 01 AL-PR-F-ALTERNATIVA-02** no campo **Select Material List**, selecione o estilo **TABELA-VOLUME-DER** no campo **Select a style sheet** e clique no botão **OK**.

21. Verifique as informações volumétricas apresentadas no relatório.

22. Pode ser interessante criar a composição volumétrica complementar entre os modelos das superfícies da Camada 01 e do projeto.

23. Feche o arquivo.

Parcelamento
do Solo

O fluxo para o desenvolvimento dos projetos de parcelamento do solo inicia após a definição prévia das superfícies existentes ou projetadas, camadas de solos e das vias de acesso.

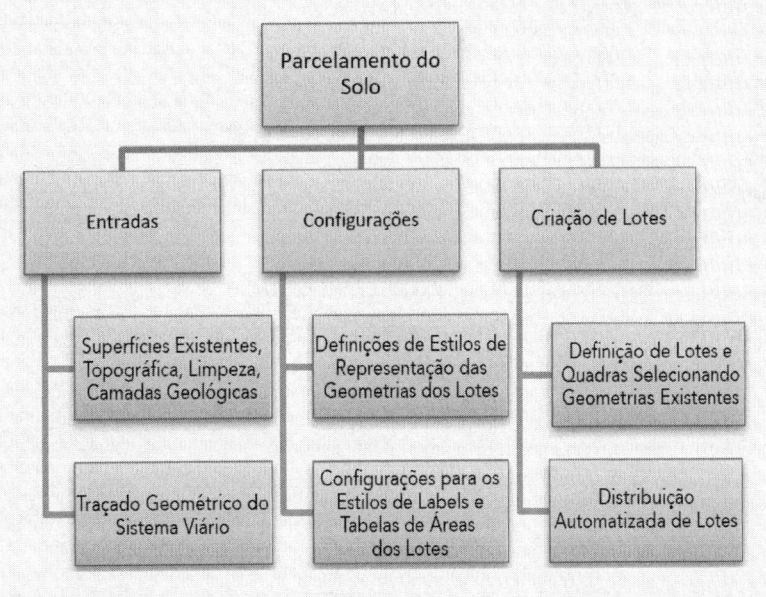

Figura 16.1 Exemplo de macrofluxo para projetos de lotes.

Os recursos de **Parcels** do Autodesk Civil 3D são utilizados para a definição e a manipulação de lotes. Além de representarem o parcelamento do terreno, podem ser utilizados para representar composições formadas por geometrias contendo polígonos fechados, como as faixas de domínio, bacias de contenção, limites de desapropriação, áreas de uso e ocupação do solo, entre outras características similares encontradas em diversos projetos de infraestrutura.

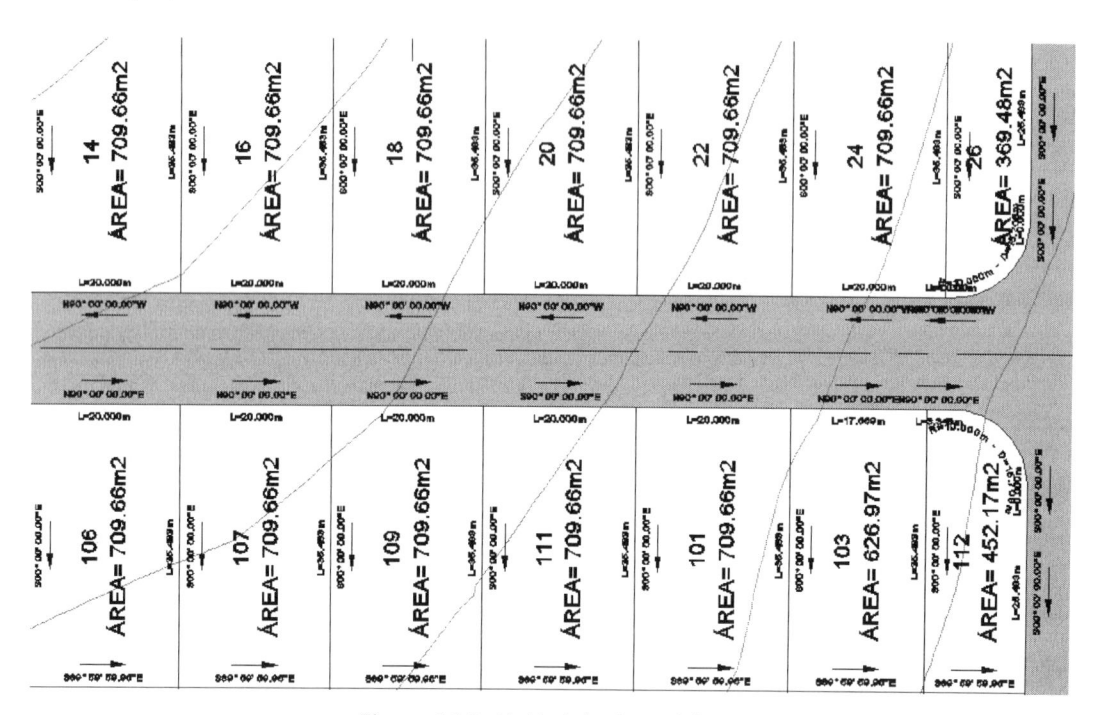

Figura 16.2 Modelo de distribuição de lotes.

O processo para a elaboração de loteamentos pode ser iniciado utilizando os objetos existentes no desenho, convertendo-os nos lotes das quadras principais ou da área geral do empreendimento, e, posteriormente, utilizando os recursos da barra de ferramentas **Parcel Layout Tools** para desenvolver o projeto de subdivisão dos lotes no terreno.

Os **parcels** são objetos paramétricos e devem estar alocados em um site. É possível acessá-los pela aba **Prospector** juntamente com suas propriedades e criá-los utilizando objetos existentes no desenho, como polylines definidas em fases de estudos preliminares do projeto.

16.1 Definições iniciais

A ferramenta da ribbon **Home** → **Create Design** → **Parcel** → **Create Parcel From Objects** permite utilizar as geometrias de linhas, arcos e polylines existentes no desenho para a criação de lotes. Essa ferramenta permite a seleção de geometrias referenciadas (XREF) presentes no desenho.

A ferramenta da ribbon **Home** → **Create Design** → **Parcel** → **Create Right of Way** auxilia na criação de afastamentos ao longo dos alinhamentos presentes no mesmo site do projeto. Dessa forma, é possível definir as geometrias de alinhamentos prediais ou separar as áreas para o sistema viário do projeto.

Parameter	Value
Create Parcel Right of Way	
Offset From Alignment	7.000m
Cleanup at Parcel Boundaries	
Fillet Radius at Parcel Boundary Intersecti...	10.000m
Cleanup Method	None
Cleanup at Alignment Intersectio...	
Fillet Radius at Alignment Intersections	10.000m
Cleanup Method	Fillet

Figura 16.3 Caixa Create Right of Way para a configuração da largura do sistema viário.

A caixa de diálogo **Create Right of Way** oferece os seguintes parâmetros:

- **Create Parcel Right of Way:** parâmetro utilizado para criar os afastamentos laterais nos eixos para a representação da largura total ou parcial do sistema viário; também é possível representar faixas de domínio ou áreas não edificantes. O campo **Offset From Alignment** controla o valor dos afastamentos laterais.

- **Cleanup at Parcel Boundaries:** parâmetro para controlar os raios aplicados nas esquinas presentes nas extremidades do viário com limite do empreendimento. O campo **Fillet Radius at Parcel Boundary Intersections** ajusta o valor do raio nas extremidades, e o campo **Cleanup Method** seleciona o método de ajuste nas esquinas, que poderá ser chanfrado (Chamfer) ou circular (Fillet).

- **Cleanup at Alignment Intersections:** parâmetro de aplicação e controle das esquinas nas interseções entre os alinhamentos. O campo **Fillet Radius at Parcel Alignment Intersections** ajusta o valor do raio nas esquinas, e o campo **Cleanup Method** seleciona o método de ajuste nas esquinas, que poderá ser chanfrado (Chamfer) ou circular (Fillet).

A primeira fase da criação de lotes pode ser iniciada convertendo-se a geometria da área total do empreendimento no primeiro lote do projeto; entretanto, a presença de alinhamentos horizontais no mesmo site dos lotes define automaticamente as quadras entre os alinhamentos. O seguinte exemplo apresenta essa característica e aproveita a geometria dos alinhamentos existentes no desenho para definir a área do sistema viário do projeto.

Agora, estude o exemplo a seguir:

1. Abra o arquivo **16-1-1_OBJETOS_LOTES.DWG**, disponível na plataforma da editora.

2. Na aba **Prospector** da **Toolspace**, verifique a existência de quatro alinhamentos posicionados dentro do site **Loteamento**. Os lotes projetados serão alocados no mesmo site dos alinhamentos, para que ocorra a interação entre os objetos (Figura 16.4).

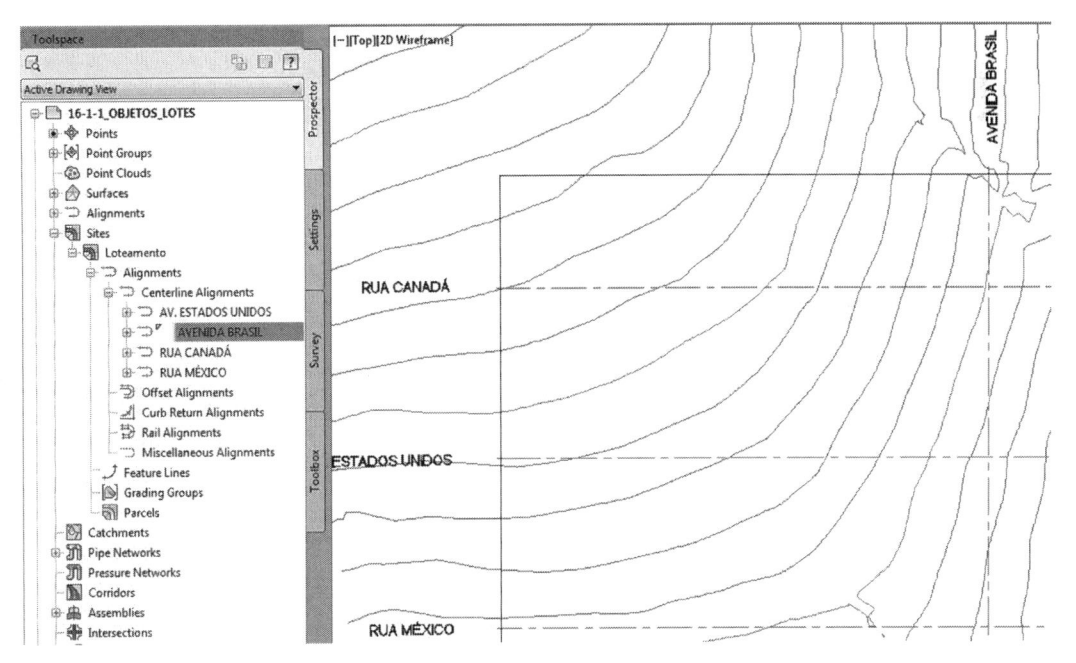

Figura 16.4 Alinhamentos alocados no site Loteamento.

3. Selecione a ferramenta da ribbon **Home** → **Create Design** → **Parcel** → **Create Parcel From Objects**.

4. Na área de desenho, selecione a polyline que representa o limite do projeto. Pressione a tecla **Enter** para continuar.

5. Na caixa de diálogo **Create Parcels – From Objects** (Figura 16.5):

    ◆   selecione o site **Loteamento**;

    ◆   selecione o estilo **LOTE** no campo **Parcel style** para determinar o estilo de representação dos lotes;

    ◆   selecione o estilo **NOME – AREA** no campo **Area label style** para especificar a representação dos rótulos das áreas dos lotes;

    ◆   escolha o estilo **RUMO – DISTANCIA** no campo **Line segment label style** para representar os rótulos dos segmentos das linhas dos lotes;

    ◆   selecione o estilo **RAIO – DESENVOLVIMENTO** no campo **Curve segment label style** para definir os rótulos dos segmentos de curvas dos lotes;

    ◆   habilite a opção **Automatically add segment labels** para adicionar os rótulos nos segmentos dos lotes;

    ◆   habilite o quadro **Erase existing entities** para remover a geometria da polyline selecionada no desenho;

    ◆   clique no botão **OK** para concluir.

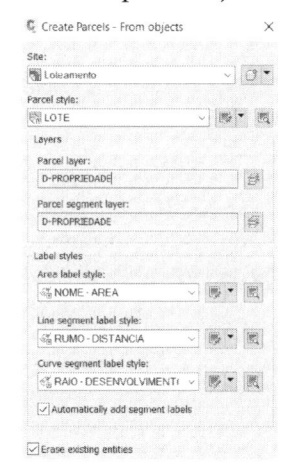

Figura 16.5 Configuração para a representação dos rótulos das quadras.

6. Verifique a criação dos lotes das quadras na área de desenho (Figura 16.6).

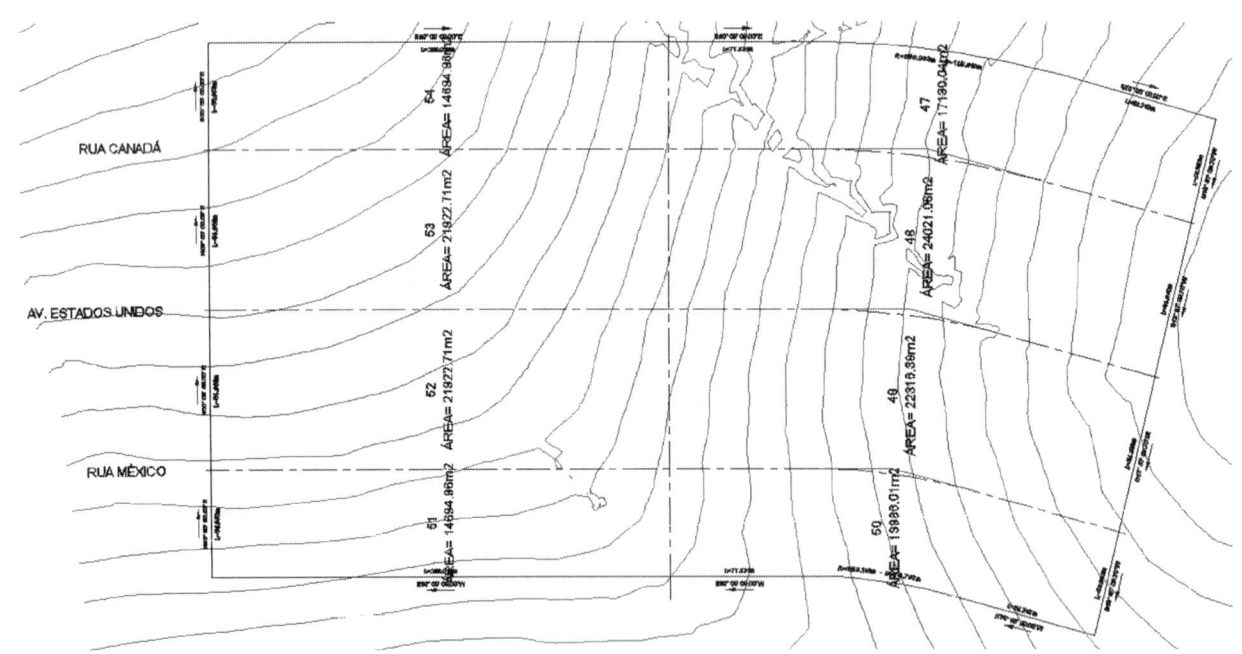

Figura 16.6 Quadras distribuídas na área do empreendimento.

7. Selecione a ferramenta da ribbon **Home** → **Create Design** → **Parcel** → **Create Right of Way**.

8. Selecione todos os rótulos das quadras presentes na área de desenho e pressione a tecla **Enter**.

9. Configure os parâmetros do sistema viário na caixa de diálogo **Create Right of Way** (Figura 16.7):

- digite **7.000m** no campo **Offset From Alignment** para determinar o afastamento dos lotes em relação ao alinhamento;

- selecione a opção **None** no campo **Cleanup Method** para desativar o recurso de adição de um raio entre os cruzamentos de lotes com os alinhamentos;

- digite **10.000m** no campo **Fillet Radius at Alignment Intersections** para especificar o valor dos raios nas esquinas dos cruzamentos entre os alinhamentos;

- clique no botão **OK** para concluir.

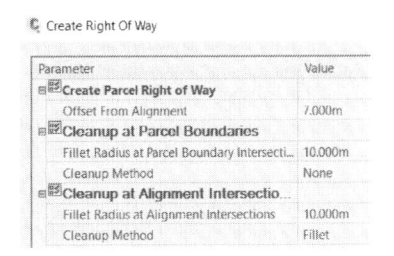

Figura 16.7 Configurações da largura e dos raios nas esquinas do sistema viário.

10. Verifique a presença das áreas do sistema viário na área de desenho. A ferramenta **Right of Way** cria objetos parcels nas regiões dos alinhamentos, permitindo a extração das áreas do sistema viário do projeto (Figura 16.8).

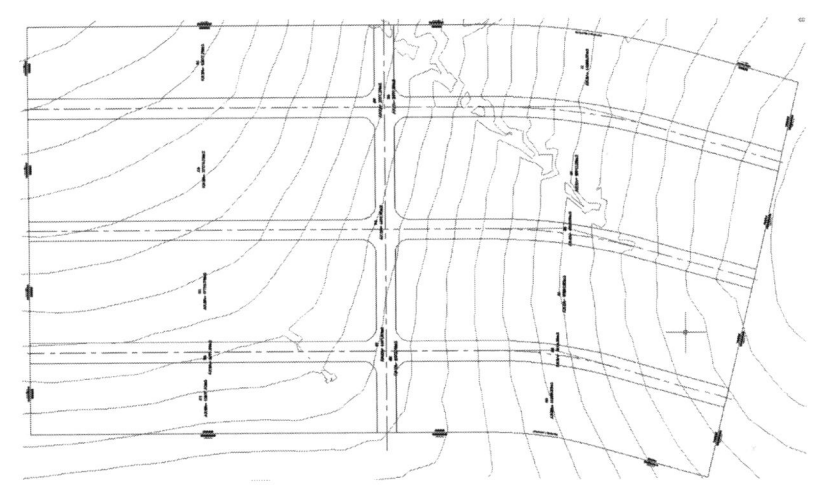

Figura 16.8 Faixa do sistema viário criada na área de trabalho.

11. Selecione todos os lotes do sistema viário na área de desenho e acesse a ferramenta da ribbon contextual **Parcel** → **General Tools** → **Properties**.

12. Na janela **Properties**, selecione o estilo **VIÁRIO** no campo **Style**.

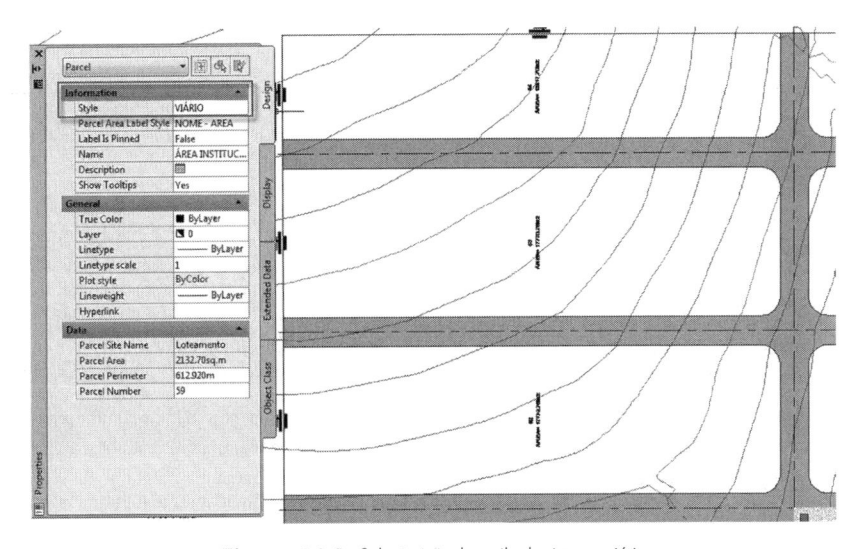

Figura 16.9 Substituição do estilo do sistema viário.

13. Selecione os dois lotes das quadras superiores e altere o estilo para **ÁREA VERDE** na janela **Properties**.

14. Selecione os dois lotes das quadras inferiores e altere o estilo para **ÁREA INSTITUCIONAL** na janela **Properties**.

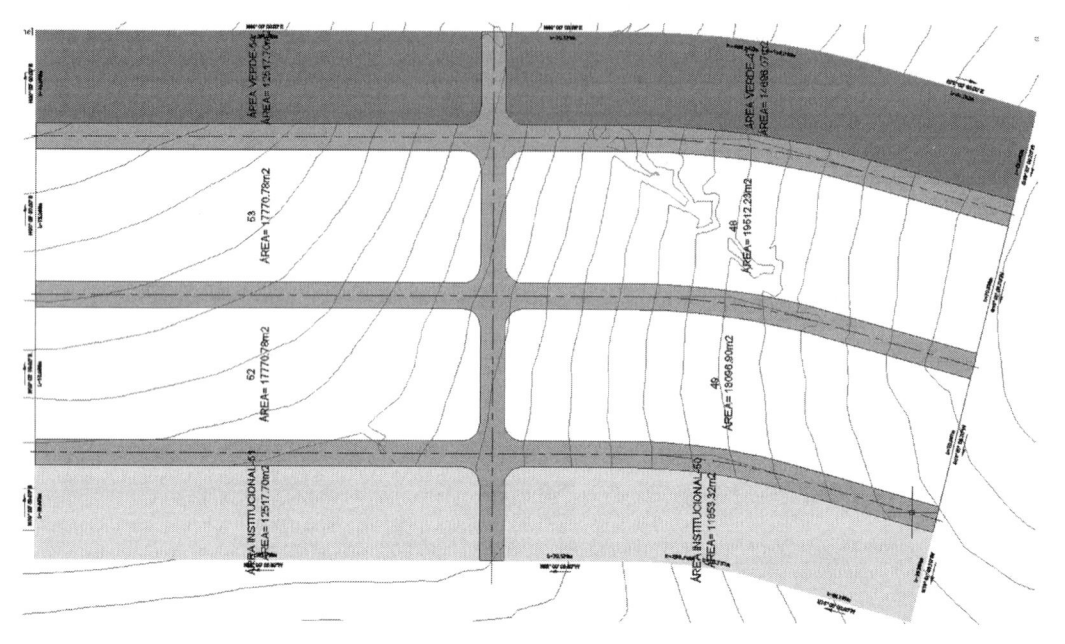

Figura 16.10   Configuração final dos estilos para o sistema viário, áreas verde e institucional.

16.2 Distribuição automática de lotes

A barra de ferramentas **Parcel Layout Tools** é utilizada durante as etapas de criação e manipulação de lotes no desenvolvimento de projetos de loteamentos. Suas ferramentas auxiliam na elaboração dos segmentos de tangentes e curvas dos lotes e na distribuição de lotes, especificando ângulos, direções ou projetando livremente os segmentos no projeto. É possível inserir ou remover os pontos de interseção na geometria dos lotes, agrupar e desagrupar lotes, além de acessar as propriedades de um componente desejado.

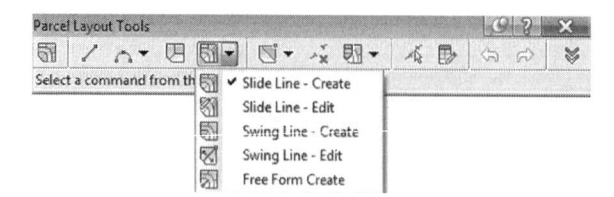

Figura 16.11   Barra de ferramentas Parcel Layout Tools.

- **Create Parcel:** ferramenta utilizada para a definição de lotes.
- **Add Fixed Line – Two Points:** ferramenta que permite definir tangentes para os lotes.
- **Add Fixed Curve – Three Points:** ferramenta para a criação de curvas, definindo três pontos no desenho.
- **Add Fixed Curve – Two Points and Radius:** ferramenta utilizada para definir segmentos de curvas, especificando dois pontos na área de desenho e o raio.

▣ **Draw Tangent – Tangent With No Curves:** ferramenta para criar segmentos contínuos de tangentes na definição dos lotes do projeto.

▤ **Slide Line – Create:** ferramenta que possibilita a criação de uma linha de lote, determinando um ângulo em relação ao limite frontal do loteamento.

▤ **Swing Line – Create:** ferramenta para criar uma linha de lote, definindo um ponto fixo no lado oposto do limite frontal do loteamento.

▤ **Free Form – Create:** ferramenta que cria uma linha de lote livremente ou especificando um ângulo ou um azimute, ou perpendicularmente a um lote existente.

▨ **Insert PI:** ferramenta para adicionar PIs na geometria dos lotes presentes no desenho.

▧ **Delete PI:** ferramenta para remover PIs existentes na geometria dos lotes.

▨ **Break Apart a PI:** ferramenta para manipular os pontos dos vértices das geometrias dos lotes.

✕ **Delete Sub-Entity:** ferramenta utilizada para remover segmentos da definição dos lotes.

▥ **Parcel Union:** ferramenta para agrupar dois lotes adjacentes.

▥ **Dissolve Parcel Union:** ferramenta que restaura os lotes agrupados.

É possível expandir a barra de ferramentas **Parcel Layout Tools** para acessar os parâmetros de distribuição automática dos lotes, por meio da escolha dos métodos e da configuração dos valores geométricos (Figuras 16.12 e 16.13):

▪ **Minimum Area:** parâmetro que determina a área mínima para os lotes.

▪ **Minimum Frontage:** parâmetro para a definição do comprimento mínimo da frente dos lotes.

▪ **Use Minimum Frontage at Offset:** ativa ou desativa o uso do parâmetro de recuo frontal.

▪ **Frontage Offset:** parâmetro que regula o valor do recuo frontal para os novos lotes.

▪ **Minimum Width:** parâmetro para especificar o valor da largura mínima para os lotes.

▪ **Minimum Depth:** parâmetro para determinar a profundidade mínima dos lotes.

▪ **Use Maximum Depth:** ativa ou desativa o uso do parâmetro de profundidade máxima.

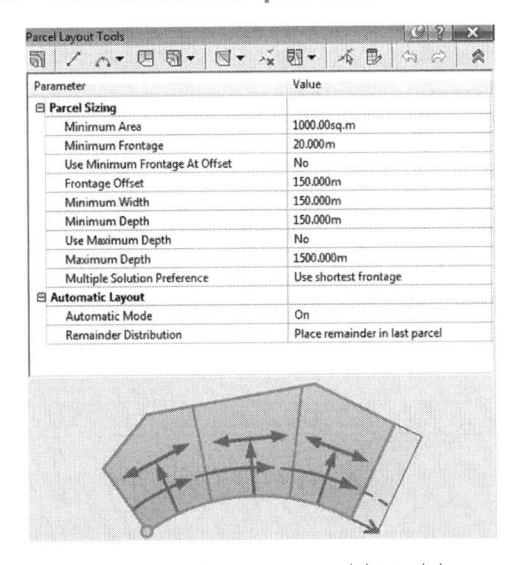

Figura 16.12 Ferramentas para subdivisão de lotes.

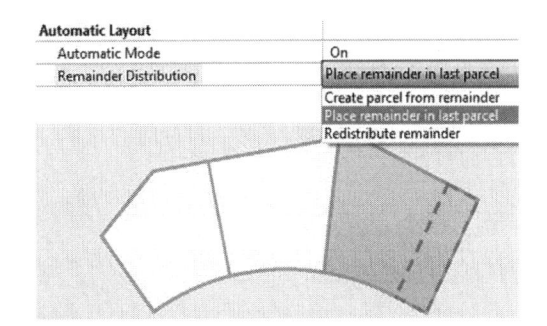

Figura 16.13 Opções para distribuição automática de lotes.

▪ **Maximum Depth:** parâmetro de configuração da profundidade máxima para os lotes.

▪ **Multiple Solution Preference:** opções de distribuição dos lotes; utilizar a frente mais curta ou a menor área.

- **Automatic Mode:** parâmetro que habilita a distribuição automática de lotes.
- **Remainder Distribution:** parâmetro que controla o método de distribuição dos lotes.
- **Create parcel from remainder:** parâmetro que permite criar um lote utilizando a área remanescente da quadra selecionada.
- **Place remainder in last parcel:** parâmetro utilizado para adicionar a área remanescente no último lote.
- **Redistribute remainder:** parâmetro para redistribuir a área remanescente ao longo dos novos lotes.

16.3 Recursos para a manipulação de lotes

Diversas ferramentas estão disponíveis para efetuar a manipulação dos lotes durante o desenvolvimento dos projetos. A ribbon contextual **Segment** é exibida quando selecionamos um segmento do lote; já a ribbon contextual **Parcel** exibe seu conjunto de ferramentas quando um objeto do lote for selecionado na área de desenho.

O recurso **Edit Geometry** expande a ribbon de mesmo nome para a exibição das ferramentas para a manipulação da geometria horizontal dos segmentos dos lotes. É possível adicionar ou remover PIs, acomodar curvas, cortar e estender os segmentos dos lotes presentes no desenho (Figura 16.14).

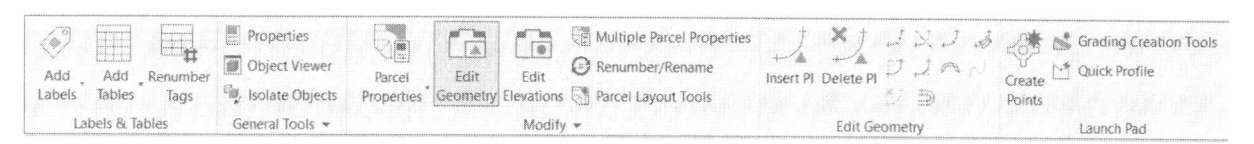

Figura 16.14 Ferramentas para a manipulação da geometria horizontal dos lotes.

O recurso **Edit Elevations** expande a ribbon de mesmo nome para a exibição das ferramentas para a manipulação da geometria vertical dos segmentos dos lotes. É possível adicionar ou remover PIVs, manipular as cotas dos vértices dos segmentos e acomodar os vértices sobre uma superfície desejada.

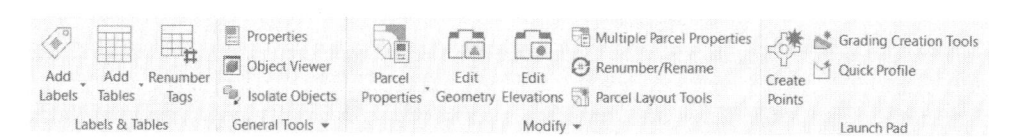

Figura 16.15 Ferramentas para a manipulação da geometria vertical dos lotes.

Por meio da ribbon contextual **Parcel**, é possível acessar a caixa de propriedades do lote selecionado, manipular suas elevações e geometrias, adicionar rótulos e renumerar os lotes presentes no desenho do projeto.

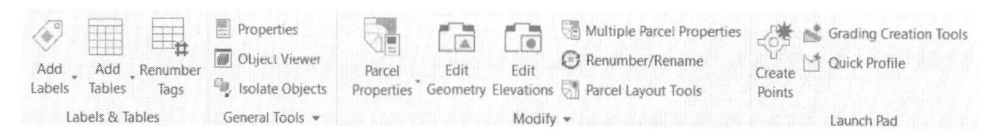

Figura 16.16 Ferramentas para a manipulação dos lotes.

Os segmentos dos lotes podem ser utilizados como base para a criação de modelos de superfícies projetadas, bem como para a aplicação dos taludes de corte e aterro por meio dos recursos de grading.

16.4 Tabelas e relatórios de lotes

Durante o processo de distribuição e manipulação dos lotes, os novos lotes criados interferem na numeração sequencial dos lotes projetados. A ferramenta da ribbon contextual **Parcel** → **Modify** → **Renumber/Rename** acessa a caixa de diálogo **Renumber/Rename Parcels**, utilizada na tarefa da renumeração lógica dos lotes (Figura 16.17).

A caixa de diálogo **Renumber/Rename Parcels** permite controlar a numeração dos lotes criados no desenho. O campo **Starting number** configura o valor da numeração inicial dos lotes e **Increment value** controla o valor do incremento para a renumeração dos lotes. A opção **Use name template in parcel style** utiliza o padrão de nomenclatura configurado no estilo de representação do lote (parcel style).

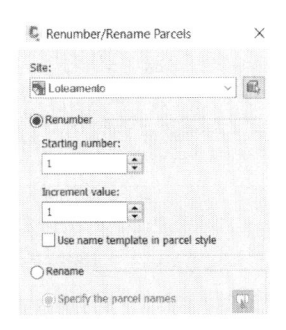

Figura 16.17 Caixa de renumeração dos lotes.

A renumeração dos lotes é efetuada desenhando uma linha auxiliar sobre os lotes desejados para determinar o caminhamento da nova numeração na área de desenho.

As tabelas de áreas dos lotes são apresentadas nos desenhos para informar as áreas presentes no projeto de loteamento. Além das tabelas de áreas, é possível adicionar as tabelas com as informações geométricas dos segmentos de linhas e curvas que compõem os lotes projetados (Figura 16.18).

ÁREA DOS LOTES

Nº LOTE	ÁREA (m2)	PERÍMETRO (m)
55	2177.26	625.650
56	4151.93	1179.418
57	4151.93	1179.418
58	2177.26	625.650
59	2132.70	612.920
60	4219.49	1198.723
61	4509.83	1261.391
62	2433.97	698.996

TABELA DOS SEGMENTOS DOS LOTES

Nº SEGMENTO	COMPRIMENTO (m) DESENVOLVIMENTO (m)	RUMO DO SEGMENTO	RAIO DA CURVA (m)
L-88	7.00	S13° 57' 09.70"W	
L-89	70.94	S13° 57' 09.70"W	
L-90	7.00	S13° 57' 09.70"W	
L-91	7.00	S13° 57' 09.70"W	
L-92	70.34	S13° 57' 09.70"W	
L-93	7.00	S13° 57' 09.70"W	
L-94	7.00	S13° 57' 09.70"W	
L-95	49.96	S13° 57' 09.70"W	

Figura 16.18 Tabelas de área dos lotes e dados das geometrias presentes nos lotes.

A aba **Toolbox** da **Toolspace** permite acesso aos modelos de relatórios de lotes (parcels), muito utilizados no processo de documentação complementar nos projetos de loteamento, incluindo o relatório descritivo dos lotes. É possível salvar os relatórios dos lotes em diversos formatos de arquivos para leitura e personalização em aplicativos de edição de textos.

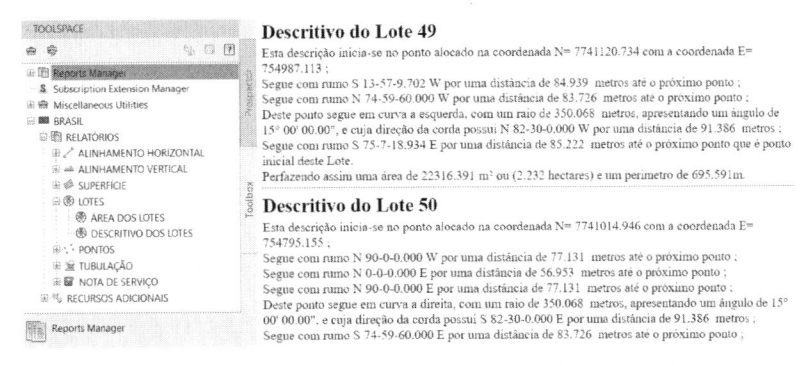

Figura 16.19 Aba Toolbox para acesso aos relatórios para a documentação dos projetos.

Exercício – Distribuição dos lotes

Após determinar as geometrias das quadras e as áreas do sistema viário, a próxima etapa do projeto de loteamento é a distribuição dos lotes nas quadras presentes no desenho. O seguinte exercício utiliza os recursos da barra de ferramentas **Parcel Layout Tools** para efetuar essa distribuição, além da criação da tabela e do relatório de áreas dos lotes projetados.

Execute os procedimentos a seguir para concluir o exercício:

1. Abra o arquivo **16-5-1_DIVISÃO_LOTES.DWG**, disponível na plataforma da editora.

2. Selecione pela ribbon **Home** → **Create Design** → **Parcel** → **Parcel Creation Tools**.

3. Expanda a barra de ferramentas **Parcel Layout Tools** ❤ e configure os parâmetros (Figura 16.20):

   ◆ digite **300.00sq.m** no campo **Minimum Area**;

   ◆ digite **20.000m** no campo **Minimum Frontage**;

   ◆ selecione a opção **No** no campo **Use Minimum Frontage at Offset**;

   ◆ digite **20.000m** no quadro **Frontage Offset**;

   ◆ digite **0.000m** nos campos **Minimum Width** e **Minimum Depth**;

   ◆ selecione **No** no quadro **Use Maximum Depth**;

   ◆ selecione **Use shortest frontage** no campo **Multiple Solution Preference**;

   ◆ selecionar a opção **On** no quadro **Automatic Mode**;

   ◆ selecionar a ferramenta **Create parcel from remainder** no campo **Remainder Distribution**.

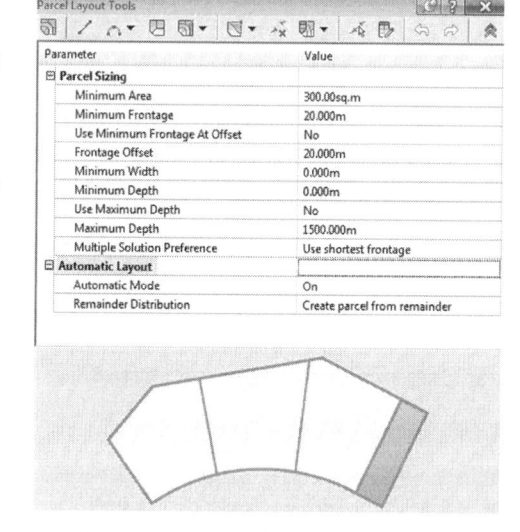

Figura 16.20 Configuração dos parâmetros para a distribuição dos lotes.

4. Na barra de ferramentas **Parcel Layout Tools**, selecione a ferramenta **Slide Line – Create** 🔲 para distribuir os lotes.

5. Na caixa de diálogo **Create Parcels – Layout**, verifique as configurações de estilos e clique no botão **OK**.

6. Selecione o **Lote 53** na área de desenho.

7. Passe o cursor do mouse lentamente no sentido horário sobre a geometria do lote 53 (Figura 16.21).

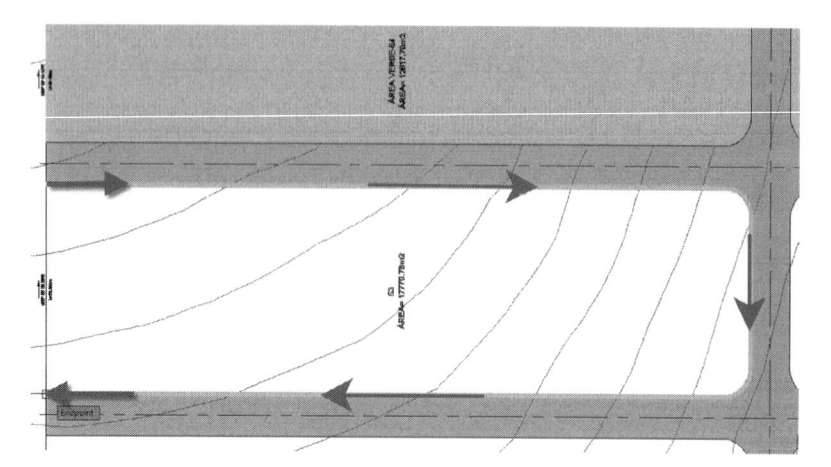

Figura 16.21 Identificação da frente dos lotes.

8. Digite **90** na linha de comando para definir o ângulo de rotação dos lotes em relação à frente da quadra selecionada.

9. Uma prévia da distribuição é exibida em vermelho na área de desenho. Pressione a tecla **Enter** para aceitar a configuração de distribuição dos lotes.

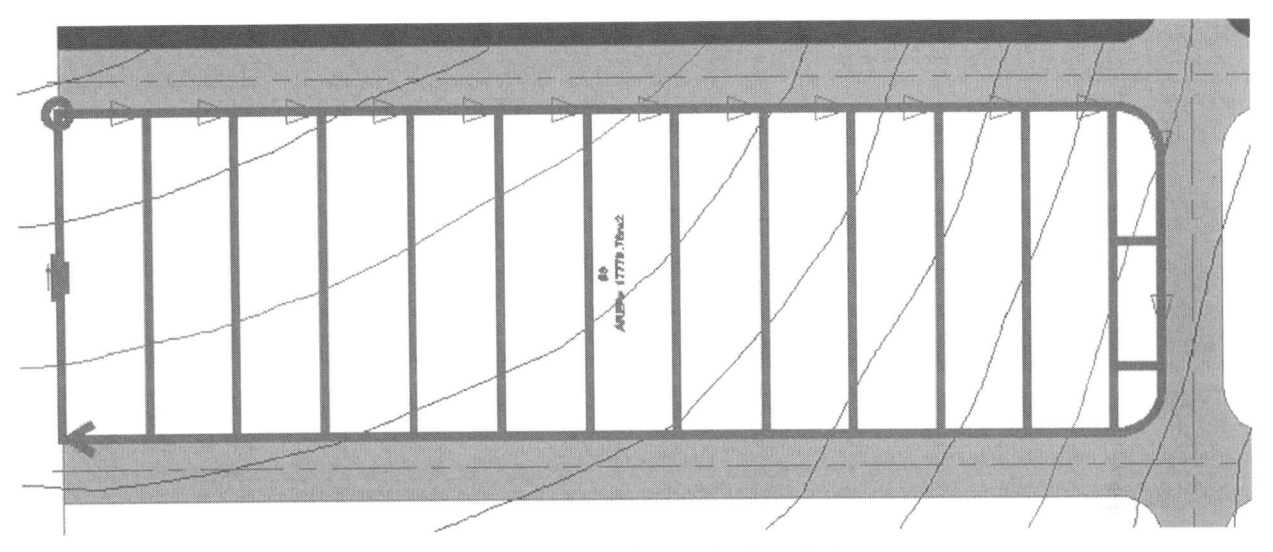

Figura 16.22 Pré-visualização da distribuição dos lotes.

10. Pressione a tecla **Esc** para finalizar a distribuição dos lotes (Figura 16.23).

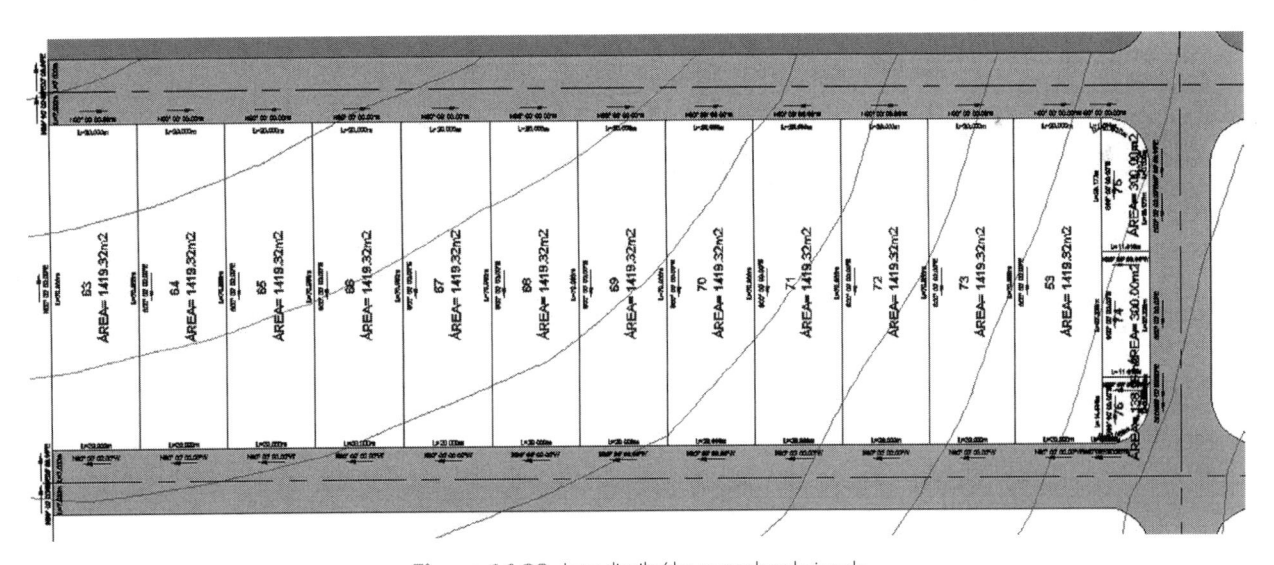

Figura 16.23 Lotes distribuídos na quadra selecionada.

11. Remova os segmentos horizontais dos lotes das esquinas e verifique a somatória das áreas no **Lote 76** (Figura 16.24).

12. Na barra de ferramentas **Parcel Layout Tools**, selecione a ferramenta **Add Fixed Line – Two Points** ⬜ para dividir todos os lotes presentes na quadra.

13. Na caixa de diálogo **Create Parcels – Layout**, verifique as configurações de estilos e clique no botão **OK** (Figura 16.25).

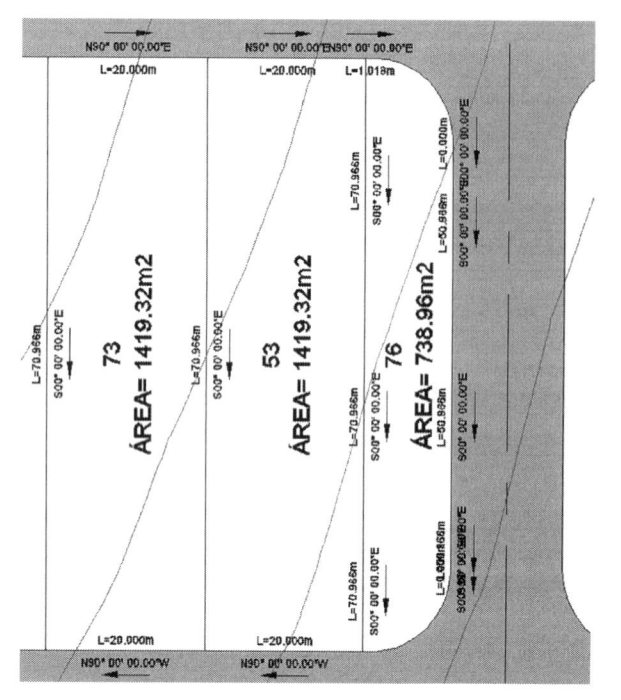

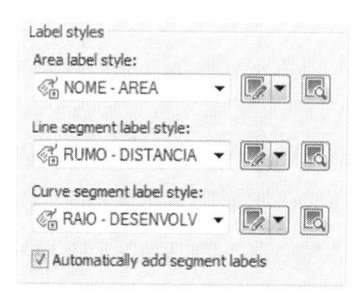

Figura 16.24 Somatória das áreas dos lotes da esquina.

Figura 16.25 Estilos de rótulos para os segmentos dos lotes.

14. Na área de desenho, determine os dois pontos para a criação do segmento atravessando todos os lotes da quadra. Pressione a tecla **Enter** para finalizar o comando (Figura 16.26).

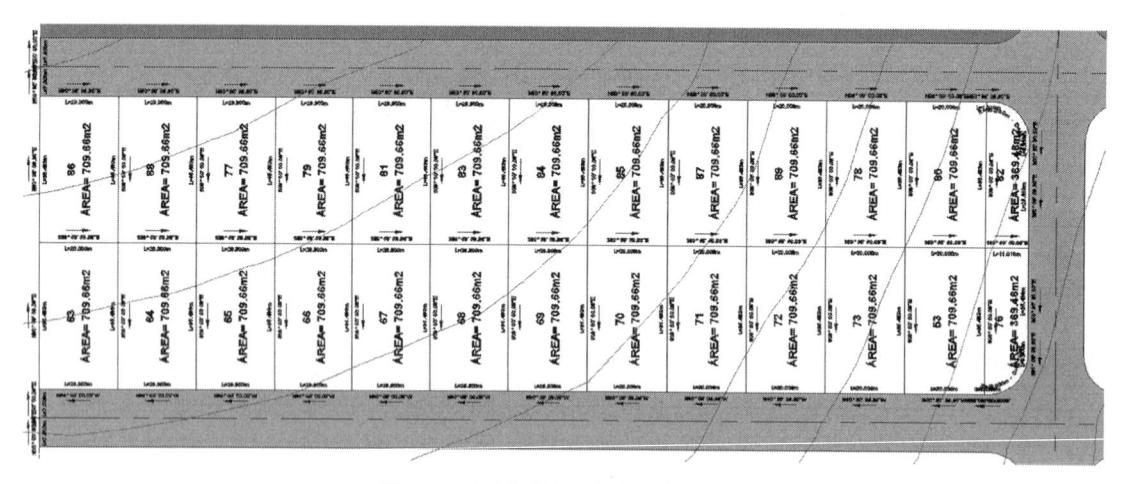

Figura 16.26 Divisão dos lotes da quadra.

15. Selecione um lote na área de desenho e acesse a ferramenta da ribbon contextual **Parcel → Modify → Renumber/Rename**.

16. Na caixa de diálogo **Renumber/Rename Parcels**, configure os seguintes parâmetros:

   ◆ selecione o **Site Loteamento**;

   ◆ habilite a opção **Renumber**;

   ◆ digite **1** no campo **Starting number** para definir o número inicial da sequência;

- ◆ digite **2** no quadro **Increment value** para determinar o valor do incremento da numeração;
- ◆ clique no botão **OK**.

17. Clique na área de desenho sobre os lotes superiores da quadra para definir o caminho sequencial da numeração dos lotes.

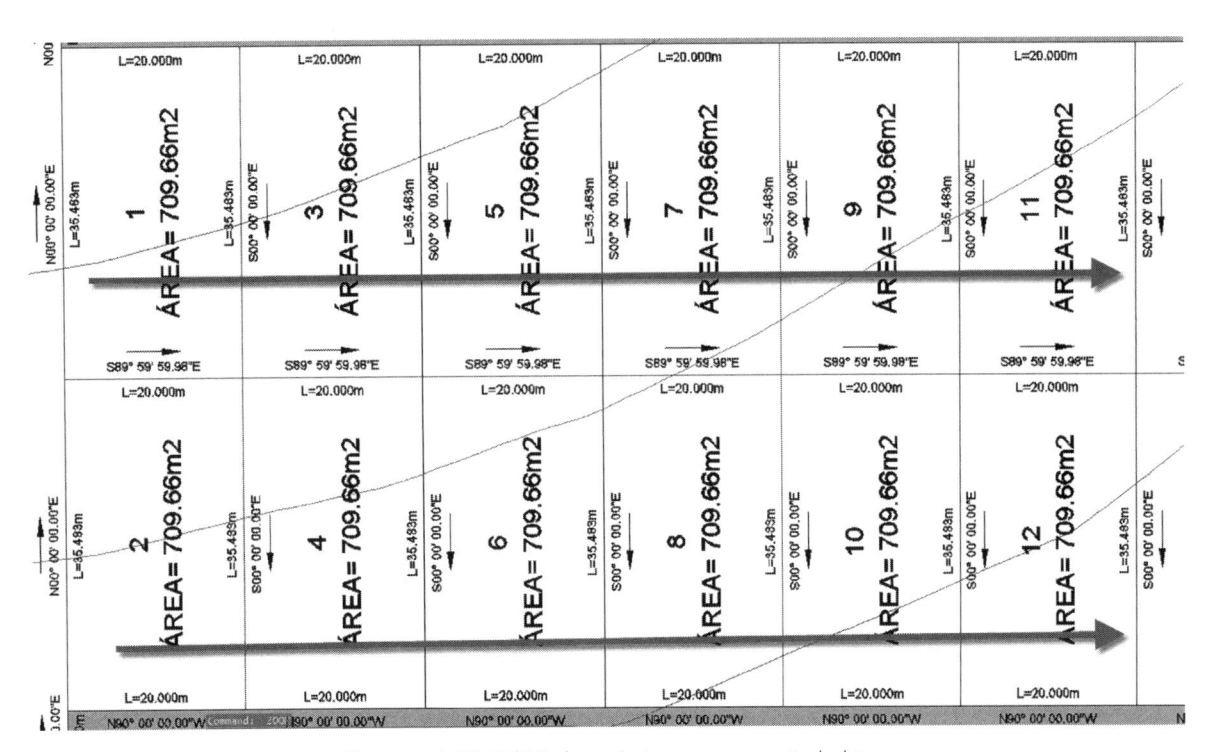

Figura 16.27 Exibição da sequência para a renumeração dos lotes.

18. Repita os procedimentos para renumerar os lotes inferiores da mesma quadra, adotando a numeração par. Inicie no número **2** e aplique o incremento de **2**.

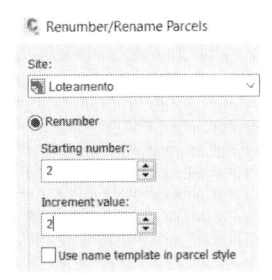

Figura 16.28 Configuração da numeração para os lotes.

19. Selecione um lote na área de desenho e acesse a ferramenta da ribbon contextual **Parcel** → **Labels & Tables** → **Add Tables** → **Add Area**.

20. Na caixa de diálogo **Table Creation**, selecione o estilo **AREA DOS LOTES** no campo **Table style**, clique no botão **Pick-On-Screen** 🔳 para selecionar os lotes na área de desenho, clique no botão **OK** e insira a tabela de áreas no desenho (Figura 16.29).

ÁREA DOS LOTES		
Nº LOTE	ÁREA (m2)	PERÍMETRO (m)
1	709.66	110.966
2	709.66	110.966
3	709.66	110.966
4	709.66	110.966
5	709.66	110.966
6	709.66	110.966
7	709.66	110.966
8	709.66	110.966

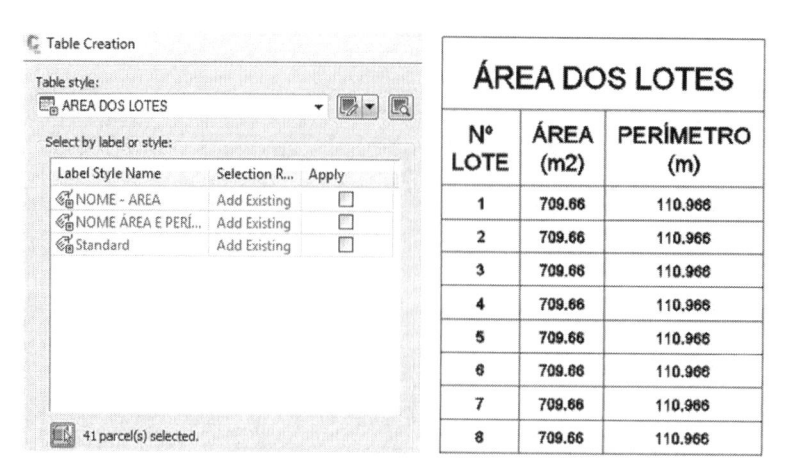

Figura 16.29 Tabela de áreas dos lotes.

21. Acesse a aba **Toolbox** da **Toolspace**, selecione **Relatórios → Lotes,** clique com o botão direito do mouse sobre o relatório **ÁREA DOS LOTES** e selecione a opção **Execute**.

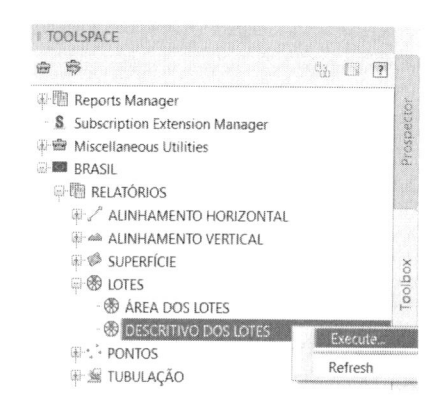

Figura 16.30 Modelos de relatório presentes na aba Toolbox.

22. Clique no botão **OK** na caixa de diálogo **Export to XML Report**.
23. Especifique o local e o nome para o relatório na caixa **Save As** e clique no botão **Save**.
24. Verifique as informações dos lotes presentes no relatório criado.

Descritivo do Lote 51

Esta descrição inicia-se no ponto alocado na coordenada N= 7741014.946 com a coordenada E= 754460.007 ;
Segue com rumo N 0-0-0.000 E por uma distância de 56.953 metros até o próximo ponto ;
Segue com rumo N 89-59-60.000 E por uma distância de 258.018 metros até o próximo ponto ;
Segue com rumo S 0-0-0.000 W por uma distância de 56.953 metros até o próximo ponto ;
Segue com rumo S 89-59-60.000 W por uma distância de 258.018 metros até o próximo ponto que é ponto inicial deste Lote.
Perfazendo assim uma área de 14694.961 m² ou (1.469 hectares) e um perimetro de 629.942m.

Descritivo do Lote 52

Esta descrição inicia-se no ponto alocado na coordenada N= 7741071.899 com a coordenada E= 754460.007 ;
Segue com rumo N 0-0-0.000 E por uma distância de 84.966 metros até o próximo ponto ;
Segue com rumo S 89-59-60.000 E por uma distância de 258.018 metros até o próximo ponto ;
Segue com rumo S 0-0-0.000 E por uma distância de 84.966 metros até o próximo ponto ;
Segue com rumo S 89-59-60.000 W por uma distância de 258.018 metros até o próximo ponto que é ponto inicial deste Lote.
Perfazendo assim uma área de 21922.709 m² ou (2.192 hectares) e um perimetro de 685.967m.

Figura 16.31 Modelo de relatório descritivo dos lotes.

CAPÍTULO

17

Terraplenagem para Obras Localizadas

Os projetos de terraplenagem de obras lineares são desenvolvidos utilizando os recursos de corredores, pois os corredores possuem ferramentas dedicadas para esses tipos de projetos. O desenvolvimento de projetos de terraplenagem de obras localizadas, por sua vez, pode utilizar tanto os recursos de corredores quanto as ferramentas de **grading** e, em alguns casos, as duas ferramentas juntas serão necessárias para concluir o projeto. A escolha da ferramenta dependerá das características geométricas e dos critérios adotados para o projeto de obras localizadas, então, pode ser que nos deparemos com uma "colcha de retalhos" de ferramentas, principalmente na ocorrência da criação das geometrias tridimensionais com feature lines, combinadas com o uso de grading para a construção de taludes simples, complementando o uso de corredores no desenvolvimento de taludes especiais com bermas e banquetas, além das contenções quando solicitadas. Este exemplo de projeto de terraplenagem concatenará todas essas ferramentas para a construção do modelo da superfície projetada, que permitirá o cálculo dos volumes de terraplenagem (Figura 17.1).

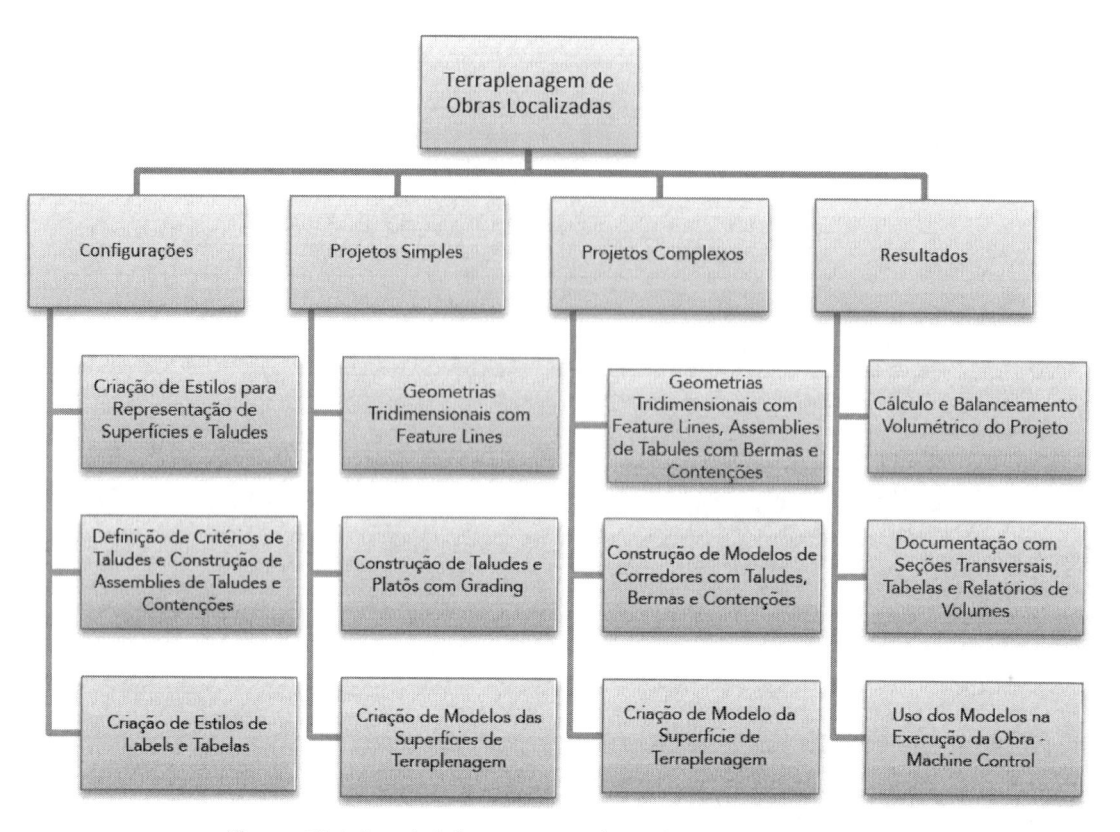

Figura 17.1 Exemplo de fluxo para projetos de terraplenagem de obras localizadas.

Grande parte dos projetos de terraplenagem para empreendimentos de infraestrutura determina a construção de nivelamentos para platôs, cálculos de taludes com bermas e banquetas, composições para barramentos e diques, composições para mineração, lagoas de tratamento de esgotos, além da necessidade de considerar alguns tipos de elementos de contenções e drenagem.

A dificuldade poderá estar na construção de modelos complexos para representação fidedigna de elementos tridimensionais de terraplenagem. Contudo, uma vez que essa dificuldade for ultrapassada, os benefícios de possuir tal modelo serão compreendidos durante as elaborações de análises e coordenação do empreendimento, e podemos considerar a extração de quantitativos precisos para melhor precificação na execução da obra.

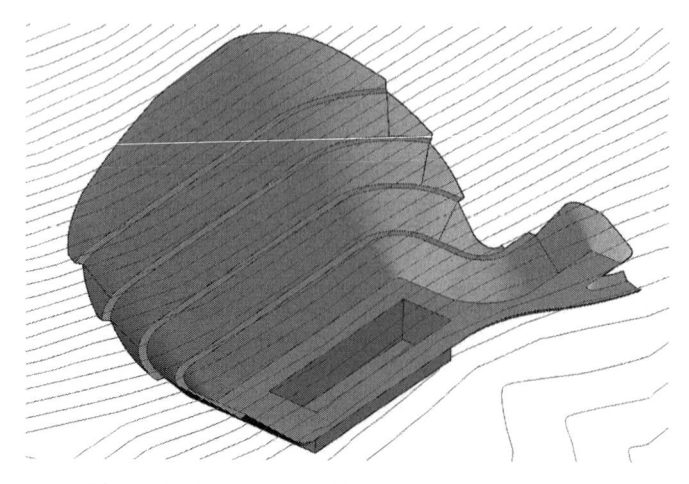

Figura 17.2 Modelo de projeto de escavação para casa de força.

O recurso de **grading** auxilia na elaboração de projetos de terraplenagem em geral. Suas ferramentas utilizam critérios personalizados para a definição de taludes e diversos tipos de nivelamentos. Os objetos de grading podem estar associados diretamente à construção de modelos de superfícies para a extração e o balanço dos volumes de corte e aterro dos projetos.

17.1 Objetos grading

Assim como outros objetos, o objeto grading possui seu próprio conjunto de parâmetros e configurações. A criação de grading é efetuada selecionando uma linha-base no desenho, geralmente polylines ou feature lines contendo elevações, para determinar parâmetros e alvos de projeção para a construção de taludes, banquetas e platôs. Os objetos grading são definidos em grupos (grading groups) e alocados em sites.

Um objeto grading consiste tipicamente em uma linha-base, um alvo (target), as linhas de projeção e sua face lateral. Uma linha-base pode ser uma feature line, uma polyline ou uma linha de lote (lot line). O alvo (target) pode ser uma superfície, uma distância, uma elevação ou uma diferença de altura.

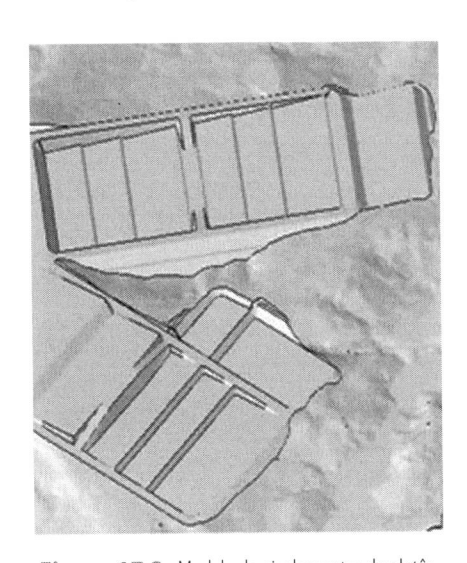

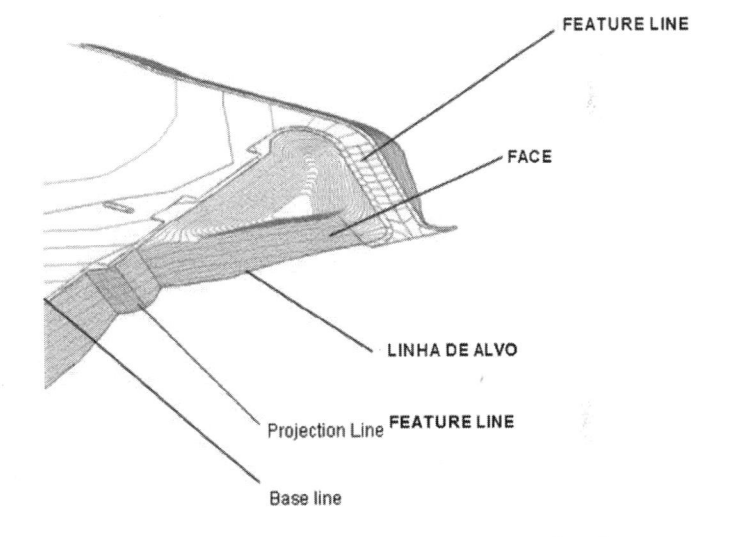

Figura 17.3 Modelo de nivelamentos de platôs.   **Figura 17.4** Componentes utilizados com os recursos de grading.

A representação dos gradings é controlada por meio da configuração de seus estilos (grading styles). É possível controlar a representação das indicações de corte e aterro nos taludes dos gradings pela configuração de estilos para os objetos slope patterns.

17.2 Grupos de grading

Os **grading groups** são conjuntos de gradings agrupados e podem ser utilizados na construção de modelos de superfície para a representação de projetos de terraplenagem. A superfície pode permanecer dinamicamente conectada ao grupo de grading e sofre atualização quando os objetos do grupo de grading sofrem alterações (Figura 14.5).

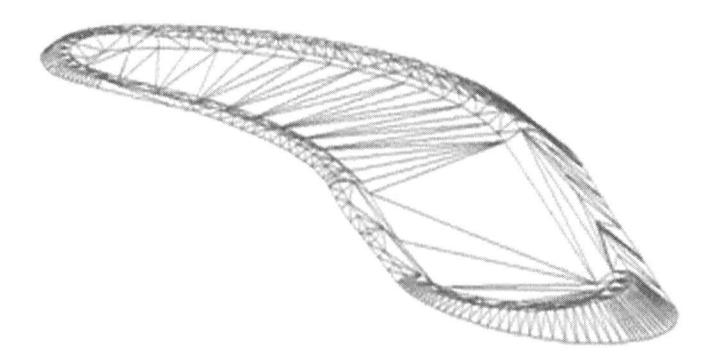

Figura 17.5 Superfície criada através de grupo de grading.

Os grupos de grading são criados e gerenciados por meio do recurso de sites. É possível definir diversos grupos de grading alocados no mesmo site ou em diferentes sites. Cada grupo de grading poderá possuir apenas uma superfície com uma composição volumétrica.

Em projetos complexos que necessitem de diversos grupos de grading, mas apenas uma composição volumétrica, é possível desenvolver diversos grupos de grading extraindo suas respectivas superfícies, as quais podem ser agrupadas em uma única superfície para a visualização geral da implantação do empreendimento e para a extração do volume total do projeto.

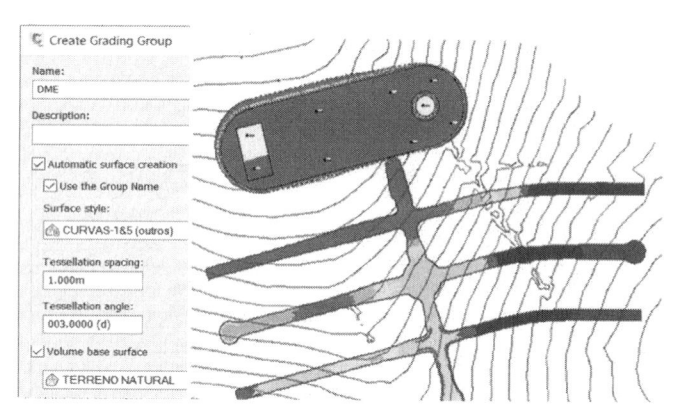

Figura 17.6 Configuração do grupo de grading para a construção da superfície do projeto de terraplenagem.

A caixa de diálogo **Create Grading Group** auxilia durante a criação e a configuração de grupos de grading. A opção **Automatic Surface Creation** permite criar automaticamente a superfície do grupo de grading. O quadro **Volume Base Surface** seleciona a superfície desejada para a extração dos volumes de corte e aterro projetados no grupo de grading.

17.3 Critérios e ferramentas de grading

Critérios de grading (Grading Criteria) são conjuntos de parâmetros de projeção que definem o comportamento da linha de projeção (feature line) criada durante o processo. Esses parâmetros utilizam os objetos selecionados para a projeção de taludes, rampas e bermas sobre uma superfície ou para determinar diferença de altura, cota específica ou, ainda, largura e inclinação para formação do grading.

Os critérios de grading são definidos por meio da aba **Criteria**, da caixa de diálogo **Grading Criteria**, e armazenados em conjuntos denominados **Grading Criteria Sets** alocados na aba **Settings** da **Toolspace**.

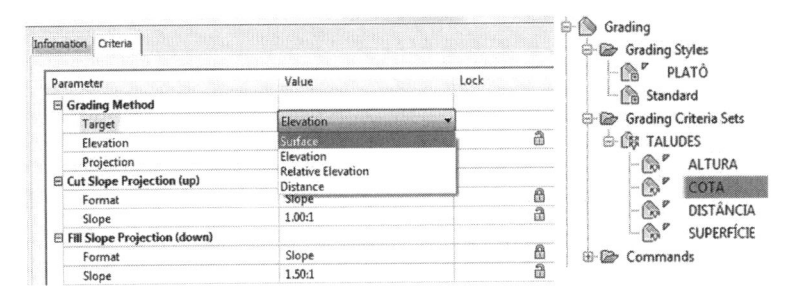

Figura 17.7 Opções para definição dos critérios de grading.

- **Surface:** critério que utiliza uma superfície com alvo combinada à inclinação para a definição dos taludes de corte e aterro. Possibilita a criação de taludes de corte e aterro, projetando as linhas de offset.

- **Relative Elevation:** critério que utiliza a diferença de altura da linha-base selecionada no desenho, e a projeção pode ser determinada especificando uma largura ou inclinação. Permite criar taludes, rampas e banquetas, definindo uma diferença entre as cotas de partida e de projeção.

- **Elevation:** critério de projeção que utiliza uma cota desejada combinada às inclinações de taludes para corte e aterro. É utilizado para a criação de taludes, rampas e banquetas, definindo a sua cota de projeção.

- **Distance:** critério que permite determinar uma distância lateral e uma inclinação ou diferença de altura para a projeção de gradings. Possibilita a criação de taludes, rampas e banquetas, determinando a distância horizontal e a inclinação.

- **Lock:** opção para travar os valores e os parâmetros configurados nos estilos dos critérios. Dessa forma, esses parâmetros não são solicitados no momento de sua utilização.

Os critérios elaborados são disponibilizados na barra de ferramentas **Grading Creation Tools** para a aplicação nos projetos de terraplenagem, cujas ferramentas possibilitam escolher o grupo de grading, especificar a superfície que servirá como alvo, selecionar o critério de grading desejado, as ferramentas para criação e edição de gradings, além do recurso **Grading Volume Tools** para a execução do balanço volumétrico do projeto.

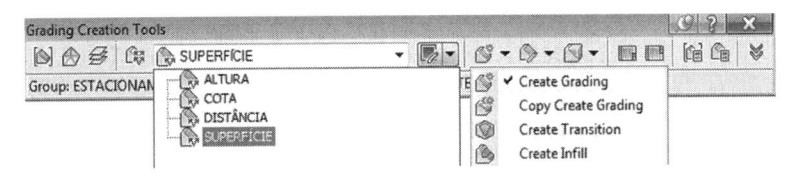

Figura 17.8 Barra de ferramentas Grading Creation Tools para a aplicação de gradings.

- **Create Grading:** aplica o critério selecionado para a criação do grading.
- **Create Transition:** cria a transição entre gradings presentes no modelo.
- **Create Infill:** aplica o preenchimento entre áreas fechadas para a criação de platôs.
- **Edit Grading:** edita os parâmetros geométricos de um grading projetado no modelo.
- **Grading Volume Tools:** acessa a barra de ferramentas para análise e balanço dos volumes de terraplenagem do projeto.

O seguinte exemplo mostra os procedimentos para a criação de um platô simples posicionado na cota 666.50m, além da projeção dos taludes de corte e aterro até a superfície da topografia. Dessa forma, representa o projeto do platô para o estacionamento do empreendimento.

Agora, estude o exemplo a seguir:

1. Abra o arquivo **17-3-1_PLATÔ_GRADING.DWG**, disponível na plataforma da editora.

2. Na aba **Prospector** da **Toolspace**, clique com o botão direito do mouse sobre **Sites** e selecione a opção **New**.

3. Na aba **Information**, da caixa de diálogo **Site Properties**, digite **ESTACIONAMENTO** no campo **Name** e clique no botão **OK** para criar o novo site para o projeto do estacionamento (Figura 7.9).

4. Selecione a ferramenta da ribbon **Home** → **Create Design** → **Grading** → **Create Grading Group**.

5. Na caixa de diálogo **Create Grading Group**, configure os parâmetros (Figura 17.10):

   ◆ digite **ESTACIONAMENTO** no campo **Name**;

   ◆ habilite a opção **Automatic surface creation** para criar a superfície do grupo de grading;

   ◆ habilite o quadro **Use the Group Name** para definir o nome da superfície;

   ◆ habilite a opção **Volume base surface** e selecione a superfície **TERRENO NATURAL** como base para o cálculo volumétrico;

   ◆ clique no botão **OK**;

   ◆ confirme a criação da superfície do projeto na caixa **Create Surface**.

Figura 17.9 Definição do site para o projeto do platô do estacionamento.   **Figura 17.10** Definição do grupo de grading.

6. Selecione a ferramenta da ribbon **Home** → **Create Design** → **Grading** → **Grading Creation Tools**.

7. Na barra de ferramentas **Grading Creation Tools**, verifique o nome do grupo selecionado e da superfície de alvo. Selecione o critério **SUPERFÍCIE** e aplique a ferramenta 🛠 (**Create Grading**).

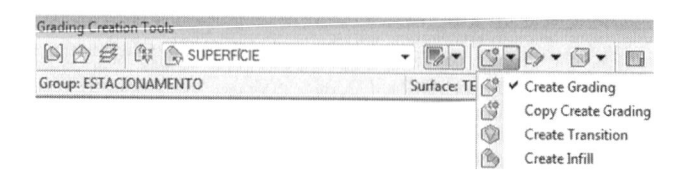

Figura 17.11 Acesso à ferramenta de criação de taludes de corte e aterro.

8. Na área de desenho, selecione a polyline azul do limite do projeto, posicionada na cota 666.50m.

9. As ferramentas de grading trabalham com objetos feature lines; então, quando uma polyline é selecionada para a projeção de taludes, é preciso convertê-la em feature line para prosseguir com o processo. Na caixa de diálogo **Create Feature Lines** (Figura 17.12):

- ◆ selecione o site **ESTACIONAMENTO**;
- ◆ habilite a opção **Name** e digite **ESTACIONAMENTO** no quadro para determinar o nome da feature line;
- ◆ habilite o quadro **Erase existing entities** para remover a polyline selecionada;
- ◆ clique no botão **OK**.

10. Clique na região externa da área do projeto para definir o lado de aplicação dos taludes.

11. Pressione a tecla **Enter** na linha de comando para confirmar a aplicação dos taludes em toda a extensão da feature line do platô do estacionamento.

12. Na linha de comando, confirme a inclinação do talude de corte (Cut Slope) em **1:1** e, para o aterro (Fill Slope), de **1.5:1**. Pressione a tecla **Enter**.

13. Verifique os taludes de corte e aterro projetados na superfície topográfica; entretanto, é necessário criar o platô interno na área do projeto.

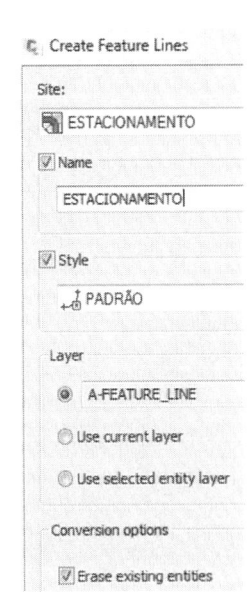

Figura 17.12 Criação da feature line por meio da geometria da polyline selecionada.

14. Na barra de ferramentas **Grading Creation Tools**, selecione a ferramenta 🖫 (Create Infill). Clique na região interna do platô do estacionamento e pressione **Enter** para concluir (Figura 17.13).

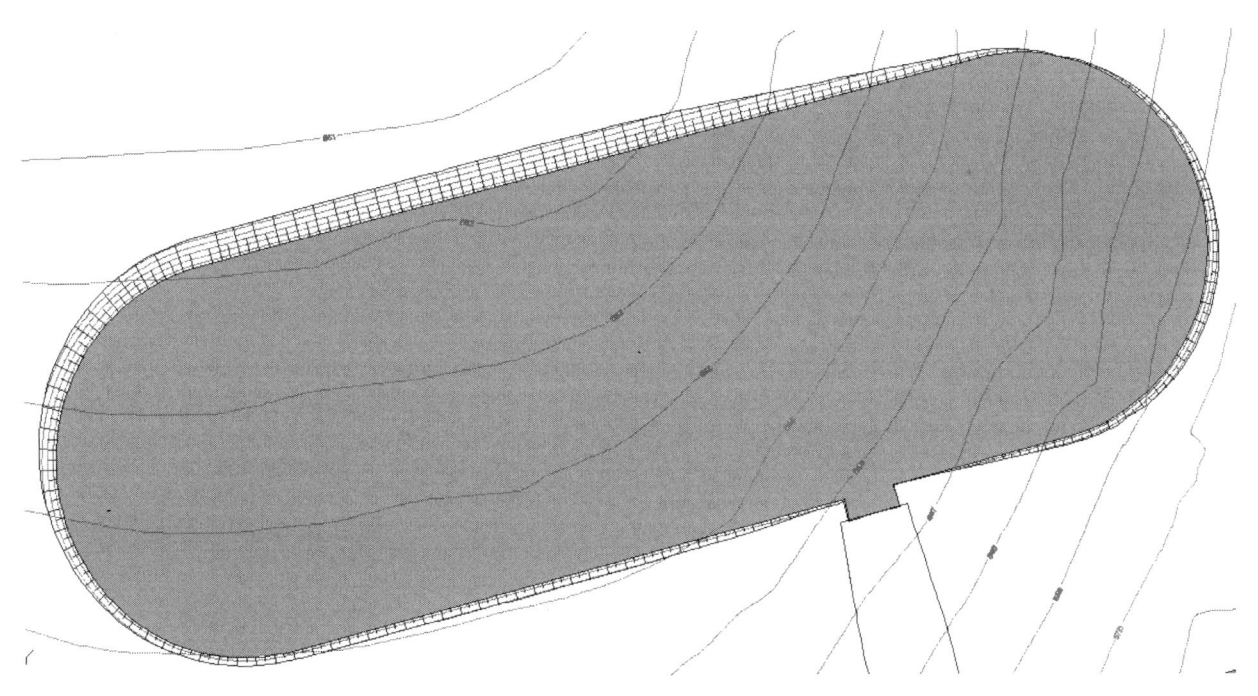

Figura 17.13 Platô do estacionamento projetado sobre a superfície da topografia.

15. Crie uma polyline na região do projeto e aplique a ferramenta **Quick Profile** para verificar o perfil do platô do estacionamento projetado com grading.

16. Selecione as curvas de nível da superfície **ESTACIONAMENTO** e ative a ferramenta da ribbon contextual **TIN Surface** → **General Tools** → **Object Viewer** para navegar pelo modelo da superfície projetada.

17.4 Balanço dos volumes de terraplenagem

Um dos principais benefícios durante a utilização dos recursos de grading está na habilidade de calcular os volumes de forma rápida e precisa. A barra de ferramentas **Grading Volume Tools** disponibiliza ferramentas essenciais para a obtenção dos dados volumétricos dos projetos de terraplenagem que utilizam esses recursos de grading.

Durante o processo de desenvolvimento de projetos de terraplenagem, é possível alterar os dados volumétricos por meio da ferramenta 🔼 (Raise the Grading Group) para elevar a cota de partida do projeto, essencialmente a feature line utilizada na projeção dos taludes de grading, e a ferramenta 🔽 (Lower the Grading Group) para rebaixar a cota da feature line utilizada como base para o grupo de grading. Dessa forma, a atividade para balanço do volume de corte e aterro do projeto de terraplenagem é executada.

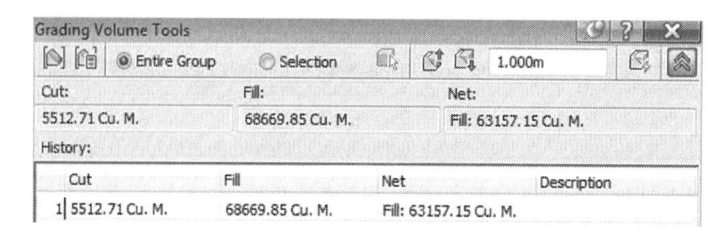

Figura 17.14 Barra de ferramentas Grading Volume Tools para a execução do balanço volumétrico.

O recurso 🔼 (**Automatically Raise/Lower to Balance the Volumes**) executa o balanço automático do volume do projeto e tem como objetivo anular a diferença (Net) entre os volumes de corte (Cut) e aterro (Fill). Essa poderosa ferramenta reposiciona a feature line utilizada na definição dos taludes a uma elevação exata, para que a diferença entre corte e aterro exibida no campo **Net** seja a menor possível.

O quadro **History** da barra de ferramentas armazena o histórico de operações realizadas durante o processo de balanceamento dos volumes de terraplenagem dos projetos.

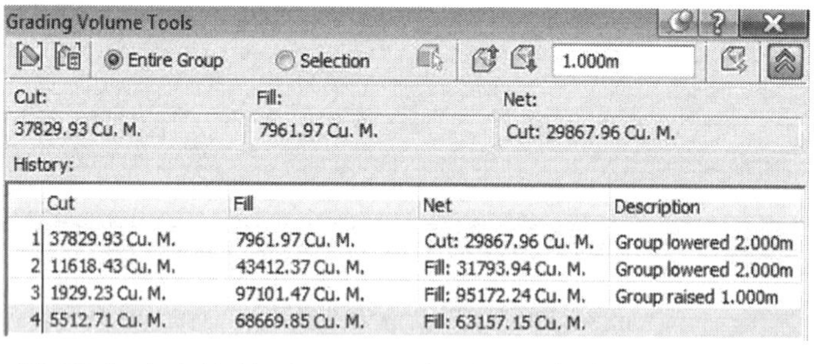

Figura 17.15 Quadro do histórico de operações volumétricas realizadas no projeto de terraplenagem.

A seguinte sequência exibe os procedimentos para a extração das informações volumétricas, além dos passos para a elaboração do balanço no volume de terraplenagem do platô projetado para o estacionamento.

Agora, estude o exemplo a seguir:

1. Abra o arquivo **17-4-1_VOLUME_GRADING.DWG**, disponível na plataforma da editora.

2. Selecione a ferramenta da ribbon **Analyze** → **Volumes and Materials** → **Grading Volume Tools**.

3. Na barra de ferramentas **Grading Volume Tools,** habilite a opção **Entire Group**, clique no botão ⯆ (**Expand the Grading Volume Tool**) e identifique os valores volumétricos do projeto de terraplenagem do estacionamento (Figura 17.16).

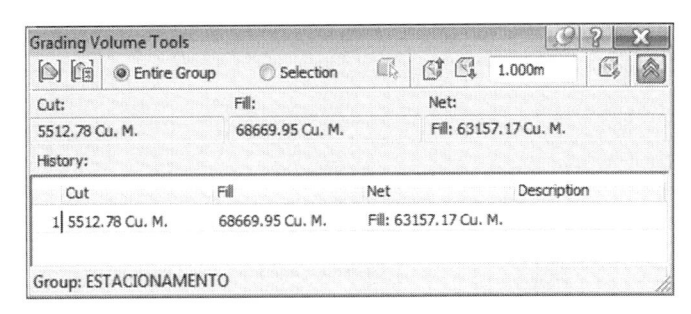

Figura 17.16 Informações volumétricas do projeto de terraplenagem do estacionamento.

4. Selecione a ferramenta da ribbon **Annotate** → **Labels & Tables** → **Add Labels** → **Surface** → **Spot Elevation**.

5. Selecione a superfície **ESTACIONAMENTO** e clique em vários pontos no platô do estacionamento para posicionar os rótulos de cotas.

6. Na barra de ferramentas, clique no botão 🔲 (Lower the Grading Group) para rebaixar a cota do platô do estacionamento e iniciar o estudo volumétrico do projeto.

7. Verifique a nova composição volumétrica do projeto e as cotas exibidas nos rótulos da superfície do estacionamento.

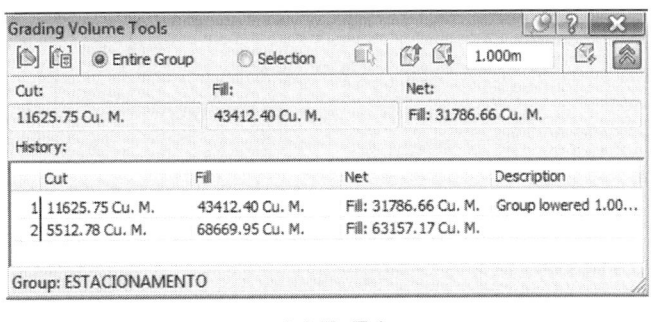

Figura 17.17 Histórico dos valores volumétricos exibidos na barra de ferramentas.

8. Na barra de ferramentas, clique no botão 🔲 (Automatically Raise/Lower to Balance the Volumes) para efetuar o balanço volumétrico automático para o projeto.

9. Na caixa de diálogo **Auto-Balance Volumes**, digite **0.00** (m²) no quadro **Required volume** e clique no botão **OK** (Figura 17.18).

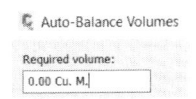

Figura 17.18 Caixa para a obtenção do volume desejado.

10. Na barra de ferramentas, observe a nova composição volumétrica do projeto.

11. Na área de desenho, observe a nova projeção dos taludes de corte e aterro, além dos valores das cotas do platô exibidos nos rótulos da superfície do estacionamento (Figura 17.19).

Figura 17.19 Histórico volumétrico do processo de balanço do projeto.

17.5 Feature lines

Os objetos **feature lines** são linhas especiais do Autodesk Civil 3D e podem ser semelhantes às polylines ou polylines 3D do AutoCAD, com o diferencial de possuírem elevações em cada um de seus vértices e, assim, controlar as elevações de seus vértices e suas inclinações das rampas durante o processo de sua criação ou edição. Dessa forma, é possível obedecer aos critérios geométricos horizontais e verticais exigidos em projetos de terraplenagem.

Dependendo de seu uso, as feature lines podem se tornar a principal ferramenta para projetos de terraplenagem, pois possibilitam a definição precisa de geometrias tridimensionais para a representação de grande parte dos projetos que envolvem movimentação de terra, como platôs para plantas e galpões industriais, patamarização de lotes, áreas de lagoas de tratamento, camadas de projetos de aterro sanitário, mineração, barragens, entre outros.

É possível criar feature lines desenhando diretamente na área de desenho e determinando as elevações dos vértices digitando a cota, coletando a cota de uma superfície ou determinando declividades com a ferramenta da ribbon **Home** → **Create Design** → **Feature Line** → **Create Feature Line** (Figura 17.20).

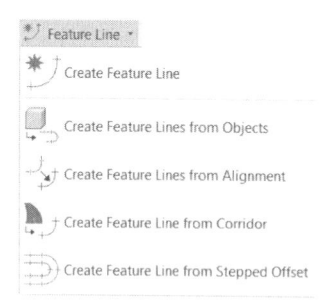

Figura 17.20 Ferramentas para a criação de feature lines.

Um recurso poderoso de feature line é a possibilidade de adicionar suas geometrias como breaklines nos modelos de superfícies presentes nos desenhos e, assim, complementar a triangulação de superfícies topográficas ou, ainda, desenvolver modelos complexos das superfícies propostas nos projetos.

A ribbon contextual **Feature line** é exibida quando uma feature line estiver selecionada na área de desenho. Nela, é possível utilizar os recursos para manipulação nas geometrias de feature lines presentes no desenho. O botão **Edit Elevation** exibe as ferramentas para a manipulação das cotas dos vértices da feature line, e o recurso **Edit Geometry** disponibiliza as ferramentas para edição na geometria horizontal das feature lines selecionadas no modelo.

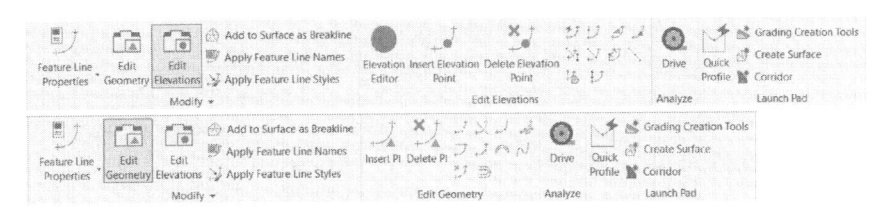

Figura 17.21 Ferramentas para a manipulação de feature lines.

Objetos do AutoCAD existentes no desenho, como polylines, linhas ou arcos, podem ser transformados em feature lines com a ferramenta **Create Feature Line From Objects**. Esse recurso facilita a criação de geometrias tridimensionais nos projetos; em seguida, é possível determinar ou alterar as elevações dos vértices das feature lines por meio das ferramentas **Grading Elevation Editor** da janela **Panorama**.

Station	Elevation(Actual)	Length	Grade Back	Grade Ahead
0+000.00	666.500m	5.418m		0.00%
0+005.42	666.500m	150.327m	0.00%	0.00%
0+155.75	666.500m	159.388m	0.00%	0.00%
0+315.13	666.500m	211.044m	0.00%	0.00%
0+526.18	666.500m	21.663m	0.00%	0.00%
0+547.84	666.500m	132.524m	0.00%	0.00%
0+729.78	666.500m	1.775m	0.00%	0.00%
0+731.55	666.500m	3.780m	0.00%	0.00%
0+735.33	666.500m	5.142m	0.00%	0.00%
0+740.48	666.500m	0.265m	0.00%	0.00%

Figura 17.22 Janela Grading Elevation Editor para edição na geometria vertical da Feature line.

As ferramentas da janela **Grading Elevation Editor** são divididas em:

Select a Feature Line: ferramenta para selecionar uma feature line, um parcel ou uma figura de survey.

Zoom To: ferramenta para a execução de zoom em vértice selecionado da feature line.

Quick Profile: ferramenta para a criação de perfis temporários utilizados em estudos.

Raise/Lower: ferramenta que habilita o quadro para a adição de um valor para elevar ou rebaixar as cotas dos vértices da feature line.

Raise/Lower Incrementally: ferramenta que permite elevar ou rebaixar as cotas dos vértices da feature line por meio de um valor digitado em seu quadro.

Set Increment: quadro para a inserção do valor de incremento para elevar ou rebaixar as cotas dos vértices da feature line.

Flatten Grade or Elevations: ferramenta que permite nivelar todas as cotas dos vértices da feature line.

Insert Elevation Point: ferramenta que adiciona um ponto com cota na feature line.

Delete Elevation Point: ferramenta que remove um ponto ou vértice com cota da geometria vertical da feature line.

Elevations From Surface: ferramenta que permite substituir as elevações dos vértices da feature line coletando as cotas de uma superfície desejada.

Reverse The Direction: ferramenta para inverter o sentido do estaqueamento da feature line.

Relative to surface: ferramenta que zpermite utilizar uma superfície como referência para a obtenção das cotas.

Exercício – Projeto do platô do estacionamento

A sequência do seguinte exercício mostra os passos para a definição do platô para um eventual estacionamento para o empreendimento. O projeto inicia-se definindo um site e um grupo de grading para a criação do platô do estacionamento; é utilizada uma polyline posicionada na cota 666.50m para a projeção dos taludes de corte e aterro até a superfície do terreno natural.

Execute os procedimentos a seguir para concluir o exercício:

1. Abra o arquivo **17-6-1_PROJETO_GRADING.DWG**, disponível na plataforma da editora.

2. Na aba **Prospector** da **Toolspace**, clique com o botão direito do mouse sobre **Sites** e selecione a opção **New**.

3. Na aba **Information** da caixa de diálogo **Site Properties**, digite **ESTACIONAMENTO** no campo **Name** e clique no botão **OK** para criar o novo site para o projeto do estacionamento.

4. Selecione a ferramenta da ribbon **Home → Create Design → Grading → Create Grading Group**.

5. Na caixa de diálogo **Create Grading Group** (Figura 17.23), configure os parâmetros:

   - digite **ESTACIONAMENTO** no campo **Name**;
   - habilite a opção **Automatic Surface Creation** para criar a superfície do grupo de grading;
   - habilite o quadro **Use the Group Name** para definir o nome da superfície;
   - habilite a opção **Volume Base Surface** e selecione a superfície **TERRENO NATURAL** como base para o cálculo volumétrico;
   - clique no botão **OK**;
   - confirme a criação da superfície do projeto na caixa **Create Surface**.

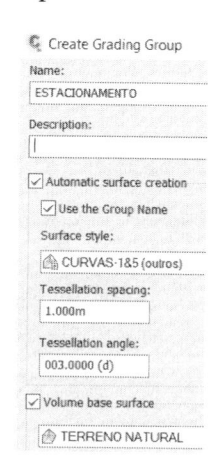

Figura 17.23 Definição do grupo de grading.

6. Selecione a ferramenta da ribbon **Home → Create Design → Grading → Grading Creation Tools**.

7. Na barra de ferramentas **Grading Creation Tools**, verifique o nome do grupo selecionado e a da superfície de alvo. Selecione o critério **Superfície** e aplique a ferramenta (Create Grading).

8. Na área de desenho, selecione a polyline azul do limite do projeto, a qual está posicionada na cota 666.50m.

9. As ferramentas de grading trabalham com objetos feature lines; então, quando uma polyline é selecionada para a projeção de taludes, é necessário convertê-la em feature line para prosseguir com o processo. Na caixa de diálogo **Create Feature Lines** (Figura 17.24):

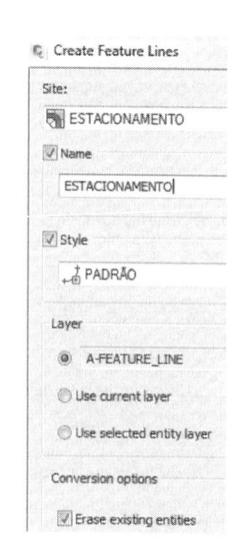

Figura 17.24 Criação de feature line por meio da geometria da polyline selecionada.

- ◆ no campo **Site**, selecione **ESTACIONAMENTO**;
- ◆ habilite a opção **Name** e, no quadro, digite **ESTACIONAMENTO** para determinar o nome da feature line;
- ◆ habilite o quadro **Erase existing entities** para remover a polyline selecionada;
- ◆ clique no botão **OK**.

10. Clique na região externa da área do projeto para definir o lado de aplicação dos taludes.

11. Na linha de comando, digite a opção **No** para criar os taludes apenas na região desejada do projeto. Não serão projetados taludes na rampa de acesso ao estacionamento localizada entre os pontos 1 e 2.

12. Na área de desenho, determine o início dos taludes a partir do centro do **Ponto 1**. Pressione **Enter** para confirmar a estaca exibida na linha de comando.

13. Selecione o centro do **Ponto 2** como o final do trecho de aplicação dos taludes. Pressione a tecla **Enter** para confirmar a estaca exibida na linha de comando. Observe a seta verde informando a direção (Figura 17.25).

14. Na linha de comando, confirme a inclinação do talude de corte (Cut Slope) em **1:1** e, do aterro (Fill Slope), em **1.5:1**. Pressione a tecla **Enter**.

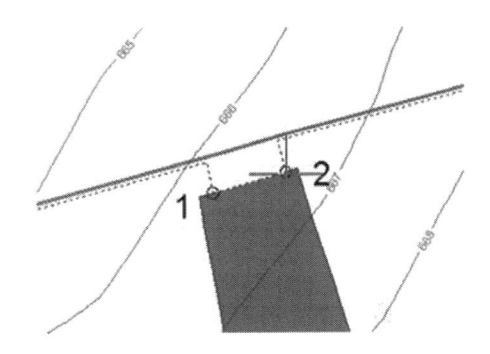

Figura 17.25 Definição do trecho de aplicação dos taludes.

15. Verifique os taludes de corte e aterro projetados na superfície topográfica. Entretanto, é necessário criar o platô interno na área do projeto.

16. Na barra de ferramentas **Grading Creation Tools**, selecione a ferramenta 🏠 (Create Infill). Clique na região interna do platô do estacionamento e pressione **Enter** para concluir.

17. Crie uma polyline na região do projeto e aplique a ferramenta **Quick Profile** para verificar o perfil do platô do estacionamento projetado com grading.

18. Selecione as curvas de nível da superfície do **estacionamento** e ative a ferramenta da ribbon contextual **TIN Surface** → **General Tools** → **Object Viewer** para navegar no modelo da superfície projetada.

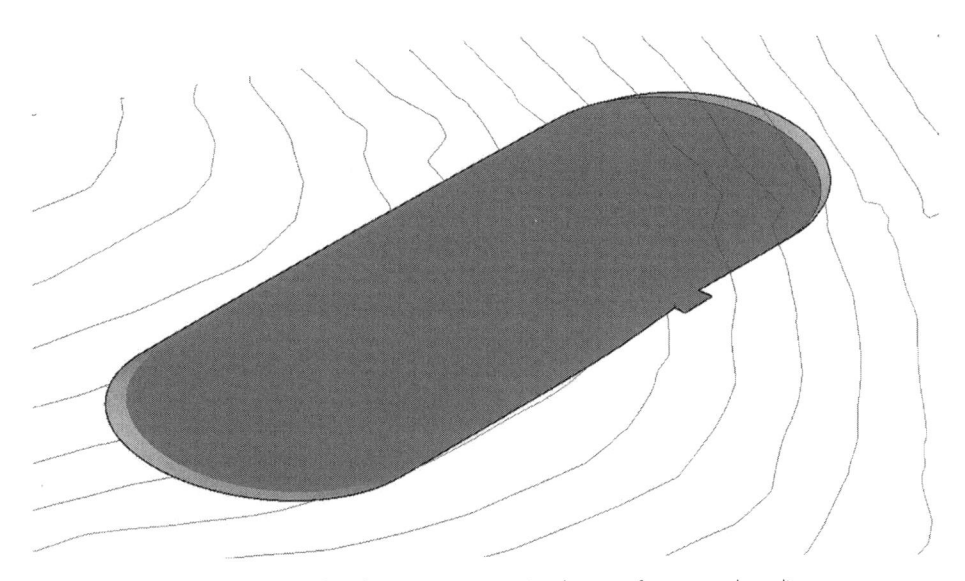

Figura 17.26 Platô do estacionamento projetado com as ferramentas de grading.

19. Selecione a superfície do projeto **Estacionamento** para adicionar os rótulos de cotas. Acesse a ferramenta da ribbon contextual **TIN Surface** → **Labels & Tables** → **Add Labels** → **Spot Elevations**. Clique na região da superfície do projeto para posicionar os rótulos (Figura 17.27).

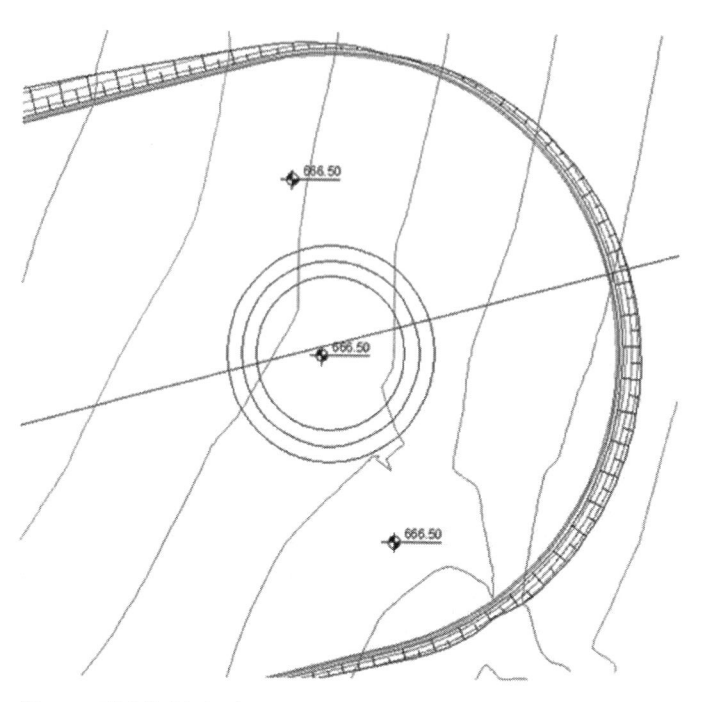

Figura 17.27 Rótulos de cotas posicionados sobre a superfície do platô projetado.

Um projeto de infraestrutura é considerado adequado quando os seus valores volumétricos de terraplenagem permanecerem balanceados. A seguinte sequência ilustra como acessar os dados volumétricos do projeto viário presente no desenho, para complementar os volumes de terraplenagem do projeto do estacionamento.

Considerando que o volume do projeto viário é de aproximadamente 14.800 m³ de aterro, é necessário acessar a barra de ferramentas **Grading Volume Tools** para adequar os volumes de corte e aterro do projeto do estacionamento, a fim de que possa receber o material excedente do projeto viário.

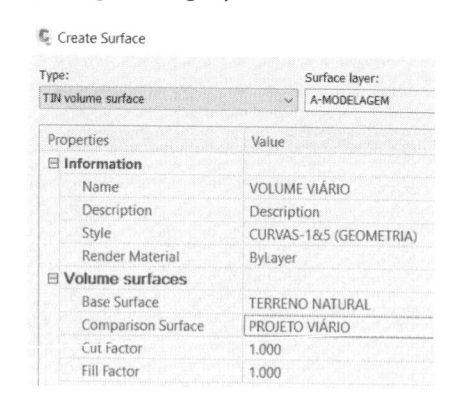

Figura 17.28 Definição da superfície de volume do projeto viário.

Execute os procedimentos a seguir para prosseguir com o exercício (Figura 17.28):

1. Selecione a ferramenta da ribbon **Analyze** → **Volumes and Materials** → **Volumes Dashboard**.

2. Na aba **Volumes Dashboard** da janela **Panorama**, clique no botão **Create New Volume Surface** 📷 para criar a superfície de volume do projeto.

3. Na caixa de diálogo **Create Surface**:

   ◆ digite **VOLUME VIÁRIO** no campo **Name**;

   ◆ selecione a superfície **TERRENO NATURAL** no campo **Base Surface**;

   ◆ selecione a superfície **PROJETO VIÁRIO** no campo **Comparison Surface**;

   ◆ clique no botão **OK**.

4. Verifique as informações volumétricas da aba **Volumes Dashboard** da janela **Panorama**. Observe a coluna **Net** informando o valor de aterro (Fill) excedente do projeto viário (Figura 17.29).

5. Selecione o recurso da ribbon **Analyze** → **Volumes and Materials** → **Grading Volume Tools**. Observe o volume de aterro exibido no projeto do estacionamento.

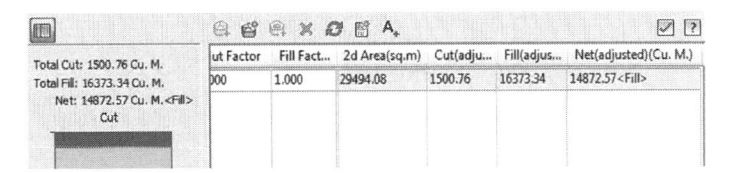

Figura 17.29 Informações volumétricas do projeto viário.

6. Na barra de ferramentas **Grading Volume Tools**, digite **2.500m** no quadro e clique no botão (Lower the Grading Group) para rebaixar a cota do platô do estacionamento.

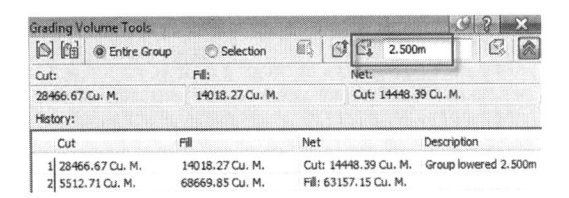

Figura 17.30 Composições volumétricas do projeto do platô do estacionamento.

7. A barra de ferramentas **Grading Volume Tools** exibe a nova composição volumétrica de corte para atender ao volume do projeto viário.

8. O platô do projeto do estacionamento foi posicionado na cota **664.00** para atender à condição de corte.

9. Verifique as cotas exibidas nos rótulos posicionados na superfície do platô do estacionamento (Figura 17.31).

10. Feche o arquivo.

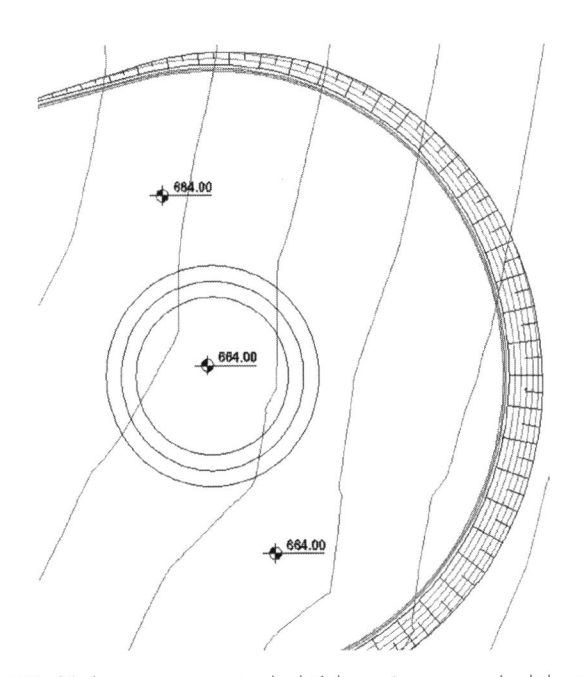

Figura 17.31 Rótulos com as novas cotas do platô do estacionamento após o balanço volumétrico.

O objetivo da seguinte sequência é definir a geometria da feature line do platô, obedecendo às elevações estabelecidas para o projeto. São ilustrados os procedimentos para adicionar as feature lines no modelo da superfície projetada para representar uma valeta de drenagem e uma área de playground.

Execute os procedimentos a seguir para concluir o exercício:

1. Abra o arquivo **17-6-2_FEATURES_GRADING.DWG**, disponível na plataforma da editora.

2. Selecione a feature line do platô do estacionamento e acesse a ferramenta da ribbon contextual **Feature Line → Modify → Edit Elevations**.

3. Na ribbon expandida, selecione a ferramenta do painel **Edit Elevations → Set Grade/Slope Between Points** .

4. Na área de desenho, clique próximo ao vértice do ponto **D**. Digite a cota **664.00** na linha de comando e pressione a tecla **Enter**.

5. Na área de desenho, clique próximo ao vértice do ponto **C**. Digite **-1** na linha de comando para definir a inclinação do trecho e pressione **Enter**.

6. Com a ferramenta ativa, selecione novamente a feature line do platô do **estacionamento**.

7. Clique próximo ao vértice do ponto **A**. Digite a cota **664.00** na linha de comando e pressione a tecla **Enter**.

8. Clique próximo ao vértice do ponto **B**. Digite **-1** na linha de comando e pressione **Enter** duas vezes para concluir.

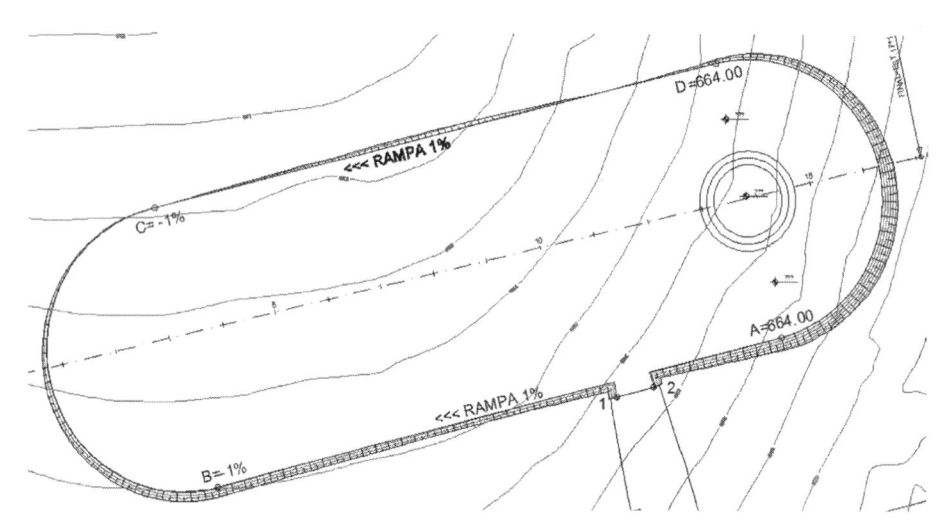

Figura 17.32 Definição da rampa de 1% na feature line do estacionamento.

9. Selecione a feature line do platô do estacionamento e acesse a ferramenta da ribbon contextual **Feature line → Modify → Edit Geometry**.

10. Na ribbon expandida, selecione a ferramenta do painel **Edit Geometry → Create Feature Line from Stepped Offset** para definir a geometria da valeta de drenagem.

11. Na linha de comando, digite **0.500m** para especificar o afastamento da lateral da valeta.

12. Clique no lado interno do platô do projeto para definir o lado de criação da lateral da valeta.

13. Digite **0.000m** na linha de comando para definir a diferença de elevação para a lateral da valeta e pressione **Enter**.

14. Selecione a feature line da valeta criada e acesse a ferramenta da ribbon expandida **Edit Geometry → Delete PI**.

15. Clique nos vértices dos **PIs** da rampa de acesso para removê-los.

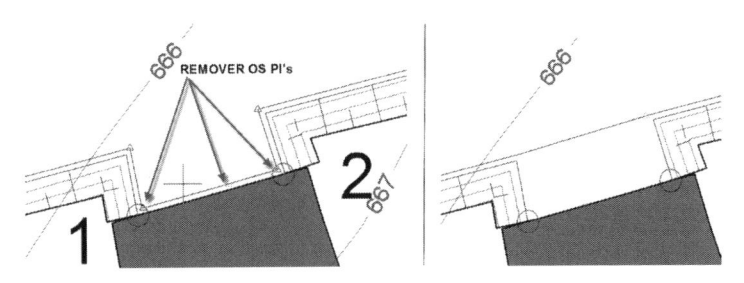

Figura 17.33 Remoção dos vértices excedentes na rampa de acesso do estacionamento.

16. Selecione a feature line da valeta criada anteriormente e acesse a ferramenta da ribbon expandida no painel **Edit Geometry → Create Feature Line From Stepped Offset** ✏ para complementar àquela da valeta de drenagem.

17. Na linha de comando, digite **0.200m** para definir o afastamento do fundo da valeta trapezoidal e pressione a tecla **Enter**.

18. Clique na região interna do projeto para definir o lado. Digite **-0.200m** para definir a diferença de elevação do fundo da valeta trapezoidal. Pressione a tecla **Enter** para concluir.

19. Com a ferramenta ativa, selecione a linha do fundo da valeta e clique no lado interno do projeto.

20. Digite **0.200m** na linha de comando para definir a diferença de elevação do fundo da valeta para a lateral interna. Pressione a tecla **Enter** duas vezes para finalizar.

21. Selecione as três feature lines criadas para a valeta trapezoidal e acesse a ferramenta da ribbon contextual **Feature Lines → Modify → Add to Surface as Breakline**, para incorporar a geometria da valeta na superfície projetada do estacionamento.

22. Selecione a superfície **ESTACIONAMENTO** na caixa **Select Surface** e clique no botão **OK**.

23. Configure na caixa de diálogo **Add Breaklines**:

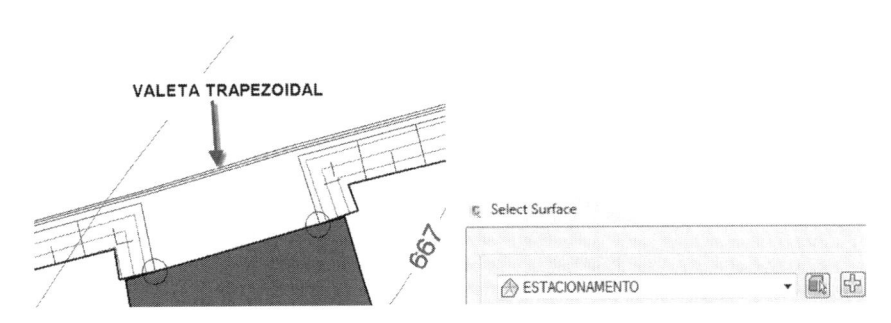

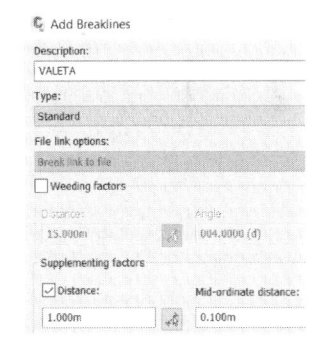

Figura 17.34 Feature lines criadas para a representação da valeta de drenagem superficial.

Figura 17.35 Caixa para a seleção da superfície de aplicação das breaklines.

Figura 17.36 Configuração para a definição de breaklines na superfície do projeto.

♦ digite **VALETA** no campo **Description**;

♦ selecione o tipo **Standard** no campo **Type**;

♦ habilite a opção **Distance** do campo **Supplementing factors** e digite **1.000m** no quadro. Esta opção segmenta os vértices da triangulação da superfície nas regiões curvadas das feature lines selecionadas;

♦ digite **0.100m** no campo **Mid-ordinate distance**;

♦ clique no botão **OK**.

24. Selecione a superfície **ESTACIONAMENTO** na área de desenho e acesse a ferramenta da ribbon contextual **Surface → Modify → Add Data → Breaklines** para adicionar as geometrias circulares do playground no modelo da superfície.

25. Na caixa de diálogo **Add Breaklines**:

    ◆ digite **PLAYGROUND** no campo **Description**;

    ◆ selecione o tipo **Standard** no campo **Type**;

    ◆ habilite a opção **Distance** do campo **Supplementing factors** e digite **1.000m** no quadro. Esta opção segmenta os vértices da triangulação da superfície nas regiões curvadas das feature lines selecionadas;

    ◆ digite **0.100m** no campo **Mid-ordinate distance**;

    ◆ clique no botão **OK**.

26. Selecione os círculos da geometria do playground na área de desenho e pressione a tecla **Enter** para concluir.

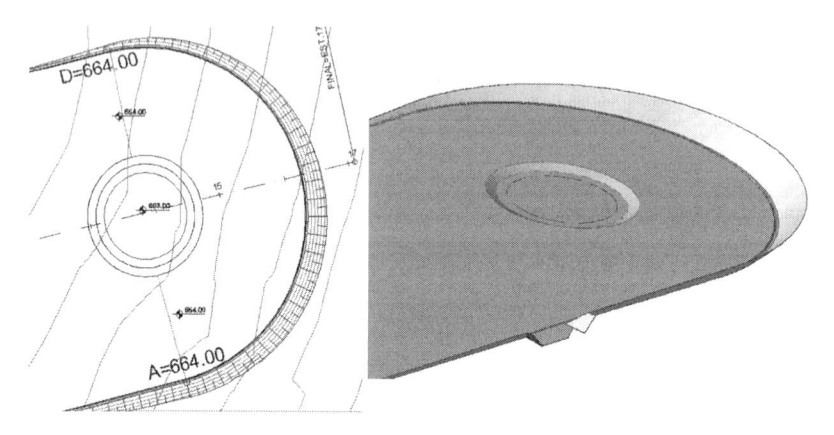

Figura 17.37 Adição dos círculos na triangulação da superfície do projeto do estacionamento.

27. Verifique o comportamento dos rótulos das cotas na área de desenho.

28. Selecione a superfície do projeto do estacionamento e acesse a ferramenta da ribbon contextual **TIN Surface** → **General Tools** → **Object Viewer**.

29. É possível aplicar a ferramenta **Grade/Slope Between Points** ⤴ nas feature lines da valeta para controlar suas declividades.

30. Observe os novos valores da tabela de volume e o comportamento das seções transversais do projeto.

VOLUME TOTAL						
Estaca	Área de Corte (m²)	Área de Aterro (m²)	Volume de Corte (m3)	Volume de Aterro (m3)	Volum. Corte Acum. (m3)	Volum Aterro Acum. (m3)	Volume Líquido (m3)
0+0,00	0,00	0,00	0,00	0,00	0,00	0,00	0,00
1+0,00	102,84	0,00	1028,39	0,00	1028,39	0,00	1028,39
2+0,00	160,64	0,00	2634,76	0,00	3663,14	0,00	3663,14
3+0,00	167,52	0,00	3281,55	0,00	6944,70	0,00	6944,70
4+0,00	145,25	0,68	3127,66	6,81	10072,35	6,81	10065,54
5+0,00	122,68	3,44	2679,25	41,20	12751,60	48,01	12703,59
6+0,00	101,07	6,17	2237,48	96,11	14989,08	144,12	14844,96
7+0,00	83,44	14,35	1845,09	205,23	16834,18	349,35	16484,83

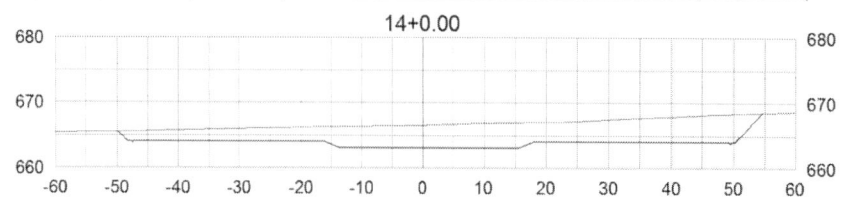

Figura 17.38 Tabela de composição volumétrica e gráfico de seção transversal atualizadas.

Projetos de Tubulações

Os projetos de tubulações aparecem em todos os empreendimentos de infraestrutura, pois representam os sistemas de redes de abastecimento de água, redes de esgotamento sanitário, incluindo as redes de drenagem de águas pluviais. O Autodesk Civil 3D dispõe dos recursos de **Pipe Networks** para construir modelos de sistemas por gravidade, e os recursos de **Pressure Network** auxiliam no desenvolvimento de sistemas pressurizados.

Os sistemas modelados no Civil 3D são formados por componentes de peças e dispositivos, como caixas e tubos obtidos do próprio catálogo de dispositivos do Civil 3D, entretanto, no país, contamos com diversos padrões de dispositivos que provavelmente deverão ser inseridos no catálogo nativo do software. Construindo novos dispositivos mais aprimorados, ou utilizando os dispositivos básicos fornecidos no catálogo original, será possível usufruir dos benefícios de navegar nos sistemas projetados para visualização tridimensional, realizar análises nas redes, representá-las em gráficos de perfis e seções transversais, além da extração de quantitativos, criação de tabelas e relatórios, mas, principalmente, utilizar os sistemas projetados no modelo de coordenação do empreendimento (Figura 18.1).

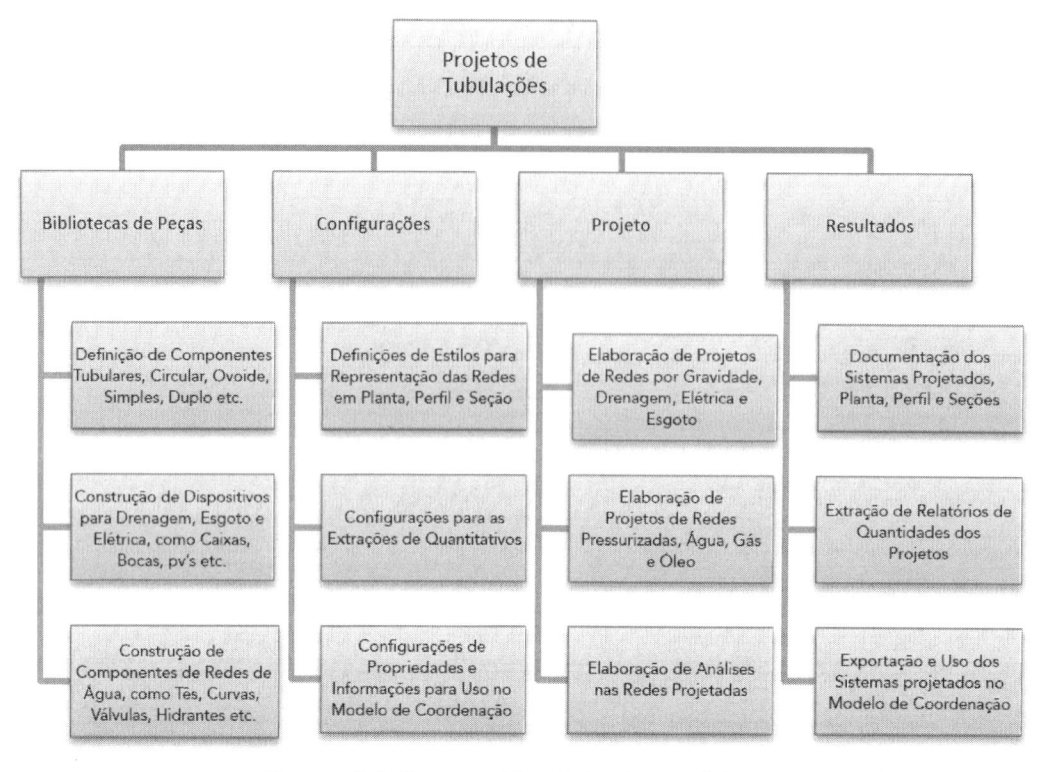

Figura 18.1 Fluxo para a elaboração de projetos de tubulações.

18.1 Sistemas de tubulações e seus componentes

Os sistemas ou as redes de tubulações são constituídas por uma série de componentes conectados utilizados para o transporte de fluídos, materiais ou energia. Muito utilizadas nas áreas de saneamento, urbanização e meio ambiente, as redes de tubulações possuem os dispositivos que representam os nós, como caixas e poços de visitas, e a ligação entre os dispositivos é realizada por tubos, que podem ter formas, tamanhos e materiais diferenciados.

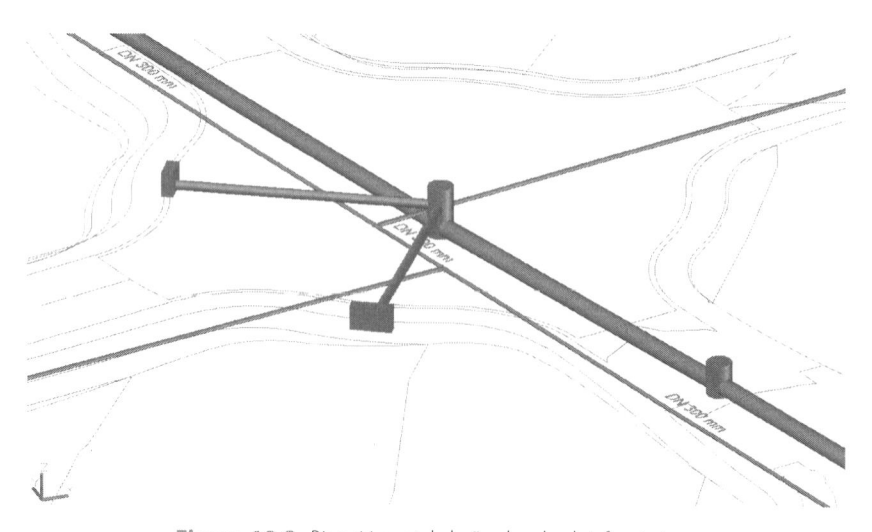

Figura 18.2 Dispositivos e tubulações de redes de infraestrutura.

No Autodesk Civil 3D, os dispositivos utilizados para representar os nós são denominados **Structures** para as redes de drenagem e esgoto, que utilizam os recursos de **Pipe Networks**, assim como suas ligações são efetuadas por **Pipes**. Já as redes pressurizadas que são construídas com os recursos de **Pressure Networks,** que são constituídas por tubulações como **Pipes**, as conexões como **Fittings**, além dos equipamentos hidráulicos denominados **Appurtenances**.

Todos os componentes criados nas redes podem ser apresentados nas vistas em plantas, perfis longitudinais e seções transversais, em que suas representações são controladas pelos estilos de Civil 3D, e a representação tridimensional dos elementos que compõem as redes é controlada pela biblioteca de componentes presentes nos catálogos de **Pipe Network Catalog** e **Pressure Network Catalog**.

18.2 Catálogos de componentes

As redes de tubulações são determinadas pelas configurações das listas de especificações, contendo as listas com as peças selecionadas para utilização em cada tipo de projeto. Essas configurações são controladas por meio do recurso **Parts Lists**. O catálogo disponível para a construção de redes por gravidade **Pipe Network Catalog** disponibiliza dois tipos de componentes: pipes, para diversos tipos de tubos; e structures, com estruturas para poços de visita, caixas e bocas de bueiro.

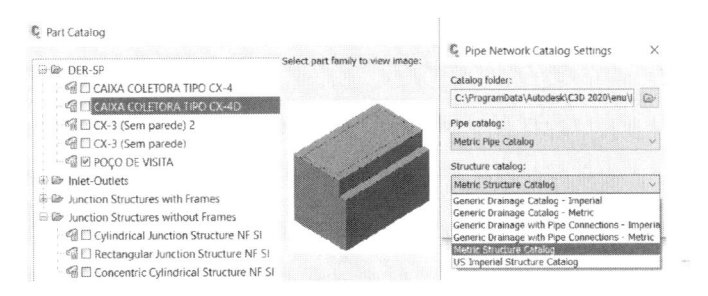

Figura 18.3 Catálogo de componentes para redes por gravidade de Pipe Network Catalog.

Podem-se desenvolver novos componentes personalizados por meio do recurso **Part Builder**, nativo do Autodesk Civil 3D, ou utilizar um fluxo para a modelagem dos componentes iniciada no Autodesk Inventor, passando pela parametrização dos componentes na solução do **Autodesk Infrastructure Parts Editor**, para importar os componentes personalizados para o catálogo do Autodesk Civil 3D.

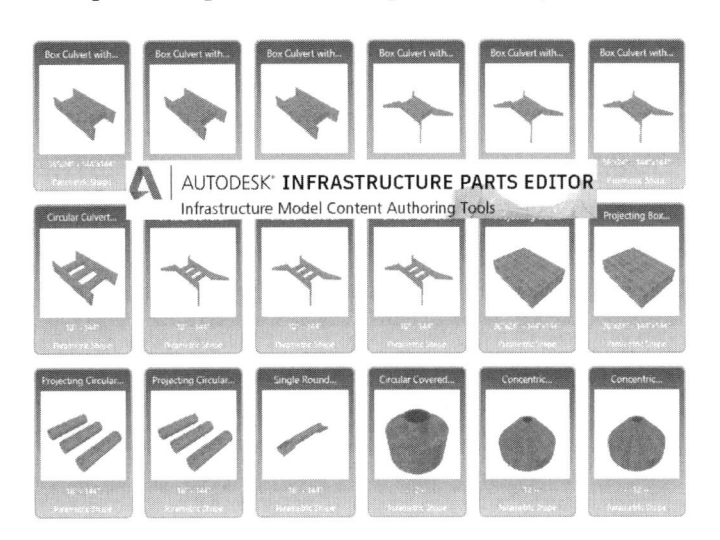

Figura 18.4 Modelo de catálogo do Infrastructure Parts Editor que utiliza um fluxo com o Inventor.

Part Builder é a ferramenta nativa do Autodesk Civil 3D para autoria e gerenciamento dos dispositivos que serão utilizados nos projetos de redes por gravidade elaborados com o recurso de **Pipe Networks**. Esse modelador de componentes permite a construção de novos dispositivos, além de viabilizar o uso de componentes existentes no catálogo para realizar a adaptação paramétrica e criar dispositivos. O acesso ao compositor de componentes é feito por meio da ferramenta da ribbon **Home > Create Design > Part Builder**, que aciona a janela **Getting Started – Catalog Screen** para o gerenciamento dos componentes presentes no catálogo.

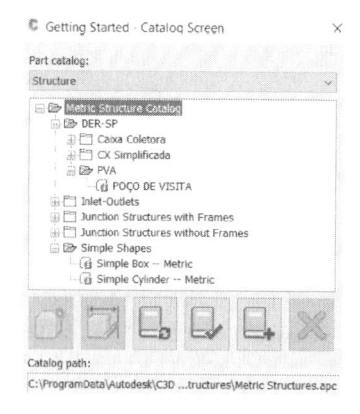

Figura 18.5 Janela de gerenciamento e acesso ao catálogo de componentes.

O compositor **Part Builder** possui uma interface própria, que utiliza um ambiente gráfico para realizar a modelagem dos componentes, unificada com um painel lateral usado para a criação de variáveis e parâmetros que serão utilizados nos componentes modelados. O compositor utiliza uma pasta do sistema para criar um arquivo DWG com o modelo do componente, junto de um arquivo de imagem e um arquivo XML, contendo os parâmetros e as variáveis para parametrização dos componentes de redes de tubulações.

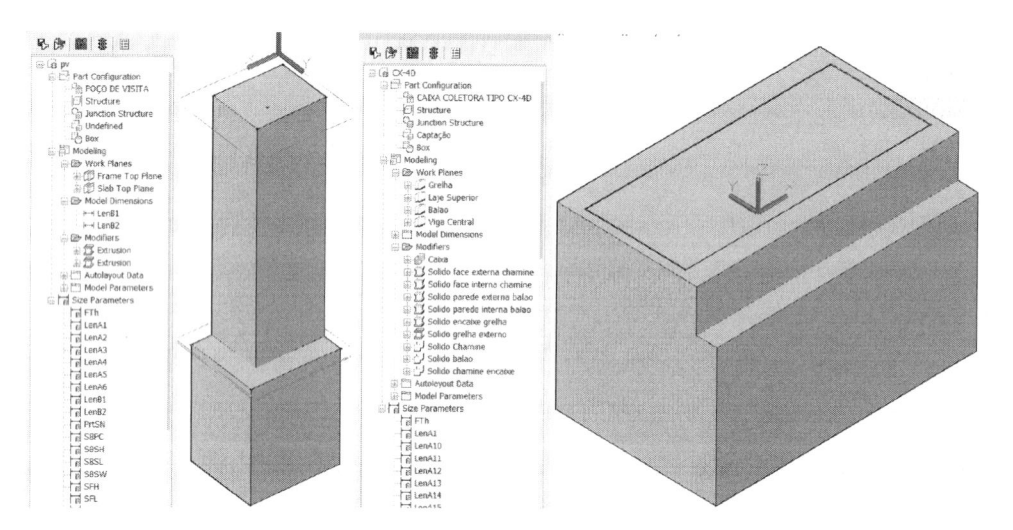

Figura 18.6 Modelos de dispositivos no ambiente do compositor Part Builder.

O painel lateral do compositor **Part Builder** dispõe de diversas ferramentas para modelagem das geometrias dos componentes para as redes, além de permitir definir as variáveis e os parâmetros para incorporar nos componentes modelados, em que se podem destacar algumas das principais ferramentas:

- **Part Configuration:** constituído por ferramentas para a definição de nome, tipo e forma para o componente.
- **Modeling:** dispõem de um conjunto de ferramentas para a modelagem dos componentes.
- **Work Planes:** ferramenta de criação de planos de trabalho para a definição de geometrias e realizar extrusões de um plano a outro plano.
- **Model Dimensions:** possibilita a definição de parâmetros dimensionais para as geometrias dos componentes.
- **Modifiers:** nessa pasta ficam alocadas os registros de modificação dos componentes, como as extrusões, e demais operações booleanas realizadas para a modelagem do componente.

- **Model Parameters:** todos os parâmetros e variáveis definidos para o componente ficam alocados nessa pasta.

- **Size Parameters:** ferramenta de acesso ao ambiente **Edit Part Sizes** para o gerenciamento dos parâmetros criados para o componente. Nesse ambiente, é possível determinar fórmulas, criar listas de dimensões, especificar as descrições, entre outros recursos.

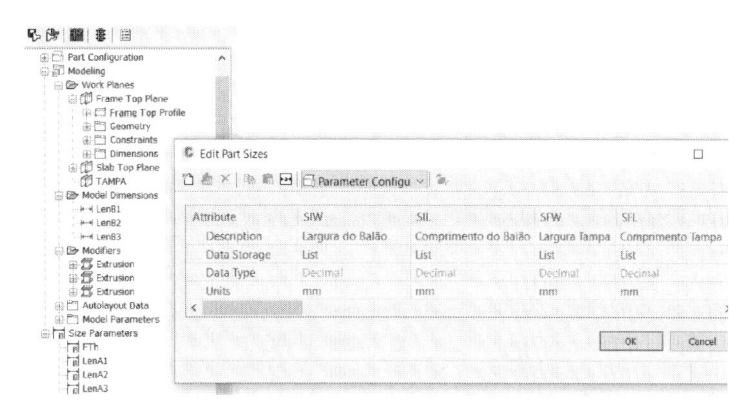

Figura 18.7 Ferramentas do painel do compositor e caixa de gerenciamento dos parâmetros.

Agora, estude o exemplo a seguir:

1. Copie a pasta **DER-SP**, disponível na plataforma da editora, e cole no diretório C:\ProgramData\ Autodesk\C3D 2020\enu\Pipes Catalog\Metric Structures. A pasta copiada contém alguns modelos de exemplos de dispositivos de drenagem. Os procedimentos a seguir ilustram como utilizar o exemplo do poço de visita fornecido, para adequação de suas dimensões para o projeto padrão do Poço de Visita Tipo A (PVA) para bueiros de DN 1,00m conforme PP-DE-H07/86 do DER de SP.

2. Inicie o Autodesk Civil 3D.

3. Acesse a ferramenta da ribbon **Home > Create Design > Set Pipe Network Catalog**.

4. Na caixa de diálogo **Pipe Network Catalog Settings**, selecione os catálogos **Metric Pipe Catalog** e **Metric Structure Catalog**. Clique no botão **OK**.

5. Na linha de comando, digite **PARTCATALOGREGEN**, digite **S** para atualizar a lista de dispositivos e confirme com **Enter** para atualizar os componentes do catálogo.

6. Na linha de comando, selecione a opção **S** (structure) para atualizar a lista de dispositivos do catálogo, que deverá incluir a pasta com os exemplos copiados para o diretório do catálogo.

7. Acesse a ferramenta da ribbon **Home > Create Design > Part Builder**.

8. Na caixa **Getting Started – Catalog Screen**, selecione o tipo **Structure** no campo **Part catalog**, localize o dispositivo **POÇO DE VISITA** e clique no botão **Modify Part Sizes** (Figura 18.8).

9. Navegue no painel de parâmetros para identificar os parâmetros e dimensões do dispositivo de poço de visita.

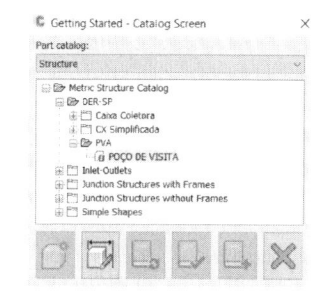

Figura 18.8 Janela de seleção do componente do catálogo para modificação.

10. No painel de parâmetros expanda **Modeling**, clique com o botão direito do mouse sobre **Model Parameters** e selecione a opção **Edit**.

11. Na caixa **Model Parameters**, configure (Figura 18.9):

    ◆ no parâmetro **LenB1 – Altura da Caixa ou do Balão**, alterar para **20** na coluna **Equation**;

- no parâmetro **SFL**, alterar descrição para **Comprimento da Chaminé** na coluna **Description** e alterar o valor para **10** na coluna **Equation**;

- no parâmetro **SFW**, alterar descrição para **Largura da Chaminé** na coluna **Description** e alterar o valor para **10** na coluna **Equation**;

- no parâmetro **SIL – Comprimento do Balão**, alterar para **20** na coluna **Equation**;

- no parâmetro **SIW – Largura do Balão**, alterar para **20** na coluna **Equation**;

- no parâmetro **SRS – Altura Total do Dispositivo**, alterar para **30** na coluna **Equation**;

- utilize o botão **New** para criar parâmetros voltados ao modelo BIM de coordenação, como Código da Composição, Material, Quantidades, entre outros;

- clique no botão **Close** e verifique o comportamento do dispositivo na área de trabalho.

  Os procedimentos a seguir ilustram as ferramentas para a criação de geometrias parametrizadas, além da realização de operações booleanas na região da chaminé do poço de visita.

12. Clique com o botão direito sobre o plano de trabalho **Frame Top Plane**, que representa o topo da chaminé do poço de visita, e selecione a opção **Set View**.

13. Clique com o botão direito sobre o plano de trabalho **Frame Top Plane** e selecione a opção **Add Geometry > Rectangle** (Figura 18.10).

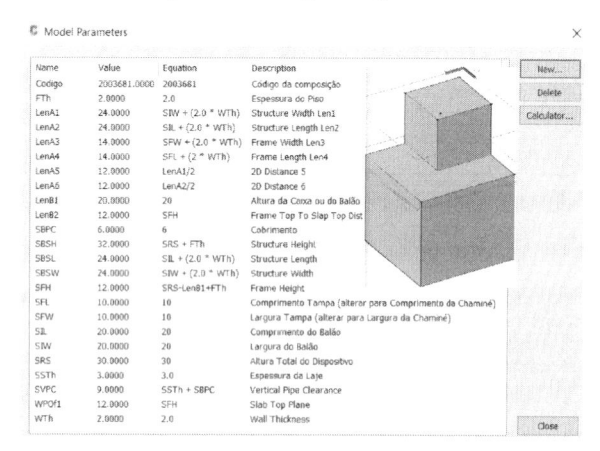

Figura 18.9 Configurações dos parâmetros para adaptação do poço de visita tipo PVA.

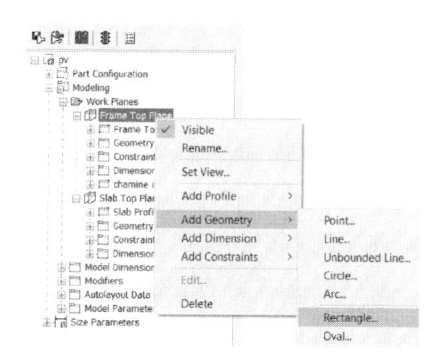

Figura 18.10 Ferramenta para a criação de geometria retangular no plano do topo da chaminé.

14. Desenhe o retângulo na região interna da chaminé do poço de visita, ainda sem precisão (Figura 18.11).

15. Clique com o botão direito sobre o plano de trabalho **Frame Top Plane** e selecione a opção **Add Dimension > Parallel Distance**. Essas dimensões controlarão as espessuras para as paredes da chaminé (Figura 18.12).

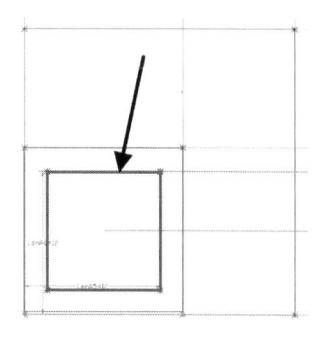

Figura 18.11 Geometria do retângulo interno para representar a parede da chaminé.

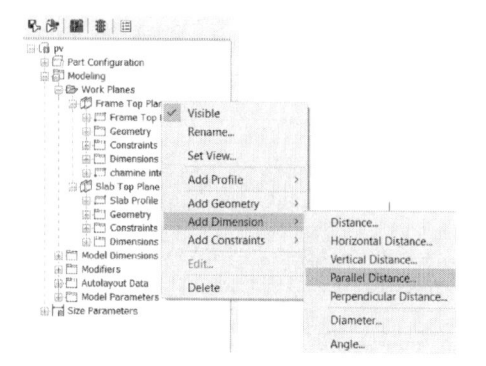

Figura 18.12 Criação de dimensões para controle das espessuras da parede da chaminé.

16. Na área de trabalho, clique na linha externa da parede da chaminé e depois na linha interna. Por fim, selecione a linha externa novamente para ser utilizada como referência.

17. Será solicitado o valor para a dimensão da espessura da parede selecionada, na linha de comando digite **2** e confirme com a tecla **Enter**.

18. Repita os procedimentos para colocar as dimensões para as quatro linhas que formam a chaminé.

19. Verifique a criação das novas dimensões paramétricas LenA7, LenA8, LenA9 e LenA10 (Figura 18.13).

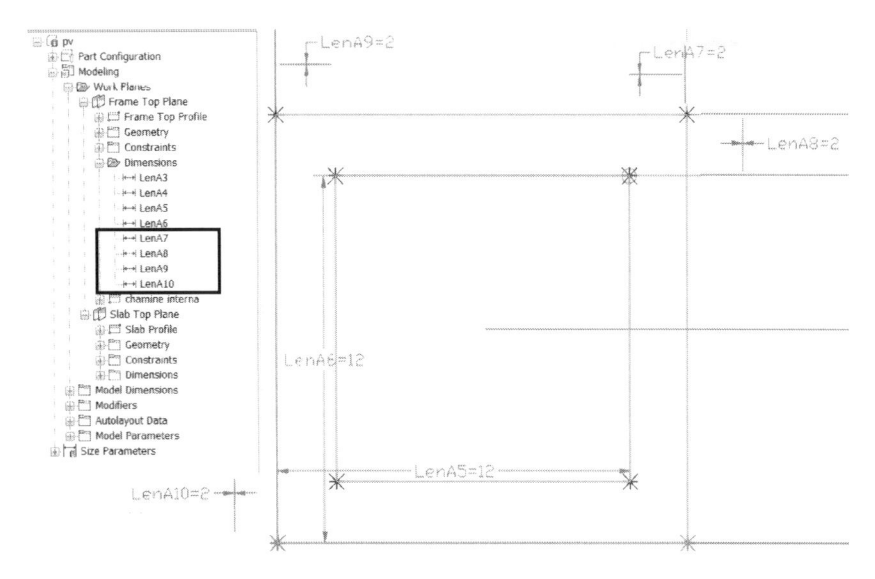

Figura 18.13 Dimensões criadas para controle das espessuras da parede da chaminé.

20. No painel de parâmetros, clique com o botão direito do mouse sobre **Model Parameters** e selecione a opção **Edit**.

21. Na caixa de diálogo **Model Parameters**, localize as novas dimensões criadas (LenA7, LenA8, LenA9 e LenA10) e associe ao parâmetro existente **Wth – Wall Thickness**, que controla a espessura das paredes do dispositivo. Digite a descrição **Espessura Parede Chaminé** no campo **Description** (Figura 18.14).

22. No painel de parâmetros, clique com o botão direito sobre o plano **Frame Top Plane** e selecione **Add Profile > Custom**.

C Model Parameters

Name	Value	Equation	Description
FTh	2.0000	2	Espessura do Piso
LenA1	24.0000	SIW + (2.0 * WTh)	Structure Width Len1
LenA10	2.0000	WTh	Espessura Parede Chaminé
LenA2	24.0000	SIL + (2.0 * WTh)	Structure Length Len2
LenA3	14.0000	SFW + (2.0 * WTh)	Frame Width Len3
LenA4	14.0000	SFL + (2 * WTh)	Frame Length Len4
LenA5	12.0000	LenA1/2	2D Distance 5
LenA6	12.0000	LenA2/2	2D Distance 6
LenA7	2.0000	WTh	Espessura Parede Chaminé
LenA8	2.0000	WTh	Espessura Parede Chaminé
LenA9	2.0000	WTh	Espessura Parede Chaminé
LenB1	20.0000	20	Altura da Caixa ou do Balão
LenB2	20.0000	SFH	Frame Top To Slap Top Dist
SBPC	6.0000	6.0	Cobrimento
SBSH	32.0000	SRS + FTh	Structure Height
SBSL	24.0000	SIL + (2.0 * WTh)	Structure Length
SBSW	24.0000	SIW + (2.0 * WTh)	Structure Width
SFH	12.0000	SRS-LenB1+FTh	Frame Height
SFL	10.0000	10	Comprimento da Chaminé
SFW	10.0000	10	Largura da Chaminé
SIL	20.0000	20	Comprimento do Balão
SIW	20.0000	20	Largura do Balão
SRS	30.0000	30	Altura Total do Dispositivo
SSTh	3.0000	3.0	Espessura da Laje
SVPC	9.0000	SSTh + SBPC	Vertical Pipe Clearance
WPOH	12.0000	SFH	Slab Top Plane
WTh	2.0000	2.0	Wall Thickness

Figura 18.14 Configurações dos parâmetros do poço de visita.

23. Na linha de comando, digite **Chaminé Interna** e pressione **Enter** para definir o nome do perfil que será utilizado para extrusão interna da chaminé.

24. Na área de trabalho, selecione as linhas das paredes internas da chaminé.

25. No painel de parâmetros, clique com o botão direito em **Modifiers** e selecione a opção **Add Extrusion**.

26. Na área de trabalho, selecione a geometria retangular (Profile) das paredes internas da chaminé.

27. Na caixa de diálogo **Extrusion Modifier**, selecione o tipo de extrusão **Plane** no campo **Type**, verifique a direção da extrusão para o plano **Slab Top Plane** no quadro **To:** e clique no botão **OK** (Figura 18.15).

28. Verifique a peça extrudada na área de trabalho.

29. No painel de parâmetros, clique com o botão direito em **Modifiers** e selecione a opção **Add Boolean Subtract**, para remover o maciço sólido do interior da chaminé (Figura 18.16).

30. Na área de trabalho, selecione primeiro a caixa externa da chaminé, em seguida selecione a extrusão interna da chaminé e pressione a tecla **Enter**.

31. Verifique o comportamento do modelo da chaminé na área de trabalho (Figura 18.17).

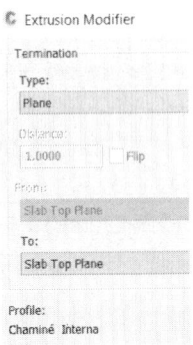

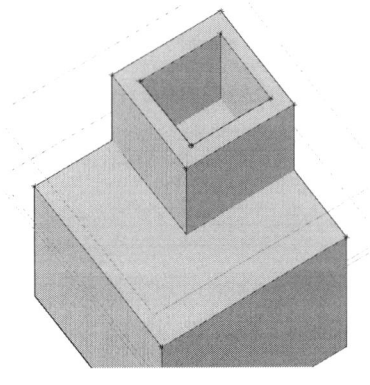

Figura 18.15 Configuração para extrusão da geometria da parede interna da chaminé do pv.

Figura 18.16 Ferramenta de remoção do maciço interno da chaminé do pv.

Figura 18.17 Modelo do poço de visita com a chaminé vazada.

32. No painel de parâmetros, clique com o botão direito do mouse sobre **Model Parameters** e selecione a opção **Edit**.

33. Na caixa de diálogo **Model Parameters**, altere os valores dos parâmetros conhecido para verificar o funcionamento da parametrização para o dispositivo de poço de visita.

34. Crie planos de trabalho, geometrias, parâmetros e extrusões para construir o espaço vazio interno do balão do poço de visita, respeitando as espessuras de paredes e lajes.

35. No painel de parâmetros, clique no botão **Validate**, verifique o resultado na parte inferior do painel de parâmetros e clique no botão **Details** para visualizar os detalhes, clique em **Close** (Figura 18.18).

36. Na parte superior do painel de parâmetros, clique no botão **Generate Bitmap** para criar uma imagem atualizada do dispositivo para exibição no catálogo de componentes.

37. Na caixa de diálogo **Bitmap Preview**, escolha uma das vistas nos botões no quadro **Generate view** e clique no botão **OK** (Figura 18.19).

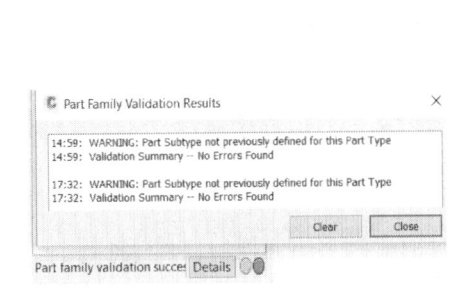
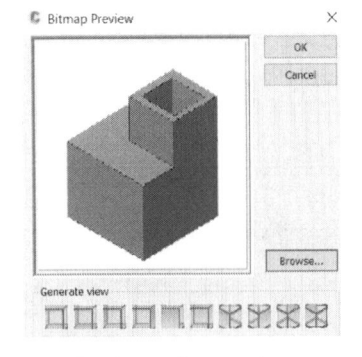

Figura 18.18 Detalhes da verificação nos parâmetros do dispositivo.

Figura 18.19 Interface da caixa de criação da imagem para o dispositivo.

38. Feche o painel de parâmetros e grave o arquivo quando solicitado.

39. Feche e grave o arquivo DWG do dispositivo.

40. Na aba **Settings** da **Toolspace**, expanda **Pipe Network**, clique com o botão direito do mouse sobre **Parts Lists** e selecione a opção **New**.

41. Na aba **Structures** da caixa **Network Parts Lists**, clique com o botão direito do mouse sobre **New Parts List** e selecione a opção **Add part Family** (Figura 18.20).

42. Na caixa **Part Catalog** localize o dispositivo do poço de visita readequado (Figura 18.21).

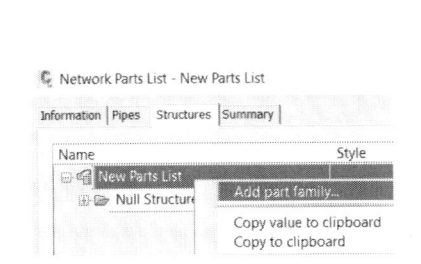 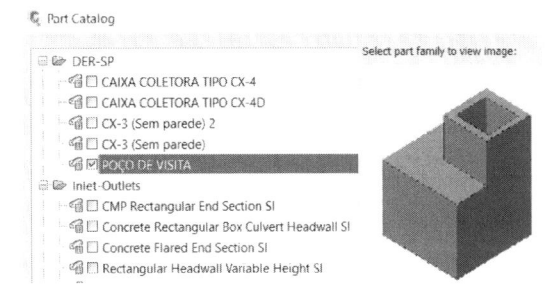

Figura 18.20 Interface da caixa de acesso ao catálogo de dispositivos.   **Figura 18.21** Poço de visita presente na lista de dispositivos do catálogo.

18.3 Redes por gravidade – Pipe Network

As ferramentas de pipe network auxiliam na elaboração de redes com sistema por gravidade, frequentemente utilizados em projetos de esgotamento sanitário e drenagem de águas pluviais, possibilitando desenvolver partes de projetos de redes elétricas subterrâneas. As características de redes de pipe network definem o relacionamento entre os componentes presentes na malha das redes, em que os nós são representados pelas estruturas (structures), como caixas e poços de visita, e os links são representados pelos tubos (pipes).

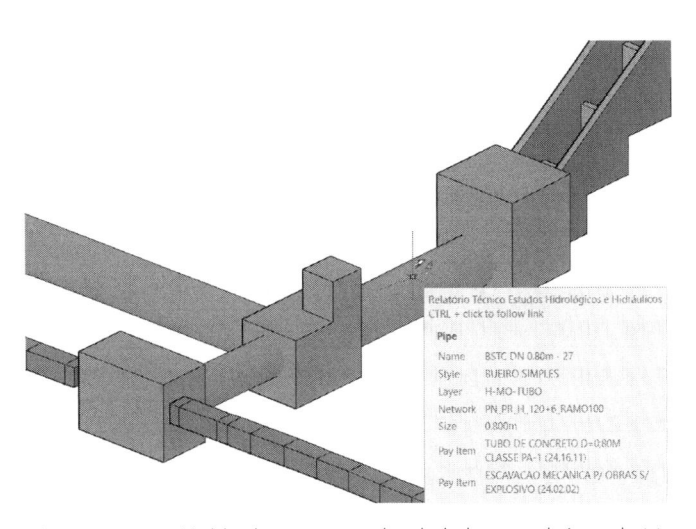

Figura 18.22 Modelos de componentes de rede de drenagem de águas pluviais.

A representação dos componentes das redes de **Pipe Network** é controlada por meio da configuração dos estilos para as estruturas e os tubos, além dos estilos de seus rótulos, e, assim, representar os componentes das redes nas vistas de plantas, perfis longitudinais e seções transversais. Esses estilos, juntamente aos parâmetros geométricos (part rules), são controlados por meio da configuração de parts lists.

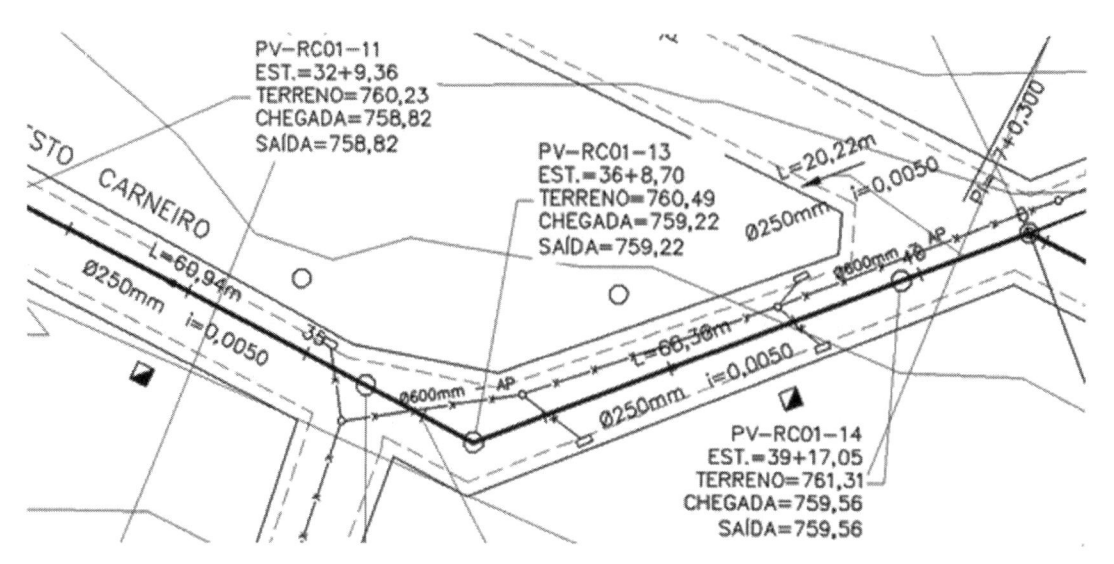

Figura 18.23 Redes de esgotamento sanitário e drenagem de águas pluviais.

As principais configurações e parâmetros utilizados para o desenvolvimento de projetos de redes de infraestrutura por meio dos recursos de **Pipe Networks** englobam as condições geométricas de interação com o modelo de superfície, como o recobrimento e as declividades mínimas e máximas para os tubos, além dos parâmetros geométricos para os dispositivos. Dentre essas configurações, destacam-se:

- **Invert:** definido pela cota da geratriz inferior interna do tubo.

- **Crown:** trabalha com a cota da geratriz superior interna do tubo.

- **Pipe Centerline Elevation:** parâmetro da cota da linha de centro do tubo.

- **Cover or Depth:** refere-se ao parâmetro da profundidade de recobrimento do tubo ou à parte externa mais elevada de um tubo.

- **Slope:** parâmetro de declividade do tubo, a qual é definida pela diferença entre as cotas de chegada e saída do tubo pelo seu comprimento horizontal. A inclinação geralmente é representada em porcentagem ou metro por metro (m/m). É possível configurar a representação dos rótulos da tubulação a partir dos estilos.

- **Rim:** parâmetro da cota do topo de dispositivo, poço de visita, caixa, boca de bueiro, entre outros.

- **Frame:** parâmetro da chaminé de um dispositivo. A cota do topo do frame geralmente coincide com a elevação Rim.

- **Cover:** parâmetro do acesso superior da cobertura de um bueiro, utilizado para inspeção de um bueiro. Seu formato geralmente é circular, mas também pode ser retangular. O parâmetro **Cover** está colocado em um frame e geralmente é construído de alvenaria.

- **Grate:** parâmetro da abertura superior de um dispositivo que geralmente contém diversas aberturas para permitir a entrada da água na estrutura. Também denominada grelha, está alocada no frame e geralmente é construída com ferro fundido. Pode ser de várias formas, mas geralmente é circular.

- **Sump and Sump Depth:** parâmetro para a configuração da área inferior ou da câmara dentro de uma junção de estrutura. A área da sump muitas vezes é utilizada como um reservatório para o dispositivo. **Sump Depth** é a distância inferior interna da estrutura até a parte inferior do tubo conectado a ela e pode variar de acordo com os requisitos do projeto.

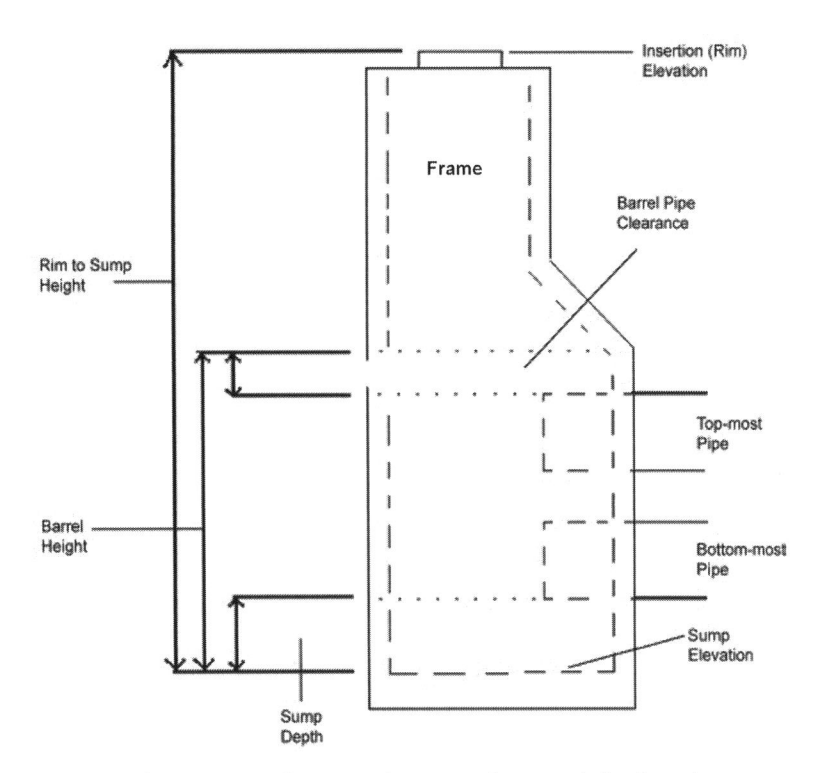

Figura 18.24 Principais parâmetros para dispositivos de Pipe Network.

18.4 Critérios geométricos – part rules

Com as ferramentas de part rules para os componentes da rede, é possível aumentar o nível de automação do desenho por meio de regras criadas para atender a requisitos e normas do projeto. Os critérios de part rules permitem montar os componentes da rede de acordo com algumas regras geométricas para posicionamento e dimensionamento de seus componentes. Esses critérios geométricos podem ser estabelecidos na caixa de diálogo **Pipe Rule Set**.

Os critérios part rules controlam as propriedades geométricas que influenciam no comportamento dos componentes de redes modeladas com pipe network. É possível personalizar regras que atendam às normas exigidas por agências ou para atender a critérios específicos solicitados para o projeto.

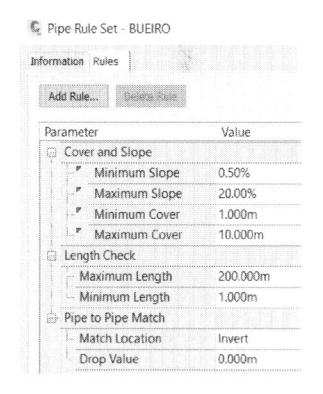

Figura 18.25 Configurações dos critérios geométricos para tubos.

Os objetos de pipe network utilizam as regras de part rules para:

■ determinar as cotas dos tubos e os dispositivos durante o processo de criação das redes;

■ especificar como será feita a conexão dos tubos com os dispositivos;

■ informar sobre os critérios violados após a elaboração das redes.

Na ocorrência de trechos de redes em que não seja possível executar as solicitações dos critérios para o posicionamento dos componentes, as violações serão exibidas como ícones de advertências diretamente sobre os componentes da rede dentro da aba **Prospector** da **Toolspace**. Entretanto, isso não impede o processo de criação ou edição dos componentes que violam os critérios, pois essas advertências possuem o caráter informal.

Status	Name	Descri...	Style	Rule Set	Overrid...	Render...	Shape	Inner D...
✔1	⬯BSTC DN 0.80 - 25	BSTC DN	BUEIRO S	BUEIRO	No	Concrete.	Circular	0.800m
✔	Minimum cover is violated		UEIRO S	BUEIRO	No	Concrete.	Circular	0.800m
✔			UEIRO S	BUEIRO	No	Concrete.	Circular	0.800m
✔1	⬯BSTC DN 0.80m - 29	BSTC DN	BUEIRO S	BUEIRO	No	Concrete.	Circular	0.600m
✔2	⬯BSTC DN 0.80m - 27	BSTC DN	BUEIRO S	BUEIRO	No	Concrete.	Circular	0.800m

Figura 18.26 Indicações de violações do critério de recobrimento mínimo tubos exibidos na Toolspace.

Os parâmetros geométricos para os tubos **pipe rules** controlam o comportamento das inclinações e a profundidades de cada trecho de tubulação durante o processo de criação das redes. As definições das cotas, as inclinações e as profundidades dos tubos consideram as elevações do modelo da superfície definidas para o projeto (Figura 18.27).

- **Minimum Slope:** controla a declividade mínima para o tubo.
- **Maximum Slope:** especifica a declividade máxima para o tubo.
- **Minimum Cover:** determina o valor do recobrimento mínimo do tubo até a superfície desejada.
- **Maximum Cover:** especifica o valor do recobrimento máximo do tubo até a superfície selecionada.
- **Maximum Pipe Length:** determina o valor do comprimento máximo do tubo.
- **Minimum Pipe Length:** controla o comprimento mínimo do tubo.
- **Match Location:** define o ponto de conexão do tubo.
- **Drop Value:** determina o valor da diferença da cota de saída de um tubo em relação à cota da chegada do tubo em um dispositivo.

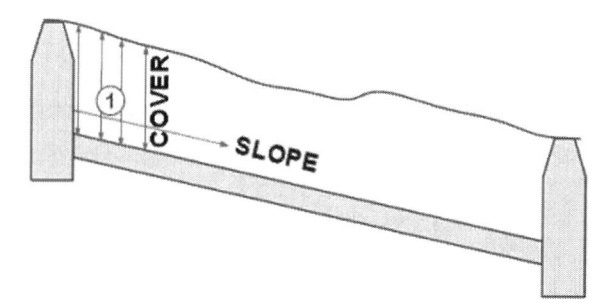

Figura 18.27 Principais parâmetros geométricos para tubos.

Os parâmetros de **Structure Rules** controlam como a elevação da profundidade de um dispositivo é calculada durante o processo de elaboração das redes (Figura 18.28), em que:

- **Maximum Pipe Diameter or Width:** controla o diâmetro ou a largura máxima dos tubos que podem se conectar ao dispositivo.
- **Drop Reference Location:** determina o ponto de referência de posicionamento dos tubos no dispositivo, podendo escolher entre a geratriz inferior e superior, ou no eixo do tubo como referência.
- **Drop Value:** configura o valor da diferença da cota de saída de um tubo em relação à chegada de um tubo dentro de um dispositivo. Com esse parâmetro, é possível identificar o uso de tubo de queda ou degrau nos dispositivos.
- **Maximum Drop Value:** determina o valor máximo para o critério **Drop Value**.
- **Sump Depth:** controla a profundidade entre o fundo da estrutura e a geratriz inferior do tubo conectado ao dispositivo. Esse critério pode ser utilizado para determinar um reservatório no fundo dos dispositivos, a fim de reduzir a vazão na rede projetada.

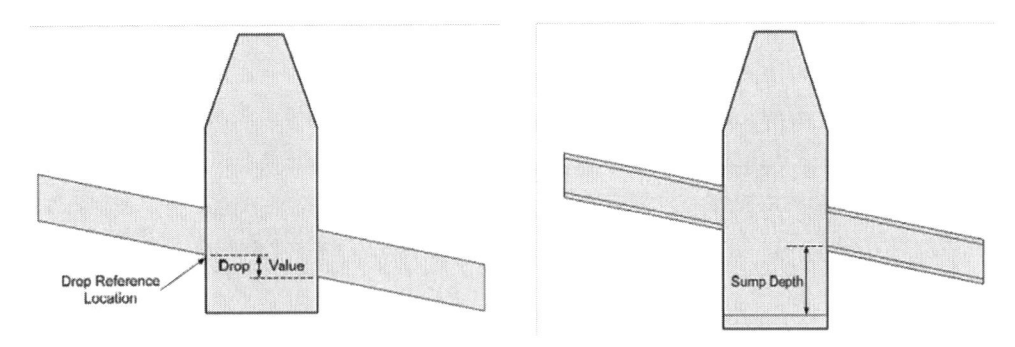

Figura 18.28 Principais parâmetros geométricos para os dispositivos.

18.5 Lista de especificações de componentes – part list

O recurso de part list trata-se da lista de especificações dos componentes que serão utilizados nos projetos das redes, nos quais é possível importar e configurar os componentes do catálogo, controlar os estilos utilizados na visualização de cada um dos componentes da rede (styles), determinar qual conjunto de critérios geométricos será aplicado ao projeto (rules), selecionar o tipo de material para a renderização dos componentes (render material) e, ainda, configurar os itens para a extração de quantitativos do projeto de redes (pay item). Essas configurações podem ser efetuadas pelas abas **Pipes** e **Structures** da caixa de diálogo **Network Parts List** (Figura 18.29).

É importante salientar que as bibliotecas de componentes para as redes de Pipe Networks ficam alocadas em diretórios específicos do Autodesk Civil 3D, enquanto as listas de especificações de componentes Parts Lists, que possuem as configurações de como aplicar os componentes, devem estar presentes nos arquivos de templates para utilização nos projetos de infraestrutura. Tais configurações podem ser acessadas na aba **Settings** da **Toolspace** (Figura 18.30).

Figura 18.29 Exemplo de lista de especificações para tubos.

Figura 18.30 Configurações para redes de tubulações.

Agora, estude o exemplo a seguir:

1. Copie a pasta **DER-SP**, disponível na plataforma da editora, e cole no diretório C:\ProgramData\ Autodesk\C3D 2020\Menu\Pipes Catalog\Metric Structures. A pasta copiada contém alguns modelos de exemplos de dispositivos de drenagem.

2. Inicie o Autodesk Civil 3D e abra o arquivo **18-5-1_CATALOGO_DRENAGEM.DWG**, disponível na plataforma da editora.

3. Acesse a ferramenta da ribbon **Home > Create Design > Set Pipe Network Catalog**.

4. Na caixa de diálogo **Pipe Network Catalog Settings**, selecione os catálogos **Metric Pipe Catalog** e **Metric Structure Catalog**. Clique no botão **OK**.

5. Na linha de comando, digite **PARTCATALOGREGEN**, digite **S** para atualizar a lista de dispositivos e confirme com **Enter** para atualizar o catálogo.

6. Na aba **Settings** da **Toolspace**, expanda **Pipe Network > Parts Lists**, clique com o botão direito do mouse sobre a lista de especificação **DRENAGEM** e selecione a opção **Edit**.

7. Na aba **Structures** da caixa de diálogo **Network Parts List**, clique com o botão direito sobre a lista **DRENAGEM** e selecione a opção **Add part family** (Figura 18.31).

8. Na caixa **Part Catalog**, selecione o dispositivo **POÇO DE VISITA TIPO A (H<3,00m)** e clique no botão **OK** (Figura 18.32).

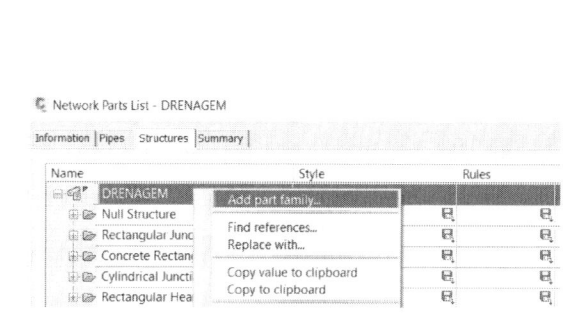

Figura 18.31 Adição de dispositivos de drenagem na lista de especificações.

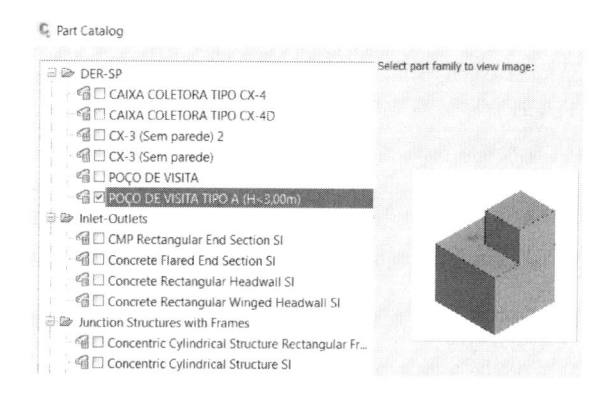

Figura 18.32 Adição de categorias de dispositivos de drenagem na lista de especificações.

9. Na aba **Structures**, da caixa de diálogo **Network Parts List**, clique com o botão direito sobre o dispositivo **POÇO DE VISITA TIPO A (H<3,00m)** e selecione a opção **Add part size** (Figura 18.33).

10. Na caixa **Part Size Creator**, configure os seguintes parâmetros (Figura 18.34):

   ◆ espessura do piso = 200.000;
   ◆ comprimento chaminé = 1000.000;
   ◆ largura da chaminé = 1000.000;
   ◆ cobrimento = 200.000;
   ◆ espessura da laje = 200.000;
   ◆ comprimento do balão = 2000.000;
   ◆ altura da caixa ou do balão = 2000.000;
   ◆ largura do balão = 2000.000;
   ◆ paredes = 200.000;
   ◆ material = alvenaria estrutural;
   ◆ clique no botão **OK**.

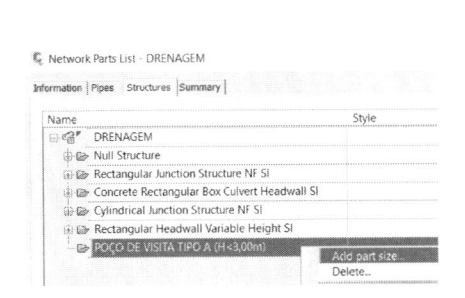

Figura 18.33 Adição de dispositivos de drenagem na lista de especificações.

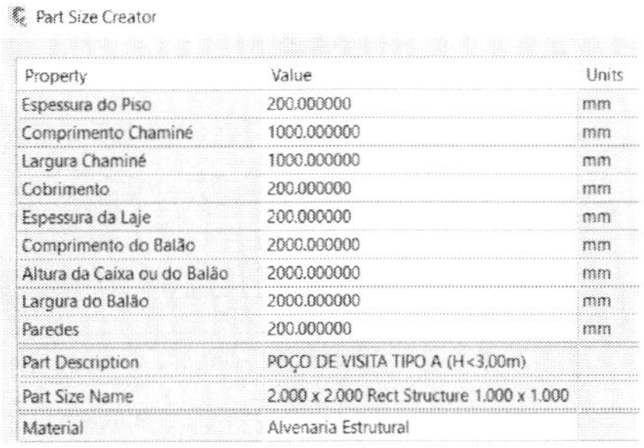

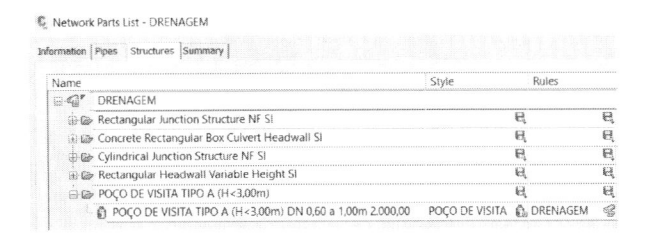

Figura 18.34 Configurações dos parâmetros geométricos para o poço de visita.

11. Na aba **Structures** da caixa de diálogo **Network Parts List**, expanda a família do **POÇO DE VISITA TIPO A (H<3,00m)**, renomeie o dispositivo criado para **POÇO DE VISITA TIPO A (H<3,00m) DN 0,60 a 1,00m**, selecione o estilo **POÇO DE VISITA** na coluna **Style** e selecione o critério **DRENAGEM** na coluna **Rules** (Figura 18.35).

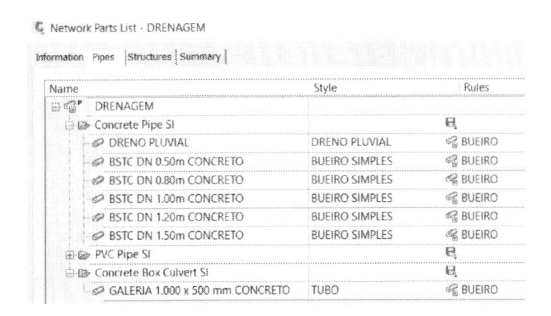

Figura 18.35 Dispositivo do poço de visita configurado na lista de especificações.

12. Acesse a aba **Pipes** da caixa de diálogo **Network Parts List** e identifique as classificações para os tubos, verifique os estilos e critérios aplicados nas colunas **Style** e **Rules** presentes na lista e clique no botão **OK** (Figura 18.36).

Figura 18.36 Dispositivo do poço de visita configurado na lista de especificações.

13. Feche o arquivo.

18.6 Criação e manipulação de redes por gravidade

As redes de esgoto, drenagem e elétrica subterrânea podem ser projetadas utilizando as ferramentas de Pipe Networks, em que a primeira opção a ser considerada é a possibilidade de utilizar as geometrias existentes no desenho como polylines para auxiliar na criação do caminhamento das redes, tanto para representar as redes existentes para uso no cadastro de interferências, quanto para lançamento das redes projetadas. Esse processo de uso de geometrias existentes pela ferramenta **Create Pipe Network from Object** construirá a rede utilizando um único dispositivo e um único diâmetro para toda a rede, que poderá ser modificado posteriormente.

A segunda opção para criação e manipulação de redes de infraestrutura faz uso da barra de ferramenta **Network Layout Tools**, em que está disposto um conjunto de ferramentas que possibilitam a escolha do tipo de dispositivo e de tubulação que será aplicado na elaboração da rede, além de permitir a escolha da lista de especificações, eleger a superfície de trabalho, alinhamento de referência, ponto de conexão do tubo no dispositivo e ainda escolher o sentido de lançamento da rede, de montante para jusante e vice-versa (Figura 18.37).

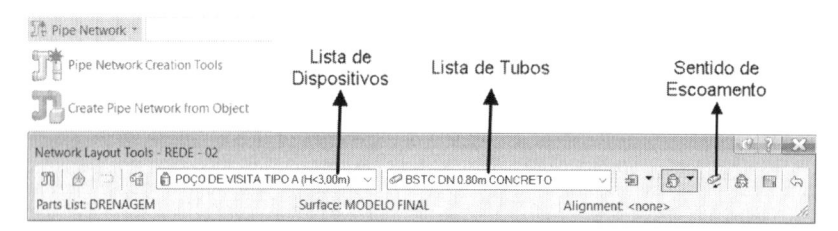

Figura 18.37 Barra de ferramentas para a criação e manipulação de redes.

- **Pipe Network Properties:** ferramenta de acesso à caixa de propriedades da rede para alterar as configurações da rede selecionada.

- **Select Surface:** ferramenta que permite selecionar uma superfície presente no desenho para referenciar as elevações dos dispositivos da rede.

- **Select Alignment:** ferramenta que seleciona um alinhamento para referenciar o estaqueamento da rede.

- **Parts List:** ferramenta para seleção dos critérios de projeto para aplicação na rede.

- **Structure List (lista de dispositivos):** ferramenta utilizada para selecionar o tipo e o tamanho do dispositivo a ser criado. Essa lista exibe os dispositivos especificados na parts list selecionada.

- **Pipes List (lista de tubos):** ferramenta utilizada para selecionar o tipo e o diâmetro do tubo a ser projetado.

Essa lista exibe os tubos especificados na parts list selecionada:

- **Structure Insertion Point:** ferramenta para a escolha do ponto de conexão do tubo no dispositivo.

- **Draw Pipes and Structures:** ferramentas para determinar os métodos de criação da rede. É possível adicionar tubos, dispositivos ou dispositivos interligados com tubos.

- **Toggle Upslope/Downslope:** ferramenta utilizada para controlar a inclinação dos tubos criados em redes de sistema por gravidade. Durante a criação da rede, pode-se determinar a direção do escoamento dos tubos (montante/jusante) para criar um fluxo contínuo na rede projetada.

- **Delete Pipe Network Object:** ferramenta para remover um componente da rede.

- **Pipe Network Vistas:** ferramenta que exibe a janela **Panorama** para verificação e análise dos componentes projetados na rede.

A manipulação e as edições nos componentes das redes podem ser realizadas de várias maneiras, incluindo a manipulação dos grips dos tubos e dispositivos, por meio da caixa de propriedades de cada componente selecionado na rede, por meio da barra de ferramentas utilizada na criação da rede, ou ainda pelo uso da ribbon contextual **Pipe Networks** (Figura 18.38).

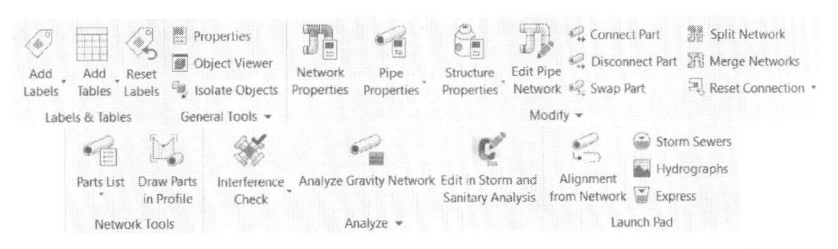

Figura 18.38 Conjunto de ferramentas para a manipulação de redes de infraestrutura.

A ribbon contextual **Pipe Networks** oferece inúmeras ferramentas para a manipulação de redes de tubulações, incluindo o acesso às caixas de propriedades dos componentes, rótulos, substituição de componentes da rente. Dentre essas ferramentas, podem ser destacadas:

■ **Network Properties:** ferramenta de acesso à caixa de diálogo de propriedades da rede para alteração das principais configurações da rede selecionada.

■ **Pipe Properties/Structure Properties:** ferramentas de acesso à caixa de propriedades do tubo ou do dispositivo selecionado para alteração nos valores do componente, estilos e critérios de projeto.

■ **Edit Pipe Network:** ferramenta de abertura da barra de ferramentas **Network Layout Tools** para remover, substituir ou adicionar componentes na rede selecionada.

■ **Edit Pipe Style/Edit Structure Style:** ferramentas de acesso à caixa de estilos dos componentes para alteração em suas representações gráficas.

■ **Connect/Disconnect Part:** ferramenta que permite a conexão e desconexão de componentes na rede.

■ **Swap Part:** ferramenta que permite substituir um dispositivo da rede por outro. Esse recurso é muito utilizado para alterar os diâmetros dos tubos ou substituir os dispositivos presentes nas redes.

■ **Split Network:** separa os componentes selecionado de uma rede para a criação de uma nova rede de tubulação.

■ **Merge Networks:** une componentes de duas redes em uma única rede de tubulações.

■ **Reset Connection:** ferramenta de restauração do ponto original de conexão do tubo em um dispositivo da rede.

■ **Draw Parts in Profile:** ferramenta utilizada para a projeção dos componentes selecionados em um gráfico de perfil longitudinal existente no desenho.

■ **Apply Rule:** ferramenta utilizada para aplicar os parâmetros geométricos nos componentes da rede selecionada.

■ **Interference Check:** ferramenta utilizada para a identificação de eventuais colisões entre componentes de redes distintas.

■ **Analyze Gravity Network:** recurso de execução de análise no modelo da rede de tubulação.

■ **Edit in Storm And Sanitary Analysis:** acessa o aplicativo de elaboração de análise e simulação no modelo da rede projetada.

■ **Alignment from Network:** ferramenta que permite a criação de um traçado horizontal sobre um trecho de rede selecionada no modelo.

Agora, estude o exemplo a seguir:

1. Copie a pasta **DER-SP**, disponível na plataforma da editora, e cole no diretório C:\ProgramData\Autodesk\C3D 2020\Menu\Pipes Catalog\Metric Structures. A pasta copiada contém alguns modelos de exemplos de dispositivos de drenagem.

2. Inicie o Autodesk Civil 3D e abra o arquivo **18-6-1_REDE_DRENAGEM.DWG**, disponível na plataforma da editora.

3. Acesse a ferramenta da ribbon **Home > Create Design > Set Pipe Network Catalog**.

4. Na caixa de diálogo **Pipe Network Catalog Settings**, selecione os catálogos **Metric Pipe Catalog** e **Metric Structure Catalog**. Clique no botão **OK**.

5. Na linha de comando, digite **PARTCATALOGREGEN** digite **S** para atualizar a lista de dispositivos e confirme com **Enter** para atualizar o catálogo.

6. Orbite no modelo para identificar os exemplos de elementos de infraestrutura, como os furos de sondagens, defensas metálicas, placas de sinalização, postes, além do modelo da superfície composta entre a topografia e o projeto (Figura 18.39).

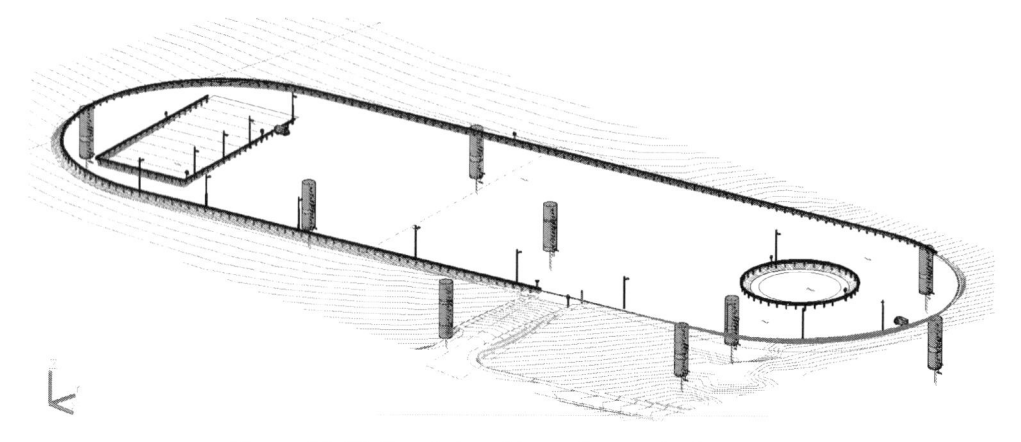

Figura 18.39 Exemplo de modelo com elementos de infraestrutura.

7. Acesse a ferramenta da ribbon **Home > Create Design > Pipe Network > Pipe Network Creation Tools**.

8. Na caixa de diálogo **Create Pipe Network**, configure (Figura 18.40):

   ◆ digite **PN-PR-H-DRENAGEM** no campo **Network Name**;

   ◆ selecione a configuração **DRENAGEM** no campo **Network parts list**;

   ◆ selecione a superfície **SU-PR-G-MODELO FINAL** no campo **Surface name**;

   ◆ selecione o estilo **ESTRUTURAS** no campo **Structure label style**;

   ◆ selecione o estilo **DECLIVIDADE E COMPRIMENTO** no campo **Pipe label style**;

   ◆ clique no botão **OK**.

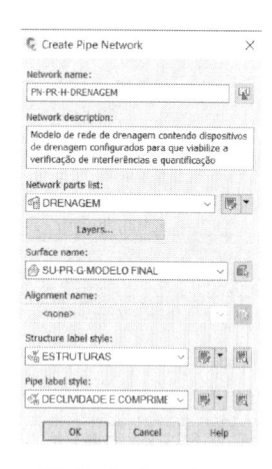

Figura 18.40 Configurações para a criação do modelo da rede de drenagem.

9. Na barra de ferramentas **Network Layout Tools**, verifique os nomes da lista de especificações e da superfície. Selecione o dispositivo **PVA-** no quadro da lista de estruturas e o bueiro **BSTC DN 0.50m CONCRETO** no quadro da lista de tubos. Clique no botão **Pipes and Structures** (Figura 18.41).

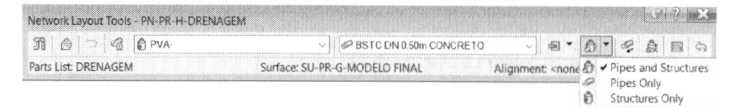

Figura 18.41 Seleção dos elementos para a criação da rede de drenagem.

10. Na área de trabalho, clique nos círculos na sequência **Caixa-1**, **PV-2**, **PV-3**, **PV-4** e **Boca-5** para posicionar os dispositivos e pressione **Enter** para confirmar.

11. Selecione os rótulos dos dispositivos e reposicione-os no desenho por meio dos grip quadrado.

12. Na barra de ferramentas **Network Layout Tools**, selecione o dispositivo **BLCS** no quadro da lista de estruturas e o bueiro **BSTC DN 0.50m CONCRETO** no quadro da lista de tubos. Clique no botão **Pipes and Structures**.

13. Na área de trabalho, clique no centro do círculo **Boca de Lobo-6**, clique no dispositivo **PVA-3** e verifique o símbolo de conexão no cursor do mouse.

14. Selecione e rotacione o dispositivo da boca de lobo por meio do grip circular.

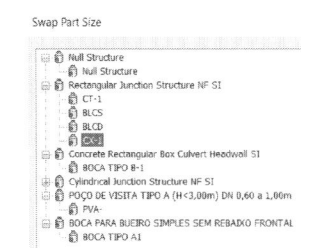

15. Na área de trabalho, selecione o primeiro PVA-1 criado e acesse a ferramenta da ribbon contextual **Pipe Networks** > **Modify** > **Swap Part** para substituir o tipo de dispositivo.

16. Na caixa **Swap Part Size**, selecione o dispositivo **CX-1** e clique no botão **OK** (Figura 18.42).

17. Repita o procedimento anterior para alterar o PVA-5 para **BOCA TIPO A1**.

Figura 18.42 Caixa de substituição de componentes da rede.

18. Navegue no modelo para verificar os componentes presentes na rede de drenagem projetada (Figura 18.43).

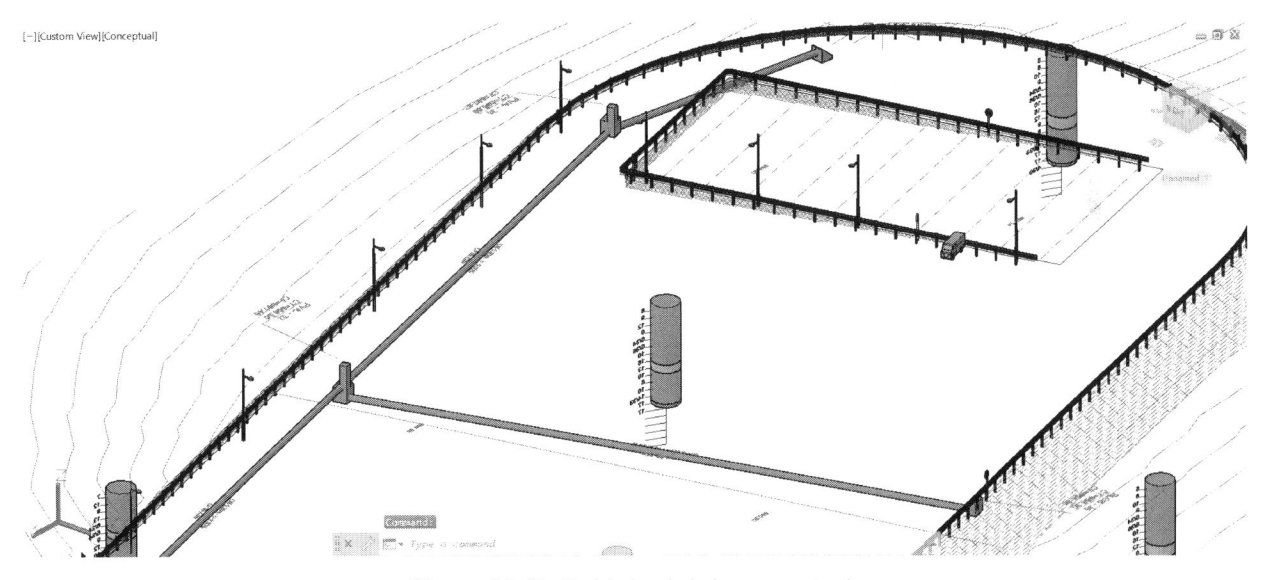

Figura 18.43 Modelo da rede de drenagem projetada.

19. Na área de trabalho, selecione o dispositivo PVA-03 e acesse a ferramenta da ribbon contextual **Pipe Networks** > **Modify** > **Structure Properties** para ajustar as cotas das tubulações de chegadas e saída do poço de visita.

20. Na aba **Connected Pipes** da caixa de diálogo **Structure Properties**, iguale as cotas dos tubos de chegadas (**In**) com o tubo de saída do poço de visita (**Out**). Por exemplo, digite a cota **663.095m** na coluna **Invert Elevation** para definir a elevação da geratriz inferior do tudo de chegada e clique em **OK** (Figura 18.44).

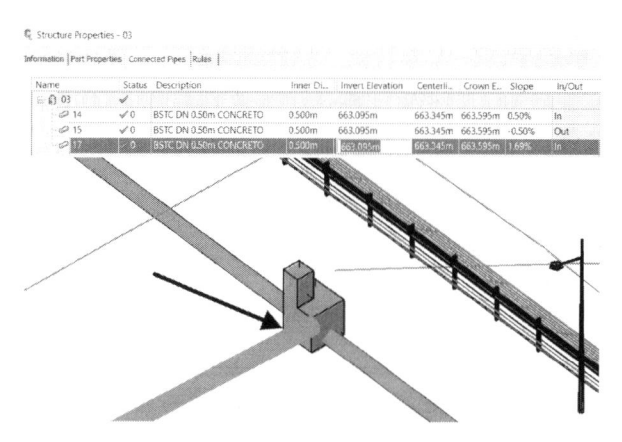

Figura 18.44 Ajustes nas cotas das tubulações de chegadas e saída no poço de visita.

21. Repita o procedimento para ajustar as cotas em outros dispositivos caso necessário.

22. Para exibir os componentes da rede no gráfico do perfil longitudinal será necessário criar o alinhamento horizontal exatamente sobre o caminhamento da rede projetada. Acesse a ferramenta da ribbon **Home** > **Create Design** > **Alignment** > **Create Alignment from Network Parts**.

23. Na área de trabalho, será necessário determinar o trecho da rede para a criação do alinhamento. Selecione o dispositivo da boca de bueiro (Boca-5) e a caixa de passagem (Caixa-1) e confirme com a tecla **Enter**.

24. Na caixa de diálogo **Create Alignment – From Pipe Network**, selecione o estilo **PARALELO** no campo **Alignment style**, selecione o estilo **_No Label** no campo **Alignment label set**, ligue a caixa **Create profile and profile View** para criar o gráfico do perfil longitudinal da rede e clique no botão **OK** (Figura 18.45).

25. Na caixa **Create Profile from Surface**, selecione a superfície **SU-PR-G-MODELO-FINAL** no quadro **Select surfaces**, clique no botão **Add>>** para adicioná-la na lista do quadro **Profile List** e clique no botão **Draw in profile view** (Figura 18.46).

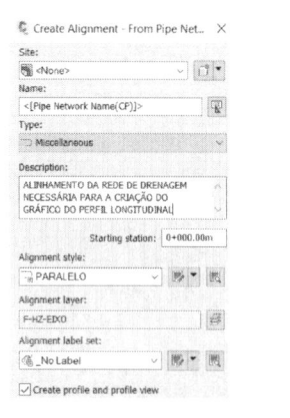

Figura 18.45 Caixa de configuração do alinhamento para a rede de drenagem.

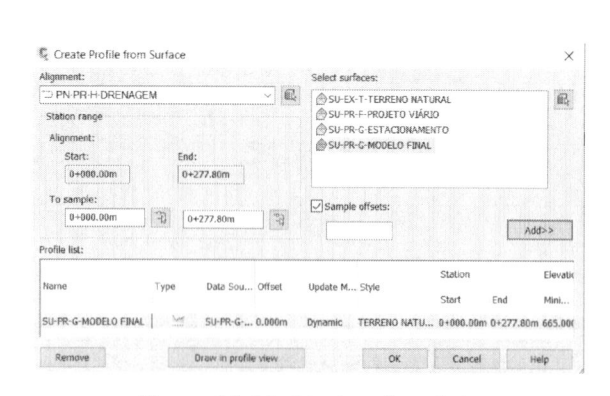

Figura 18.46 Caixa de configuração do gráfico do perfil para a rede de drenagem.

26. Na aba **General**, da caixa **Create Profile View**, selecione o estilo **PERFIL_BUEIRO** no campo **Profile view style** e clique no botão **Next**.

27. Na aba **Data Bands**, da caixa **Create Profile View**, selecione o grupo de estilos **DRENAGEM-URBANA**. No campo **Select band set**, verifique o nome da rede de drenagem presente na coluna **Data Source** e clique no botão **Create Profile View** (Figura 18.47).

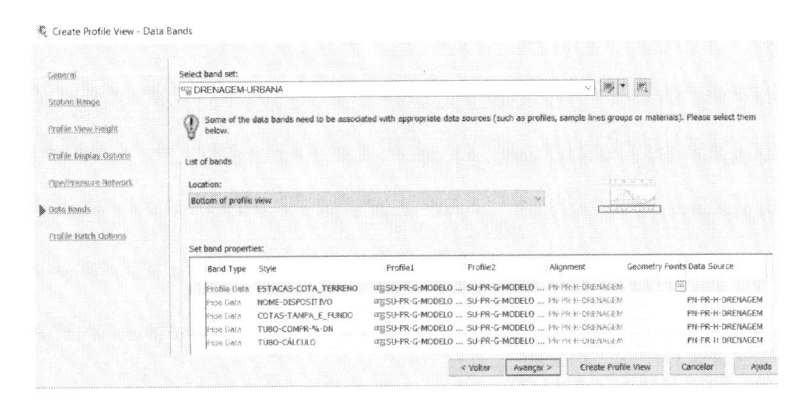

Figura 18.47 Aba para a configuração dos dados no rodapé do perfil para a rede de drenagem.

28. Clique na área de trabalho para posicionar o gráfico do perfil com os dispositivos da rede de drenagem.

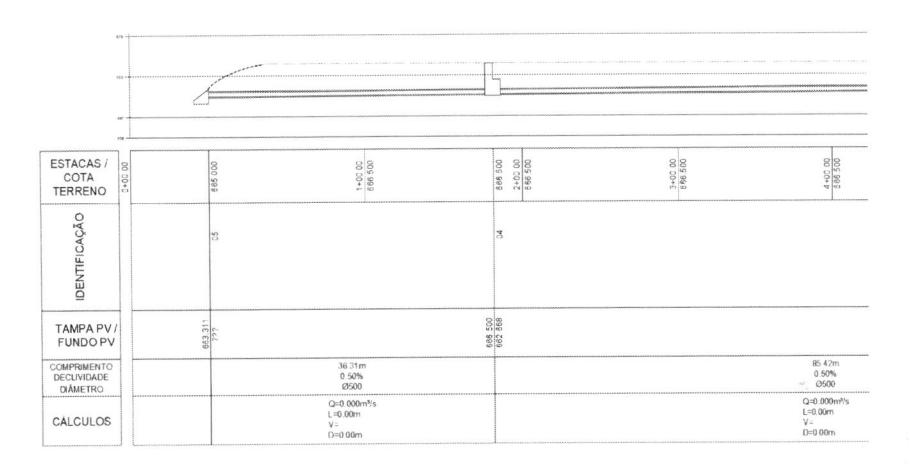

Figura 18.48 Gráfico do perfil longitudinal com os componentes da rede de drenagem.

29. Feche o arquivo.

18.7 Análises em redes por gravidade

As redes de tubulações com sistema por gravidade podem fazer uso de ferramentas de análises e simulações para validação do sistema, especialmente as redes de drenagem, que podem utilizar as soluções mais conhecidas, como os aplicativos da série **Hydraflow** e a solução do **Storm and Sanitary Analysis**, que viabilizam a elaboração de simulações animadas do comportamento do fluido na tubulação na vista do perfil longitudinal.

As versões mais recentes do Autodesk Civil 3D dispõem dos recursos de **Analyze Gravity Network** para a elaboração de análises nas redes diretamente no Civil 3D, sem a necessidade de exportar ou importar dados do projeto. Essas análises utilizam os métodos de cálculo que obrigam a criação de bacias de contribuição combinadas com os dispositivos da rede. Então, os primeiros passos devem considerar as características hidrológicas da região do projeto e, traduzindo para o Civil 3D, essas bacias hidrológicas são delimitadas com a ferramenta de **Catchments**, nas quais as linhas dos talvegues são representadas pelos elementos **Flow Segments** (Figura 18.49).

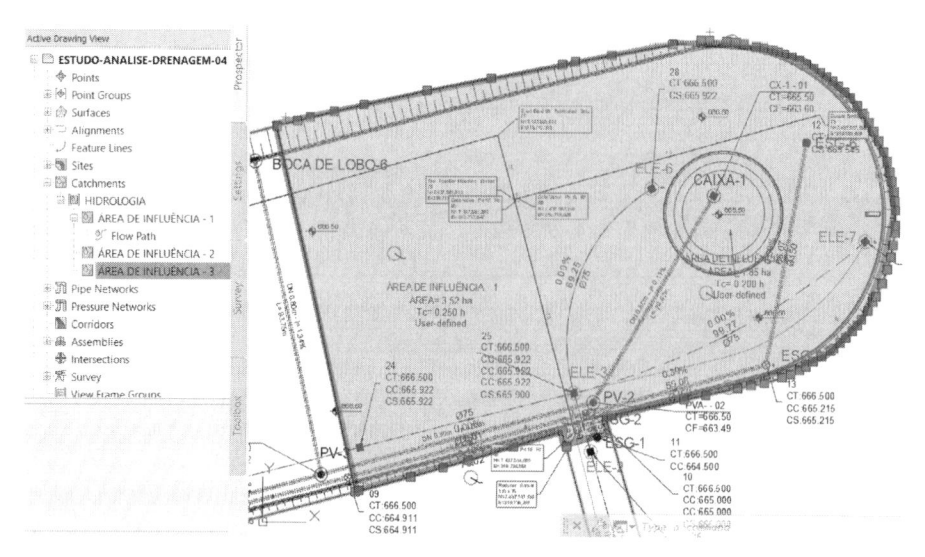

Figura 18.49 Bacia de captação Catchments junto dos modelos de redes de infraestrutura.

Agora, estude o exemplo a seguir:

1. Copie a pasta **DER-SP**, disponível na plataforma da editora, e cole no diretório C:\ProgramData\Autodesk\C3D2020\Menu\Pipes Catalog\Metric Structures. A pasta copiada contém alguns modelos de exemplos de dispositivos de drenagem.

2. Inicie o Autodesk Civil 3D e abra o arquivo **18-7-1_BACIAS_DRENAGEM.DWG**, disponível na plataforma da editora.

3. Acesse a ferramenta da ribbon **Home > Create Design > Set Pipe Network Catalog**.

4. Na caixa de diálogo **Pipe Network Catalog Settings**, selecione os catálogos **Metric Pipe Catalog** e **Metric Structure Catalog**. Clique no botão **OK**.

5. Na linha de comando digite **PARTCATALOGREGEN**, digite **S** para atualizar a lista de dispositivos e confirme com **Enter** para atualizar o catálogo.

6. Acesse a ferramenta da ribbon **Analyze > Ground Data > Catchments > Create Catchment Group**.

7. Na caixa de diálogo **Catchment Group**, digite **Bacias** no campo **Name** e clique no botão **OK**.

8. Acesse a ferramenta da ribbon **Analyze > Ground Data > Catchments > Create Catchment from Object** (Figura 18.50).

Figura 18.50 Ferramentas de criação de bacias de captação.

9. Na área de trabalho, selecione a polyline do contorno externo da superfície para representar a primeira bacia de captação; em seguida, selecione a linha cyan, que inicia na saída da boca de bueiro para representar a linha do talvegue.

10. Na caixa de diálogo **Create Catchment from Object**, configure (Figura 18.51):

    ◆ selecione o grupo **BACIAS** no campo **Catchment Group**;

    ◆ desative a opção **Exclusionary**;

    ◆ no botão de seleção **Select reference structure** do quadro **Reference pipe network structure**, selecione o dispositivo **BOCA TIPO A1 – 05**, presente na área de trabalho;

    ◆ acesse a aba **Flow Path**;

    ◆ no campo **Calculation** do quadro **Time Of Concentration**, selecione a opção **TR-55** para especificar o método de cálculo do tempo de concentração para a bacia de captação;

- no campo **Flow Path Slopes** selecione a opção **From object**;
- clique no botão **OK**.

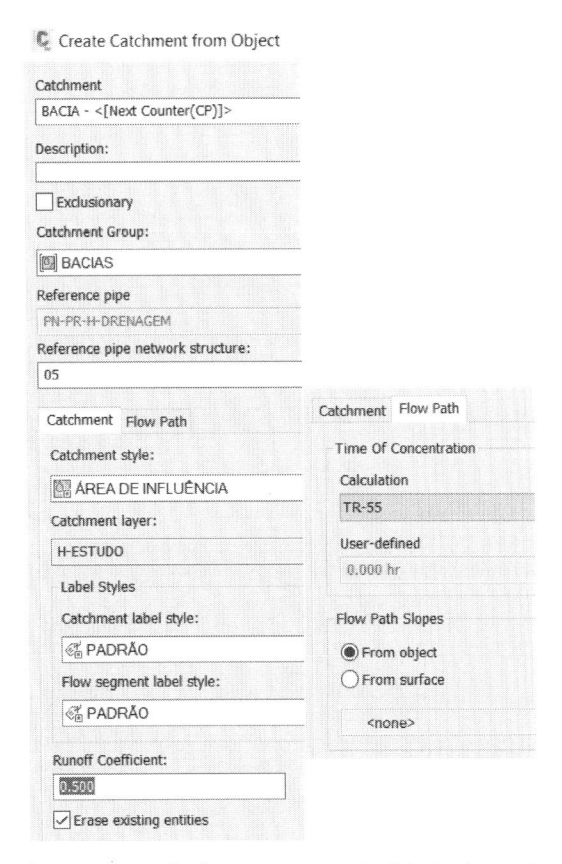

Figura 18.51 Configurações para a criação de bacias de captação.

11. Repita os procedimentos anteriores para criar a Bacia 02, utilizando a boca de lobo **BLCS-06**, e a Bacia 03, utilizando a caixa coletora **CX-1-01**, ambas sem a linha do talvegue, do tipo **Exclusionary** e com o **Time Of Concentration** com **0.100 hr**.

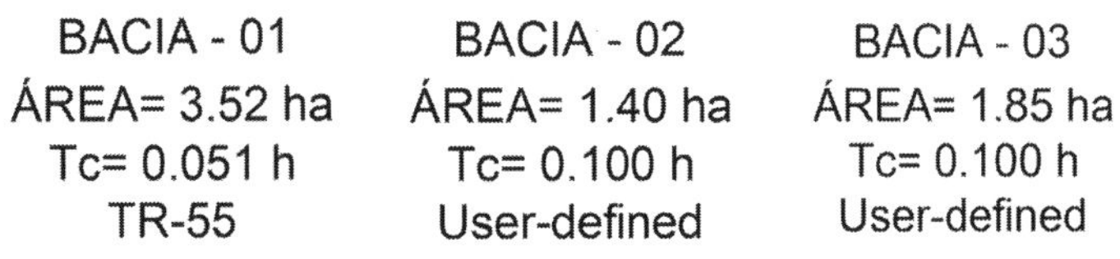

BACIA - 01	BACIA - 02	BACIA - 03
ÁREA= 3.52 ha	ÁREA= 1.40 ha	ÁREA= 1.85 ha
Tc= 0.051 h	Tc= 0.100 h	Tc= 0.100 h
TR-55	User-defined	User-defined

Figura 18.52 Rótulos das bacias de captação criadas no modelo.

12. Feche o arquivo.

Com as áreas e os cálculos das bacias determinados, a próxima etapa será a realização das análises nas redes projetadas acessada por meio da ribbon **Analyze** > **Design** > **Analyze Gravity Network**, na qual a caixa de diálogo de mesmo nome dispõe de recursos para identificar inconformidades nas redes, além de possibilitar efetuar o redimensionamento das tubulações, exibir as linhas de energia e hidráulica no gráfico do perfil, definir os métodos de cálculo e o período de retorno de chuva (Figura 18.53). É importante salientar que, para executar a análises nas redes projetadas, será necessário especificar os valores dimensionais dos dispositivos, incluindo determinar suas capacidades de engolimento e absorção.

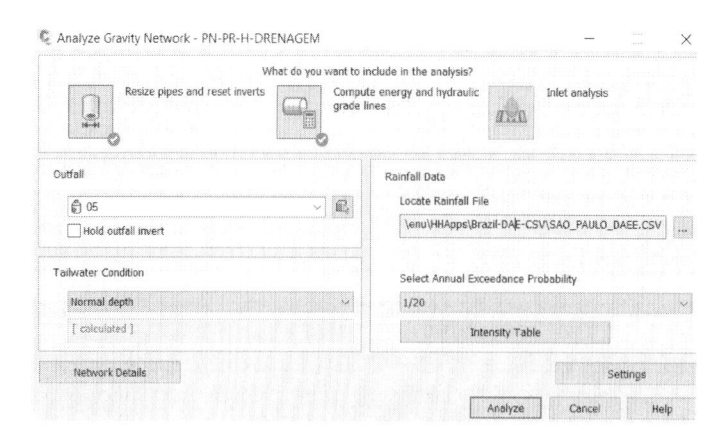

Figura 18.53 Interface da caixa para a configuração de análises nas redes de drenagem.

O quadro **What do you want to include in the analysis?** possibilita selecionar quais recursos serão incluídos na análise, em que:

- ◆ **Resize pipes and reset inverts** é a opção que redimensiona os diâmetros ou seções e ajusta as cotas das geratrizes inferiores das tubulações;
- ◆ **Compute energy and Hydraulic grade lines** permite calcular as linhas hidráulica e de energia;
- ◆ **Inlet analysis** possibilita incluir a análise nos dispositivos que possuem entradas como as bocas de lobos e caixas coletoras e demais embocaduras.

O quadro **Outfall** permite apontar qual é o dispositivo de lançamento da rede.

No quadro **Tailwater Condition**, é possível selecionar o método de aplicação da lâmina d'água que será adotado para a análise, baixa, normal, crítica, sobrecarregada ou cota fixa.

O quadro **Rainfall Data** permite selecionar um arquivo contendo os dados de chuvas, e no campo **Select annual Exceedance Probability**, pode-se selecionar o período de retorno de chuva para inclusão na análise; o botão **Intensity Table** exibe os dados de chuvas arranjados de forma tabulada.

O botão **Settings** possibilita especificar os valores hidráulicos de velocidades, cobrimento mínimo, tempo mínimo de concentração e coeficiente de rugosidade, além de controlar as cores das linhas hidráulicas no gráfico do perfil.

A opção **Network Details** acessa os dados dos componentes da rede selecionada e serve para realizar o ajuste nos valores para determinar as capacidades e o tipo de uso de cada dispositivo da rede (Figura 18.54).

Line	Structure	Pipe	Pipe Diam...	Start Invert...	End Invert...	N Value	Pipe Leng...	Slope	Start Inlet/...	End Inlet/...	Structure ...	Known Flow	Benching	Catchment	2D Area	Runoff Co...	Time of C...
5	06	17	0.500m	664.675m	663.095m	0.013	93.760m	1.69%	666.305m	666.500m	Grate inlet	2.000 cubi	Depressec	BACIA - 02	14043.55s	0.500	0.100 hr
1	04	16	0.500m	662.668m	662.486m	0.013	36.306m	0.50%	666.500m	663.311m	Manhole	1.000 cubi	Depressec	---	---	---	---
2	03	15	0.500m	663.095m	662.668m	0.013	85.417m	0.50%	666.500m	666.500m	Manhole	1.000 cubi	Depressec	---	---	---	---
3	02	14	0.500m	663.522m	663.095m	0.013	85.417m	0.50%	666.500m	666.500m	Manhole	1.000 cubi	Depressec	---	---	---	---
4	01	13	0.500m	663.875m	663.522m	0.013	70.667m	0.50%	665.500m	666.500m	Curb inlet	2.000 cubi	Depressec	BACIA - 03	18539.17s	0.500	0.100 hr
0	05	---	---	---	---	---	---	---	---	---	Outfall	---	---	BACIA - 01 ⚠	35169.43s	0.500	0.051 hr ⚠

Figura 18.54 Lista da janela Network Details com os dados dos dispositivos presentes na rede de drenagem.

Os resultados da análise são exibidos na janela **Alalysis Result** e mostram os valores de desempenho na rede. Os dados em verde mostram que o trecho atende às demandas da rede, os valores em vermelho indicam que o trecho em destaque não atende às demandas da rede – a rede poderá estar sobrecarregada **Surcharged** (Figura 18.55).

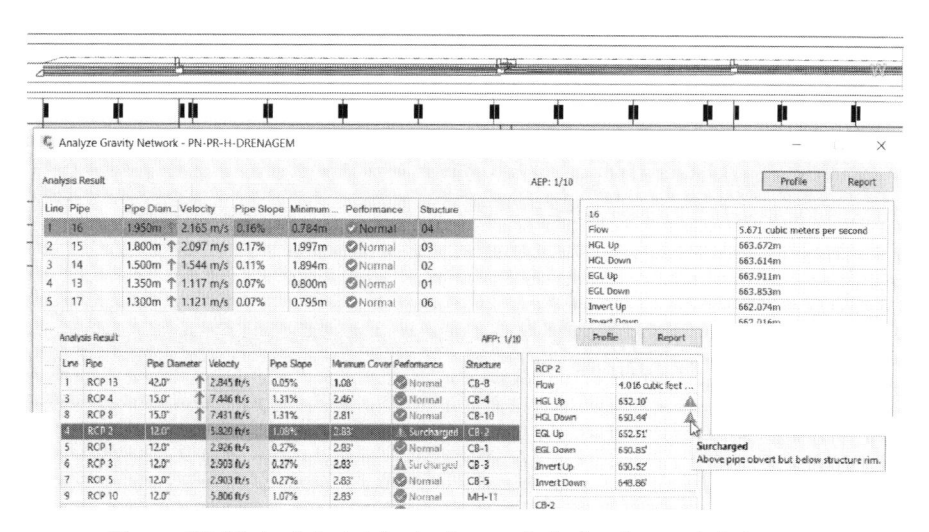

Figura 18.55 Janela Analysis Result exibe os resultados da análise na rede de drenagem.

Agora, estude o exemplo a seguir:

1. Copie a pasta **DER-SP**, disponível na plataforma da editora, e cole no diretório C:\ProgramData\ Autodesk\C3D 2020\Menu\Pipes Catalog\Metric Structures. A pasta copiada contém alguns modelos de exemplos de dispositivos de drenagem.

2. Inicie o Autodesk Civil 3D e abra o arquivo **18-7-2_ANÁLISE_DRENAGEM.DWG**, disponível na plataforma da editora.

3. Acesse a ferramenta da ribbon **Home > Create Design > Set Pipe Network Catalog**.

4. Na caixa de diálogo **Pipe Network Catalog Settings**, selecione os catálogos **Metric Pipe Catalog** e **Metric Structure Catalog**. Clique no botão **OK**.

5. Na linha de comando, digite **PARTCATALOGREGEN**, digite **S** para atualizar a lista de dispositivos e confirme com **Enter** para atualizar o catálogo.

6. Acesse a ferramenta da ribbon **Analyze > Design > Analyze Gravity Network**.

7. Na área de trabalho, pressione a tecla **Enter**, selecione a rede **PN-PR-H-DRENAGEM** na caixa **Select Pipe Network** e clique no botão **OK**.

8. Na caixa de diálogo **Analyze Gravity Network**, selecione a opção **Normal depth** no quadro **Tailwater Condition**.

9. No campo **Locate Rainfall File**, localize e selecione o arquivo **SAO_PAULO_ DAEE.CSV** fornecido com a instalação do *Country Kit Brazil*.

10. No campo **Select Annual Exceedance Probability**, selecione o período de retorno **1/10**.

11. Clique no botão **Network Details** para configurar os componentes da rede de drenagem projetada (Figura 18.56).

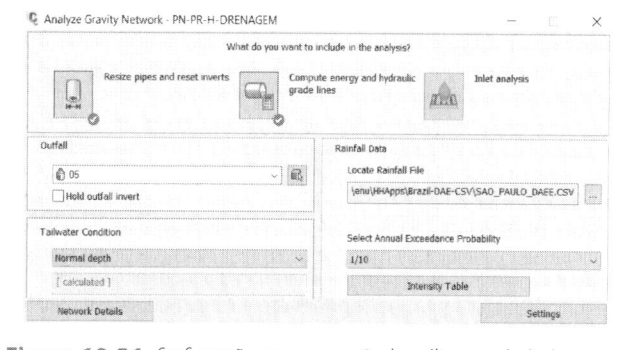

Figura 18.56 Configurações para a execução da análise na rede de drenagem.

12. Na janela **Network Details**, configure (Figura 18.57):

   ◆ determine o coeficiente de rugosidade para todos os tubos, selecione o valor **0.013** na coluna **N Value**;

- selecione o tipo de dispositivo **Grate inlet** para o dispositivo da boca de lobo **06** e para a caixa coletora **01** na coluna **Structure Type**;

- verifique as vazões na coluna **Know Flow**, áreas de contribuição na coluna 2D Area, e tempo de concentração na coluna **Time of Concentration**;

- clique no botão **Back**.

Analyze Gravity Network — □ ×

Network Details   Express View All

Line	Structure	Pipe	N Value	Pipe Leng...	Slope	Start Inlet/...	End Inlet/...	Structure Type	Known Flow	Benching...	Catchment	2D Area	Runoff Co...	Time of C...
5	06	17	0.013	93.760m	1.69%	666.305m	666.500m	Grate inlet	0.000 cubi	Depressec	BACIA - 0.	14043.55s	0.500	0.100 hr
1	04	16	0.013	36.306m	0.50%	666.500m	663.311m	Manhole	0.000 cubi	Depressec	---	---	---	---
2	03	15	0.013	85.417m	0.50%	666.500m	666.500m	Manhole	0.000 cubi	Depressec	---	---	---	---
3	02	14	0.013	85.417m	0.50%	666.500m	666.500m	Manhole	0.000 cubi	Depressec	---	---	---	---
4	01	13	0.013	70.667m	0.50%	665.500m	666.500m	Grate inlet	0.000 cubi	Depressec	BACIA - 0.	18539.17s	0.500	0.100 hr
0	05	---	---	---	---	---	---	Outfall	---	---	BACIA - ⚠	35169.43s	0.500	0.051 hr ⚠

Figura 18.57   Configurações dimensionais para a execução da análise na rede de drenagem.

13. Na caixa **Analyze Gravity Network**, clique no botão **Analyze**.

14. Na janela **Analysis Result**, verifique os resultados exibidos para as velocidades, diâmetros, declividades, recobrimentos e principalmente o desempenho exibido na coluna **Performance**. Clique em cada linha de tubo e verifique os valores hidráulicos. A opção **Profile** exibe as linhas hidráulicas no gráfico do perfil longitudinal e o botão **Report** exporta o relatório com os dados da rede para um arquivo no formato CSV. Clique no botão **Apply** para aplicar as modificações (Figura 18.58).

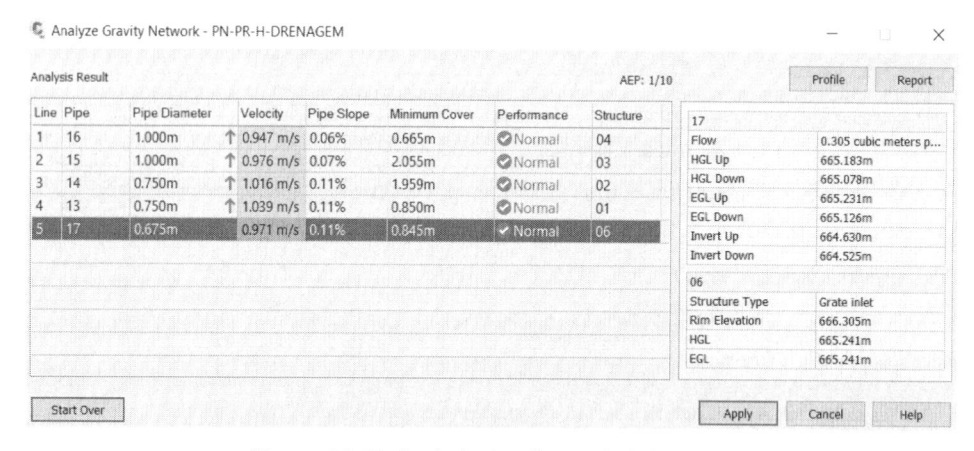

Figura 18.58   Resultados da análise na rede de drenagem.

15. Feche as caixas de diálogo e verifique os novos valores dos componentes da rede de drenagem exibidos na área de trabalho.

16. Altere os diâmetros menores para DN 0.80m. Selecione o tubo na área de trabalho e acesse a ferramenta da ribbon contextual **Pipe Network > Modify > Swap Part**.

17. Na caixa **Swap Part Size**, selecione o tubo **BSTC DN 0.80m CONCRETO** e clique no botão **OK**.

18. Verifique os componentes da rede e efetue ajustes caso necessário por meio das caixas **Structure Properties** e **Pipe Properties**.

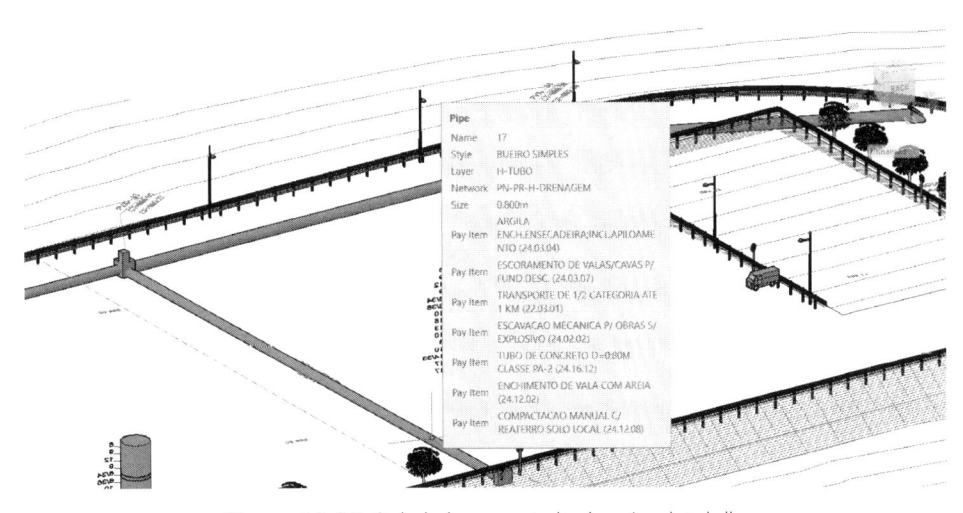

Figura 18.59 Rede de drenagem atualizada na área de trabalho.

19. Feche o arquivo.

18.8 Redes pressurizadas – pressure networks

As redes de tubulações com sistema pressurizado são construídas com os recursos de **Pressure Networks** e utilizadas para representar tubulações de óleo, gás, e, principalmente, para redes de abastecimento de água. O processo de trabalho é semelhante ao de rede por gravidade, que conta com a configuração da lista de especificações de componentes do catálogo, juntamente das definições dos estilos de representação dos componentes e codificação para quantitativos.

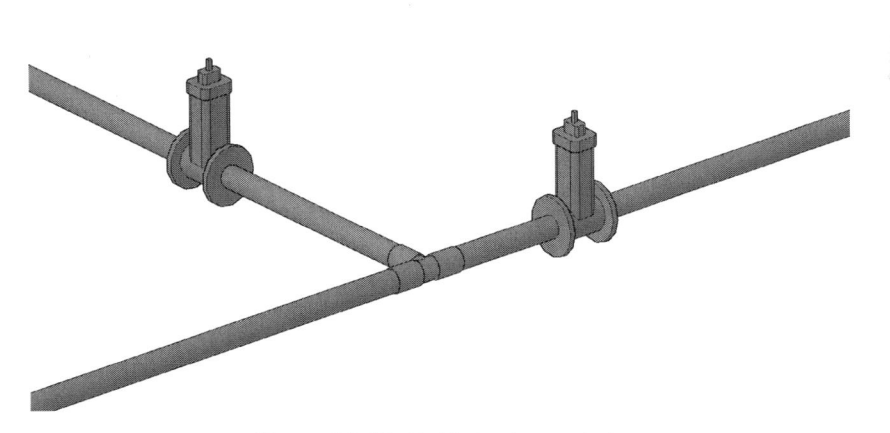

Figura 18.60 Modelo de rede pressurizada.

As semelhanças entre as redes por gravidade e pressurizadas acabam no processo de criação, no qual a criação de redes pressurizadas contam com uma ferramenta exclusiva na vista em perfil, para dessa forma viabilizar o controle das conexões verticais, e as redes pressurizadas ainda possuem tipos de componentes:

- **Pressure Pipes:** componentes de tubos classificados por diâmetros, material e classes.
- **Fittings:** componentes de conexões de curvas, cotovelos, tês, reduções, acoplamentos, junções, luvas, bolsas, e demais tipos de conexões quando disponíveis no catálogo selecionado.
- **Appurtenances:** componentes que representam os equipamentos como as válvulas, ventosas, hidrantes, entre outros quando disponíveis no catálogo de rede pressurizada.

Assim como para as redes por gravidade, as listas de especificações de componentes **Part Lists** possuem as mesmas funcionalidades para as redes pressurizadas, escolher os componentes, especificar os estilos de representação e apontar os códigos para quantificação pay item (Figura 18.62).

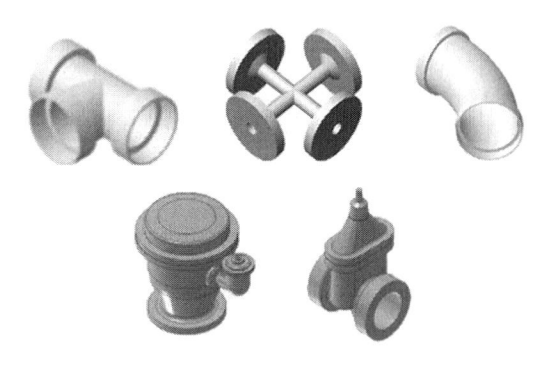

Figura 18.61 Modelos de conexões e equipamentos para redes pressurizadas.

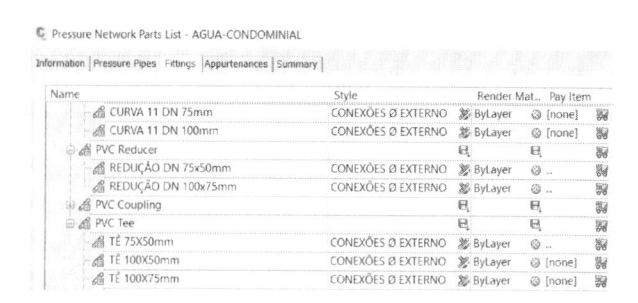

Figura 18.62 Modelo de lista de especificações para redes pressurizadas.

18.9 Criação e manipulação de redes pressurizadas

A construção de modelos de redes pressurizadas e a manipulação de seus componentes podem ser realizadas por meio da ribbon contextual **Pressure Network** e posteriormente acessar o painel **Plan Layout Tools** para utilizar as ferramentas de manipulação na vista em planta, ou ainda acessar o painel **Profile Layout Tools** para trabalhar na vista em perfil dentro do gráfico longitudinal previamente criado na área de trabalho (Figura 18.63).

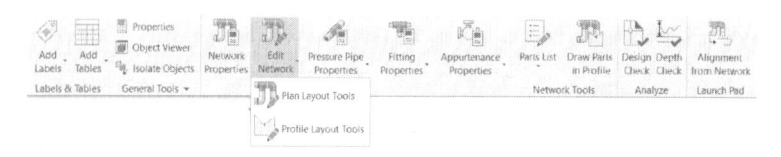

Figura 18.63 Ribbon contextual Pressure Network para projetos de redes pressurizadas.

As ferramentas presentes na ribbon contextual **Pressure Networks** seguem a mesma padronização organizacional, conforme outras ferramentas do Autodesk Civil 3D. Assim, destacam-se as principais:

- **Add Labels:** ferramenta para adicionar os rótulos em tubos, conexões e equipamentos presentes na rede selecionada.

- **Network Properties:** ferramenta de acesso à caixa de diálogo **Pressure Pipe Network Properties** para controle das propriedades da rede selecionada.

- **Edit Network:** ferramenta que habilita a ribbon contextual **Pressure Network Plan Layout** para edições na rede na vista em planta.

- **Pressure Pipe Properties:** ferramenta que acessa a caixa de propriedades de um tubo selecionado.

- **Fitting Properties:** ferramenta para a exibição da caixa de propriedades de uma conexão selecionada da rede.

- **Appurtenance Properties:** ferramenta que abre a caixa de propriedades de um equipamento selecionado.

- **Parts List:** ferramenta que permite gerenciar as especificações dos componentes da rede e seleciona o catálogo de rede pressurizada desejado.

- **Alignment from Network:** ferramenta utilizada para criar o alinhamento horizontal de trechos selecionados da rede possibilita a criação do gráfico do perfil longitudinal e exibe os componentes da rede.

O painel **Analyze** disponibiliza os recursos **Design Check** e **Depth Check** para analisar os componentes da rede, com a finalidade de identificar eventuais violações geométricas no projeto.

- **Design Check:** ferramenta que verifica e identifica eventuais violações de parâmetros geométricos nos componentes ao longo da rede projetada: violação de ângulo de deflexão, diâmetro, conexões abertas, raio de curvatura. As violações identificadas são exibidas com o símbolo de exclamação sobre os componentes da rede, informando o parâmetro violado (Figura 18.64).

- **Depth Check:** ferramenta que verifica e identifica eventuais violações nos valores de recobrimento mínimo e máximo ao longo da rede. Os trechos com violação da faixa de recobrimento são indicados com o símbolo de exclamação no desenho (Figura 18.64).

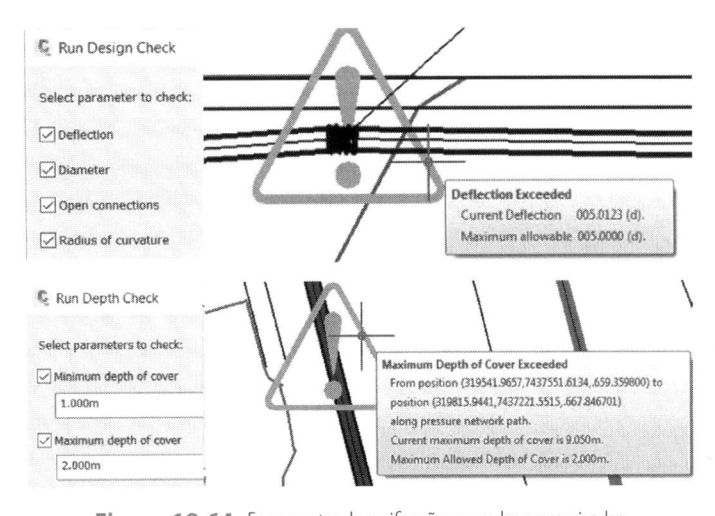

Figura 18.64 Ferramentas de verificação nas redes pressurizadas.

A construção de redes pressurizadas efetivamente utiliza a ribbon contextual **Plan Layout Tools** para o lançamento linear do caminhamento da rede na vista em planta e, dessa forma, realizar as devidas alterações de acordo com a necessidade do projeto (Figura 18.65).

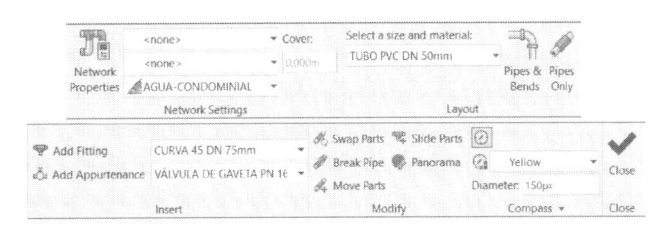

Figura 18.65 Ferramentas de criação e manipulação de redes pressurizadas para a vista em planta.

- **Network Properties:** ferramenta de acesso à caixa de diálogo **Pressure Pipe Network Properties** para controle das propriedades da rede selecionada.

- **Cover:** permite controlar a profundidade de recobrimento para a rede durante o processo de criação.

- **Pipes & Bends:** ferramenta para o lançamento de tubos e conexões.

- **Pipes Only:** ferramenta de lançamento de tubulações.

- **Add Fitting:** possibilita a adição de conexões na rede projetada.

- **Add Appurtenance:** ferramenta de inserção de equipamentos na rede.
- **Swap Parts:** ferramenta fundamental para a substituição de componentes na rede projetada.
- **Break Pipe:** permite dividir um tubo em dois segmentos.
- **Slide Parts:** ferramenta utilizada para deslizar componentes ao longo do caminhamento da rede.

O painel **Compass** controla a aparência do compasso virtual utilizado na orientação do lançamento da rede pressurizada na vista em planta.

Os projetos para redes pressurizadas ainda podem se beneficiar com a ribbon contextual **Profile Layout Tools** para a criação e a manipulação de seus componentes na vista em perfil. Assim, será possível realizar a construção tridimensional dos modelos de redes pressurizadas de forma rápida e precisa (Figura 18.66).

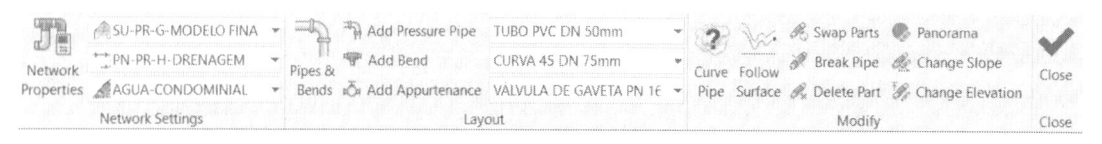

Figura 18.66 Ferramentas de criação e manipulação de redes pressurizadas para a vista em perfil.

- **Network Settings:** painel que dispões das ferramentas de seleção da superfície, alinhamento e lista de especificações desejadas para aplicação na rede pressurizada lançada previamente no gráfico do perfil longitudinal.
- **Layout:** painel com as ferramentas de adição de componentes na rede lançada no gráfico do perfil.
- **Curve Pipe:** ferramenta para converter um tubo em curva na vista do perfil longitudinal.
- **Follow Surface:** ferramenta que viabiliza utilizar a superfície selecionada como orientação para restabelecer as elevações dos componentes presentes na rede projetada.
- **Break Pipe:** ferramenta para segmentar um tubo selecionado na vista do perfil.
- **Delete Part:** ferramenta para remover um componente na vista do perfil.
- **Panorama:** ferramenta que abre janela Panorama para acesso às propriedades dos componentes da rede projetada.
- **Change Slope:** ferramenta que permite alterar a declividade de componentes selecionados na vista do perfil longitudinal.
- **Change Elevation:** ferramenta utilizada para alterar as elevações de componentes selecionados, reposicionando-os no gráfico do perfil longitudinal.

Agora, estude o exemplo a seguir:

1. Copie a pasta **DER-SP**, disponível na plataforma da editora, e cole no diretório C:\ProgramData\ Autodesk\C3D 2020\Menu\Pipes Catalog\Metric Structures. A pasta copiada contém alguns modelos de exemplos de dispositivos de drenagem.

2. Inicie o Autodesk Civil 3D e abra o arquivo **18-9-1_REDE_ÁGUA.DWG**, disponível na plataforma da editora.

3. Acesse a ferramenta da ribbon **Home > Create Design > Set Pressure Network Catalog**.

4. Na caixa de diálogo **Set Pressure Network Catalog**, selecione o catálogo **Metric_PVC.sqlite** e clique no botão **OK** (Figura 18.67).

5. Acesse a ferramenta da ribbon **Home > Create Design > Pipe Network > Pressure Network Creation Tools**.

6. Na caixa de diálogo **Create Pressure Pipe Network**, configure (Figura 18.68):

    ◆ digite **PN-PR-H-ÁGUA** no campo **Network Name**;

    ◆ selecione a lista de especificações **AGUA-CONDOMINIAL** no campo **Parts Lists**;

    ◆ selecione a superfície **SU-PR-G-MODELO FINAL** no campo **Surface name**;

    ◆ selecione o estilo **TUBOS** no campo **Pressure Pipe Label Style**;

    ◆ selecione o estilo **CONEXÕES** no campo **Fitting Label Style**;

    ◆ selecione o estilo **EQUIPAMENTOS** no campo **Appurtenance Label Style**;

    ◆ clique no botão **OK**.

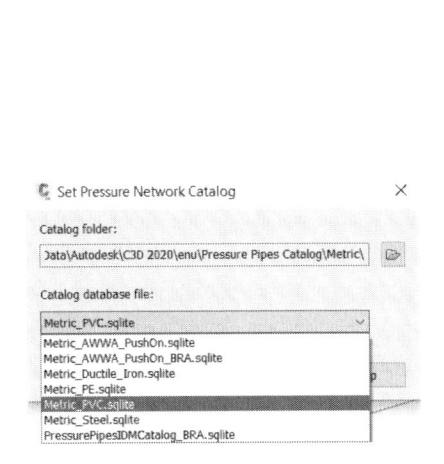

Figura 18.67 Caixa de seleção do catálogo e componentes de rede pressurizada.

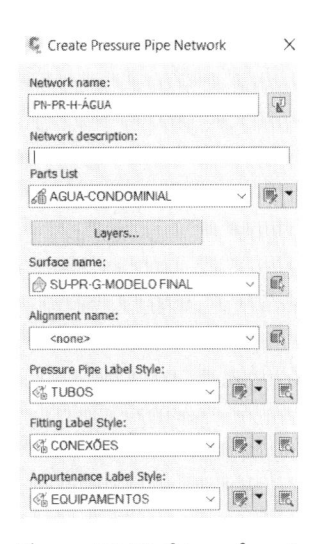

Figura 18.68 Caixa configuração para a criação da rede de água.

7. Na ribbon contextual **Pressure Network: Plan Layout**, verifique o nome da superfície de trabalho **SU-PR-G-MODELO FINAL** e o nome da lista de especificações de componentes **AGUA-CON-DOMINIAL** exibidos no painel **Network Settings**. Digite **0.800m** no campo **Cover** para definir o recobrimento mínimo para a rede de água.

8. Selecione o **TUBO PVC DN 100mm** no campo **Select a size and material**, selecione a **CURVA 90 DN 100mm** no campo **Add Fitting**, selecione a **VÁLVULA DE GAVETA PN 16 DN 100mm** no campo **Add Appurtenance** e clique em **Pipes & Bends** (Figura 18.69).

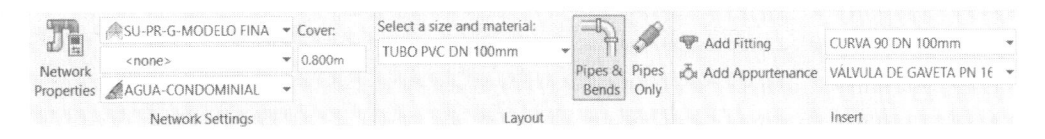

Figura 18.69 Ferramentas para a criação dos componentes de rede de água presentes na ribbon.

9. Na área de trabalho, clique nos vértices da polyline azul para definir o caminhamento da rede de água. Observe a presença do compasso em cada nó da rede para auxiliar na orientação do caminhamento da rede.

10. Para criar o ramal da rede, selecione a conexão **TÊ 100X100mm** no campo **Add Fitting**.

11. Acesse a ferramenta da ribbon contextual **Pressure Network: Plan Layout > Insert > Add Fitting**.

12. Na área de trabalho, adicione o componente do **Tê** na interseção da linha principal com a linha azul do ramal de chegada.

13. Na área de trabalho, selecione o componente do **Tê** criado e selecione o grip **+ (Continue Layout)** e defina a extremidade do ramal no final da linha azul (Figura 18.70).

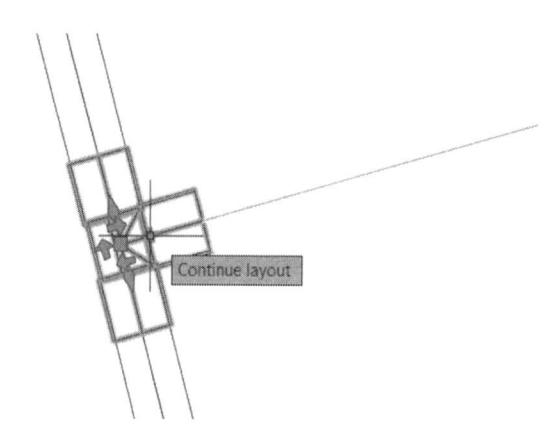

Figura 18.70 Adição de um novo segmento da rede por meio do grip.

14. Repita os procedimentos anteriores para adicionar válvulas antes de cada nó da rede e acoplamento nas extremidades das tubulações.

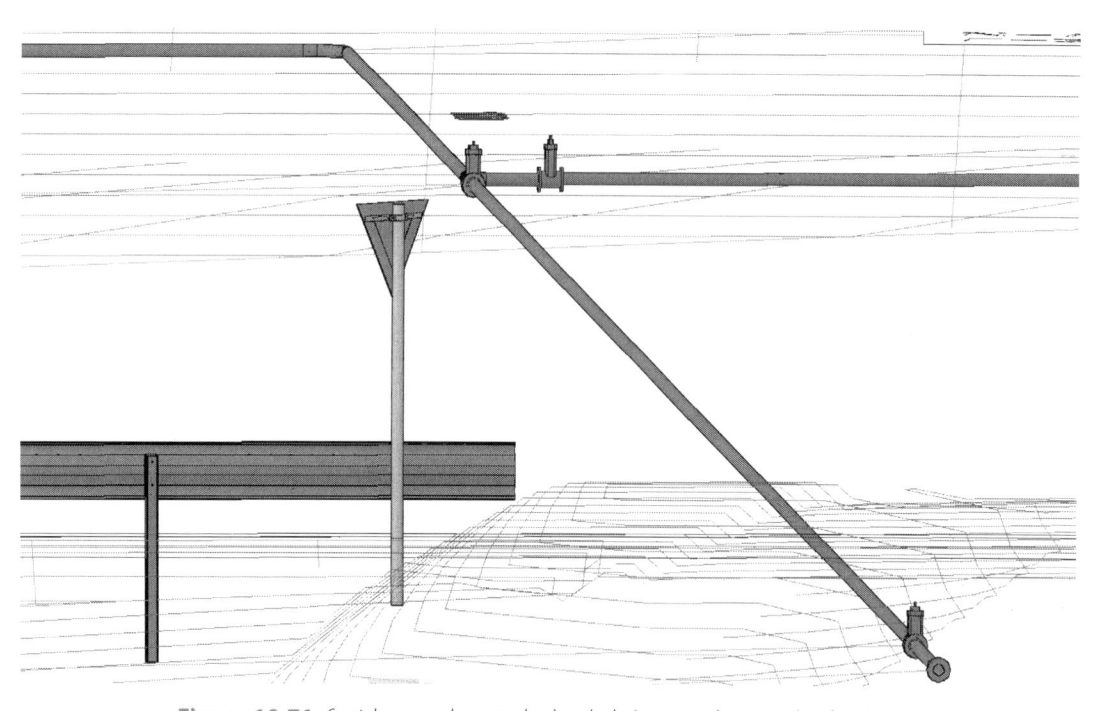

Figura 18.71 Caminhamento de um trecho da rede de água com elementos de infraestrutura.

15. Navegue no modelo para identificar os componentes das redes.

16. Acesse a ferramenta da ribbon contextual **Pressure Network > Analyze > Design Check** para verificar eventuais incoerências na rede de água projetada.

17. Na caixa de diálogo **Run Design Check**, mantenha ativada todas as opções para verificação de deflexões, diâmetros, conexões abertas e raio de curvatura. Clique no botão **OK**.

18. Verifique os resultados listados na linha de comando, na ocorrência de inconsistências serão exibidas notificações nos trechos da rede.

19. Feche o arquivo.

Exercício – Redes de infraestrutura

O exercício a seguir ilustra os procedimentos para a criação da rede de esgotamento sanitário e da rede de distribuição elétrica condominial subterrânea. Execute os procedimentos a seguir:

1. Copie a pasta **DER-SP**, disponível na plataforma da editora, e cole no diretório C:\ProgramData\ Autodesk\C3D 2020\Menu\Pipes Catalog\Metric Structures. A pasta copiada contém alguns modelos de exemplos de dispositivos de drenagem.

2. Inicie o Autodesk Civil 3D.

3. Localize e abra o arquivo **18-10-1_REDES_INFRAESTRUTURA.DWG**, disponível na plataforma da editora.

4. Acesse a ferramenta da ribbon **Home > Create Design > Set Pipe Network Catalog**.

5. Na caixa de diálogo **Pipe Network Catalog Settings**, selecione os catálogos **Metric Pipe Catalog** e **Metric Structure Catalog**. Clique no botão **OK**.

6. Na linha de comando digite **PARTCATALOGREGEN**, digite **S** para atualizar a lista de dispositivos e confirme com **Enter** para atualizar o catálogo.

7. Acesse a ferramenta da ribbon **Home > Create Design > Pipe Network > Create Pipe Network from Object**.

8. Na área de trabalho, selecione a maior polyline vermelha que representa o caminhamento do dispositivo ELE-5 ao ELE-1.

9. Na área de trabalho, verifique as setas de sentido da rede, tenha cuidado, pois essas setas aparecem bem sutis no desenho. Confirme com a tecla **Enter** se o caminhamento estiver no sentido do dispositivo ELE-5 ao ELE-1. Caso contrário digite a letra R (reverse).

10. Na caixa de diálogo **Create Pipe Network**, configure (Figura 18.72):

    ◆ digite **PN-PR-E-ELÉTRICA** no campo **Network Name**;

    ◆ selecione a configuração **ELETRICA** no campo **Network parts list**;

    ◆ selecione o **ELETRODUTO 75X75** no campo **Pipe to create**;

    ◆ selecione a **CX PASSAGEM 0.80X0.80m** no campo **Structure to create**;

    ◆ selecione a superfície **SU-PR-G-MODELO FINAL** no campo **Surface name**;

    ◆ clique no botão **OK**.

11. Na área de trabalho, ajuste os alinhamentos de cada caixa de passagem por meio do grip circular.

12. Na área de trabalho, selecione um dos componentes da rede elétrica e acesse a ferramenta da ribbon contextual **Pipe Network > Modify > Edit Pipe Network**.

13. Na barra de ferramentas **Network Layout Tools**, selecione o dispositivo **CX PASSAGEM 0.80X0.80m** e o **ELETRODUTO 75X75**, clique no botão **Pipes and Structures** (Figura 18.73).

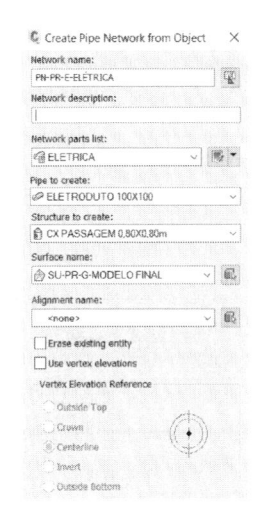

Figura 18.72 Configurações para a criação da rede elétrica.

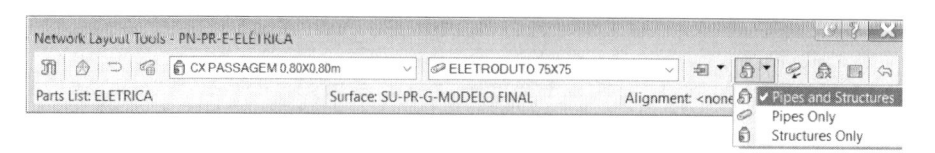

Figura 18.73 Componentes para a rede elétrica selecionados na barra de ferramentas.

14. Na área de trabalho, determine o caminhamento dos ramais restantes para a rede elétrica, de ELE-6 ao ELE-3, e de ELE-7 ao ELE-3.

15. Durante a criação dos ramais, é possível utilizar a opção **Curve** na linha de comando para aplicar curvatura nos eletrodutos.

16. Na área de trabalho, selecione as caixas ELE-1 e ELE-2 e acesse a ferramenta da ribbon contextual **Pipe Network > Modify > Structure Properties**.

17. Na aba **Connected Pipes** da caixa **Structure Properties**, ajuste as elevações dos eletrodutos de chegada e de saída para as caixas e clique no botão **OK**.

18. Navegue no modelo para visualizar as redes projetadas (Figura 18.74).

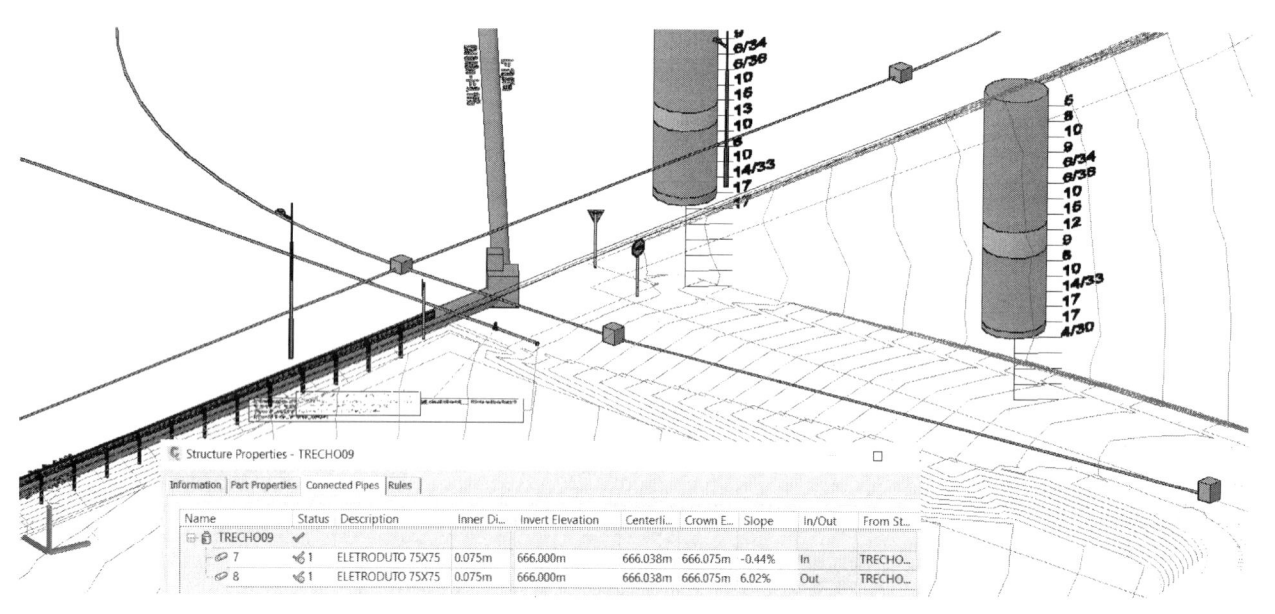

Figura 18.74 Modelos de redes de infraestrutura.

19. Acesse a ferramenta da ribbon **Home > Create Design > Pipe Network > Pipe Network Creation Tools** para criar a rede de esgoto sanitário.

20. Na caixa de diálogo **Create Pipe Network** (Figura 18.75):

- digite **PN-PR-H-ESGOTO** no campo **Network Name**;
- selecione a configuração **ESGOTO** no campo **Network parts list**;
- selecione a superfície **SU-PR-G-MODELO FINAL** no campo **Surface name**;
- verifique os estilos de rótulos para os dispositivos e tubos;
- clique no botão **OK**.

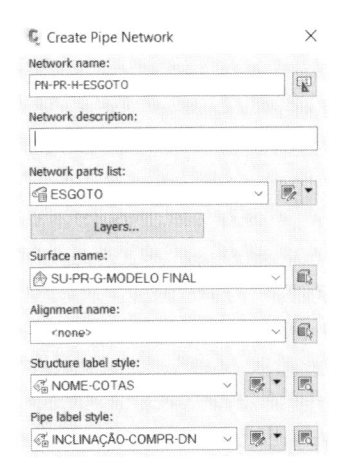

Figura 18.75 Modelos de redes de infraestrutura.

21. Na barra de ferramentas **Network Layout Tools**, selecione o dispositivo **POÇO DE INSPEÇÃO P.I.a. 0.60m**, selecione o **TUBO PVC COLETOR ESGOTO DN 150mm JEI**, verifique o sentido de escoamento para a criação da rede e clique no botão **Pipes and Structures** (Figura 18.76).

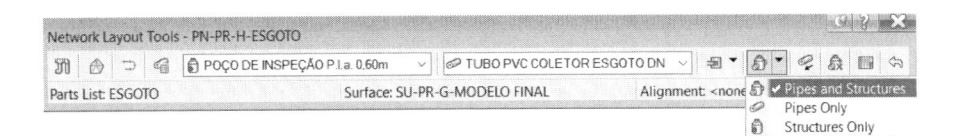

Figura 18.76 Componentes para a criação da rede de esgoto selecionados na barra de ferramentas.

22. Defina o caminhamento da rede de esgoto, saindo do ESG-4 até o ESG-1.

23. Em seguida, complemente o ramal de esgoto, saindo do ESG-6, passando por ESG-5 e conectando em ESG-2.

24. Realize os ajustes nas tubulações de entrada e saída em cada dispositivo de poço de inspeção.

25. Navegue no modelo para identificar eventuais colisões entre os componentes das redes de infraestrutura.

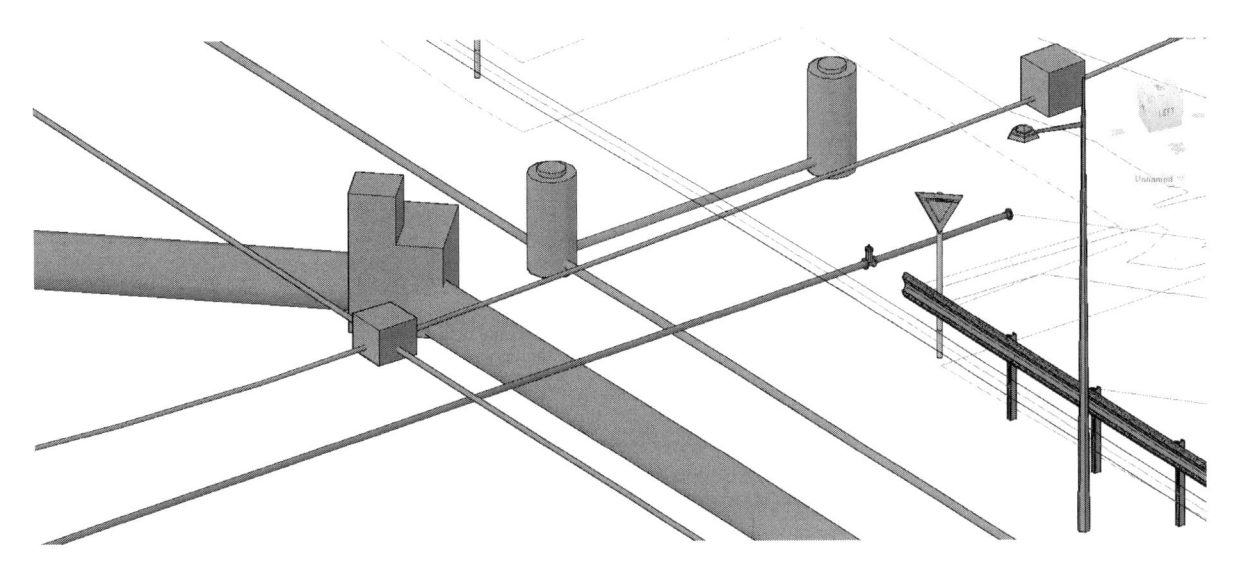

Figura 18.77 Modelos de redes de infraestrutura.

26. Pode-se fazer uso da ferramenta presente na ribbon **Analyze > Design > Interference Check** para realizar a verificação de interferências entre as redes, e assim identificar eventuais colisões ou proximidade indesejada entre seus componentes. Contudo, a ferramenta verifica apenas entre duas redes de cada vez, então, será necessário criar vários eventos de verificação na presença de várias redes. Outra característica negativa é que a verificação ocorre apenas para redes por gravidade, ou seja, apenas com redes criadas com Pipe Network, deixando as redes pressurizadas fora da análise, o que pode inviabilizar seu uso. O direcionamento correto é que se realize a verificação de interferências entre todos os elementos do modelo, e de todas as disciplinas envolvidas no projeto, por meio do uso da solução do **Autodesk Navisworks**, que é a ferramenta dedicada para efetuar a coordenação do projeto, que além de efetuar a detecção de colisões no modelo, ainda viabiliza a realização da simulação construtiva do empreendimento (4D), extração da quantificação do modelo (5D).

27. Feche o arquivo.

CAPÍTULO
19

Colaboração e Quantificação do Projeto

A demanda atual está exigindo que, cada vez mais, as empresas de engenharia desenvolvam projetos mais eficientes, sustentáveis e colaborativos. Elaborar projetos de forma compartilhada é a maneira mais eficiente para integrar as equipes envolvidas em todo o ciclo, sem falhas na comunicação ou sem perda de informações.

O compartilhamento inadequado de informações é, sem dúvida, o principal desafio durante o ciclo de desenvolvimento de projetos de infraestrutura, juntamente com as desgastantes alterações nos projetos (que eventualmente ocorrem desde as fases preliminares) e as etapas de extração de quantitativos e documentação. Muitas vezes, pode prejudicar o bom fluxo das atividades entre as equipes das diversas disciplinas envolvidas no processo; ocorrências como erros e incoerências nos projetos, e até mesmo a perda de informações são observadas em muitos processos implantados em empresas de engenharia (Figura 19.1).

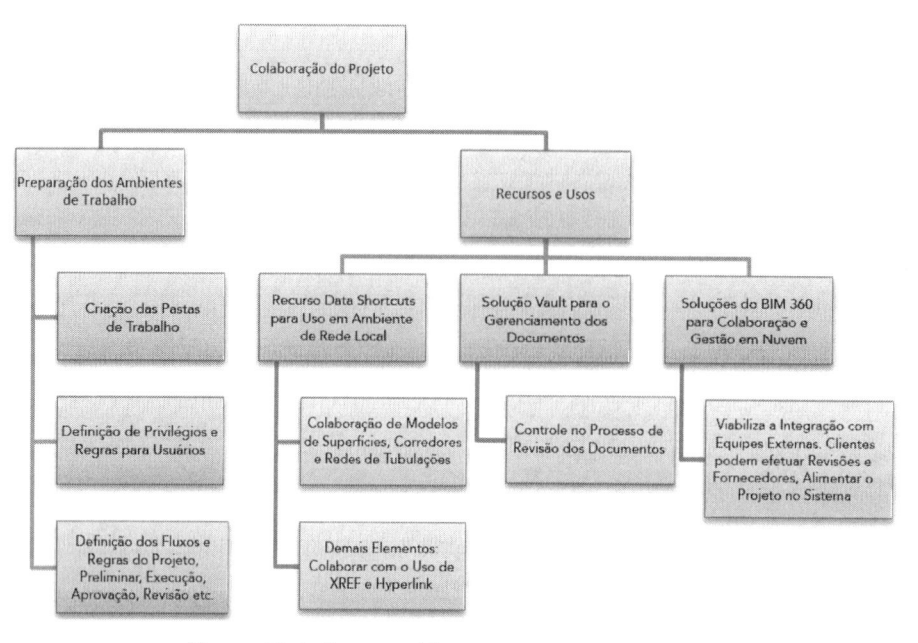

Figura 19.1 Fluxo para colaboração em projetos de infraestrutura.

A quantificação para os projetos de infraestrutura pode ser otimizada visando melhorar a eficiência e a assertividade na obtenção das informações, mas, para isso, é fundamental estabelecer parâmetros e regras postados previamente nos arquivos de **Templates**. A quantificação pode ser obtida diretamente no Autodesk Civil 3D por meio dos recursos de **QTO – Quantity Takeoff** para realizar a extração apenas dos componentes presentes no modelo de infraestrutura. A quantificação total do empreendimento deverá ser efetuada com uso da solução do **Autodesk Navisworks**, que permite montar o modelo de coordenação contendo os modelos de todas as disciplinas do empreendimento, para, dessa forma, realizar a extração absoluta dos quantitativos de todo o modelo do empreendimento (5D), além de realizar a verificação de interferências nos elementos interdisciplinares e, ainda, conectar com a planilha do cronograma de execução da obra, para realizar a simulação da sequência construtiva do empreendimento (4D).

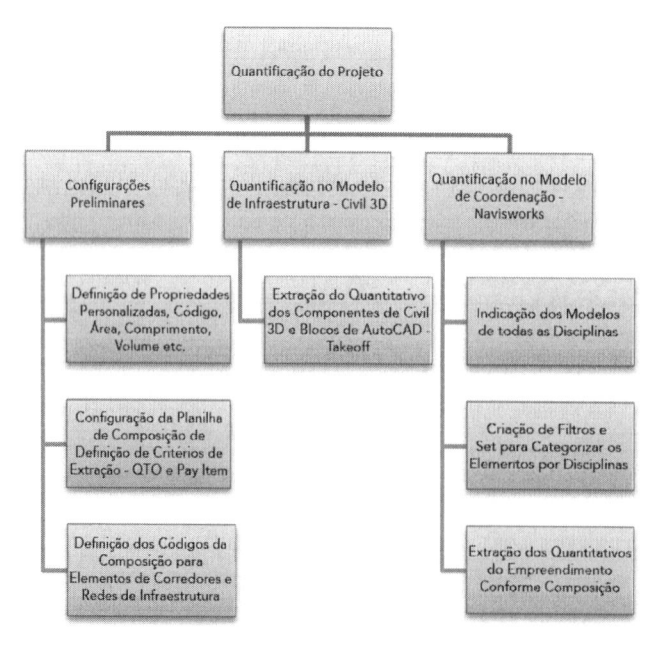

Figura 19.2 Fluxo para quantificação de projetos de infraestrutura.

19.1 Compartilhamento do projeto – Data Shortcuts

As funcionalidades de **Data Shortcuts** são utilizadas para compartilhar os objetos e os dados presentes nos arquivos de desenho por meio das equipes envolvidas no projeto. É possível compartilhar esses dados em pastas presentes em um ambiente de rede. O recurso de **Data Shortcuts** compartilha os principais objetos elaborados no Autodesk Civil 3D, como superfícies, alinhamentos e seus perfis, corredores, redes de tubulações e folhas de articulação dos desenhos (View Frame Groups).

As ferramentas **Data Shortcuts** podem ser acessadas pela **Prospector** da **Toolspace** ou pela ribbon **Manage** → **Data Shortcuts**.

Após determinar a localização das pastas em que serão postados os arquivos dos projetos, é possível localizar os objetos compartilhados para referenciá-los, clicando com o botão direito do mouse sobre o item desejado (Figura 19.3).

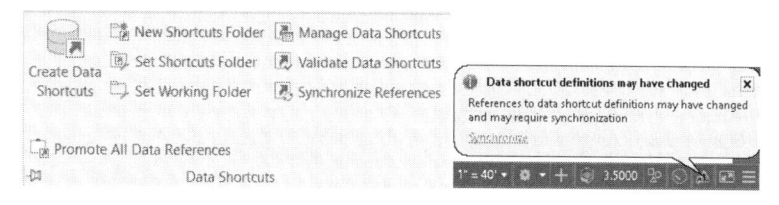

Figura 19.3 Ferramentas de Data Shortcuts presentes na ribbon e caixa de notificação.

Na ocorrência de modificações nos objetos compartilhados do projeto, os membros da equipe serão notificados pelo balão informativo na parte inferior direita da interface, solicitando a sincronização dos dados para a atualização dos objetos do projeto.

Alguns cuidados precisam ser pontuados para não comprometer a utilizaçao de **Data Shortcuts** e, consequentemente, não perturbar o desenvolvimento dos projetos, pois se ocorrerem problemas nos elementos compartilhados que estiverem sendo usados como base para as disciplinas subsequentes no fluxo do projeto, esse problema será potencializado entre as equipes envolvidas, prejudicando o desempenho e o prazo de entrega dos projetos:

- sempre efetuar backup dos dados;
- averiguar o tamanho dos modelos de superfícies para não criar o problema do tipo "efeito cascata" com as demais disciplinas. Recomenda-se não utilizar dados brutos de levantamentos a laser com precisão milimétrica, pois poderão acarretar em uma superfície de pouca trabalhabilidade;
- evitar utilizar grandes superfícies contendo arquivos auxiliares em formato **MMS**. Modelos de superfícies e corredores muitos extensos são os "grandes vilões" no uso de **Data Shortcuts**;
- antes de começar, deve-se averiguar a possibilidade de segmentar os projetos lineares por lotes, trechos, quilômetros etc.

19.2 Ferramentas para Data Shortcuts

As ferramentas disponíveis para utilização de **Data Shortcuts** podem ser acessadas pela ribbon **Manage** ou pela aba **Prospector** da **Toolspace**. A colaboração dos modelos de infraestrutura beneficia a coordenação dos projetos durante as desgastantes revisões. As ferramentas de colaboração estão organizadas em:

- **Set Working Folder:** ferramenta que permite apontar a pasta raiz para a criação da estrutura de pastas para os projetos compartilhados.
- **New Data Shortcuts Project Folder:** ferramenta utilizada para criar a pasta de armazenamento e acessar os dados do projeto compartilhado.
- **Create Data Shortcuts:** ferramenta que efetua o compartilhamento dos objetos do desenho aberto para a pasta criada para o projeto compartilhado.

A configuração do projeto compartilhado resulta na criação de uma estrutura de pastas para alocar os dados dos elementos do projeto.

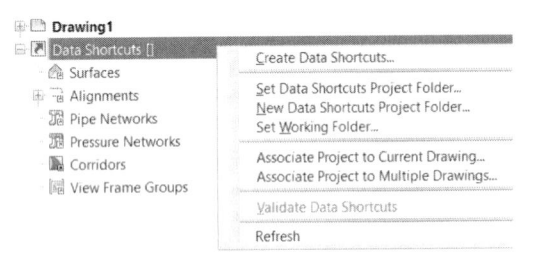

Figura 19.4 Ferramentas Data Shortcuts presentes na aba Prospector da Toolspace.

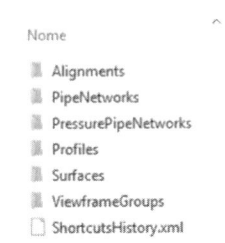

Figura 19.5 Estrutura de pastas criadas para o projeto.

- **Associate Project to Current Drawing:** ferramenta que permite associar o desenho aberto a uma pasta de projeto com Data Shortcuts. Pode ser utilizada durante o recebimento de arquivos de terceiros que fazem parte do mesmo projeto.
- **Associate Project to Multiple Drawings:** ferramenta que possibilita a associação de vários arquivos de desenho ao projeto em andamento, principalmente na ocorrência do recebimento de desenhos externos.
- **Set Data Shortcuts Project Folder:** ferramenta utilizada para selecionar uma pasta de projeto previamente definida.
- **Validate Data Shortcuts:** ferramenta para verificar a ocorrência de quebra nas referências dos objetos compartilhados do projeto, como alteração de nomes de arquivos ou realocação das pastas do projeto.

Quando selecionamos uma superfície que pertence ao projeto compartilhado por meio da aba **Prospector** ou diretamente no desenho, algumas ferramentas de **Data Shortcuts** são exibidas na aba **Modify** da ribbon contextual **TIN Surface:**

- **Syncronize:** ferramenta utilizada para sincronizar os objetos referenciados com os desenhos de origem.
- **Open Source:** ferramenta que abre o arquivo de origem no qual estão os objetos referenciados.
- **Promote Data Reference:** ferramenta que permite converter as referências inseridas como objetos independentes quando os objetos dos arquivos de origem forem modificados; as referências não serão atualizadas automaticamente.

A manipulação de referências externas (XREF) também pode trazer diversos benefícios para a colaboração de dados dos projetos entre os profissionais, em que é possível compartilhar objetos, pontos, lotes e feature lines elaborados no Civil 3D, além dos objetos de AutoCAD, como blocos, polylines e textos.

O processo inicia-se com o apontamento da pasta raiz, preferencialmente dentro de um ambiente de rede. Em seguida, deverá ser criada a pasta do projeto propriamente dita, para que a ferramenta crie automaticamente a estruturação de pastas e, consequentemente, posicione os arquivos com os dados dos projetos. Os demais usuários com acesso ao mesmo ambiente de rede poderão apontar o mesmo caminho do diretório do projeto, para assim conseguir em selecionar a pasta do projeto desejado (Figura 19.6).

O gerenciamento dos dados compartilhados é efetuado por meio da caixa **Data Shortcut Manager**, que, por sua vez, possibilita a restauração dos caminhos para as pastas dos projetos, ocorrência comum na cópia das pastas para outros computadores (Figura 19.7).

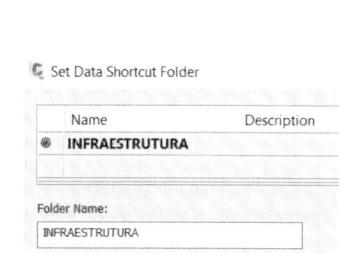

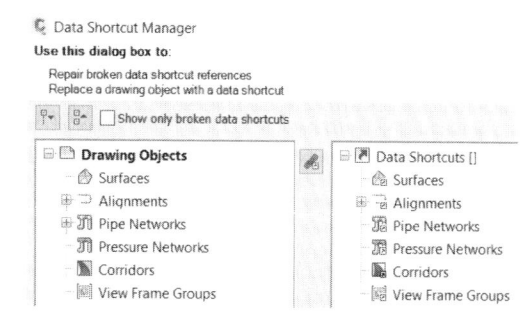

Figura 19.6 Janela de seleção de pasta do projeto compartilhado.

Figura 19.7 Gerenciador de Data Shortcuts.

19.3 Configurações para a extração de quantitativos (QTO)

O recurso **Quantity Takeoff** utiliza o gerenciador **QTO Manager**, que viabiliza a extração automatizada das quantidades dos projetos por meio de seus elementos presentes no modelo. O mecanismo funciona configurando tabelas de composições contendo códigos, descrição, unidade e, eventualmente, fórmulas para a extração qualificada, como áreas e volumes. Uma vez configuradas as tabelas, será necessário apontar os códigos para os elementos presentes no modelo do projeto por meio do recurso **Pay Item**, que, por sua vez, poderá estar presente nas configurações de code set style para quantificar os modelos de corredores, além das configurações de parts lists para quantificar as redes de infraestrutura. Podem-se extrair as quantidades de componentes individuais de AutoCAD, como blocos que representam placas de sinalização vertical, polylines de equipamentos de segurança viária para a extração de áreas ou comprimentos.

Então, será necessário criar a tabela da composição que será utilizada na extração dos quantitativos. Essa tabela poderá ser importada de planilhas de composições utilizadas no mercado e gravada no formato CSV, e seus dados organizados sequencialmente com o número do código da composição, seguidos pela descrição do item da tarefa, e, ainda, possuir a unidade de extração da quantidade. O separador dos dados poderá variar de acordo com a configuração determinada no sistema operacional de cada computador, os principais caracteres separadores são (,) ou (;) (Figura 19.8).

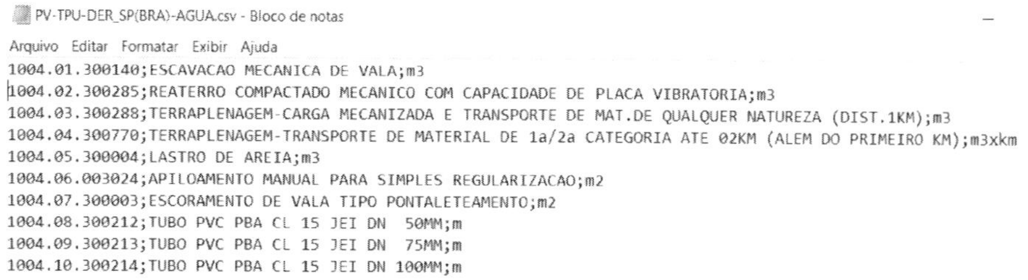

```
PV-TPU-DER_SP(BRA)-AGUA.csv - Bloco de notas
Arquivo  Editar  Formatar  Exibir  Ajuda
1004.01.300140;ESCAVACAO MECANICA DE VALA;m3
1004.02.300285;REATERRO COMPACTADO MECANICO COM CAPACIDADE DE PLACA VIBRATORIA;m3
1004.03.300288;TERRAPLENAGEM-CARGA MECANIZADA E TRANSPORTE DE MAT.DE QUALQUER NATUREZA (DIST.1KM);m3
1004.04.300770;TERRAPLENAGEM-TRANSPORTE DE MATERIAL DE 1a/2a CATEGORIA ATE 02KM (ALEM DO PRIMEIRO KM);m3xkm
1004.05.300004;LASTRO DE AREIA;m3
1004.06.003024;APILOAMENTO MANUAL PARA SIMPLES REGULARIZACAO;m2
1004.07.300003;ESCORAMENTO DE VALA TIPO PONTALETEAMENTO;m2
1004.08.300212;TUBO PVC PBA CL 15 JEI DN  50MM;m
1004.09.300213;TUBO PVC PBA CL 15 JEI DN  75MM;m
1004.10.300214;TUBO PVC PBA CL 15 JEI DN 100MM;m
```

Figura 19.8 Modelo de tabela de composição (TPU).

Opcionalmente, um segundo arquivo poderá fazer parte do pacote de configuração para a extração de quantitativos dos projetos. Esse arquivo, em formato **LandXML**, deverá conter apenas os nomes e os códigos das tarefas-chaves, e servirá para permitir expandir as categorias da composição e facilitar seu gerenciamento (Figura 19.9).

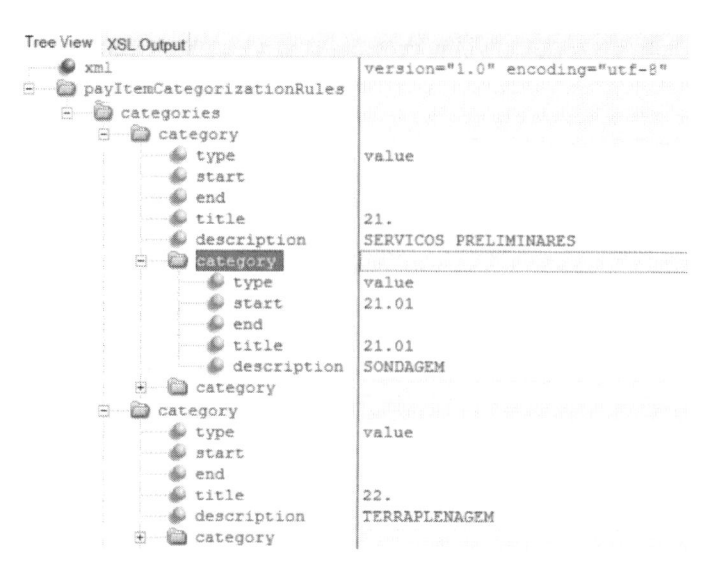

Figura 19.9 Modelo de arquivo de categorização das tarefas da composição.

Com os dois arquivos devidamente configurados, ao acessar a ferramenta da ribbon **Analyze > QTO > QTO Manager**, será possível importá-los para a janela do gerenciador **QTO Manager** e visualizar a lista de tarefas classificadas da composição (Figura 19.10).

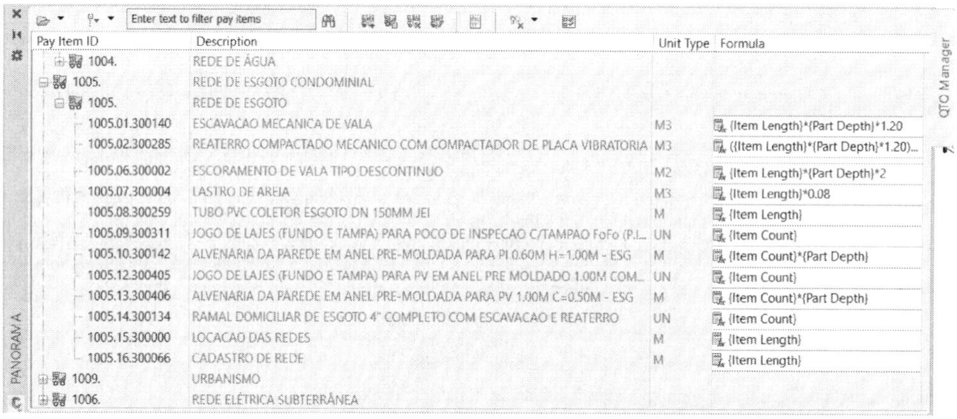

Figura 19.10 Modelo de composição presente na janela do gerenciador de quantificação.

Na parte superior da janela, pode-se fazer uso das ferramentas de filtro de seleção dos objetos codificados presentes no projeto (Figura 19.11), em que:

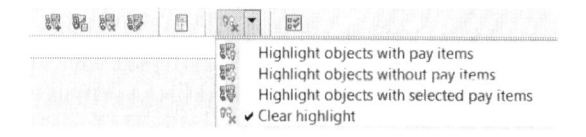

Figura 19.11 Ferramentas de filtros dos elementos codificados no projeto.

- **Assign Pay Item:** ferramenta para adicionar o item selecionado no gerenciador a um objeto linear na área de desenho. É possível associar os códigos das tarefas aos objetos de AutoCAD, como linhas, polylines e blocos, para efetuar uma quantificação mais apurada dos projetos.

- **Assign Pay Item to a Closed Area:** ferramenta que associa o código da tarefa a um objeto fechado no projeto para a extração de sua área.

- **Removes Pay Items:** ferramenta utilizada para remover os códigos de tarefas associadoas aos objetos.
- **Edit Pay Items:** ferramenta que permite editar os códigos de tarefas associados aos objetos.
- **Execute Takeoff Command:** ferramenta que inicia o processo de extração de quantidades do projeto, habilitando a caixa de diálogo **Compute Quantity Takeoff**.

Antes mesmo de fazer a associação dos códigos das tarefas aos elementos do projeto, será fundamental determinar as fórmulas e as regras para a realização dos cálculos por meio da coluna **Formula**. Ao clicar na coluna **Formula**, será solicitado especificar uma pasta e um nome para a criação de um terceiro arquivo de configuração, este último no formato FOR, que armazenará as fórmulas para calcular as quantidades para cada item desejado da lista de composição. A construção das fórmulas é feita por meio da caixa **Pay Item Formula**, que permite a realização de diversas operações, além de possibilitar o uso de várias funções combinadas com os principais itens dos componentes, como comprimento, área e profundidade.

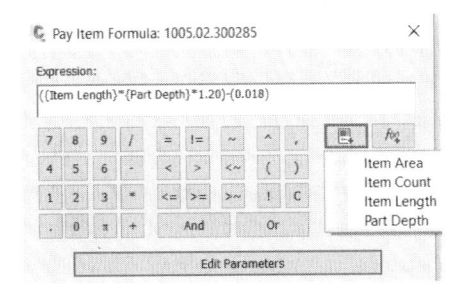

Figura 19.12 Caixa de construção de fórmulas para automatização do processo de quantificação do projeto.

Pode parecer muito trabalhoso e confuso (e talvez seja mesmo) criar todo esse set de configurações para a extração dos quantitativos dos projetos; contudo, essas configurações poderão estar presentes ou associadas aos arquivos de templates para permitir uma melhor automatização do processo de quantificação para os próximos projetos com composições quantitativas semelhantes. Dessa forma, os códigos das tarefas presentes na composição deverão estar configurados nas listas de especificações dos corredores na caixa **Code Set Style**, e das redes de infraestrutura na caixa **Network Parts List.** Os códigos deverão ser associados por meio da coluna **Pay Item** (Figura 19.13).

Figura 19.13 Caixas com as listas de componentes de projetos dos infraestrutura.

19.4 Extração de quantitativos do projeto (QTO)

Antes da extração, é importante alinhar as expectativas no uso dos recursos de **QTO**, no qual a planilha orçamentária não é criada, pois o recurso é dedicado apenas à extração organizada dos quantitativos dos projetos. A caixa de diálogo **Compute Quantity Takeoff** (Figura 19.14) é a interface dedicada para realizar a extração dos quantitativos do projeto. É possível criar padrões de folhas de relatórios em arquivos XSL para extração de quantitativos simples. Os dados extraídos poderão ser posicionados no desenho como textos ou, ainda, ser exportados para arquivos no formato CSV.

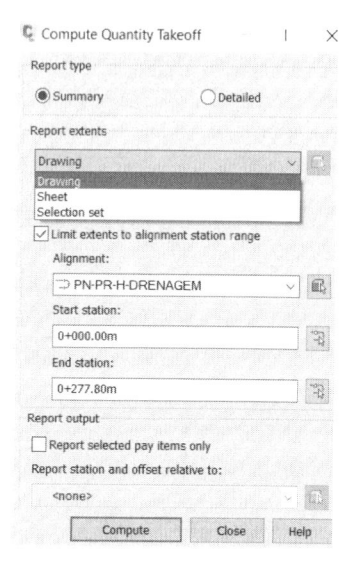

- **Report type:** quadro que exibe as opções de escolha do tipo de relatório, resumido (Summary) ou detalhado (Detailed).

- **Report extents:** quadro que define a forma de seleção de objetos para a extração de quantidades. A opção **Drawing** utiliza todos os objetos presentes no desenho atual; **Sheet** extrai as quantidades apenas das folhas de desenho; **Selection set** permite selecionar, na área de desenho, os objetos desejados para a extração.

- **Limit extents to alignment station range:** opção que restringe a extração apenas a objetos relacionados de um alinhamento selecionado, possibilitando determinar o trecho desejado entre as estacas.

- **Report output:** quadro que controla a saída do relatório; a opção **Report Selected Pay Items Only** elabora o relatório apenas dos itens selecionados no gerenciador.

Figura 19.14 Caixa preparatória para a extração da quantificação dos projetos.

O botão **Compute** inicia o processo de quantificação do projeto e exibe a caixa de diálogo **Quantity Takeoff Report**, para a visualização dos resultados e a escolha dos modelos de exibição das informações, conforme mostra a Figura 19.15.

Summary Takeoff Report

Pay Item ID	Description	Quantity	Unit
1004.14.300506	ANEL DE BORRACHA PARA TUBO E CONEXAO PVC PBA DN 100MM - MAT	5	un
1004.16.155873	CURVA 90o PVC 100MM PBA - AF	1	un
1004.21.155878	TE PVC 100MM 3B PBA - AF	1	un
1004.22.300118	REGISTRO DE GAVETA COM CABECOTE FoFo JE DN 100MM	3	un
1004.23.300331	CAIXA EM ALVENARIA PARA REGISTRO DE GAVETA EM REDE DE AGUA H=0.70M	3	un
1005.01.300140	ESCAVACAO MECANICA DE VALA	575.69	M3
1005.02.300285	REATERRO COMPACTADO MECANICO COM COMPACTADOR DE PLACA VIBRATORIA	575.60	M3
1005.05.003024	APILOAMENTO MANUAL PARA SIMPLES REGULARIZACAO	119.35	M2
1005.06.300002	ESCORAMENTO DE VALA TIPO DESCONTINUO	959.48	M2
1005.07.300004	LASTRO DE AREIA	26.52	M3
1005.08.300259	TUBO PVC COLETOR ESGOTO DN 150MM JEI	331.536	M
1005.09.300311	JOGO DE LAJES (FUNDO E TAMPA) PARA POCO DE INSPECAO C/TAMPAO FoFo (P.I.b)-D=0.60M	5	UN
1005.10.300142	ALVENARIA DA PAREDE EM ANEL PRE-MOLDADA PARA PI 0.60M H=1.00M - ESG	8.583	M
1005.15.300000	LOCACAO DAS REDES	331.536	M
1005.16.300066	CADASTRO DE REDE	331.536	M
1006.01.300001	ELETRODUTO 75X75	393.817	M
1006.04.300102	CAIXA DE PASSAGEM 0.80X0.80m	8	UN
1006.05.300291	POSTE DE ILUMINAÇÃO	13	UN
1009.02.300786	PAISAGISMO URBANO-PLANTIO DE GRAMA EM PLACAS ESMERALDA COM 3CM DE ESPESSURA DE TERRA VEGETAL	2582.72	M2

```
Summary (HTML).xsl
TransPortDesignInterface.xsl
Summary (CSV).xsl
Summary (HTML).xsl
Summary (TXT).xsl
Summary (XML).xsl
Summary_BRA (TXT).xsl
<Browse...>
```

Figura 19.15 Interface da caixa de seleção dos padrões de saídas para os quantitativos.

A caixa de diálogo **Quantity Takeoff Report** exibe a prévia do relatório com as quantidades extraídas do projeto e permite a escolha dos formatos de relatórios disponíveis. O botão **Draw** adiciona os dados extraídos do projeto na área de desenho como objeto **Mtext**; a opção **Save As** possibilita salvar os dados extraídos para um arquivo de texto (TXT).

Exercício – Colaboração do projeto

O seguinte exercício ilustra os procedimentos para a configuração dos recursos de **Data Shortcuts** para compartilhar os principais elementos presentes no modelo do projeto.

Execute os procedimentos a seguir para concluir o exercício:

1. Abra o arquivo **19-5-1_PROJETO_COLABORAÇÃO.DWG**, disponível na plataforma da editora.

2. Selecione a ferramenta da ribbon **Manage** → **Data Shortcuts** → **Set Working Folder**.

3. Na caixa de diálogo **Working folder**, selecione uma pasta na rede para compartilhar o projeto. Exemplo: **C:\Civil 3D Projects**. Clique no botão **OK**.

4. Selecione a ferramenta da ribbon **Manage** → **Data Shortcuts** → **New Shortcuts Folder**.

5. Na caixa de diálogo **New Data Shortcut Folder**, digite **QUANTITATIVOS** no campo **Name**. Clique no botão **OK** para concluir (Figura 19.16).

6. Na aba **Prospector** da **Toolspace**, clique com o botão direito sobre **Data Shortcuts** e selecione a opção **Associate Project to Current Drawing**.

7. Verifique o nome da pasta do projeto na caixa de diálogo **Associate Project to Current Drawing** e clique no botão **OK** (Figura 19.17).

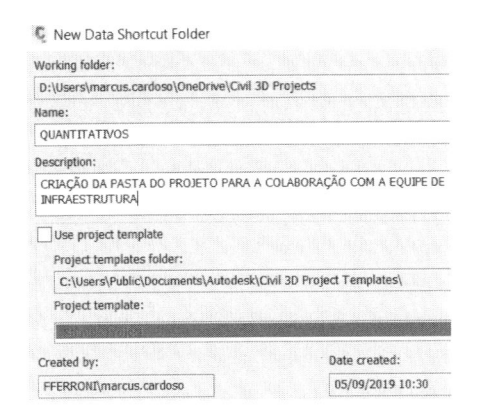

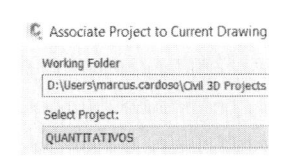

Figura 19.17 Caixa de associação do desenho atual com o projeto compartilhado.

Figura 19.16 Caixa de criação da pasta do projeto compartilhado.

8. Grave o arquivo e selecione a ferramenta da ribbon **Manage** → **Data Shortcuts** → **Create Data Shortcuts**.

9. Na caixa de diálogo **Create Data Shortcuts**, selecione a superfície **SU-PR-G-MODELO FINAL**. Depois, selecione o alinhamento **PN-PR-H-DRENAGEM**, a rede **PN-PR-H-DRENAGEM** e o corredor **CO-PR-G-MURO CONTENÇÃO**. Clique no botão **OK** (Figura 19.18).

10. Verifique a presença dos objetos selecionados na pasta compartilhada, na categoria **Data Shortcuts** da aba **Prospector**.

Procedimentos para importação dos dados do projeto

1. Inicie um novo desenho utilizando o arquivo de template **_AutoCAD Civil 3D 2020_BRA (DNIT).DWG**, fornecido na instalação do pacote *Brazil Content*.

2. Grave o arquivo com o nome **19-Quantidades.DWG** na pasta do projeto compartilhado.

3. Selecione a ferramenta da ribbon **Manage** → **Data Shortcuts** → **Set Working Folder**.

4. Na caixa de diálogo **Working folder**, localize a pasta do projeto compartilhado. Exemplo: **C:\ Civil 3D Projects**. Clique no botão **OK**.

5. Selecione a ferramenta da ribbon **Manage** → **Data Shortcuts** → **Set Shortcuts Folder**.

6. Na caixa de diálogo **Set Data Shortcut Folder**, selecione a pasta do projeto **QUANTITATIVOS** e clique no botão **OK** (Figura 19.19).

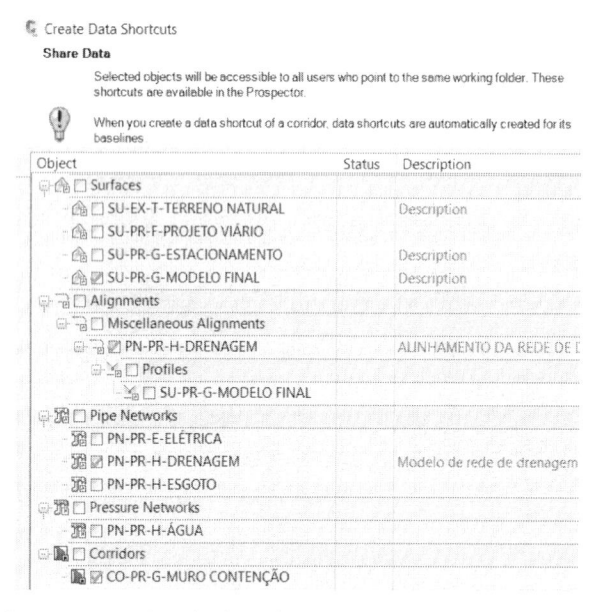

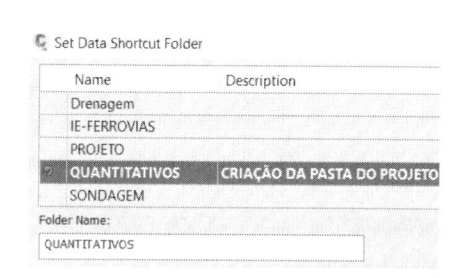

Figura 19.18 Caixa de seleção dos elementos para o projeto compartilhado. **Figura 19.19** Caixa de seleção da pasta do projeto compartilhado.

7. Na aba **Prospector** da **Toolspace**, expanda **Data Shortcuts [Quantitativos]** → **Surfaces**, clique com o botão direito sobre a superfície **SU-PR-G-MODELO-FINAL** e selecione a opção **Create Reference**.

8. Na caixa de diálogo **Create Surface Reference**, verifique o nome e o estilo da superfície e clique no botão **OK**.

9. Na aba **Prospector** da **Toolspace**, expanda **Data Shortcuts [Quantitativos]** → **Alignments** → **Miscellaneous Alignments**, clique com o botão direito sobre o alinhamento **PN-PR-H-DRENA-GEM** e selecione a opção **Create Reference**.

10. Na caixa de diálogo **Create Alignment Reference**, verifique o nome e o estilo do alinhamento e clique no botão **OK**.

11. Na aba **Prospector** da **Toolspace**, expanda **Data Shortcuts [Quantitativos]** → **Pipe Networks**, clique com o botão direito sobre **PN-PR-H-DRENAGEM** e selecione a opção **Create Reference**.

12. Na caixa de diálogo **Create Pipe Network Reference**, verifique nome, lista de especificações de componentes e estilos. Clique no botão **OK**.

13. Repita os procedimentos para importar os demais elementos do projeto.

14. Na área de trabalho, aplique **zoom** para identificar os objetos importados da pasta do projeto compartilhado (Figura 19.20).

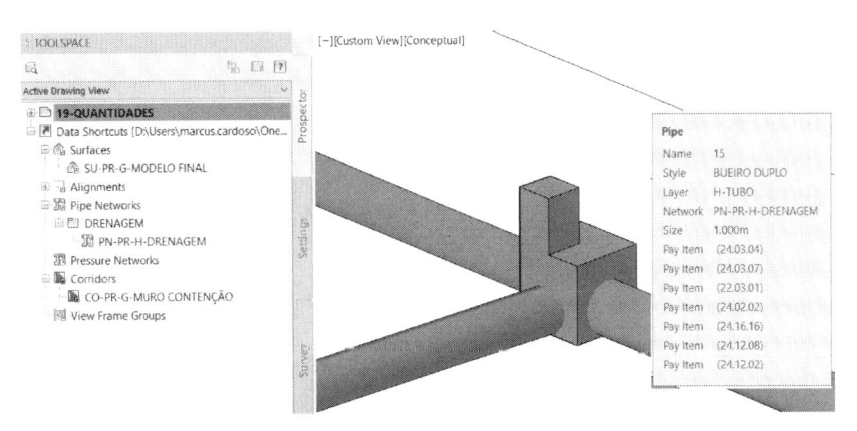

Figura 19.20 Modelos importados do projeto compartilhado.

Os elementos importados estão compartilhados na pasta do projeto. Caso haja eventuais revisões nos objetos originais, a notificação será exibida, informando a ocorrência e, por meio da opção **Synchronize**, será possível atualizar os dados do projeto compartilhado. Realize um teste alterando o diâmetro de um dos tubos de drenagem no arquivo original do projeto e grave o arquivo).

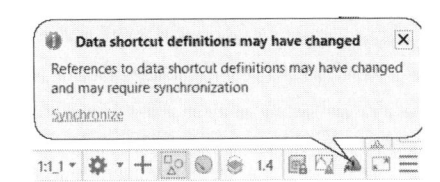

Figura 19.21 Modelos importados do projeto compartilhado.

15. Feche o arquivo.

Exercício – Quantificação do projeto

A quantificação apurada com os recursos de **Quantity Takeoff** tem como objetivo eliminar as inconsistências, melhorando o processo de quantificação nos projetos de infraestrutura, principalmente durante as desgastantes revisões. Este exercício simula como extrair o quantitativo de componentes de infraestrutura presentes no modelo do projeto.

Execute os procedimentos a seguir para concluir o exercício:

1. Abra o arquivo **19-6-1_PROJETO_QUANTIFICAÇÃO.DWG**, disponível na plataforma da editora.
2. Selecione a ferramenta da ribbon **Analyze** → **QTO** → **QTO Manager**.
3. Na aba **QTO Manager** da janela **Panorama**, clique no botão **Open pay item file**.
4. No campo **Pay item file**, da caixa de diálogo **Open Pay Item File**, localize e selecione o arquivo **PV-TPU-DER_SP(BRA)-AGUA.CSV**, disponível na plataforma da editora.
5. No campo **Pay item categorization file**, da caixa de diálogo **Open Pay Item File**, localize e selecione o arquivo **TPU-DER_SP(BRA).XML,** disponível na plataforma da editora. Clique no botão **OK**.
6. Verifique os itens da lista de composição importada para a janela **Panorama**, principalmente se algumas fórmulas estiverem apresentadas na coluna **Formula**.

7. Os elementos do projeto presentes no arquivo já estavam codificados com a mesma numeração da composição importada para o gerenciador **QTO Manager**. É possível verificar essa associação quando posicionar o cursor do mouse sobre um dos componentes de uma das redes de infraestrutura alocadas no modelo (Figura 19.22).

8. Na aba **QTO Manager**, da janela **Panorama**, selecione a ferramenta **Execute Takeoff Command**.

9. Na caixa **Compute Quantity Takeoff**, selecione o tipo de relatório **Summary** no quadro **Report Type**.

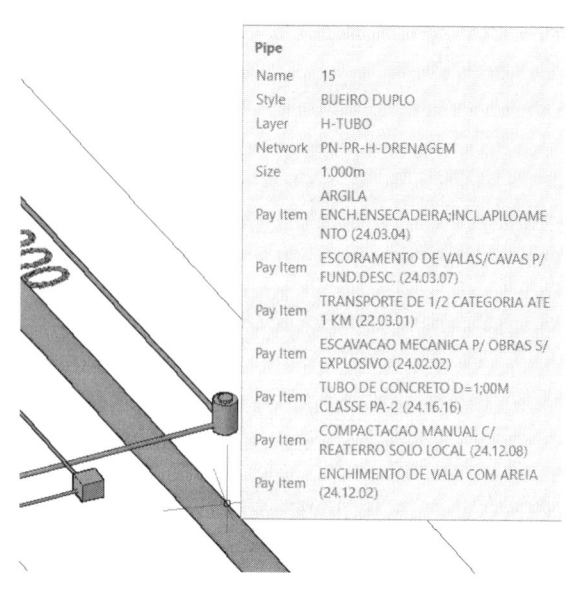

Figura 19.22 Exibição da composição para bueiro de drenagem.

10. Selecione a opção **Drawing** no quadro **Report Extents** para quantificar o desenho inteiro.

11. Desmarque a opção do quadro **Report Output**.

12. Clique no botão **Compute**.

13. Navegue nas opções de layouts de relatórios no quadro, na parte inferior da caixa de diálogo, por exemplo, **Summary (HTML).XSL** (Figura 19.23).

22.01.01	LIMP.TERRENO SEM DESTOCAMENTO DE ARVORES	28972.88	m2
23.12.01	PAVIMENTO CONCRETO INTERTRAVADO - E=6CM	28972.88	m2
24.02.02	ESCAVACAO MECANICA P/ OBRAS S/EXPLOSIVO	2153.83	m3
24.03.04	ARGILA ENCH.ENSECADEIRA;INCL.APILOAMENTO	111.47	m3
24.03.07	ESCORAMENTO DE VALAS/CAVAS P/FUND.DESC.	2153.83	m2
24.05.01	FORMA PLANA PARA CONCRETO COMUM	24.60	m2
24.07.01	CONCRETO FCK 10 MPA	1.86	m3
24.07.02	CONCRETO FCK 15 MPA	0.78	m3
24.07.05	CONCRETO FCK 25 MPA	4.95	m3
24.11.05	ALVENARIA DE BLOCO DE CONCRETO	11.21	m3
24.12.02	ENCHIMENTO DE VALA COM AREIA	179.09	m3
24.12.08	COMPACTACAO MANUAL C/REATERRO SOLO LOCAL	2149.91	m3
24.16.12	TUBO DE CONCRETO D=0;90M CLASSE PA-2	249.839	m
24.16.16	TUBO DE CONCRETO D=1;00M CLASSE PA-2	121.722	m
24.19.03.01	GUIA PRE-FABRICADA CONCRETO FCK 20 MPA	732.764	m
24.19.04.01	SARJETA DE CONCRETO FCK 20 MPA	83.54	m3
28.05.07	POSTE C150 - 1.80m	268	un
29.01.02	BOCA DE LOBO SIMPLES - BLCS	1	un
29.01.04	CAIXA COLETORA TIPO CX-1	1	un

Summary (HTML).xsl   Save As...   Close

Figura 19.23 Quantitativo extraído do projeto de infraestrutura.

14. Exporte o quantitativo por meio do botão **Save as**.

15. Posicione o texto do quantitativo na área de trabalho por meio da ferramenta **Draw**.

16. Feche o arquivo.

Documentação para Projetos Lineares

O detalhamento e a documentação dos projetos de infraestrutura compõem a etapa do ciclo de projeto que mais consome tempo. As ferramentas **Plan Production Tools** auxiliam no processo de extração dos desenhos da documentação de projetos lineares e permitem automatizar as tarefas de elaboração das folhas de plantas, perfis e seções transversais. **Plan Production** trabalha em conjunto com o gerenciador de folhas **Sheet Set Manager** do AutoCAD, que deverá ser mais bem explorado pelos projetistas, pois também pode ser considerado o caderno de desenhos digital do projeto.

Em projetos lineares, é comum a criação de um conjunto de articulação das folhas arranjadas ao longo do caminhamento do projeto. Esses grupos de folhas articuladas também podem ser criados e gerenciados no Civil 3D por meio da construção de **View Frames**, que, posteriormente, poderão ser colaborados com os recursos de **Data Shortcuts**.

Esses grupos de articulações, quando compartilhados com as equipes multidisciplinares do projeto com uso de **Data Shortcuts**, poderão otimizar a produção das pranchas de desenhos dentro do fluxo de trabalho, contemplando desde as etapas preliminares, partindo de desenhos topográficos, passando pelas disciplinas de geometria, drenagem, terraplenagem, e assim por diante, sempre utilizando os grupos de articulações criados no início de cada projeto. Esses grupos poderão ser criados separadamente por escalas de apresentação do projeto (Figura 20.1).

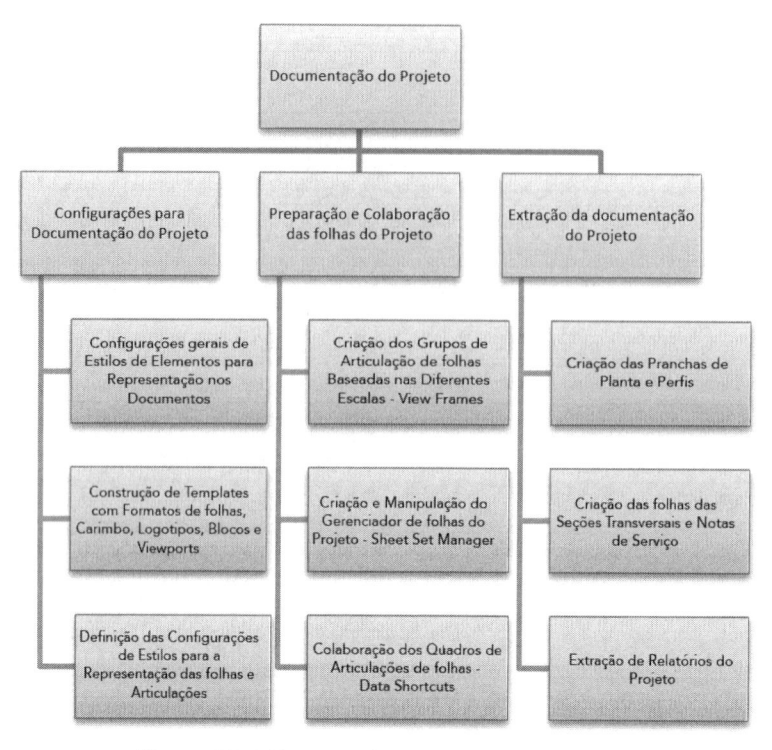

Figura 20.1 Fluxo para a documentação de projetos lineares.

Não podemos deixar de lado que a elaboração de relatórios também é uma atividade importante na fase de documentação do projeto. É possível utilizar os modelos de relatórios disponíveis na aba **Toolbox** da **Toolspace** para criar relatórios com os dados dos modelos presentes nos projetos.

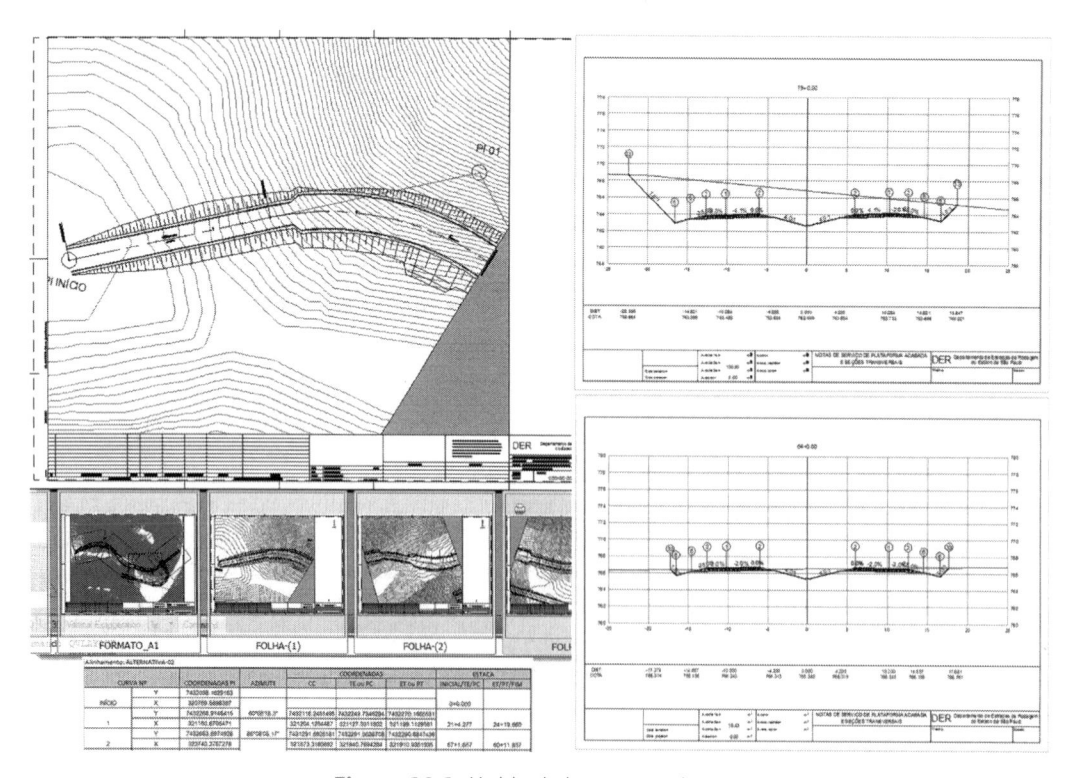

Figura 20.2 Modelos de documentação do projeto.

20.1 Produção de folhas – Plan Production

As ferramentas de criação automatizada de folhas do projeto estão disponíveis pela ribbon **Output** → **Plan Production**. A ferramenta **Create View Frames** efetua a articulação de folhas dos projetos; é possível elaborar conjuntos de articulações para cada alinhamento horizontal projetado no desenho. A ferramenta **Create Sheets** cria os desenhos das folhas nas abas de layouts e possibilita a elaboração de desenhos referenciados para a documentação do projeto. Já a ferramenta **Create Section Sheets** efetua a montagem das folhas das seções transversais (Figura 20.3).

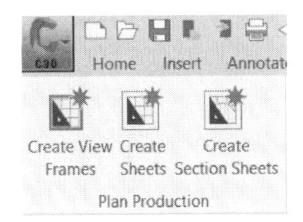

Figura 20.3 Ferramentas de documentação dos desenhos do projeto.

Para utilizar o recurso de **Plan Production**, é necessário configurar um arquivo template (DWT) contendo em seus layouts os formatos padrão inseridos e suas viewports configuradas com as escalas mais utilizadas nos projetos para representações em planta, perfil e seção transversal. É possível configurar as representações para planta e perfil na mesma folha do desenho.

A instalação do pacote *Brazil Content* fornece um arquivo de modelo para a utilização no processo de criação das folhas do projeto. Esse modelo pode servir como base para a criação de diversos modelos para atender aos diversos padrões de folhas nacionais. O arquivo de template para o recurso de **Plan production** precisa conter as configurações dos layouts com as folhas e os carimbos inseridos, com os diversos padrões de tamanhos, como os formatos A1, A2, A3 etc. Além das viewports devidamente configuradas com todas as possíveis escalas de plotagem para planta, perfil e seção transversal, outro detalhe importante é configurar o tipo de utilização da viewport (plan, profile ou section) pelo campo **Type**, da janela **Properties** da viewport selecionada no layout. O tamanho da viewport também é importante, pois determina o tamanho e a área das articulações na área de desenho, em virtude da escala de plotagem escolhida.

Para conhecer detalhes sobre a configuração do template para a produção de folhas dos projetos, clique no botão **New** e selecione o arquivo **Civil 3D 2020_BRA-(DER)-Planta Perfil e Seção.dwt**, fornecido durante a instalação do pacote *Brazil Content* e localizado na pasta **Plan Production** do sistema de templates. Navegue pelos layouts do template, identifique os blocos dos formatos de folhas e verifique as configurações presentes nas viewports.

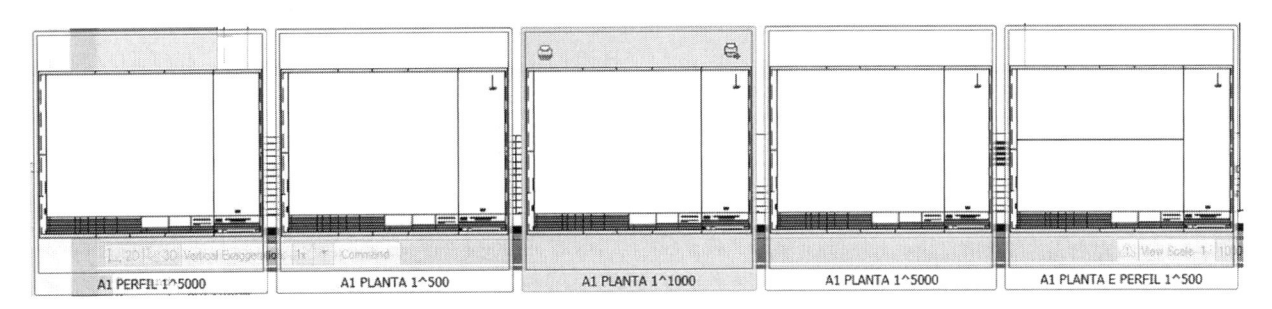

Figura 20.4 Folhas de layouts configuradas no arquivo DWT utilizado no processo de documentação do projeto.

20.2 Articulação de folhas – View Frames

O processo de criação de folhas do projeto se restringe a duas etapas: a primeira, para a criação das articulações das folhas por meio dos objetos view frames; a segunda, em que as folhas do projeto devem ser criadas com o comando **Create Sheets**. O grupo de view frames utiliza os layouts configurados no arquivo DWT, aplicando a escala da viewport para a articulação das folhas do projeto (Figura 20.5).

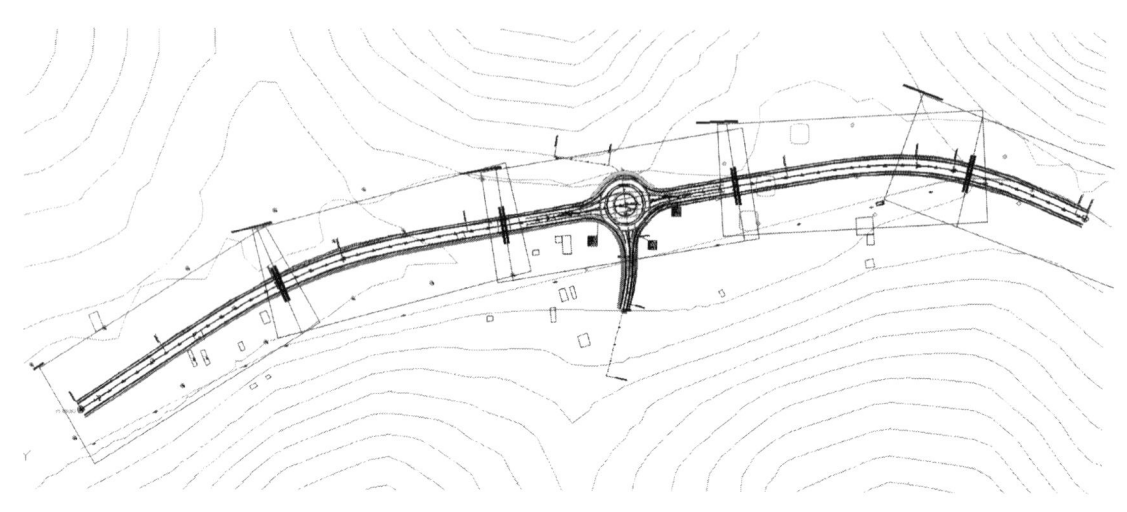

Figura 20.5   Grupo de view frames representando as articulações das folhas do projeto.

O assistente **Create View Frames** exibe as abas para a configuração das folhas de articulação durante o processo de criação dos desenhos do projeto. Por meio desse assistente, é possível selecionar o alinhamento-base para exibição em planta, configurar a exibição do perfil longitudinal e definir o posicionamento das linhas de articulação no projeto (Figura 20.6).

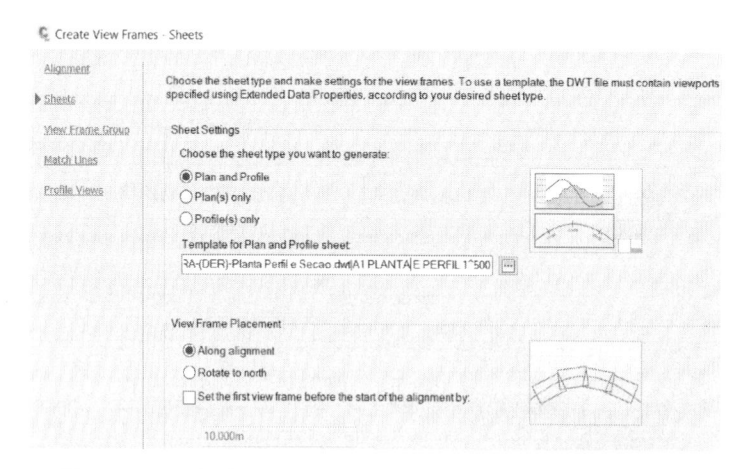

Figura 20.6   Configuração para o arranjo dos quadros de articulações de folhas.

Os objetos **Match Lines** representam as linhas de articulação posicionadas entre as folhas. É possível inserir rótulos personalizados com a indicação do número sequencial das folhas (Figura 20.7).

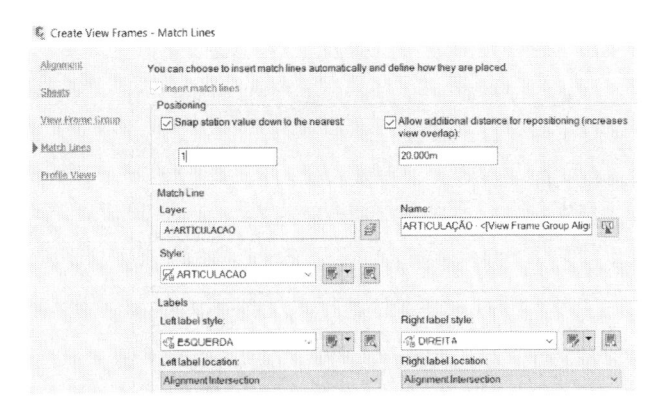

Figura 20.7 Configuração do posicionamento das linhas de articulação nas folhas.

20.3 Folhas de desenhos do projeto – Create Sheets

A próxima etapa do processo é marcada pela criação das folhas da documentação do projeto e efetuada por meio do assistente **Create Sheets**, que disponibiliza os parâmetros para a elaboração passo a passo das folhas do projeto.

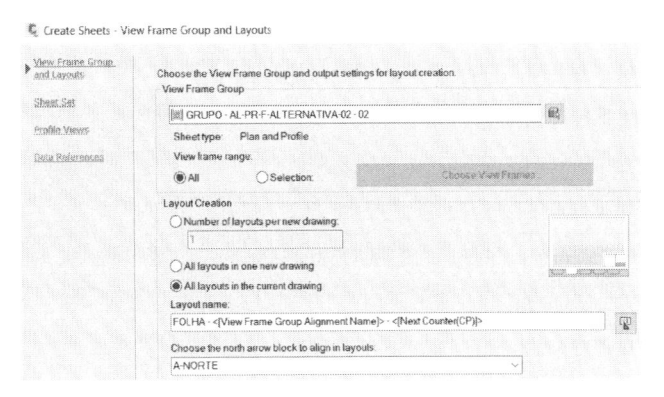

Figura 20.8 Assistente de criação das folhas de documentação do projeto.

O quadro **Layout Creation**, da aba **View Frame Groups and Layouts**, permite configurar:

■ **Number of layouts per new drawing:** determina a quantidade de folhas de layouts por desenho.

■ **All layouts in one new drawing:** cria um arquivo de desenho com todas as folhas de layouts. Esta opção insere o desenho atual no novo arquivo como referência externa (XREF).

■ **All layouts in the current drawing:** adiciona as folhas do projeto nos layouts do desenho atual. O campo **Layout Name** especifica o nome para os layouts das folhas do projeto.

O quadro **Choose the north arrow block to align in layouts** permite selecionar o bloco de indicação do norte para inseri-lo nos layouts, alinhado ao posicionamento do projeto. O bloco deve estar inserido nos layouts do arquivo de template utilizado na articulação das folhas do projeto.

A aba **Sheet Set** da caixa de diálogo auxilia na definição do arquivo do gerenciador de folhas do projeto, **Sheet Set Manager**.

A aba **Profile Views,** da caixa **Create Sheets**, possibilita configurar os parâmetros de exibição e posicionamento dos gráficos dos perfis longitudinais nas folhas do projeto (Figura 20.9).

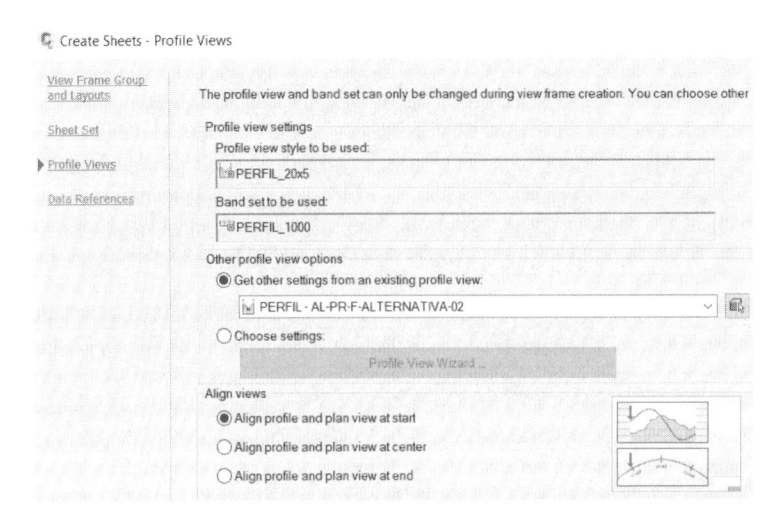

Figura 20.9 Opções de criação dos gráficos dos perfis longitudinais nas folhas de documentação do projeto.

A aba **Data Reference** da caixa de diálogo permite determinar o local e o nome dos arquivos criados para a documentação das folhas do projeto, quando selecionado o recurso para a criação de novos desenhos referenciados.

Pode-se utilizar a ferramenta da ribbon **Plan Production** → **Create Section Sheets** para auxiliar durante o processo de elaboração das folhas das seções transversais do projeto.

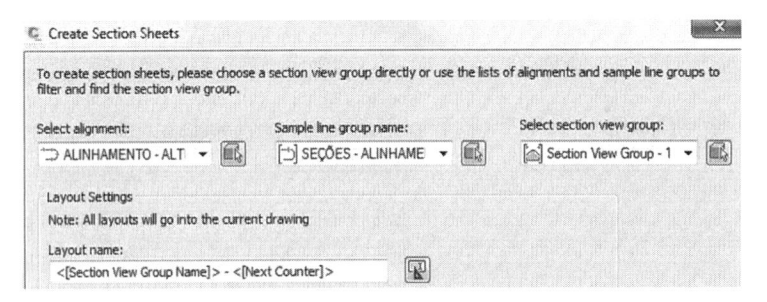

Figura 20.10 Caixa de criação das folhas de seções transversais do projeto.

20.4 Malha de coordenadas e mapa on-line

Depois da criação das pranchas com a documentação representando as plantas dos projetos, torna-se possível acionar a visualização do mapa on-line e da malha de coordenadas em cada janela de viewport. A primeira diretriz para uso desses recursos é realizar a associação do sistema de coordenadas apropriado para o projeto juntamente com seu respectivo fuso; a segunda diretriz é possuir uma conta Autodesk para uso do mapa on-line. A ferramenta de aplicação da malha de coordenadas está alocada na ribbon contextual **Layout Tools**, que é acessada ao selecionar uma aba do layout das folhas de desenho. A ferramenta que exibe a malha de coordenadas está alocada no painel **Map Viewport > Reference System** (Figura 20.11).

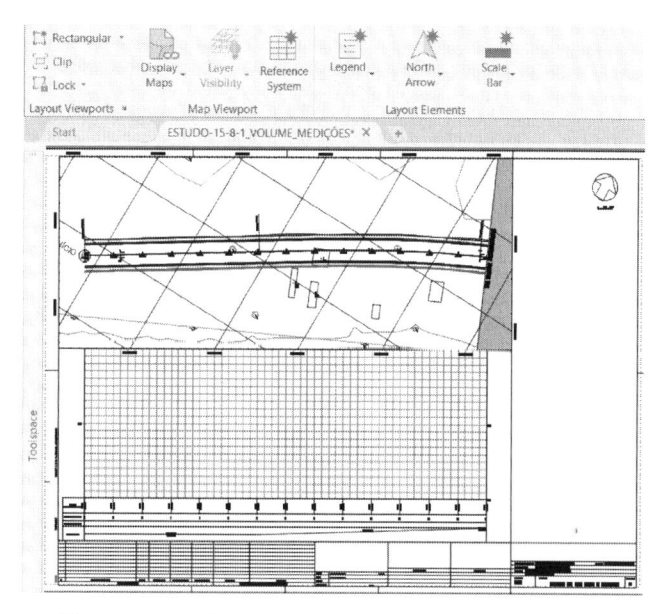

Figura 20.11 Ferramentas auxiliares para uso nas folhas do projeto.

A aplicação do mapa on-line necessita ativar a viewport da planta desejada com duplo clique, para, em seguida, acessar a ribbon contextual **Geolocation**, e, por meio da ferramenta do painel **Online Map > Map Road / Aerial / Hybrid**, pode-se ativar os tipos de mapas rodoviário, aéreo e híbrido (Figura 20.12).

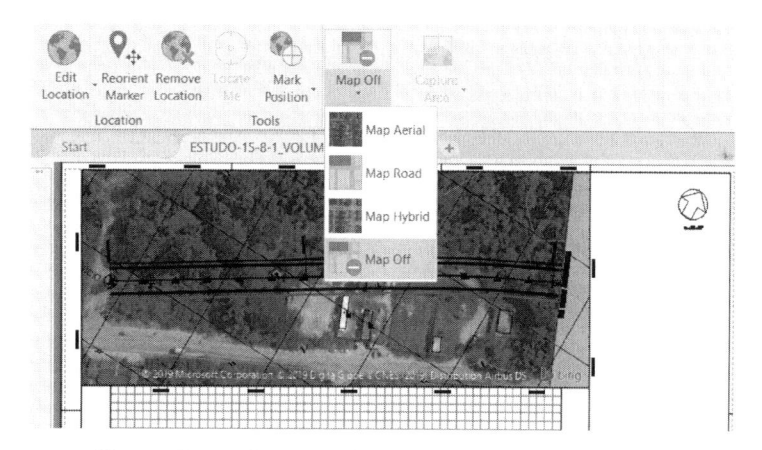

Figura 20.12 Ferramentas de ativação do mapa on-line nos desenhos.

20.5 Relatórios do projeto

Os relatórios são elaborados na etapa de documentação dos projetos de infraestrutura e, dependendo das características e da complexidade do projeto, sua produção pode levar muito tempo. Pode-se utilizar os diversos modelos de relatórios disponíveis na aba **Toolbox** da **Toolspace** para extrair relatórios, utilizando os dados dos elementos presentes nos modelos dos projetos (Figura 20.13).

Os relatórios disponíveis na aba **Toolbox** estão organizados e classificados pelos tipos de objetos. A categoria **Reports Manager** contém diversos modelos de relatórios em inglês. A categoria **Relatórios** é exibida quando o pacote *Brazil Content* é instalado, no qual estão alocados os modelos de relatórios em português para alinhamentos horizontal e vertical, superfície, pontos, lotes, tubulação e notas de serviço.

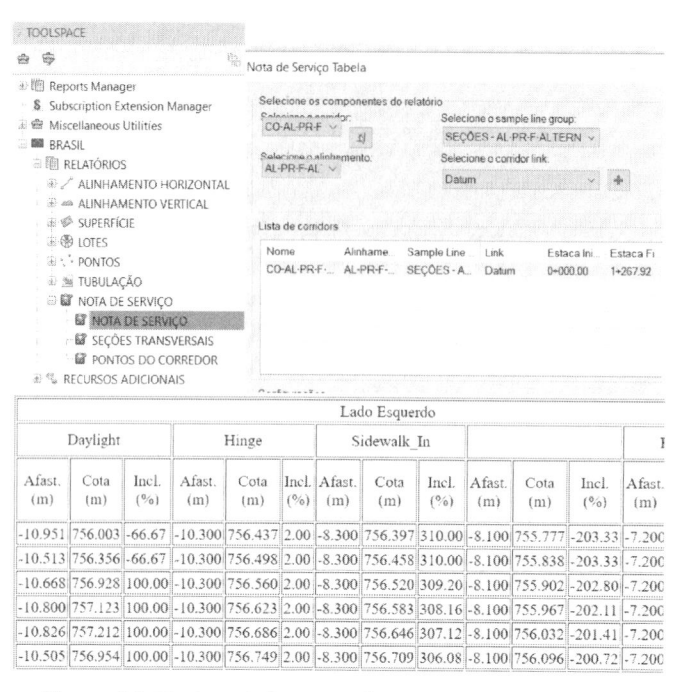

Figura 20.13 Acesso às ferramentas de criação de modelos de relatórios.

Os relatórios criam arquivos de saída e podem ser exportados para leitura e personalização em aplicativos de edição de textos. É possível exportar os relatórios para os formatos de arquivos HTML, PDF, XLS, DOC e TXT.

A princípio, o recurso **Volumes Dashboard**, apresentado anteriormente, possibilita a exportação do relatório volumétrico de projetos não lineares de terraplenagem. Entretanto, as informações volumétricas também podem ser extraídas pela aba **Toolbox**, desde que especificados os eixos de alinhamentos e configuradas as sample lines para a obtenção da somatória de áreas das seções.

Exercício – Documentação do projeto linear

O seguinte exercício exibe os passos para a definição das articulações de folhas, criação dos layouts, exportação de relatórios do projeto viário presente no modelo, além de mostrar o uso da ferramenta de aplicação da malha de coordenadas e mapa on-line na janela viewport da folha da planta.

Execute os procedimentos a seguir para concluir a atividade:

1. Abra o arquivo **20-6-1_DOCUMENTAÇÃO_PROJETO.DWG**, disponível na plataforma da editora.

2. Selecione a ferramenta da ribbon **Output** → **Plan Production** → **Create View Frames**.

3. Na aba **Alignment**, da caixa de diálogo **Create View Frames**, selecione o alinhamento **AL-PR-F--ALTERNATIVA-02** e clique no botão **Next**.

4. Configure na aba **Sheets**, da caixa de diálogo **Create View Frames**:

    ◆ selecione a opção **Plan and Profile** no quadro **Sheet Settings**;

    ◆ clique no botão **...** do quadro **Template for Plan and Profile Sheet** para selecionar o arquivo de template configurado com os layouts das folhas;

    ◆ na caixa **Select Layout as Sheet Template**, localize e selecione o arquivo **Civil 3D 2020_ BRA-(DER)-Planta Perfil e Secao.dwt**, fornecido com a instalação do *Country Kit Brazil*. Selecione o layout **A1 PLANTA E PERFIL 1^500** e clique no botão **OK** (Figura 20.14);

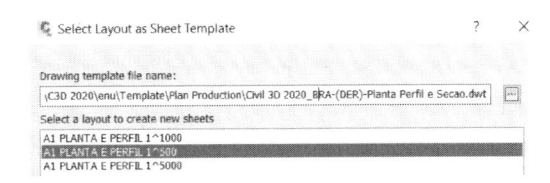

Figura 20.14 Caixa de seleção da folha de layout para documentação do projeto.

- no quadro **View Frame Placement**, selecione a opção **Along alignment** para posicionar as folhas alinhadas com o traçado horizontal;
- clique em **Next**.

5. Na aba **View Frame Group**, da caixa **Create View Frames**, configure para exibir o nome do alinhamento no campo **Name** e clique no botão **Next**.

6. Na aba **Match Lines**, da caixa **Create View Frames**, configure o posicionamento das linhas de articulação de folhas (Figura 20.15):

- habilite a opção **Snap Station value down to the nearest** e digite **20** no quadro para determinar que a linha de articulação fique posicionada ao longo das estacas do alinhamento;
- habilite a opção **Allow additional distance for repositioning** e digite **20.000m** no quadro para controlar o valor de sobreposição das folhas sobre as linhas de articulação;
- regule a nomenclatura para as linhas de articulação no campo **Name**;
- verifique as demais configurações para os estilos das linhas de articulações e clique no botão **Next**.

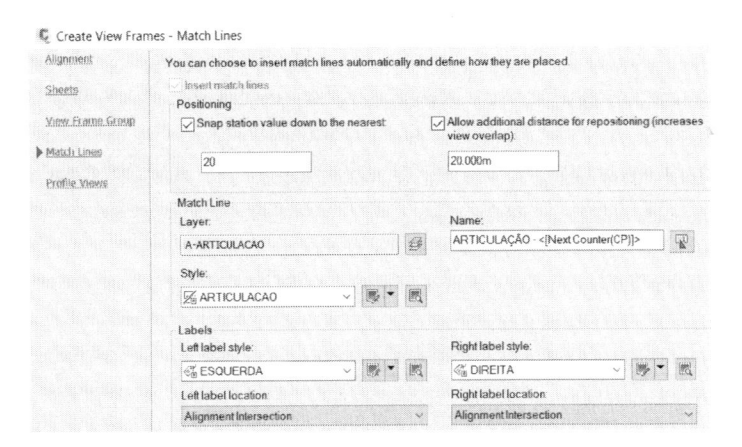

Figura 20.15 Configurações para o posicionamento das linhas de articulações das folhas.

7. Na aba **Profile Views**, verifique os estilos para o gráfico do perfil e clique no botão **Create View Frames**.

8. Verifique os quadros das folhas criadas na área de trabalho.

9. Acesse a ferramenta da ribbon **Output** → **Plan Production** → **Create Sheets**.

10. Na aba **View Frame Group and Layouts**, da caixa de diálogo **Create Sheets** (Figura 20.16):

- selecione o grupo **AL-PR-F-ALTERNATIVA-02**;
- habilite a opção **All layouts in the current drawing** para criar todas as folhas de desenho no arquivo atual;
- controle o nome para as folhas no campo **Layout Name**;
- escolha o bloco **A-NORTE** para rotacionar na folha de desenho;

◆ clique no botão **Next**.

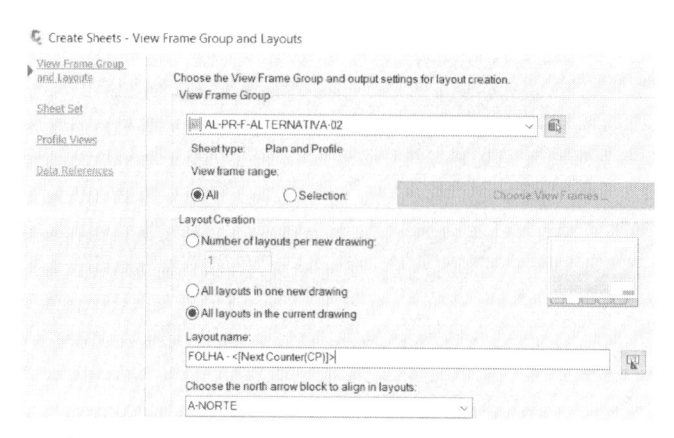

Figura 20.16 Configurações para nomenclatura das folhas do projeto.

11. Na aba **Sheet Set**, da caixa **Create Sheets**, verifique nome e local de criação do arquivo de caderno de desenhos e clique no botão **Next**.

12. Na aba **Profile Views**, da caixa **Create Sheets**, verifique as opções para criação do gráfico do perfil e clique no botão **Create Sheets**.

13. Clique na área de trabalho para posicionar os gráficos dos perfis articulados para as folhas do projeto.

14. Aplique o comando **Regen** para atualizar os gráficos dos perfis.

15. Será necessário ajustar as cotas exibidas nos rodapés dos perfis. Selecione o gráfico do perfil e acesse a ferramenta **Profile View Properties**. Na aba **Bands**, aponte o perfil projetado **VERTICAL-AL-PR-F-ALTERNATIVA-02** na coluna **Profile 2**.

16. Navegue nos layouts das folhas e verifique sua composição gráfica (Figura 20.17).

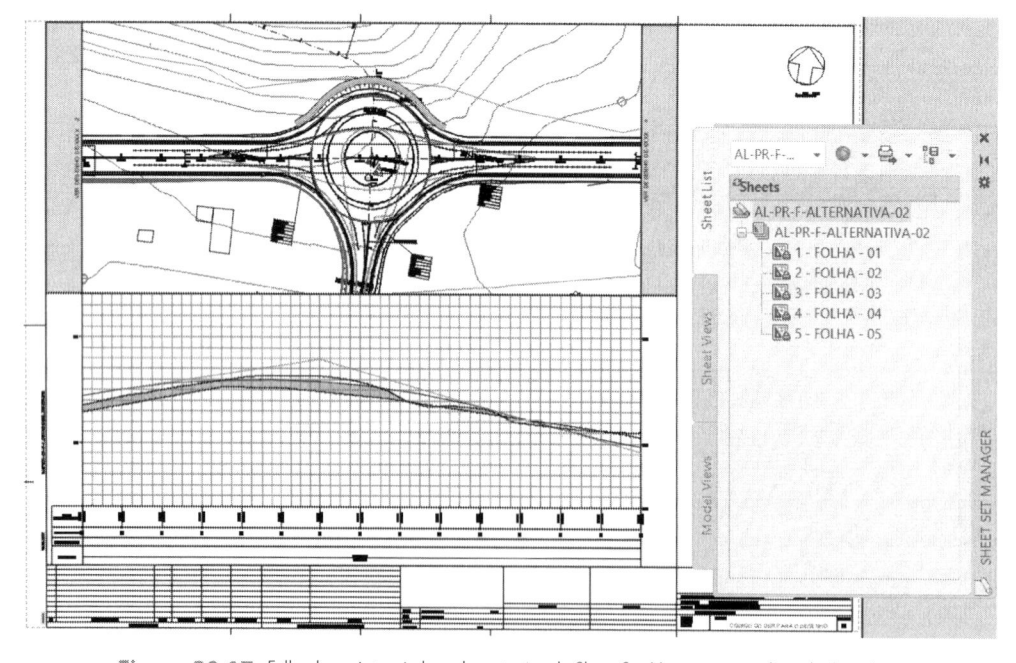

Figura 20.17 Folha do projeto criada no layout e janela Sheet Set Manager com a lista de desenhos.

17. Na aba **Settings** da **Toolspace**, clique com o botão direito do mouse sobre o nome do arquivo e selecione a opção **Edit Drawing Settings**.

18. Na aba **Units and Zone**, da caixa de diálogo **Edit Drawing Settings**, selecione **Brasil** na lista **Categories** e selecione o sistema **SIRGAS datum, UTM Zone 23S; Brasil 48d to 42d West**. Clique no botão **OK** (Figura 20.18).

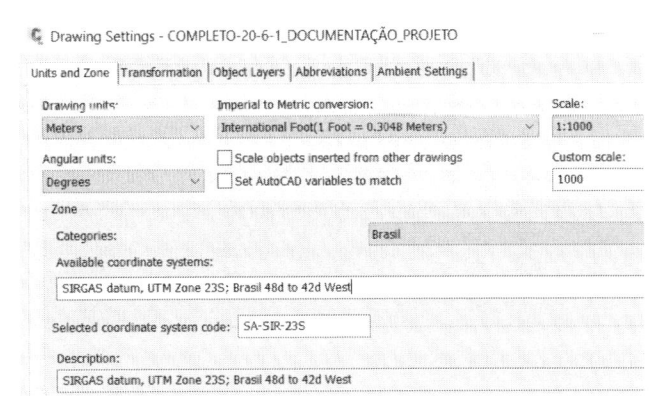

Figura 20.18 Caixa de configuração do sistema de coordenadas.

19. Acesse um layout da folha e a ferramenta da ribbon contextual **Layout Tools > Map Viewport > Reference System**.

20. Clique sobre o quadro da viewport da planta.

21. Na caixa de diálogo **Create Reference System**, selecione a opção **Current map coordinate system**. Verifique o sistema de coordenadas do arquivo, a escala de impressão e o afastamento entre as linhas da malha de coordenadas. Clique no botão **OK** (Figura 20.19).

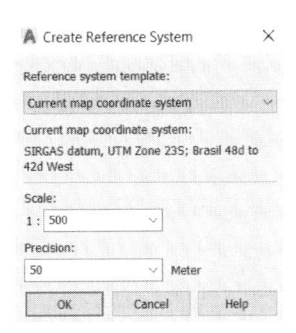

Figura 20.19 Caixa de configuração da malha de coordenadas.

22. Verifique a malha de coordenadas aplicadas no quadro da viewport da planta.

23. Acesse a viewport da planta, aplicando um duplo clique sobre o quadro da viewport.

24. Acesse a ferramenta da ribbon contextual **Geolocation > Online Map > Map Aerial**.

25. Clique fora da viewport e verifique o mapa on-line apresentado na planta.

26. Acesse a aba **Toolbox** da **Toolspace** e expanda **Brasil > Relatórios > Nota de Serviço**. Clique com o botão direito do mouse sobre **Nota de serviço** e selecione **Execute**.

27. Na caixa de diálogo **Nota de Serviço Tabela** (Figura 20.20):

    ◆ no campo **Selecione o corridor link**, selecione o link **Datum** e clique no botão + para adicioná-lo à lista;

* no campo **Salvar em**, determine local e nome para o arquivo do relatório. Escolha o formato HTML e clique no botão **Criar Relatório**.

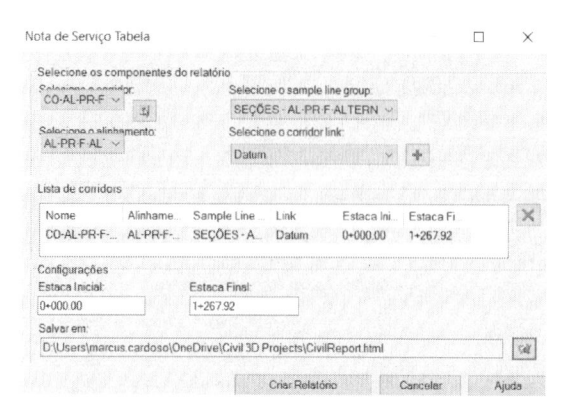

Figura 20.20 Caixa de configuração do relatório de nota de serviço.

28. Verifique os dados do projeto no relatório criado.

Nota de Serviço Tabela

CO-AL-PR-F-PROJETO AL-PR-F-ALTERNATIVA-02 0+0.000 63+7.920

| Lado Esquerdo | | | | | | | | | | | | | | | | | | | Eixo | |
| CorteEsq33-5 | | | AterroEsq33-5 | | | DrenagemE-3 | | | Sidewalk_In | | | | | | ETW_Sub | | | | Pontos Notáveis da Geometria Horizontal | Pontos Notáveis da Geometria Vertical |
Afast. (m)	Cota (m)	Incl. (%)	Afast. (m)	Cota (m)	Incl. (%)	Afast. (m)	Cota (m)	Incl. (%)	Afast. (m)	Cota (m)	Incl. (%)	Afast. (m)	Cota (m)	Incl. (%)	Afast. (m)	Cota (m)	Incl. (%)	Estaca		
			-10.951	756.003	-66.67	-10.300	756.437	2.00	-8.300	756.397	310.00	-8.100	755.777	-203.33	-7.200	755.795	-2.00	0+0.000		
			-10.513	756.356	-66.67	-10.300	756.498	2.00	-8.300	756.458	310.00	-8.100	755.838	-203.33	-7.200	755.856	-2.00	1+0.000		
-10.668	756.928	100.00				-10.300	756.560	2.00	-8.300	756.520	309.20	-8.100	755.902	-202.80	-7.200	755.917	-2.00	2+0.000		
-10.800	757.123	100.00				-10.300	756.623	2.00	-8.300	756.583	308.16	-8.100	755.967	-202.11	-7.200	755.978	-2.00	3+0.000		
-10.826	757.212	100.00				-10.300	756.686	2.00	-8.300	756.646	307.12	-8.100	756.032	-201.41	-7.200	756.039	-2.00	4+0.000		
-10.505	756.954	100.00				-10.300	756.749	2.00	-8.300	756.709	306.08	-8.100	756.096	-200.72	-7.200	756.100	-2.00	5+0.000		PCV
			-10.922	756.408	-66.67	-10.300	756.823	2.00	-8.300	756.783	305.04	-8.100	756.173	-200.03	-7.200	756.173	-2.00	6+0.000		
			-10.946	756.396	-66.67	-10.300	756.826	2.00	-8.300	756.786	305.00	-8.100	756.176	-200.00	-7.200	756.176	-2.00	6+0.824	TS	
			-11.528	756.101	-66.67	-10.300	756.920	2.00	-8.300	756.880	304.00	-8.100	756.272	-199.34	-7.200	756.268	-2.00	7+0.000		

Figura 20.21 Modelo de relatório de nota de serviço.

29. Execute outros modelos de relatórios.
30. Feche o arquivo.

Considerações para o Emprego do BIM para Infraestrutura

A implementação de processos para uso do BIM para infraestrutura tem gerado muitas discussões nas mesas de debates, e, de fato, ainda é possível identificar diversas lacunas nos processos atuais que regem a construção e a operação de empreendimentos de infraestrutura. Algumas dessas deficiências estão relacionadas à tecnologia, outras à capacitação, outras elencam dificuldades na interação interdisciplinar. Entretanto, essa maturidade BIM só será obtida com a criação de novas diretrizes para adequação dos processos atuais, como a criação de novos manuais de contratação para obras e projetos, definição de quais informações e critérios deverão estar presentes nos elementos que compõem os modelos, como serão realizadas medições e pagamentos, tanto para a elaboração dos projetos em BIM, quanto para a execução das obras, entre outras diretrizes que deverão ser readequadas (Figura 21.1).

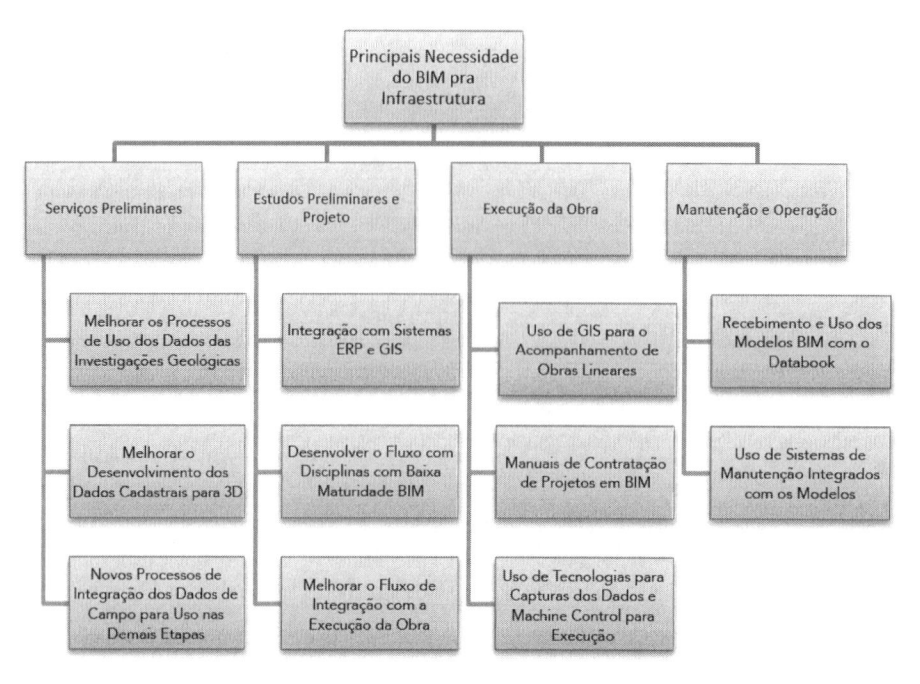

Figura 21.1 Principais necessidades para alavancar o BIM para infraestrutura.

21.1 Dynamo para programação visual

A promessa para preencher partes das lacunas tecnológicas que dificultam eventuais implementações de processos BIM para infraestrutura vem de soluções dedicadas ao desenvolvimento de aplicações, rotinas e scripts, que, por sua vez, viabilizarão aumentar a maturidade BIM para os processos de infraestrutura. Agora, o Civil 3D pode contar com o uso da solução Autodesk Dynamo para o desenvolvimento de rotinas e, assim, potencializar o desenvolvimento dos projetos.

O Autodesk Dynamo é uma solução que permite desenvolver scripts na forma de programação visual, para, dessa forma, otimizar a realização de tarefas repetitivas. A instalação do Dynamo deve ser efetuada separadamente do Civil 3D, no qual seu acesso é efetuado por meio do painel **Visual Programming** da ribbon **Manage** do Civil 3D, em que a ferramenta **Dynamo** acessa o aplicativo, e a ferramenta **Run Script** executa uma rotina desejada (Figura 21.2).

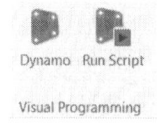

Figura 21.2 Ferramentas de acesso ao aplicativo Autodesk Dynamo.

A tela inicial do **Dynamo** dispõe de diversas ferramentas para criação ou leitura de rotinas, acesso ao grupo de discussão e aos materiais de aprendizagem, como vídeos e tutoriais, além de permitir acessar os arquivos das rotinas de exemplos e envio de erros no aplicativo (Figura 21.3).

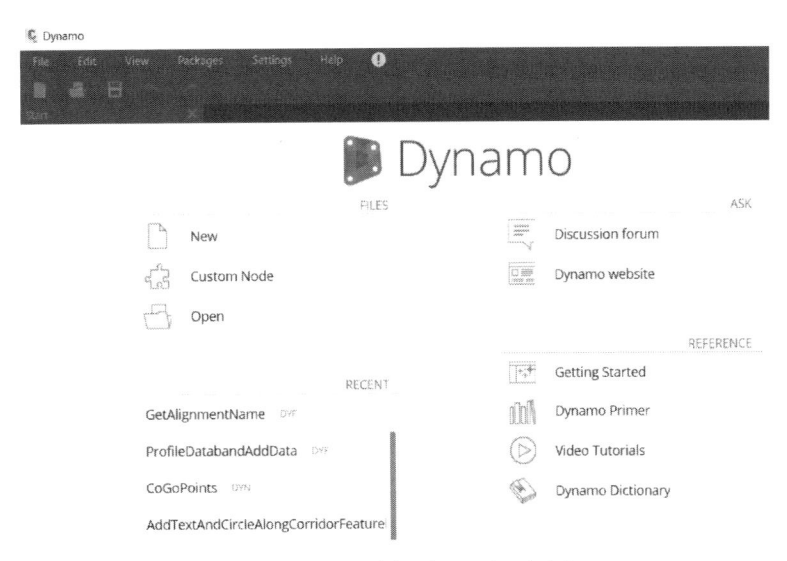

Figura 21.3 Tela inicial do aplicativo Autodesk Dynamo.

A interface do aplicativo **Dynamo** oferece diversos recursos para a construção de fluxos com comandos e ferramentas arranjados na área de trabalho. No painel esquerdo lateral estão postadas as ferramentas para a seleção e os filtros de objetos de AutoCAD e de Civil 3D, ferramentas de criação de geometrias e de operações matemáticas, além das ferramentas de exportação dos resultados obtidos (Figura 21.4).

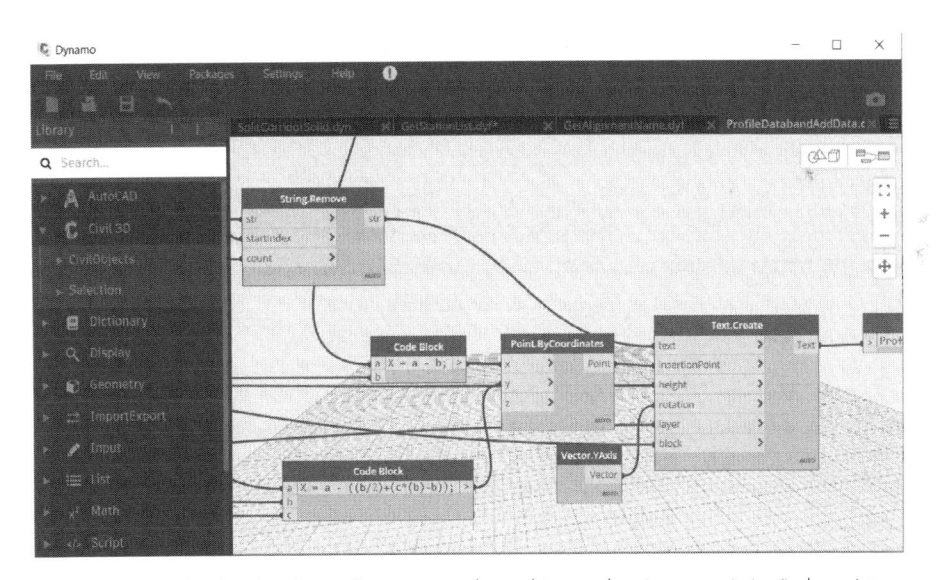

Figura 21.4 Interface do aplicativo Dynamo para o desenvolvimento de rotinas para otimização dos projetos.

Agora, estude o exemplo a seguir:

1. Inicie o Autodesk Civil 3D.

2. Abra o arquivo **CorridorCounterfortWall.DWG**, disponível na plataforma da editora e fornecido como conteúdo de exemplo da Autodesk para estudo de programação visual. Os arquivos de exemplos estão alocados em "C:\ProgramData\Autodesk\C3D 2020\Dynamo\Samples\en-US" nas subpastas, Case 01 a Case 09.

3. O arquivo de exemplo possui o modelo do corredor em condição de aterro com muro de contenção com alturas variáveis em suas laterais. Os muros laterais foram extraídos do modelo do corredor e convertidos para modelos de sólidos para facilitar o entendimento da geometria do projeto (Figura 21.5).

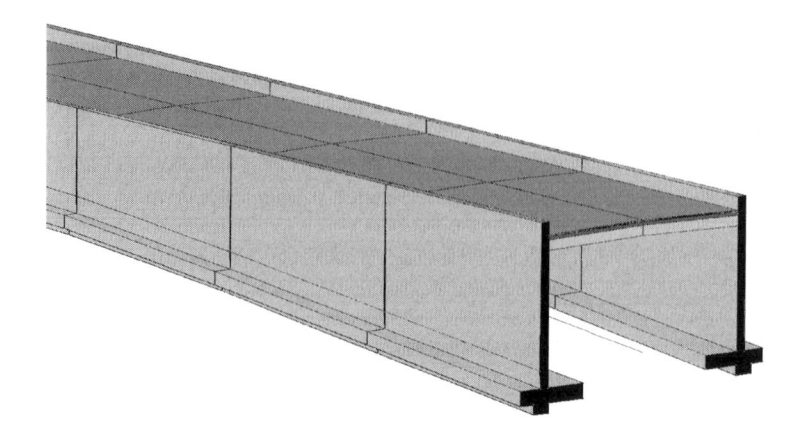

Figura 21.5 Exemplo de modelo de corredor com muro de contenção.

4. A proposta do exemplo é mostrar os procedimentos para executar uma rotina fornecida pela Autodesk. Tal rotina é um ótimo exemplo para posicionar diversas estruturas de apoio ao longo do muro de contenção criado como modelo de corredor no Civil 3D.

5. Acesse a ferramenta da ribbon **Manage > Visual Programming > Dynamo**.

6. Na tela inicial do aplicativo **Dynamo**, clique no botão **Open**.

7. Localize e abra o arquivo **CorridorCounterforWall.dyn**, disponível na plataforma da editora e como exemplo na pasta "C:\ProgramData\Autodesk\C3D 2020\Dynamo\Samples\en-US\Case 02".

8. Na área de trabalho do **Dynamo**, verifique o fluxo de ferramentas criadas no exemplo. As ferramentas presentes no grupo do quadro na cor ocre são dedicadas para a criação de pontos adicionais na geometria da parede externa do muro. O quadro magenta agrupa as ferramentas para determinar a forma geométrica para os blocos de apoios. O grupo do quadro roxo possui as ferramentas para a construção de modelos dos blocos de apoio (Figura 21.6).

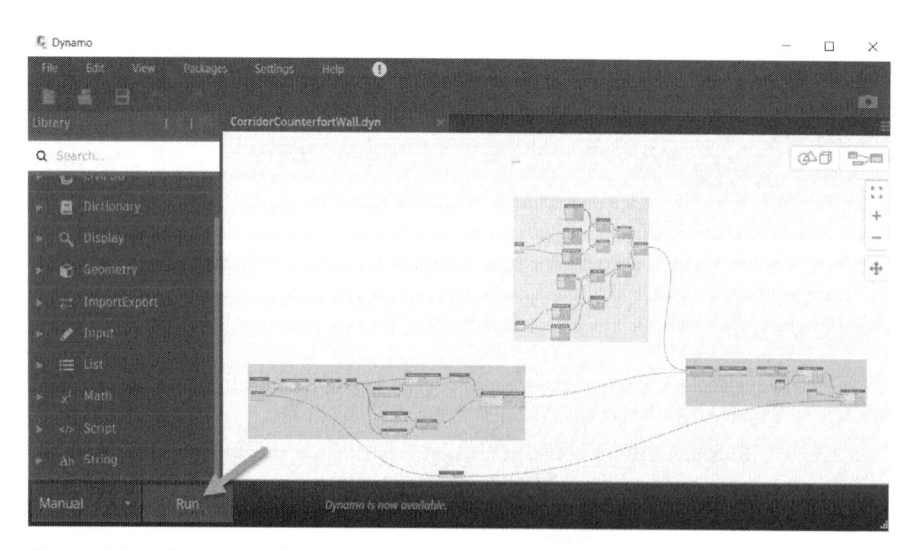

Figura 21.6 Fluxo da rotina de exemplo para a construção de blocos de apoio ao longo do muro de contenção.

9. Navegue nas caixas do fluxograma e identifique algumas ferramentas. Para ampliar os conhecimentos no desenvolvimento de rotinas em **Dynamo** para uso no Civil 3D, acesse a página <https://dynamobim.org/>.

10. Clique no botão **Run** localizado na parte inferior esquerda do aplicativo.

11. Aguarde o término do processamento, que poderá levar alguns minutos.

12. Clique no botão **Enable background 3D preview navigation**, localizado na parte superior direita da área de trabalho, para ocultar as caixas e ativar a navegação no modelo de exemplo construído (Figura 21.7).

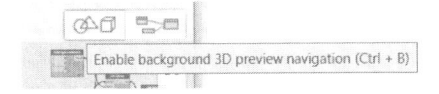

Figura 21.7 Ferramenta para ativar a navegação na área de modelo.

13. Utilize as ferramentas laterais presentes na área de modelo para navegar nos modelos dos blocos de apoio construídos (Figura 21.8).

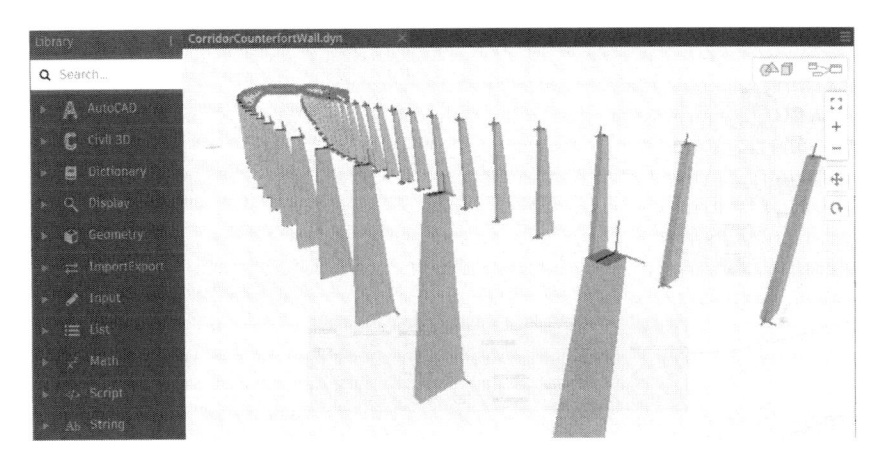

Figura 21.8 Modelos das estruturas dos blocos de apoio construídos na área de modelo do Dynamo.

14. Retorne para o Autodesk Civil 3D e verifique o posicionamento das estruturas dos blocos de apoio posicionados ao longo do muro de contenção (Figura 21.9).

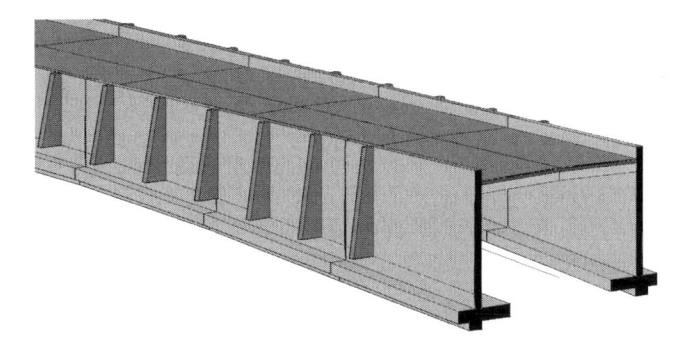

Figura 21.9 Estruturas dos blocos de apoio posicionados ao longo do muro de contenção no Civil 3D.

15. Navegue no modelo e identifique as alturas variáveis dos blocos de apoio posicionados ao longo do muro de contenção.

16. Feche os arquivos.

21.2 Bibliotecas e templates para infraestrutura

Para subsidiar o uso e a disseminação do BIM para projetos de infraestrutura, será necessário estabelecer uma biblioteca de componentes robusta e compartilhada. É muito provável que as bibliotecas e os templates de infraestrutura sejam construídos de maneira gradativa no âmbito nacional; contudo, é fundamental que comecemos a trabalhar no desenvolvimento desses padrões, o que também poderá promover novos negócios em grande parte do ecossistema de empreendimentos de infraestrutura.

A notícia boa é que a biblioteca de infraestrutura não deverá ser tão ampla quanto a de edificações, porém, em algumas situações, ela poderá conter muita especificidade dependendo do tipo de projeto, tipo de solo, geometria e assim por diante. A má notícia é que ainda não contamos com bibliotecas compartilhadas de infraestrutura, mas estamos no caminho de obtê-las – gradativamente, é claro. De acordo com o uso do processo BIM aplicado aos novos projetos de infraestrutura e, principalmente, com as novas diretrizes nacionais para implementação de processo BIM, é muito provável que as bibliotecas alcançarão uma amplitude maior dentro de um breve período.

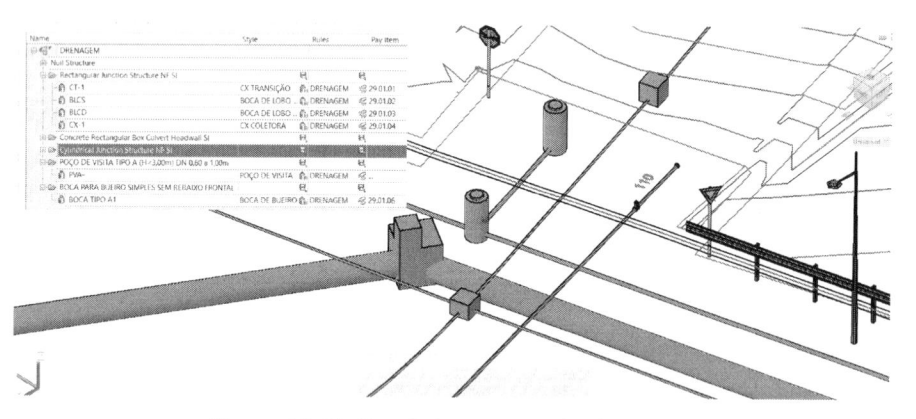

Figura 21.10 Exemplo de componentes de infraestrutura.

Outro aspecto que precisa ser mencionado é a necessidade de criação das bibliotecas para representar os componentes existentes. Esta talvez um pouco mais trabalhosa, mas de suma importância para subsidiar a nova maneira BIM de trabalhar, pois é fundamental que os componentes existentes sejam modelados para que haja um bom projeto, de modo a considerar as condições existentes e, principalmente, os cadastros existentes, para elencar as eventuais interferências no local de implantação do empreendimento e poderem ser identificadas antes de sua construção física. Existe ainda a possibilidade de aquisição, tratamento e uso dos dados cadastrais por meio da utilização de ferramentas GIS.

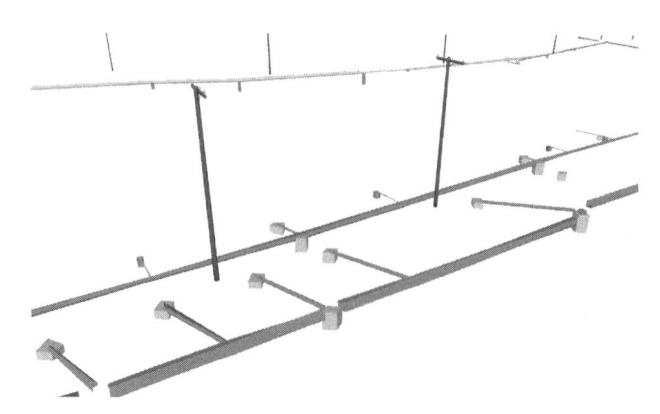

Figura 21.11 Exemplo de cadastro de interferências modeladas para subsidiar os projetos de infraestrutura.

21.3 Arquivos de interoperabilidade

Será necessário estabelecer quais são os formatos padrões dos arquivos que serão adotados para viabilizar a permutação dos modelos e seus respectivos dados entre as diversas plataformas utilizadas no mercado para o desenvolvimento de projetos de infraestrutura. Para edificações, o arquivo mais utilizado para essa finalidade é o formato IFC (Industry Foundation Classes); entretanto, o formato IFC ainda não está fazendo a leitura ampla dos elementos que compõem os modelos de infraestrutura, especialmente os modelos de superfícies, corredores e feature lines.

A solução mais aderente no tratamento da permutação dos dados dos modelos de infraestrutura fica por conta do formato de arquivo **LandXML**. Esse formato, idealizado para este fim, possibilita transportar os dados de alinhamentos, superfícies, redes de tubulações e as importantíssimas feature lines. Provavelmente, em breve, poderão ser incorporados novos elementos aos arquivos de formato **LandXML**. As configurações para a importação e a exportação dos dados em formato **LandXML** podem ser configuradas por meio da caixa **LandXML Settings**, acessada na aba **Settings** da **Toolspace** do Autodesk Civil 3D (Figura 21.12).

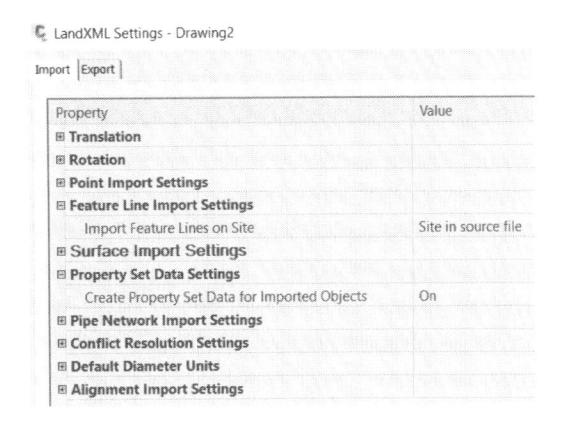

Figura 21.12 Caixa de configurações para os dados de arquivos LandXML.

Então, enquanto o formato padrão de interoperabilidade para infraestrutura não for estabelecido no mercado, será necessário utilizar o arquivo **LandXML** para as bases de terrenos e geométricas, além das redes subterrâneas; para os demais elementos de infra, será necessário o uso de arquivos **DWG** contendo os modelos de sólidos, denominados em algumas situações como modelo de transição, e que pode prejudicar um pouco o mecanismo de dinamismo nos projetos (Figura 21.13). Os modelos de sólidos representarão grande parte dos elementos de infraestrutura, como:

- os maciços de escavações e aterros de terraplenagem;
- os maciços de camadas geológicas;
- todos os elementos dos levantamentos cadastrais;
- dispositivos de sinalização e segurança viária;
- elementos de contenções;
- camadas de pavimentação;
- modelos das valas de escavações das redes de infraestrutura;
- obras de arte, tanto correntes atípicas quanto especiais;
- entre outros elementos de infraestrutura.

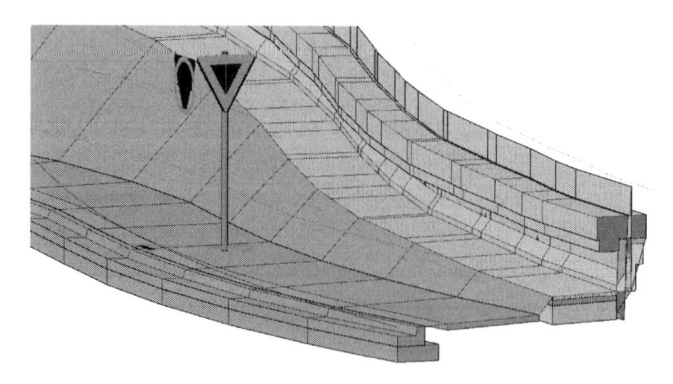

Figura 21.13 Exemplos de modelos de sólidos de infraestrutura, pavimento, contenção e sinalização.

21.4 A letra "I" do BIM com Property Sets

Além da construção dos modelos para representar os elementos de infraestrutura, deve-se destacar o uso da letra "I" do BIM para incorporar informações relevantes aos elementos, promovendo, assim, o projeto para o nível de coordenação e, dessa forma, viabilizar o uso dos elementos para a realização das atividades de compatibilização interdisciplinar, revisão, quantificação e planejamento da construção. O gerenciamento das informações dos elementos dos projetos é realizado por meio dos recursos de **Property Sets**, também alocadas na aba **Manage** do Autodesk Civil 3D.

A caixa de diálogo **Style Manager** permite efetuar o gerenciamento das propriedades para incorporar aos elementos dos projetos, o gerenciador de propriedades possui recursos para criar os campos de propriedades personalizadas. A extração de propriedades poderá ser obtida manualmente ou de forma automatizada, dependendo do nível de conhecimento do usuário sobre lógicas e sistemas de programação. As informações personalizadas de **Property Set** poderão ser incorporadas aos elementos por meio da aba **Extended Data** alocada na janela **Properties** (Figura 21.14).

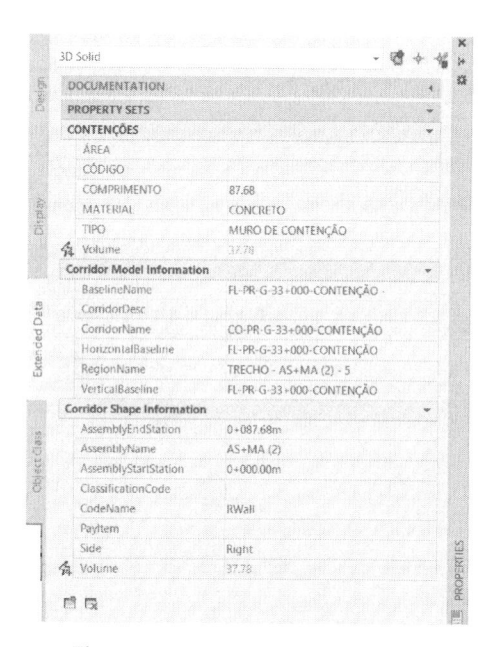

Figura 21.14 Aba Extended Data com as propriedades personalizadas para contenção.

Agora, estude o exemplo a seguir:

1. Inicie o Autodesk Civil 3D.

2. Abra o arquivo **21-4-1_PROPRIEDADES_PROJETO.DWG**, disponível na plataforma da editora.

3. Navegue no modelo para identificar os elementos modelados para o projeto, a maior parte já convertida para sólidos.

4. Na área de trabalho, selecione uma estrutura de passeio e acesse a aba **Extended Data** da janela **Properties** (Figura 21.15).

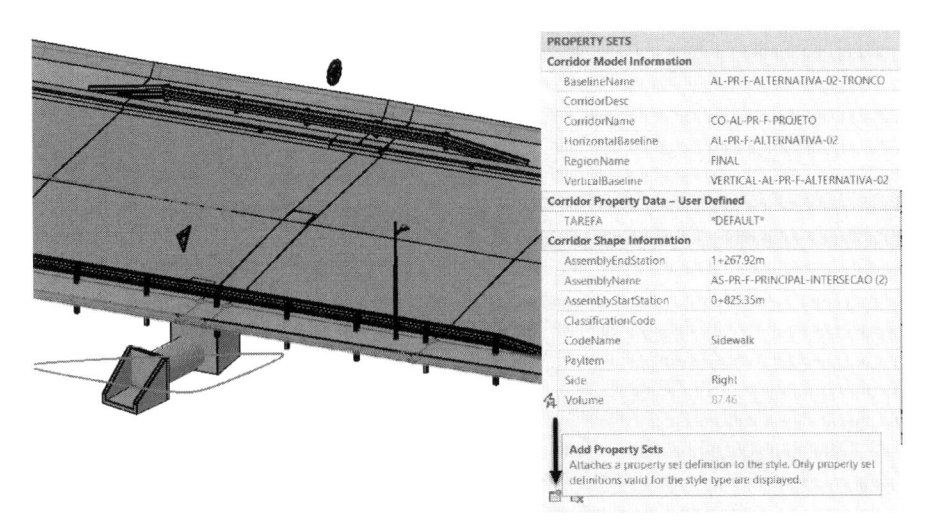

Figura 21.15 Aba Extended Data com as propriedades para o elemento de passeio.

5. Na aba **Extended Data** da janela **Properties**, observe que grande parte das propriedades estão preenchidas no modelo do passeio extraído do modelo do corredor. Talvez seja necessário digitar os valores apropriados nos campos **TAREFA** e **PayItem**.

6. Apesar do cálculo do volume do passeio selecionado ser apresentado na janela, dependendo da composição de custos, a informação do comprimento do passeio possa ser relevante na quantificação. Clique no botão **Add Property Set** no canto inferior esquerdo da janela (Figura 21.15).

7. Na caixa de diálogo **Add Property Set**, selecione apenas a categoria **COORDENAÇÃO** e clique no botão **OK**.

8. Verifique na janela de propriedades o novo quadro de coordenação, agora com o valor de comprimento do passeio apresentado (Figura 21.16).

9. Os mesmos procedimentos deverão ser reproduzidos para todos os elementos de estruturas lineares do projeto.

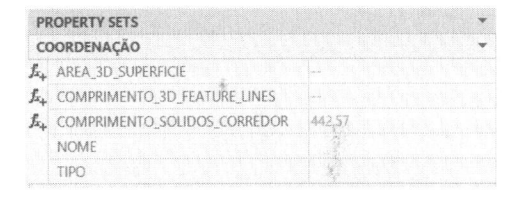

Figura 21.16 Informação de comprimento do passeio presente na janela Properties.

10. Grave e feche o arquivo.

Agora, o modelo do projeto de infraestrutura poderá ser incorporado em soluções que promovam a coordenação e unifiquem os demais modelos do empreendimento, como o Autodesk Navisworks.[1]

21.5 O modelo de coordenação – Navisworks

Com os primeiros e complexos desafios superados, levando em conta a modelagem e a incorporação de informações aos elementos que compõem os modelos dos projetos, a próxima etapa é praticamente colher os frutos e os benefícios de utilizar os dados para realizar a coordenação do empreendimento. Então, os profissionais de coordenação do projeto poderão realizar suas atividades por meio do uso da solução do **Autodesk Navisworks** (Figura 21.17).

---

1   Acesse o portal de ajuda do Autodesk Navisworks para acessar os tutoriais e ampliar os conhecimentos em <http://help.autodesk.com/view/NAV/2020/PTB/>. Acesso em: 24 out. 2019.

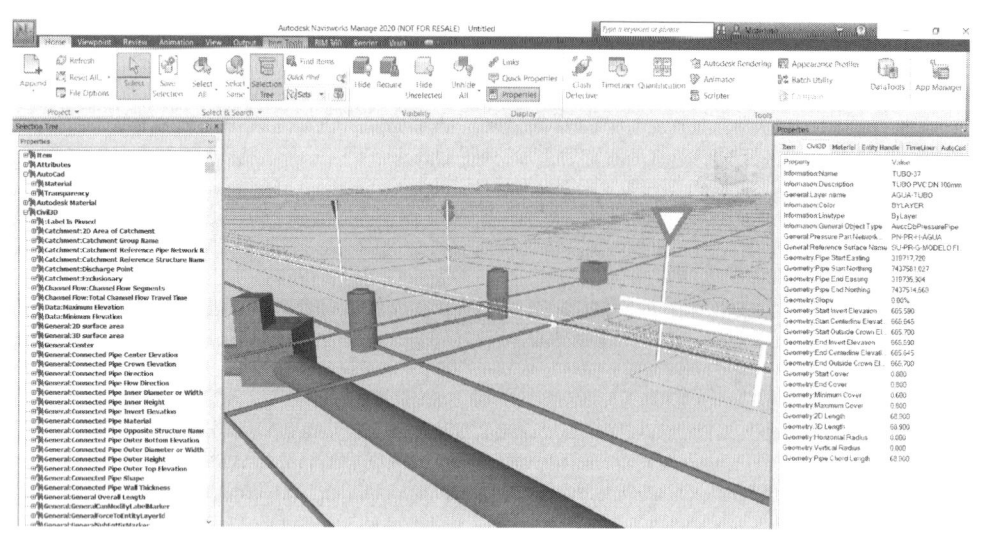

Figura 21.17   Modelo de redes de infraestrutura importado para o Autodesk Navisworks.

O Autodesk Navisworks permite importar diversos formatos de arquivos de modelos para incorporar em um modelo único, muitas vezes denominado modelo BIM, federado ou, ainda, de coordenação (Figura 21.18). O Navisworks possibilita a importação referenciada dos modelos, promovendo a interação com os diversos modelos interdisciplinares que englobam os empreendimentos, e permite gravar o modelo federado nos formatos NWD, incorporando todas as geometrias dos modelos importados para o modelo federado, ou no formato NWF, contendo apenas as referências dos modelos, e ainda possibilita gravar em formato NWC, este último muito menor, pois se trata de arquivo de cache dos modelos.

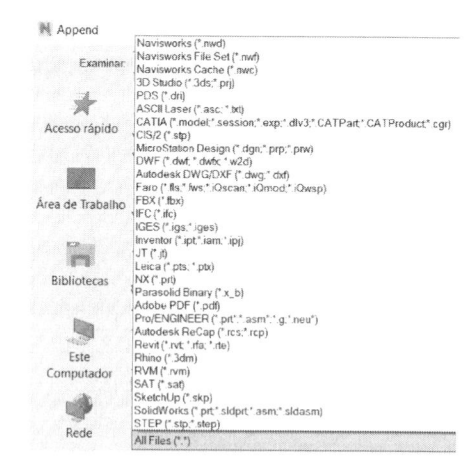

Figura 21.18   Formatos de arquivos de modelos que podem ser utilizados no Navisworks.

Depois da importação dos diversos modelos que compõem o modelo de coordenação do empreendimento, é possível utilizar a janela **Selection Tree** para realizar a filtragem e a seleção dos elementos presentes no modelo, e a janela **Properties** permite acessar as informações presentes nos elementos (Figura 21.19).

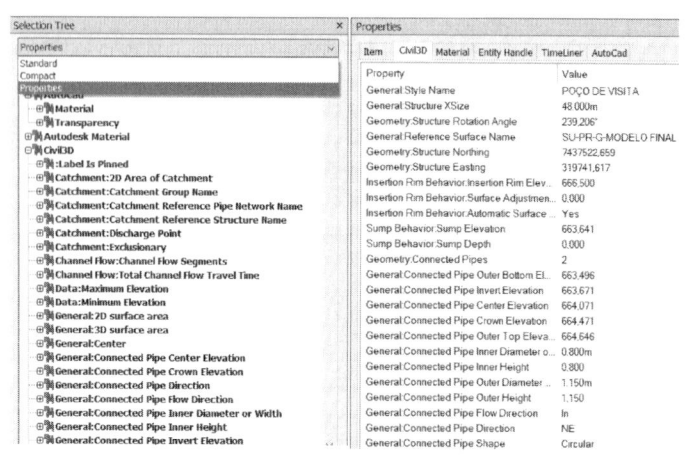

Figura 21.19   Janelas de acesso aos elementos do modelo e suas propriedades.

A interface do Navisworks conta ainda com o sistema de **Ribbon** para acesso às ferramentas e aos recursos, bem como às demais soluções da Autodesk. A aba **Home** da ribbon oferece as principais ferramentas de importação, seleção e gerenciamento dos objetos e da interface do Navisworks. A ribbon contextual **Item Tools** é exibida durante a seleção dos elementos presentes no modelo e possibilita realizar a manipulação no elemento selecionado (Figura 21.20).

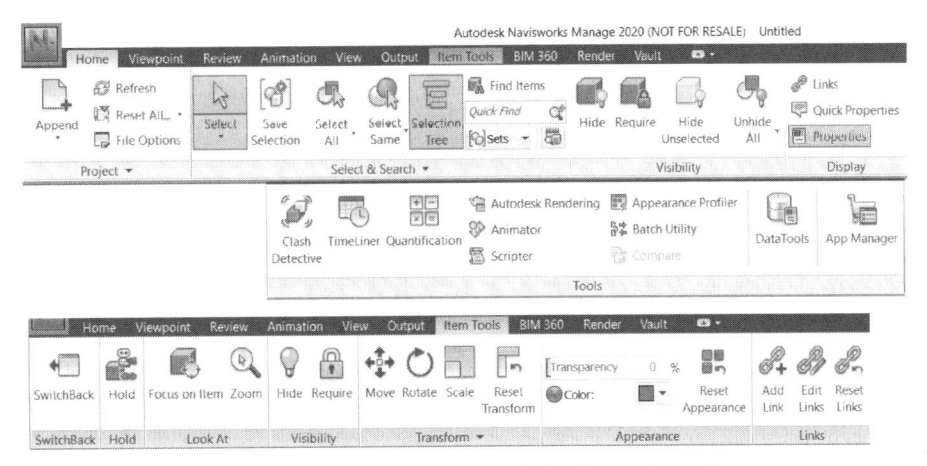

Figura 21.20 Abas Home e Item Tools da ribbon do Navisworks.

Pode-se destacar as principais ferramentas presentes nessas abas:

- **Append:** recurso que permite realizar a importação dos diversos modelos para incorporar no modelo de coordenação;
- **Refresh:** ferramenta utilizada para atualizar os modelos por meio da releitura dos arquivos de origens;
- **Select:** ferramenta que possibilita a seleção dos objetos individualmente ou por meio de caixa de seleção;
- **Selection Tree:** ativa a janela contendo todos os elementos presentes no modelo, para posteriormente gerenciar os modelos;
- **Hide:** ferramenta utilizada para ocultar os elementos selecionados no modelo;
- **Hide Unselected:** ferramenta que isola os elementos selecionados no modelo, ocultando os demais;
- **Properties:** acessa a janela de propriedades;
- **Clash Detective:** ferramenta que permite acesso à janela de realização da compatibilização do projeto, a partir da verificação de colisões e eventuais interferências;
- **TimeLiner:** ferramenta que habilita a janela para realizar a simulação construtiva do empreendimento (4D);
- **Quantification:** habilita a janela de quantificação do empreendimento (5D).

Como forma de ilustrar as principais ferramentas do Autodesk Navisworks para a importação do modelo de infraestrutura construído no Autodesk Civil 3D, efetue a navegação no modelo, realize uma verificação de eventuais interferências entre a rede de drenagem projetada e o modelo da adutora existente, e ilustre brevemente os recursos de simulação da construção (4D).

Agora, estude o exemplo a seguir:

1. Inicie o Autodesk Navisworks.
2. Acesse a ferramenta da ribbon **Home > Project > Append**.
3. Na caixa de diálogo **Append**, selecione o arquivo **21-5-1_MODELO_COORDENAÇÃO.DWG**, disponível na plataforma da editora, e clique no botão **Abrir**.

4. Aguarde a leitura do arquivo e navegue no modelo para identificar os elementos de infraestrutura (Figura 21.21).

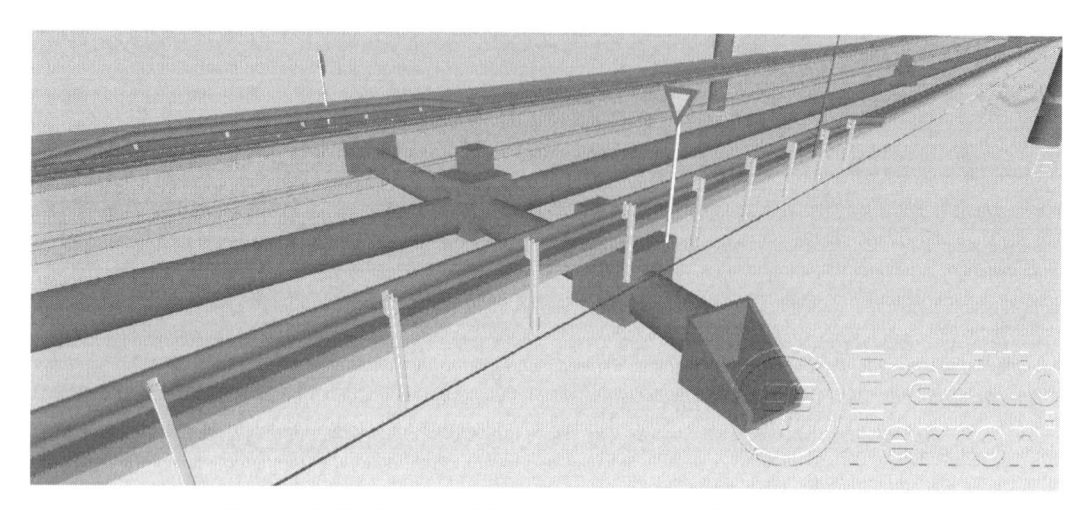

Figura 21.21 Elementos de infraestrutura presentes no modelo de coordenação.

5. Selecione os elementos 2D e acesse a ferramenta da ribbon **Item Tools > Visibility > Hide** para ocultá-los.

6. Repita o procedimento anterior para ocultar os elementos que eventualmente impeçam a visualização completa do modelo do empreendimento. É possível ocultar a superfície do terreno, as camadas geológicas e as linhas de análises de visibilidade.

7. Ative a janela de propriedades acessando a ferramenta da ribbon **Home > Display > Properties**.

8. Selecione o elemento da estrutura do passeio e acesse a janela **Properties**. Verifique as informações do elemento selecionado por meio das abas presentes na janela de propriedades.

9. Ative a janela de árvore da seleção de objetos acessando a ferramenta da ribbon **Home > Select & Search > Selection Tree**.

10. Na janela **Selection Tree**, selecione a configuração **Properties** e navegue nos elementos da categoria **Civil3D**.

11. Ative a janela de verificação de interferências com a ferramenta da ribbon **Home > Tools > Clash Detective**.

12. Na janela **Clash Detective**, clique no botão **Add Test**, localizado no canto superior direito da janela. Essa ferramenta cria uma sessão de teste de compatibilização do projeto.

13. Na janela **Clash Detective**, selecione a aba **Select** para configurar os elementos confrontantes, no qual o quadro **Selection A** será configurado para os elementos de drenagem e o **Selection B** será configurado para a linha da adutora existente proveniente do levantamento cadastral (Figura 21.22):

   ◆ no quadro **Selection A**, selecione a configuração **Properties**;

   ◆ expanda **Item > Type** e selecione os componentes do tipo **Pipe** e **Structure**;

   ◆ no quadro **Selection B**, selecione a configuração **Standard**;

   ◆ localize o layer **T-MO-ADUTORA** e selecione o elemento **3D Solid**;

   ◆ clique no botão **Run Test** para iniciar o processo de verificação de eventuais colisões entre os modelos da rede de drenagem e da adutora existente.

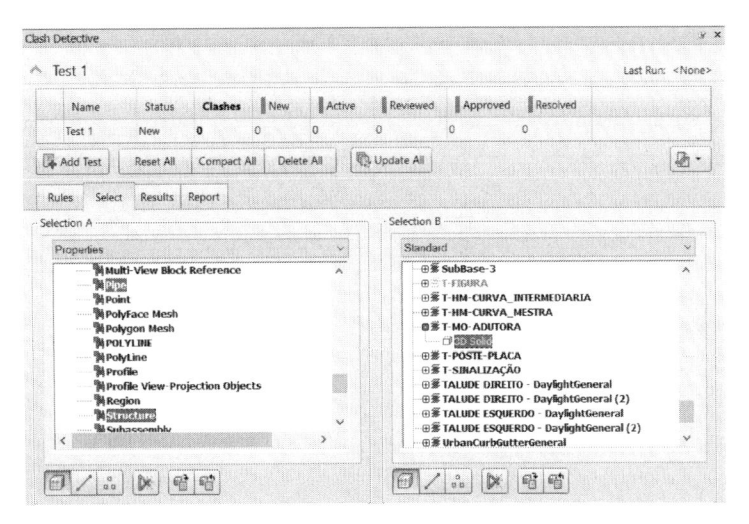

Figura 21.22 Janela de verificação de colisões entre os elementos para compatibilização do projeto.

14. Verifique o resultado na aba **Results** da janela **Clash Detective** apontando uma colisão e identifique a colisão destacada em vermelho na área do modelo (Figura 21.23).

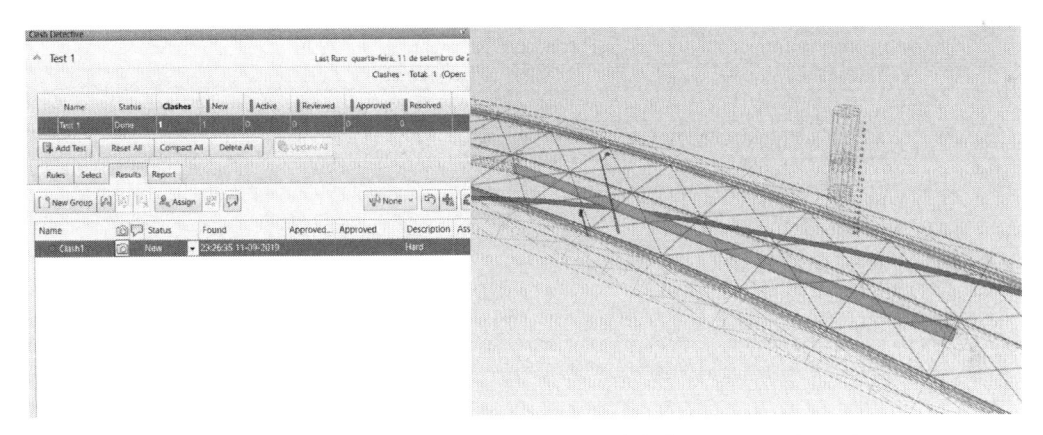

Figura 21.23 Resultado da verificação de interferências entre a rede de drenagem projetada e a adutora existente.

15. É possível gerenciar as análises de verificações para criar comentários e apontar o status de revisão.

16. Ative a janela de simulação da construção (4D) acessando a ferramenta da ribbon **Home > Tools > TimeLiner**.

17. Na janela **TimeLiner**, selecione a ferramenta **Auto-Add Tasks > For Every Topmost Item** para criar automaticamente as tarefas para cada item presente no modelo (Figura 21.24).

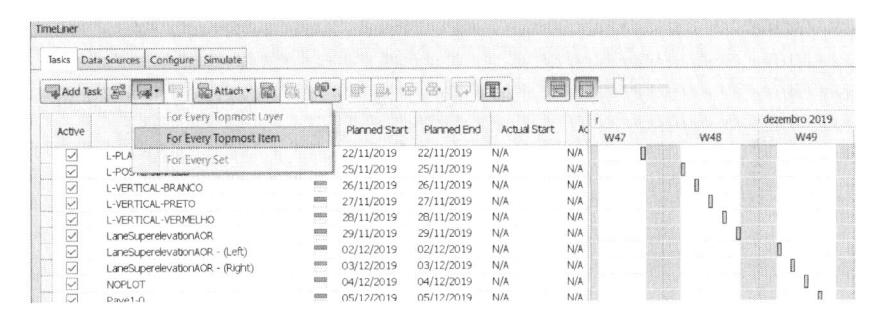

Figura 21.24 Janela TimeLiner para configurar as tarefas e o sequenciamento construtivo do modelo.

18. Verifique as tarefas criadas e as datas de execução para cada uma delas.

19. Na janela **TimeLiner**, selecione a aba **Simulate** e clique no botão **Play** para iniciar a animação da simulação construtiva. É possível orbitar no modelo enquanto a animação estiver em execução, além de possibilitar controlar a exibição de legendas e atividades em execução na tela (Figura 21.25).

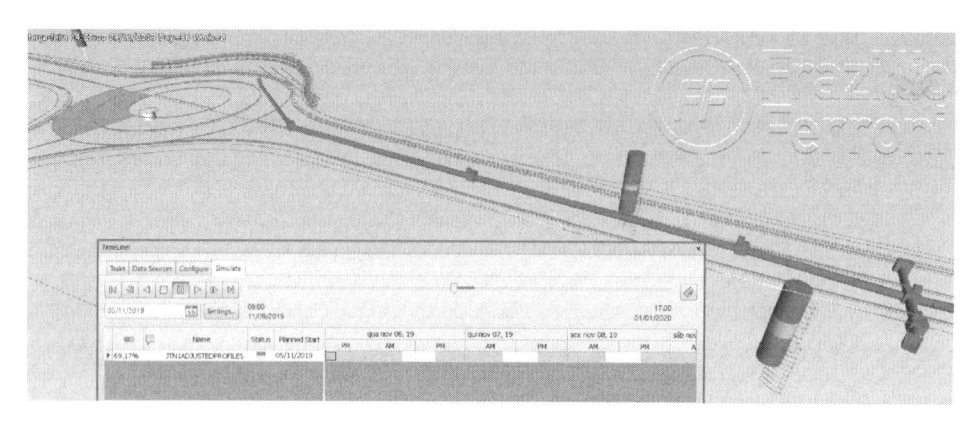

Figura 21.25 Execução de animação da simulação construtiva do empreendimento.

20. Grave e feche o arquivo.

Bibliografia

AUTODESK. **Autodesk AutoCAD Civil 3D 2020 – Workflows**. Disponível em: <https://bit.ly/2Nz8T2oF>. Acesso em: 18 set. 2019.

_____. **Autodesk Infra Brasil Blog**. Disponível em: <https://bit.ly/2JDRZP0>. Acesso em: 16 set. 2019.

_____. **Autodesk Subassembly Composer Help**. 9 abr. 2019. Disponível em: <http://j.mp/2VEhcNV>. Acesso em: 11 out. 2019.

_____. **Civil 3D – AutoCAD Civil 3D Tutorials**. 9 abr. 2019. Disponível em: <http://bit.ly/2Vy6sR8>. Acesso em: 11 out. 2019.

_____. **Civil 3D – Learning & Explore**. Autodesk Knowledge Network. Disponível em: <https://autode.sk/2JCOPe9>. Acesso em: 11 out. 2019.

_____. **Civil 3D – Troubleshooting**. Autodesk Knowledge Network. Disponível em: <https://autode.sk/34jx4IY>. Acesso em: 11 out. 2019.

_____. **Integrated BIM tools for building design, civil infrastructure, and construction.** Autodesk Architecture, Engineering & Construction Collection. Disponível em: <https://autode.sk/36k6z7W>. Acesso em: 11 out. 2019.

CARDOSO, M. C.; FRAZILLIO, E. **Autodesk AutoCAD Civil 3D 2014**: conceitos e aplicações. São Paulo: Érica, 2013.

_____. **Autodesk AutoCAD Civil 3D 2016**: recursos e aplicações para projetos de infraestrutura. São Paulo: Érica, 2015.

Marcas registradas

Autodesk AutoCAD, Autodesk Geotechnical Module, Autodesk Subassembly Composer, Autodesk Storm and Sanitary Analysis, Autodesk Civil 3D, Autodesk Vehicle Tracking Autodesk River & Flood Analysis, Autodesk Infraworks, Autodesk ReCap Pro, Autodesk ReCap Photo, AutoCAD Raster Design, Autodesk Navisworks e Autodesk AEC Collection são marcas registradas da Autodesk, Inc.

Word, Excel e Windows são marcas registradas da Microsoft Corporation.

Todos os demais nomes registrados, marcas registradas ou direitos de uso citados neste livro pertencem aos seus respectivos proprietários.